Familienrecht

Studienbuch

Von

Horst Tschernitschek

Vizepräsident des Oberlandesgerichts Bamberg a. D.
Lehrbeauftragter an der Universität Bamberg

Dritte, völlig neubearbeitete Auflage

R. Oldenbourg Verlag München Wien

Für
Ingrid

Die Deutsche Bibliothek - CIP-Einheitsaufnahme

Tschernitschek, Horst:
Familienrecht : Studienbuch / von Horst Tschernitschek. – 3., völlig neubearb. Aufl. – München ; Wien : Oldenbourg, 2000
ISBN 3-486-25356-5

Rosenheimer Straße 145, D-81671 München
Telefon: (089) 45051-0, Internet: http://www.oldenbourg.de

Gedruckt auf säure- und chlorfreiem Papier
Druck: Hofmann-Druck Augsburg GmbH, Augsburg
Bindung: R. Oldenbourg Graphische Betriebe Binderei GmbH

ISBN 3-486-25356-5

Vorwort zur dritten Auflage

Das Jahr 1998 hat die seit Jahrzehnten größten Veränderungen im Familienrecht mit sich gebracht. Durch die vom Bundesverfassungsgericht ausgelöste "Reformlawine" sind fast alle Bereiche des Familienrechts erfaßt und umgestaltet worden. In diesem Zusammenhang sind das Kindschaftsrechtsreformgesetz, das Erbrechtsgleichstellungsgesetz, das Beistandschaftsgesetz, das Eheschließungsrechtsgesetz, das Betreuungsrechtsänderungsgesetz, das Kinderunterhaltsgesetz und das Minderjährigenhaftungsbeschränkungsgesetz zu nennen, um nur die wichtigsten dieser Reformgesetze anzuführen.

Wenn vordem auch dem juristisch nicht erfahrenen Bürger das Familienrecht wenigstens in seinen Grundzügen bekannt und vertraut war, kann davon jetzt nicht mehr die Rede sein. Es hat endgültig seine Bürgernähe verloren und ist in seiner komplizierten Ausgestaltung nur noch spezialisierten Juristen voll zugänglich.

Aber nicht nur die zum Teil schwer verständlichen Formulierungen der Reformgesetze geben Anlaß zu Bedenken, sondern auch die daraus erkennbaren Tendenzen des Gesetzgebers. Erkennbar entfernt er sich immer weiter von dem verfassungsrechtlichen Gebot, die Ehe und die darauf beruhende Familie zu fördern und zu schützen. Statt dessen treten die unverbindlichen Formen menschlichen Zusammenlebens in den Vordergrund rechtlicher Regelungen, nicht immer zum Wohl der aus einer solchen Verbindung hervorgehenden Kinder. Solche verfassungsrechtlich zweifelhafte Regelungen mischen sich in den Reformgesetzen mit anderen durchaus gelungenen Verbesserungen, so daß abgewartet werden muß, wie sich das neue Familienrecht in der Praxis und vor dem kritischen Auge des Bundesverfassungsgerichts bewähren wird.

Anliegen der dritten Auflage dieses Studienbuches war es, in diesem Konglomerat verschiedenartigster Reformgesetze eine einheitliche Linie zu finden und diese mit einfachen Worten verständlich darzustellen, damit auch ein juristischer Laie in der Lage ist, sich über die ihn besonders interessierenden Rechtsfragen zu informieren.

Dabei erwies es sich als notwendig, nicht nur das Buch auf den neuesten Stand zu bringen, sondern es zum größten Teil neu zu verfassen. Unverändert war auch das Bestreben, dem jungen Juristen, aber auch Studenten anderer Fachrichtungen, wie Sozialwissenschaftlern und Sozialpädagogen, den Einstieg in diese schwierige Materie zu erleichtern.

Aber auch der in langen Berufsjahren erfahrene Jurist dürfte die Möglichkeit begrüßen, einen umfassenden und zuverlässigen Überblick über die Neugestaltung des Familienrechts zu erhalten, wobei die für die Praxis wichtigen Abschnitte (vor allem im Unterhaltsrecht) eingehender behandelt worden sind, als es eigentlich dem Konzept dieses Buches entspricht. Das überarbeitete und erweiterte Sach- und Gesetzesregister kann bei der Suche nach Fundstellen gute Dienste leisten.

Für tatkräftige Unterstützung und Anregungen habe ich meinen Töchtern, Frau Assessorin Ruth G. Mengel und Frau M.A. Christel Tschernitschek zu danken. Nicht zuletzt bin ich dem Vorsitzenden Richter am OLG, Herrn Eberhard Hammel, für seine fundierten Hinweise zu Dank verpflichtet.

Rechtsprechung und Literatur sind bis Juli 1999 ausgewertet. Dem Buch liegt der Stand der Gesetzgebung vom 1. September 1999 zugrunde.

Horst Tschernitschek

Inhaltsverzeichnis

Anhang: Die nichteheliche Lebensgemeinschaft

Vierter Teil: **Die Ehescheidung und ihre Nachwirkungen**

Erster Abschnitt: **Die Ehescheidung**

Zweiter Abschnitt: **Der nacheheliche Unterhalt**

Dritter Abschnitt: **Der Versorgungsausgleich**

Vierter Abschnitt: **Die Aufteilung der Ehewohnung und des Hausrats**

Fünfter Teil: **Die Verwandtschaft**

Erster Abschnitt: **Verwandtschaft und Schwägerschaft**

Zweiter Abschnitt: **Die Abstammung**

Anhang

Dritter Abschnitt: **Die Unterhaltspflicht zwischen Verwandten**

Sechster Teil: **Eltern und Kinder**

Erster Abschnitt: **Allgemeine Rechtsbeziehungen**

Zweiter Abschnitt: **Die elterliche Sorge**

Siebenter Teil: **Die Annahme als Kind**

Erster Abschnitt: **Die Annahme Minderjähriger**

Zweiter Abschnitt: **Die Annahme Volljähriger**

Achter Teil: **Hilfen für schutzbedürftige Personen**

Erster Abschnitt: **Die Vormundschaft über Minderjährige**

Abkürzungsverzeichnis

Paragraphen ohne Angabe des Gesetzes betreffen das BGB.
Römische Zahlen bei Paragraphen bezeichnen den **Absatz**, arabische Zahlen den einzelnen **Satz** eines Paragraphen.
Bsp.: § 1629 II 1 bedeutet deshalb: Paragraph 1629 Absatz 2, Satz 1 BGB.

a.A.	anderer Ansicht
aaO	am angegebenen Ort
abl.	ablehnend
AdVermiG	Adoptionsvermittlungsgesetz
a.E.	am Ende
a.F.	alte Fassung
AFG	Arbeitsförderungsgesetz
AG	Amtsgericht
Alt.	Alternative
Anm.	Anmerkung
Art.	Artikel
Aufl.	Auflage
AV	Anfangsvermögen (beim Zugewinnausgleich)
BAföG	Bundesausbildungsförderungsgesetz
BayObLG	Bayerisches Oberstes Landesgericht, auch Entscheidungssammlung in Zivilsachen
BBG	Bundesbeamtengesetz
BeamtVG	Beamtenversorgungsgesetz
betr.	betreffend/betrifft
BeurkG	Beurkundungsgesetz
BfA	Bundesversicherungsanstalt für Angestellte
BFH	Bundesfinanzhof
BGB	Bürgerliches Gesetzbuch
BGBl.	Bundesgesetzblatt Teil I, (Jahr und Seite)
BGH	Bundesgerichtshof
BGHZ	Entscheidungen des BGH in Zivilsachen (Band und Seite)
BGHSt	Entscheidungen des BGH in Strafsachen (Band und Seite)
BKGG	Bundeskindergeldgesetz
BR-Drucks.	Bundesrats-Drucksache
BSG	Bundessozialgericht
BSHG	Bundessozialhilfegesetz
Bsp.	Beispiel(e)
BT-Drucks.	Bundestags-Drucksache
BtÄndG	Betreuungsrechtsänderungsgesetz
Buchst.	Buchstabe
BVerfG	Bundesverfassungsgericht
BVerfGE	Entscheidungen des BVerfG (Band und Seite)
BVerwG	Bundesverwaltungsgericht
BVG	Bundesversorgungsgesetz
bzw.	beziehungsweise
d.h.	das heißt
DVO	Durchführungsverordnung
E	Entwurf
EGBGB	Einführungsgesetz zum BGB
EheG a.F.	Ehegesetz alte Fassung

1. EheRG	1. Gesetz zur Reform des Ehe- und Familienrechts 1976
Einl.	Einleitung
ESchG	Embryonenschutzgesetz
EStG	Einkommenssteuergesetz
EV	Endvermögen (beim Zugewinnausgleich)
evtl.	eventuell
FamG	Familiengericht (Abteilung des AG)
FamNamRG	Familiennamenrechtsgesetz
FamRZ	Zeitschrift für das gesamte Familienrecht (Jahr u. Seite)
1. FamRÄndG.	1. Familienrechtsänderungsgesetz der DDR
ff	folgende (bei Verweisungen)
FGB	Familiengesetzbuch der DDR
FGG	Gesetz über die Angelegenheiten der freiwilligen Gerichtsbarkeit
FuR	Familie und Recht (Jahr und Seite)
GBO	Grundbuchordnung
GG	Grundgesetz
GKG	Gerichtskostengesetz
GüterRR	Güterrechtsregister
GVG	Gerichtsverfassungsgesetz
HausratsVO	Hausratsverordnung (6. DVO zum EheG)
HGB	Handelsgesetzbuch
h.M.	herrschende Meinung
HS	Halbsatz (bei Paragraphenangaben)
insbes.	insbesondere
i.V.m.	in Verbindung mit (anderen Paragraphen)
JA	Jugendamt
Jh.	Jahrhundert
JuS	Juristische Schulung (Jahr und Seite)
JZ	Juristenzeitung (Jahr und Seite)
Kap.	Kapitel
KG	Kammergericht Berlin
KindRG	Kindschaftsrechtsreformgesetz
KindUG	Kindesunterhaltsgesetz
LG	Landgericht
Lit.	Literatur
LJA	Landesjugendamt
LVA	Landesversicherungsanstalt
MDR	Monatsschrift für Deutsches Recht (Jahr und Seite)
MünchKomm	(+ Bearbeiter) Münchener Kommentar zum BGB, 3. Aufl., 1993
NamÄndG	Namensänderungsgesetz
n.F.	neue Fassung
NJW	Neue Juristische Wochenschrift (Jahr und Seite)
NJW-RR	NJW-Rechtsprechungsreport Zivilrecht (Jahr und Seite)
OLG	Oberlandesgericht
PStG	Personenstandsgesetz

Palandt	(+ Bearbeiter) BGB-Kommentar, 58. Aufl. 1999
Regelbetrag-VO	Regelbetragverordnung
RGZ	Entscheidungen des Reichsgerichts in Zivilsachen (Band und Seite)
RKEG	Gesetz über die religiöse Kindererziehung
RN	Randnummer
Rpfleger	Der Deutsche Rechtspfleger (Jahr und Seite)
RpflG	Rechtspflegergesetz
RuStAG	Reichs- und Staatsangehörigkeitsgesetz s. StAG
S.	Seite
ScheckG	Scheckgesetz
SGB VI	Sozialgesetzbuch Sechstes Buch - gesetzliche Rentenversicherung
SGB VIII	Sozialgesetzbuch Achtes Buch -Kinder- und Jugendhilfe-
s.o.	siehe oben (bei Verweisung auf RN)
Soergel	(+ Bearbeiter) BGB-Kommentar, 12. Aufl. 1987/88
sog.	sogenannte
StAG	Staatsangehörigkeitsgesetz
Staudinger	(+ Bearbeiter) BGB-Kommentar, 13. Bearbeitung 1994/99
StGB	Strafgesetzbuch
StPO	Strafprozeßordnung
s.u.	siehe unten (bei Verweisung auf RN)
u.a.	unter anderem
u.ä.	und ähnliche(s)
umstr.	umstritten (bei abweichenden Lehrmeinungen)
UrhG	Urheberrechtsgesetz
u.U.	unter Umständen
UVG	Unterhaltsvorschußgesetz
VAHRG	Gesetz zur Regelung von Härten im Versorgungsausgleich
VAÜG	Gesetz zur Überleitung des Versorgungsausgleichs auf das Beitrittsgebiet
VerbrKrG	Verbraucherkreditgesetz
VerschG	Verschollenheitsgesetz
VersR	Versicherungsrecht (Jahr und Seite)
vgl.	vergleiche
VO	Verordnung
VormG	Vormundschaftsgericht (Abteilung des AG)
WEG	Wohnungseigentumsgesetz
WG	Wechselgesetz
Wendl/Staudigl	(+ Bearbeiter) Das Unterhaltsrecht in der familienrichterlichen Praxis, 4. Aufl. 1997
z.B.	zum Beispiel
ZfJ	Zentralblatt für Jugendrecht
ZG	Zugewinn (beim Zugewinnausgleich)
ZPO	Zivilprozeßordnung
z.T.	zum Teil
ZuSEG	Gesetz über die Entschädigung von Zeugen und Sachverständigen

EINFÜHRUNG IN DAS FAMILIENRECHT

I. Begriff und Umfang des Familienrechts

1. Das Familienrecht umfaßt die Gesamtheit der Vorschriften, die sich mit den Rechtsverhältnissen der durch Ehe, Verwandtschaft und Schwägerschaft verbundenen Personen befassen. Der umfangreichste und wohl auch wichtigste Teil aller Bestimmungen des Familienrechts bezieht sich auf die Mitglieder der **Kleinfamilie**, also auf ein Ehepaar und seine Kinder. Das betrifft die Vorschriften über Verlobung und Eheschließung, die Wirkungen der Ehe in persönlicher und vermögensrechtlicher Beziehung sowie die Regelung der Ehescheidung mit ihren vielfachen Konsequenzen. Dazu gehören auch die Bestimmungen, die das Rechtsverhältnis der Eltern zu ihren Kindern ordnen, wobei die unterschiedliche Behandlung von ehelichen und nichtehelichen Kindern durch die Reform des Kindschaftsrechtes beseitigt worden ist. 1
Die in früheren Zeiten eine bedeutende Rolle spielende **Großfamilie**, zu der alle Blutsverwandten gehörten, gibt es heute kaum mehr. Mit diesem durch Abstammung verbundenen Personenkreis befassen sich nur wenige, allerdings wichtige Vorschriften des Familienrechts. In diesem Zusammenhang sind die Bestimmungen über Verwandtschaft und Schwägerschaft sowie über die Unterhaltspflicht zwischen den in gerader Linie Verwandten zu nennen.

2. Aus historischen Gründen wird das Vormundschaftsrecht ebenfalls zum Familienrecht gezählt, was auch deshalb gerechtfertigt ist, weil die Vormundschaft ein Ersatz für die fehlende elterliche Fürsorge sein soll. Dieser Bezug zur Familie entfällt jedoch weitgehend bei der "Betreuung" volljähriger Personen, die ebenfalls im Familienrecht geregelt ist. Doch liegt dies daran, daß das Betreuungsrecht an die Stelle der früheren "Vormundschaft über Volljährige" getreten ist; viele Vorschriften des Vormundschaftsrechts über Minderjährige werden deshalb auf die Betreuung sinngemäß angewendet. 2
Auch neben dem eigentlichen Familienrecht gibt es zahlreiche Rechtsgebiete, die mittelbar oder unmittelbar Einfluß auf die Familie und ihre Angehörigen nehmen; es mag genügen, in diesem Zusammenhang das Erbrecht, das Strafrecht oder das Steuerrecht zu nennen.

3. Außerhalb einer Ehe haben sich in den letzten Jahrzehnten **familienähnliche** Formen des Zusammenlebens gebildet, z.B. verschieden- oder gleichgeschlechtliche Lebensgemeinschaften oder Wohngemeinschaften. Diese Formen des Zusammenlebens werden im Rahmen des Familienrechts nur im Hinblick auf die Sorge für gemeinsame Kinder geregelt und unterliegen im übrigen den allgemeinen Rechtsvorschriften.

3 **II. Die Besonderheiten des Familienrechts**

1. Die Familie, die als soziale Lebensform älter als der Staat ist, läßt sich nicht in das Korsett einer strengen gesetzlichen Regelung zwängen. Aufgabe der Rechtsordnung ist es deshalb, Rahmenbedingungen zu schaffen, innerhalb deren sich Ehe und Familie frei entfalten können. Dies gilt in besonderem Maße für die persönlichen Beziehungen zwischen Ehegatten sowie zwischen Eltern und Kindern; andererseits ist es eine Eigenart des Bürgerlichen Rechts, alle zum Vermögen gehörenden Rechtsbeziehungen in der Familie präzisen Vorschriften zu unterwerfen.
Hervorzuheben ist, daß die Familie **keine eigene Rechtspersönlichkeit** besitzt, wie etwa ein eingetragener Verein. Sie hat auch kein eigenes Vermögen, wie z.B. die Gesellschaft des Bürgerlichen Rechts und kann unter ihrem Familiennamen weder klagen noch verklagt werden. Das Familienrecht bezieht sich deshalb, von wenigen Ausnahmen abgesehen, nicht auf die Familie als solche, sondern immer auf die einzelnen **Familienmitglieder** und regelt deren Verhältnis zueinander. Zwar können diese auch gemeinsames Vermögen bilden, z.B. durch Abschluß eines Güterrechtsvertrages oder durch gemeinsamen Erwerb von Sachen und Rechten, doch setzt das zusätzliche Vereinbarungen zwischen ihnen voraus und ist nicht zwangsläufige Folge der Eheschließung.

4 2. Die Rechtsverhältnisse der Familienmitglieder richten sich auch nicht ausschließlich nach den Bestimmungen des Familienrechts. Der Allgemeine Teil des BGB und die Vorschriften über das Schuldrecht, Sachenrecht und Erbrecht gelten auch für die Rechtsbeziehungen der Familienmitglieder, doch ist im Einzelfall zu prüfen, ob nicht die Sonderregelungen des Familienrechts diesen allgemeinen Vorschriften vorgehen.

3. Charakteristisch für das Familienrecht sind die strengen **Formvorschriften**, wenn es sich um das Eingehen einer Ehe handelt, um den Abschluß von Eheverträgen oder um Änderungen im Eltern-Kind-Verhältnis. Wegen der großen praktischen Bedeutung dieser Rechtsgeschäfte sind sie durchwegs **bedingungsfeindlich** ausgestaltet und **höchstpersönlicher** Natur. Das hat zur Folge, daß sie, von wenigen Ausnahmen abgesehen, nicht durch einen Vertreter wahrgenommen werden dürfen. Familienrechte können also nicht, wie es sonst zulässig ist, auf andere Personen übertragen werden; ein Verzicht auf sie ist ebenfalls nicht möglich.

5 **III. Der verfassungsrechtliche Schutz der Familie**

1. Die Familie als kleinste vom Recht anerkannte Einheit menschlicher Gemeinschaft reicht in ihren sittlichen und religiösen Wurzeln weit in die Vergangenheit zurück.

Aufgabe des Staates ist es, sie in ihrem Bestand zu erhalten und zu fördern. Art. 6 I des Grundgesetzes hat diese Forderung in den Rang einer Verfassungsaufgabe erhoben:

> **"Ehe und Familie stehen unter dem besonderen Schutz der staatlichen Ordnung."**

Damit sind mehrere verfassungsrechtliche Aussagen verknüpft: Dieses Grundrecht schützt die Privatsphäre von Ehe und Familie vor störenden und schädigenden Eingriffen des Staates und gewährt dem Einzelnen ein **Abwehrrecht** gegen gesetzliche Maßnahmen, die sich gegen den Bestand von Ehe und Familie richten. Ferner gewährleistet dieses Grundrecht eine **Garantie** (auch Instituts- oder Einrichtungsgarantie genannt), daß ein gewisser **Kernbereich** von Ehe und Familie, wie er sich im Laufe der Entwicklung herausgebildet hat, nicht vom Gesetzgeber angetastet werden darf (BVerfGE 31, 58, 69). Damit trifft Art. 6 I GG eine verbindliche **Wertentscheidung** zugunsten von Ehe und Familie für den gesamten Bereich des privaten und öffentlichen Rechts.

Daraus ergibt sich für den Staat die Pflicht, die Familie nicht nur im Verhältnis zu andern Formen des Zusammenlebens vor einer Benachteiligung zu schützen, sondern sie auch durch geeignete Maßnahmen zu fördern, sich also ehe- und familienfreundlich zu verhalten (BVerfGE 6, 55, 76; 24, 119, 135).

2. Unter verfassunggsrechtlichem Schutz steht auch das "natürliche Recht 6
der Eltern" zur Pflege und Erziehung ihrer Kinder (Art. 6 II GG). Die Eltern sind berechtigt, das Verhältnis zu ihren Kindern frei und eigenverantwortlich zu gestalten und dürfen vom Staat darin nicht behindert werden. Doch ist dieses Recht nicht schrankenlos, sondern muß von den Eltern unter Berücksichtigung der eigenen Würde des Kindes und seines Rechts auf Entfaltung seiner Persönlichkeit ausgeübt werden.

Es ist Aufgabe des Staates, dann einzuschreiten, wenn das Kindeswohl durch Mißbrauch des Erziehungsrechtes oder durch Vernachlässigung gefährdet wird. Unter diesen Umständen kann auch gegen den Willen der Eltern eine Trennung des Kindes von der Familie vorgenommen werden, doch darf dies nur auf der Grundlage eines Gesetzes geschehen (Art. 6 III GG).

3. Im Verhältnis der Eheleute zueinander ist Art. 3 II GG von besonderer Bedeutung: "**Männer und Frauen sind gleichberechtigt**". Daher darf niemand wegen seines Geschlechts benachteiligt oder bevorzugt werden (Art. 3 III 1 GG). Dieses Grundrecht der Gleichberechtigung gilt auch im Bereich von Ehe und Familie (BVerfGE 10, 59, 66 ff) und hat die Entwicklung zu einem partnerschaftlichen Verständnis der Ehe maßgeblich beeinflußt.

IV. Die Krise der Familie in der Gesellschaft

7 Trotz der verfassungsrechtlichen Bestandsgarantie für Ehe und Familie ist nicht zu übersehen, daß ihre Wertschätzung im Bewußtsein unserer Gesellschaft geringer geworden ist. Die Ursachen dafür sind mannigfach und soziologisch zu erforschen. Doch ist offensichtlich, daß die Bereitschaft, dauernde Verbindungen im Rahmen einer Ehe einzugehen, im Schwinden begriffen ist. Anders geartete, rechtlich unverbindliche Formen des Zusammenlebens erscheinen vielen erstrebenswerter zu sein; sie stehen der sog. Selbstverwirklichung des Einzelnen weniger im Wege als eine auf Lebenszeit angelegte Bindung in Ehe und Familie.

Die Folgen dieser veränderten Einstellung liegen auf der Hand: "Lebensgefährten" nehmen immer öfter die Stelle des Ehegatten ein; die Eheschließungen sind seit Anfang der sechziger Jahre stark zurückgegangen; die Zahl der Ehescheidungen stieg seitdem um mehr als das Zweieinhalbfache.

Die Leidtragenden an dieser Entwicklung sind häufig die schwächsten Glieder der Gesellschaft: die "Scheidungswaisen". Was hilft es, vom verfassungsrechtlichen Schutz der Familie zu sprechen, wenn tatsächlich den auf Art. 3 GG gestützten Individualinteressen ein immer größerer Einfluß gegenüber den Belangen von Ehe und Familie eingeräumt wird. Deshalb wäre es notwendig, daß Gesetzgebung und Rechtsprechung des Verfassungsgebot des Art. 6 I GG wieder stärker als bisher beachteten. Dies könnte dazu beitragen, daß Ehe und Familie im Bewußtsein der Bevölkerung wieder die Bedeutung und das Ansehen erlangen, das diesen ältesten Formen menschlicher Gemeinschaft der Verfassung gemäß zukommt.

8 V. Rechtsquellen und Schrifttum zum Familienrecht

1. Mit dem Ausdruck "Rechtsquellen" bezeichnet man bildhaft die Gesetze, in denen Vorschriften über ein bestimmtes Rechtsgebiet zu finden sind. Die wichtigste Rechtsquelle für das Familienrecht ist das **Vierte Buch des Bürgerlichen Gesetzbuchs** (§§ 1297 - 1921).

Im Reformjahr 1998 sind weite Teile des Familienrechts neu gestaltet worden, so das Eheschließungs-, Kindschafts- und Unterhaltsrecht, um nur das Wichtigste zu nennen. Hervorzuheben ist vor allem die dem Verfassungsgebot des Art. 6 V GG folgende fast vollständige Beseitigung der bisher bestehenden rechtlichen Unterschiede zwischen ehelichen und nichtehelichen Kindern. Damit verbunden war der Wegfall vieler vertrauter Begriffe, wie Aufgebot, Ehenichtigkeit, Amtspflegschaft oder Legitimation. Auch das Ehegesetz von 1946 gibt es nicht mehr, das Eherecht ist wieder vollständig im BGB enthalten (§§ 1303 - 1320).

Mit den Aufgaben und Leistungen der Jugendhilfe befaßt sich das Gesetz über **Kinder- und Jugendhilfe**, das als VIII. Buch Bestandteil des Sozialgesetzbuches geworden ist. Familienrechtliche Bestimmungen finden sich ferner im **Gesetz über die religiöse Kindererziehung**, im **Personenstandsgesetz** und in der **Verordnung über die Behandlung der Ehewohnung und des Hausrats.**

Der Rang eines innerstaatlichen Gesetzes kommt auch der **Europäischen Menschenrechtskonvention** aus dem Jahre 1950 zu; doch bleibt zweifelhaft, inwieweit die nur allgemein gehaltenen Bestimmungen dieser Konvention im Bereich des Familienrechts geeignet sind, das innerstaatliche deutsche Recht abzuändern oder zu beeinflussen (vgl. die Übersicht bei Palandt-Diederichsen Einl. vor § 1297 Rn 7).

2. Das gerichtliche **Verfahren** in Familiensachen, Kindschaftssachen und Unterhaltssachen ist in der **Zivilprozeßordnung** (§§ 606 ff) geregelt. Auch hier haben die Reformgesetze erhebliche Änderungen der Verfahrensregeln gebracht; hervorzuheben ist die wesentlich erweiterte Zuständigkeit des Familiengerichts bei Entscheidungen, die bisher dem Vormundschaftsgericht vorbehalten waren. Ferner enthält das **Gesetz über die Angelegenheiten der freiwilligen Gerichtsbarkeit** in den §§ 35 bis 70 n Bestimmungen über die Verfahren in Vormundschafts-, Familien-, Betreuungs- und Unterbringungssachen.

3. *Neue Bundesländer* 9

Das in der Bundesrepublik geltende Familienrecht ist im Beitrittsgebiet am 3.10.1990 in Kraft getreten (Art. 8 des Einigungsvertrages i.V.m. Art. 230 II, Art. 234 § 1 EGBGB). Damit gilt das Vierte Buch des BGB mit den einschlägigen Nebengesetzen anstelle des Familiengesetzbuches der DDR auch für alle familienrechtlichen Verhältnisse, die am Tage des Beitritts bereits bestanden haben. ***Ausnahmen*** *von der Überleitung dieser Rechtsvorschriften sind in den einzelnen Abschnitten des Buches gesondert dargestellt.*

4. Auf folgende Auwahl an Lehrbüchern und Grundrissen des Familienrechts 10
in neueren Auflagen wird hingewiesen: **Lüderitz**, 27. Aufl. 1999; **Gernhuber-Coester-Waltjen**, 4. Aufl. 1994; **Giesen**, 2. Aufl. 1997; **Henrich**, 5. Aufl. 1995; **Schlüter**, 8. Aufl. 1998; **Schwab**, 9. Aufl. 1999; **Seidl**, 5. Aufl. 1999.

Für die Unterhalts**berechnung**: **Brudermüller/Klattenhoff**, Tabellen zum Familienrecht, 15. Aufl. 1997; **Kemnade/Scholz/Zieroth**, Daten und Tabellen zum Familienrecht, 2. Aufl. 1998.

E r s t e r   T e i l

Verlobung und Eheschließung

Erster Abschnitt: Die Verlobung

I. Begriff und Rechtsnatur der Verlobung

11 Durch die Verlobung (in der Gesetzessprache "Verlöbnis" genannt) versprechen sich Mann und Frau gegenseitig, die Ehe miteinander eingehen zu wollen. Dieses Eheversprechen muß **ernsthaft** von beiden Partnern erklärt werden, sonst ist es unwirksam und begründet keine Verpflichtung zur späteren Heirat. Über die Rechtsnatur der Verlobung gibt es mehrere Theorien, was bei dem besonderen Charakter dieser Liebesbeziehung nicht verwundern kann. Jedenfalls setzt die Verlobung eine Einigung voraus, was dafür spricht, in ihr den Abschluß eines **Vertrages** zu sehen. Doch erschöpft sich die Bedeutung der Verlobung nicht in dieser Einigung; sie schafft zwischen den Verlobten eine besondere rechtliche Beziehung, den **Brautstand**, der auf die künftige Eheschließung ausgerichtet ist. Außerdem unterliegt die Verlobung, abweichend von normalen Verträgen, verschiedenen Sonderregelungen, so daß die Verlobung als ein **Vertragsverhältnis eigener (familienrechtlicher) Art** bezeichnet werden kann, das zur Vorbereitung der Eheschließung dient.

II. Begründung der Verlobung

1. Formfreiheit

12 Entgegen einer weitverbreiteten Ansicht ist der Beginn einer Verlobung nicht von Mitteilungen oder Handlungen der Verlobten oder ihrer Angehörigen (z.B. Verlobungsfeiern, Ringwechsel, Anzeigen) abhängig. Sie kommt **formfrei** zustande, sobald sich das Liebespaar über die künftige Eheschließung geeinigt hat.

Diese Einigung muß nicht wortwörtlich erklärt werden; sie **kann** auch in **schlüssigem Verhalten** liegen (z.B. dann, wenn beide Verlobte wie ein Ehepaar zusammenleben; wenn sie gemeinsam eine Wohnungseinrichtung kaufen; wenn ein Verlobter seinen Arbeitsplatz im Hinblick auf die künftige Heirat wechselt oder aufgibt). Da ein solches Verhalten aber nicht zwingend auf das Bestehen eines ernsthaften Eheversprechens schließen läßt, erweist sich die Mitteilung der Verlobung an andere Personen (Bekannte, Freunde, Verwandte) als zweckmäßig; denn es kann sein, daß sich das Paar später wieder trennt, wobei Streit darüber entstehen kann, ob es miteinander verlobt war.

2. Voraussetzungen 13

a) Wer **volljährig** ist, also das 18. Lebensjahr vollendet hat (§ 2), kann sich ohne Zustimmung Dritter rechtswirksam verloben. Wer **minderjährig** ist, also zwischen 7 und 18 Jahren alt ist (§ 106), benötigt zur Verlobung die Einwilligung seines gesetzlichen Vertreters (§ 107), im Regelfall die Einwilligung seiner Eltern (§ 1629; s.u. RN **552**). Fehlt diese Einwilligung (das ist die **vorherige** Zustimmung; vgl. § 183), bleibt die Wirksamkeit der Verlobung in der Schwebe, bis der gesetzliche Vertreter entweder **nachträglich** zustimmt (also die Verlobung **genehmigt**; vgl. § 184) oder die Genehmigung verweigert. Im letzteren Fall ist keine Verlobung zustande gekommen (vgl. § 108 I).

Wer **geschäftsunfähig** ist (§ 104), kann sich nicht verloben (§ 105). Wer unter **Betreuung** steht, kann sich, sofern er nicht geschäftsunfähig ist, ohne Einwilligung seines Betreuers rechtswirksam verloben (§ 1903 II; s.u. RN **753**).

b) Die Verlobung ist ein **höchstpersönliches** Rechtsgeschäft. Das bedeutet, daß sich niemand stellvertretend für einen anderen verloben darf. Auch die Eltern sind nicht berechtigt, ihre Kinder zu verloben.

c) Die Verlobung kann aus bestimmten Gründen **unwirksam** (nichtig) sein, insbesondere dann, wenn sie gegen die **guten Sitten verstößt** (§ 138 I).
Das ist z.B der Fall, wenn der beabsichtigten Eheschließung ein **unbehebbares Eheverbot** entgegensteht (s.u. RN **34**). Eheverbote, von denen Befreiung erteilt werden kann, hindern den Abschluß einer Verlobung nicht, doch endet die Verlobung, wenn die Befreiung versagt wird.

Nichtig ist eine Verlobung wegen Sittenwidrigkeit auch dann, wenn ein oder beide Partner noch anderweitig verheiratet sind (vgl. BayObLG NJW 83, 831). Auch wer sich zum zweiten Mal verlobt, bevor die erste Verlobung aufgelöst ist, handelt sittenwidrig (RGZ 105, 245).

III. Wirkungen der Verlobung 14

1. Durch die Verlobung wird eine **Rechtspflicht** zur Eingehung der Ehe begründet (umstr.). Diese Verpflichtung kann allerdings nicht eingeklagt werden (§ 1297 I); denn ein Zwang zur Eheschließung wäre nach unserem Rechtsempfinden sittenwidrig. Aus dem gleichen Grund würde das Versprechen einer Vertragsstrafe (§ 339) für den Fall, daß die versprochene Heirat unterbleibt, nichtig sein (§ 1297 II). Doch kann sich, wer sich grundlos von einer Verlobung lossagt, schadenersatzpflichtig machen (s.u. RN **16**).

2. Der **Brautstand** bewirkt ein besonderes Rechtsverhältnis zwischen den Verlobten, ein Familienverhältnis eigener Art.

So gelten Verlobte als "Angehörige" im Sinne des Strafrechts (§ 11 I Nr. 1a StGB); ferner steht dem Verlobten eines Beschuldigten im Strafprozeß ein Zeugnisverweigerungsrecht zu (§ 52 I Nr. 1 StPO), ebenso dem Verlobten einer Partei in einem Zivilprozeß (§ 383 I Nr. 1 ZPO).

Verlobte sind berechtigt, gemeinsam einen **Ehevertrag** abzuschließen (§ 1408; s.u. RN **260**); sie werden beim Abschluß und bei der Aufhebung von **Erbverträgen** wie Eheleute behandelt (vgl. §§ 2275 II, 2276 II, 2279 II, 2290 III); ebenso bei **Erbverzichtsverträgen** (§ 2347 I).

Verlobte haben auch die Möglichkeit, für den Fall der Scheidung ihrer Ehe (formfreie) Unterhaltsvereinbarungen zu treffen, z.B. auf Unterhalt für die Zeit nach der Scheidung ganz oder teilweise zu verzichten (§ 1585 c).

3. **Kinder**, die während der Verlobungszeit geboren werden, stehen unter der elterlichen Sorge ihrer Mutter (§ 1626 a II). Beide Elternteile können jedoch schon während der Verlobungszeit die elterliche Sorge **gemeinsam** ausüben, wenn sie Sorgeerklärungen abgeben (§ 1626 a I Nr. 1; s.u. RN **533**).

IV. Beendigung der Verlobung mit ihren Rechtsfolgen

1. Endigungsgründe

15 Die Verlobung endet im Normalfall mit der Heirat der Verlobten. Zwangsläufig endet sie auch beim Tod eines Verlobten, aber auch dann, wenn sich nachträglich herausstellt, daß eine Eheschließung ohne Verschulden der Verlobten unmöglich geworden ist (z.B. ein Verlobter wird geisteskrank). Sie endet ferner, ohne daß dies weitere Verpflichtungen auslöst, wenn beide Verlobte **einvernehmlich** die Verlobung aufheben.

Schließlich endet die Verlobung durch einseitigen Rücktritt eines Verlobten.

2. Einseitiger Rücktritt

Eine besondere Regelung im Gesetz hat der **einseitige Rücktritt** eines Verlobten gefunden. Dieser Rücktritt ist jederzeit möglich, und zwar gleichgültig, ob er grundlos erfolgt oder nicht, weil die Freiheit des einzelnen, eine Ehe eingehen zu wollen, nicht eingeschränkt werden darf. Auch der grundlose Rücktritt ist deshalb wirksam und beendet den Brautstand.

Der Rücktritt muß dem anderen Teil gegenüber **erklärt** werden, entweder ausdrücklich oder durch schlüssiges Verhalten (z.B. durch Abbruch der Beziehungen und Hinwendung zu einem anderen Partner).

Wer noch **minderjährig** ist, benötigt zum Rücktritt **nicht** die Zustimmung seines gesetzlichen Vertreters, denn auch der Minderjährige darf nicht gezwungen werden, an einer Verlobung festzuhalten.

3. Schadenersatzpflicht beim Rücktritt

In zwei im Gesetz geregelten Fällen hat der Rücktritt eines Verlobten eine Schadenersatzpflicht zur Folge: nämlich dann, wenn er **grundlos** zurücktritt oder wenn er den Rücktritt des anderen Verlobten durch sein **Verschulden** veranlaßt hat. 16

a) Schadenersatzpflichtig ist der Verlobte, der **grundlos**, also ohne wichtigen Grund, von der Verlobung zurücktritt (§ 1298 I, III). Was ein **wichtiger Grund** ist, sagt das Gesetz nicht, doch sind darunter nur solche Umstände zu verstehen, die die Eheschließung zwischen diesen Verlobten als **unzumutbar** erscheinen lassen. Da derjenige, der einen wichtigen Grund für seinen Rücktritt geltend macht, diesen Grund im Streitfall auch beweisen muß, werden von der Rechtsprechung nur solche Gründe als "wichtig" anerkannt, die **nachprüfbar** sind (MünchKomm-Wacke § 1298 RdNr. 10).

Das Schwinden der Zuneigung zu seinem Partner oder die Erkenntnis, daß man doch nicht so recht zueinander paßt, stellen deshalb mangels Nachprüfbarkeit keine wichtigen Gründe dar.

Bsp. für **wichtige Gründe**: Untreue oder sonstiges gravierendes Fehlverhalten eines Partners, wie Mißhandlungen und Beleidigungen; ferner maßlose Eifersucht, unheilbare Krankheiten, grundlose Verzögerung der Eheschließung, schwere Zerwürfnisse mit den künftigen Schwiegereltern.

b) Schadenersatzpflichtig ist auch der Verlobte, der durch sein **Verschulden** dem anderen Teil einen wichtigen Grund zum Rücktritt gibt (§ 1299). 17

Bsp.: Ein Verlobter löst wegen der Untreue oder wegen eines sonstigen schweren Fehlverhaltens des anderen Verlobten die Verlobung auf. Das leichtsinnige Verhalten eines Verlobten, das ihn auf Dauer arbeitsunfähig macht, veranlaßt den anderen Verlobten zum Rücktritt.

c) Schadenersatzpflichtig ist ferner der Verlobte, der aus wichtigem Grund von der Verlobung zurücktritt, diesen wichtigen Grund aber selbst verschuldet hat. Dieser im Gesetz nicht geregelte Fall ergibt sich aus analoger Anwendung des § 1299.

Bsp.: Ein Verlobter ist seinem Partner untreu geworden und dabei an Aids erkrankt. Tritt er deshalb selbst von der Verlobung zurück, entbindet ihn das nicht von seiner Schadenersatzpflicht.

V. Umfang der Schadenersatzpflicht

1. Kreis der Ersatzberechtigten 18

Der Rücktritt eines Verlobten kann sowohl vermögensrechtliche Auswirkungen bei dem anderen Verlobten, als auch bei weiteren Personen haben.

Das Recht, Schadenersatz zu verlangen, steht zu (§ 1298 I 1):

a) dem schuldlosen Verlobten;

b) den Eltern dieses Verlobten;

c) dritten Personen, die anstelle der Eltern gehandelt haben (z.B. Freunde, Pflegeeltern, weitere Verwandte).

2. Inhalt des Schadenersatzanspruchs

Der ersatzpflichtige Verlobte hat den Schaden wieder gutzumachen, den der Rücktritt für die von ihm geschädigten Personen zur Folge hatte.

Zu ersetzen sind dabei **nicht** die **Vorteile**, die die Ehe dem anderen Verlobten gebracht hätte (z.B. einen höheren Lebensstandard), sondern die **Nachteile**, die der Verlobte und die anderen Ersatzberechtigten nicht erlitten hätten, wenn die Verlobung unterblieben wäre.

Im einzelnen:

19 a) **Alle** Ersatzberechtigten können Schadenersatz für Aufwendungen und Verbindlichkeiten verlangen, die sie in Erwartung der Eheschließung übernommen haben (§ 1298 I 1).

Bsp.: Die Braut hat ein Darlehen aufgenommen, um sich eine moderne Kücheneinrichtung zu kaufen und muß dafür erhebliche Zinsen zahlen. Die Eltern des Bräutigams haben die Kosten der Verlobungsfeier getragen. Von den Freunden und Verwandten wurde eine Hochzeitsreise finanziert, deren Absage mit hohen Unkosten verbunden ist.

b) Der ersatzberechtigte **Verlobte** kann darüber hinaus Schadenersatz für sonstige sein Vermögen oder seine Erwerbsstellung berührende Maßnahmen verlangen, die er in Erwartung der Ehe getroffen hat (§ 1298 I 2).

Bsp.: Ein Verlobter hat auf Wunsch des anderen seinen sicheren Arbeitsplatz aufgegeben und ist jetzt arbeitslos. Die Braut hat infolge der beabsichtigten Heirat eine Eigentumswohnung ungünstig verkauft.

c) Die vorstehend geschilderten Ansprüche auf Schadenersatz sind **nicht unbegrenzt.** Sie brauchen nur in dem Umfang erfüllt werden, soweit die Aufwendungen, Verbindlichkeiten und sonstigen Maßnahmen den Umständen nach **angemessen** waren (§ 1298 II).

Unangemessen sind alle Maßnahmen, die den Lebensstil der ersatzberechtigten Personen deutlich überschreiten oder auch sonst in keinem vernünftigen Verhältnis zur beabsichtigten Eheschließung stehen.

Bsp.: Kauf einer Luxuslimousine für die Hochzeitsreise bei beiderseits bescheidenem Einkommen. Weiteres Bsp.: BGH NJW 61, 1716).

d) Der Ersatz des **immateriellen Schadens**, den eine unbescholtene Verlobte durch die Beiwohnung ihres Verlobten erlitten hat (sog. **Kranzgeld**), kann nicht mehr verlangt werden, da § 1300 mit Wirkung vom 1.7.1998 aufgehoben worden ist.

VI. Rückgabe der Geschenke und Verjährung der Ansprüche

1. Voraussetzungen 20

Wenn die Verlobung nicht mit einer Heirat endet, und zwar gleichgültig aus welchem Grund, ist jeder Verlobte berechtigt, vom anderen die Herausgabe von Geschenken zu verlangen (§ 1301).

Es handelt sich nicht um einen Schadenersatzanspruch, sondern um einen Anspruch, der sich nach den Vorschriften über die Herausgabe einer ungerechtfertigten Bereicherung (§§ 812 ff) richtet. Sind die Geschenke nicht mehr vorhanden und ist deshalb der zur Herausgabe verpflichtete Verlobte nicht mehr bereichert, braucht er für die Geschenke keinen Wertersatz zu leisten (§ 1301 i.V.m. § 818 III).

2. Ausschluß der Rückgabe

Endet die Verlobung durch den Tod eines Verlobten, ist in Zweifelsfällen anzunehmen, daß die Rückforderung der Geschenke unterbleiben soll (§ 1301, 2). Die Rechtsprechung schließt das Rückforderungsrecht auch dann aus, wenn der Verlobte die Eheschließung "wider Treu und Glauben" verhindert hat (§ 1301 i.V.m. § 815; BGHZ 45, 258, 262).

3. Verjährung der Ansprüche

Die Schadenersatz- und Bereicherungsansprüche, die sich aus der Beendigung einer Verlobung ergeben, verjähren in zwei Jahren ab dem Tage der Auflösung der Verlobung, wenn sie nicht vorher vom früheren Verlobten anerkannt oder gegen ihn gerichtlich geltend gemacht worden sind (§ 1302 i.V.m. §§ 208, 209).

VII. *Neue Bundesländer* 21

Die Verlobung diente in der ehemaligen DDR lediglich dazu, den ernsten Willen der Partner zu prüfen, ob ..."die Voraussetzungen gegeben sind, einen Bund fürs Leben zu schließen und eine Familie zu gründen" (§ 5 III FGB). Irgendwelche Rechtsfolgen waren damit nicht verbunden. Um eine nachträgliche Änderung dieser Rechtslage zu vermeiden, bestimmt Art. 234 § 2 EGBGB, daß die Vorschriften über das Verlöbnis nicht für Verlobungen gelten, die vor dem 3.10.1990 geschlossen worden sind. Nach diesem Datum eingegangene Verlobungen richten sich nach den Vorschriften des BGB.

Zweiter Abschnitt: **Das Recht der Eheschließung**

Vorbemerkung 22

Das Eheschließungsrechtsgesetz vom 4.5.1998 (BGBl. I S. 833) hat das **Ehegesetz** vom 20.2.1946 **aufgehoben** und das Recht der Eheschließung in das **BGB** zurückgeführt. Dabei ist die Eheschließung durch die Abschaffung des Aufgebots, durch die Einschränkung der Eheverbote und durch Erleichterungen bei einer Beteiligung von Ausländern vereinfacht worden. Eine fehlerhaft zustande gekommene Ehe kann jetzt nur noch im Wege der **Aufhebung** beseitigt werden, da die Vorschriften über die Nichtigkeit der Ehe weggefallen sind. Schließlich sieht das Gesetz auch die "Heilung" von Ehen vor, die nicht vor einem Standesbeamten geschlossen worden sind.
Lit. zur Reform des Eheschließungsrechts: Barth/Wagenitz FamRZ 96, 833; Bosch FamRZ 97, 65 und 138; Hepting FamRZ 98, 713.

I. Vom Wesen der Ehe

23 Die Ehe gehört zu den ältesten Formen menschlichen Zusammenlebens. Sie ist im Verlauf der Geschichte ständigen Wandlungen ausgesetzt gewesen und durch die in den jeweiligen Kulturen herrschenden Ansichten geprägt worden. In zunehmendem Maße hat sich die Obrigkeit in allen Kulturkreisen bemüht, die vielfältigen Formen geschlechtlicher Verbindungen in eine rechtliche Ordnung zu bringen, damit zu vereinfachen, aber auch zu reglementieren. So wird bei uns nur noch die vor einem Standesbeamten geschlossene Ehe als rechtsgültig anerkannt (§ 1310 I). Das ändert freilich nichts daran, daß die Heirat immer noch von zahlreichen Sitten und Gebräuchen, von religiösen Riten und weltanschaulichen Vorstellungen mitbestimmt wird.

Unser heutiges Eherecht ist zwar religiös und weltanschaulich neutral, steht aber auf dem Fundament der Wertvorstellungen, wie sie sich seit langem in der christlich-abendländischen Kultur herausgebildet haben. Charakteristisch dafür sind folgende Merkmale:

1. Freiheit der Eheschließung

24 Niemand darf gegen seinen Willen zur Ehe gezwungen werden. Sie darf nur aufgrund einer freien Entschließung der Verlobten zustande kommen, andernfalls leidet sie an einem Mangel, der zu ihrer Auflösung führen kann. Somit wäre es nicht zulässig, diejenigen, die eine nichteheliche Lebensgemeinschaft bevorzugen, kraft Gesetzes den gleichen Vorschriften zu unterwerfen, wie sie für die Ehe gelten. Aber auch jede zwangsweise Verhinderung einer Eheschließung wäre als Verstoß gegen Art. 2 II 2 GG unzulässig.

2. Geschlechtsverschiedenheit und Einehe

Die Ehe setzt Geschlechtsverschiedenheit der Eheleute voraus. Eine Lebensgemeinschaft von Homosexuellen oder Lesbierinnen läßt sich mit dem Ehebegriff unserer Gesetze nicht in Einklang bringen. Die Eheschließung zwischen gleichgeschlechtlichen Partnern verstößt außerdem gegen das Sittengesetz im Sinne des Art. 2 I GG.

In unserem Kulturkreis beinhaltet die Ehe eine Lebensgemeinschaft mit nur **einem** Partner. Die Eingehung einer Doppelehe (§ 1306) ist daher unzulässig. Wie es die Rechtsprechung formuliert hat (OLG Hamm FamRZ 75, 630), kann begrifflich zwischen **einer** Frau und **einem** Mann immer nur **eine** Ehe bestehen.

3. Lebensdauer

Die Ehe ist grundsätzlich auf Lebenszeit angelegt (§ 1353 I 1). Eine Ehe auf Zeit kennt unsere Rechtsordnung nicht. Die Unauflöslichkeit der Ehe ist aber nicht absolut zu verstehen; die Ehe kann, wie alle Dauerrechtsverhältnisse, aus triftigen Gründen schon vor dem Tod eines Ehegatten aufgelöst werden.

4. Lebensgemeinschaft 25

Die Verbindung der Eheleute zu einer die gesamte Persönlichkeit umfassenden Lebensgemeinschaft ist nicht nur eine sittliche, sondern auch eine Rechtspflicht (§ 1353 I 2). Das schließt nicht nur eine rücksichtslose Selbstverwirklichung des einen Partners auf Kosten des anderen Partners aus, sondern erfordert gegenseitige Rücksichtnahme und notfalls den Verzicht auf die Verfolgung eigener Interessen zugunsten der ehelichen Gemeinschaft. Nach heutiger Auffassung sollte die eheliche Lebensgemeinschaft von gegenseitiger Liebe und Achtung, von ehelicher Treue, von gegenseitigem Vertrauen und Versöhnungsbereitschaft, von Partnerschaft und Gleichberechtigung geprägt sein.

5. Zusammenfassung

Nach alledem ist die Ehe eine vom Recht anerkannte Verbindung eines Mannes und einer Frau zu einer umfassenden und auf die Dauer angelegten Lebensgemeinschaft.

II. Kirchliche Trauung und staatliche Eheschließung

1. Geschichtlicher Rückblick 26

Die eheliche Verbindung von Mann und Frau war schon immer von religiösen Vorstellungen begleitet, die sich in jedem Kulturkreis in besonderen Formen geäußert haben. Die **christliche Kirche** hat erst sehr spät Einfluß auf die rechtliche Seite der Eheschließung genommen und sich mit dem Aufstellen sittlicher Forderungen an die Eheleute begnügt. Doch wurde seit dem Beginn des 13. Jh. die Teilnahme eines Priesters an der Trauung üblich, ohne daß der weltliche Charakter der Eheschließung in Frage gestellt worden wäre.
Dies änderte sich für die **katholische Kirche** erst mit dem Tridentinischen Konzil. Es legte im Jahre 1563 fest, daß eine Eheschließung nur dann gültig ist, wenn sie vor dem zuständigen Pfarrer und zwei Zeugen stattfindet. Im Gegensatz dazu haben die **evangelischen Kirchen** kein eigenes Eherecht entwickelt, weil lange Zeit die Heirat als ein rein weltlicher Akt angesehen wurde. Erst seit dem 17. Jh. kennt das evangelische Kirchenrecht das "Zusammensprechen" der Brautleute durch den Pfarrer. Zwar ist diese Art der Trauung kirchenrechtliche Pflicht für die Brautleute geworden, doch wird durch sie (im Gegensatz zur katholischen Kirche) kein eigenes **Rechtsverhältnis** zwischen der Kirche und den Brautleuten begründet.

Diese verschiedenen Formen kirchlicher Trauung wurden von den damals bestehenden deutschen Ländern als rechtsgültige Eheschließungen anerkannt.

Es ergab sich aber bald die Notwendigkeit, eine **staatliche** Eheschließung zu ermöglichen, vor allem für die Angehörigen verschiedener christlicher Konfessionen, für Juden oder Glaubenslose. Hinzu kam Ende des 19. Jh. im neu gegründeten Deutschen Reich das Bestreben auf, den Einfluß der katholischen Kirche auf das weltliche Leben zurückzudrängen (Kulturkampf). Dies führte im Jahre 1875 zur Einführung der **obligatorischen Zivilehe**, die bis heute gilt.

2. Auswirkungen der obligatorischen Zivilehe

27 Seit 1875 besteht eine strikte Trennung zwischen Kirche und Staat auf dem Gebiet der Eheschließung. Das hat folgende Auswirkungen:

a) Der Staat erkennt nur die vor dem Standesbeamten geschlossene Ehe als rechtsgültig an (§ 1310 I). Daher betreffen die Vorschriften des BGB nicht die kirchliche, sondern nur die bürgerlich-rechtliche Seite der Ehe.

b) Dem steht nicht entgegen, daß durch die Trauung auch kirchliche Verpflichtungen für die Eheleute entstehen können. Solche Verpflichtungen läßt das Gesetz unberührt, doch interessiert es den konfessionsneutralen Staat nicht, ob sie eingehalten werden. Dieser Grundsatz der **Neutralität** des Staates hat in § 1588 seinen Niederschlag gefunden.

28 c) Kirchliche **Ehehindernisse** werden somit bei der Begründung einer Zivilehe nicht berücksichtigt. Entscheidungen geistlicher Gerichte in Ehesachen bleiben ohne weltliche Wirkung. Andererseits wird die nur vor dem Standesbeamten geschlossene Ehe von der katholischen Kirche nicht als Ehe anerkannt, wie auch die weltliche Ehescheidung von katholisch getrauten Eheleuten für die Kirche ohne rechtliche Bedeutung ist.

d) Um aber zu vermeiden, daß Verlobte im Sinne des Kirchenrechts verheiratet sind, aber bürgerlich-rechtlich ledige Personen bleiben, was zu Gewissenskonflikten und Mißverständnissen führen kann, schreibt § 67 PStG vor, daß eine kirchliche Trauung (von Ausnahmen abgesehen) erst dann stattfinden darf, wenn die Verlobten **vorher** standesamtlich getraut worden sind.

3. Entwicklung des deutschen Eherechts

29 a) Die Vorschriften über die Eingehung der Zivilehe befanden sich ursprünglich im Bürgerlichen Gesetzbuch. Als im Jahre 1938 Österreich dem Deutschen Reich angeschlossen wurde, sollte das deutsche und das österreichische Eherecht vereinheitlicht werden. Zu diesem Zweck entfernte der Reichsgesetzgeber das Eherecht aus dem BGB und faßte es in einem neuen Gesetz, dem **Ehegesetz**, zusammen.

Bei dieser Gelegenheit konnten die nationalsozialistischen Wahnvorstellungen über die Rassentrennung, über den "Schutz der Volksgesundheit" und über den Kampf gegen das Judentum im Eherecht verankert werden.

b) Nach dem Ende des zweiten Weltkriegs erließen die Alliierten am 20. 2. 1946 das Ehegesetz als Gesetz Nr. 16 des Kontrollrats. Es unterschied sich von dem vorausgegangenen Gesetz nur dadurch, daß das nationalsozialistische Gedankengut aus ihm entfernt worden war.

c) In der Folgezeit ist das Ehegesetz mehrfach geändert worden. So wurde im Jahre 1976 das Recht der Ehescheidung aus dem Ehegesetz entfernt und in das BGB zurückgeführt. Das Eheschließungsrechtsgesetz vom 4.5.1998 hat nun unter Aufhebung des Ehegesetzes das Recht der Eheschließung mit Wirkung vom 1.7.1998 wieder in das BGB eingestellt und in den §§ 1303 - 1320 z.T. neu geregelt (dazu RN 22).

III. Die Ehefähigkeit 30

Die Eingehung der Ehe ist von persönlichen Voraussetzungen der Brautleute abhängig, nämlich der **Ehemündigkeit** und der **Geschäftsfähigkeit.** Beide Erfordernisse faßt das BGB unter dem Begriff der **Ehefähigkeit** zusammen.

1. Ehemündigkeit

a) Nach § 1303 I soll eine Ehe nicht vor Eintritt der **Volljährigkeit** (§ 2) eingegangen werden; denn erst mit der Vollendung des 18. Lebensjahres ist die Ehemündigkeit erreicht. Diese Bestimmung gilt in gleicher Weise für Frau und Mann. Doch darf auch ein **Minderjähriger** heiraten, wenn ihm von dieser Vorschrift **Befreiung** erteilt wird.

Dazu sind drei Voraussetzungen erforderlich (§ 1303 II):

- Der Minderjährige muß einen **Antrag** auf Befreiung vom Erfordernis der Volljährigkeit an das FamG stellen;
- der Minderjährige muß das **16. Lebensjahr** vollendet haben;
- der künftige Ehegatte muß **volljährig** sein. Eine Ehe zwischen Minderjährigen ist demnach ausgeschlossen.

b) Das FamG hat zu prüfen, ob die Befreiung dem **Wohl des Minderjährigen** 31 dient. Oft wird die Befreiung beantragt, weil die minderjährige Verlobte ein Kind erwartet. Das ist für sich genommen aber kein Grund, die Befreiung zu erteilen, da solche "Muß-Ehen" besonders häufig geschieden werden.

In dem Verfahren vor dem FamG hat das **JA** mitzuwirken und ist vor der Entscheidung anzuhören (§ 50 I SGB VIII i.V.m. § 49a I Nr. 1 FGG). Ferner wird das FamG auch die Verlobten, deren Eltern und sonstige Personensorgeberechtigte anhören (§§ 50 a, b FGG). Wird die Befreiung erteilt, gilt sie nur für die Eingehung der Ehe mit einem bestimmten Partner. Kommt diese Eheschließung nicht zustande, muß gegebenenfalls ein neuer Antrag auf Befreiung gestellt werden.

2. Geschäftsfähigkeit

32 Wer heiraten will, muß voll geschäftsfähig oder zumindest beschränkt geschäftsfähig sein.

a) Wer **geschäftsunfähig** ist, kann eine Ehe nicht eingehen (§ 1304 i.V.m. § 104). Eine solche Ehe könnte aufgehoben werden, doch besteht eine "Heilungsmöglichkeit" nach § 1315 I Nr. 2; s.u. RN **58**).

Da die Geschäftsunfähigkeit nicht mehr wie früher durch eine Entmündigung amtlich festgestellt wird, muß der Standesbeamte von sich aus prüfen, ob ein Verlobter geisteskrank ist oder ob er sich bei der Eheschließung "im Zustand der Bewußtlosigkeit oder der vorübergehenden Störung der Geistestätigkeit" befindet (vgl. § 105 II) und notfalls einen Sachverständigen befragen.

Steht der Verlobte unter **Betreuung**, kann dies darauf hindeuten, daß er geschäftsunfähig ist; zwingend ist das aber nicht, weil die Betreuung auch aus anderen Gründen angeordnet worden sein kann (§ 1896; s.u. RN **743**).

33 b) Wer **beschränkt geschäftsfähig** ist und heiraten will, also zwischen dem 16. und 18. Lebensjahr steht, benötigt außer der Befreiung von der Ehemündigkeit **nicht mehr** die Einwilligung seines gesetzlichen Vertreters oder eines sonstigen Inhabers der Personensorge (§ 1303 IV).

c) Hat allerdings der gesetzliche Vertreter des minderjährigen Antragstellers (oder ein sonstiger Inhaber der Personensorge) bei seiner Anhörung dem Antrag **widersprochen**, darf das FamG die Befreiung nur erteilen, wenn der Widerspruch nicht auf **triftigen Gründen** beruht (§ 1303 III).

Bsp. für triftige Gründe: Ungesicherte wirtschaftliche Basis der Ehe (BayObLG FamRZ 83, 66); fehlende persönliche und charakterliche Reife eines Verlobten (OLG Thüringen FamRZ 97, 1274); ungünstige Rechtsstellung einer minderjährigen Frau bei Heirat mit einem Moslem (OLG Neustadt FamRZ 63, 443); Krankheit eines Verlobten.

d) Wenn ein Minderjähriger ohne die Befreiung durch das FamG heiratet, ist die Ehe zwar gültig zustande gekommen, sie kann aber wieder aufgehoben werden (§ 1314 I; s.u. RN **59**).

34 IV. Die Eheverbote

Die Zahl der Eheverbote war nach dem Kirchenrecht im Mittelalter sehr hoch. Erst seit dem Ende des 18. Jh. wurde die Fülle der Eheverbote und Erlaubnisvorbehalte immer stärker eingeschränkt. Heute gilt die Eheschließungsfreiheit als ein Grundrecht, das nur durch das Sittengesetz (Art. 2 GG) und andere Verfassungsbestimmungen eingeschränkt werden darf. Deshalb haben das Kindschaftsreformgesetz und das Eheschließungsrechtsgesetz weitere Eheverbote **aufgehoben**, so das in § 4 a.F. EheG normierte Verbot der Eheschließung zwischen **Verschwägerten in gerader Linie**, ferner das Eheverbot der **Wartezeit für Frauen** (§ 8 a.F. EheG) und das Eheverbot des fehlenden **Auseinandersetzungszeugnisses** (§ 9 a.F. EheG).

Innerhalb der wenigen jetzt noch bestehenden Eheverbote sind die **trennenden** ("darf nicht") von den **aufschiebenden** ("soll nicht") Eheverboten zu unterscheiden. Während ein Verstoß gegen ein trennendes Eheverbot zur Aufhebung der Ehe führen kann, beeinträchtigt ein Verstoß gegen ein aufschiebendes Eheverbot die Gültigkeit der Ehe nicht.

A. Trennende Eheverbote 35

Es handelt sich um das Eheverbot der Verwandtschaft und das Verbot einer Doppelehe.

1. Verwandtschaft

a) Das Eheverbot der **Verwandtschaft** umfaßt folgende Fälle (§ 1307):

- die Ehe zwischen Verwandten in **gerader Linie**; das sind Personen, deren eine von der anderen abstammt (§ 1589, 1 BGB; s.u. RN **411**). Ob die Verwandtschaft durch eheliche oder nichteheliche Geburt begründet worden ist, spielt dabei keine Rolle. Auch der Grad der Verwandtschaft ist unerheblich. So darf z.B. der Großvater nicht seine Enkelin heiraten.
- die Ehe zwischen vollbürtigen **Geschwistern**. Das sind Geschwister, die **beide** Elternteile gemeinsam haben.
- die Ehe zwischen halbbürtigen **Geschwistern**, die nur **einen** Elternteil gemeinsam haben (Stiefgeschwister). Es handelt sich z.B. um Kinder aus verschiedenen Ehen eines Elternteils.

b) Kein Eheverbot gilt für "zusammengebrachte Kinder"; das sind Kinder, die aus früheren Ehen jedes Ehegatten stammen und keinen Elternteil gemeinsam haben. 36

Kein Eheverbot besteht auch für Verwandte in der Seitenlinie, wenn es sich nicht um Geschwister handelt. Daher ist es zulässig, daß der Onkel seine Nichte oder daß die Cousine ihren Cousin heiratet.

c) Ist das Verwandtschaftsverhältnis durch Adoption erloschen (§ 1755 BGB), besteht das Eheverbot gleichwohl fort (§ 1307, 2).

Bsp.: Wird die Tochter eines Ehepaares von einem anderen Ehepaar adoptiert, erlischt zwar das Verwandtschaftsverhältnis der Tochter zu ihren bisherigen Verwandten, doch darf sie nicht ihren leiblichen Bruder heiraten.

d) Ein Verstoß gegen das Eheverbot der Verwandtschaft kann zur Aufhebung der Ehe führen (§ 1314 I).

2. Doppelehe 37

a) Da das Eherecht von dem Grundsatz der Einehe ausgeht, darf niemand eine neue Ehe eingehen, solange er mit einer dritten Person verheiratet ist (§ 1306). Ein Verstoß gegen dieses Verbot kann zur Aufhebung der Ehe führen (§ 1314 I).

Die Aufhebung ist jedoch ausgeschlossen, wenn **vor** der neuen Eheschließung die Scheidung oder Aufhebung der früheren Ehe ausgesprochen ist und dieser Ausspruch **nach** der Schließung der neuen Ehe rechtskräftig wird (§ 1315 II Nr. 1).

Der Grund für diese Ausnahmeregelung liegt darin, daß eine solche an sich unzulässige Eheschließung leichter möglich ist, als dies früher der Fall war. Während vor 1976 der Standesbeamte aus dem Rechtskraftvermerk eines Scheidungsurteils zuverlässig ersehen konnte, ob eine vorausgegangene Ehe geschieden ist, kann es nunmehr vorkommen, daß das sog. Verbundurteil im Scheidungsverfahren an einen der im Scheidungsverbund Beteiligten (z.B. an ein Kind oder an einen Versorgungsträger) nicht ordnungsgemäß zugestellt worden ist und deshalb zunächst nicht rechtskräftig werden kann. Die scheinbar geschiedenen Ehegatten haben von diesem Formfehler regelmäßig keine Kenntnis, sie halten sich für rechtskräftig geschieden und heiraten erneut. Um ihrer neuen Eheschließung den Makel einer Doppelehe zu nehmen, ordnet § 1315 II an, daß mit der Rechtskraft des Urteils über die Auflösung der früheren Ehe die Aufhebung der neuen Ehe ausgeschlossen ist. Die Rechtskraft tritt spätestens sechs Monate nach Urteilsverkündung ein, sofern keine Berufung gegen das Urteil eingelegt wird (§ 516 ZPO).

b) Eine Sonderregelung gilt auch im Falle der Wiederverheiratung eines Ehegatten, nachdem sein anderer Ehegatte für tot erklärt worden ist, aber noch lebt (s.u. RN **72**).

c) Zulässig ist es, daß Ehegatten die eigene Eheschließung **wiederholen**, wenn sie berechtigte Zweifel haben, ob ihre Ehe gültig zustande gekommen ist; das gleiche gilt für Zweifel am Fortbestand ihrer Ehe. Eine solche Wiederholung steht nicht im Widerspruch zu § 1306.

38 B. Aufschiebende Eheverbote

Aufschiebende Eheverbote betreffen nur noch Eheschließungen mit einem adoptierten Kind. Das Fehlen eines Ehefähigkeitszeugnisses bei Ausländern ist nicht mehr unter den Eheverboten aufgeführt, hat aber die gleiche Wirkung wie ein aufschiebendes Eheverbot.

1. Annahme als Kind

39 a) Wurde durch die Kindesannahme ein Verwandtschaftsverhältnis im Sinne des § 1307 begründet, **soll** keine Ehe zwischen dem adoptierten Kind und diesen Verwandten geschlossen werden (§ 1308 I 1). Der Grund dafür liegt darin, daß das durch die Adoption begründete künstliche Verwandtschaftsverhältnis der Blutsverwandtschaft gleichgestellt wird (§ 1754 I). Wird dieses Verhältnis wieder aufgelöst, entfällt auch das Eheverbot (§ 1308 I 2).

b) Von dem Eheverbot wegen einer durch die Adoption begründeten Verwandtschaft kann das FamG **Befreiung** erteilen, soweit das Eheverbot nur die Verwandtschaft in der **Seitenlinie** betrifft und keine wichtigen Gründe der Ehe entgegenstehen (§ 1308 II).

Bsp.: Nach Befreiung vom Eheverbot können Adoptivgeschwister einander heiraten.

Verboten bleibt aber z.B. die Ehe zwischen Adoptivvater und Adoptivtochter. Kommt eine solche Ehe dennoch zustande, erlischt das Annahmeverhältnis (§ 1766 BGB; s.u. RN **667**).

2. Ehefähigkeitszeugnis für Ausländer und im Ausland lebende Staatenlose 40

Wie schon erwähnt, ist das Fehlen eines Ehefähigkeitszeugnisses nicht mehr unter den Eheverboten geregelt, sondern steht in einem eigenen Abschnitt des Gesetzes. Im Hinblick darauf, daß dieses Fehlen sachlich die gleiche Wirkung hat wie ein aufschiebendes Eheverbot, wird es hier erörtert.

a) Wenn ein Ausländer, dessen Ehefähigkeit sich nach seinem Heimatrecht richtet, in Deutschland heiratet, besteht die Gefahr, daß die Ehe in seinem Heimatland nicht anerkannt wird. Das muß der Standesbeamte prüfen. Um ihm diese oft schwierige Aufgabe zu erleichtern, verlangt § 1309 I 1 vom Ausländer die Vorlage eines Ehefähigkeitszeugnisses des betreffenden Staates. Bevor der Ausländer dieses Zeugnis seines Heimatstaates beigebracht hat, aus dem hervorgeht, daß der Eheschließung dort kein Ehehindernis entgegensteht, **soll** er keine Ehe eingehen.

Das Ehefähigkeitszeugnis muß von der "inneren Behörde" des Heimatstaates oder von einer "anderen Stelle" nach Maßgabe eines mit dem Heimatstaat geschlossenen Vertrages (damit ist das CIEC-Abkommen Nr. 20 vom 5.9.1980 gemeint) erteilt sein und verliert seine Kraft, wenn die Ehe nicht binnen sechs Monaten seit der Ausstellung geschlossen wird (§ 1309 I 2, 3).

b) Oft ist die Beschaffung eines Ehefähigkeitszeugnisses nicht möglich, weil 41
es Staaten gibt, deren Behörden es ablehnen, ein Ehefähigkeitszeugnis auszustellen. In diesen Fällen kann der Präsident eines OLG **Befreiung** von der Pflicht, ein solches Zeugnis vorzulegen, erteilen (§ 1309 II 1). Dies kommt nicht nur für Ausländer in Betracht, sondern auch für Staatenlose mit gewöhnlichem Aufenthalt im Ausland, sowie - in besonderen Fällen - auch für Angehörige anderer Staaten, z.B. wenn die Beschaffung eines Ehefähigkeitszeugnisses mit unzumutbarem Aufwand verbunden wäre (§ 1309 II 2, 3).

c) **Zuständig** für die Befreiung ist der **OLG-Präsident**, in dessen Bezirk der Standesbeamte, bei dem die Eheschließung **angemeldet** worden ist, seinen Sitz hat (§ 1309 II 1; s.u. RN **43**).

Die Befreiung gilt nur für die Dauer von sechs Monaten, innerhalb deren die Eheschließung stattfinden muß, sonst wird sie wirkungslos (§ 1309 II 3). Für die Entgegennahme des Antrags auf Befreiung ist der **Standesbeamte** zuständig; er läßt sich die erforderlichen Unterlagen geben und bereitet die Entscheidung des Präsidenten vor (§ 5 a PStG).

d) Ist die Ehe eines Ausländers oder Staatenlosen ohne Vorlage eines Ehefähigkeitszeugnisses und Befreiung davon geschlossen worden, wird dadurch ihre Gültigkeit nicht berührt.

e) Will ein **Deutscher** im Ausland heiraten und benötigt er dazu ein Ehefä- 42
higkeitszeugnis, stellt es der Standesbeamte aus, in dessen Bezirk der Verlobte seinen Wohnsitz oder Aufenthalt hat (vgl. im einzelnen § 69 b PStG). Wer Deutscher im Sinne dieser Vorschrift ist, richtet sich nach Art. 116 I GG (§ 69 c PStG).

43 **V. Die Eheschließung**

1. Anmeldung

Der Eheschließung geht nicht mehr ein **Aufgebot** voraus (§ 12 a.F. EheG), sondern eine **Anmeldung** der Verlobten beim zuständigen **Standesbeamten** (§ 4 PStG). Zuständig ist der Standesbeamte, in dessen Bezirk einer der Verlobten seinen Wohnsitz oder "gewöhnlichen Aufenthalt" hat (§ 6 II PStG; s. u. RN **322** und zu den Einzelheiten RN **46**).

Bei ihrer Anmeldung haben die Verlobten ihre Abstammungsurkunden, beglaubigte Abschriften des Familienbuchs oder Auszüge daraus vorzulegen (§ 5 I PStG).

2. Aufgaben des Standesbeamten

44 a) Der Standesbeamte hat im Zusammenhang mit der Anmeldung einer Eheschließung verschiedene Prüfungen vorzunehmen. Insbesondere hat er zu prüfen, ob der Eheschließung ein **Ehehindernis** entgegensteht (§ 5 II PStG). Bei einem minderjährigen Verlobten muß er darauf achten, ob die Befreiung von der **Ehemündigkeit** durch das FamG vorliegt (s.o. RN **31**). Ist ein Verlobter **Ausländer**, hat der Standesbeamte das Ehefähigkeitszeugnis oder einen Antrag auf Befreiung entgegenzunehmen (s.o. RN **41**).

Liegen nicht sämtliche Voraussetzungen für eine Eheschließung vor, darf der Standesbeamte seine Mitwirkung daran verweigern (§ 1310 I 2, 1. HS).

b) Haben sich bei der Prüfung konkrete Anhaltspunkte ergeben, daß die beabsichtigte Eheschließung nach § 1314 II **aufhebbar** wäre (s.u. RN **60 ff**), hat sich der Standesbeamte durch weitere Nachforschungen Klarheit darüber zu verschaffen (§ 5 IV PStG). Stellt sich heraus, daß die Aufhebbarkeit der Ehe nach § 1314 II **offenkundig** ist, muß der Standesbeamte die Vornahme der Eheschließung verweigern (§ 1310 I 2, 2. HS). Diese Vorschriften haben insbes. zur Verhinderung von "Scheinehen" Bedeutung (s.u. RN **63**).

45 c) Ergibt sich bei der Befragung der Verlobten, daß ein Verlobter für ein (nicht gemeinsames) Kind die **Vermögenssorge** wahrzunehmen hat, muß der Standesbeamte dem FamG die bevorstehende Eheschließung mitteilen (§ 5 V 1 PStG). Das gleiche gilt in den in § 5 V 2 und 3 PStG genannten Fällen hinsichtlich der Mitteilung an das VormG.

Diese Vorschrift ist an die Stelle des weggefallenen Eheverbots des Auseinandersetzungszeugnisses (§ 9 a.F. EheG) getreten und soll dem FamG bzw. dem VormG die Möglichkeit geben, gemäß §§ 1493 II, 1683 I die zum Schutz des Kindesvermögens erforderlichen Maßnahmen zu treffen (s.u. RN **550**).

d) Stellt der Standesbeamte kein Ehehindernis fest, teilt er den Verlobten seine Bereitschaft mit, die Eheschließung vorzunehmen. Unterbleibt diese in den nächsten sechs Monaten nach der Mitteilung, muß die Anmeldung gegebenenfalls erneuert werden (§ 6 I 1 PStG).

e) Bei einer lebensgefährlichen Erkrankung eines Verlobten kann die Ehe nach Maßgabe des § 7 PStG auch ohne abschließende Prüfung nach § 5 PStG geschlossen werden; doch haben die Verlobten glaubhaft zu machen, daß kein Ehehindernis besteht.

3. Zuständigkeit des Standesbeamten 46

Vor dem Standesbeamten, der für die Anmeldung zuständig ist (s.o. RN **43**), muß nicht zwangsläufig auch die Eheschließung stattfinden. Hier eröffnet das Gesetz mehrere Möglichkeiten:

a) Wollen die Verlobten vor einem Standesbeamten heiraten, der für die Eheschließung **nicht zuständig** ist, erteilt der zuständige Standesbeamte diesem eine Ermächtigung zur Vornahme der Eheschließung und bescheinigt darin, daß bei der Prüfung nach § 5 PStG kein Ehehindernis festgestellt worden ist (§ 6 IV PStG).

Bsp.: Die Verlobten haben bei dem für ihren Wohnsitz in A-Stadt zuständigen Standesbeamten die Eheschließung angemeldet. Wollen sie nicht in A-Stadt, sondern in B-Stadt heiraten, kann der Standesbeamte in A-Stadt den (an sich unzuständigen) Standesbeamten in B-Stadt ermächtigen, die Eheschließung vorzunehmen.

b) Wird die Eheschließung bei einem Standesbeamten beantragt, der dafür zuständig ist, bei dem aber nicht die Anmeldung erfolgt war, bescheinigt der Standesbeamte, der die Anmeldung entgegengenommen hat, daß er kein Ehehindernis festgestellt hat (§ 6 V PStG).

Bsp.: Der Verlobte M wohnt in A-Stadt, seine Verlobte F in B-Stadt. Wenn die Anmeldung der Eheschließung bei dem zuständigen Standesbeamten in A-Stadt erfolgt ist, kann vor dem ebenfalls zuständigen Standesbeamten in B-Stadt geheiratet werden.

c) Ein **Verstoß** gegen diese Ordnungsvorschriften hat **keinen Einfluß** auf die Wirksamkeit der Eheschließung.

Bsp.: Haben die Verlobten die beabsichtigte Eheschließung nicht angemeldet, erreichen sie es aber, daß sie von einem Standesbeamten getraut werden, der für die Eheschließung nicht zuständig ist und auch keine Prüfung vorgenommen hat, ob ein Ehehindernis besteht, ändert dies nichts daran, daß eine vollgültige Eheschließung stattgefunden hat.

d) Voraussetzung für eine wirksame Eheschließung ist in allen diesen Fällen, 47
daß der die Eheschließung vornehmende Standesbeamte **innerhalb seines Amtsbezirks** tätig geworden ist. Außerhalb dieses Bezirks handelt er nur wie ein Privatmann, so daß eine vor ihm geschlossene Ehe eine **Nichtehe** wäre, falls er es unterließe, die Ehe in das Heiratsbuch einzutragen (§ 1310 II).

Bsp.: Der Standesbeamte in A-Stadt besucht seinen Kollegen in C-Stadt. Dieser ist unpäßlich und bittet den Standesbeamten von A-Stadt, an seiner Stelle die Trauung vorzunehmen. Wenn dieser dazu bereit ist, kommt nur dann eine gültige Ehe zustande, wenn er selbst (und nicht der Standesbeamte von C-Stadt) die Eintragung ins Heiratsbuch vornimmt.

4. Form der Eheschließung

48 a) Am Tage der Trauung haben beide Verlobten **persönlich** und **gleichzeitig** vor dem Standesbeamten zu erscheinen und ihren Eheschließungswillen zu bekunden (§ 1311). Da es sich bei der Eheschließung um ein höchstpersönliches Rechtsgeschäft handelt, ist eine Stellvertretung dabei ausgeschlossen. Sofern die Verlobten es wünschen, kann die Trauung in Gegenwart von einem oder zwei **Zeugen** stattfinden (§ 1312 I 2); erforderlich ist die Anwesenheit von zwei Zeugen nicht mehr (vgl. § 14 a.F. EheG).

b) Ferner muß der Standesbeamte zur **Mitwirkung** an der Eheschließung **bereit sein.** Wird er auf unlautere Weise (z.B. durch Drohung oder Erpressung) zur Mitwirkung gezwungen, kommt keine Ehe zustande, weil sie nicht "**vor** dem Standesbeamten" stattgefunden hat (§ 1310 I 1).

c) Vor der Eheschließung soll der Standesbeamte die Verlobten fragen, ob sie einen **Ehenamen** bestimmen wollen (§ 6 I 3 PStG). Sie können wählen, ob dies der Geburtsname des Mannes oder der Geburtsname der Frau sein soll (§ 1355 II). Sagen sie nichts, behält jeder Ehegatte den von ihm zur Zeit der Eheschließung geführten Namen (s.u. RN **101**).

49 d) Die Eheschließung soll in einer der Bedeutung der Ehe entsprechenden **würdigen Form** vorgenommen werden (§ 8 PStG). Dabei soll der Standesbeamte die Eheschließenden einzeln befragen, ob sie die Ehe miteinander eingehen wollen (§ 1312, 1). Haben beide Verlobten diese Frage bejaht, ist die Eheschließung vollzogen.

Die Erklärungen der Verlobten müssen **eindeutig** sein. Gibt ein Verlobter keine Erklärung ab oder verneint er die Frage, kommt die Ehe nicht zustande. Die Erklärungen müssen nicht ausdrücklich, sondern können auch **stillschweigend** abgegeben werden (z.B. durch Kopfnicken, durch Zeichen bei Tauben und Stummen).

Die Beifügung einer **Bedingung** oder **Zeitbestimmung** (s.u. RN **640**) zu der Erklärung ist unzulässig (§ 1311, 2) und kann die Aufhebung der Ehe zur Folge haben (§ 1314 I).

50 e) Nachdem beide Verlobten die Frage des Standesbeamten bejaht haben, soll dieser aussprechen, daß sie nunmehr **kraft Gesetzes** rechtmäßig verbundene Eheleute sind (§ 1312 I 1). Ferner soll der Standesbeamte die Eheschließung im Beisein der Ehegatten und der etwa anwesenden Zeugen in das **Heiratsbuch eintragen** (§ 1312 II i.V.m. § 9 PStG).

Bei diesen Formalitäten handelt es sich um unwesentliche Bestandteile der Eheschließung. Der Ausspruch des Standesbeamten hat lediglich feststellende Bedeutung, so daß auch dann eine wirksame Ehe zustande gekommen ist, sollte ein Ehegatte unmittelbar nach Abgabe der beiderseitigen Erklärungen versterben.

f) Eine romantische Trauung durch den Kapitän eines **Schiffes** auf hoher See kommt nur dann in Betracht, wenn das "Recht der Flagge" dem Kapitän eine solche Befugnis erteilt. Das ist auf deutschen Schiffen nicht der Fall, weil der Kapitän kein Standesbeamter ist. Hält sich jedoch ein Schiff noch innerhalb eines Standesamtsbezirks auf, kann eine Schiffstrauung durch den zuständigen Standesbeamten rechtswirksam vorgenommen werden.

g) Die Zahl der Eheschließungen in Deutschland nimmt seit 1991 ständig ab. Im Jahre 1996 haben 426.500 Eheschließungen stattgefunden; das waren 0,7 % weniger als 1995. Im Jahre 1997 kam es nur zu 421.600 Eheschließungen.

5. *Neue Bundesländer* 51

Das Recht der Eheschließung gilt nicht für Ehen, die vor dem 3.10.1990 geschlossen worden sind. Ihre Wirksamkeit ist nach dem bisherigen Recht (§§ 5 bis 8 FGB) zu beurteilen (Einigungsvertrag Anlage I Kap. III Sachgebiet B Abschnitt III Nr. 11 a).

Dritter Abschnitt: **Die fehlerhafte Ehe**

Übersicht 52

Die Eheschließung kann an **Mängeln** leiden, die unterschiedliche Auswirkungen auf die Gültigkeit der Ehe haben.

So kann ein Verstoß gegen Ordnungsvorschriften gegeben sein, ohne daß dadurch die Gültigkeit der Ehe berührt wird. Es kann aber auch sein, daß die vermeintlich ordnungsgemäß geschlossene Ehe völlig wirkungslos geblieben ist. Dann handelt es sich um eine **Nichtehe**, deren Unwirksamkeit in bestimmten Fällen geheilt werden kann. Schließlich können Mängel bei der Eheschließung zur **Aufhebung** der Ehe führen. Die Bestimmungen über die **Nichtigkeit** der Ehe (§§ 16 - 26 a.F. EheG) hat das am 1.7.1998 in Kraft getretene Eheschließungsrechtsgesetz nicht übernommen.

I. Die fehlerhafte, aber rechtsgültige Ehe 53

Die Rechtswirksamkeit einer Ehe wird nicht beeinträchtigt,

a) wenn bei der Eheschließung ein Verstoß gegen **unwesentliche Ordnungsvorschriften** stattgefunden hat;

   Bsp.: fehlende Zuständigkeit des Standesbeamten (§ 6 II - V PStG); unterbliebene Frage, ob ein Ehename bestimmt werden soll (§ 6 I 3 PStG); fehlende Glaubhaftmachung bei einer Nottrauung (§ 7, 2 PStG); unterbliebene Befragung der Verlobten durch den Standesbeamten (§ 1312 I); fehlende Eintragung der Eheschließung in das Heiratsbuch (§ 1312 II)

b) wenn gegen das **aufschiebende Eheverbot** der Adoptionsverwandtschaft verstoßen wird (§ 1308) oder wenn es zu einem Verstoß gegen die Pflicht zur Beibringung eines Ehefähigkeitszeugnisses gekommen ist (§ 1309).

54 **II. Die Nichtehe**

1. Begriff

Die Nichtehe ist im Gesetz nicht ausdrücklich geregelt.

Von einer Nichtehe spricht man, wenn die "Eheschließung" überhaupt keine Rechtswirkungen erzeugt hat. Jeder kann sich dann darauf berufen, daß zwischen den betreffenden Personen keine Ehe zustande gekommen ist, ohne daß dies in einem Gerichtsverfahren festgestellt werden müßte (RGZ 120, 35).

Zulässig ist aber eine Klage, die auf die Feststellung des Nichtbestehens einer Ehe zwischen den Partnern gerichtet ist (§ 638 ZPO). Dafür kann ein Rechtsschutzbedürfnis bestehen, wenn z.B. der Partner einer Nichtehe den Tatsachen zuwider behauptet, in rechtsgültiger Ehe verheiratet zu sein.

2. Voraussetzungen

55 Eine Nichtehe liegt nur vor,

- wenn der **Wille zur Eheschließung** von einem oder beiden Verlobten nicht erklärt oder verneint worden ist (§ 1310 I);
- wenn die Eheschließung nicht vor einem **Standesbeamten** stattgefunden hat (§ 1310 I);

  Bsp.: Übt jemand das Amt eines Standesbeamten öffentlich aus, ohne rechtswirksam dazu bestellt zu sein, handelt er als "Scheinstandesbeamter"; das gilt auch für einen Standesbeamten außerhalb seines Amtsbezirks (vgl. RN **47**). Eine vor einem Scheinstandesbeamten geschlossene Ehe ist nur dann gültig, wenn sie von ihm in das Heiratsbuch eingetragen wird (§ 1310 II). Andernfalls bleibt es eine Nichtehe mit der Heilungsmöglichkeit nach § 1310 III. Eheschließungen vor anderen Personen, die weder Standesbeamte noch Scheinstandesbeamte sind (z.B. Pfarrer oder Rabbiner), führen immer zu einer Nichtehe, die jedoch nachträglich nach Maßgabe des § 1310 III geheilt werden kann (s.u. RN **56**).

- wenn die Eheschließung zwar in Anwesenheit eines Standesbeamten stattgefunden hat, dieser aber **nicht** zur Mitwirkung daran **bereit war** (s.o. RN **48**);
- wenn beide Verlobten dem gleichen Geschlecht angehören. Die Bemühungen, auch gleichgeschlechtlichen Verlobten eine Eheschließung zu ermöglichen, sind bisher gescheitert.

3. Heilung einer nichtstandesamtlich geschlossenen Ehe

56 Haben andere (unbefugte) Personen die Eheschließung vorgenommen, kann die Ungültigkeit dieser Ehe gemäß § 1310 III nachträglich behoben werden.

Zu einer Nichtehe wird es außer in den RN **55** genannten Fällen wohl nur bei einer Heirat im Ausland kommen, bei der sich die Verlobten keine Kenntnisse von den dort geltenden Vorschriften verschafft haben. Dies kann auch bei Ausländern der Fall sein, die im Inland nach den Gepflogenheiten ihres Heimatlandes heiraten, ohne einen Standesbeamten aufzusuchen.

Die Heilung einer solchen Nichtehe hat folgende Voraussetzungen:

a) In jedem Fall müssen die Verlobten bei ihrer Heirat erklärt haben, die Ehe miteinander eingehen zu wollen. Das Erstarken einer nichtehelichen Lebensgemeinschaft zu einer Ehe ist damit ausgeschlossen.

b) Ferner muß eine von drei Maßnahmen eines **Standesbeamten** hinzugekommen sein, die die Eheschließenden in der Überzeugung bestärken konnte, in rechtsgültiger Ehe zu leben:

- ein Standesbeamter hat die im Inland geschlossene Ehe in das Heiratsbuch eingetragen, oder er hat bei einer im Ausland geschlossenen Ehe auf Antrag ein Familienbuch angelegt (§ 1310 III Nr. 1); auf diese Weise kann eine durch einen Scheinstandesbeamten geschlossene Nichtehe geheilt werden, bei der die Eintragung in das Heiratsbuch durch einen anderen Standesbeamten als den Scheinstandesbeamten erfolgt.
- ein Standesbeamter hat bei der Beurkundung der Geburt eines gemeinsamen Kindes einen Hinweis auf die Eheschließung im Geburtenbuch eingetragen (§ 1310 III Nr. 2);
- ein Standesbeamter hat von den Eheleuten eine Erklärung entgegengenommen, die das Bestehen einer Ehe zur Voraussetzung hat, und ihnen darüber eine Bescheinigung erteilt (§ 1310 III Nr. 3); eine solche Erklärung kommt insbes. bezüglich des Namens der Eheleute in Betracht.

c) Schließlich müssen die Eheleute, nachdem eine dieser drei Alternativen eingetreten ist, **zehn Jahre** als Ehegatten miteinander gelebt haben. Ist einer der Ehegatten vor Ablauf dieser zehn Jahre verstorben, beträgt die notwendige Frist ihres Zusammenlebens mindestens **fünf Jahre** (§ 1310 a.E.).

III. Die aufhebbare Ehe 57

Übersicht

Bestimmte Mängel bei der Eheschließung beeinträchtigen nicht ihre Gültigkeit, können aber zur Aufhebung der Ehe führen. Die Aufhebung wirkt wie die Ehescheidung nur für die Zukunft; in den sonstigen Rechtsfolgen gleicht die Aufhebung nur noch ausnahmsweise den Folgen der Ehescheidung. Der Unterschied zwischen beiden Möglichkeiten, eine Ehe aufzulösen, besteht darin, daß die Scheidung aus Gründen erfolgt, die erst im Verlauf der Ehe entstanden sind, während die Eheaufhebung auf Mängeln beruht, die schon im Zeitpunkt der Eheschließung vorhanden waren. Die Gründe für die Aufhebung der Ehe werden in § 1314 abschließend geregelt; doch kann in beinahe allen diesen Fällen die Aufhebung durch eine "Bestätigung" der Ehe ausgeschlossen sein (§ 1315; s.u. RN **58** - **63**).

1. Aufhebungsgründe nach § 1314 I 58

Die Aufhebung der Ehe kommt in folgenden Fällen in Betracht: Geschäftsunfähigkeit oder fehlende Ehemündigkeit eines Verlobten, Verstoß gegen ein trennendes Eheverbot oder Mängel bei der Form der Eheschließung.

Somit kann die Aufhebung der Ehe beantragt werden:

a) wenn ein Verlobter bei der Eheschließung **geschäftsunfähig** war (§ 1304 i.V.m. § 104 Nr. 2). Gibt jedoch der zu einer freien Willensbildung Unfähige nach dem Wegfall der Geschäftsunfähigkeit zu erkennen, daß er die

Ehe fortsetzen will, ist die Aufhebung der Ehe aufgrund dieser Bestätigung ausgeschlossen (§ 1315 I Nr. 2). Der Geschäftsunfähige kann aber seine Ehe nicht selbst bestätigen (§ 1315 I 2).
Ist der Bestätigende noch **minderjährig**, benötigt er für die Bestätigung die Zustimmung seines gesetzlichen Vertreters. Verweigert dieser die Zustimmung ohne triftige Gründe, kann das FamG (nach Anhörung des JA gemäß § 49 a I Nr. 2 FGG) die Zustimmung auf Antrag des Minderjährigen ersetzen (§ 1315 I 3);

59 b) wenn ein Verlobter bei der Eheschließung **nicht ehemündig** war (§ 1303).

Liegen jedoch die Voraussetzungen des § 1303 II vor: Vollendung des 16. Lebensjahres bei einem Verlobten, Volljährigkeit beim anderen), ist die Aufhebung ausgeschlossen, wenn das FamG, solange ein Ehegatte minderjährig ist, die Eheschließung genehmigt. Das gleiche gilt, wenn der minderjährige Ehegatte nach Eintritt seiner Volljährigkeit zu erkennen gibt, daß er die Ehe fortsetzen will (§ 1315 I Nr. 1);

c) wenn die Ehe unter Verstoß gegen das Eheverbot der **Doppelehe** geschlossen worden ist (§ 1306). Die Aufhebung der Ehe ist nur in dem engbegrenzten Ausnahmefall des § 1315 II Nr. 1 ausgeschlossen. Näheres hierzu s.o. RN **37**;

d) wenn die Ehe unter Verstoß gegen das Eheverbot der **Verwandtschaft** geschlossen worden ist (§ 1307). Die Aufhebung dieser Ehe kann nicht ausgeschlossen werden; eine Bestätigung kommt nicht in Betracht;

e) wenn die durch § 1311 vorgeschriebene **Form der Eheschließung** nicht eingehalten worden ist: fehlende persönliche oder nicht gleichzeitige Anwesenheit der Verlobten; Abgabe der Erklärungen unter einer Bedingung oder Zeitbestimmung.
Die Aufhebung der Ehe ist ausgeschlossen, wenn die Ehegatten **fünf Jahre** miteinander gelebt haben. Ist ein Ehegatte vor Ablauf der fünf Jahre verstorben, muß die Dauer des Zusammenlebens bis zum Tode eines Ehegatten **drei Jahre** betragen haben. Die Aufhebung ist auch dann noch zulässig, wenn vor Ablauf dieser Fristen die Aufhebung der Ehe beantragt worden ist (§ 1315 II Nr. 2).

2. Weitere Gründe für die Aufhebung der Ehe betreffen **Willensmängel** eines Verlobten bei der Eheschließung (§ 1314 II Nr. 1 - 4). Im einzelnen:

60 Die Aufhebung der Ehe kann beantragt werden,

a) wenn ein Ehegatte bei der Eheschließung **bewußtlos** war oder an einer vorübergehenden **Störung der Geistestätigkeit** (§ 105 II) gelitten hat (§ 1314 II Nr. 1).

Doch ist die Aufhebung der Ehe ausgeschlossen, wenn der betreffende Ehegatte nach Wegfall dieser Willensbeeinträchtigungen an der Ehe festhalten will (§ 1315 I Nr. 3);

b) wenn der Ehegatte nicht gewußt hat, daß es sich bei der Zeremonie um eine **Eheschließung** gehandelt hat (§ 1314 II Nr. 2);

Bsp.: Bei einer kirchlichen Trauung im Ausland ist sich ein Deutscher nicht bewußt, daß ihn die Trauung auch zivilrechtlich bindet.

c) wenn ein Ehegatte durch **arglistige Täuschung** (vgl. § 123 BGB) zur Eingehung der Ehe veranlaßt worden ist und diese Täuschung Umstände betrifft, die ihn bei Kenntnis der Sachlage und bei richtiger Würdigung des Wesens der Ehe von der Heirat abgehalten hätten (§ 1314 II Nr. 3).

Im einzelnen müssen folgende Voraussetzungen gegeben sein: 61

aa) Ein Ehegatte muß den anderen **getäuscht haben.** Die Täuschung kann sowohl in der Vorspiegelung falscher als auch in der Entstellung oder Unterdrückung wahrer Tatsachen bestanden haben.

Bsp.: Ein künftiger Ehegatte versichert, er werde in Kürze die Leitung einer großen Firma in Ostdeutschland übernehmen; der erkrankte Verlobte verharmlost die Schwere seines Leidens; ein Ehegatte verschweigt, daß er eine gleichgeschlechtliche Veranlagung hat (BGH FamRZ 58, 314).

bb) Die Täuschung muß **arglistig** sein. Dies trifft zu, wenn der Täuschende **vorsätzlich** handelt, um den anderen zu beeinflussen. Das **bloße Verschweigen** von Tatsachen stellt keine zur Aufhebung berechtigende Täuschung dar, es sei denn, daß der Täuschende eine **Pflicht zur Offenbarung** hatte.
Eine solche Offenbarungspflicht besteht regelmäßig dann, wenn der Getäuschte ausdrücklich um Auskunft gebeten hatte oder wenn aus den Umständen zu entnehmen war, daß er auf die Mitteilung bestimmter Fakten Wert legt, weil sie für die Grundlagen der ehelichen Gemeinschaft und des Familienlebens von besonderer Bedeutung sind (BGH FamRZ 58, 314).

Bsp.: Wer die Frage wahrheitswidrig verneint, ob er schon einmal verheiratet war und Kinder hat, handelt arglistig (OLG Celle FamRZ 65, 213). Die Braut handelt arglistig, wenn sie versichert, von ihrem Verlobten schwanger zu sein, obwohl sie weiß, daß sie gar nicht schwanger ist oder daß die Schwangerschaft von einem anderen Mann herrührt. Wenn ein Mann auch ohne Nachfrage verschweigt, an Aids erkrankt zu sein, handelt er arglistig.

Doch ist zu beachten, daß eine Täuschung über **Vermögensverhältnisse** nicht zur Aufhebung der Ehe berechtigt (§ 1314 II Nr. 3, 2.HS).

Bsp.: Wer seiner Verlobten vorspiegelt, ein reicher Mann zu sein oder eine gut dotierte Berufstätigkeit auszuüben, handelt zwar arglistig, doch ist die Aufhebung aus diesem Grunde ausgeschlossen.

cc) Die Täuschung muß für die Eheschließung **ursächlich** gewesen sein. Wäre die Ehe auch ohne die Täuschung zustande gekommen, entfällt das Aufhebungsrecht.

dd) Die Täuschung muß vom künftigen **Ehegatten** oder von einer **dritten Person** verübt worden sein. Im letzteren Fall ist die Aufhebung ausgeschlossen, wenn der Ehegatte, zu dessen Gunsten ein Dritter getäuscht hat, zur Zeit der Eheschließung nichts von der Täuschung gewußt hat (§ 1314 II Nr. 3, 2. HS);

d) wenn ein Ehegatte zur Eingehung der Ehe widerrechtlich durch **Drohung** bestimmt worden ist. Wer nur deshalb geheiratet hat, weil er sich wegen der Androhung eines künftigen Übels in einer Zwangslage befand, kann die Aufhebung der Ehe verlangen (§ 1314 II Nr. 4). Im einzelnen: 62

aa) Die **Drohung** muß **widerrechtlich** gewesen sein. Das ist der Fall:

- wenn das angedrohte **Verhalten** widerrechtlich oder sittenwidrig war;

  Bsp.: Ein Mann droht sich (oder einen anderen) umzubringen, falls er nicht geheiratet wird.

- wenn das Verhalten für sich betrachtet nicht anstößig war, aber die Benutzung dieses **Mittels zu diesem Zweck** sittenwidrig erscheint (BGHZ 25, 217).

  Bsp.: Ein Vater droht seiner Tochter, sie zu enterben, wenn sie nicht einen bestimmten Mann heiratet.

bb) Für die Drohung ist es gleichgültig, wer sie verübt hat. Sie muß aber für die Eingehung der Ehe **ursächlich** geworden sein. Wäre die Ehe auch ohne die Drohung zustande gekommen, entfällt das Aufhebungsrecht.

e) In den unter Buchst. b) bis d) genannten Fällen ist die Aufhebung der Ehe **ausgeschlossen,** wenn der Ehegatte, der von dem Irrtum über die Eheschließung oder von einer Täuschung oder Drohung betroffen war, nach dem Ende dieser seine Willensbildung beeinträchtigenden Umstände zu erkennen gegeben hat, daß er die Ehe fortsetzen will (§ 1315 I Nr. 4).

63 3. Schließlich kommt die Aufhebung der Ehe in Betracht, wenn beide Ehegatten sich bei der Eheschließung darüber einig waren, **keine Verpflichtung** nach § 1353 I **begründen zu wollen** (§ 1314 II Nr. 5).

a) Dieser neugeschaffene Aufhebungsgrund soll einen Mißbrauch der Eheschließungsform und der Institution der Ehe verhindern helfen. Er greift vor allem dann ein, wenn die "Verlobten" die Ehe nur zum Schein eingehen wollen, um einem der Partner, regelmäßig einem Ausländer, das Aufenthaltsrecht in Deutschland zu verschaffen. Bei einer solchen **Scheinehe** (auch Aufenthaltsehe genannt) sind die Beteiligten nicht daran interessiert, eine eheliche Lebensgemeinschaft im Sinne des § 1353 zu begründen; sie nutzen nur die Form der Eheschließung für einen vom Gesetz nicht gebilligten Zweck aus (ein Fall des Rechtsmißbrauchs; vgl. OLG Celle FamRZ 98, 1108).

b) Bestehen **konkrete Anhaltspunkte,** daß eine Scheinehe geschlossen werden soll, ist es Aufgabe des **Standesbeamten,** sich durch Befragung der Verlobten, durch Verlangen geeigneter Nachweise oder eidesstattlicher Versicherungen Gewißheit darüber zu verschaffen (§ 5 IV PStG). Sollte dabei offenkundig werden, daß die Schließung einer Scheinehe beabsichtigt ist, hat er seine Mitwirkung an der Eheschließung zu verweigern (§ 1310 I 2, 2.HS).

c) Kommt dennoch eine Scheinehe zustande, kann sie auf Antrag aufgehoben werden. Die Aufhebung der Ehe ist jedoch ausgeschlossen, wenn es zu einer Sinnesänderung der Beteiligten gekommen ist und sie nach der Eheschließung "als Ehegatten" miteinander gelebt haben (§ 1315 I Nr. 5).

4. Das Aufhebungsverfahren

64 Die Aufhebung der Ehe kann nur durch ein rechtskräftiges gerichtliches Urteil erfolgen (§ 1313). Das setzt die Einreichung einer **Antragsschrift** voraus (§ 631 II ZPO).

A. Antragsberechtigt ist:

a) **jeder Ehegatte**, wenn nicht das Antragsrecht nur **einem** Ehegatten (vgl. b) zusteht (§ 1316 I Nr. 1);

b) nur **der Ehegatte**, der in den Fällen des § 1314 II Nr. 2 bis 4 genannt ist (§ 1316 I Nr. 2; s.o. RN **60-62** unter Buchst. b) bis d);

c) im Falle der **Doppelehe** auch die in § 1306 genannte "dritte Person" (§ 1316 I Nr. 1);

d) die zuständige **Verwaltungsbehörde**, die durch RechtsVO der einzelnen Landesregierungen zu bestimmen ist (§ 1316 I Nr. 1; also nicht mehr wie früher der Staatsanwalt). Die Verwaltungsbehörde ist in allen Fällen antragsberechtigt, sofern nicht das Antragsrecht nur **einem** Ehegatten zusteht (s.o. unter Buchst. b);
In allen in § 1316 III bezeichneten Fällen **soll** die zuständige Verwaltungsbehörde den Aufhebungsantrag stellen und nur dann davon absehen, wenn die Aufhebung der Ehe für einen Ehegatten oder die gemeinsamen Kinder eine "so schwere Härte darstellen würde, daß die Aufrechterhaltung der Ehe ausnahmsweise geboten erscheint" (vgl. die Härteklausel § 1568 im Scheidungsrecht).

B. Für einen **geschäftsunfähigen Ehegatten** wird das Aufhebungsverfahren von seinem gesetzlichen Vertreter beantragt und geführt, wozu dieser die Genehmigung des VormG benötigt (§ 1316 II 1 BGB i.V.m. § 607 II ZPO). 65

Der **minderjährige Ehegatte** kann die Aufhebung der Ehe selbst betreiben, er bedarf dazu nicht der Zustimmung seines gesetzlichen Vertreters (§ 1316 II 2).

Ist die Ehe bereits durch Scheidung oder den Tod eines Ehegatten **aufgelöst**, kommt eine Eheaufhebung nicht mehr in Betracht (§ 1317 III BGB i.V.m. § 619 ZPO).

C. Antragsfristen

a) Die Geltendmachung der Aufhebungsgründe ist **unbefristet** möglich; nur in den Fällen des § 1314 II Nr. 2 bis 4 muß der Antrag auf Aufhebung **binnen eines Jahres** gestellt werden (§ 1317 I 1). Die Jahresfrist beginnt mit der Entdeckung des Irrtums oder der Täuschung oder mit dem Aufhören der Zwangslage bei der Drohung (§ 1317 I 2, 1.HS).

b) Ist der gemäß § 1314 II Nr. 2 bis 4 antragsberechtigte Ehegatte **geschäftsunfähig**, beginnt für seinen gesetzlichen Vertreter die Frist erst dann, wenn ihm der Aufhebungsgrund bekannt geworden ist (§ 1317 I 2, 2.HS). Hat er es versäumt, den Aufhebungsantrag fristgerecht zu stellen, hat der Ehegatte selbst die Möglichkeit, innerhalb von sechs Monaten nach dem Wegfall der Geschäftsunfähigkeit den Antrag bei Gericht einzureichen (§ 1317 II).

c) Ist der gemäß § 1314 II Nr. 2 bis 4 antragsberechtigte Ehegatte **minderjährig**, beginnt die Jahresfrist ebenfalls erst mit dem Bekanntwerden des Aufhebungsgrundes, jedoch nicht vor dem Eintritt der Volljährigkeit (§ 1317 I 2, 2.HS).

D. Verfahrensvorschriften 66

Für das Aufhebungsverfahren vor Gericht gelten im wesentlichen die gleichen Vorschriften wie für den Ehescheidungsprozeß (§§ 606 bis 620 g ZPO), dazu die Sondervorschrift des § 631 ZPO.

Dabei besteht die Möglichkeit, den Aufhebungsantrag hilfsweise mit einem Scheidungsantrag für den Fall zu verbinden, daß die Aufhebung nicht zum Ziele führt (§ 610 I ZPO).

Der Aufhebungsantrag eines Ehegatten richtet sich gegen den **anderen Ehegatten.** Hat die zuständige Verwaltungsbehörde die Aufhebung beantragt, richtet sich ihr Antrag gegen **beide Ehegatten;** das gleiche gilt, wenn der **Dritte** im Falle einer Doppelehe die Aufhebung der Ehe begehrt (§ 631 III ZPO).

Für die Durchführung des Verfahrens ist das **FamG** ausschließlich **zuständig,** in dessen Bezirk die Ehegatten ihren gemeinsamen gewöhnlichen Aufenthalt (s.u. RN **322**) haben. Fehlt es an einem solchen Aufenthalt im Inland, ist das FamG zuständig, in dessen Bezirk einer der Ehegatten mit den gemeinsamen minderjährigen Kindern den gewöhnlichen Aufenthalt hat (§ 606 I ZPO). Weitere Zuständigkeitsregelungen finden sich in § 606 II und III ZPO.

5. Folgen der Aufhebung

67 Die rechtlichen Konsequenzen einer Eheaufhebung sind in § 1318 unübersichtlich, kompliziert und unvollständig geregelt. Während sich vor dem 1.7.1998 die Auswirkungen der Eheaufhebung im wesentlichen nach den Vorschriften über die Ehescheidung gerichtet haben (vgl. § 37 a.F. EheG), ist dies seitdem nur noch ausnahmsweise der Fall (§ 1318 I).

A. Die Vorschriften über den "Unterhalt des geschiedenen Ehegatten" (§§ 1569 bis 1586 b; s.u. RN **329**) sind nach § 1318 II Nr. 1 und 2 in folgenden Fällen entsprechend anzuwenden:

a) zugunsten **eines** Ehegatten, der die Aufhebbarkeit der Ehe nach § 1314 I bei der Eheschließung nicht gekannt hat oder der geistesgestört war oder nicht gewußt hat, daß es sich um eine Eheschließung gehandelt hat (§ 1314 II Nr. 1 oder 2); das gleiche gilt zugunsten eines Ehegatten, der von dem anderen Ehegatten oder mit dessen Wissen getäuscht oder bedroht worden ist (§ 1314 II Nr. 3 oder 4);

b) zugunsten **beider** Ehegatten, wenn beide die Aufhebbarkeit der Ehe wegen eines Verstoßes gegen das Eheverbot der Doppelehe oder der Verwandtschaft oder wegen eines Verstoßes gegen die Form der Eheschließung gekannt haben (§§ 1306, 1307, 1311); doch darf bei der Aufhebung im Falle der Doppelehe der Unterhaltsanspruch eines Ehegatten nicht den entsprechenden Anspruch der "dritten Person" im Sinne des § 1306 beeinträchtigen.

Bsp.: Anton war mit Berta verheiratet. Nach der Trennung von Berta nahm Anton einen neuen Namen an und heiratete die ahnungslose Clara. Als diese Ehe aufgehoben wurde, beanspruchte Clara von Anton Unterhalt wegen der Betreuung eines gemeinsamen Kindes. Sollte auch Berta gegen Anton ein Unterhaltsanspruch wegen ihres Alters zustehen, hätte dieser Vorrang vor Claras Anspruch.

68 c) Eine **Ausnahme** von dieser Unterhaltsregelung trifft das Gesetz zugunsten eines Ehegatten, der die Pflege oder Erziehung eines gemeinschaftlichen Kindes übernommen hat, dem jedoch nach den Ausführungen zu A a) und b) ein Unterhaltsanspruch gegen den anderen Ehegatten **nicht zusteht.**

Wäre in diesem Fall die Versagung eines Unterhaltsanspruchs im Hinblick auf die Belange des Kindes **grob unbillig**, könnte dieser Ehegatte in entsprechender Anwendung des § 1570 Unterhalt vom anderen Ehegatten für sich verlangen (§ 1318 II 2).

Bsp.: Würde sich im Bsp. S. 30 der Wegfall eines Unterhaltsanspruchs für Clara sehr zum Nachteil für die Pflege oder Erziehung des gemeinsamen Kindes auswirken, also grob unbillig sein, könnte Clara in erster Linie von Anton Unterhalt beanspruchen.

d) Der Fall **beiderseitiger Unkenntnis** vom Aufhebungsgrund ist in § 1318 II nicht geregelt. Nach der Ausschlußklausel des § 1318 I entfällt damit die Pflicht zur Leistung nachehelichen Unterhalts, sofern nicht der bedürftige Ehegatte ein gemeinsames Kind pflegt oder erzieht und die Versagung des Unterhalts grob unbillig wäre (s.o. c). - Das ist eine Gesetzeslücke!

B. Die Vorschriften über die **Zugewinngemeinschaft** (§§ 1363 bis 1390) und 69
den **Versorgungsausgleich** (§§ 1587 bis 1587 p) gelten entsprechend für die Partner einer aufgehobenen Ehe.

a) Die Anwendung dieser Vorschriften unterbleibt jedoch, wenn und soweit dies im Hinblick auf die Umstände bei der Eheschließung **grob unbillig** wäre. Beim **Zugewinnausgleich** ist darüber hinaus die Billigkeitsklausel des § 1381 zu berücksichtigen; beim **Versorgungsausgleich** kommt den Ausschließungsgründen der §§ 1587 c und h besondere Bedeutung zu. Die Prüfung aller Ausschließungsgründe erübrigt sich aber, wenn bereits **ein** Grund zum vollständigen Ausschluß führt.

b) Im Fall einer Doppelehe kommt es zusätzlich darauf an, ob sich ein Zugewinn- oder Versorgungsausgleich als **grob unbillig** auf die Belange der "dritten Person" auswirken würde (§ 1318 III).

Bsp.: Hätte im Bsp. S. 30 der Anspruch Claras auf Zugewinnausgleich einen so großen Einfluß auf Antons Vermögenslage, daß dieser an Berta keinen Unterhalt mehr leisten kann, müßte der Ausgleichsanspruch wegen grober Unbilligkeit entfallen oder gemindert werden.

c) **Grobe Unbilligkeit** wird vor allem dann anzunehmen sein, wenn ein Ehegatte die Unkenntnis des anderen vom Aufhebungsgrund zu seinem Vorteil augenutzt hat oder wenn er die Eheschließung durch arglistige Täuschung oder widerrechtliche Drohung erreicht hat. Im Falle einer "Scheinehe" (s.o. RN **63**) dürfte ein Zugewinn- oder ein Versorgungsausgleich von vornherein nicht in Betracht kommen.

d) § 1318 III hat zur Voraussetzung, daß "nach den Vorschriften über die Scheidung" Ansprüche zwischen den Ehegatten entstehen können (§ 1318 I). Haben die Ehepartner den gesetzlichen Güterstand der Zugewinngemeinschaft ehevertraglich ausgeschlossen und den Güterstand der Gütergemeinschaft oder der Gütertrennung vereinbart (s.u. RN **262**), gibt es ebenso wenig wie nach der Ehescheidung einen Zugewinnausgleich; das gleiche gilt für den rechtswirksamen Ausschluß des Versorgungsausgleichs in einem Ehevertrag (§ 1408 II).

C. Die Vorschriften der **Hausratsverordnung** (s.u. RN **397**) sind bei der 70
Aufhebung der Ehe entsprechend anwendbar. Bei den dort zu treffenden Ermessensentscheidungen sind ganz besonders die Umstände zu würdigen, die zur Eheschließung geführt haben, also zum Nachteil dessen, der die Aufhebbarkeit der Ehe zu vertreten hat. Bei einer Doppelehe kommt es wiederum auf die Belange der "dritten Person" an (§ 1318 IV).

D. Der Katalog des § 1318 II enthält keine Regelung des **Namensrechts.** Damit sind die Wahlmöglichkeiten, die die Ehegatten nach der Aufhebung ihrer Ehe bis zum 30.6.1998 besaßen (vgl. § 37 I a.F. EheG i.V.m. § 1355 V BGB), ersatzlos entfallen. Sind die Ehegatten nunmehr gezwungen, den während ihrer Ehe geführten Namen zu behalten oder müssen sie ihren vor der Eheschließung geführten Namen wieder annehmen? Darauf gibt es keine Antwort. Diese Gesetzeslücke kann nur durch ein neues Gesetz beseitigt werden.

71 E. Entgegen der Gesetzessystematik des § 1318 I werden in § 1318 V nicht die Folgen der Eheaufhebung für das **Erbrecht** geregelt. Im Gegenteil setzt diese Bestimmung voraus, daß beim Tod eines Ehegatten die Ehe noch nicht aufgehoben worden ist. Das wäre z.B. auch dann der Fall, wenn ein Aufhebungsurteil zu diesem Zeitpunkt noch nicht rechtskräftig gewesen wäre.
Inhalt der Vorschrift ist, daß das **gesetzliche Erbrecht** des überlebenden Ehegatten (§ 1931) bei bestimmten Aufhebungsgründen **entfällt.** Es handelt sich dabei um die §§ 1304, 1306, 1307, 1311 und 1314 II Nr. 1, sofern der überlebende Ehegatte die Aufhebbarkeit der Ehe bei der Eheschließung gekannt hat, was von den Erben des Verstorbenen bewiesen werden müßte.
Weshalb bei einer durch arglistige Täuschung oder widerrechtliche Drohung erzwungenen Eheschließung (§ 1314 II Nr. 3 und 4) und im Falle einer Scheinehe (§ 1314 II Nr. 5) kein Wegfall des Erbrechts vorgesehen ist, bleibt ein Geheimnis des Gesetzgebers und bedarf dringend einer Reform.

IV. Wiederverheiratung im Fall der Todeserklärung

72 a) Wird ein **Verschollener** für tot erklärt, begründet das die **Vermutung**, daß er zu dem in der Todeserklärung festgestellten Zeitpunkt gestorben ist (§ 9 I 1 VerschG). War er verheiratet, wird gleichzeitig vermutet, daß die Ehe durch den Tod aufgelöst worden ist. Lebt der Verschollene aber noch, besteht die Ehe (trotz der gegenteiligen gesetzlichen Vermutung) bis zu seinem Tod weiter. Sie wird aber bereits zu Lebzeiten des Verschollenen aufgelöst, wenn sein Ehegatte sich wieder verheiratet; dies gilt nur dann nicht, wenn beide Ehegatten bei ihrer Eheschließung wußten, daß der für tot erklärte Ehegatte im Zeitpunkt der Todeserklärung noch gelebt hat (§ 1319 II).

b) Wußte der frühere Ehegatte des Verschollenen bei seiner Wiederverheiratung nicht, daß dieser die Todeserklärung überlebt hat, kann er die **Aufhebung** der neuen Ehe binnen eines Jahres begehren, nachdem er erfahren hat, daß der für tot erklärte Ehegatte noch lebt (§ 1320). Ob der frühere Ehegatte nach der Aufhebung seiner zweiten Ehe wieder heiratet, steht in seinem Belieben; er kann auch (im Gegensatz zum früheren Rechtszustand) in dritter Ehe eine ganz andere Person heiraten.

73 c) *Neue Bundesländer*

In der ehemaligen DDR wurde die Ehe stets durch die Todeserklärung eines Ehegatten "beendet", also auch dann, wenn der Verschollene zu diesem Zeitpunkt noch gelebt hat (§§ 23 Nr. 4, 37 FGB). Hatte sich der andere Ehegatte wieder verheiratet, konnte die neue Ehe auf gemeinsame Klage der Ehegatten der früheren Ehe geschieden werden. Mit der Rechtskraft des Scheidungsurteils entstand die frühere Ehe erneut (§ 38 I FGB).
An dieser Rechtslage hat der Einigungsvertrag nichts geändert, sofern die Todeserklärung oder das Wiederaufleben der früheren Ehe durch die Scheidung vor dem 3.10.1990 erfolgt ist (Einigungsvertrag Anlage I Kap. III Sachgebiet B Abschnitt III Nr. 11 d).

Zweiter Teil

Allgemeine Rechtswirkungen der Ehe

Einführung 80

Mit der Eheschließung entstehen zahlreiche Rechte und Pflichten, die das Verhältnis der Ehegatten untereinander betreffen, aber auch die Rechtsbeziehungen zu Dritten. Unter dem Titel: "Wirkungen der Ehe im allgemeinen" behandelt das BGB in den §§ 1353 bis 1362 die wichtigsten Rechtsfolgen der Eheschließung in persönlicher und vermögensrechtlicher Beziehung.

Beachte: Diese Vorschriften haben für alle Ehen Gültigkeit, unabhängig davon, in welchem Güterstand die Eheleute leben.

In persönlicher Hinsicht kommt dem Begriff der ehelichen Lebensgemeinschaft eine zentrale Bedeutung zu. In dem Zusammenleben von Mann und Frau findet die durch die Ehe begründete Verbindung zweier Menschen ihre äußere Verwirklichung. Dabei darf das Verhältnis von Frau und Mann nach unserem heutigen Verständnis nicht von Unter- und Überordnung geprägt sein, sondern von Gleichwertigkeit, Gleichberechtigung und gegenseitiger Verantwortung beider Ehepartner.

Soweit die Haushaltsführung und die Erwerbstätigkeit der Ehegatten betroffen ist, hat der Gesetzgeber die Rechtslage dem Verfassungsgrundsatz der **Gleichberechtigung** angepaßt. Dieser Grundsatz muß in gleicher Weise auch bei allen anderen Vorschriften des Eherechts beachtet werden.

Zu den weiteren Rechtswirkungen der Ehe zählen die Vorschriften über die 81
gegenseitige Unterhaltspflicht der Familienmitglieder und über das Vertretungsrecht jedes Ehegatten für den anderen, soweit es sich um Geschäfte zur angemessenen Deckung des Lebensbedarfs handelt. Aber auch die Krise einer Lebensgemeinschaft, die zur Trennung der Ehegatten führt, bedurfte einer gesetzlichen Regelung, was den Unterhalt der Getrenntlebenden, die Verteilung des Hausrats und die Überlassung der Ehewohnung betrifft. Die Notwendigkeit, daß Eheleute einen gemeinsamen Ehe- und Familiennamen führen, besteht seit 1991 nicht mehr. Damit ist ein wichtiges Kennzeichen der ehelichen Gemeinschaft, durch das die Zusammengehörigkeit der Familienmitglieder nach außen hin deutlich gemacht werden konnte, in das Belieben der Ehepartner gestellt worden.

Erster Abschnitt: **Die eheliche Lebensgemeinschaft**

I. Ehe auf Lebenszeit

82 Zum Wesen der ehelichen Lebensgemeinschaft gehört nicht nur eine räumliche, sondern auch eine zeitliche Dimension: "**Die Ehe wird auf Lebenszeit geschlossen**" (§ 1353 I 1). Erst der Tod eines Ehegatten soll im Regelfall die Auflösung der Ehe herbeiführen. Dieser Grundsatz war früher selbstverständlich und brauchte deshalb nicht im Gesetz verankert zu werden. Die Aufnahme dieser Bestimmung in das BGB, die im Jahre 1976 erfolgt ist, kann als ein Anzeichen dafür gewertet werden, daß es notwendig erschien, den Grundsatz der lebenslangen Dauer einer Ehe wieder stärker zu betonen.

Mit diesem Grundsatz steht nicht im Widerspruch, daß eine Ehe geschieden werden kann, wenn sie gescheitert ist (s.u. RN 313). Aber sie darf nicht von vornherein auf eine bestimmte Zeit oder nur zur Probe eingegangen werden (BVerfGE 53, 224, 245). Deshalb wäre es unzulässig, wenn die Verlobten ihre Erklärung, die Ehe miteinander eingehen zu wollen, unter einer Bedingung oder Zeitbestimmung abgeben würden (§ 1311, 2).

II. Begriff und Umfang der ehelichen Lebensgemeinschaft

1. Leitbilder der Ehe

83 Die wichtigste Vorschrift, die das Verhältnis der Ehegatten zueinander betrifft, steht in § 1353 I 2:

> **"Die Ehegatten sind einander zur ehelichen Lebensgemeinschaft verpflichtet; sie tragen füreinander Verantwortung"**

Der Begriff der Lebensgemeinschaft steht für die Gesamtheit aller persönlichen und vermögensrechtlichen Beziehungen der Ehegatten, ohne daß damit ausgesagt wird, was im einzelnen darunter zu verstehen ist. Deshalb muß sein konkreter Inhalt entsprechend den sich verändernden Vorstellungen vom Wesen der Ehe immer wieder neu bestimmt werden.

Während vor nicht allzulanger Zeit die Ehe überwiegend patriarchalisch geprägt und vom Leitbild der "Hausfrauenehe" bestimmt war, hat sich in den letzten Jahrzehnten ein Wandel vollzogen, der durch das wachsende Selbstbewußtsein der Frauen und ihr Streben nach Gleichberechtigung erreicht worden ist. So entstand ein neues Leitbild der Ehe, das auch für die Auslegung des Begriffs der ehelichen Lebensgemeinschaft beachtet werden muß. Dieses Leitbild geht von der Gleichwertigkeit von Mann und Frau in der Ehe aus und verpflichtet beide Ehegatten zu gegenseitiger Rücksichtnahme sowie zur Partnerschaft in allen die gemeinsamen Interessen berührenden Fragen (s.o. RN **25**). Doch verbleibt den Ehegatten im Rahmen dieses Leitbildes auch heute noch ein weiter Spielraum, innerhalb dessen sie die Art und Weise ihres Zusammenlebens selbst gestalten und die ihnen gemäße Lebensform wählen können.

2. Katalog ehelicher Pflichten 84

Die Rechtsprechung hat im Laufe der Zeit die Pflichten, die mit dem Zusammenleben der Eheleute verbunden sind, im einzelnen herausgearbeitet. Auf diese Weise entstand ein umfangreicher Katalog von Verhaltensregeln, der den gewandelten Vorstellungen vom Leitbild der Ehe immer wieder angepaßt werden mußte. Diese Konkretisierung ehelicher Pflichten hatte früher erhebliche praktische Bedeutung, solange deren Verletzung zur Stützung einer Ehescheidungsklage verwendet werden konnte. Nach der Ablösung des Verschuldens- durch das Zerrüttungsprinzip in der Ehescheidung (s.u. RN **309 ff**) verlor die Bestimmung des § 1353 an Bedeutung, weil nur noch in wenigen Fällen (so z.B. bei §§ 1565 II, 1579 Nr. 6) eine schwere Verletzung ehelicher Pflichten rechtliche Auswirkungen hat. Aus heutiger Sicht dient der Pflichtenkatalog hauptsächlich als Orientierungsmaßstab für ehegemäßes Verhalten und kann bei der Auslegung anderer Vorschriften des Eherechts unterstützend herangezogen werden.

Die folgenden **Beispiele für eheliche Pflichten** sind nicht erschöpfend und können nur in der gebotenen Kürze wiedergegeben werden: 85

a) *Häusliche Gemeinschaft*. Das räumliche Zusammenleben der Ehegatten gehört zu den wesentlichen Bestandteilen der ehelichen Gemeinschaft. Von (z.B. berufsbedingten) Ausnahmen abgesehen, kann jeder Ehegatte vom anderen verlangen, bei der Beschaffung einer **Wohnung** samt den erforderlichen Einrichtungsgegenständen mitzuwirken, dort einen **gemeinsamen Wohnsitz** zu begründen (§ 7) und ihn zum zentralen Lebensmittelpunkt zu machen (OLG Celle NJW 56, 1842).

b) *Geschlechtsgemeinschaft*. Die Ehe dient auch zur Befriedigung des Geschlechtstriebs und verpflichtet deshalb zum ehelichen Verkehr, aber auch zur ehelichen Treue (BGH NJW 67, 1078). Vor allem in diesem Bereich ist gegenseitige Rücksichtnahme besonders wichtig. Das Ausleben sexueller Bedürfnisse darf nicht zu körperlichen oder seelischen Schäden des Ehegatten führen. Fehlt es an der seelischen Bereitschaft des Partners zum ehelichen Verkehr, darf er nicht erzwungen werden. Eine Vergewaltigung ist auch in der Ehe unzulässig. Maßnahmen zur Familienplanung sollten ebenfalls nur im gegenseitigen Einvernehmen ergriffen werden.

c) *Beistandleistung*. Die Ehe verpflichtet zu gegenseitigem Beistand in allen Lebenslagen. Dazu gehört die Pflege des erkrankten Ehegatten zu Haus oder seine Verbringung in ein Heim oder Krankenhaus; ferner die Mithilfe im gemeinsamen Haushalt (BGH JZ 60, 371) und bei der Erziehung der Kinder (BVerfG FamRZ 59, 416) sowie die Pflicht, für den Familienunterhalt zu sorgen (s.u. RN **114**) und unter bestimmten Umständen im Beruf oder Geschäft des anderen mitzuarbeiten (s.u. RN **109**). Jeder Ehegatte ist auch verpflichtet, den anderen vor einer Schädigung durch Dritte oder vor einer Selbstschädigung (z.B. Selbstmord; vgl. BGHSt 2, 150) zu bewahren und ihn, soweit zumutbar, von strafbaren Handlungen abzuhalten (BGH NJW 54, 1818).

Auf diese gegenseitigen Verpflichtungen weist das Gesetz in § 1353 I 2 hin, wonach die Ehegatten **füreinander Verantwortung tragen.**

86 d) *Rücksichtnahme.* Grundvoraussetzung einer wahren Lebensgemeinschaft ist die gegenseitige Liebe und Achtung, die das gesamte Verhalten der Eheleute zu bestimmen hat. Damit ist ein verletzendes oder gar feindseliges Verhalten ebenso unvereinbar wie die rücksichtslose Durchsetzung des eigenen Willens.

Die Pflicht zur Rücksichtnahme bezieht sich zunächst auf das **eigene Verhalten** jedes Ehegatten. Er hat auf seine Gesundheit zu achten und muß sich im Krankheitsfall bemühen, sie wieder herzustellen; übermäßiger Alkoholgenuß und Medikamentenmißbrauch hat er zu unterlassen und ist verpflichtet, alles Erforderliche zu tun, um von einer Suchtkrankheit geheilt zu werden (BGHZ 43, 324, 330).

Bei seiner Lebensgestaltung hat jeder Ehegatte Zurückhaltung zu üben, sofern er Gefahr läuft, dem anderen zu schaden. Das gilt z.B. beim eifrigen Einsatz für die eigene Glaubensgemeinschaft (BGHZ 38, 317), bei der Freizeitgestaltung und hinsichtlich gefährlicher oder kostspieliger Liebhabereien. Keinesfalls darf ein Ehegatte dem anderen die eigene Lebensweise aufzwingen (BGH NJW 60, 1447); dessen politische und weltanschauliche Vorstellungen hat er auch dann zu achten, wenn er sie nicht teilt.

e) *Verständigungsbereitschaft.* Zum Wesen der Lebensgemeinschaft gehört es, daß jeder Ehegatte Anteil am Leben des anderen nimmt, an seinem Wohlergehen interessiert ist und mit Verständnis und Kompromißbereitschaft auftauchende Probleme mit dem anderen bespricht und zu lösen versucht. Läßt sich eine Meinungsverschiedenheit nicht ausräumen, hat kein Ehegatte das Recht, sich mit seinem Willen durchzusetzen; die Angelegenheit muß unentschieden bleiben (MünchKomm-Wacke § 1353 Rn 18).

Davon abgesehen erfordert die Ehe keinen Verzicht auf die eigene individuelle Entfaltung und Selbstverwirklichung. Nur müssen diese Bestrebungen im Einklang mit den Anforderungen stehen, die sich aus Ehe und Familie ergeben und gelegentlich ihnen gegenüber zurücktreten, wenn sich dies als notwendig erweist.

f) *Privatsphäre.* Nicht zuletzt hat jeder Ehegatte ein Recht auf Wahrung und Respektierung seiner Privatsphäre (z.B. Wahrung des Briefgeheimnisses, Recht auf Geheimhaltung von Tagebuchnotizen oder sonstigen vertraulichen Aufzeichnungen). Die Anfertigung heimlicher Tonbandaufzeichnungen oder die Überwachung des anderen durch Detektive sind mit den Grundsätzen ehelicher Gemeinschaft ebensowenig vereinbar wie das Ausplaudern von Einzelheiten aus dem ehelichen Intimbereich (MünchKomm-Wacke § 1353 Rn 20).

3. Wegfall der Pflicht zur ehelichen Gemeinschaft

87 a) Das Verlangen eines Ehegatten nach Herstellung der ehelichen Lebensgemeinschaft oder auf Erfüllung einzelner ehelicher Pflichten kann für den anderen **unzumutbar** sein. Deshalb bestimmt § 1353 II, daß einem solchen Verlangen nicht Folge geleistet werden muß, wenn es sich als **Rechtsmißbrauch** erweist oder die **Ehe gescheitert** ist.

Bsp.: Wer selbst untreu ist, hat keinen Anspruch auf Geschlechtsgemeinschaft mit seinem Ehegatten; das Verlangen nach Rückkehr in die eheliche Wohnung kann mißbräuchlich sein, wenn eine grobe Lieb- oder Rücksichtslosigkeit zur Trennung geführt hat; hat sich ein Ehegatte endgültig von der Ehe abgewendet, braucht er dem Herstellungsverlangen des anderen nicht stattzugeben, auch wenn er selbst die Zerrüttung verursacht hat.

b) Die Vorschrift des § 1353 II hat ihre Bedeutung weitgehend eingebüßt. Auch derjenige, der grundlos die Herstellung der ehelichen Lebensgemeinschaft verweigert, hat kaum noch Rechtsnachteile zu befürchten (s.o. RN **84**). Zwar hat ein Ehegatte die Möglichkeit, die Herstellung der ehelichen Lebensgemeinschaft im Klagewege (durch Eheherstellungsklage) zu verlangen (BGH NJW 57, 300); doch ist die Vollstreckung des Urteils, wenn der Klage stattgegeben wird, kraft Gesetzes ausgeschlossen (§ 888 II ZPO).

c) Wer das Recht zum Getrenntleben für sich in Anspruch nimmt, weil er der Meinung ist, gemäß § 1353 II zur Herstellung der ehelichen Gemeinschaft nicht verpflichtet zu sein, kann dieses Recht zum Gegenstand einer (negativen) Feststellungsklage machen. Da es aber für den Ausgang eines Scheidungsprozesses nicht mehr darauf ankommt, ob dem Ehegatten ein Recht zum Getrenntleben zusteht, fehlt es zumeist am Rechtsschutzinteresse für diese Art der Feststellungsklage (vgl. § 256 ZPO; OLG Karlsruhe FamRZ 89, 79).

III. Der Schutz der ehelichen Lebensgemeinschaft

1. Klagen gegen den anderen Ehegatten 88

a) Ein Ehegatte ist grundsätzlich **nicht** berechtigt, im Wege eines Prozesses die Unterlassung ehewidrigen Verhaltens oder die Beseitigung eines ehewidrigen Zustandes zu verlangen; denn die Zwangsvollstreckung aus einem solchen Urteil ist, wie soeben erwähnt, gemäß § 888 II ZPO ausgeschlossen.

Bsp.: Verlangt ein Ehegatte vom anderen, daß er sein ehebrecherisches Verhalten unterläßt, besteht für eine darauf gestützte Unterlassungsklage in der Regel kein Rechtsschutzbedürfnis, weil jeder staatliche Zwang, der mittelbar oder unmittelbar die Erfüllung ehelicher Pflichten sichern oder herbeiführen soll, unstatthaft ist.

b) Das Fehlverhalten eines Ehegatten braucht nicht allein ehewidrig zu sein, sondern kann auch die Verletzung geschützter Rechtsgüter beim anderen Ehegatten zur Folge haben. Sollte dies der Fall sein, ist die Abgrenzung besonders schwierig, inwieweit ein Urteil auf Unterlassung zwangsweise durchgesetzt werden darf. Es kann nämlich sein, daß der Prozeß letzten Endes doch nur der Wiederherstellung der ehelichen Gemeinschaft dienen soll (OLG Frankfurt NJW 74, 2325).

Die Gesetzgebung hat zur Lösung dieses Problems nichts beigetragen. Die Rechtsprechung hierzu ist uneinheitlich. Nachstehende Ausführungen können deshalb nur Anhaltspunkte für den derzeitigen Stand der Meinungen geben:

Soweit das Recht auf körperliche Unversehrtheit, das Namensrecht, das Persönlichkeitsrecht, die Ehre oder Vermögensrechte vom anderen Ehegatten verletzt werden, sind Ansprüche auf Unterlassung im Klagewege durchsetzbar, sofern sich nicht damit ein unzulässiger Zwang zur Herstellung der ehelichen Lebensgemeinschaft verbindet (BGHZ 34, 80, 85).

Bsp.: Gegen eine Klage, die auf Unterlassung körperlicher Mißhandlungen oder geschäftsschädigender Äußerungen gerichtet ist, bestehen im allgemeinen keine Bedenken; ebensowenig gegen eine Klage, mit der Auskunft über Vermögensverhältnisse verlangt wird. Dagegen kann bei Ehrverletzungen, vor allem aus dem Intimbereich, ein darauf gerichteter Unterlassungsanspruch in seinem Kern auf die Herstellung der ehelichen Lebensgemeinschaft gerichtet und damit nicht durchsetzbar sein.

89 c) Die Rechtsprechung hat dem **räumlich-gegenständlichen Bereich der Ehe** einen besonderen Schutz angedeihen lassen, wenn er durch ein ehebrecherisches Verhalten eines Ehegatten beeinträchtigt wird. Die hierin liegende Verletzung des Persönlichkeitsrechtes des anderen Ehegatten kann deshalb durch ein im Wege der Zwangsvollstreckung durchsetzbares Urteil auf Beseitigung dieser Störung und Unterlassung künftiger Störungen geltend gemacht werden.

Bsp.: Die Ehefrau braucht nicht zu dulden, daß ihr Mann seine Geliebte in die Ehewohnung aufgenommen hat (grundlegend BGHZ 6, 360).

Diese Rechtsprechung wurde später auch auf Geschäfts- oder Betriebsräume ausgedehnt, wenn sie, ähnlich wie die Ehewohnung, zu einem Bestandteil des äußeren Bereichs der Ehe geworden sind. Das kann der Fall sein, wenn ein Ehegatte im Betrieb oder im Geschäft des anderen mitarbeitet und auf diese Weise die gemeinsame Lebensgrundlage erhält und fördert.

Bsp.: Der Ehemann braucht nicht zu dulden, daß seine Frau in den gemeinsamen Geschäftsräumen von ihrem Geliebten besucht wird (vgl. OLG Köln FamRZ 84, 267).

90 d) **Schadenersatzansprüche** eines Ehegatten gegen den anderen wegen Verletzung persönlicher Pflichten aus der ehelichen Lebensgemeinschaft werden von den Gerichten abgelehnt, weil die Erfüllung dieser Pflichten auf freier sittlicher Entscheidung beruhen muß und mit staatlichem Zwang unvereinbar ist (BGH FamRZ 77, 38, 41). Kommt aber zur Verletzung ehelicher Pflichten ein gegen die guten Sitten verstoßendes schädigendes Verhalten hinzu (vgl. § 826) oder wird z.B. der Körper, die Gesundheit oder das Eigentum des anderen Ehegatten schuldhaft verletzt (vgl. § 823), kann dies Schadenersatzansprüche auslösen (BGH FamRZ 90, 367, 369).

Bsp.: Ein Ehegatte schädigt bewußt das Vermögen des anderen; er zertrümmert in einem Wutanfall einen Wertgegenstand seines Ehepartners; er fügt ihm eine Körperverletzung zu (OLG Karlsruhe FamRZ 61, 375).

2. Klagen gegen Dritte 91

a) Ein Anspruch auf **Unterlassung** von Ehestörungen gegen einen Dritten wird von der Rechtsprechung abgelehnt, weil dadurch mittelbar auch gegen den anderen Ehegatten ein Rechtszwang zur Wiederherstellung der ehelichen Lebensgemeinschaft ausgeübt würde, was nach dem in § 888 II ZPO zum Ausdruck kommenden Grundgedanken unzulässig ist.

b) Wenn ein Dritter in den **räumlich-gegenständlichen Bereich der Ehe** eindringt und dadurch das Persönlichkeitsrecht eines Ehegatten verletzt, so kann dieser Ehegatte nicht nur von seinem Partner, sondern auch von dem Dritten die Beseitigung der Ehestörung und die Unterlassung künftiger Störungen im Klagewege verlangen (s.o. RN **89**).

c) Die Rechtsprechung billigt einem Ehegatten **keine Schadenersatzansprüche** gegen einen Dritten zu, die darauf gestützt werden, daß der Dritte die ehelichen Beziehungen gestört hat. Maßgebend dafür ist der Gesichtspunkt, daß gestörte Ehebeziehungen die Mitwirkung eines Ehepartners voraussetzen und damit im wesentlichen innereheliche Vorgänge betreffen, die vom staatlichen Zwang frei bleiben müssen (BGH NJW 90, 706; kritisch Soergel-Lange Rz 40, 41 zu § 1353).

Zweiter Abschnitt: **Das Namensrecht und die Staatsangehörigkeit**

92 Die Neuregelung des Namensrechtes

Während früher die Ehegatten verpflichtet waren, einen **gemeinsamen** Familiennamen (Ehenamen) zu führen, ist dies seit dem Beschluß des BVerfG vom 5. 3. 1991 (FamRZ 91, 535) nicht mehr zwingend vorgeschrieben. Anlaß für diese Entscheidung war § 1355 II 2 a.F., wonach der Geburtsname des Mannes zum Ehenamen wird, wenn die Ehegatten bei der Heirat keine Bestimmung über einen Ehenamen treffen. Diese Vorschrift hat das BVerfG als mit dem Grundsatz der Gleichberechtigung von Mann und Frau (Art. 3 II GG) für unvereinbar erklärt und bestimmt, daß Verlobte, die anläßlich ihrer Eheschließung keine Erklärung über einen gemeinsamen Ehenamen abgeben, vorläufig den von ihnen zur Zeit der Eheschließung geführten Namen behalten dürfen.

Mit dem am **1. April 1994** in Kraft getretenen Gesetz zur Neuordnung des Familiennamensrechts hat der Bundestag die vom BVerfG geforderte Änderung des Namensrechts vollzogen.

Kernpunkt dieses Gesetzes ist der Wegfall der Verpflichtung für Eheleute, einen gemeinsamen Familiennamen anzunehmen, wenn sie ihren bei der Eheschließung geführten Namen weiter beibehalten wollen. Jedoch ist die Möglichkeit, einen gemeinsamen Ehenamen zu bestimmen, damit nicht abgeschafft worden; im Gegenteil **sollen** die Ehegatten dies tun (§ 1355 I 1). Wegen dieser Wahlmöglichkeiten treten unterschiedliche Rechtsfolgen ein, je nachdem ob die Ehegatten einen gemeinsamen Ehenamen annehmen wollen oder nicht:

93 A. Ehegatten, die einen gemeinsamen Ehenamen führen

I. Der Geburtsname als Ehename

1. Wahlmöglichkeiten

a) Bei der Eheschließung können die Ehegatten durch Erklärung gegenüber dem Standesbeamten (s.o. RN **48**) den **Geburtsnamen** des Mannes oder der Frau zum Ehenamen bestimmen (§ 1355 II). Dagegen ist es nicht möglich, den Ehenamen aus der Kombination beider Geburtsnamen zusammenzusetzen.

Bsp.: Frau Claudia Grünert und Herr Reinhold Schwarz heiraten. Sie können als Ehenamen sowohl den Namen "Grünert" als auch "Schwarz" wählen. Dagegen können sie nicht den Doppelnamen "Grünert-Schwarz" zum Ehenamen bestimmen.

Beachte: Die getroffene Namenswahl ist endgültig und kann nach der Eheschließung nicht mehr widerrufen werden.

Treffen die Ehegatten bei der Eheschließung keine Bestimmung über einen Ehenamen, können sie dies **später nachholen**; in diesem Fall muß die Erklärung öffentlich beglaubigt werden (§ 1355 III 2; s.u. RN **101**).

b) Unter dem **Geburtsnamen** ist der Name zu verstehen, der in der Geburts- 94
urkunde eines Ehegatten zum Zeitpunkt der Erklärung gegenüber dem Standesbeamten einzutragen ist (§ 1355 VI).

Es kommt also nicht nur darauf an, welchen Namen der Ehegatte zur Zeit der Geburt geführt hat, sondern auch auf etwaige Veränderungen seines Geburtsnamens bis zur Erklärung über den Ehenamen. Solche Namensänderungen können z.B. durch die früher mögliche Legitimation, die Namenserteilung, durch Adoption oder aufgrund einer behördlichen Maßnahme eingetreten sein (vgl. §§ 30, 31 a.F., 31 a PStG).

Bsp.: Michael Groß ist der Sohn der Eheleute Helmut und Hertha Groß. Als Michael zwei Jahre alt war, starben seine Eltern bei einem Unfall. Michael wurde bald darauf von dem Ehepaar Schön adoptiert. Seitdem lautet sein Geburtsname: Michael Schön (§ 1757 I).

c) Unter dem Geburtsnamen ist nicht der Name zu verstehen, den ein Ehegatte bei einer früheren Heirat angenommen hat (vgl. BayObLG FamRZ 97, 554).

Bsp.: Frau Kluge heiratet Herrn Weiß. Für beide ist es die erste Ehe. Sie haben die Möglichkeit, sowohl die Namen Kluge als auch Weiß als gemeinsamen Ehenamen anzunehmen und entscheiden sich für Weiß. Als die Ehe nach ein paar Jahren geschieden wird, heiratet Frau Weiß den verwitweten Herrn Reich, geb. Miller. Frau Weiß und Herr Reich können bei der Bildung eines gemeinsamen Ehenamens nur zwischen den Namen Kluge und Miller wählen.

2. Doppelnamen als Ehenamen

Als Geburtsnamen kommen auch echte Doppelnamen für die Wahl eines Ehe- 95
namens in Betracht (z.B. Müller-Thurgau). Sie können nur als **Einheit** zum Ehenamen gewählt werden. Dagegen können Namen, die erst durch Hinzufügung eines Begleitnamens (s.u. RN **97**) zum (unechten) Doppelnamen geworden sind, nicht zur Bildung eines gemeinsamen Ehenamens dienen.

Bsp.: Heiratet Frau Erna Berg Herrn Thal und wählen sie "Thal" zum Ehenamen, wobei die Frau den Namen Erna Berg-Thal führt, dann kommt bei der Wiederverheiratung der Frau nach einer Scheidung nur ihr Geburtsname Berg für die Bildung des Ehenamens in Frage, nicht der (unechte) Doppelname Berg-Thal.

3. Adelsbezeichnungen als Ehenamen 96

Adelsbezeichnungen können zur Bildung eines Ehenamens verwendet werden, wenn es sich um Geburtsnamen handelt. Dabei führen Frauen die männlichen Adelsprädikate in weiblicher Form und umgekehrt (OLG Düsseldorf FamRZ 97, 1554).

Bsp.: a) Heiratet der Graf von Monte-Christo Frau Schulze und wählen sie den Mannesnamen zum Ehenamen, dann heißt Frau Schulze nunmehr Gräfin von Monte-Christo.

b) Heiratet die Freiin von Morgen Herrn Maier und wählen sie als Ehenamen den Namen der Frau, dann heißt sie nunmehr Freifrau von Morgen und er Freiherr von Morgen. Wenn dieser nach dem Tode seiner Frau die geschiedene Frau Schmid, geb. Held, heiratet, stehen ihnen für den gemeinsamen Ehenamen nur die Namen Maier und Held zur Verfügung.

II. Die Führung eines Begleitnamens

1. Begriff

97 Hat ein Ehegatte bei der Wahl des Ehenamens zugunsten des anderen Ehegatten auf seinen eigenen Namen verzichtet, ist er berechtigt (aber nicht verpflichtet!), dem Ehenamen seinen Geburtsnamen oder den zur Zeit der Erklärung über einen Ehenamen geführten Namen **voranzustellen** oder **anzufügen** (§ 1355 IV 1). So wird dem Ehegatten die Möglichkeit eingeräumt, seinen bisherigen Namen, der für ihn von Bedeutung ist, beizubehalten.

Dabei hat der Ehegatte ein **Wahlrecht** zwischen seinem Geburtsnamen und dem bei der späteren Bestimmung des Ehenamens geführten anderen Namen.

Bsp.: Die ledige Frau Klein heiratet Herrn Korn und beide führen den Namen Korn als Ehenamen. Nach Korns Tod heiratet Frau Korn in zweiter Ehe Herrn Schrot, dessen Name zum Ehenamen bestimmt wird. Jetzt kann Frau Schrot zwischen folgenden Möglichkeiten wählen:
a) Sie trägt nur den Namen Schrot als Nachnamen, evtl. mit dem Zusatz "geb. Klein";
b) sie kann sich aber auch Klein-Schrot oder
c) Schrot-Klein oder
d) Korn-Schrot oder
e) Schrot-Korn nennen.

2. Namensketten

98 a) Es ist nicht mehr zulässig, daß bei der Bildung von Begleitnamen mehrgliedrige Namensketten entstehen. Deshalb darf, wenn ein Ehegatte **mehrere Namen** führt, nur **einer** dieser Namen dem Ehenamen vorangestellt oder angefügt werden (§ 1355 IV 3).

Bsp.: Hatte sich in dem obigen Bsp. Frau Korn schon in erster Ehe Klein-Korn genannt, so hat sie nach ihrer zweiten Eheschließung keine weiteren Möglichkeiten, einen Begleitnamen zu bilden, als die oben unter a) bis e) aufgeführten. Den Namen "Klein-Korn-Schrot" darf sie nicht führen.

b) Besteht bereits der gemeinsame Ehename aus **mehreren Namen**, darf **kein Begleitname** geführt werden (§ 1355 IV 2). Auch auf diese Weise soll die Bildung von Namensketten vermieden werden.

Bsp.: Heiratet Frau Knote Herrn Müller-Thurgau und wählen sie den Doppelnamen zum gemeinsamen Ehenamen, ist die Ehefrau nicht berechtigt, sich "Müller-Thurgau-Knote" zu nennen.

3. Verfahren vor dem Standesbeamten 99

a) Der Ehegatte, der einen Begleitnamen führen will, muß dies dem Standesbeamten gegenüber erklären. Die Erklärung bedarf der **öffentlichen Beglaubigung** (§ 1355 IV 5 i.V.m. § 129); diese darf auch der zuständige Standesbeamte vornehmen (§ 15 c PStG).

Ein minderjähriger Ehegatte benötigt für diese Erklärung nicht die Einwilligung seiner Eltern, weil ihm die Führung des Begleitnamens keinen rechtlichen Nachteil bringt (§ 107). Auch die Zustimmung des Ehepartners zu dieser Erklärung ist nicht erforderlich.

b) Bemerkenswert ist, daß die Erklärung gegenüber dem Standesbeamten an **keine Frist gebunden** ist, somit noch lange Zeit nach der Eheschließung oder nach einer Scheidung nachgeholt werden darf (was wenig sinnvoll erscheint).

c) Die Erklärung über die Führung eines Begleitnamens kann jederzeit von dem betreffenden Ehegatten **widerrufen** werden, und zwar in öffentlich beglaubigter Form. Geschieht dies, ist die erneute Bestimmung des gleichen oder eines anderen Begleitnamens in dieser Ehe ausgeschlossen (§ 1355 IV 4). Der Ehegatte führt nach dem Widerruf keinen Begleitnamen mehr.

4. Keine Übertragung des Begleitnamens

Der Begleitname ist persönlichkeitsgebunden und erlischt mit dem Tode seines Trägers. Er kann nur in Ehen, in denen kein gemeinsamer Ehename geführt wird, als Name eines Ehegatten auf ein Kind übergehen (s.u. RN **510**).

III. Der Name des verwitweten oder geschiedenen Ehegatten

1. Grundsatz der Namensbeständigkeit 100

§ 1355 V 1 enthält den Grundsatz der **Namensbeständigkeit** auch für die Zeit nach dem Tode eines Ehegatten oder nach der Scheidung. Kein Ehegatte ist genötigt, den einmal erworbenen Namen wieder abzulegen. Das gilt nicht nur für den eigentlichen Ehenamen, sondern auch für den von einem Ehegatten geführten Begleitnamen. Anstelle des im Gesetz mißverständlichen Wortes "Ehenamen" sollte besser "seinen Namen" stehen.

2. Namensänderungen

Andererseits wird kein verwitweter oder geschiedener Ehegatte gezwungen, seinen Namen zu behalten. Er kann jederzeit durch öffentlich beglaubigte Erklärung gegenüber dem Standesbeamten gemäß § 1355 V 2 folgende Änderungen seines Namens erreichen:

a) War der Ehename nicht mit dem Geburtsnamen identisch, so kann der verwitwete oder geschiedene Ehegatte seinen Geburtsnamen wieder annehmen;

b) er kann aber auch den Namen wieder annehmen, den er bis zur Bestimmung des Ehenamens (bei der Eheschließung oder später) geführt hat;

c) er kann auch jetzt noch seinen Geburtsnamen dem zuletzt geführten Ehenamen voranstellen oder anfügen.

Bsp.: Die geschiedene Frau Lang, geb. List, heiratet Herrn Trunk, dessen Name zum Ehenamen gewählt wird. Frau Lang nimmt den Namen Lang-Trunk an. Stirbt Herr Trunk, kann sie weiterhin Lang-Trunk heißen; sie kann aber auch ihren Geburtsnamen List wieder annehmen (a) oder den Namen Lang (b) oder den Namen List-Trunk oder Trunk-List führen, wenn sie den Namen Trunk beibehält und ihren Geburtsnamen voranstellt oder anfügt (c).

3. Einschränkungen bei der Namensänderung

Der geschiedene oder verwitwete Ehegatte muß bei der Namensänderung auch die entsprechenden Regelungen des § 1355 IV beachten (§ 1355 V 3). Das bedeutet im einzelnen, daß **keine mehrgliedrigen** Namensketten entstehen dürfen, d.h. der neue Name darf nur aus zwei Namensbestandteilen bestehen. Auch bei dieser Namensänderung ist es zulässig, sie durch öffentlich beglaubigte Erklärung gegenüber dem Standesbeamten zu **widerrufen** und damit den früher geführten Namen wieder anzunehmen. Die erneute Erklärung über eine Namensänderung ist dann ausgeschlossen.

B. Ehegatten ohne einen gemeinsamen Ehenamen

101 a) Bestimmen die Ehegatten bei der Hochzeit **keinen Ehenamen,** so behalten sie ihren zur Zeit der Eheschließung geführten Namen unverändert bei (vgl. § 1355 I 3). Dabei kann es sich auch um mehr als zweigliedrige Namen handeln, wie sie vor der Namensreform möglich waren.

b) Das Gesetz, das die Führung eines gemeinsamen Ehenamens bevorzugt, eröffnet auch diesen Ehegatten die Möglichkeit, **nachträglich** einen Ehenamen zu bestimmen, der aus dem Geburtsnamen des Mannes oder der Frau bestehen muß. Anlaß hierzu kann z.B. die Geburt des ersten Kindes sein. Die Nachholung ist nicht mehr zeitlich begrenzt und deshalb jederzeit nach der Eheschließung möglich (§ 1355 III 2).

c) Die Erklärung **beider Ehegatten** über die nachträgliche Bestimmung eines Ehenamens muß dem Standesbeamten gegenüber erfolgen und öffentlich beglaubigt werden (s.o. RN **99**). Diese Namenswahl kann nicht mehr widerrufen werden.

C. *Neue Bundesländer*

102 *Nach dem Recht der DDR konnten Eheleute als gemeinsamen Familiennamen den Namen des Mannes oder den Namen der Frau wählen (§ 7 I FGB); gegebenenfalls waren sie berechtigt, einen Doppelnamen zu führen (§ 25 II PStG DDR). Seit Wirksamwerden des Beitritts gelten folgende Regeln:*

a) Ehegatten, die vor dem 3.10.1990 geheiratet haben, behalten ihren bisher geführten Namen. Da jedoch bei ihrer Heirat die Wahlmöglichkeit ihres Ehenamens eingeschränkt war, bot eine Übergangsregelung bis zum 2.10.1991 diesen Ehepaaren die Möglichkeit, auch den Geburtsnamen von Mann oder Frau zum gemeinsamen Ehenamen zu wählen (Art. 234 § 3 I 1 EGBGB).

b) Hatte ein Ehegatte vor dem 3.10.1990 seinen zur Zeit der Eheschließung geführten Namen dem Ehenamen hinzugefügt, konnte er bis zum 2.10.1992 erklären, daß er anstelle dieses Namens nunmehr seinen Geburtsnamen dem Ehenamen voranstellen will (Art. 234 § 3 I 3 EGBGB).

c) Die nach a) durchgeführte Namensänderung erstreckte sich nach Maßgabe des Art. 234 § 3 II EGBGB auch auf die Kinder der Ehegatten.

d) Neue Wahlmöglichkeiten hinsichtlich der Namen für die Ehegatten eröffnet die jetzt geltende Fassung des § 1355 (s.o. RN ***101****).*

Die Staatsangehörigkeit der Ehegatten

1. Ehegatten können eine verschiedene Staatsangehörigkeit besitzen, weil die 103
Staatsangehörigkeit der Frau von der des Mannes unabhängig ist. Durch die Heirat eines deutschen Staatsangehörigen mit dem Angehörigen eines fremden Staates geht die deutsche Staatsangehörigkeit nicht verloren; dies gilt selbst dann, wenn der deutsche Ehegatte nach dem Heimatrecht seines ausländischen Ehegatten dessen Staatsangehörigkeit zusätzlich erwirbt. Nur dann, wenn der Deutsche auf seinen **Antrag** hin eine ausländische Staatsangehörigkeit erworben hat, verliert er seine deutsche Staatsangehörigkeit (§ 25 I StAG). Das gleiche gilt, wenn der Deutsche mehrere Staatsangehörigkeiten besitzt und auf die deutsche Staatsangehörigkeit verzichtet (§ 26 StAG).

2. Ein ausländischer Ehegatte erwirbt durch die Eheschließung mit einem deutschen Staatsangehörigen nicht ohne weiteres die deutsche Staatsangehörigkeit. Er soll aber, sofern nicht Sicherheitsbelange dem entgegenstehen, auf Antrag **eingebürgert** werden, wenn er seine bisherige Staatsangehörigkeit verliert oder aufgibt und gewährleistet ist, daß er sich in die deutschen Lebensverhältnisse einordnet (vgl. §§ 8, 9 StAG).

Dritter Abschnitt: **Haushaltsführung und Erwerbstätigkeit**

Grundlagen 104

Mit den Begriffen **Haushaltsführung** und **Erwerbstätigkeit** wird ein umfangreicher Tätigkeitsbereich der Eheleute erfaßt, der mit der ehelichen Lebensgemeinschaft eng verknüpft ist. Während zur Führung des Haushalts alle Tätigkeiten gerechnet werden, die früher fast ausschließlich die nicht berufstätige Ehefrau zu bewältigen hatte, bildet die Erwerbstätigkeit das Gegenstück zur Haushaltsführung und gehört dem Außenbereich des einzelnen Ehegatten an. Beide Bereiche ergänzen sich zur ehelichen Lebensgemeinschaft und müssen gegenseitig aufeinander abgestimmt werden, wenn die Ehe "funktionieren" soll.

I. Die Haushaltsführung

1. Aufgabenverteilung

105 a) Während nach früherem Recht die Frau den Haushalt in eigener Verantwortung zu führen hatte, obliegt es jetzt beiden Ehegatten, diesen Bereich **im gegenseitigen Einvernehmen** zu regeln (§ 1356 I 1). Es bleibt ihnen überlassen, wie sie die häuslichen Funktionen unter sich aufteilen, doch muß eine etwaige Mehrbelastung eines Partners vom anderen ausgeglichen werden (s.u. RN **108**).

Nach wie vor ist es deshalb möglich und durchaus nicht selten, daß ein Ehegatte den Haushalt allein führt. In diesem Fall leitet er, sei es der Mann oder die Frau, den Haushalt in eigener Verantwortung (§ 1356 I 2). Der andere Ehegatte hat ihm dann in die Haushaltsführung nichts hineinzureden und darf nicht durch sein Verhalten, z.B. durch Verweigerung des Wirtschaftsgeldes, die Führung des Haushalts erschweren oder unmöglich machen. Andererseits trifft ihn im Rahmen der ehelichen Lebensgemeinschaft häufig die Pflicht zur **Mithilfe im Haushalt** (BGH JZ 60, 371).

b) Die Ehepartner können auch andere Formen des Zusammenlebens finden und z.B. die Haushaltsführung nach einzelnen Funktionen unter sich aufteilen. Dabei kann das Gewicht der Beteiligung am Haushalt gleich schwer sein oder unterschiedlich ausfallen. Meistens wird die Aufteilung ein Spiegelbild der einseitigen oder beiderseitigen Berufstätigkeit sein und auch von der Pflege und Erziehung gemeinsamer Kinder beeinflußt werden.

Jedenfalls sollte die Führung des Haushalts nicht die einseitige Mehrbelastung eines Ehegatten zur Folge haben.

c) Ist ein Ehegatte, der den Haushalt ganz oder teilweise allein führt, an der Ausübung dieser Tätigkeit vorübergehend gehindert, z.B. durch Krankheit, hat der andere Ehegatte diesen Teil der Haushaltsführung zu übernehmen oder für eine Aushilfe zu sorgen.

2. Das gegenseitige Einvernehmen

106 Einvernehmen bedeutet, daß kein Ehegatte das Recht hat, dem anderen vorzuschreiben, in welcher Weise er sich an der Haushaltsführung zu beteiligen hat. Vielmehr müssen beide Ehegatten eine möglichst auf Dauer angelegte Regelung finden, die auf die beiderseitigen Verhältnisse die gebotene Rücksicht nimmt.

Die Rechtsnatur des "Einvernehmens" im Sinne des § 1356 I 1 ist umstritten. Eine rechtsgeschäftliche Bindung der Ehegatten untereinander wird in den wenigsten Fällen gewollt sein. Doch stellt das Einvernehmen eine vertrauenbildende Übereinkunft dar, die von einem Ehegatten, der nicht mehr daran festhalten will, nicht zur Unzeit und nicht willkürlich aufgekündigt werden darf. Dem anderen Ehegatten muß in jedem Fall Zeit gegeben werden, sich auf die veränderte Sachlage einzustellen und evtl. ein neues Einvernehmen anzustreben. Wer gegen diese Grundsätze verstößt und seinem Partner dadurch vermögensrechtliche Nachteile zufügt, macht sich schadenersatzpflichtig (Münch-Komm-Wacke § 1356 Rn 9; umstr.).

Kann sich das Ehepaar nicht über die Führung des Haushalts einigen, bleiben beide Ehegatten in gleicher Weise dafür verantwortlich. Kümmert sich keiner um die Haushaltsführung, ist jeder nur um seine eigenen Angelegenheiten besorgt, wird das oft die Vorstufe zur Trennung der Ehegatten sein.

II. Die Erwerbstätigkeit

1. Das Recht auf Erwerbstätigkeit 107

Aus dem Grundsatz der Gleichberechtigung folgt, daß **beide** Ehegatten berechtigt sind, erwerbstätig zu sein (§ 1356 II 1). Damit hat das bis zum Jahre 1976 bestehende Modell der "Hausfrauenehe" seine Funktion als Leitbild der ehelichen Lebensgemeinschaft verloren. Doch darf das Recht auf Erwerbstätigkeit (in früheren Zeiten eher als lästige Pflicht empfunden) nicht schrankenlos ausgeübt werden, sondern muß **familienverträglich** sein. Deshalb haben die Ehegatten sowohl bei der Wahl ihrer Berufstätigkeit als auch bei der Berufsausübung auf die Belange des anderen Ehegatten und der Familie die gebotene Rücksicht zu nehmen (§ 1356 II 2).

2. Modelle der Erwerbstätigkeit 108

Es besteht deshalb die Notwendigkeit, zwischen der Berufstätigkeit auf der einen und der Haushaltsführung auf der anderen Seite ein angemessenes Verhältnis herzustellen. Dabei lassen sich **drei Grundmuster** unterscheiden:

a) *Die Alleinverdienerehe*. Bei ihr ist **ein** Ehegatte erwerbstätig, während der andere die Führung des Haushalts übernimmt (s.o. RN **105**). In dieser Form der Hausmann- oder Hausfrauenehe ist es Aufgabe des allein verdienenden Ehegatten, für den Unterhalt der Familie zu sorgen.

b) *Die Doppelverdienerehe*. Beide Ehegatten sind voll berufstätig und gleichzeitig verpflichtet, sich an der Arbeit im Haushalt zu beteiligen. Sind sie durch ihre Erwerbstätigkeit etwa gleich stark belastet, obliegt ihnen auch die Hausarbeit und die Erziehung der Kinder zu gleichen Teilen.

Das bedeutet nicht, daß jeder dieselben Tätigkeiten auszuführen hat; sie können vereinbarungsgemäß die Arbeit im Haushalt nach Belieben verteilen, solange sich im Ergebnis nichts an der hälftigen Belastung ändert. Trotz gleichmäßiger Belastung durch die Berufstätigkeit kann sich ein Ehegatte (zumeist die Frau) bereit erklären, einen größeren Teil der Haushaltsführung zu übernehmen. Eine solche Abrede widerspricht dem Gesetz nur dann nicht, wenn dieser Ehegatte zum Ausgleich seiner Mehrbelastung einen geringeren Beitrag in Geld zum Familienunterhalt zu leisten hat.

c) *Die Zuverdienerehe.* Hier ist in der Regel ein Partner voll berufstätig, während der andere nur einer Teilzeitbeschäftigung nachgeht oder eine Nebentätigkeit ausübt. Der nur beschränkt Berufstätige übernimmt meistens die gesamte Haushaltsführung und braucht nur einen angemessenen Anteil von seinem Arbeitsverdienst zum Familienunterhalt beizutragen (vgl. OLG Celle FamRZ 78, 589). Der Grundsatz gleichmäßiger Belastung beider Ehegatten muß auch hier gewahrt bleiben.

III. Die Pflicht zur Mitarbeit

1. Grundlagen

109 Eine Pflicht zur Mitarbeit im Beruf oder Geschäft des Ehegatten ist nicht mehr gesetzlich vorgeschrieben; sie kann aber zur Sicherung des Familienunterhalts geboten sein oder sich aus der besonderen Gestaltung der ehelichen Lebensgemeinschaft ergeben (BGHZ 77, 157, 161 ff).

a) Bildet das Geschäft oder der Betrieb eines Ehegatten die hauptsächliche Quelle des Familienunterhalts und wäre diese Erwerbsquelle ohne die Mitarbeit in ihrem Bestand gefährdet, dann gebietet es die eheliche Pflicht, daß sich der andere Ehegatte für die Mitarbeit zur Verfügung stellt.
Dieser Fall kann auch in vorübergehenden Notsituationen eintreten, z.B. wenn ein Ehegatte erkrankt, wenn Personal kurzfristig nicht ersetzbar ist oder aus Geldmangel nicht eingestellt werden kann. Solche Schwierigkeiten treten erfahrungsgemäß auch während der Anlaufzeit eines Geschäfts oder beim Aufbau einer Anwalts- oder Arztpraxis auf (BGH FamRZ 59, 454).

b) In bestimmten Berufszweigen ergibt sich die Pflicht zur Mitarbeit im Betrieb des anderen aus dem Zuschnitt der ehelichen Lebensgemeinschaft. Das ist insbes. bei arbeitsintensiven Familienunternehmen der Fall, z.B. bei kleineren Ladengeschäften, beim Betrieb eines Bauernhofes, bei der Führung einer Gastwirtschaft oder bei Handwerksbetrieben.

2. Entgelt für die Mitarbeit

110 a) Wenn ein Ehegatte im Betrieb des anderen mitarbeitet, taucht die Frage auf, ob er dafür ein Entgelt zu beanspruchen hat. Das ist dann unproblematisch, wenn die Ehegatten die Pflicht zur Mitarbeit durch den Abschluß eines Arbeits- oder Gesellschaftsvertrages rechtlich abgesichert haben (zu den Arbeitsverträgen zwischen Ehegatten s. Genthe FuR 92, 207 und 346).

Entsteht dadurch ein Arbeitgeber-/ Arbeitnehmerverhältnis zwischen den Ehegatten, widerspricht das nicht den Grundsätzen ehelicher Lebensgemeinschaft; doch dürfen die Partner eines solchen Vertrages bei der Ausübung ihrer Rechte nicht die gegenseitige Rücksichtnahme außer Acht lassen.

b) Sehr viel schwieriger ist die Rechtslage, wenn die Mitarbeit ohne vertragliche Abrede erfolgt, was häufig vorkommt. Die Forderung nach einem Entgelt für geleistete Mitarbeit taucht dann gewöhnlich erst bei der Ehescheidung auf. Eine gesetzliche Regelung dafür fehlt. Die Rechtsprechung hat diese Lücke bisher nur teilweise schließen können.

Einigkeit besteht darüber, daß nicht jede Art der Mitarbeit einen Vergütungsanspruch auslöst. Wer durch seine Tätigkeit nur die von ihm geschuldete Unterhaltspflicht gemäß § 1360 erfüllt, kann dafür kein Entgelt verlangen (BGHZ 46, 385, 390). Das gleiche gilt, wenn ein Ehegatte dem anderen in einer **Notsituation** beisteht; denn hierzu ist er verpflichtet.

c) Anders kann es sein, wenn die Mitarbeit den Rahmen der gesetzlichen 111
Verpflichtungen übersteigt. Verfolgen die Eheleute einen über den typischen Inhalt der ehelichen Lebensgemeinschaft hinausgehenden Zweck, indem sie z.B. eine **Berufsgemeinschaft** bilden (das ist der Fall bei einer **gemeinsamen** beruflichen oder gewerblichen Tätigkeit beider Ehegatten), so steht dem mitarbeitenden Ehegatten ein Vergütungsanspruch zu (s.u. RN **112**).

Bsp.: Die Eheleute bauen durch ihre Arbeitsleistungen und mit dem Einsatz ihres Vermögens gemeinsam ein Unternehmen auf.

Dagegen genügt es nicht, wenn ein Ehegatte (ohne gemeinsame Mitarbeit) zur Bildung von Vermögenswerten beim anderen Ehegatten beiträgt; denn dieser Vermögenszuwachs wird bei der Auflösung der Zugewinngemeinschaft wieder ausgeglichen (BGHZ 65, 320, 324). Ist jedoch jeder vermögensrechtliche Ausgleich ausgeschlossen (z.B. bei Vereinbarung der Gütertrennung) oder führt er zu unangemessenen Ergebnissen (vgl. BGHZ 68, 299, 304), dann kann dies bei der Scheidung eine Vergütung für die zurückliegende Zuwendung rechtfertigen (s.u. RN **274**).

3. Rechtsgrundlage des Vergütungsanspruchs 112

Das Gesetz kennt keine Rechtsgrundlage für die Vergütung der Mitarbeit, soweit es sich nicht um vertragliche Ansprüche handelt. Um dennoch in den oben erwähnten Fällen eine Vergütung zusprechen zu können, unterstellt die Rechtsprechung ein zwischen den Ehegatten stillschweigend geschlossenes Gesellschaftsverhältnis in der Form einer **Innengesellschaft**, bei der der mitarbeitende Ehegatte nach außen hin nicht als Gesellschafter oder Geschäftsinhaber auftritt (BGH FamRZ 75, 35; s. ergänzend RN **275**).

Neuerdings wird der Vergütungsanspruch auch auf einen **besonderen familienrechtlichen Vertrag** gestützt, der zwischen den Ehegatten durch schlüssiges Verhalten zustande gekommen sein soll. Gegenstand dieses Vertrages sind sog. **unbenannte Zuwendungen**. Fällt der Rechtsgrund für diese Zuwendungen mit der Beendigung der Ehe weg, kann ein Ausgleichsanspruch in Geld für den zuwendenden Ehegatten in Betracht kommen (s.u. RN **274**).

Vierter Abschnitt: **Der Familienunterhalt**

Übersicht

113 Eine der wichtigsten Rechtsfolgen, die sich aus der Eheschließung ergeben, ist die Pflicht der Ehegatten, für den eigenen Unterhalt und den ihrer Kinder zu sorgen. Die Vorschriften, die Art und Umfang dieser Pflicht bestimmen, sind im Familienrecht an unterschiedlichen Stellen geregelt.

Dabei ist zu unterscheiden, ob die Ehegatten in häuslicher Gemeinschaft leben (§§ 1360 bis 1360 b) oder sich getrennt haben (§ 1361). Sind die Ehegatten geschieden, gelten für sie die besonderen Vorschriften der §§ 1569 bis 1586 b.

Für die Unterhaltsansprüche der Kinder gegen ihre Eltern sind die Bestimmungen über die Unterhaltspflicht zwischen Verwandten maßgebend (§§ 1601 bis 1615); dazu gibt es ergänzende Vorschriften für das nichteheliche Kind und seine Mutter (§§ 1615 a, 1615 l bis 1615 o).

I. Die Unterhaltsverpflichtung

1. Einsatz von Arbeit und Vermögen

114 a) Gemäß § 1360, 1 sind die Ehegatten, wenn zwischen ihnen eine Lebensgemeinschaft besteht, verpflichtet, durch ihre Arbeit und mit ihrem Vermögen den angemessenen Familienunterhalt zu gewährleisten. Doch braucht der Stamm ihres Vermögens (zum Begriff s.u. RN **463**) nur in Notfällen für Unterhaltsleistungen in Anspruch genommen zu werden.

Im Regelfall wird der Familienunterhalt durch die Erwerbstätigkeit eines oder beider Ehegatten sichergestellt. Das Recht und die Pflicht hierzu haben beide Ehegatten in gleicher Weise (§ 1356 II 1; BGH FamRZ 95, 537; s.o. RN **107**).

115 b) Ist einem Ehegatten die Haushaltsführung allein überlassen, so erfüllt er seine Pflicht, durch Arbeit zum Unterhalt der Familie beizutragen, in der Regel durch diese Tätigkeit (§ 1360, 2). Er braucht deshalb nicht noch zusätzlich arbeiten. Doch kann auch er dazu verpflichtet sein (z.B. durch Aufnahme einer Teilzeitarbeit), wenn die Einkünfte des anderen Ehegatten zum Unterhalt der Familie nicht ausreichen; desgleichen in Notsituationen (vgl. Wendl/Staudigl-Scholz § 3 Rn 12, 19).

c) Sind beide Ehegatten berufstätig, haben sie beide zum Familienunterhalt beizutragen, wobei sich die Höhe ihrer Anteile nach der Höhe ihres Einkommens und gegebenenfalls nach dem Umfang ihrer Haushaltstätigkeit richtet.

2. Zuvielleistung

116 Leistet ein Ehegatte freiwillig einen höheren Beitrag zum Familienunterhalt, als er ihn schuldet, ist im Zweifel anzunehmen, daß er nicht beabsichtigt,

vom anderen Ehegatten Ersatz dafür zu verlangen (§ 1360 b). Mit dieser Regelung sollen kleinliche Auseinandersetzungen über den Wert der jeweiligen Unterhaltsleistungen ausgeschlossen werden, was dem Ehefrieden dient.

Wer eine Mehrleistung erbringt, für die er eine spätere Erstattung erwartet, sollte dies sagen, wenn er die gesetzliche Vermutung des § 1360 b widerlegen will.

3. Rechtsstreit über den Familienunterhalt

Stellt ein Ehegatte zum Unterhalt des anderen und der Kinder keine ausreichenden Mittel zur Verfügung, kann ihn der andere Ehegatte beim FamG auf Leistung des Familienunterhalts verklagen (§ 621 I Nr. 5 ZPO). Der Anspruch auf Familienunterhalt umfaßt auch den Unterhalt der gemeinsamen Kinder, ohne daß diese selbst an dem Prozeß teilnehmen müßten.

II. Der Umfang der Unterhaltspflicht 117

Zum angemessenen Familienunterhalt gehört der **gesamte Lebensbedarf** einer Familie, also alles, was zur Bestreitung der Haushaltskosten und der persönlichen Bedürfnisse beider Ehegatten erforderlich ist; in gleicher Weise ist der Lebensbedarf der gemeinsamen Kinder, sofern sie unterhaltsberechtigt sind, zu befriedigen (§ 1360 a I).

1. Haushaltskosten

a) Zu den Haushaltskosten gehören z.B. Ausgaben für die Ernährung; für die Wohnung, deren Miete, Einrichtung, Beheizung und Instandhaltung; für eine ärztliche Behandlung im Krankheitsfall; für die Altersvorsorge.

b) Keine Haushaltskosten sind z.B. Aufwendungen für die Vermögensbildung, für die Beschaffung eines Eigenheimes oder für Unterhaltsleistungen an Verwandte des anderen Ehegatten.

2. Persönliche Bedürfnisse 118

a) Zu den persönlichen Bedürfnissen der Ehegatten gehört die Bekleidung, die Pflege der Gesundheit, aber auch ein angemessenes **Taschengeld**, über das sie frei verfügen können.

Dessen Höhe richtet sich nach den Verhältnissen im Einzelfall. Im allgemeinen beläuft es sich auf etwa 5% des monatlich nach Abzug der laufenden Verbindlichkeiten zur Verfügung stehenden Nettoeinkommens (OLG Bamberg FamRZ 88, 948).

b) Handelt es sich um den Abschluß einer bei der Eheschließung bereits begonnenen **Ausbildung**, gehört der Anspruch auf Finanzierung dieser Ausbildung zur Befriedigung persönlicher Bedürfnisse (BGH FamRZ 85, 353). Dagegen ist umstr., ob ein Ehegatte auf Kosten des Familienunterhalts eine neue Ausbildung beginnen darf, wenn der andere Ehepartner damit nicht einverstanden ist (BGH NJW 83, 814; Palandt-Diederichsen Rn 3 zu § 1360 a).

c) Nicht zuletzt zählt zu den persönlichen Bedürfnissen die Teilnahme am kulturellen und gesellschaftlichen Leben, wozu auch Urlaubsreisen, sportliche Aktivitäten oder die Freizeitgestaltung gehören, soweit die dafür erforderlichen Ausgaben nicht üblicherweise aus dem Taschengeld bestritten werden.

3. Lebensbedarf der Kinder

119 Zum Lebensbedarf der Kinder werden alle Aufwendungen gerechnet, die mit der Pflege und Erziehung sowie der Berufsausbildung zusammenhängen. Auch die persönlichen Bedürfnisse der Kinder, wozu auch ein dem jeweiligen Alter angepaßtes Taschengeld gehört, sind zu befriedigen.

Lebt ein **Stiefkind** in der Familie, bleibt es dem Stiefelternteil überlassen, ob er freiwillig zum Unterhalt dieses Kindes beitragen will. Wird das Stiefkind in der Familie wie ein gemeinsames Kind versorgt, spricht das für eine stillschweigende Mitübernahme der Unterhaltspflicht durch den Stiefelternteil, falls andere unterhaltspflichtige Verwandte fehlen (s.u. RN **451**).

III. Die Unterhaltsleistung

120 Gemäß § 1360 a II 1 ist der Unterhalt in der Weise zu leisten, die durch die eheliche Lebensgemeinschaft geboten ist. Die Unterhaltsleistung erschöpft sich deshalb nicht in einer Geldzahlung, vielmehr bestimmen die Eheleute, in welcher Form Unterhaltsleistungen zu erbringen sind.

1. Übernahme der Haushaltsführung

Wer die Haushaltsführung allein übernimmt, erfüllt damit bereits die ihm obliegende Pflicht, zum Unterhalt der Familie beizutragen (§ 1360, 2; s.o. RN **115**). Dadurch wird den Familienmitgliedern die Möglichkeit gegeben, die ihnen zustehenden Unterhaltsleistungen regelmäßig im häuslichen Rahmen entgegenzunehmen.

2. Zahlung eines Wirtschaftsgeldes

121 a) Der haushaltführende Ehegatte hat Anspruch darauf, daß ihm von seinem erwerbstätigen Ehegatten das nötige Wirtschaftsgeld und das Taschengeld zur Verfügung gestellt wird; dies hat für einen angemessenen Zeitraum im voraus (üblicherweise am Monatsersten) zu geschehen (§ 1360 a II 2) und darf nicht von einer Aufforderung oder gar Bitte abhängig gemacht werden.

b) Die Höhe des Wirtschaftsgeldes bestimmt sich nach den Einkommens- und Vermögensverhältnissen beider Ehegatten, wobei der Lebensstil gleicher Berufskreise einen objektiven Anhaltspunkt bieten kann (Palandt-Diederichsen Rn 1 zu § 1360 a).

Teilen sich die erwerbstätigen Eheleute die Haushaltsführung oder verfügt der den Haushalt allein führende Ehegatte auch über ein eigenes Arbeitseinkommen oder über Einkünfte aus seinem Vermögen, müssen sich die Eheleute über ihren Beitrag zum Familienunterhalt einigen.

Das kann z.B. in der Form geschehen, daß jeder anteilig nach der Höhe seines Einkommens und unter Berücksichtigung der Haushaltsführung an allen Familienausgaben beteiligt wird; es kann auch eine sachliche Aufteilung geben, wenn z.B. ein Ehegatte die Kosten für Miete und Versicherungen übernimmt, während der andere Ehegatte für alle sonstigen Ausgaben aufzukommen hat (OLG München FamRZ 82, 801).

c) Das Wirtschaftsgeld ist nicht dazu bestimmt, **außergewöhnliche Anschaffungen** zu bestreiten. Es ist daher zweckmäßig, für Notzeiten und für künftig entstehende Sonderausgaben (s.u. RN **488**) Rücklagen zu bilden.

3. Naturalleistungen 122

Zur Leistung des Familienunterhalts gehören neben der Bereitstellung des Wirtschaftsgeldes noch zahlreiche andere Tätigkeiten der Ehegatten. So wird ein erheblicher Teil des Unterhalts "in Natur" geleistet, besonders im häuslichen Bereich, vor allem wenn Kinder zur Familie gehören.

Um Naturalleistungen handelt es sich auch, wenn ein Ehegatte das ihm gehörende Haus oder seine Eigentumswohnung der Familie zur Verfügung stellt oder wenn er mit Nahrungsmitteln aus dem eigenen landwirtschaftlichen Betrieb oder mit Waren aus dem von ihm geführten Einzelhandelsgeschäft zum Familienunterhalt beiträgt.

4. Ergänzende Vorschriften

a) Der alte Grundsatz "In der Vergangenheit lebt man nicht" gilt grundsätzlich auch für Ehegatten (§ 1360 a III i.V.m. § 1613 I; s.u. RN **486**). Daher ist das Einfordern von Unterhaltsrückständen für die **Vergangenheit** nur von dem Zeitpunkt an erlaubt, in dem der säumige Ehegatte aufgefordert worden ist, über seine Einkünfte und sein Vermögen **Auskunft zu erteilen**; ferner auch dann, wenn der Verpflichtete in Verzug geraten (§ 284) oder der Anspruch gegen ihn rechtshängig geworden ist (§ 261 ZPO; s.u. RN **487**).

Ohne diese Voraussetzungen kann Unterhalt für die Vergangenheit verlangt werden, wenn der Unterhaltsberechtigte aus rechtlichen oder tatsächlichen Gründen, für die der andere Ehegatte die Verantwortung trägt, an der Geltendmachung seines Anspruchs **gehindert war** (§ 1613 II Nr. 2).

Rückwirkend kann auch ein außergewöhnlich hoher und nicht voraussehbarer 123
Bedarf (**Sonderbedarf**; s.u. RN **488**) geltend gemacht werden; und zwar bis zu einem Jahr nach seiner Entstehung. Später nur noch, wenn **vorher** der Verpflichtete in Verzug geraten oder der Anspruch rechtshängig geworden ist (§ 1360 a III i.V.m. § 1613 II Nr. 1).

b) Ehegatten sind nicht berechtigt, für die **Zukunft** auf Unterhalt zu verzichten (§ 1360 a III i.V.m. § 1614). Näheres hierzu s.u. RN **491**.

c) Der Unterhaltsanspruch eines Ehegatten **erlischt** mit seinem Tod oder mit dem Tod des anderen Ehegatten (§ 1360 a III i.V.m. § 1615; s.u. RN **492**.

IV. Prozeßkostenvorschußpflicht 124

Zum gesetzlichen Unterhalt gehört es auch, daß ein Ehegatte verpflichtet ist, dem anderen die Kosten zur Führung eines Rechtsstreits vorzuschießen, wenn dies der Billigkeit entspricht und der Rechtsstreit eine persönliche Angelegenheit betrifft (§ 1360 a IV). Dies gilt auch, wenn sich der Rechtsstreit gegen den anderen Ehegatten richtet.

a) Bei der **persönlichen Angelegenheit** muß es sich um eine enge Verbindung zur Person und zu den persönlichen Bedürfnissen des Ehegatten handeln; das ist nicht der Fall bei der Geltendmachung reiner Vermögensrechte, wenn sie nicht ihre Wurzel in der Lebensgemeinschaft der Ehegatten haben (so BGHZ 31, 384, 386). Hierzu zählt am häufigsten das **Ehescheidungsverfahren.**

Aber auch andere Verfahren, die sich auf die Ehre, die Freiheit, die Wiederherstellung der Gesundheit oder der Arbeitskraft beziehen, gehören hierher; ferner Klagen auf Schmerzensgeld, Unterhalt oder Zugewinnausgleich (doch ist im einzelnen vieles streitig; vgl. Palandt-Diederichsen Rn 17-19 zu § 1360 a).

Kraft Gesetzes fallen unter die Vorschußpflicht auch die Kosten der **Verteidigung** in einem **Strafverfahren** (§ 1360 a IV 2).

Die Unterscheidung, ob es sich um eine persönliche Angelegenheit handelt oder nicht, hat erhebliche praktische Bedeutung. Soweit nämlich einem Ehegatten der Anspruch auf Prozeßkostenvorschuß gegen den anderen zusteht, erhält er **keine Prozeßkostenhilfe** (§ 114 ZPO) aus der Staatskasse.

125 b) Als weitere Voraussetzung muß hinzukommen, daß der Vorschußberechtigte außerstande ist, die Kosten des Rechtsstreits selbst zu tragen. Ob das der Fall ist, entscheidet sich nach **Billigkeitsgesichtspunkten.** Verfügt er über ausreichende zur Verfügung stehende Mittel, hat er diese einzusetzen. Die Aufnahme eines Kredits oder die Verwertung des Vermögensstammes (s.u. RN **463**) wird dem Vorschußberechtigten dagegen nicht zugemutet.

c) Der auf Prozeßkostenvorschuß in Anspruch genommene Ehegatte muß **leistungsfähig** sein. Das ist nicht der Fall, wenn er durch die Vorschußzahlung seinen eigenen angemessenen Unterhalt gefährden würde (vgl. OLG Koblenz FamRZ 86, 284). Kann er den Prozeßkostenvorschuß nicht auf einmal, sondern nur durch Ratenzahlungen aufbringen, so wird ihm dies von den Gerichten gestattet (OLG Frankfurt FamRZ 85, 826).

d) Eine Prüfung, inwieweit die beabsichtigte Rechtsverfolgung Aussicht auf Erfolg bietet, wird von den Gerichten nicht vorgenommen. Doch darf die Führung des Prozesses **nicht mutwillig** oder von vornherein **aussichtslos** sein.

Bsp.: Mutwillig wäre es, wenn ein Ehegatte Teile seines Vermögens auf eine andere Person übertragen würde, um selbst bedürftig zu erscheinen. Offensichtlich aussichtslos wäre die Klage eines Ehegatten auf Schmerzensgeld mit der Begründung, daß ihm der andere durch seinen Ehebruch einen empfindlichen Schmerz zugefügt habe (s.o. RN **90**).

126 e) Ist der zur Vorschußzahlung verpflichtete Ehegatte nicht freiwillig dazu bereit, kann der Vorschuß im Prozeßweg erstritten werden. Zuständig dafür ist das FamG (§ 23 b I 2 Nr. 6 GVG), das die Vorschußzahlung im Wege einer **einstweiligen Anordnung** festsetzen kann. Das ergibt sich für Unterhaltsstreitigkeiten aus § 127 a ZPO, für Ehesachen (z.B. Klagen auf Schei-

dung oder Aufhebung einer Ehe) aus § 620 Nr. 9 ZPO und für bestimmte dort genannte Familiensachen aus § 621 f ZPO.

f) Die **Rückforderung** eines Prozeßkostenvorschusses kann u.a. dann in Betracht kommen, wenn dessen Voraussetzungen von Anfang an nicht vorgelegen haben (BGHZ 110, 247) oder wenn die Klage gegen einen Dritten erfolgreich war (s. ergänzend Palandt-Diederichsen Rn 26 ff zu § 1360 a).

Fünfter Abschnitt

Das gegenseitige Vertretungsrecht und Eigentumsvermutungen

Einführung

127 Seit der Änderung des Familienrechts durch das 1.EheRG im Jahre 1976 ist **jeder Ehegatte** berechtigt, Geschäfte zur angemessenen Deckung des Lebensbedarfs der Familie mit Wirkung für sich selbst **und** für den anderen Ehegatten zu besorgen (§ 1357 I 1). Das gilt auch für den Ehegatten, der nicht im Haushalt tätig ist. Es gilt aber nicht für Partner einer nichtehelichen Lebensgemeinschaft.

Nach dem früheren Rechtszustand war nur die den Haushalt führende Ehefrau befugt, Geschäfte innerhalb ihres häuslichen Wirkungskreises mit Wirkung für den Mann zu tätigen. Dieses Recht entsprach dem Leitbild der Hausfrauenehe und ergänzte die Vorschrift, wonach die Frau den Haushalt in eigener Verantwortung zu führen hatte.

Diese Vertretungsbefugnis war unter der Bezeichnung "**Schlüsselgewalt**" allgemein bekannt. Heute ist dieser Ausdruck unpassend und nicht mehr geeignet, das gegenseitige Vertretungsrecht treffend zu umschreiben. Er sollte deshalb vermieden werden, zumal er immer noch eine Gedankenbrücke zur Hausfrauenehe darstellt.

I. Die Bedeutung häuslicher Gemeinschaft

1. Zweck des Vertretungsrechts

128 Leben die Ehegatten in häuslicher Gemeinschaft, hat jeder Ehegatte die Möglichkeit, die Haushaltsführung auch dann allein zu übernehmen, wenn er selbst über kein eigenes Einkommen verfügt; denn durch Rechtsgeschäfte, die der Deckung des Lebensbedarfs dienen, wird nicht nur er, sondern auch der andere Ehegatten berechtigt und verpflichtet (§ 1357 I 2).

2. Ruhen des Vertretungsrechts bei Getrenntleben

a) Fehlt es an der häuslichen Gemeinschaft, weil sich die Eheleute getrennt haben, entfällt dieser Gesichtspunkt, denn jeder Ehegatte sorgt dann für sich allein. Deshalb ergibt sich aus § 1357 III, daß das gegenseitige Vertretungsrecht ruht, solange die Ehegatten getrennt leben.

b) Der Begriff des Getrenntlebens ist der Vorschrift des § 1567 zu entnehmen (a.A. Wacke FamRZ 80, 13,16). Danach leben Ehegatten getrennt, wenn zwischen ihnen keine häusliche Gemeinschaft besteht und ein Ehegatte sie erkennbar nicht herstellen will, weil er sie ablehnt. Die häusliche Gemeinschaft besteht auch dann nicht mehr, wenn die Ehegatten innerhalb der ehelichen Wohnung getrennt leben. Zum Begriff des Getrenntlebens s.u. RN **147.**

c) Eine nur vorübergehende Trennung beendet nicht das gesetzliche Vertretungsrecht. Wird jedoch die Trennung zum Dauerzustand, erlischt sie. Stellen die Eheleute die häusliche Gemeinschaft wieder her, lebt das Vertretungsrecht von selbst wieder auf.

3. Kein Schutz des guten Glaubens für Dritte 129

Dieses wechselnde Vertretungsrecht kann für einen Vertragspartner, der Wert auf die beiderseitige Haftung der Eheleute legt, verwirrend sein. Doch wird der gute Glaube an das Bestehen des Vertretungsrechts nicht geschützt. Deshalb entfällt die Mithaftung des anderen Ehegatten auch dann, wenn die Eheleute innerhalb ihrer Wohnung getrennt leben und dieser Zustand für Dritte nicht erkennbar ist (a.A. MünchKomm-Wacke § 1357 RdNr. 45).

§ 1357 dient aber nicht vorrangig dem Gläubigerschutz (wie vielfach behauptet wird), sonst hätte er einen anderen Inhalt erhalten; der Gläubigerschutz ist deshalb nur Nebenfolge, aber nicht Zweck dieser Vorschrift.

II. Weitere Voraussetzungen des Vertretungsrechts 130

Das gegenseitige Vertretungsrecht gilt nur für Rechtsgeschäfte, die der **Bedarfsdeckung** der Familie dienen und diesem Zweck angemessen sind.

1. Rechtsgeschäfte mit Dritten

Unter dem Begriff "Geschäfte" in § 1357 sind Rechtsgeschäfte zu verstehen, die von einem Ehegatten mit dritten Personen abgeschlossen werden. Rechtsgeschäfte zwischen Ehegatten fallen nicht unter diese Bestimmung, sondern unterstehen den allgemeinen Vorschriften.

2. Geschäfte zur Deckung des Lebensbedarfs

a) Zur Deckung des Lebensbedarfs der Familie gehören zunächst die typischen **Haushaltsgeschäfte** (z.B. der Kauf von Lebensmitteln, Haushaltsgeräten, Heizungsmaterial, die Begleichung von Strom-, Gas- oder Wasserrechnungen; die Erteilung von Reparaturaufträgen); aber auch andere Geschäfte, wenn sie einen unmittelbaren Bezug zur Familie haben und zur **Befriedigung des persönlichen Bedarfs** der Ehegatten oder ihrer Kinder dienen (z.B. Kauf von Bekleidung, Kosmetika, Medikamenten, Genußmitteln; Abschluß eines Arzt- oder Krankenhausvertrages, Abschluß einer Hausratsversicherung oder einer Haftpflichtversicherung für die Familienangehörigen; Anschaffung von Spielzeug, Schulbüchern, Lesestoff, Sportartikeln für die Kinder).

b) Ein Anhaltspunkt für die Frage, ob ein bestimmtes Geschäft der Deckung des Lebensbedarfs dient, kann für den Vertragspartner die Überlegung sein, ob sich Eheleute mit vergleichbarem Lebensstil üblicherweise vor Abschluß eines solchen Vertrages zu verständigen pflegen oder ob das von ihnen nicht für notwendig erachtet wird. Nur im letzteren Fall kann mit Sicherheit angenommen werden, daß es sich um ein Bedarfsdeckungsgeschäft handelt. Ob tatsächlich eine Verständigung zwischen den Ehegatten über den Vertrag stattgefunden hat, spielt dabei keine Rolle (OLG Köln FamRZ 91, 434).

131 c) **Nicht** zum Bereich des gegenseitigen Vertretungsrechts gehören Geschäfte, die ausschließlich den **Berufs-** oder **Erwerbsbereich** der Ehegatten betreffen (z.B. Abschluß von Arbeits- oder Gesellschaftsverträgen). Dies gilt auch für den rein **vermögensrechtlichen Bereich** eines Ehegatten.

Bsp.: Maßnahmen der Geldanlage und Vermögensverwaltung; Abschluß von Lebensversicherungen; Darlehnsaufnahme zur Finanzierung eines Hausbaus.

Die **Kreditaufnahme** gehört ebenfalls nicht zu den Bedarfsdeckungsgeschäften; sie kann aber in den Anwendungsbereich des § 1357 fallen, wenn mit ihrer Hilfe eine Anschaffung getätigt werden soll, die der familiären Bedarfsdekkung dient.

Bsp.: Anschreibenlassen beim Kaufmann; Teilzahlungsverpflichtung für den Kauf einer Waschmaschine (§ 4 VerbrKrG); finanzierter Kauf gemäß § 9 VerbrKrG für den Erwerb einer Wohnungseinrichtung.

132 d) Ferner fallen Rechtsgeschäfte nicht unter § 1357, die Angelegenheiten der Familie von **grundsätzlicher Bedeutung** betreffen und deren Lebensgrundlage zu bestimmen oder zu verändern geeignet sind (vgl. BGH FamRZ 89,35). Damit soll verhindert werden, daß ein Ehegatte in einer wichtigen Angelegenheit den anderen überrumpelt, auch wenn es sich um ein Geschäft zur Bedarfsdeckung handeln sollte.

Bsp.: Aufgabe der Ehewohnung und Anmietung einer Wohnung in einer anderen Stadt; Kauf eines Eigenheimes; Unterbringung eines Kindes in einem Internat; Führung eines Zivilprozesses in Mietstreitigkeiten; Verkauf und Neuanschaffung der Wohnungseinrichtung.

Schließt ein Ehegatte ein Rechtsgeschäft ab, das nicht der Bedarfsdeckung dient, haftet er dem Vertragspartner gegenüber allein auf Vertragserfüllung.

3. Angemessenheit der Bedarfsdeckung

133 a) Der objektive Maßstab der Angemessenheit soll verhindern, daß der mithaftende Ehegatte durch ein Rechtsgeschäft seines Ehepartners übermäßig belastet wird. Angemessen ist nach der Rechtsprechung eine Bedarfsdeckung, die nach Art und Umfang den durchschnittlichen Verbrauchsgewohnheiten von Familien in vergleichbarer sozialer Lage entspricht; es kommt auf den Lebenszuschnitt an, wie er nach außen in Erscheinung tritt (BGH FamRZ 85, 576). Dieser Gesichtspunkt dient auch dem Schutz des Rechtsverkehrs, dem nicht zugemutet werden kann, bei Abschluß eines Bedarfdeckungsgeschäftes auf Kredit überprüfen zu müssen, ob der Lebensstil der Ehegatten ihren Einkommens- und Vermögensverhältnissen angepaßt ist.

Bsp.: Auch wenn die Familie eines Hochschulprofessors äußerst sparsam lebt, kann der Ehemann den Ausschluß seiner Mithaftung für den Kauf eines Staubsaugers durch seine Frau nicht damit begründen, daß es sich um ein unangemessenes Bedarfsdeckungsgeschäft gehandelt hat.

b) Pflegen die Ehegatten einen aufwendigen Lebensstil und ist dies auch für Dritte erkennbar, richtet sich die Frage der Angemessenheit nach ihrem tatsächlichen Auftreten, unabhängig davon, ob es ihren finanziellen Verhältnissen entspricht.

Bsp.: Leben die Eheleute "auf großem Fuß" und leisten sie sich eine luxuriös eingerichtete Wohnung, entfällt die Mithaftung der Frau beim Kauf einer teueren Hi-Fi-Anlage durch den Mann selbst dann nicht, wenn der Kaufpreis die zur Verfügung stehenden Mittel der Eheleute deutlich übersteigt.

III. Die Wirkungen des Vertretungsrechts 134

Die gesetzlichen Wirkungen des Vertretungsrechts sind danach zu unterscheiden, ob sie das Außen- oder das Innenverhältnis der Ehegatten betreffen.

A. Das Außenverhältnis

1. Die wichtigste Rechtsfolge im Verhältnis der Eheleute zu Dritten besteht darin, daß durch ein Geschäft zur angemessenen Deckung des Lebensbedarfs der Familie **beide Ehegatten** berechtigt und verpflichtet werden; "es sei denn, daß sich aus den Umständen etwas anderes ergibt" (§ 1357 I 2).

a) Dabei spielt es keine Rolle, ob der das Geschäft abschließende Ehegatte im eigenen Namen oder im Namen seines Ehegatten handelt. Insoweit unterscheidet sich das Vertretungsrecht des § 1357 von der Stellvertretung nach § 164, bei der ein Handeln im fremden Namen offenkundig sein muß (s.u. RN 551). Die Mithaftung tritt auch unabhängig davon ein, ob der das Geschäft besorgende Ehegatte an der Haushaltsführung beteiligt ist oder nicht.

Andererseits gilt: Hält jemand irrigerweise seinen Vertragspartner für verheiratet (z.B. weil dieser einer nichtehelichen Lebensgemeinschaft angehört), gibt es keinen Schutz des guten Glaubens und deshalb auch keine Mithaftung anderer Personen, wenn nicht ein Fall der (echten) Stellvertretung nach § 164 vorliegt.

b) Aus den Umständen kann sich ergeben, daß nur **ein** Ehegatte durch ein 135
Rechtsgeschäft berechtigt und verpflichtet wird. Das setzt aber grundsätzlich eine klare Absprache zwischen dem Ehegatten und seinem Vertragspartner voraus. So können sie vereinbaren, daß nur der handelnde Ehegatte aus dem Geschäft haften soll, nicht auch der andere Ehegatte. Eine Verständigung darüber kann sich auch aus schlüssigem Verhalten ergeben.

Bsp.: Kauft die Frau einen Rasierapparat und erwähnt sie, daß es ein Geburtstagsgeschenk für ihren Mann sein soll, so ergibt sich für den Vertragspartner ohne weitere Absprache, daß für den Kaufpreisrest nur die Frau und nicht der Mann haftet.

Die Geschäftspartner können sich auch darüber einigen, daß das Rechtsgeschäft ausschließlich im Namen des anderen (unbeteiligten) Ehegatten abgeschlossen wird. Das ist aber nur dann korrekt, wenn der handelnde Ehegatte dazu bevollmächtigt war (§ 164), sonst macht er sich u. U. schadenersatzpflichtig (vgl. § 179 I).

136 c) Nicht gesetzlich geregelt ist die Frage, ob ein **minderjähriger Ehegatte** durch Geschäfte im Rahmen des § 1357 mitverpflichtet werden kann. Dabei ist zu unterscheiden, ob er selbst oder sein volljähriger Ehegatte das Geschäft abschließt.

Handelt der Minderjährige, kann er sich selbst nur dann zu einer Leistung verpflichten, wenn er dazu die Einwilligung oder Genehmigung (s.o. RN 13) seines gesetzlichen Vertreters hat (vgl. §§ 107, 108). In jedem Fall verpflichtet er aber seinen Ehegatten (analog § 165).

Umstr. ist, ob bei einem Geschäft des volljährigen Ehegatten der Minderjährige mitverpflichtet wird. Dafür spricht sowohl der Wortlaut des Gesetzes als auch der Gesichtspunkt, daß gerade die Mitverpflichtung des Ehegatten die Substanz der gesetzlichen Regelung ausmacht, die bei einer Ausnahme zugunsten des Minderjährigen ausgehöhlt würde; anders die h.M. wegen des Minderjährigenschutzes, die aber nicht berücksichtigt, daß dem Minderjährigen zum Ausgleich für die gesetzliche Mithaftung auch die Vorteile des abgeschlossenen Rechtsgeschäfts im Rahmen der ehelichen Lebensgemeinschaft voll zugute kommen.

137 2. Die beiderseitige **Berechtigung** der Ehegatten aus Bedarfsdeckungsgeschäften schafft zwischen ihnen eine **Gesamtgläubigerschaft** im Sinne des § 428. Das bedeutet, daß der Dritte an jeden Ehegatten oder an beide Ehegatten mit schuldbefreiender Wirkung leisten darf und daß jeder Ehegatte berechtigt ist, Leistung an sich selbst zu verlangen.

Die beiderseitige **Verpflichtung** der Ehegatten aus solchen Rechtsgeschäften macht sie zu **Gesamtschuldnern** im Sinne von § 421. Das bedeutet z.B., daß ein Gläubiger die Bezahlung des Kaufpreises nach seinem Belieben von jedem Ehegatten ganz oder zum Teil fordern kann, bis die Schuld getilgt ist.

138 3. Lebhaft umstr. ist, wem das **Eigentum an Sachen**, die zur Bedarfsdeckung angeschafft worden sind, zusteht. Diese Frage hat erhebliche praktische Bedeutung, weil z.B. beim Zugewinnausgleich festgestellt werden muß, welche Vermögenswerte jeder Ehegatte besitzt.

Die Ansicht, daß kraft Gesetzes die Ehegatten Miteigentum je zur Hälfte an allen im Rahmen des § 1357 angeschafften Sachen erwerben, wird von der Rechtsprechung abgelehnt, weil dies mit den Grundsätzen des Sachenrechts nicht in Einklang zu bringen ist (BGH NJW 91, 2283 = JZ 92, 217 mit Anm. Kick). Für den Eigentumserwerb kommt es darauf an, wen der Verkäufer als seinen Vertragspartner ansieht und wem er deshalb das Eigentum übertragen will (vgl. § 929). Daher erwirbt z.B. der Ehegatte Alleineigentum, der in eigenem Namen das Rechtsgeschäft abgeschlossen hat.

Erklärt er dagegen, für sich und zugleich für seinen Ehegatten zu handeln, erwerben beide Ehegatten Miteigentum je zur Hälfte.

Ist der Handelnde dem Verkäufer gegenüber nur als Vertreter seines Ehegatten aufgetreten und schließt er seine eigene Mitverpflichtung erkennbar aus, erwirbt nur sein Ehegatte Alleineigentum.

Bei Gegenständen, die typischerweise zum **Hausrat** einer Ehewohnung gehören, kann ein anderes Ergebnis gerechtfertigt sein. Solche Gegenstände gehören nach allgemeinem Verständnis den Eheleuten gemeinsam. Wird daher Hausrat für den gemeinsamen Haushalt angeschafft, erwerben beide Ehegatten Miteigentum daran, wenn sich nicht aus den konkreten Umständen etwas anderes ergibt (BGH aaO).

B. Das Innenverhältnis 139

1. Grundsätzlich ist **jeder Ehegatte** im Verhältnis zum anderen Ehegatten berechtigt, Geschäfte im Rahmen des § 1357 zu besorgen. Einschränkungen dieses Rechts können sich aber aus Vereinbarungen zwischen den Ehegatten ergeben, insbes. dann, wenn die Führung des Haushalts einvernehmlich geregelt wurde.

Haben z.B. die Ehegatten verschiedene Funktionen der Haushaltsführung unter sich aufgeteilt, beschränkt sich die Befugnis, Geschäfte abzuschließen, auf den jeweils ihnen zustehenden Bereich.
Diese Aufteilung ändert allerdings nichts an der beiderseitigen Berechtigung und Verpflichtung der Ehegatten im Außenverhältnis.

2. Wer berechtigt ist, Geschäfte zur Deckung des Lebensbedarfs einzugehen, ist nicht an Weisungen des anderen Ehegatten gebunden, weil er eigenverantwortlich handelt. Doch entspricht es dem Wesen der ehelichen Lebensgemeinschaft, daß größere Anschaffungen im Rahmen des § 1357 nur nach gegenseitiger Absprache der Eheleute zu tätigen sind und daß das Geschäft nicht den Bereich der angemessenen Bedarfsdeckung und die Grenzen des Familieneinkommens überschreiten darf.

3. Haben die Ehegatten die Haushaltsführung einvernehmlich geregelt, ist ein Ehegatte nicht berechtigt, sich **einseitig** davon **loszusagen**, sofern dafür kein wichtiger Grund vorliegt. Aber auch dann muß er seinen Ehepartner davon verständigen und es ihm ermöglichen, sich auf die veränderte Lage einzustellen. Bei einer Verletzung dieser Pflicht kann es angebracht sein, das Vertretungsrecht des anderen Ehegatten auszuschließen, was aber die Beendigung der ehelichen Lebensgemeinschaft zur Folge haben kann.

IV. Beschränkung und Ausschluß des Vertretungsrechts 140

1. Mißbrauch des Vertretungsrechts

Wenn ein Ehegatte sein Vertretungsrecht mißbraucht, indem er z.B. nicht benötigte Hausratsgegenstände anschafft oder kostspielige Kleidung kauft und dadurch den finanziellen Rahmen der Eheleute zu sprengen droht, besteht für den anderen Ehegatten die Möglichkeit, das Vertretungsrecht zu beschränken oder auszuschließen (§ 1357 II 1, 1. HS). Es kommt dabei nicht darauf an, ob das schädigende Verhalten ein Ausdruck fehlender ehelicher Gesinnung ist oder auf bloßer Unfähigkeit zur sachgerechten Haushaltsführung beruht.

2. Durchführung des Ausschlusses oder der Beschränkung

141 a) Die Beschränkung oder der Ausschluß des gesetzlichen Vertretungsrechts kann **jederzeit** durch Erklärung gegenüber dem anderen Ehegatten und/oder gegenüber einem Dritten (dem Vertragspartner des anderen Ehegatten) ausgesprochen werden. In jedem Fall wirkt die getroffene Maßnahme Dritten gegenüber nur dann, wenn sie diesen **positiv bekannt** ist oder wenn sie im **Güterrechtsregister** eingetragen ist (§ 1357 II 2 i.V.m. § 1412; s.u. RN **268**). Ob die Erklärung sachlich gerechtfertigt war, ist unerheblich und wird vom Registergericht nicht nachgeprüft.

b) Der **Ausschluß** des Vertretungsrechts bedeutet, daß der davon betroffene Ehegatte nicht mehr in der Lage ist, den anderen durch Rechtsgeschäfte gemäß § 1357 mitzuverpflichten. Anstelle des Ausschlusses kann auch eine **Beschränkung** des Vertretungsrechts in Betracht kommen, z.B. was die Höhe der jeweils abzuschließenden Geschäfte betrifft oder in der Weise, daß sich der Ausschluß nur auf bestimmte Arten von Rechtsgeschäften bezieht.

c) Die Maßnahme, die ein Ehegatte getroffen hat, kann von ihm jederzeit wieder **aufgehoben** werden.

3. Gegenmaßnahmen

Auf Antrag des betroffenen Ehegatten hat das VormG die Maßnahme wieder aufzuheben, wenn für sie kein ausreichender Grund bestanden hat (§ 1357 II 1, 2. HS). Das VormG prüft, ob die Maßnahme noch **im Zeitpunkt seiner Entscheidung** begründet ist; wenn ja, weist es den Antrag ab, sonst kann es die Maßnahme ganz oder teilweise aufheben. Eine Rückwirkung der Entscheidung auf früher geschlossene Rechtsgeschäfte tritt dadurch nicht ein.

V. Eigentumsvermutungen

142 Einführung

In einer Ehewohnung ist den dort befindlichen Gegenständen nicht ohne weiteres anzusehen, ob sie der Frau, dem Mann, beiden Ehegatten gemeinsam oder Dritten gehören. Diese Unklarheit erschwert es dem Gläubiger eines Ehegatten, in dessen bewegliches Vermögen zu vollstrecken; denn es kann sein, daß der andere Ehegatte geltend macht, es handle sich bei den gepfändeten Gegenständen um **sein** Eigentum und sei daher nicht der Zwangsvollstreckung unterworfen. Um diese Schwierigkeit zu beheben, hilft § 1362 mit **zwei Eigentumsvermutungen**, die dem Gläubiger den Nachweis ersparen, daß die gepfändete Sache im Eigentum des betreffenden Ehegatten steht. Doch ist diese Vermutung durch den **Nachweis** widerlegbar, daß die Sache einem anderen gehört.

1. Vermutung bei beweglichen Hausratsgegenständen 143

Die erste Eigentumsvermutung befaßt sich mit den beweglichen Hausratsgegenständen. Zugunsten der Gläubiger des Mannes und der Gläubiger der Frau wird vermutet, daß die im Besitz eines Ehegatten oder beider Ehegatten befindlichen Sachen **Eigentum des jeweiligen Schuldners** sind (§ 1362 I 1).

Im einzelnen:

a) Die Vermutung gilt nur für **Gläubiger** der Frau oder des Mannes; sie gilt nicht im Verhältnis der Ehegatten zueinander. Zwischen ihnen gilt nur die Bestimmung des § 1006, wonach vermutet wird, daß der Besitzer einer beweglichen Sache auch dessen Eigentümer ist.

b) Die Vermutung gilt nur für **bewegliche Sachen**, nicht für Grundstücke. Für **Tiere** gilt die Eigentumsvermutung ebenfalls, obwohl sie keine Sachen sind (§ 90 a). Den beweglichen Sachen gleichgestellt sind auch **Inhaberpapiere** und die mit einem Blankoindossament versehenen **Orderpapiere** (s. u. RN **705**).

c) Die Sachen müssen sich **im Besitz** eines oder beider Ehegatten befinden. Dabei ist vorausgesetzt, daß die Ehegatten **zusammenleben.**

Leben sie **getrennt** (s.u. RN **147**), gilt die Vermutung nur, wenn sich die Sache im Besitz des **Schuldners**, also nicht im Besitz des von ihm getrennt lebenden Ehegatten, befindet.

Bsp.: Will der Gerichtsvollzieher wegen einer Forderung gegen den getrennt lebenden Ehemann ein Ölbild pfänden, das in seiner Wohnung hängt, spricht die Vermutung dafür, daß es ihm gehört. Erfährt seine Ehefrau von dieser Pfändung, kann sie ihr widersprechen (vgl. § 771 ZPO), muß aber beweisen, daß das Bild ihr Eigentum ist.

Würde der Gerichtsvollzieher wegen einer Forderung gegen die Frau das Ölbild beim getrennt lebenden Mann pfänden, könnte dieser einwenden, daß das Bild ihm gehört und nicht seiner Frau. Da in diesem Fall die Vermutung des § 1362 nicht eingreift, müßte der Gläubiger beweisen, daß es sich um ein Bild der Ehefrau handelt.

2. Vermutung bei zum persönlichen Gebrauch bestimmten Sachen 144

Die zweite gesetzliche Vermutung betrifft die **ausschließlich zum persönlichen Gebrauch** eines Ehegatten bestimmten Sachen. Bei ihnen wird vermutet, daß sie dem Ehegatten gehören, für dessen alleinigen Gebrauch sie bestimmt sind (§ 1362 II).

a) Diese Vermutung gilt sowohl im Verhältnis eines Gläubigers zu den Ehegatten als auch im Verhältnis der Ehegatten untereinander. Auf den Besitz dieser Sachen kommt es dabei nicht an. Auch spielt es hier keine Rolle, ob die Eheleute getrennt- oder zusammenleben.

Die Vermutung gilt sogar für die Zeit nach der Scheidung bis zur Beendigung der Vermögensauseinandersetzung zwischen den Ehegatten und im Verhältnis der Erben zu den Nachlaßgläubigern eines verstorbenen Ehegatten (Palandt-Diederichsen Rn 8 zu § 1362).

145 b) Zu den ausschließlich zum persönlichen Gebrauch bestimmten Sachen gehören z.B. die Kleidungsstücke jedes Ehegatten, aber auch Schmuckstücke, Sport- und Arbeitsgeräte, Fachliteratur, Sammlungen aller Art, die Fotoausrüstung oder ein Computer.

c) Entscheidend ist dabei, ob diese Sachen nur dem Gebrauch **eines** Ehegatten dienen; werden sie vom anderen Ehegatten mitbenutzt, entfällt die Vermutung. Dabei darf nicht aus dem Umstand, daß ein Gegenstand seiner Art nach nur von **einem** Ehegatten benutzt zu werden pflegt, gefolgert werden, daß er ausschließlich nur diesem zur Verfügung steht.

Bsp.: Ein Diamanten-Kollier kann zu den Dingen gehören, die ausschließlich eine Frau trägt. Es kann aber auch sein, daß es sich um ein Erbstück des Mannes handelt, das er seiner Frau zum gelegentlichen Gebrauch überlassen hat. Wenn die Frage, wem der Schmuck gehört (z.B. nach der Scheidung der Ehe), streitig wird, muß die Frau beweisen, daß ihr der Schmuck zur beliebigen Benutzung überlassen worden ist. Gelingt ihr dies, spricht die Vermutung des § 1362 II dafür, daß der Schmuck auch ihr Eigentum ist. Gelingt ihr das nicht, besteht noch die Möglichkeit, daß sie sich auf die Eigentumsvermutung des § 1006 stützen kann, falls sie die **Besitzerin** des Kolliers ist.
Diese Eigentumsvermutungen können wiederum vom Mann widerlegt werden, wenn er z.B. nachweist, daß er den Schmuck seiner Frau nur geliehen, aber nicht geschenkt hat.

VI. Haftungsmaßstab zwischen Ehegatten

146 a) Erfüllt ein Ehegatte seine Verpflichtungen, die sich aus der ehelichen Lebensgemeinschaft ergeben, dem anderen Ehegatten gegenüber schlecht oder gar nicht, kann er ihm schadenersatzpflichtig werden. Doch darf in diesem Fall der "schuldige" Ehegatte ein **Haftungsprivileg** für sich in Anspruch nehmen. Er braucht im Verhältnis zum anderen Ehegatten nur für diejenige Sorgfalt einzustehen, die er in **eigenen Angelegenheiten** anzuwenden pflegt (§ 1359). Sollte er z.B. in eigenen Angelegenheiten nachlässig sein, kann deshalb auch in ehelichen Angelegenheiten keine größere Sorgfalt von ihm verlangt werden. **Man muß den Ehegatten also nehmen, wie er ist!** Davon abgesehen haftet jeder Ehegatte uneingeschränkt, wenn er dem anderen vorsätzlich oder grob fahrlässig einen Schaden zufügt (§§ 276, 277).

Bsp.: Die Haftungserleichterung gilt für Tätigkeiten im Rahmen der Haushaltsführung oder der Unterhaltspflicht, bei der Mitarbeit im Geschäft, bei der Ausübung des gegenseitigen Vertretungsrechtes oder bei Verwaltungsmaßnahmen im ehelichen Güterrecht (vgl. z.B. § 1413). Sie gilt auch für derartige Tätigkeiten während des Getrenntlebens der Ehegatten.

b) Die Rechtsprechung hat diese Haftungserleichterung in mehrfacher Hinsicht eingeschränkt. So haftet jeder Ehegatte bereits für leichte Fahrlässigkeit gemäß § 276 I, wenn er den anderen durch einen **Verkehrsunfall** verletzt oder schädigt (BGHZ 61, 101, 106). Auch bei Verträgen, die zwischen den Ehegatten im normalen **Geschäftsverkehr** abgeschlossen werden (z.B. Darlehns-, Dienst- oder Werkverträge) gibt es keine Haftungserleichterung (vgl. die ähnliche Bestimmung im Verhältnis zwischen Eltern und Kindern gemäß § 1664; s.u. RN **592**).

c) Im Hinblick darauf, daß die Geltendmachung von Ansprüchen eines Ehegatten gegen den anderen den Familienfrieden nachhaltig stören kann, bestimmt § 204, daß die **Verjährung** derartiger Ansprüche gehemmt ist, solange die Ehe besteht. Die Verjährungsfristen beginnen daher erst zu laufen, wenn die Ehe aufgelöst ist (§ 205).

Sechster Abschnitt: **Die Ansprüche getrennt lebender Ehegatten**

I. Einführung 147

Leben die Ehegatten getrennt, hat das Ende der Lebensgemeinschaft nicht nur persönliche Konsequenzen für die Ehegatten und ihre Kinder, es führt auch zu einer Veränderung ihrer beiderseitigen Rechtsverhältnisse. So tritt an die Stelle des Familienunterhalts der Anspruch auf Zahlung einer Unterhaltsrente (§ 1361). Der gemeinsame Haushalt wird aufgelöst, der Hausrat zwischen den Ehegatten aufgeteilt (§ 1361 a). Oft wird es notwendig sein, die Ehewohnung einem der beiden Ehegatten ganz oder teilweise zu überlassen (§ 1361 b). Sind gemeinsame Kinder vorhanden und leben die Eltern nicht nur vorübergehend getrennt, kann jeder Elternteil beantragen, daß ihm das FamG die elterliche Sorge oder einen Teil davon zur alleinigen Ausübung überträgt (§ 1671 I; s.u. RN **570**).

II. Das Getrenntleben

1. Begriff des Getrenntlebens

a) In vielen Bestimmungen des BGB werden an das Getrenntleben der Ehegatten besondere Rechtsfolgen geknüpft (vgl. z.B. §§ 1357 III, 1361, 1385, 1566, 1629 III). Der Begriff des Getrenntlebens wird dabei aus § 1567 I 1 hergeleitet, der eine gesetzliche Definition (Legaldefinition) enthält:

> "Die Ehegatten leben getrennt, wenn zwischen ihnen keine häusliche Gemeinschaft besteht und ein Ehegatte sie erkennbar nicht herstellen will, weil er die eheliche Lebensgemeinschaft ablehnt."

b) Das Getrenntleben besteht somit in einem **tatsächlichen Verhalten** der Ehegatten und bedarf keiner Rechtfertigung. Im allgemeinen wird es zur Trennung kommen, weil sich die Eheleute auseinandergelebt haben und sich scheiden lassen wollen. Aber auch ohne Scheidungsabsicht können sie die Trennung herbeiführen und künftig allein leben. Ein Getrenntleben liegt auch dann vor, wenn die Ehegatten nach der Heirat eine Lebensgemeinschaft gar nicht erst begründet haben (z.B. weil ihnen die Eheschließung nur zu Steuervorteilen oder zur Erlangung eines Adelsprädikates verhelfen sollte; vgl. BGH FamRZ 82, 573, 574).

c) Das Getrenntleben kann jederzeit im Einvernehmen der Ehegatten beendet und die ehelichen Lebensgemeinschaft (wieder) aufgenommen werden. Das zwischenzeitliche Getrenntleben führt zu keinen Rechtsnachteilen, wenn man davon absieht, daß u.U. die für die Scheidung geltenden Trennungsfristen dadurch unterbrochen werden können (§§ 1567 II i.V.m. § 1566; s.u. RN **314**).

2. Voraussetzungen des Getrenntlebens

148 Das Getrenntleben erfordert **objektiv** das Nichtbestehen der häuslichen Gemeinschaft und **subjektiv** ihre Ablehnung durch einen oder beide Ehegatten.

a) Es gilt der Grundsatz der **vollständigen Trennung**. Diese wird am deutlichsten vollzogen, wenn die Eheleute in verschiedenen Wohnungen leben und alle Gemeinsamkeiten aufgeben. Oftmals können sich Ehegatten eine solche Art der Trennung wirtschaftlich nicht leisten; es kann auch sein, daß ein Ehegatte bei Wohnraumnot keine Zweitwohnung finden kann.

Deshalb gestattet § 1567 I 2 ein **Getrenntleben innerhalb der ehelichen Wohnung**. Damit verbunden ist zwangsläufig die gemeinsame Benutzung von Küche, Bad und anderen Einrichtungen, die nur einmal in der Wohnung vorhanden sind. Davon abgesehen muß es zu einer **Aufteilung** der Räume kommen und zum Abbruch der persönlichen Beziehungen zwischen den Ehegatten.

Es genügt also z.B. nicht, daß die Eheleute getrennt essen und schlafen, wenn ein Ehegatte die Mahlzeiten für den anderen zubereitet und seine Wäsche versorgt.

Dagegen ist es mit dem Getrenntleben zu vereinbaren, wenn ein Ehegatte dem anderen in Notfällen (z.B. bei Krankheit) beisteht, sofern sich diese Tätigkeit auf die notwendigen Hilfsmaßnahmen im Einzelfall beschränkt (BGH FamRZ 79, 469, 470); ebenso wenn er im Geschäft oder in der Landwirtschaft des von ihm Getrenntlebenden wie jeder andere Angestellte weiter mitarbeitet; oder wenn die Ehegatten mit ihren Kindern gemeinsam einen Ausflug unternehmen.

b) Zur Aufhebung der häuslichen Gemeinschaft muß hinzukommen, daß zumindest ein Ehegatte nicht mehr den Willen hat, mit dem anderen zusammenzuleben. Damit scheiden alle Fälle **äußerer Trennung** aus dem Begriff des Getrenntlebens aus, die nicht der Ausdruck einer ehefeindlichen Gesinnung sind.

In folgenden Bsp. liegt trotz des Fehlens häuslicher Gemeinschaft kein Getrenntleben vor:

> Abwesenheit wegen eines Kriegszustandes oder aus beruflichen Gründen (so z.B. bei Mitgliedern einer Expedition, bei Schauspielern auf Tournee, Seeleuten auf hoher See oder Monteuren im Überseedienst); aber auch bei Verbüßung einer Freiheitsstrafe (OLG Bamberg FamRZ 81, 52).

c) Die **Absicht**, eine Trennung herbeizuführen, muß **äußerlich erkennbar** hervorgetreten sein. Das ist besonders dann wichtig, wenn zunächst nur eine äußerliche Trennung (z.B. aus beruflichen Gründen) bestanden hat, später aber der Wille, die häusliche Gemeinschaft nicht mehr herzustellen, hinzugekommen ist. Das Getrenntleben beginnt in diesem Fall erst dann, wenn der andere Ehegatte von dieser Willensänderung **Kenntnis** erhält.

Das kann ausdrücklich geschehen (z.B. durch Brief oder bei einem Telefongespräch) oder durch schlüssiges Verhalten (z.B. Entfernen der dem Ehegatten gehörenden Sachen aus der gemeinsamen Wohnung; Einreichung des Scheidungsantrags; so OLG Bamberg aaO).

III. Der Unterhalt bei Getrenntleben

Übersicht 149

Die gegenseitige Verpflichtung, zum Familienunterhalt beizutragen, ist durch das Getrenntleben entfallen. An ihre Stelle tritt der einseitige Anspruch eines Ehegatten gegen den anderen auf Zahlung einer angemessenen Unterhaltsrente, deren Höhe sich nach den Lebensverhältnissen sowie den Erwerbs- und Vermögensverhältnissen der Ehegatten zu richten hat (§ 1361).

Grundvoraussetzung des Unterhaltsanspruchs ist hier, wie allgemein im Unterhaltsrecht, einerseits die **Bedürftigkeit** auf Seiten des Unterhaltsberechtigten und andererseits die **Leistungsfähigkeit** des Unterhaltspflichtigen.

Sind **gemeinsame Kinder** vorhanden, kann der für sie allein sorgeberechtigte Elternteil deren Unterhaltsansprüche nur im eigenen Namen gegen den anderen Elternteil geltend machen (§ 1629 III). Steht die elterliche Sorge den Eltern gemeinsam zu, ist der Elternteil, in dessen Obhut sich die Kinder befinden, hierzu berechtigt (§ 1629 II 2; s.u. RN 556).

1. Unterhaltsvereinbarungen 150

Nicht selten wird zur Vermeidung einer gerichtlichen Auseinandersetzung eine **Vereinbarung** zwischen den getrennt lebenden Ehegatten geschlossen, in der Art und Höhe des Unterhalts für die Dauer des Getrenntlebens festgelegt wird (vgl. BGH NJW 62, 2102). Eine solche Vereinbarung ist zulässig und nützlich, sie darf aber keinen Unterhaltsverzicht für die Zukunft enthalten (vgl. § 1614). Eine besondere Form für den Abschluß einer Unterhaltsvereinbarung ist nicht vorgeschrieben, doch sollte sie schriftlich erfolgen.

2. Bedürftigkeit des Unterhaltsberechtigten

151 a) Ein Ehegatte ist bedürftig, wenn er sich nicht selbst unterhalten kann. Welchen Lebensstandard er jetzt zu beanspruchen hat, richtet sich nach den **Lebensverhältnissen**, wie sie durch die wirtschaftlichen Grundlagen der Ehe geprägt worden sind, insbes. nach den derzeitigen (aktuellen) **Einkommens- und Vermögensverhältnissen** beider Ehegatten (§ 1361 I 1; 1.HS; vgl. BGH NJW-RR 90, 323, 325; s. ergänzend RN **353**). Der vor der Trennung gehaltene Lebensstandard wird danach nicht immer eingehalten werden können; z.B. ist eine getrennte Haushaltsführung in der Regel kostspieliger, als die Führung eines gemeinsamen Haushalts. Deshalb muß sich ein Ehegatte u. U. mit einer Einschränkung seines gewohnten Lebenszuschnittes zufrieden geben (vgl. OLG Hamm FamRZ 81, 460). Wer über **eigene Einkünfte** aus seiner Berufstätigkeit oder aus seinem Vermögen verfügt, ist nicht bedürftig, wenn sie ausreichen, den bisherigen Lebensstandard aufrechtzuerhalten.

b) Bei der Festsetzung des Unterhalts hat sich der Berechtigte gegebenenfalls auch die **Vermögensvorteile** entgegenhalten zu lassen, die die Trennung für ihn mit sich gebracht hat. So wirkt sich z.B. anspruchsmindernd aus, wenn er seit der Trennung mietfrei wohnt (z.B. bei seinen Eltern) oder wenn er von dritten Personen (z.B. in einer nichtehelichen Lebensgemeinschaft) Unterhaltsleistungen erhält; führt er den Haushalt für einen Lebensgefährten, ohne dafür entschädigt zu werden, muß er sich ein **fiktives Entgelt** auf seine Unterhaltsforderung anrechnen lassen (s.u. RN **348**).

152 c) Problematisch ist in diesem Zusammenhang die Frage, inwieweit ein Ehegatte, der bisher nicht (oder nicht mehr) erwerbstätig war, darauf verwiesen werden kann, sich seinen Unterhalt selbst zu verdienen. Nach § 1361 II hängt das sowohl von seinen persönlichen Verhältnissen als auch davon ab, ob nach den wirtschaftlichen Verhältnissen beider Ehegatten eine solche Erwerbstätigkeit erwartet werden kann.

Zu den **persönlichen Verhältnissen** gehören u.a.:

- Lebensalter, Gesundheitszustand und Arbeitsfähigkeit des Unterhaltsberechtigten (BGH FamRZ 81, 17, 18);
- seine Berufsausbildung; eine frühere Erwerbstätigkeit vor oder während der Ehe; die Möglichkeit, eine etwa gleichartige Arbeitsstelle wieder zu erlangen (BGH aaO);
- die Notwendigkeit, gemeinsame, aber auch voreheliche Kinder zu betreuen (BGH FamRZ 82, 360);
- die Dauer der Ehe und der Trennung (BGH NJW 79, 1452).

153 Die Zumutbarkeit einer Erwerbstätigkeit, wenn **Kinder** zu betreuen sind, richtet sich nach dem Alter und der Anzahl der Kinder:

Bei Kleinkindern, die auf ständige Betreuung angewiesen sind, ist die Aufnahme selbst einer nur stundenweise ausgeübten Berufstätigkeit im allgemeinen unzumutbar, falls nicht die zeitweise Übernahme der Betreuung durch eine zuverlässige Hilfe (z.B. durch die Großeltern) gesichert ist. Bei Schulkindern kann eine Teilzeitbeschäftigung erwartet werden; eine Halbtagsbeschäftigung aber nur dann, wenn die Kinder schon über eine gewisse Selbständigkeit verfügen. Hat das Schulkind das 15. oder 16. Lebensjahr erreicht, kommt eine ganztägige Erwerbstätigkeit in Betracht (BGHZ 89, 108, 111).

d) Die **wirtschaftlichen Verhältnisse** der Ehegatten werden zunächst durch die gegenwärtigen Einkommen bestimmt, an deren Entwicklung bis zur Scheidung die Ehegatten gemeinschaftlich teilnehmen (BGH FamRZ 88, 256). Der erreichte Lebensstandard ist auch für die Frage maßgebend, inwieweit ein Ehegatte berechtigt ist, eine Erwerbstätigkeit abzulehnen, die erheblich unter seinem sozialen Status liegt, also nicht eheangemessen ist (BGH FamRZ 82, 892).

Bsp.: Die Frau eines Akademikers ist nicht verpflichtet, ihren Lebensunterhalt als Reinigungsfrau zu verdienen; der Mann einer prominenten Politikerin braucht nicht die Stelle eines Nachtwächters anzunehmen.

e) Unter den genannten Voraussetzungen obliegt es jedem Ehegatten, der während des Bestehens der häuslichen Gemeinschaft nicht erwerbstätig war, in angemessener Zeit nach der Trennung der Ehegatten sich um die Eingliederung (oder Wiedereingliederung) in das Berufsleben zu bemühen. Die Rechtsprechung vertritt die Ansicht, daß im Normalfall dem bisher nicht erwerbstätigen, aber erwerbsfähigen Ehegatten **im zweiten Jahr nach der Trennung** die intensive Suche nach einem Arbeitsplatz zuzumuten ist (BGH FamRZ 90, 283, 286; u.U. schon früher: OLG Köln FamRZ 96, 1215). 154

3. Leistungsfähigkeit des Unterhaltsverpflichteten 155

a) Bei der Beurteilung der Leistungsfähigkeit spielt in erster Linie das **Einkommen** des Unterhaltspflichtigen eine Rolle; aber auch auf die Einkünfte aus seinem **Vermögen** (Geldanlage, Mieteinnahmen) kommt es an. Er muß u. U. sogar einen Teil seines Vermögensstammes (s.u. RN **463**) angreifen, um den Trennungsunterhalt aufbringen zu können (BGH FamRZ 86, 556). Allerdings braucht er nur soviel Unterhalt zu leisten, wie er ohne Gefährdung seines eigenen Unterhalts zu leisten imstande ist (vgl. § 1603 I).

b) Es ist naheliegend, daß gelegentlich ein Unterhaltsschuldner versucht, seine Leistungsfähigkeit zu mindern oder wegfallen zu lassen. Die Rechtsprechung wirkt dem entgegen, indem sie dem Unterhaltsschuldner die Berufung auf seine Leistungsunfähigkeit versagt, wenn diese in verantwortungsloser oder leichtfertiger Weise herbeigeführt worden ist (BGH FamRZ 85, 158).

Andererseits ist der Unterhaltsverpflichtete berechtigt, seine Schulden zu tilgen, die während des Zusammenlebens entstanden sind, aber auch die Zahlungen an unterhaltsberechtigte Kinder anspruchsmindernd geltend zu machen.

156 c) Häufig wird es vorkommen, daß die dem unterhaltspflichtigen Ehegatten zur Verfügung stehenden Mittel nicht ausreichen, um den Unterhalt seines Ehegatten zu finanzieren und dabei den eigenen angemessenen Unterhalt nicht zu gefährden. In diesen "Mangelfällen" billigt die Rechtsprechung dem Unterhaltspflichtigen einen bestimmten Mindestbetrag als **notwendigen Eigenbedarf** (auch **Selbstbehalt** genannt) zu, wenn er seinem getrennt lebenden Ehegatten und seinen minderjährigen Kindern Unterhalt zu zahlen hat (BGH NJW 84, 1614; s.u. RN **369**).

Bei dieser Berechnung leisten die von den OLG aufgestellten Unterhaltstabellen, unter denen die sog. **Düsseldorfer Tabelle** führend ist, gute Dienste. Da der Eigenbedarf sowohl gegenüber einem getrennt lebenden als auch gegenüber einem geschiedenen Ehegatten nicht unterschiedlich hoch ist, wird zur Berechnung des Eigenbedarfs auf die Ausführungen bei der Ehescheidung Bezug genommen (s.u. RN **367 ff**).

4. Art und Umfang des Unterhalts

157 a) Zweck des Trennungsunterhalts ist es, den gesamten Lebensbedarf des bedürftigen Ehegatten zu befriedigen. Der Lebensbedarf umfaßt die Mittel zur Deckung des sog. **Elementarunterhalts** (wozu insbes. Aufwendungen für Wohnung, Kleidung und Ernährung gehören) sowie eines etwaigen **Mehrbedarfs**, der z.B. infolge einer Krankheit oder infolge der Trennung entsteht. Hinzukommen kann die Verpflichtung zur Tragung des **Vorsorgeunterhalts** (s.u. RN **158**) oder zur Deckung eines gelegentlichen **Sonderbedarfs** (zum Begriff s.u. RN **488**).

b) Die Unterhaltszahlung hat in Form einer monatlich vorauszahlbaren **Geldrente** zu erfolgen (§ 1361 IV 1, 2). Die Höhe der Rente wird (außer in den oben erwähnten "Mangelfällen") gewöhnlich in einer bestimmten **Quote** vom Nettoeinkommen des Unterhaltspflichtigen ausgedrückt.

Nach der Düsseldorfer Tabelle (s.u. RN **466**) stehen dem voll unterhaltsbedürftigen Ehegatten vom Nettobetrag der **Erwerbseinkünfte** des Unterhaltspflichtigen **3/7** zu; das entspricht einer Halbierung des Einkommens und berücksichtigt nur den höheren Aufwand des Erwerbstätigen. Erzielt der Unterhaltspflichtige **sonstige Einkünfte** (z.B. aus seinem Vermögen), entfällt insoweit der **Erwerbstätigenbonus** von 1/7, d.h. solche Einkünfte werden bei dieser Berechnung **halbiert**; das gilt ebenso für Renten, Pensionen oder Mieteinkünfte.

Verdient auch der Unterhaltsberechtigte einen Teil seines Lebensunterhalts, stehen ihm 3/7 vom **Unterschiedsbetrag** des beiderseitigen Nettoeinkommens zu. Zur Berechnung des bereinigten Nettoeinkommens s.u. RN **456**.

Bsp. für eine **Alleinverdienerehe** ohne Kinder:

Erwerbseinkünfte des Mannes netto 4.200 DM zuzüglich 600 DM Mieteinnahmen: 4.200 x 3/7 = 1.800 + (600 : 2) 300 = 2.100 DM.
Der Trennungsunterhalt der nichterwerbstätigen Frau beläuft sich auf 2.100 DM; dem erwerbstätigen Mann verbleiben 2.700 DM.

Bsp. für eine **Doppelverdienerehe** ohne Kinder:

Nettoeinkommen der Frau: 4.200 DM, Nettoeinkommen des Mannes: 1.400 DM. Berechnung nach der sog. Differenzmethode (s.u. RN **357**):
(4.200 - 1.400) x 3/7 = 1.200 DM.
Die Frau behält von ihrem Nettoeinkommen 3.000 DM, dem Mann stehen 2.600 DM zur Verfügung.
Weitere Bsp. mit Ehegatten und minderjährigen Kindern s.u. RN **467 ff.**

Hat ein Ehegatte einen **Körper-** oder **Gesundheitsschaden** und deshalb **Sozialleistungen** in Anspruch genommen (insbes. Leistungen nach dem BVG), bleiben diese Einnahmen bei der Bemessung des Unterhaltsanspruchs grundsätzlich **unberücksichtigt** (§ 1361 I 1, 2. HS; s.u. RN **454**).

c) Ist zwischen den getrennt lebenden Ehegatten ein **Scheidungsverfahren** 158
rechtshängig (§ 261 ZPO), gehören zum Unterhalt von da ab auch die Kosten einer angemessenen Versicherung für den Fall der Berufs- oder Erwerbsunfähigkeit und für die Alterssicherung (sog. **Vorsorgeunterhalt**; § 1361 I 2).

Mit dieser Vorschrift wird eine Lücke in der Versorgung des unterhaltsberechtigten Ehegatten geschlossen, die sonst zwischen dem Beginn der Rechtshängigkeit und dem Eintritt der Rechtskraft des Scheidungsurteils bestehen würde (vgl. §§ 1587 II, 1578 III; s.u. RN **352, 380**).

5. Herabsetzung des Unterhaltsanspruchs aus Billigkeitsgründen 159

a) Der Unterhaltsanspruch eines getrenntlebenden Ehegatten entfällt nicht schon deshalb, weil ihn möglicherweise ein "Trennungsverschulden" trifft. Ein solches Verschulden bleibt bei der Bemessung des Unterhalts grundsätzlich unberücksichtigt (BGH NJW 79, 1348). Es kann aber sein, daß bei Vorliegen bestimmter Umstände die Leistung des Unterhalts für den Pflichtigen **unzumutbar** wird. Deshalb darf der Unterhaltsanspruch versagt, herabgesetzt oder zeitlich begrenzt werden, wenn die Unterhaltsleistung bei Würdigung aller Umstände **grob unbillig** wäre (§ 1361 III i.V.m. § 1579 Nr. 2 bis 7).

b) **Grobe Unbilligkeit** kann vorliegen,

- wenn sich der Berechtigte eines Verbrechens oder schweren vorsätzlichen Vergehens gegen den Verpflichteten oder einen seiner nahen Angehörigen schuldig gemacht hat (§ 1579 Nr. 2);
- wenn er seine Bedürftigkeit mutwillig herbeigeführt hat (§ 1579 Nr. 3);
- wenn er sich über schwerwiegende Vermögensinteressen des Verpflichteten mutwillig hinweggesetzt hat (§ 1579 Nr. 4);
- wenn er vor der Trennung längere Zeit hindurch seine Pflicht, zum Familienunterhalt beizutragen, gröblich verletzt hat (§ 1579 Nr. 5);
- wenn ihm ein offensichtlich schwerwiegendes, eindeutig bei ihm liegendes Fehlverhalten gegen den Verpflichteten zur Last fällt (§ 1579 Nr. 6)

- wenn ihm ein anderes ebenso schwerwiegendes Fehlverhalten vorgeworfen werden kann (§ 1579 Nr. 7).

Nähere Einzelheiten und Beispiele zu § 1579 Nr. 2 bis 7 s.u. RN **363 ff.**

160 c) Der in der Praxis häufigste Anwendungsfall für eine Unterhaltskürzung oder -versagung wegen eines schwerwiegenden Fehlverhaltens im Sinne des § 1579 Nr. 6 liegt dann vor, wenn der Unterhaltsberechtigte gegen den Willen des anderen Ehegatten schon während des Getrenntlebens ein eheähnliches Verhältnis mit einer dritten Person beginnt (OLG Hamm FamRZ 96, 289); anders wäre es dagegen, wenn der Unterhaltspflichtige sich auch seinerseits von den ehelichen Bindungen losgesagt hätte (KG FamRZ 92, 571).

6. Gesetzliche Verweisungen

161 Auf den Unterhaltsanspruch des getrennt lebenden Ehegatten sind folgende **allgemeine Regeln des Unterhaltsrechts** anzuwenden (§ 1361 IV 4):

a) Ehegatten sind verpflichtet, sich gegenseitig **Auskunft** über ihre Einkommens- und Vermögensverhältnisse zu geben (§ 1605; s.u. RN **460**).

b) Neben der laufenden Unterhaltsrente hat der Unterhaltspflichtige auch die Kosten eines **Sonderbedarfs** zu tragen (§ 1613 II; s.u. RN **488**).

c) In persönlichen Angelegenheiten kommt eine **Prozeßkostenvorschußpflicht** des anderen Ehegatten im Rahmen der Billigkeit in Betracht (§ 1360 a IV; s.o. RN **124**).

d) Es gibt grundsätzlich keinen Unterhalt für die **Vergangenheit** (§ 1613 I; s.u. RN **486**).

e) Ein Verzicht auf Unterhalt für die **Zukunft** ist nicht möglich (§ 1614; s.u. RN **491**).

f) Bei einer **Zuvielleistung** an Unterhalt besteht in der Regel kein Anspruch auf Rückzahlung (§ 1360 b; s.o. RN **116**).

g) Das **Erlöschen** des Unterhaltsanspruchs tritt mit dem Tode des Berechtigten oder mit dem Tode des Verpflichteten ein (§ 1615; s.u. RN **492**).

7. Gerichtsverfahren

Trennungsunterhalt kann beim **FamG** eingeklagt werden (§ 23 b I 2 Nr. 6 GVG), das für diese Klage ausschließlich zuständig ist (§ 621 I Nr. 5 ZPO). Hat ein Ehegatte bereits den Scheidungsantrag oder einen Antrag auf Bewilligung der Prozeßkostenhilfe eingereicht, kann das Gericht im Rahmen des Scheidungsverfahrens den Trennungsunterhalt durch **einstweilige Anordnung** regeln (§§ 620, 1 Nr. 6, 620 a II 1 ZPO).

IV. Die Hausratsverteilung bei Getrenntleben

162 Zieht ein Ehegatte aus der gemeinsamen Wohnung aus, um künftig getrennt zu leben, entsteht häufig Streit darüber, welche Gegenstände er aus der Wohnung mitnehmen darf. Dabei besteht ein Unterschied zwischen den zum **persönlichen Bedarf** bestimmten Gegenständen und den **Haushaltsgegenständen.** Erstere kann er ohne weiteres mitnehmen oder herausverlangen, die letzteren selbst dann nicht immer, wenn sie ihm allein gehören (§ 1361 a I).

Folgende Fallgestaltungen sind zu unterscheiden:

1. Alleineigentum an Haushaltsgegenständen

Wer sich auf das Alleineigentum an Haushaltsgegenständen beruft, muß das beweisen. Das wird nicht immer einfach sein (s.o. RN **138**). Gelingt der Nachweis, stehen ihm die Haushaltsgegenstände zu, doch ist er verpflichtet, sie dem anderen Ehegatten gebrauchsweise zu überlassen, soweit sie dieser zur Führung eines abgesonderten Haushalts benötigt und die Überlassung der Billigkeit entspricht (§ 1361 a I 2). Dafür kann eine angemessene Vergütung vom Gericht festgesetzt werden (§ 1361 a III 2).

2. Miteigentum an Haushaltsgegenständen 163

a) Hausrat, der beiden Ehegatten gemeinsam gehört oder bei dem die Vermutung des § 1006 (s.o. RN **143**) dafür spricht, daß an diesen Gegenständen Miteigentum besteht, ist zwischen den Eheleuten nach Billigkeit zu verteilen (§ 1361 II). Dabei wird es eine Rolle spielen, wer in der Ehewohnung bleibt und wer sich an anderer Stelle neu einrichten muß. Auch wird von Bedeutung sein, bei welchem Elternteil sich die gemeinsamen Kinder aufhalten und wer die Trennung der Ehegatten schuldhaft verursacht hat (Palandt-Diederichsen § 1361 a Rn 5).

b) Durch die Verteilung wird an den Eigentumsverhältnissen nichts geändert, doch bleibt es den Ehegatten unbenommen, sich schon jetzt darüber zu einigen, wem die zwischen ihnen aufgeteilten Gegenstände zu Eigentum gehören sollen (§ 1361 a IV).

3. Gerichtsverfahren 164

a) Können sich die Ehegatten nicht über die Verteilung des Hausrats einigen, entscheidet das **FamG** in ausschließlicher Zuständigkeit (§§ 18 a, 11 HausratsVO i.V.m. § 621 I Nr. 7 ZPO). Das Verfahren richtet sich nach den Vorschriften über die Angelegenheiten der freiwilligen Gerichtsbarkeit (§ 13 HausratsVO; s.u. RN **404**).

b) Die besonderen Vorschriften über die Verteilung des Hausrats finden sich in den §§ 8 bis 10 HausratsVO, die gemäß § 18 a HausratsVO **sinngemäß** auf getrennt lebende Ehegatten anzuwenden sind. Das bedeutet u.a., daß das FamG nicht befugt ist, eine Eigentumsübertragung der Haushaltsgegenstände vorzunehmen, weil dies mit § 1361 a IV unvereinbar wäre. Die Aufteilung der Gegenstände erfolgt daher nur **zur Benutzung** während der Trennung.

c) Ist zwischen den getrennt lebenden Ehegatten das **Scheidungsverfahren** anhängig, kann das FamG die Benutzung des Hausrats auch durch eine **einstweilige Anordnung** regeln (§ 620, 1 Nr. 7 ZPO).

V. Die Zuteilung der Ehewohnung bei Getrenntleben

Übersicht

165 Von einer noch größeren Bedeutung als die Hausratsverteilung ist das Problem, wer berechtigt ist, nach der Trennung die Ehewohnung zu benutzen. Zwar können sich die Eheleute darauf einigen, innerhalb der Ehewohnung getrennt zu leben (§ 1567 I 2), doch setzt das einerseits die Verständigungsbereitschaft der Ehegatten, zum anderen das Vorhandensein einer ausreichend großen Wohnung voraus.

Kommt es zu keiner gütlichen Einigung, wird das Gericht die Ehewohnung zwischen den Ehegatten nach Maßgabe des § 1361 b aufteilen oder sie einem Ehegatten allein zuweisen.

Eine solche gerichtliche Maßnahme darf nur erfolgen, wenn damit eine **schwere Härte** vermieden werden soll und die Ehegatten bereits getrennt leben oder ein Ehegatte die Absicht hat, künftig getrennt zu leben (§ 1361 b I 1). Normalerweise ist es aber Sache des Ehegatten, der sich trennen will, diesen Schritt durch Verlassen der Ehewohnung selbst zu vollziehen.

1. Ehewohnung

166 Es muß sich um eine **gemeinsame Wohnung** der Eheleute handeln, wobei es in diesem Zusammenhang unerheblich ist, wem daran das Eigentum zusteht. Zuteilungsfähig ist auch die gemeinsame Mietwohnung. Doch sind die Eigentumsrechte eines Ehegatten an der Wohnung bei der Zuweisung besonders zu berücksichtigen (§ 1361 b I 2; vgl. OLG Hamm FamRZ 89, 739). Steht z.B. einem Ehegatten das Eigentum an der Ehewohnung zu, werden die Anforderungen an seine Ausweisung höher sein, als wenn die Eheleute zur Miete wohnen.

2. Vermeidung einer schweren Härte

Ein Ehegatte kann nur dann aus der Wohnung (ganz oder teilweise) ausgewiesen werden, wenn sein Verbleiben für den anderen Ehegatten eine unerträgliche Belastung bedeuten würde (OLG Frankfurt FamRZ 96, 289). Bei dieser Prüfung kann auch das Wohl der Kinder von entscheidender Bedeutung sein (OLG Bamberg FamRZ 90, 1353).

Bsp.: Ein Mann kommt häufig betrunken nach Haus und bedroht oder mißhandelt Frau und Kinder (vgl. OLG Köln FamRZ 96, 1220); die Frau hat einen Geliebten, den sie in die Ehewohnung aufgenommen hat; ein Ehegatte stört jede Nacht durch laute Musik die Nachtruhe des anderen.

Doch reicht der bloße Wunsch getrennt zu leben, nicht aus. Die familiären Spannungen, die mit dieser Absicht zwangsläufig verbunden sind, rechtfertigen noch keine Wohnungszuweisung (OLG Hamburg FamRZ 93, 190).

3. Benutzungsvergütung 167

Der Ehegatte, der verpflichtet ist, dem anderen die Ehewohnung oder einen Teil davon zu überlassen, kann von ihm eine **Vergütung** verlangen, soweit dies der Billigkeit entspricht (§ 1361 b II). Das wird häufig der Fall sein, wenn derjenige die Wohnung verlassen muß, der Eigentümer der Wohnung ist (OLG Köln FamRZ 92, 440) oder der dem Vermieter nach wie vor allein zur Zahlung des Mietzinses verpflichtet ist. Gegebenenfalls kann die Ausgleichszahlung auf den vom anderen Ehegatten geschuldeten Unterhalt angerechnet werden (OLG Bamberg FamRZ 92, 560).

4. Gerichtsverfahren

Die Ausführungen über das gerichtliche Verfahren in Hausratssachen (s.o. RN **164**) gelten auch für die Zuweisung einer Ehewohnung, doch sind die besonderen Bestimmungen hierzu in den §§ 3 bis 7 HausratsVO enthalten (s.u. RN **398**). Im Rahmen des § 1361 b ist das FamG nur befugt, eine **vorläufige** Zuweisung der Wohnung (oder von Wohnungsteilen) zur Benutzung durch den anderen Ehepartner für die Dauer des Getrenntlebens anzuordnen (OLG Bamberg FamRZ 92, 1299).

Anhang

Die nichteheliche Lebensgemeinschaft

168 **Einführung**

In den letzten Jahrzehnten sind Partnerschaften, die nicht mehr aus Eheleuten, sondern aus "Lebensgefährten" bestehen, immer häufiger geworden. Während früher das Zusammenleben nicht verheirateter Partner als anstößig und sittenwidrig angesehen wurde, gehört es heute zu den gesellschaftlich akzeptierten Lebensformen, nicht nur in Großstädten. Man nimmt an, daß die Zahl nichtehelicher Lebensgemeinschaften in Deutschland schon mehrere Millionen erreicht. Die Ursachen für die ständig größer werdende Beliebtheit dieser Form des Zusammenlebens sind zahlreich und sehr unterschiedlich.

I. Motive zur Begründung einer nichtehelichen Lebensgemeinschaft

Der Anlaß für die Begründung einer nichtehelichen Lebensgemeinschaft kann darin liegen, daß die Institution der Ehe grundsätzlich abgelehnt wird. Das trifft häufig auf jüngere Paare zu, die ungebunden bleiben wollen; für sie erscheint eine formlose Partnerschaftsbeziehung als gerade noch tragbar, z.B. um nicht Gefahr zu laufen, die eigenen individuellen Interessen zu gefährden. Steht dieser Gesichtspunkt im Vordergrund, kommt es fast zwangsläufig zur Trennung, sobald die Ansichten über die gemeinsame Lebensgestaltung nicht mehr in die gleiche Richtung laufen.

Entgegen einer landläufigen Meinung wird die nichteheliche Lebensgemeinschaft von jungen Leuten in aller Regel nicht bewußt als eine Art Probeehe eingegangen, sondern deshalb, weil sie ihnen die einzig zusagende Lebensform ist; eine Zukunftsplanung ist damit normalerweise nicht verbunden. Das ändert sich erst dann, wenn ein Kind erwartet wird. Die Schwangerschaft ist nicht selten der Anlaß, den Gang zum Standesamt ernsthaft ins Auge zu fassen; von diesem Zeitpunkt an sind sie als Verlobte im Sinne des Gesetzes anzusehen.

Anders liegen die Dinge bei meist älteren Menschen, die zwar einen gemeinsamen Haushalt führen, aber darüber hinaus keine Bindung (z.B. keine Geschlechtsgemeinschaft) mehr eingehen wollen. Auch der mit einer Heirat verbundene Verlust von Renten oder Pensionen kann die Ursache für eine formlose Partnerschaft sein; ebenso die Befürchtung, daß beim Tode eines Ehegatten die Erbschaft nicht mehr ungeschmälert den bereits vorhandenen Kindern aus einer früheren Ehe zugute kommen könnte.

Es kann sich aber auch um Partner handeln, die gern heiraten möchten, es aber wegen bestehender Ehehindernisse nicht können, z.B. weil sie gleichgeschlechtlich sind oder weil ein Partner noch anderweitig verheiratet ist. Daneben gibt es noch zahlreiche Mischformen dieser Gemeinschaft, die z.B. von Anfang an nur auf eine begrenzte Zeit eingegangen wird, aber auch auf Lebenszeit angelegt sein kann.

II. Der Begriff 169

1. So verschieden die Motive für die Begründung einer nichtehelichen Lebensgemeinschaft sind, so schwierig ist es, eine Begriffsbestimmung zu geben, die alle Arten dieser Lebensgemeinschaft zutreffend beschreiben kann. Nur in ganz allgemeiner Form läßt sich sagen, daß die Partner einer nichtehelichen Lebensgemeinschaft wie Eheleute zusammenleben, ohne miteinander verheiratet zu sein. Diese rechtliche Unverbindlichkeit der Lebensbeziehung im Verhältnis zur Ehe ist das charakteristische Merkmal jeder nichtehelichen Lebensgemeinschaft.

2. Je nachdem, unter welchem rechtlichen oder soziologischen Blickwinkel die nichteheliche Lebensgemeinschaft betrachtet wird, läßt sich dieser Begriff von anderen Formen des Zusammenlebens abgrenzen. So kann zweifelhaft sein, ob man das Zusammenleben homosexueller Partner als nichteheliche Lebensgemeinschaft bezeichnen soll oder das Zusammenleben mit mehreren Partnern gleichzeitig. Wollte man ein nur kurzzeitiges Zusammenleben noch nicht als nichteheliche Lebensgemeinschaft ansehen, taucht die Frage auf, wielange ein Zusammenleben dauern muß, um als Lebensgemeinschaft gelten zu können (z.B. eine Woche, einen Monat oder ein Jahr...?). Problematisch dürfte es auch sein, von einer "Lebensgemeinschaft" zu sprechen, wenn eine solche Verbindung auf beiderseitigen Wunsch nur für einen bestimmten Zeitraum eingegangen wird.

3. Es gibt aber auch positive Anforderungen an das Bestehen einer nichtehelichen Lebensgemeinschaft. So spricht viel dafür, zusätzlich zum räumlichen Zusammenleben eine auf eine unbestimmte Dauer angelegte **innere Bindung** zwischen den Partnern der Gemeinschaft zu fordern, wie sie für Eheleute im Normalfall charakteristisch ist. Diese innere Gesinnung müßte sich auch in der äußeren Lebensgestaltung verwirklichen, wenn es rechtlich darauf ankommen sollte, das Bestehen einer nichtehelichen Lebensgemeinschaft nachzuweisen. Das wird insbes. dann der Fall sein, wenn die nicht verheirateten Eltern mit einem gemeinsamen Kind zusammenleben und faktisch eine Familie bilden, die unter dem Schutz des Art. 6 I GG steht.

170 4. Einen engeren Begriff der nichtehelichen Lebensgemeinschaft hat das BVerfG in seinem Beschluß vom 17.11.1992 unter dem (nicht sehr glücklich gewählten) Namen **eheähnliche Gemeinschaft** definiert. Diese setzt voraus, daß eine Lebensgemeinschaft zwischen Mann und Frau besteht, die auf Dauer angelegt ist, daneben keine weitere Lebensgemeinschaft gleicher Art zuläßt, und sich durch innere Bindungen auszeichnet, die so eng sein müssen, daß von ihnen ein gegenseitiges Einstehen in den Not- und Wechselfällen des Lebens erwartet werden kann. Anzeichen für das Vorliegen einer eheähnlichen Lebensgemeinschaft können u.a. die lange Dauer des Zusammenlebens, die Versorgung von Kindern und Angehörigen im gemeinsamen Haushalt und die Befugnis, über Einkommen und Vermögensgegenstände des anderen Partners zu verfügen, sein (BVerfGE 87, 234 = FamRZ 93, 164).

III. Die nichteheliche Lebensgemeinschaft im Familienrecht

171 1. Dem Familienrecht des BGB ist der Begriff der nichtehelichen Lebensgemeinschaft fremd. Die Partner einer solchen Gemeinschaft leben deshalb, was ihr Verhältnis zueinander betrifft, in einem weitgehend rechtsleeren Raum, der nur durch die allgemeinen Vorschriften unzureichend ausgefüllt wird. Das widerspricht in der Regel nicht dem Willen der Partner, die ja sehr häufig die Bindungen scheuen, die mit der Ehe verbunden sind.

a) Nunmehr haben die im Jahre 1998 in Kraft getretenen Reformen des Familienrechts auch die Rechtsstellung der Partner einer nichtehelichen Lebensgemeinschaft verändert. Zwar betreffen die Neuregelungen in erster Linie das Verhältnis der Kinder zu ihren Eltern, doch hat dies erhebliche Auswirkungen auf das Verhältnis der Partner zueinander mit sich gebracht: Ihre gegenseitigen Bindungen wurden zum Wohle der gemeinsamen Kinder deutlich verstärkt. Diese Entwicklung ist im Hinblick auf die aus einer nichtehelichen Partnerschaft hervorgegangenen Kinder sehr zu begrüßen; andererseits sollte nicht verkannt werden, daß damit auch eine Aufwertung dieser Lebensform im Verhältnis zur grundgesetzlich geschützten Institution der Ehe verbunden ist. Im einzelnen:

b) Nach der Beseitigung aller rechtlichen Unterschiede zwischen ehelichen und nichtehelichen Kindern können jetzt nicht miteinander verheiratete Eltern das Recht erhalten, die elterliche Sorge für ihre Kinder **gemeinsam** auszuüben (§ 1626 a I). Nehmen sie diese Möglichkeit wahr, entfällt jeder Unterschied zwischen der elterlichen Sorge verheirateter und nicht verheirateter Eltern. Außerdem haben die Partner einer nichtehelichen Lebensgemeinschaft das Recht, für ein gemeinsames Kind den Namen des Vaters oder der Mutter als Geburtsnamen zu bestimmen, was bisher nur verheirateten Eltern, die keinen gemeinsamen Ehenamen führen, zustand (§ 1617). Das Verhältnis der Mutter zu ihrem Kind wird auch nicht mehr vom JA beeinflußt, da die gesetzlich eintretende Amtspflegschaft bei der Geburt eines nichtehelichen Kindes ersatzlos beseitigt worden ist. Schließlich beerben die Kinder einer nichtehelichen Lebensgemeinschaft ihre Eltern in gleicher Weise wie bisher eheliche Kinder, denn die Sondervorschriften über den vorzeitigen Erbausgleich und den Erbersatzanspruch sind aufgehoben.

c) Damit unterscheidet sich das äußere Erscheinungsbild einer nichtehelichen Lebensgemeinschaft nicht mehr grundsätzlich von dem einer Ehe. Der tatsächlich bestehende Unterschied zwischen beiden Lebensformen tritt erst dann zutage, wenn es zu der jederzeit möglichen Aufhebung der Gemeinschaft kommt, mit der nachteilige Rechtsfolgen verbunden sein können. Den gemeinsamen Kindern verbleiben zwar nach einer solchen Trennung die gesetzlichen Unterhaltsansprüche gegen beide Elternteile, einem unterhaltsbedürftigen Partner stehen aber weder Unterhalts- noch Versorgungsansprüche gegen den anderen zu; das wirkt sich in der Regel zu Lasten der oft sozial schwächer gestellten Frau und Mutter aus.

2. Diese Nachteile können vom Gesetzgeber nicht ohne weiteres behoben 172
werden. Zum einen würde sich eine völlige Gleichstellung der nichtehelichen Lebensgemeinschaft mit der Ehe wie eine Zwangsheirat auswirken und damit nicht nur den Absichten der Lebensgefährten widersprechen, sondern auch Art. 2 I GG verletzen, wonach das Recht auf freie Entfaltung der Persönlichkeit grundsätzlich nicht eingeschränkt werden darf. Zum anderen verbietet Art. 6 I GG die Gleichstellung anderer Lebensgemeinschaften mit der Ehe, weil nur diese Form des Zusammenlebens unter dem besonderen Schutz der staatlichen Ordnung steht (s.o. RN 5).

3. Ein Handlungsbedarf für gesetzliche Lösungen besteht aber vor allem bei der **Auflösung** einer nichtehelichen Lebensgemeinschaft, z.B. hinsichtlich Eigentumsfragen am Hausrat oder an einem gemeinsam errichteten Wohnhaus; ferner für die Unterhaltsberechtigung eines Partners, der während der Dauer des Zusammenlebens unterhaltsbedürftig geworden ist, z.B. weil es ihm wegen der Pflege eines gemeinsamen Kindes nicht mehr möglich war, selbst berufstätig zu sein. Bilden die Partner einer nichtehelichen Lebensgemeinschaft mit einem gemeinsamen Kind eine **Familie**, sollte diese auch im Sozialrecht begünstigt werden und steuerliche und versicherungsrechtliche Vorteile genießen dürfen.

IV. Die Rechtstellung der Partner zueinander

173 1. Unterschiede im Verhältnis zu Ehegatten

a) Wenn auch durch die Reformgesetze eine deutliche Annäherung des Erscheinungsbildes einer nichtehelichen zur ehelichen Lebensgemeinschaft geschaffen worden ist, bestehen im einzelnen weiterhin zahlreiche Rechtsunterschiede, da, wie schon erwähnt, die für die Ehe geltenden Vorschriften nicht ohne weiteres auf die Partner einer nichtehelichen Lebensgemeinschaft angewendet werden dürfen. Deshalb führen diese keinen gemeinsamen Namen, sie sind einander nicht unterhaltspflichtig, sie haben kein gegenseitiges Erbrecht, sie können kein gemeinsames Testament errichten und haben keinen Anspruch auf die den Eheleuten zustehenden Steuervorteile, um nur einige Beispiele zu erwähnen.

b) Andererseits wird einem Partner der Unterhalt, den er von seinem Lebensgefährten erhält, als bedarfsmindernd bei **Sozialhilfeleistungen** angerechnet (§§ 122, 16 BSHG; vgl. BVerwG NJW 95, 2802). Das ist nicht inkonsequent, weil die Bedürftigkeit entfällt, soweit jemand bereit und dauernd imstande ist, einem anderen Unterhalt zu gewähren.

c) Diese Unterschiede zur Ehe sind meist unproblematisch, solange die Verbindung aufrecht erhalten wird. Treten Meinungsverschiedenheiten auf, werden sie entweder einvernehmlich gelöst oder die Partner gehen wieder auseinander, wenn sich die Differenzen als unüberbrückbar erweisen sollten. Die Schwierigkeiten entstehen in der Regel erst dann, wenn es um die Abwicklung der nichtehelichen Lebensgemeinschaft geht. Am Beginn dieser Lebensgemeinschaft werden zwar Absprachen über das gemeinsame Leben stehen, doch verbleibt es im übrigen bei dem bisherigen Rechtszustand.

2. Eigentums- und Vermögensverhältnisse

174 a) In den beiderseitigen Vermögensverhältnissen tritt durch die Begründung einer nichtehelichen Lebensgemeinschaft keine Änderung ein. Jeder bleibt Eigentümer seiner Sachen, die er in die gemeinsame Wohnung einbringt, doch darf der andere sie mitbenutzen, soweit sie für den gemeinsamen Gebrauch bestimmt sind.

b) Werden Hausratsgegenstände während der Zeit des Zusammenlebens angeschafft, wird oft zweifelhaft sein, wer daran Eigentum erwirbt. Hilfreich kann dabei die Überlegung sein, ob der Hausrat nur von einem oder von beiden Partnern benutzt werden soll und mit welchen Mitteln er angeschafft worden ist. Wer ausschließlich aus eigenen Mitteln erwirbt, wird auch als ihr Alleineigentümer anzusehen sein (OLG Hamm NJW 89, 909).

Erfolgte die Anschaffung aus einer gemeinsamen Kasse und wird die Sache gemeinsam benutzt, spricht dies für das Miteigentum beider Partner je zur Hälfte.

3. Rechtsbeziehungen zu Dritten

a) In den Rechtsbeziehungen zu Dritten gibt es kaum Besonderheiten. Durch Rechtsgeschäfte kann sich jeder Partner allein verpflichten. Schließen beide gemeinsam einen Vertrag ab, haften sie daraus als Gesamtschuldner (§ 427 i.V.m. § 421). Doch steht ihnen **kein** gegenseitiges Vertretungsrecht bei Geschäften des Lebensbedarfs zu (§ 1357; OLG Hamm aaO S. 910).

b) Wer eine **Wohnung** allein gemietet hat, kann seinen Lebensgefährten darin aufnehmen. Das darf ihm vom Vermieter nicht verweigert werden, wenn es sich um den Beginn einer auf Dauer angelegten Wohngemeinschaft handelt und keine Gründe vorliegen, die die Aufnahme für den Vermieter unzumutbar erscheinen lassen (BGHZ 92, 213); z.B. aufgrund der zu geringen Wohnungsgröße (§ 549 II 1). Der aufgenommene Partner wird dadurch nicht Mitmieter, wenn dies nicht besonders vereinbart wird; er haftet daher auch nicht auf Zahlung des Mietzinses und muß die Wohnung verlassen, wenn sie gekündigt wird oder wenn es der Partner nach Beendigung der Lebensgemeinschaft verlangt.

c) Die Rechtsprechung läßt es jedoch neuerdings zu, daß beim **Tode** des Mieters der überlebende Partner einer "eheähnlichen" Gemeinschaft (im Sinne des Urteils des BVerfG vom 17.11.1992; s.o. RN **170**) in den Mietvertrag des verstorbenen Lebensgefährten analog § 569 a eintreten darf (BGH FuR 93, 156).

V. Die Abwicklung der nichtehelichen Lebensgemeinschaft 175

Ebenso formlos wie eine nichteheliche Lebensgemeinschaft begründet wird, kann sie auch wieder aufgehoben werden; das kann im beiderseitigen Einvernehmen geschehen, aber auch einseitig erzwungen werden. Nicht selten taucht dann die Frage auf, ob einem Partner gegen den anderen Herausgabeansprüche zustehen oder ob er berechtigt ist, Ausgleichsforderungen für die während der Zeit des Zusammenlebens erbrachten Leistungen geltend zu machen. Dabei ist zu unterscheiden, ob vertragliche Abmachungen zwischen den Partnern bestehen oder ob das nicht der Fall ist.

1. Vertragsgemäße Abwicklung

Soweit die Partner ihre Rechtsbeziehungen (ganz oder teilweise) durch Verträge geregelt haben, erfolgt ihre Abwicklung nach den dafür im Gesetz vorgesehenen Bestimmungen: gegenseitig gewährte Darlehn sind zurückzuzahlen; Schenkungsversprechen sind zu erfüllen, sofern nicht ein Widerruf wegen groben Undanks oder einer sonstigen schweren Verfehlung des anderen in Betracht kommt (§ 530); Gesellschaftsverträge sind aufzulösen, wenn der Zweck der Gesellschaft nach der Beendigung der nichtehelichen Lebensgemeinschaft nicht mehr erreicht werden kann (§§ 723, 726, 730 ff).

2. Abwicklung bei fehlenden Vereinbarungen

176 Sehr häufig sehen die Partner einer nichtehelichen Lebensgemeinschaft davon ab, ihre Rechtsbeziehungen vertraglich zu regeln. Ebensowenig wie sie sich den Bindungen einer Ehe unterwerfen wollen, denken sie daran, ihren Beziehungen einen selbstgewählten vertraglichen Rahmen zu geben. Das führt bei der Auflösung der Gemeinschaft oft zu erheblichen Problemen (vgl. Schlüter-Belling FamRZ 86, 405).

a) Die Rechtsprechung geht grundsätzlich davon aus, daß bei der Trennung der Partner einer nichtehelichen Lebensgemeinschaft **kein Ausgleich** für erbrachte Leistungen stattfindet. Ein Ausgleich kann auch nicht nach den Grundsätzen über den **Wegfall der Geschäftsgrundlage** (s.u. RN **274 f**) mit der Begründung verlangt werden, daß durch das Scheitern der nichtehelichen Lebensgemeinschaft die Geschäftsgrundlage für die bisher erbrachten Leistungen entfallen sei (BGH FamRZ 96, 1141; 97, 1533).

Solche Leistungen, die im Interesse der Gemeinschaft gelegen haben, werden also nicht nachträglich abgerechnet, sondern gelten als ersatzlos erbracht (BGH NJW 83, 1055). Das gilt auch für die im Interesse der Gemeinschaft eingegangenen **Verbindlichkeiten**; demjenigen, der sie getilgt hat, steht deshalb grundsätzlich kein Rückgriff gemäß § 426 II gegen den anderen zu.

Anders ist es, wenn im Zeitpunkt der Auflösung der Gemeinschaft ein Partner zur Rückzahlung eines **Kredits** verpflichtet ist, den er im alleinigen Interesse des anderen aufgenommen hatte. Zwar haftet er im Außenverhältnis dem Kreditgeber weiterhin auf Tilgung der Darlehnsraten, doch ist er berechtigt, nach Auftragsrecht Ersatz dieser Aufwendungen von seinem früheren Lebensgefährten zu verlangen (§§ 670, 683; vgl. OLG Saarbrücken FamRZ 98, 738).

Bsp.: Hat die Frau die Anschaffung eines Autos finanziert, das ausschließlich von ihrem Lebensgefährten benutzt wurde und auch nach der Trennung von ihm benutzt wird, kann sie Ersatz für die von ihr getilgten Darlehnsraten verlangen, aber nur für die Zeit nach der Trennung (BGH FamRZ 81, 530).

177 b) Mit der Annahme eines zwischen den Partnern stillschweigend geschlossenen **Gesellschaftsvertrages** ist die Rechtsprechung sehr zurückhaltend. Ein Auseinandersetzungsanspruch auf gesellschaftsrechtlicher Grundlage wird deshalb nur dann anerkannt, wenn die Partner über die Gestaltung ihrer Lebens-

gemeinschaft hinaus einen gemeinschaftlichen Wert geschaffen haben, der von ihnen nicht nur während ihres Zusammenlebens benutzt werden, sondern ihnen auch unabhängig davon "gemeinsam gehören" sollte (so BGHZ 77, 55). Dabei ist nicht ausschlaggebend, ob der Vermögenszuwachs bei beiden oder nur bei einem Partner eingetreten ist.

Bsp.: Aufbau eines dem Mann gehörenden Betriebes mit finanziellem und persönlichem Einsatz der Frau (BGH FamRZ 82, 1065); die Errichtung eines Hauses auf dem Grundstück der Frau mit dem Geld und der persönlichen Mitarbeit des Mannes (OLG Hamm NJW 80, 1530; BGH FamRZ 85, 1232).

c) Wer nach der Trennung Gegenstände des **Hausrats** für sich beansprucht, muß beweisen, daß sie ihm allein gehören. Dieser Nachweis wird im allgemeinen für die bei Beginn der nichtehelichen Lebensgemeinschaft "eingebrachten Sachen" jedes Partners leichter möglich sein. Bei Hausrat, der erst im Laufe des Zusammenlebens angeschafft und beiderseits benutzt wurde, spricht die Vermutung des § 1006 eher dafür, daß er im Miteigentum beider Partner steht (OLG Düsseldorf NJW 92, 1706; aber umstr.).

Können sich die Partner nicht über die Verteilung der im Miteigentum stehenden Sachen einigen, hat die Auseinandersetzung nach den Bestimmungen über die Bruchteilsgemeinschaft zu erfolgen (§§ 741 ff). Das geschieht in der Praxis regelmäßig durch den Verkauf der Gegenstände und die Teilung des Erlöses gemäß § 753.

Das gerichtliche Verfahren zur Verteilung des Hausrats, wie es bei der Trennung oder Scheidung von Ehegatten nach der HausratsVO vorgesehen ist, kann für die Abwicklung der nichtehelichen Lebensgemeinschaft nicht in Anspruch genommen werden.

VI. Partnerschaftsverträge 178

Wenn auch die Neigung der Partner einer nichtehelichen Lebensgemeinschaft nicht groß ist, sich untereinander vertraglich zu binden, so ist doch der Abschluß eines Partnerschaftsvertrages dringend anzuraten. Schon während des Zusammenlebens sorgt er für klare Verhältnisse und stärkt das gegenseitige Verantwortungsbewußtsein der Partner; im Fall der Trennung erweist er sich als besonders wichtig, weil er die Benachteiligung eines Partners zu vermeiden und beiden Partnern langwierige Auseinandersetzungen zu ersparen hilft.

1. Form und Zulässigkeit von Partnerschaftsverträgen

a) Partnerschaftsverträge sind **formlos** gültig, sollten aber schriftlich abgefaßt werden, um spätere Streitigkeiten über ihren Inhalt zu vermeiden. Enthält der Vertrag die Verpflichtung zur Übertragung des Eigentums an Grundstücken, ist die notarielle Beurkundung des Vertrages erforderlich (§ 313).

b) Partnerschaftsverträge können **sittenwidrig** und damit nichtig sein. Das kann bei Vereinbarungen der Fall sein, die eine Benachteiligung des Ehegatten eines Partners oder der Kinder zur Folge haben; vor allem, wenn sie in der Absicht vorgenommen werden, den Ehegatten oder die Kinder zu schädigen (vgl. § 826).

Auch die Einschränkung der persönlichen Freiheit eines Partners darf nicht zum Inhalt eines Partnerschaftsvertrages gemacht werden. So wären etwa Verträge gemäß § 138 I nichtig,

- wenn ein Partner zur Fortsetzung sexueller Beziehungen verpflichtet würde (BGHZ 53, 369, 376);
- wenn der Partner eine Vertragsstrafe (§§ 339 ff) bei der Auflösung der nichtehelichen Lebensgemeinschaft zahlen müßte (OLG Hamm NJW 88, 2474);
- wenn sie lediglich eine Entlohnung für die geschlechtliche Hingabe zum Gegenstand hätten (BGH FamRZ 84, 141).

c) Zulässig sind dagegen alle Arten von Partnerschaftsverträgen, die der Sicherung und Ausgestaltung der nichtehelichen Lebensgemeinschaft dienen und keinen Verstoß gegen die Menschenwürde eines Partners enthalten.

Wichtige Arten der in der Praxis gebräuchlichen Partnerschaftsverträge betreffen die Anlage von Inventarlisten, die Regelung von Unterhaltsfragen und Vereinbarungen über vermögensrechtliche Angelegenheiten, vor allem, wenn es sich um gemeinsame Beteiligungen an Vermögenswerten handelt.

2. Inventarlisten

179 Unproblematisch ist meist die gemeinsame Anlegung eines Inventarverzeichnisses, in das jeder Partner die ihm **allein gehörenden** Einrichtungsgegenstände in der gemeinsamen Wohnung einträgt.

In einer eigenen Spalte könnte bei Bedarf festgehalten werden, welche Gegenstände beiden Partnern **gemeinsam** gehören und wer später Alleineigentum daran erhalten soll.

3. Unterhaltsverträge

Für die Partner einer nichtehelichen Gemeinschaft besteht weder für die Zeit des Zusammenlebens noch danach eine gegenseitige Unterhaltspflicht. Sie haben aber die Möglichkeit, eine Unterhaltsregelung auf vertraglicher Grundlage zu schaffen, was vor allem dann sinnvoll ist, wenn ein Partner die gemeinsamen Kinder erzieht und deshalb auf eine eigene Berufstätigkeit verzichten muß. In diesem Zusammenhang kann auch eine Vereinbarung über eine **angemessene Abfindung** für den Fall der Trennung der Partner getroffen werden, die aber keine sittenwidrigen Elemente enthalten darf.

Ferner darf sich eine Unterhaltsvereinbarung nicht zum Nachteil anderer Personen auswirken, deren Unterhaltsanspruch gesetzlich begründet ist.

Bsp.: Der Unterhaltsanspruch des getrennt lebenden oder geschiedenen Ehegatten eines Partners geht dem vertraglich vereinbarten Unterhaltsanspruch des anderen Partners im Rang vor.

4. Verträge über Vermögenszuwendungen 180

Nicht selten gewährt ein Partner dem anderen einen erheblichen Zuschuß aus seinem Vermögen, der den unterschiedlichsten Zwecken dienen kann.

Bsp.: Beitrag zur Finanzierung eines Unternehmens, zum Bau eines Hauses, zum Kauf einer Eigentumswohnung.

Endet die nichteheliche Lebensgemeinschaft, ergeben sich Probleme, wenn ein Partner die Rückzahlung dieser Zuwendung verlangt (s.o. RN **177**). Deshalb sollte bei jeder größeren Zuwendung schriftlich festgehalten werden, ob es sich um ein Geschenk, um ein Darlehen oder z.B. um die Leistung im Rahmen eines Gesellschaftsvertrages handelt.

Dritter Teil

Das eheliche Güterrecht

Übersicht

181 Ergänzend zu den dargestellten allgemeinen Wirkungen der Ehe regelt das BGB im Güterrecht den Einfluß der Ehe auf die **Vermögensverhältnisse** der Ehegatten. Die verschiedenen Modelle für die Gestaltung dieser Vermögensbeziehungen werden als **Güterstände** bezeichnet. Im BGB sind nur noch drei Güterstände enthalten, nämlich der gesetzliche Güterstand der **Zugewinngemeinschaft** und die vertraglichen Güterstände der **Gütertrennung** und der **Gütergemeinschaft.**

Der Güterstand der Zugewinngemeinschaft tritt kraft Gesetzes mit der Eheschließung ein, wenn die Eheleute nichts anderes vereinbaren (§ 1363). Sie können aber auch durch Abschluß eines formbedürftigen **Ehevertrages** die Güterstände der Gütertrennung oder der Gütergemeinschaft wählen, die deshalb auch "Wahlgüterstände" genannt werden. Die Vereinbarung eines Wahlgüterstandes kann die Rechtsstellung Dritter berühren, wenn sie mit den Eheleuten in Geschäftsbeziehungen treten und überraschend mit außergewöhnlichen Regelungen konfrontiert werden. Um derartige Schwierigkeiten zu vermeiden, besteht die Möglichkeit, Eheverträge im **Güterrechtsregister** beim AG eintragen zu lassen.

Erster Abschnitt: **Die Zugewinngemeinschaft**

I. Einführung

182 1. Grundgedanken der Zugewinngemeinschaft

a) Das Gleichberechtigungsgesetz hat mit Wirkung vom 1.7.1958 die Zugewinngemeinschaft als gesetzlichen Güterstand eingeführt. Grundgedanke dieser Reform war die Absicht, beide Ehegatten gleichmäßig an einem Vermögenszuwachs, der im Verlauf der Ehe eingetreten ist, zu beteiligen, und zwar unabhängig davon, wer im einzelnen diesen Zuwachs bewirkt hat. Denn nach heutiger Auffassung wird die Tätigkeit jedes Ehegatten im Verhältnis zum anderen als gleichwertig anerkannt.

Diese Reform sollte auf zwei Wegen erreicht werden: Zum einen sollte jeder Ehegatte sein eigenes Vermögen behalten und es auch weiterhin unabhängig vom anderen verwalten dürfen, zum anderen sollte der während der Ehe erarbeitete Vermögenszuwachs beider Ehegatten nach Beendigung des Güterstandes zwischen ihnen ausgeglichen werden.

b) Diese Ziele sind nur unvollkommen verwirklicht worden. Der strikten Trennung der Vermögen entspricht nicht eine ebenso voneinander unabhängige Vermögensverwaltung; denn zur Erhaltung der Existenzgrundlage der Familie mußten mehrfach Verfügungsbeschränkungen für die Ehegatten eingeführt werden. Vor allem war es nicht möglich, einen gerechten Ausgleich des Zugewinns zu gewährleisten, wenn die Ehe durch den Tod eines Ehegatten aufgelöst wird. Hier erfolgt der Ausgleich schematisch durch die Erhöhung des Erbteils des überlebenden Ehegatten, und zwar ohne Rücksicht darauf, wer von beiden einen Zugewinn erzielt hat (§ 1371). Nur bei der Auflösung der Ehe aus anderen Gründen (insbes. durch Scheidung), wird ein rechnerischer Ausgleich des Zugewinns in der Weise durchgeführt, daß der Ehegatte mit dem höheren Zugewinn die Hälfte des Überschusses an den anderen Ehegatten abgeben muß (§ 1378 I).

c) Der Ausdruck "Zugewinngemeinschaft" ist daher in mehrfacher Hinsicht irreführend. Sachlich richtiger wäre es, von einer **Gütertrennung mit späterem Ausgleich des Zugewinns** zu sprechen.

2. Beginn und Ende der Zugewinngemeinschaft 183

a) Normalerweise **beginnt** die Zugewinngemeinschaft in dem Augenblick, in dem die Eheschließung vollzogen ist (s.o. RN **50**), sofern die Verlobten den Eintritt dieses Güterstandes nicht durch den Abschluß eines Ehevertrages verhindert haben (§ 1363). Leben die Eheleute in einem Wahlgüterstand, können sie den Beginn der Zugewinngemeinschaft durch den Abschluß eines (neuen) Ehevertrages herbeiführen (§ 1408 I).

b) Das **Ende** der Zugewinngemeinschaft tritt ein:

- beim Tod eines Ehegatten (§ 1371 I);
- mit der Rechtskraft eines Urteils, durch das die Ehe geschieden oder aufgehoben wird (§ 1564 oder § 1313);
- mit der Rechtskraft eines Urteils, das der Klage auf vorzeitigen Ausgleich des Zugewinns stattgibt (§ 1388);
- durch Abschluß eines Ehevertrages, der den Eintritt eines Wahlgüterstandes zum Gegenstand hat (§§ 1414, 1415).

II. Das Vermögen der Ehegatten

1. Eigenes und gemeinschaftliches Vermögen 184

a) Im Güterstand der Zugewinngemeinschaft behält jeder Ehegatte das ihm bei der Eheschließung gehörende Vermögen; es entsteht also **kein gemein-**

schaftliches Vermögen der Ehegatten (§ 1363 II 1, 1. HS). Auch das Vermögen, das ein Ehegatte während der Ehe erwirbt, gehört ihm allein (§ 1363 II 1, 2. HS); ein Ausgleich des Vermögenszuwachses erfolgt erst bei der Beendigung der Zugewinngemeinschaft (§ 1363 II 2).

b) Das schließt nicht aus, daß die Ehegatten auch **gemeinschaftliches Vermögen** bilden können, wenn sie dies wünschen. Sie müssen dann untereinander oder mit ihren Vertragspartnern vereinbaren, daß ihnen an bestimmten Gegenständen gemeinschaftliches Eigentum zustehen soll. Bei **Hausrat**, der im Rahmen des § 1357 angeschafft wird, ist regelmäßig davon auszugehen, daß beide Ehegatten Miteigentum daran erwerben (s.o. RN **138**).

2. Schulden

Die negative Seite des Vermögens bilden die **Schulden**, im Gesetz "Verbindlichkeiten" genannt. Für diese Schulden, die vor oder während der Ehe entstanden sind, haftet jeder Ehegatte, der sie verursacht hat, allein mit seinem Vermögen. Eine Mithaftung des anderen Ehegatten tritt nicht ein, doch kann sie durch einen Schuldbeitritt oder durch Übernahme einer Bürgschaft begründet werden (Palandt-Diederichsen Überblick 2 - 4 vor § 414).

Eine bedeutende **Ausnahme** von diesen Grundsätzen bildet das gegenseitige Vertretungsrecht der Ehegatten bei Rechtsgeschäften, die der angemessenen Bedarfsdeckung der Familie dienen (§ 1357; s.o. RN **130**).

III. Die Vermögensverwaltung

1. Grundregeln

185 So wie die Vermögen der Eheleute getrennt bleiben, **verwaltet** jeder Ehegatte sein Vermögen **selbständig** (§ 1364, 1. HS). Zum Schutz der Familie und zur Erhaltung ihrer wirtschaftlichen Grundlage sind die Eheleute jedoch bestimmten **Beschränkungen** unterworfen (§ 1364, 2. HS; s.u. RN **187**). Weitere mittelbare Beschränkungen in der Vermögensverwaltung können sich aus dem Wesen der ehelichen Lebensgemeinschaft (§ 1353), insbes. aus der Pflicht zur Leistung des Familienunterhalts ergeben (§ 1360; s.o. RN **114**). Davon abgesehen ist jeder Ehegatte berechtigt, sein Vermögen und seinen Arbeitsverdienst in eigener Verantwortung zu verwalten und Vermögensverfügungen darüber zu treffen.

2. Übertragung der Vermögensverwaltung

186 a) Nicht jeder Ehegatte ist bereit oder in der Lage, seine Vermögensangelegenheiten selbst zu regeln. Er kann dann seinem Ehegatten die Verwaltung seines Vermögens überlassen, wenn dieser damit einverstanden ist. Für die Überlassung ist keine besondere Form vorgeschrieben, sie kann auch durch schlüssiges Verhalten erfolgen.

b) Der **Widerruf** der Überlassung ist jederzeit möglich, und zwar ebenso formlos. Er kann aber ausgeschlossen oder eingeschränkt werden, jedoch nur durch einen formbedürftigen Ehevertrag (§ 1413, 1. HS i.V.m. § 1410).

Selbst dann bleibt der Widerruf der Überlassung aus **wichtigem Grund** zulässig (§ 1413, 2. HS).

Bsp.: Eine Ehefrau ist beruflich so stark belastet, daß sie sich um die Verwaltung ihres Vermögens nicht selbst kümmern kann. Mit ihrem Einverständnis übt der Ehemann die Verwaltungstätigkeit allein aus, wobei die Eheleute im Interesse einer stetigen Vermögensanlage den Widerruf der Überlassung durch Ehevertrag ausgeschlossen haben. Stellt einer der beiden Partner den Antrag auf Ehescheidung, ist die Ehefrau berechtigt, die Überlassung aus wichtigem Grund zu widerrufen.

IV. Eingeschränkte Vermögensverwaltung

1. Übersicht 187

Rechtsgeschäfte eines Ehegatten, die sein **gesamtes Vermögen** betreffen, sind nur dann wirksam, wenn der andere Ehegatte damit einverstanden ist. Das gleiche gilt für Rechtsgeschäfte über Gegenstände des **Haushalts**. Mit diesen Einschränkungen in der sonst freien Verwaltungsbefugnis jedes Ehegatten soll verhindert werden, daß die Lebens- und Vermögensgrundlage einer Familie durch willkürliche Handlungen eines Ehegatten zerstört und damit auch der künftige Ausgleichsanspruch des anderen Ehegatten geschmälert werden kann.

Die Einschränkungen in der Vermögensverwaltung gelten auch für **getrennt lebende Ehegatten**, sofern sie sich auf Vermögenswerte beziehen, die schon vor der Trennung vorhanden waren (OLG Koblenz NJW 91, 3224; a.A. MünchKomm-Gernhuber § 1369 RdNr. 23).

2. Verpflichtungs- und Verfügungsgeschäfte 188

In § 1365 I wird zwischen Verpflichtungs- und Verfügungsgeschäften unterschieden:

a) **Verpflichtungsgeschäfte** sind Schuldverhältnisse, aufgrund deren ein Gläubiger berechtigt ist, von einem Schuldner eine bestimmte Leistung zu verlangen (vgl. § 241). Dieses Forderungsrecht wird regelmäßig durch den Abschluß eines **Vertrages** zwischen den Beteiligten begründet (vgl. § 305). Im BGB sind die für die Praxis wichtigsten Schuldverhältnisse in den Bestimmungen der §§ 433 ff enthalten.

Bsp.: Kaufvertrag über ein Kraftfahrzeug; Mietvertrag über eine Wohnung; Darlehnsvertrag über eine bestimmte Geldsumme.

b) **Verfügungsgeschäfte** sind Rechtsgeschäfte, die **unmittelbar** darauf gerichtet sind, ein Recht zu begründen, zu übertragen oder aufzuheben. Sie dienen in der Regel der Erfüllung von Verpflichtungsgeschäften und unterstehen häufig den Vorschriften des Sachenrechts (§§ 854 ff).

Bsp.: Übertragung des Eigentums an einem gekauften Kraftfahrzeug; Einräumung des Besitzes an der gemieteten Wohnung; Erfüllung des Darlehnsvertrages durch Auszahlung oder Überweisung des Geldes.

3. Rechtsgeschäfte über das Vermögen im ganzen

189 a) Will sich ein Ehegatte verpflichten, über sein Vermögen im ganzen zu verfügen, benötigt er die **Einwilligung** des anderen Ehegatten (§ 1365 I 1). Ferner muß ein solcher Vertrag gemäß § 311 notariell beurkundet werden.

Das Vermögen im ganzen kann z.B. betroffen sein: bei der Übertragung eines Unternehmens; bei der Hofübergabe; bei der Vermögensübertragung im Wege vorweggenommener Erbfolge.

b) Aber auch dann, wenn das Rechtsgeschäft nicht das gesamte Vermögen "en bloc" umfaßt, sondern sich auf einzelne Vermögensgegenstände erstreckt, die das gesamte oder nahezu das gesamte Vermögen eines Ehegatten ausmachen, ist § 1365 zu beachten (BGHZ 35, 135).

Bsp.: Ein Ehegatte verkauft sein einziges Grundstück an A, danach seine wertvolle Briefmarkensammlung an B und verpflichtet sich anschließend, den Großteil seiner hohen Ersparnisse auf C zu übertragen. Dann wird erst bei dem Rechtsgeschäft mit C zu prüfen sein, ob hierzu die Einwilligung des anderen Ehegatten erforderlich ist.

Im einzelnen kann zweifelhaft sein, wann bei mehrfachen Rechtsgeschäften, die Einzelgegenstände betreffen, die Grenze erreicht ist, bei der von "nahezu dem ganzen Vermögen" gesprochen werden kann. Bei "kleinen" Vermögen wird von der Rechtsprechung eine solche Verfügung über das Vermögen im ganzen angenommen, wenn dem Ehegatten nicht mehr als 15% seines ursprünglichen Vermögens verbleiben; bei einem "größeren" Vermögen (etwa ab 500.000 DM) soll diese Grenze bei etwa 10% des Gesamtvermögens liegen (so BGH FamRZ 91, 669). Bei diesem Wertvergleich bleibt die Gegenleistung, die der Ehegatte für das Rechtsgeschäft erhalten soll, außer Betracht.

190 c) Die Vorschrift des § 1365 setzt nicht nur voraus, daß das Rechtsgeschäft das Vermögen im ganzen betrifft, es kommt auch darauf an, ob der Geschäftspartner des Ehegatten **im Zeitpunkt des Geschäftsabschlusses gewußt hat,** daß es sich bei den veräußerten Objekten um das ganze oder nahezu das ganze Vermögen gehandelt hat (BGHZ 43, 174, 176).

Zumindest müssen ihm bei Abschluß des Verpflichtungsgeschäftes die Verhältnisse bei dem vertragschließenden Ehegatten positiv bekannt gewesen sein, aus denen sich ein solcher Schluß ergibt. Eine später erlangte Kenntnis des Geschäftspartners von diesen Verhältnissen macht das Rechtsgeschäft nicht einwilligungsbedürftig.

d) Hat sich ein Ehegatte zu einer Verfügung über sein Vermögen im ganzen **verpflichtet**, ohne daß die erforderliche Zustimmung des anderen Ehegatten vorlag, darf er die Verpflichtung nur **erfüllen**, wenn der andere Ehegatte einwilligt (§ 1365 I 2).

Doch kann eine verzögerte **Zustimmung** des anderen Ehegatten zu Verpflichtungs- oder Verfügungsgeschäften über das Vermögen im ganzen vom VormG auf Antrag des handelnden Ehegatten **ersetzt werden**, wenn das Geschäft den Grundsätzen einer ordnungsgemäßen Verwaltung entspricht und der andere Ehegatte seine Zustimmung ohne Grund verweigert hat. Das gleiche gilt, wenn er durch Krankheit oder Abwesenheit an einer Erklärung verhindert ist und mit einem Aufschub des Vertragsabschlusses bis zu einer späteren Erklärung des anderen Ehegatten **Gefahr verbunden** ist (§ 1365 II).

e) Die Einwilligung eines Ehegatten bedarf keiner Form; sie kann sowohl dem handelnden Ehegatten als auch seinem Geschäftspartner gegenüber erklärt werden und macht das Rechtsgeschäft von Anfang an voll wirksam.

Bis zur Vornahme des Rechtsgeschäfts kann die Einwilligung aber widerrufen werden (vgl. § 183). Wird die Einwilligung verweigert und nicht vom VormG ersetzt, treten die in RN **193** dargestellten Rechtsfolgen ein.

4. Rechtsgeschäfte über Haushaltsgegenstände 191

Nach § 1369 I kann ein Ehegatte ein Rechtsgeschäft über ihm gehörende Haushaltsgegenstände nur treffen, wenn der andere Ehegatte **einwilligt.**

a) Zu den **Haushaltsgegenständen** gehören alle Sachen, die der Hauswirtschaft und dem familiären Zusammenleben dienen.

Bsp.: Wohnungseinrichtung, Radio- und Fernsehgeräte, Nahrungsmittel, Brennmaterial, Küchengeräte, Gartenmöbel.

Nicht dazu gehören die zum **persönlichen Gebrauch** nur eines Ehegatten dienenden Sachen und die ausschließlich für seinen **Beruf** bestimmten Gegenstände. Zur Unterscheidung von den Haushaltsgegenständen kommt es dabei auf die derzeitige **Zweckbestimmung** an, die der einzelnen Sache von den Eheleuten gegeben worden ist.

Bsp.: Ein Auto kann sowohl ein Haushaltsgegenstand sein, als auch ausschließlich dem Beruf eines Ehegatten dienen; ein Sportgerät kann nur zum Gebrauch für einen Ehegatten, aber auch zum Training für die ganze Familie angeschafft worden sein.

b) Nach dem Wortlaut des Gesetzes ist die Einwilligung eines Ehegatten nur für Rechtsgeschäfte erforderlich, die der andere über die **ihm gehörenden Haushaltsgegenstände** trifft. Nach dem Schutzzweck dieser Vorschrift ist aber eine entsprechende Anwendung auch auf Rechtsgeschäfte eines Ehegatten über Haushaltsgegenstände geboten, die nicht ihm, sondern dem anderen Ehegatten gehören (umstr., vgl. BayObLG FamRZ 65, 331, 333). Besteht **gemeinsames Eigentum** an diesen Gegenständen, ist schon deshalb die Einwilligung des anderen Ehegatten erforderlich.

Bsp.: Verkauft der Mann ohne Wissen der Frau den **ihm gehörenden** Fernseher, ist der Kaufvertrag wegen der fehlenden Einwilligung der Frau unwirksam (§ 1369 I). Stand der Fernseher im **Alleineigentum der Frau,** ist der Kaufvertrag des Mannes ebenfalls unwirksam, weil die analoge Anwendung des § 1369 zum Schutz **aller** Hausratsgegenstände auch in diesem Fall geboten ist.

192 c) Einwilligungsbedürftig ist bei Rechtsgeschäften über Haushaltsgegenstände sowohl das Verpflichtungs- als auch das Verfügungsgeschäft (§ 1369 I; s.o. RN **188**). Trotz dieses Wortlautes wird die Einwilligung zum Verpflichtungsgeschäft eine zusätzliche Einwilligung zum Verfügungsgeschäft regelmäßig überflüssig machen (h.M.).

Bsp.: Ist die Ehefrau damit einverstanden, daß der Mann das ihm gehörende Familienauto an A verkauft, wird es überflüssig sein, zur Übertragung des Eigentums am Fahrzeug erneut die Einwilligung der Ehefrau einzuholen.

d) Verweigert der andere Ehegatte **grundlos** seine Zustimmung oder ist er durch Krankheit oder Abwesenheit verhindert, eine Erklärung abzugeben, kann das VormG auf Antrag des handelnden Ehegatten diese Zustimmung ersetzen (§ 1369 II).

e) Werden Haushaltsgegenstände, die verloren gegangen oder wertlos geworden sind, durch **andere Gegenstände ersetzt**, gehören sie kraft Gesetzes dem Ehegatten, dem der ersetzte Gegenstand bisher gehört hatte (sog. **dingliche Surrogation**, § 1370). Nicht erforderlich ist, daß zwischen dem neu angeschafften und dem ersetzten Gegenstand Gleichartigkeit oder Gleichwertigkeit besteht. Es ist auch nicht entscheidend, mit welchen Mitteln die Ersatzbeschaffung getätigt worden ist.

Bsp.: Wird anstelle des abgenutzten Plattenspielers, der Eigentum der Frau war, ein CD-Spieler angeschafft und vom Mann bezahlt, gehört das Gerät ohne weiteres der Frau.

5. Auswirkungen fehlender Einwilligungen

193 War die Einwilligung eines Ehegatten zu den in §§ 1365 und 1369 genannten Rechtsgeschäften erforderlich, aber nicht erteilt oder vom VormG nicht ersetzt worden, ist bei den Rechtsfolgen zunächst danach zu unterscheiden, ob es sich um ein einseitiges oder zweiseitiges Rechtsgeschäft (Vertrag) gehandelt hat.

a) Ein **einseitiges Rechtsgeschäft** ist ohne die erforderliche Einwilligung **unwirksam** (§ 1367).

Unter einseitigen Rechtsgeschäften sind vor allem empfangsbedürftige Willenserklärungen zu verstehen, die wirksam werden, wenn sie dem Adressaten zugehen (§ 130). Im Rahmen der §§ 1365, 1369 wird die Einwilligung zu einem einseitigen Rechtsgeschäft nur selten von praktischer Bedeutung sein.

Einseitige Rechtsgeschäfte stellen z.B. die **Anfechtung** (eines Hofübergabevertrages), der **Rücktritt** (von einem Kaufvertrag), die **Kündigung** (eines Gesellschaftsverhältnisses), der **Widerruf** (einer Schenkung) dar.

b) Ein **Vertrag**, den ein Ehegatte über sein Gesamtvermögen oder über Haushaltsgegenstände ohne Einwilligung des anderen Ehegatten abschließt, ist dagegen nicht von vornherein unwirksam, sondern kann durch (nachträgliche)

Genehmigung wirksam werden (§ 1366 I). Erst wenn der andere Ehegatte die Genehmigung verweigert und diese auch nicht nach § 1365 II oder § 1369 II vom VormG ersetzt wird, ist das Rechtsgeschäft endgültig unwirksam geworden (§ 1366 IV i.V.m. § 1369 III).

c) Ist ein Ehegatte, zu dessen Rechtsgeschäft der andere seine Zustimmung versagt hat, nicht bereit, daraus die Konsequenzen zu ziehen und es rückgängig zu machen, räumt § 1368 dem am Rechtsgeschäft unbeteiligten Ehegatten die Befugnis ein, die sich aus der Unwirksamkeit der Verfügung ergebenden Rechte seines Ehegatten **gegen den Dritten** gerichtlich geltend zu machen. Er ist deshalb berechtigt, **im eigenen Namen** gegen den Dritten zu klagen und von ihm z.B. die Zustimmung zur Berichtigung des Grundbuchs (§ 894) oder die Herausgabe von Haushaltsgegenständen (§ 985) zu verlangen.

6. Die Rechtsstellung Dritter bei fehlender Einwilligung 194

Hat ein Dritter mit einem Ehegatten einen Vertrag geschlossen, zu dem die Zustimmung des anderen Ehegatten erforderlich war, aber noch fehlt, ist er im Ungewissen, ob der Vertrag noch nachträglich genehmigt wird. Um diesen "Schwebezustand" zu beenden, gibt ihm das Gesetz zwei Möglichkeiten:

a) Er kann bis zur Genehmigung den Vertrag widerrufen (§ 1366 II 1). Mit dem Zugang der Widerrufserklärung an den Ehegatten, der sein Vertragspartner war, wird der Vertrag endgültig unwirksam. Dieses **Widerrufsrecht** ist aber in doppelter Hinsicht **eingeschränkt**:

- Wußte der Dritte, daß sein Vertragspartner verheiratet ist, kann er nur widerrufen, wenn dieser wahrheitswidrig behauptet hatte, der andere Ehegatte habe bereits eingewilligt (§ 1366 II 2, 1. HS).
- War dem Dritten bei Abschluß des Vertrages bekannt, daß der andere Ehegatte (noch) nicht eingewilligt hatte, entfällt sein Widerrufsrecht vollständig (§ 1366 II 2, 2. HS), weil er dann nicht schutzwürdig ist.

b) Der Dritte kann aber auch den vertragschließenden Ehegatten auffordern, 195
die Genehmigung des anderen Ehegatten zu beschaffen (§ 1366 III 1). In diesem Fall kann der andere Ehegatte seine Genehmigung nur noch dem Dritten gegenüber erklären, und zwar innerhalb von **zwei Wochen** seit dem Empfang der Aufforderung. Wird die Genehmigung verweigert, ist der Vertrag endgültig unwirksam (§ 1366 IV). Wird innerhalb der Frist keine Erklärung abgegeben, **gilt** die Genehmigung als verweigert (§ 1366 III 2).

Hat der andere Ehegatte nach Abschluß des Vertrages (nur) gegenüber seinem Ehegatten erklärt, ob er den Vertrag genehmigt oder nicht, wird diese Erklärung unwirksam, wenn sie vor der Aufforderung des Dritten erfolgt war (§ 1366 III 1, 2. HS).

Bsp.: Der Mann hat das ihm gehörende Klavier, ein Haushaltsgegenstand, an X verkauft. Hatte die Frau schon vor dem Verkauf dazu ihre Einwilligung gegeben, ist der Kaufvertrag wirksam zustande gekommen. Hatte sie den Verkauf erst nachträglich genehmigt und dies ihrem Mann oder dem X gegenüber erklärt (vgl. § 182 I), ist das Geschäft von Anfang an wirksam geworden (§ 184). Hat sie aber ihre Entscheidung nur ihrem Mann mitgeteilt, ohne daß dies X bekannt geworden ist und fordert dieser den Mann auf, die Genehmigung seiner Frau zu beschaffen, kann diese unabhängig von ihrer früheren Entscheidung dem X mitteilen, ob sie mit dem Geschäft einverstanden ist oder nicht.

196 c) Auch dann, wenn der vertragschließende Ehegatte die verweigerte Genehmigung seines Ehegatten durch das VormG ersetzen läßt, muß er diesen Beschluß dem Dritten innerhalb der beiden Wochen mitteilen, nachdem er von ihm aufgefordert worden ist, die Genehmigung zu beschaffen; andernfalls ist der genehmigende Beschluß unwirksam (§ 1366 III 3, 1. HS). Da das VormG wohl nie innerhalb dieser kurzen Frist entscheiden kann, hat diese Bestimmung nur dann praktische Bedeutung, wenn der Ehegatte schon längere Zeit vor Beginn der Frist den Antrag auf Ersetzung gestellt hatte.

Ist der Beschluß vor Ablauf der beiden Wochen erlassen worden, ist der Ehegatte nicht verpflichtet, ihn seinem Vertragspartner mitzuteilen, wenn er es sich in der Zwischenzeit anders überlegt hat; in diesem Fall gilt die Genehmigung als verweigert (§ 1366 III 3, 2. HS).

7. Kein Schutz des guten Glaubens

197 a) Die Vorschriften der §§ 1365 und 1369 beinhalten keine **relativen** Veräußerungsverbote, bei denen der gute Glaube des Geschäftspartners an die Verfügungsbefugnis des Ehegatten geschützt würde (vgl. § 135). Die Verfügungsverbote haben vielmehr **absolute Wirkung** (§ 134), was zur Folge hat, daß ein gutgläubiger Erwerb an Gegenständen, über die ohne die erforderliche Zustimmung oder Genehmigung verfügt worden ist, nicht stattfinden kann (BGHZ 40, 218).

b) Der gute Glaube des Dritten wird daher insbes. nicht geschützt, wenn er z.B. irrtümlich glaubt, daß

- sein Vertragspartner nicht verheiratet ist;
- die Ehegatten im Güterstand der Gütertrennung leben;
- der Ehegatte seines Vertragspartners seine Zustimmung bereits erteilt hat;
- die Sache nicht zu den Haushaltsgegenständen gehört.

Doch wird bei Rechtsgeschäften über das Vermögen im ganzen der gute Glaube des Erwerbers geschützt, wenn er nicht gewußt hat, daß die veräußerten Gegenstände im wesentlichen das ganze Vermögen des Ehegatten ausgemacht haben (s.o. RN **190**).

c) Erweist sich das Rechtsgeschäft endgültig als unwirksam, ist der Dritte verpflichtet, das bereits Erlangte an seinen Vertragspartner (im Fall des § 1368 auch an dessen Ehegatten) wieder herauszugeben. Die Rückerstattung seiner eigenen Aufwendungen (z.B. die Zahlung des Kaufpreises) kann er nur von seinem Vertragspartner (nicht von dessen Ehegatten) verlangen.

8. Neue Bundesländer 198

*Haben sich die Ehegatten für die Fortsetzung ihres früheren Güterstandes der Eigentums- und Vermögensgemeinschaft entschieden (s.u. RN **235**), gelten für sie nach wie vor die Bestimmungen der §§ 13 ff FGB weiter. Nach § 15 I FGB haben **Verfügungen** (s.o. RN 188) über Sachen und Vermögensrechte des **gemeinschaftlichen** Eigentums und Vermögens im **beiderseitigen Einvernehmen** zu erfolgen. Über Häuser, Grundstücke und Haushaltsgegenstände können die Ehegatten nur **gemeinsam verfügen** (§ 15 II FGB). Stehen Gegenstände des Haushalts im **Alleineigentum** eines Ehegatten, kann dieser nur mit Einwilligung des anderen Ehegatten darüber verfügen (§ 15 III FGB).*

V. Der Zugewinnausgleich unter Lebenden

Einführung 199

1. Voraussetzungen

Sind beide Ehegatten bei **Beendigung der Zugewinngemeinschaft** am Leben, wird der Zugewinn gemäß §§ 1373 bis 1390 ausgeglichen (§ 1372).

Die Beendigung des Güterstandes "auf andere Weise als durch den Tod eines Ehegatten" kommt in folgenden Fällen in Betracht (vgl. dazu RN **183**):

- durch die Ehescheidung (§ 1564, 2);
- durch die Aufhebung der Ehe (§ 1313);
- durch den Abschluß eines Ehevertrages (§§ 1408 ff);
- durch ein Urteil auf vorzeitigen Zugewinnausgleich (§ 1388).

2. Zugewinn und Ausgleichsforderung 200

a) Der Zugewinn ist der Betrag, um den das Endvermögen eines Ehegatten sein Anfangsvermögen übersteigt (§ 1373). Hat ein Ehegatte einen höheren Zugewinn erzielt als der andere, steht diesem eine Ausgleichsforderung in Höhe der **Hälfte des Überschusses** zu (§ 1378).

Bsp. 1:	**A**		**B**
	10.000	Anfangsvermögen in DM (**AV**)	20.000
	50.000	Endvermögen in DM (**EV**)	40.000
	40.000	Zugewinn in DM (**ZG**)	20.000
	- 20.000		
	20.000	(Überschuß) : 2 = 10.000	

Die Ausgleichsforderung von B gegen A beträgt 10.000 DM. Nach Durchführung des Ausgleichs haben beide Ehegatten den gleich hohen Zugewinn erzielt, nämlich je 30.000 DM; A besitzt jetzt 40.000 DM, B 50.000 DM.

Bsp. 2:	**A**		**B**
	10.000	**AV**	20.000
	50.000	**EV**	10.000
	40.000	**ZG**	0
	40.000	(Überschuß) : 2 = 20.000	

Der Ausgleichsanspruch von B gegen A richtet sich hier auf Zahlung von 20.000 DM, weil der Zugewinn nicht negativ (kleiner als 0) sein kann.

Beachte: Ist das Endvermögen kleiner als das Anfangsvermögen, wird der Zugewinn mit 0 angesetzt (vgl. OLG München FamRZ 76, 26)

b) Der Zugewinn ist eine **reine Rechnungsgröße**; er bildet keine eigene Vermögensmasse bei einem Ehegatten und erstreckt sich nicht auf bestimmte Vermögensgegenstände. Die Ausgleichsforderung ist daher immer auf Zahlung eines **Geldbetrages** gerichtet.

A. Die Berechnung des Anfangsvermögens

1. Begriff

201 Unter dem Anfangsvermögen ist das Vermögen zu verstehen, das beim Eintritt des gesetzlichen Güterstandes jedem Ehegatten gehört. Es umfaßt alle Sachen, Forderungen und Rechte, sofern sie einen wirtschaftlichen Wert haben (zu den maßgebenden Zeitpunkten und zur Wertermittlung s.u. RN **217**).

2. Besonderheiten des Anfangsvermögens

Sind **Schulden** vorhanden, können sie nur bis zur Höhe des Vermögens abgezogen werden (§ 1374 I). Das bedeutet, daß das Anfangsvermögen mit 0 anzusetzen ist, wenn die Schulden höher als der Wert des Vermögens sind.

Beachte: Das Anfangsvermögen eines Ehegatten kann nicht negativ (kleiner als 0) sein!

Bsp. 3: A hatte im Zeitpunkt der Eheschließung nur Schulden in Höhe von 30.000 DM, sein Endvermögen beläuft sich auf 20.000 DM ohne Schulden. B hatte anfangs zwar keine Schulden, aber auch kein Vermögen; zuletzt hat B ein schuldenfreies Vermögen von 10.000 DM angesammelt.

A		B
0	**AV**	0
20.000	**EV**	10.000
20.000	**ZG**	10.000
-10.000		
10.000	(Überschuß) : 2 = 5.000	

Die Ausgleichsforderung gegen A richtet sich auf Zahlung von 5.000 DM.

Tatsächlich mußte A im Verlaufe der Ehe 50.000 DM erwirtschaften, um ein Vermögen von 20.000 DM zu erreichen. Deshalb müßte die Differenz des Zugewinns eigentlich 40.000 DM betragen, so daß B von A 20.000 DM zu beanspruchen hätte. Das würde jedoch bedeuten, daß A sein gesamtes Endvermögen an B herausgeben müßte und B dann 30.000 DM zur Verfügung stünden.

Dieses Ergebnis wäre zwar "gerecht" (vgl. auch RN **206**), doch hat es der Gesetzgeber als unzumutbar angesehen, daß ein Ehegatte nach Beendigung des Güterstandes völlig vermögenslos dastehen soll. Mit der gesetzlichen Regelung wird deshalb erreicht, daß im Normalfall kein Ehegatte mehr als die Hälfte des Wertes seines Endvermögens herauszugeben hat.

3. Verzeichnis des Anfangsvermögens 202

a) Nach längerer Ehedauer kann es schwierig sein, nachträglich zu ermitteln, welches Anfangsvermögen vorhanden war. § 1377 weist deshalb die Ehegatten auf die Möglichkeit hin, das Anfangsvermögen gemeinsam in einem **Verzeichnis** festzustellen. Die Aufnahme eines solchen Verzeichnisses kann jederzeit, möglichst zu Ehebeginn, erfolgen und sollte auch die dem Anfangsvermögen hinzuzurechnenden Gegenstände (s.u. RN **204**) umfassen. Neben dem **Bestand** sollte das Verzeichnis auch den **Wert** des Anfangsvermögens und den Wert der hinzuzurechnenden Gegenstände im Zeitpunkt ihres Erwerbes (vgl. § 1376 I) enthalten, sowie die Höhe und den Bestand etwa vorhandener Schulden.

b) Damit das Verzeichnis seine Wirksamkeit entfalten kann, muß es **gemeinsam** aufgestellt und mit Datum von beiden Ehegatten **unterzeichnet** werden (§ 1377 II 2 i.V.m. § 1035). Jeder Ehegatte ist verpflichtet, dabei mitzuwirken (§ 1377 II 1).

Da die Bewertung des Vermögens und der Schulden mit Schwierigkeiten verbunden sein kann, hat jeder Ehegatte das Recht, diesen Wert auf seine Kosten durch Sachverständige feststellen zu lassen (§ 1377 II 3).

c) Die Bedeutung des gemeinsam errichteten Verzeichnisses besteht darin, daß im Verhältnis der Ehegatten zueinander **vermutet** wird, daß das Verzeichnis **richtig ist** (§ 1377 I a.E.). Damit wird die spätere Berechnung des Zugewinns wesentlich erleichtert. 203

Die Vermutung ist zwar widerlegbar, doch muß der Ehegatte, der sie nicht gelten lassen will, den vollen Beweis für die behauptete Unrichtigkeit des Verzeichnisses erbringen.

Haben die Eheleute **kein Verzeichnis** aufgestellt, wird kraft Gesetzes vermutet, daß sie **kein Anfangsvermögen** besessen haben und daß deshalb das Endvermögen jedes Ehegatten seinen Zugewinn darstellt (§ 1377 III). Auch diese Vermutung ist durch den Nachweis widerlegbar, daß einer oder beide Ehegatten Vermögen mit in die Ehe gebracht haben.

4. Hinzurechnungen zum Anfangsvermögen 204

a) Dem Zugewinnausgleich liegt der Gedanke zugrunde, daß der Zugewinn jedes Ehegatten auch auf der Mitarbeit des anderen Ehegatten während der Ehe beruht. Dieser Gesichtspunkt kann aber nicht für einen Vermögenszuwachs gelten, der einem Ehegatten zugeflossen ist, ohne daß daran der andere irgendwie beteiligt war. Deshalb sind bestimmte Zuwendungen, die einem Ehegatten (meist aufgrund persönlicher Beziehungen) gemacht worden sind, nicht in den Zugewinnausgleich einzubeziehen. Das geschieht in der Weise, daß diese nachträglich erworbenen Vermögenswerte zum **Anfangsvermögen** hinzugerechnet werden (§ 1374 II).

b) Im einzelnen handelt es sich um folgende Erwerbsfälle **nach Eintritt** des Güterstandes:

- Erwerb **von Todes wegen,** und zwar gleichgültig, ob aufgrund eines Testamentes, eines Erbvertrages oder kraft gesetzlicher Erbfolge; auch Vermächtnisse und Pflichtteilsansprüche fallen darunter; ebenso Gelder, die ein Ehegatte als Bezugsberechtigter einer Lebensversicherung erhält, wenn den Vertrag ein naher Verwandter für ihn abgeschlossen hatte (BGH FamRZ 95, 1562).
- Erwerb mit Rücksicht auf ein **künftiges Erbrecht:** z.B. Hofübergabe; vorzeitiger Erbausgleich des Ehegatten, den er als nichteheliches Kind von seinem Vater gemäß § 1934 d a.F. erhalten hatte; Eigentumsübertragung an Grundstücken von Eltern an ihr verheiratetes Kind (auch in Form eines Kaufvertrages, so BGH FamRZ 78, 334, 335).
- **Schenkungen** durch **Dritte** an einen Ehegatten. Schenkungen an beide Ehegatten **gemeinsam** erhöhen das Anfangsvermögen jedes Ehegatten in Höhe seines Anteils, regelmäßig zur Hälfte.
  Schenkungen **zwischen** den Ehegatten fallen **nicht** unter § 1374 II (BGH FamRZ 87, 791; a.A. MünchKomm-Gernhuber § 1374 RdNr. 22).
- Auch **unbenannte** (ehebezogene) **Zuwendungen** eines Ehegatten an den anderen (s.u. RN **273**) fallen nicht unter § 1374 II; sie werden nach den Regeln über den Wegfall der Geschäftsgrundlage ausgeglichen (s.u. RN **274**). Das gleiche gilt für Zuwendungen **Dritter** an Ehegatten, die - ohne eine Schenkung zu sein - von ihrer Zweckbestimmung her mit den unbenannten Zuwendungen vergleichbar sind (BGH FamRZ 95, 1060).
- **Ausstattung** aus dem elterlichen Vermögen (§ 1624; s.u. RN **527**).

205 c) Vom Wert des dem Anfangsvermögen hinzuzurechnenden Vermögens sind die **Verbindlichkeiten** (Schulden) abzuziehen, die mit **diesem** Rechtserwerb verbunden waren.

Bsp.: Der Wert der Erbschaft kann um die Erbschaftssteuer und die Beerdigungskosten gekürzt werden; der Wert eines geschenkten Grundstücks wird durch die darauf ruhenden dinglichen Belastungen, soweit sie übernommen werden müssen, gemindert.

Beachte deshalb: Die Worte: "**nach Abzug der Verbindlichkeiten**" in § 1374 II beziehen sich nur auf den jeweiligen Rechtserwerb, während der gleiche Wortlaut in § 1374 I sämtliche Schulden beim Anfangsvermögen umfaßt (s.o. RN **201**).

5. Keine Hinzurechnungen zum Anfangsvermögen

206 a) Die Anrechnung auf das Anfangsvermögen eines Ehegatten entfällt, wenn die Zuwendung den Umständen nach zu den **Einkünften** des Ehegatten zu rechnen ist (§ 1374 II a. E.). Diese Zweckbestimmung kann sich aus der Absicht des Zuwendenden und dem Anlaß der Zuwendung ergeben.

Bsp.: Verwandte geben einen Zuschuß zur laufenden Haushaltsführung; die Kosten für eine Erholungsreise oder zum Erwerb des Führerscheins werden von den Eltern übernommen. Nicht darunter fallen Zuschüsse, die für die Vermögensbildung bestimmt sind.

Soweit der zu den Einkünften gehörende Vermögenserwerb nicht für den vorgesehenen Zweck verbraucht wird, fällt er in den Zugewinn.

b) Mehrfach wird gefordert, daß ein Ehegatte, dessen Anfangsvermögen mit 0 anzusetzen ist, weil seine Schulden höher waren als der Wert seines Vermögens, verpflichtet sein soll, sich einen späteren Erwerb, der eigentlich dem Anfangsvermögen hinzuzurechnen wäre, auf seine vorehelichen Schulden anrechnen zu lassen (z.B. Soergel-Lange § 1374 Rz 8, 10; a.A. OLG Bamberg FamRZ 88, 506; BGH FamRZ 95, 990).

Bsp.: Hat ein Ehegatte bei Beginn der Zugewinngemeinschaft Schulden in Höhe von 10.000 DM und kein Vermögen, erbt er sodann 15.000 DM, dürfte er nach dieser Meinung nur 5.000 DM dem Anfangsvermögen hinzurechnen, weil er verpflichtet wäre, den Teilbetrag von 10.000 DM mit seinen vorehelichen Schulden zu verrechnen.

Diese Methode kann geeignet sein, "gerechtere" Ergebnisse beim Zugewinnausgleich zu erzielen, sie findet jedoch im eindeutigen Wortlaut des Gesetzes keine Stütze und widerspricht auch dem Sinn der gesetzlichen Regelung, wonach die in § 1374 II genannten Erwerbsfälle nicht dem anderen Ehegatten zugute kommen sollen. Das Risiko, das mit der Heirat eines verschuldeten Ehegatten verbunden ist, kann seinem Partner nicht abgenommen werden. Damit wäre auch eine Verfälschung der Absichten des Zuzuwendenden verbunden, der bei der Schenkung oder Erbeinsetzung nur eine bestimmte Person bevorzugen wollte und nicht dessen Ehegatten.

c) Ebenso widerspricht es dem Gesetz, **andere Erwerbsfälle**, die ohne Mit- 207
wirkung des Ehegatten zustande gekommen sind, dem Anfangsvermögen hinzuzurechnen (s. ergänzend RN **204**).

Deshalb fällt z.B. in den Zugewinn und gehört nicht zum Anfangsvermögen: ein Lottogewinn (BGHZ 68, 43); die Abfindung aus einer Witwen- oder Schadenersatzrente (BGHZ 82, 149); die Leistung eines Schmerzensgeldes (BGH FamRZ 81, 755); das Kapital einer Lebensversicherung oder dessen Rückkaufswert.

Beachte: Die Aufzählung der in § 1374 II genannten Erwerbsfälle, die dem Anfangsvermögen hinzuzurechnen sind, ist erschöpfend und nicht erweiterungsfähig (BGH FamRZ 88, 593).

Bsp. 4: A hat ein Anfangsvermögen von 10.000 DM; B hat kein Vermögen, aber Schulden in Höhe von 2.000 DM. A erbt nach fünf Ehejahren 80.000 DM; die mit der Erbschaft zusammenhängenden Kosten belaufen sich auf 10.000 DM. B spielt regelmäßig Lotto und gewinnt auch 50.000 DM. Das tatsächlich vorhandene Endvermögen beläuft sich bei A auf 100.000 DM, bei B auf 30.000 DM (jeweils ohne Schulden).

A		B
10.000	AV	0
70.000	Hinzurechnung AV	0
80.000	Gesamt AV	0
100.000	EV	30.000
20.000	ZG	30.000
		- 20.000
	Überschuß =	10.000 : 2 = 5.000

Die Ausgleichsforderung von A an B beträgt 5.000 DM.

B. Die Berechnung des Endvermögens

1. Begriff

208 a) Unter dem Endvermögen ist das Vermögen zu verstehen, das einem Ehegatten nach Abzug der Schulden bei der Beendigung des Güterstandes gehört (§ 1375 I 1). Das Endvermögen umfaßt grundsätzlich den gesamten Vermögenserwerb während der Ehe, soweit er bei der Beendigung des Güterstandes noch vorhanden ist und nicht gemäß § 1374 II dem Anfangsvermögen hinzugerechnet werden muß (zu den Bewertungsstichtagen s.u. RN **217**).

b) **Nicht** vom Endvermögen umfaßt wird der **Hausrat**, da dieser den Sonderregelungen der HausratsVO unterliegt. Auch Anwartschaften und Aussichten, für die der **Versorgungsausgleich** stattfindet, gehören nicht zum Endvermögen (§ 1587 III). Das gilt z.B. ebenso für künftige gesetzliche **Renten-** und **Pensionsansprüche** oder **Lebensversicherungen auf Rentenbasis** (§ 1587 a II Nr. 5; s.u. RN **382**).

c) Sind **Schulden** eines Ehegatten vorhanden, können diese (von der Ausnahme des § 1390 abgesehen) nur bis zur Höhe des aktiven Vermögens abgezogen werden (§ 1375 I 2). Sie bleiben deshalb außer Betracht, sofern sie den Wert des Vermögens übersteigen.

Beachte: Das Endvermögen eines Ehegatten kann nicht passiv (d.h. kleiner als 0) sein! (Ausnahme § 1390; s.u. RN **214**).

Haften Ehegatten als **Gesamtschuldner** gemäß §§ 421, 426 I (zum Begriff s. u. RN **293**), können sie die Gesamtschuld mit **der** Quote von ihrem Endvermögen absetzen, die im Innenverhältnis auf sie entfällt; das bedeutet im Normalfall des § 426 I 1: je zur Hälfte (BGH FamRZ 87, 1239).

2. Feststellung des Endvermögens

209 a) Nach § 1379 I 1 hat jeder Ehegatte nach Beendigung des Güterstandes dem anderen über den Bestand seines Endvermögens **Auskunft** zu erteilen (dazu OLG Köln FamRZ 97, 1336). Damit soll ihm die richtige Berechnung des Zugewinns erleichtert werden. Der **Zeitpunkt** für die **Auskunftserteilung** wird für den Fall der Scheidung oder Eheaufhebung **vorverlegt** auf den Zeitpunkt der Einreichung des Scheidungsantrags oder des Antrags auf Eheaufhebung (§ 1379 II).

b) Die Auskunftspflicht betrifft nur den **Bestand** des Endvermögens am betreffenden Stichtag, nicht den Wert dieses Vermögens. Die Auskunft muß aber so bestimmt sein, daß sich hieraus der Vermögenswert errechnen läßt. Zu Einzelheiten der Auskunftspflicht vgl. § 1379 I 2, 3, i.V.m. § 260.

c) Muß der Auskunftsanspruch eingeklagt werden, ist dafür das FamG ausschließlich zuständig (§ 621 I Nr. 8 ZPO).

3. Hinzurechnung zum Endvermögen 210

a) Ebenso wie beim Anfangsvermögen sieht das Gesetz vor, daß dem Endvermögen bestimmte Beträge hinzuzurechnen sind. Hier betrifft es Rechtshandlungen eines Ehegatten, durch die er während der Ehezeit sein Vermögen vermindert hat (§ 1375 II). Durch die Hinzurechnung wird erreicht, daß der Ausgleichsanspruch des anderen Ehegatten nicht durch diese Maßnahmen verkürzt wird.

Hinzuzurechnen sind: 211

- **unentgeltliche Zuwendungen** eines Ehegatten, sofern sie nicht sittlich geboten waren oder es sich um sog. Anstandsschenkungen gehandelt hat (§ 1375 II Nr. 1; vgl. § 534).

  Bsp.: Schenkungen an dritte Personen oder eine übermäßige Ausstattung aus dem Vermögen eines Elternteils (§ 1624; s.u. RN **527**).

  Eine **sittliche Pflicht** kann bei der Unterstützung bedürftiger Geschwister gegeben sein; **Anstandsschenkungen** sind gebräuchliche Gelegenheitsgeschenke, z.B. zur Hochzeit oder zu Feiertagen.

  Beachte: Schenkungen an den anderen Ehegatten fallen **nicht** unter § 1375 II Nr. 1; vgl. § 1375 III).

- **Verschwendung von Vermögen** (§ 1375 II Nr. 2).

  Unter dem Begriff "Verschwendung" wird ein Hang zu unvernünftigen Ausgaben oder zu unwirtschaftlichen Maßnahmen verstanden.

  Bsp.: Verschwendung liegt vor: wenn durch Spiel oder Wette hohe Verluste entstehen; bei teueren, aber sinnlosen Anschaffungen; bei übertriebener Freigebigkeit, die den Familienunterhalt gefährdet.

- **Rechtshandlungen aller Art,** sofern sie vermögensmindernd waren und in **Benachteiligungsabsicht** vorgenommen wurden (§ 1375 II Nr. 3). Bei dieser Handlungsweise muß die Schädigung des anderen als Erfolg beabsichtigt gewesen sein.

  Bsp.: Absichtliche Zerstörung von Vermögenswerten; Verschleuderung einer wertvollen Sammlung zu minimalen Preisen; Beiseiteschaffen von Schmuck, Wertpapieren oder Edelmetall.

b) Die Hinzurechnung **entfällt** gemäß § 1375 III, 212

- wenn die Vermögensminderung mindestens **zehn Jahre** vor der Beendigung des Güterstandes eingetreten ist;
- wenn der andere Ehegatte mit den in § 1375 II genannten Maßnahmen **einverstanden** war.

Bsp. 5: A hatte kein Anfangsvermögen; das Anfangsvermögen von B betrug 5.000 DM. Schulden waren nicht vorhanden. Als B die Scheidung der Ehe beantragen will, hat A ein Vermögen von 40.000 DM, dem Schulden in Höhe von 20.000 DM gegenüberstehen. Das Endvermögen von B beträgt 25.000 DM ohne Schulden. Kurz vor der Einreichung des Scheidungsantrags hat A das ihm allein gehörende Auto im Werte von 10.000 DM in Benachteiligungsabsicht zu Schrott gefahren und damit sein aktives Endvermögen auf 30.000 DM vermindert.

A		B
0	AV	5.000
30.000	EV (aktiv)	25.000
- 20.000	EV (passiv)	0
10.000	EV	25.000
+ 10.000	Hinzurechnung EV	0
20.000	Gesamt EV	25.000
20.000	ZG	20.000

Da der Zugewinn bei beiden Eheleuten gleich hoch ist, entsteht keine Ausgleichsforderung.

Beachte: Vermögensbewegungen, die zwischen dem Anfangsvermögen und dem Endvermögen liegen, spielen für die Berechnung des Zugewinns keine Rolle!

Von diesem Grundsatz gibt es nur zwei **Ausnahmen:**

a) der in § 1374 II genannte Erwerb wird dem Anfangsvermögen,
b) die in § 1375 II genannten Vermögensminderungen werden dem Endvermögen hinzugerechnet.

4. Begrenzung des Ausgleichsanspruchs durch den Vermögenswert

213 Nicht in allen Fällen wird durch die Hinzurechnung der in § 1375 II genannten Vermögensminderungen erreicht, daß der andere Ehegatte den ihm zustehenden Zugewinnausgleich erhält. § 1378 II bestimmt nämlich, daß die Ausgleichsforderung durch den Wert des Vermögens begrenzt wird, das nach Abzug der Verbindlichkeiten bei Beendigung des Güterstandes vorhanden ist. Durch diese Vorschrift wird den **Gläubigern** eines verschuldeten Ehegatten der **Vorrang vor dem Ausgleichsanspruch** des anderen Ehegatten eingeräumt.

Bsp. 6: Das Anfangsvermögen von A beträgt 10.000 DM, das von B 20.000 DM, jeweils ohne Schulden. A schenkt dem Sohn C aus erster Ehe zur Hochzeit 50.000 DM. B beantragt deshalb die Scheidung. A hat ein aktives Endvermögen von 20.000 DM, dem Schulden von 30.000 DM gegenüberstehen. B hat keinen Zugewinn erzielt.

A		B
10.000	AV	20.000
20.000	EV (aktiv)	0
- 30.000	EV (passiv)	0
0	EV	20.000
+ 50.000	Hinzurechnung EV	0
50.000	Gesamt EV	20.000
40.000	ZG	0

40.000 (Überschuß) : 2 = 20.000

Der Ausgleichsanspruch von B gegen A beträgt 20.000 DM. Da aber nach Abzug der Schulden kein aktiver Vermögenswert mehr vorhanden ist und das Endvermögen den Gläubigern zur (teilweisen) Schuldentilgung zur Verfügung steht, erhält B keinen Zugewinnausgleich.

5. Ansprüche des Ausgleichsberechtigten gegen Dritte 214

a) Erhält ein Ehegatte gemäß § 1378 II keinen oder nur einen teilweisen Zugewinnausgleich, räumt ihm § 1390 I 1 einen Bereicherungsanspruch gegen denjenigen ein, dem der ausgleichspflichtige Ehegatte in **Benachteiligungsabsicht** eine Zuwendung gemacht hat.

b) Der Bereicherungsanspruch gegen den Dritten hat zur Voraussetzung:

- Es muß sich um eine **unentgeltliche Zuwendung** im Sinne des § 1375 II Nr. 1 gehandelt haben.
  Diese Zuwendung muß von dem Ehegatten in **Benachteiligungsabsicht** vorgenommen worden sein. Dabei ist nicht von Bedeutung, ob der Dritte die Benachteiligungsabsicht gekannt hat.
- Das gleiche gilt auch für **alle anderen Arten** von vermögensmindernden Rechtshandlungen, wenn sie in Benachteiligungsabsicht gemacht wurden. Doch ist hierbei wesentlich, daß der **Dritte** die Benachteiligungsabsicht **gekannt** hat (§ 1390 II).

c) Wird der Dritte in dieser Weise in Anspruch genommen, sind bei der Berechnung des Ausgleichsanspruchs die Schulden auch insoweit abzuziehen, als sie die Höhe des Vermögens übersteigen (§ 1375 I 2). Auf diese Weise wird verhindert, daß der ausgleichsberechtigte Ehegatte mehr erhält, als wenn die Zuwendung an den Dritten nicht erfolgt wäre. 215

Bsp. 7: Wenn in Bsp. 6 das Hochzeitsgeschenk in Benachteiligungsabsicht gemacht worden wäre, würde sich die Berechnung des Zugewinns bei A wie folgt ändern:

A		B
10.000	**AV**	(wie vorstehend)
20.000	**EV** (aktiv)	
- 30.000	**EV** (passiv)	
- 10.000	**EV**	
+ 50.000	Hinzurechnung **EV**	
40.000	Gesamt **EV**	
30.000	**ZG**	

Der Ausgleichsanspruch von B gegen A beträgt hier 15.000 DM. Er ist so hoch, wie er wäre, wenn A die Zuwendung nicht gemacht hätte. Da nach Abzug der Schulden auch in diesem Fall kein aktives Vermögen vorhanden ist, erhält B wiederum keinen Ausgleichsanspruch. B ist aber berechtigt, in dieser Höhe die Erfüllung der Ausgleichsforderung von C zu verlangen.

d) Ist die Zuwendung an den Dritten in **Geld** erfolgt, richtet sich der Anspruch des Ehegatten auf Zahlung eines Geldbetrages nach den Vorschriften über die ungerechtfertigte Bereicherung (§ 1390 I 1 i.V.m. §§ 812, 818 ff). In Bsp. 7 kann C zur Zahlung von 15.000 DM an B nur verurteilt werden, falls B beweisen kann, daß A die Zuwendung in Benachteiligungsabsicht gemacht hat. Gelingt dieser Beweis nicht, erhält B auch von C kein Geld. 216

Erfolgte die Zuwendung nicht in Geld, sondern in **Sachwerten**, richtet sich der Anspruch des ausgleichsberechtigten Ehegatten auf **Duldung der Zwangsvollstreckung** in diese Sachen. Der Dritte kann die Herausgabe der Sachen dadurch abwenden, daß er den Anspruch des Ehegatten in Geld befriedigt (§ 1390 I 2).

e) In einigen Fällen kann der Ehegatte vom Dritten **Sicherheitsleistung** verlangen (s.u. RN **233**). Wegen der **Verjährung** des Anspruchs gegen den Dritten s.u. RN **232**.

C. Die Wertermittlung beim Anfangs- und Endvermögen

217 In der Praxis bereitet die Bewertung des Vermögens der Ehegatten erhebliche Schwierigkeiten, zumal das Gesetz nur wenige Anhaltspunkte dazu gibt. Vorab sind die verschiedenen **Zeitpunkte** für die Bewertung zu beachten.

1. Bewertungsstichtag für das Anfangsvermögen

Maßgebender Stichtag für das Anfangsvermögen ist der **Beginn des Güterstandes** (s.o. RN **183**). Kommt eine Hinzurechnung zum Anfangsvermögen gemäß § 1374 II in Betracht, ist dieser Vermögenszugang im Zeitpunkt des **Erwerbes** zu bewerten (§ 1376 I).

2. Bewertungsstichtag für das Endvermögen

Maßgebender Stichtag für die Bewertung des Endvermögens ist das **Ende des Güterstandes** (§ 1376 II; s.o. RN **183**), doch gelten für besondere Fälle des Zugewinnausgleichs **andere** Bewertungsstichtage:

a) Wird die Ehe **geschieden**, ist für die Bewertung des Endvermögens der Tag maßgebend, an dem der Scheidungsantrag dem anderen Ehegatten zugestellt wird (§ 1384 i.V.m. §§ 253, 261, 622 ZPO).

Durch diese Vorverlegung des Bewertungsstichtages soll verhindert werden, daß ein Ehegatte sein Vermögen während der Dauer des Scheidungsverfahrens zum Nachteil des ausgleichsberechtigten Ehegatten verringert.

b) Wird die Ehe **aufgehoben**, kommt es für die Bewertung des Endvermögens auf den Tag der Zustellung des Aufhebungsantrags an (§ 1318 III i.V.m. § 1384).

218 c) Wird auf **vorzeitigen Zugewinnausgleich** geklagt (s.u. RN **223**) und der Klage stattgegeben, hat die Bewertung des Endvermögens an dem Tag zu erfolgen, an dem diese Klage zugestellt worden ist (§ 1387 i.V.m. § 253 ZPO).

3. Bewertungsstichtag für Verbindlichkeiten

Für die Bewertung der **Schulden** eines Ehegatten gelten die gleichen Stichtage wie für die Bewertung des Vermögens (§ 1376 III). Dabei kommt es nicht darauf an, wann eine Schuld entstanden ist; maßgebend ist nur, ob und in welcher Höhe am Bewertungsstichtag eine Schuld besteht. Ist der Wert einer Schuld **zweifelhaft**, z.B. weil die Schuld in einer bestimmten Handlung oder Unterlassung besteht, muß er geschätzt werden.

4. Bewertungsgrundsätze 219

Abgesehen von der Bewertung eines land- oder forstwirtschaftlichen Betriebes schreibt das Gesetz keine bestimmte Bewertungsmethode vor. Jedenfalls geht es darum, den **wirklichen Wert** einer Sache zu ermitteln. Das ist im Normalfall der **Verkehrswert**, also der bei einer Veräußerung der Sache voraussichtlich zu erzielende Preis. Im einzelnen:

a) *Grundstücke*. Erweist sich im Zuge der Vermögensauseinandersetzung die Veräußerung eines Grundstücks als erforderlich, ist vom Verkehrswert auszugehen. Will ein Ehegatte sein Grundstück behalten, kann zur Berechnung des Verkehrswertes die WertermittlungsVO vom 15. 8. 1972 angewendet werden (BGH NJW 90, 112, 113). Je nachdem, inwieweit das Grundstück Erträge abwirft oder nicht, wird sein Verkehrswert auf einer Kombination des Sach- und des Ertragswertes oder nur auf dem Sachwert beruhen.

b) *Unternehmen*. Maßgebend ist der Firmenwert einschließlich stiller Reserven. Wirft das Unternehmen keinen Ertrag ab, ist vom Liquidationswert auszugehen, also von dem Betrag, der bei einer Veräußerung zu erzielen sein dürfte (BGH NJW 82, 2497). Wenn das Unternehmen fortgeführt werden soll, wendet die Rechtsprechung eine Ertragswertberechnung an. Der **Ertragswert** schließt nicht nur den Substanzwert ein (d.h. die Summe aller Sachwerte), sondern auch den sog. "Goodwill", d.h. den **inneren Wert** eines Geschäftes, der alle tatsächlich vorhandenen wertbildenden Faktoren des Unternehmens umfaßt, z.B. den Bekanntheitsgrad der Firma in der Geschäftswelt, die Befähigung zur Herstellung von Markenartikeln, sowie die Art und den Umfang des Kundenstammes (BGHZ 75, 195, 199; OLG Düsseldorf FamRZ 84, 699). Zur Bewertung eines *Handwerksbetriebes* s. OLG Bamberg FamRZ 95, 607.

c) *Land- und forstwirtschaftliche Betriebe*. Gemäß § 1376 IV ist hier der (gegenüber dem Verkehrswert meist geringere) Ertragswert zugrunde zu legen; das ist der Reinertrag, "den das Landgut nach seiner bisherigen wirtschaftlichen Bestimmung bei ordnungsgemäßer Bewirtschaftung nachhaltig gewähren kann" (§ 2049 II).
Die Berechnung des Zugewinns nach dem Ertragswert (meist der 18- oder 25fache Betrag des jährlichen Reinertrags) setzt voraus, daß der Betrieb sowohl beim Anfangsvermögen als auch beim Endvermögen zu berücksichtigen ist. Als weitere Voraussetzung muß hinzukommen, daß der Eigentümer des Betriebes der Schuldner (und nicht der Gläubiger) einer Ausgleichsforderung seines Ehegatten ist und daß die Weiterführung (oder Wiederaufnahme) des Betriebes durch ihn oder einen seiner Abkömmlinge (s.u. RN **242**) erwartet werden kann. Sind diese Voraussetzungen nicht gegeben (z.B. weil der Betrieb bereits endgültig stillgelegt worden ist), richtet sich die Bewertung nach dem normalen Verkehrswert.

5. Berücksichtigung echter und scheinbarer Wertsteigerungen 220

a) Nicht selten muß für ein- und denselben Gegenstand beim Endvermögen ein anderer Wert als beim Anfangsvermögen eingesetzt werden, weil der Gegenstand in der Zwischenzeit eine **echte Wertsteigerung** erfahren hat. Ein solcher Zugewinn erhöht den Ausgleichsanspruch des anderen Ehegatten.

Bsp.: Das beim Anfangsvermögen niedrig bewertete Ackerland eines Ehegatten wird im Laufe der Ehe zu wertvollem Bauland: dann ist der gestiegene Wert des Grundstücks beim Endvermögen einzusetzen; ferner ist der allgemeine Kaufkraftschwund (s.u.) zu beachten.

b) Tritt zwischen dem Stichtag des Anfangsvermögens und dem Stichtag des Endvermögens ein **Kaufkraftschwund** infolge "schleichender Inflation" ein, kann dies bei einer lang dauernden Ehe den Zugewinnausgleich erheblich beeinflussen. So können die bei der Eheschließung vorhandenen Sachwerte bis zur Beendigung des Güterstandes nur aufgrund des Kaufkraftschwundes eine Wertsteigerung von über 100% erfahren. Für den Ausgleich dieses nur scheinbaren Zugewinns gibt es jedoch keinen sachlichen Grund; denn der andere Ehegatte soll nach dem Grundgedanken der Zugewinngemeinschaft immer nur an einem echten Vermögenszuwachs beteiligt werden (BGHZ 61, 385, 389; dazu Lange JZ 74, 295).

221 c) Damit der sog. Entwertungsgewinn ausgeschaltet werden kann, muß der **Aktivsaldo** des Anfangsvermögens (und nur dieser) in den Geldwert des Endvermögens umgerechnet werden. Das Anfangsvermögen wird also mit dem Geldwert berechnet, der im Zeitpunkt der Beendigung des Güterstandes aufgewendet werden müßte, um das Anfangsvermögen neu zu beschaffen (BGH aaO). Die Umrechnung des Anfangsvermögens erfolgt mit Hilfe des vom Statistischen Bundesamt errechneten **Lebenshaltungsindex** nach folgender Formel:

$$\frac{\text{Wert des AV} \times \text{Lebenshaltungsindex bei Beendigung des Güterstandes}}{\text{Lebenshaltungsindex am Beginn des Güterstandes}}$$

Bsp. 8: Die Eheleute haben im Juli 1982 geheiratet. Die Ehefrau hat im Oktober 1992 ihrem Mann den Scheidungsantrag zustellen lassen. Der Wert des Anfangsvermögens des Mannes hat 100.000 DM betragen.

100.000 x 116,1 (Basis 1985 = 100) : 93,2 = 124.570,81

Ergebnis: Das Anfangsvermögen des Mannes ist bei der Berechnung des Zugewinnausgleichs mit 124.570,81 DM anzusetzen.

222 d) Sind Vermögenswerte gemäß § 1374 II dem Anfangsvermögen hinzuzurechnen, wird auch bei ihnen der Entwertungsgewinn ausgeschaltet. Das geschieht in der Weise, daß der Wert dieser Gegenstände mit dem für den **Erwerbszeitpunkt** maßgebenden Faktor umgerechnet wird (BGHZ 101, 65).

Bsp. 9: Die Frau in Bsp. 8 hat im Jahre 1984 eine Erbschaft von 50.000 DM gemacht.

50.000 x 116,1 : 98,0 = 59.234,69

Ergebnis: Die Erbschaft ist dem Anfangsvermögen der Frau mit 59.234,69 DM hinzuzurechnen.

Beachte: Bei allen anderen Wertsteigerungen, die Gegenstände betreffen, die nach Beginn des Güterstandes erworben worden sind, wird der Entwertungsgewinn aus Vereinfachungsgründen nicht ausgeschaltet, sondern erhöht den Zugewinn.

D. Der vorzeitige Zugewinnausgleich

In bestimmten Fällen kann schon während des Bestehens der Ehe auf vorzeitigen Ausgleich des Zugewinns geklagt werden. 223

1. Vorzeitiger Ausgleich bei Getrenntleben

Leben die Ehegatten mindestens **drei Jahre getrennt**, kann jeder von ihnen auf vorzeitigen Ausgleich des Zugewinns klagen (§ 1385 i.V.m. § 1567).

Bsp.: Ein Ehegatte, der einen größeren Vermögenszuwachs erwartet, will verhindern, daß der andere bei der späteren Scheidung daran beteiligt wird.

2. Vorzeitiger Ausgleich bei ehefeindlichem Verhalten

Auf vorzeitigen Ausgleich des Zugewinns kann geklagt werden, wenn der andere Ehegatte:

a) längere Zeit hindurch schuldhaft seine wirtschaftlichen Verpflichtungen in der Ehe nicht erfüllt hat und dies auch für die Zukunft zu erwarten ist (§ 1386 I; vgl. § 1381 II u. RN **226**);

b) unberechtigt über sein Vermögen im ganzen verfügt hat (§ 1386 II Nr. 1 i.V.m. § 1365; s.o. RN **189**);

c) sein Vermögen durch eine der in § 1375 genannten Handlungen vermindert hat (§ 1386 II Nr. 2; s.o. RN **210 f**);

d) sich ohne ausreichenden Grund beharrlich weigert, den anderen Ehegatten über den Bestand seines Vermögens zu unterrichten (§ 1386 III).

Weitere Voraussetzung ist in den Fällen b) und c), daß durch diese Handlungen der künftige Ausgleichsanspruch des Ehegatten **erheblich gefährdet** sein muß.

3. Rechtsfolgen des vorzeitigen Zugewinnausgleichs

Wird das Urteil auf vorzeitigen Ausgleich des Zugewinns rechtskräftig, **endet der Güterstand der Zugewinngemeinschaft** und es tritt kraft Gesetzes der Güterstand der **Gütertrennung** ein (§ 1388; OLG Celle FamRZ 83, 171). Die Ausgleichsforderung entsteht im gleichen Zeitpunkt (§ 1378 III 1), jedoch ist für die **Berechnung des Zugewinns** der Zeitpunkt der Klageerhebung maßgebend (s.o. RN **218**). Der Zugewinn eines Ehegatten, der nach Klageerhebung eintritt, bleibt dann bei dieser Berechnung außer Betracht.

E. Der Ausgleichsanspruch

1. Entstehung des Anspruchs 224

Die Ausgleichsforderung entsteht mit der Beendigung des Güterstandes und ist von diesem Zeitpunkt an **vererblich** und auf andere Personen **übertragbar** (§ 1378 III 1). Sie entsteht auch dann nicht früher, wenn der Zeitpunkt der Wertberechnung **vor** der Beendigung des Güterstandes liegt.

2. Vereinbarungen über den Ausgleichsanspruch

Ein Ehegatte kann sich einem Dritten gegenüber **nicht verpflichten**, eine Verfügung über die Ausgleichsforderung vorzunehmen, bevor der Güterstand beendet ist (§ 1378 III 3). Doch dürfen die Eheleute untereinander schon während des Scheidungsverfahrens (nach der Rechtsprechung auch schon vorher, vgl. BGH FamRZ 83, 157, 159) Vereinbarungen über den Ausgleich des Zugewinns treffen, müssen diese Vereinbarungen aber vom Notar beurkunden lassen (§ 128); sie können auch in das Protokoll eines gerichtlichen Vergleichs aufgenommen werden (§ 1378 III 2 i.V.m. § 127a).

3. Anrechnung von Vorausempfängen

225 a) Macht ein Ehegatte dem anderen ein Geschenk, kann er vorher oder gleichzeitig mit dieser Zuwendung bestimmen, daß es auf dessen Ausgleichsforderung angerechnet werden soll (§ 1380 I 1). Wird keine solche Bestimmung getroffen, spricht die gesetzliche Vermutung dafür, daß die Zuwendung angerechnet werden soll, sofern sie den Wert üblicher Gelegenheitsgeschenke übersteigt (§ 1380 I 2).

b) Ist ein Vorausempfang anzurechnen, geschieht dies durch Hinzurechnung zum Zugewinn des Ehegatten, der das Geschenk gemacht hat (§ 1380 II). Ob es noch vorhanden ist, wenn die Zurechnung erfolgt, spielt dabei keine Rolle. Beim Empfänger der Zuwendung ist diese weder beim Anfangsvermögen noch beim Endvermögen zu berücksichtigen, doch muß die Zuwendung auf den Ausgleichsanspruch angerechnet werden.

Bsp. 10: A hat ein Anfangsvermögen von 20.000 DM und ein Endvermögen von 80.000 DM. Als A einen Lottogewinn von 100.000 DM erzielt hatte, schenkte er B 50.000 DM. Das Anfangsvermögen von B war 0, das Endvermögen belief sich (ohne Schenkung) auf 10.000 DM.

A		B
20.000	AV	0
80.000	EV	10.000
60.000	ZG	10.000
+ 50.000	Hinzurechnung ZG	0
110.000	Gesamt ZG	10.000
- 10.000		
100.000 (Differenz) : 2 = 50.000		

Die Ausgleichsforderung von B gegen A beträgt 50.000 DM, doch muß sich B das Geschenk von 50.000 DM darauf anrechnen lassen, so daß B keinen Zugewinnausgleich erhält.

Beachte: Ist nicht der Zuwendende, sondern der Empfänger der Zuwendung ausgleichspflichtig, erfolgt die Berechnung des Ausgleichsanspruchs nach den allgemeinen Regeln. Das bedeutet, daß das Endvermögen des Ausgleichspflichtigen einschließlich des Wertes der Zuwendung berechnet wird, soweit diese zum Stichtag noch vorhanden ist (BGH FamRZ 82, 246, 248).

4. Leistungsverweigerung wegen grober Unbilligkeit 226

In Ausnahmefällen kann es gerechtfertigt sein, daß der Ausgleichspflichtige die Erfüllung der Ausgleichsforderung (ganz oder teilweise) verweigern darf, nämlich dann, wenn der Ausgleich des Zugewinns **grob unbillig** wäre, d.h. wenn er dem Gerechtigkeitsempfinden in unerträglicher Weise widersprechen würde (§ 1381 I; vgl. BGH FamRZ 92, 787).

a) Dies kann insbes. dann der Fall sein, wenn der ausgleichsberechtigte Ehegatte längere Zeit hindurch seine wirtschaftlichen Verpflichtungen **schuldhaft** nicht erfüllt hat (§ 1381 II).

Bsp.: Ein Ehegatte ist grundlos seiner Arbeit nicht nachgegangen oder hat den Großteil seines Einkommens nur für sich selbst verbraucht; der den Haushalt führende Ehegatte hat die Hausarbeit schlecht geleistet; ein Ehegatte hat sich vor der Pflicht zur Mitarbeit (s.o. RN **109**) gedrückt.

b) Aber auch sonstige schwerwiegende Pflichtverletzungen gegenüber dem anderen Ehegatten können ein Leistungsverweigerungsrecht begründen, sofern sie einen gewissen Bezug zum Vermögen aufweisen.

Bsp.: Hat ein Ehegatte in vorwerfbarer Weise die Trennung der Ehegatten herbeigeführt, kann es grob unbillig sein, ihn am Zugewinn zu beteiligen, den der andere Ehegatte nach der Trennung erzielt hat (vgl. BGH FamRZ 80, 877); ebenso, wenn ein Ehegatte den anderen durch sein ehefeindliches Verhalten zur Einleitung der Scheidung provoziert hat, weil er hofft, einen für ihn günstigen Zugewinnausgleich zu erhalten.

c) Wird die Ehe nicht geschieden, sondern **aufgehoben**, kann sich ein Zugewinnausgleich im Hinblick auf die Umstände bei der Eheschließung als **grob unbillig** erweisen, was seinen Ausschluß zur Folge hätte (§ 1318 III; s. o. RN **69**).

d) Ferner kann auch die eigene Versorgungslage des Ausgleichspflichtigen ein Leistungsverweigerungsrecht begründen, wenn er durch die Ausgleichszahlung in eine Notlage geriete, insbes. wenn seine künftige Versorgung auf Dauer gefährdet wäre (BGH NJW 73, 749).

5. Stundung der Ausgleichsforderung 227

a) Das FamG kann auf Antrag eine Ausgleichsforderung stunden, wenn der Schuldner die Ausgleichsforderung nicht bestreitet und wenn die sofortige Zahlung auch unter Berücksichtigung der Interessen des ausgleichsberechtigten Ehegatten **zur Unzeit** erfolgen müßte (§ 1382 I 1). Das kann z.B. der Fall sein, wenn der Schuldner eine gewisse Zeit benötigt, um die Mittel zur Zahlung der Ausgleichsforderung zu beschaffen oder wenn die sofortige Zahlung die Existenz seines Geschäftsbetriebes gefährden, die Verschleuderung von Vermögenswerten zur Folge haben oder die Wohn- und sonstigen Lebensverhältnisse der Kinder nachhaltig verschlechtern würde (§ 1382 I 2).

Bsp.: Ohne Stundung wäre der Ausgleichspflichtige gezwungen, die Eigentumswohnung, in der er mit den gemeinsamen Kindern lebt, zu veräußern und sich anderweitig eine Mietwohnung zu suchen, was für die Kinder mit einem Orts- und Schulwechsel verbunden wäre.

228 b) Für die Stundung der Forderung ist das FamG ausschließlich zuständig (§ 621 I Nr. 9 ZPO). Das Verfahren richtet sich nach den Vorschriften des FGG und der HausratsVO (§ 621 a I 1 ZPO). Das Gericht soll in mündlicher Verhandlung auf eine gütliche Einigung hinwirken (§ 53 a I 1 FGG). Kommt keine Einigung zustande, kann das FamG dem Antrag stattgeben und anordnen, daß die Ausgleichsforderung bis zu einem bestimmten Termin gestundet ist; es kann auch dem Schuldner Ratenzahlungen bewilligen.

c) Das Gericht kann in diesem Verfahren auf Antrag dem ausgleichsberechtigten Ehegatten einen **Vollstreckungstitel** für den Fall der Nichterfüllung einer **unstreitigen** Ausgleichsforderung geben. Die Anordnungen des Gerichts werden erst mit dem Eintritt der Rechtskraft wirksam (§ 53 a II FGG).

d) Soweit das FamG dem Stundungsantrag stattgibt, hat es die **Verzinsung** der gestundeten Forderung anzuordnen (§ 1382 II). Es kann ferner auf Antrag anordnen, daß der Schuldner **Sicherheit** zu leisten hat (§ 1382 III). Über die Höhe und Fälligkeit der Zinsen und über die Art und Weise der Sicherheitsleistung entscheidet das FamG nach **billigem Ermessen** (§ 1382 IV). Das bedeutet, daß das Gericht hinsichtlich der Zinsen nicht an § 246, hinsichtlich der Sicherheitsleistung nicht an §§ 232 ff gebunden ist.

229 e) Ist die Ausgleichsforderung **streitig** und darüber ein Rechtsstreit anhängig, kann der Antrag auf Stundung **nur in diesem Verfahren** erhoben werden (§ 1382 V). Es kann sich dabei um einen Rechtsstreit vor dem FamG handeln, in dem nur die Ausgleichsforderung Verfahrensgegenstand ist (§ 621 I Nr. 8 ZPO) oder um ein Scheidungsverfahren, in dem über die Ausgleichsforderung als Folgesache zu entscheiden ist (§§ 606 ff, 623 ZPO). In beiden Fällen ist über die Ausgleichsforderung und den Stundungsantrag **einheitlich** durch Urteil zu entscheiden (§§ 621 a II, 629 ZPO).

f) Ist die Entscheidung über den Stundungsantrag rechtskräftig geworden, kann das Urteil vom FamG **nachträglich abgeändert** werden, wenn sich die Verhältnisse nach der Entscheidung **wesentlich geändert** haben (§ 1382 VI).

Bsp.: Der Gläubiger der Forderung wird arbeitsunfähig und ist dringend auf die Zahlung angewiesen; der Schuldner gerät in Vermögensverfall, so daß die spätere Tilgung der Ausgleichsforderung gefährdet ist.

6. Übertragung von Vermögensgegenständen

230 a) Obwohl die Ausgleichsforderung immer auf Geld gerichtet ist, kann das FamG auf Antrag des Gläubigers anordnen, daß der ausgleichspflichtige Ehegatte bestimmte im Antrag bezeichnete Gegenstände seines Vermögens auf ihn zu übertragen hat (§ 1383 I). Dies kommt aber nur in Frage, wenn dadurch eine **grobe Unbilligkeit** für den Gläubiger **vermieden** werden kann und die Übertragung für den Schuldner **zumutbar** ist.

Bsp.: Die Ehefrau hat das Kraftfahrzeug ihres Mannes ständig für ihren Beruf genutzt und ist auch nach der Scheidung dringend darauf angewiesen, während der Mann einen Zweitwagen besitzt. - Sollte die Währung durch eine Inflation völlig entwertet werden, könnte anstelle der Geldzahlung die Übertragung von Sachen generell in Betracht kommen.

b) Gibt das FamG dem Antrag statt, hat es neben der Bezeichnung der Gegenstände auch den Betrag festzusetzen, der auf die Ausgleichsforderung anzurechnen ist (§ 1383 I, 2. HS). Für das Verfahren vor dem FamG gilt § 1382 V entsprechend (s.o. RN **229**).

7. Verjährung der Ausgleichsforderung 231

a) Die Ausgleichsforderung verjährt in **drei Jahren**, spätestens in dreißig Jahren nach Beendigung des Güterstandes. Die Dreijahresfrist beginnt mit dem Zeitpunkt, in dem der Ehegatte erfährt, daß der Güterstand beendet ist (§ 1378 IV); das ist regelmäßig der Fall, wenn er von der Rechtskraft des Urteils (z.B. auf Scheidung oder auf vorzeitigen Zugewinnausgleich) Kenntnis erhält. Die **Hemmung** und **Unterbrechung** der Verjährung richtet sich nach den allgemeinen Vorschriften der §§ 202 ff.

b) Der Anspruch des ausgleichsberechtigten Ehegatten gegen einen **Dritten** 232
(§ 1390 I; s.o. RN **214**) verjährt ebenfalls in drei Jahren (§ 1390 III 1), doch kommt es hier auf die Kenntnis des Ehegatten von der Beendigung des Güterstandes nicht an.

8. Sicherheitsleistung für die Ausgleichsforderung

In bestimmten Fällen kann die Gefahr bestehen, daß die Ausgleichsforderung zu einem späteren Zeitpunkt nicht mehr erfüllt werden kann, weil vermögensmindernde Maßnahmen eines Ehegatten zu erwarten sind. Deshalb räumt das Gesetz dem Gläubiger der Ausgleichsforderung die Möglichkeit ein, bei einer **erheblichen Gefährdung** des Zugewinnausgleichsanspruch Sicherheitsleistung zu verlangen (§ 1389). Die **Sicherheit** wird in der Regel durch Hinterlegung von Geld oder Wertpapieren oder durch Stellung eines tauglichen Bürgen geleistet (vgl. §§ 232 ff).

a) Der Anspruch auf Sicherheitsleistung besteht, wenn Klage auf vorzeitigen 233
Zugewinnausgleich, auf Nichtigerklärung oder Aufhebung der Ehe erhoben oder der Antrag auf Ehescheidung gestellt wird.

b) In allen genannten Fällen kann ein Ehegatte auch von dem **Dritten** Sicherheitsleistung verlangen, wenn dieser gemäß § 1390 zur Herausgabe nach den Vorschriften über eine ungerechtfertigte Bereicherung verpflichtet ist (§ 1390 IV). Eine Gefährdung seines Anspruchs braucht der Ehegatte nicht darzutun.

c) Sicherheitsleistung kann ein Ehegatte auch dann ohne Nachweis einer Gefährdung verlangen, wenn die Ausgleichsforderung gestundet worden ist (§ 1382 III; s.o. RN **227**).

F. *Neue Bundesländer* 234

1. Überleitung der Eigentums- und Vermögensgemeinschaft

In der DDR gab es den gesetzlichen Güterstand der ***Eigentums- und Vermögensgemeinschaft*** *(§§ 13 bis 16 FGB). Dieser Güterstand ist mit Wirkung vom* ***3.10.1990*** *in den Güterstand der Zugewinngemeinschaft übergeleitet worden (Art. 234 § 4 I EGBGB).*

Das betrifft jedoch nur Ehen, die zu diesem Zeitpunkt noch nicht geschieden waren. Ist schon vor diesem Datum ein Scheidungsurteil erlassen worden (auch wenn es zu diesem Zeitpunkt noch nicht rechtskräftig war), dann bleibt für die Auseinandersetzung des gemeinschaftlichen Eigentums und des Vermögens und für die Entscheidung über die Ehewohnung das ***bisherige Recht*** *maßgebend (§ 4 V aaO). Das bedeutet, daß sich die Auseinandersetzung auch weiterhin nach den Vorschriften der §§ 39 ff FGB zu richten hat. Zu den Problemen der Überleitung s. Bosch FamRZ 91, 1005; Peters FamRZ 94, 673; Lipp FamRZ 95, 65.*

2. Fortgeltung früheren Rechts

235 *a) Bei den Ehen, die in den Güterstand der Zugewinngemeinschaft übergeleitet worden sind, hatte jeder Ehegatte die Möglichkeit, bis zum 2.10.1992 jedem beliebigen Kreisgericht gegenüber zu erklären, daß für seine Ehe der bisherige gesetzliche Güterstand* ***fortgelten soll*** *(§ 4 II aaO).*

b) Hatten die Eheleute für die Fortgeltung des FGB-Güterstandes optiert, änderte sich nichts an ihrem gemeinschaftlichen Eigentum, für das nach wie vor die §§ 13, 14 FGB maßgebend bleiben (vgl. Peters FamRZ 94, 673). Doch hat sich die ***Verwaltung*** *des gemeinschaftlichen Eigentums nach den Vorschriften für das von beiden Ehegatten verwaltete Gesamtgut einer Gütergemeinschaft zu richten (§ 4 a II 1 aaO). Die Regelungen der §§ 1450-1470 sind dabei entsprechend anzuwenden (s.u. RN* ***285*** *ff).*

Wird im Falle einer Ehescheidung die Auflösung dieser Gemeinschaft erforderlich, richtet sich diese nur nach den §§ 39 ff FGB (§ 4 a II 2 aaO).

3. Der Zugewinnausgleich beim Wechsel des Güterstandes

236 *a) Bei Ehegatten, die seit dem 3.10.1990 im Güterstand der Zugewinngemeinschaft leben (s.o. RN* ***234****), ist hinsichtlich des bis zu diesem Stichtag erworbenen gemeinschaftlichen Eigentums und Vermögens zunächst keine Rechtsänderung eingetreten (a.A. Vorauflage). Erst als § 4 a aaO am 25.12. 1993 in Kraft getreten ist, wandelte sich das gemeinschaftliche Eigentum der Ehegatten in* ***Miteigentum zu gleichen Bruchteilen*** *um (§ 4 a I 1, II aaO i.V.m. §§ 1008 ff). Allerdings spricht das Gesetz nur vom "gemeinschaftlichen Eigentum" und nicht von dem sonstigen "gemeinsamen Vermögen" der Ehegatten (wozu u.a. auch Forderungsrechte gehören); da jedoch für eine unterschiedliche Regelung bei den einzelnen Vermögensbestandteilen kein sachlicher Grund ersichtlich ist, wird § 4 a I aaO analog auch auf alle anderen Vermögensrechte neben dem Eigentum der Ehegatten anzuwenden sein (a.A. Lipp FamRZ 95, 65).*

237 *b) Daraus ergeben sich folgende Konsequenzen für die Berechnung des Zugewinnausgleichs im Falle der Scheidung:*
Stichtag für die Bewertung des Anfangsvermögens ist bei Ehegatten der ***3.10. 1990****, sofern sie damals verheiratet und noch nicht geschieden waren.*
Das bis zum 2.10.1990 erworbene ***gemeinsame*** *Vermögen der Ehegatten (abzüglich etwaiger Schulden) ist in sinngemäßer Anwendung des § 39 FGB zwischen ihnen zu verteilen; der Wert jedes Anteils stellt dann ihr Anfangsvermögen dar. Ob dabei auch nach § 40 FGB der Ausgleichsanspruch eines Ehegatten auf einen Anteil am Vermögen des anderen Ehegatten berücksichtigt werden muß, ist umstr. (OLG Brandenburg FamRZ 98, 1177 gegen OLG Thüringen FamRZ 97, 1014).*
Zum Anfangsvermögen gehören ferner die Gegenstände, an denen jeder Ehegatte bis zum 3.10.1990 gemäß § 13 II FGB oder aufgrund einer "abweichenden Vereinbarung" nach § 14 FGB ***Alleineigentum*** *erworben hatte (dazu OLG Thüringen FamRZ 98, 1028).*

*Das **Endvermögen** berechnet sich aus dem Wert des Vermögens, das bei jedem Ehegatten bei Beendigung des Güterstandes (s.o. RN **217**) vorhanden ist. Als Stichtag für die Bewertung kommt bei der Scheidung der Tag in Betracht, an dem der Scheidungsantrag rechtshängig geworden ist (§ 1384).*

VI. Der Zugewinnausgleich im Todesfall

Übersicht 238

1. Endet der Güterstand der Zugewinngemeinschaft durch den Tod eines Ehegatten, wird dem überlebenden Ehegatten bei gesetzlicher Erbfolge die komplizierte Berechnung des Zugewinns erspart und der Zugewinnausgleich durch die pauschale Erhöhung des gesetzlichen Erbteils verwirklicht (sog. "erbrechtliche Lösung"). Das hat allerdings zur Folge, daß der Ausgleich ohne Rücksicht darauf erfolgt, ob überhaupt ein Zugewinn während der Ehe erzielt worden ist und wer von beiden Ehegatten berechtigt gewesen wäre, einen Zugewinnausgleich zu verlangen (§ 1371 I, 2. HS).

2. Gemeinsam ist allen Fällen der erbrechtlichen Lösung, daß der überlebende Ehegatte **keinen Anspruch** auf den **rechnerischen Ausgleich** des Zugewinns hat. Doch sind die Wirkungen der erbrechtlichen Lösung danach zu unterscheiden, ob der überlebende Ehegatte **gesetzlicher Erbe** geworden oder ob er durch **letztwillige Verfügung** (Testament oder Erbvertrag) zum Erben oder Vermächtnisnehmer berufen worden ist.

3. Neben der erbrechtlichen Lösung des Zugewinnausgleichs kommt oft die 239
"güterrechtliche Lösung" in Betracht, insbes. dann, wenn der überlebende Ehegatte nicht Erbe geworden ist oder wenn er die ihm zugefallene Erbschaft ausschlägt. Bei der güterrechtlichen Lösung wird der Zugewinnausgleich ebenso durchgeführt wie z.B. im Fall der Ehescheidung, doch steht dem überlebenden Ehegatten noch ein Pflichtteilsanspruch zu (§ 1371 II, III).

4. Versterben die Eheleute **gleichzeitig** (z.B. bei einem Flugzeugunglück), gibt es nach der Rechtsprechung weder einen erbrechtlichen noch einen güterrechtlichen Zugewinnausgleich. Jeder Ehegatte vererbt sein Vermögen nach den allgemeinen Vorschriften des Erbrechts (BGHZ 72, 85; a.A. Palandt-Diederichsen Rn 13 zu § 1371).

A. Die erbrechtliche Lösung bei gesetzlicher Erbfolge

1. Voraussetzungen 240

Diese erbrechtliche Lösung kommt in Betracht, wenn der überlebende Ehegatte **gesetzlicher Erbe** geworden ist (BGHZ 37, 58, 62). Das ist insbes. der Fall, wenn der Verstorbene keine letztwillige Verfügung hinterlassen hat.

Dem steht gleich, wenn er dem anderen Ehegatten in einem Testament nur das gesetzliche Erbteil zugewendet hat, oder wenn er seine gesetzlichen Erben oder seine Verwandten ohne nähere Bezeichnung bedacht hat (§§ 2066,

2067) und anzunehmen ist, daß mit dem Begriff "Verwandte" auch der Ehegatte gemeint war. Hinzukommen muß ferner, daß die Ehegatten zur Zeit des Erbfalls im Güterstand der Zugewinngemeinschaft gelebt haben.

2. Ausschluß der erbrechtlichen Lösung

241 Die erbrechtliche Lösung kommt nicht in Betracht, wenn das gesetzliche Erbrecht des überlebenden Ehegatten aus nachstehenden Gründen ausgeschlossen war:

a) Hatte der verstorbene Ehegatte vor seinem Tod die Scheidung beantragt oder einem Scheidungsantrag seines Ehegatten zugestimmt und wäre ohne seinen Tod die Ehe geschieden worden, wird der überlebende Ehegatte **nicht sein gesetzlicher Erbe** (§ 1933, 1); er kann deshalb nur den güterrechtlichen Ausgleichs des Zugewinns beanspruchen.

b) Das gleiche gilt für den Fall, daß der verstorbene Ehegatte berechtigt war, die Aufhebung der Ehe zu beantragen und diesen Antrag auch gestellt hatte (§ 1933, 2).

c) Der überlebende Ehegatte wird auch dann nicht gesetzlicher Erbe, wenn er durch ein Testament **enterbt** oder auf den (kleinen) **Pflichtteil gesetzt** worden ist (§§ 1938, 2304). Ebenso ist es, wenn seine **Erbunwürdigkeit** festgestellt wird (§§ 2339 bis 2344) oder wenn er auf sein gesetzliches Erbrecht **verzichtet** hat (§§ 2346 ff). In allen diesen Fällen gibt es nur den güterrechtlichen Ausgleichs des Zugewinns.

3. Durchführung der erbrechtlichen Lösung

242 Der erbrechtliche Ausgleich des Zugewinns wird in der Weise verwirklicht, daß sich der gesetzliche Erbteil des überlebenden Ehegatten (pauschal) um **ein Viertel erhöht** (§ 1371 I). Wie hoch dadurch sein Anteil am Nachlaß wird, hängt davon ab, wer neben dem überlebenden Ehegatten zum gesetzlichen Erben berufen ist:

a) Neben **Abkömmlingen** beläuft sich der gesetzliche Erbteil des überlebenden Ehegatten auf **ein Viertel** der Erbschaft (§ 1931 I 1). Infolge der Erhöhung des Erbteils um ein weiteres Viertel erbt der überlebende Ehegatte die **Hälfte** des Nachlasses. Die andere Hälfte entfällt auf die Abkömmlinge.

Unter den **Abkömmlingen** sind zunächst die Kinder des Verstorbenen zu verstehen, und zwar seine ehelichen, nichtehelichen oder adoptierten Kinder; sind diese bereits vorverstorben, treten deren Kinder, also die Enkel des Verstorbenen, an ihre Stelle (§ 1924).

b) Sind keine Abkömmlinge da, leben aber die **Eltern** des Verstorbenen oder im Falle ihres Todes deren Abkömmlinge (das sind die Geschwister des Verstorbenen oder seine Nichten und Neffen), erbt der überlebende Ehegatte die Hälfte (§ 1931 I 1 i.V.m. § 1925), infolge der pauschalen Erhöhung des Erbteils insgesamt **Dreiviertel** des Nachlasses.

c) Leben weder die unter a) oder b) bezeichneten Verwandten des Verstorbenen, aber mindestens ein **Großelternteil**, erbt der überlebende Ehegatte die Hälfte (§ 1931 I 1 i.V.m. § 1926), infolge der Erhöhung des Erbteils **Dreiviertel** des Nachlasses. Ein weiteres **Achtel** der Erbschaft kann hinzukommen, wenn gemäß § 1926 III an die Stelle eines verstorbenen Großelternteils dessen Abkömmlinge treten würden; denn deren Erbteil fällt gemäß § 1931 I 2 dem Ehegatten zu.

Bsp.: Lebt von den Verwandten des verstorbenen Ehemannes nur noch ein Teil seiner Großeltern, nämlich die Eltern seiner Mutter sowie sein Onkel, der Bruder seines Vaters, dann erbt die Ehefrau des Verstorbenen gemäß § 1931 I 1 die Hälfte, gemäß § 1371 I ein weiteres Viertel, also Dreiviertel der Erbschaft. Von dem restlichen Viertel erben Großvater und Großmutter je ein Sechzehntel; das letzte Achtel würde gemäß § 1926 III an den Onkel fallen. Nach der Ausnahmeregel des § 1931 I 2 erhält die Ehefrau auch dessen Anteil, so daß sie den verstorbenen Ehegatten zu sieben Achtel beerbt.

d) Leben weder die unter a) noch b) bezeichneten Verwandten und auch kein Großelternteil, sondern nur noch weiter entfernte Verwandte, dann erbt der überlebende Ehegatte schon gemäß § 1931 II die ganze Erbschaft, so daß es auf die Erhöhung des Erbteils nach § 1371 nicht mehr ankommt.

4. Belastung mit Ausbildungskosten 243

a) Das zusätzliche Viertel, das der überlebende Ehegatte zum Ausgleich seines Zugewinns erhält, bildet zwar mit den übrigen Anteilen an der Erbschaft eine Einheit, doch kann es u.U. mit Ausbildungskosten für **Stiefabkömmlinge** des verstorbenen Ehegatten belastet sein. Voraussetzung dafür ist, daß auch diese Abkömmlinge kraft Gesetzes erbberechtigt sind, aber nicht aus der durch den Tod aufgelösten Ehe stammen (h.M.).

Das betrifft vor allem **Stiefkinder** des überlebenden Ehegatten aus einer früheren Ehe des Verstorbenen oder von diesem allein adoptierte fremde Kinder (§§ 1741 II, 1754 II), sofern sie nicht selbst durch Testament zu Erben eingesetzt worden sind.

b) Gemäß § 1371 IV ist der überlebende Ehegatte verpflichtet, diesen Abkömmlingen des Verstorbenen, falls sie **bedürftig** sind, die Mittel zu einer angemessenen Ausbildung aus dem zusätzlichen Viertel zur Verfügung zu stellen. Dazu gehören nicht nur die reinen Ausbildungskosten, sondern auch die allgemeinen Lebenshaltungskosten während der Zeit der Ausbildung.

c) Diese Belastung kann dazu führen, daß der durch die Erhöhung des gesetzlichen Erbteils herbeigeführte Ausgleich des Zugewinns durch die Ausbildungskosten aufgezehrt und damit illusorisch wird. Für den überlebenden Ehegatten kann es deshalb im Einzelfall vorteilhafter sein, die gesetzliche Erbschaft auszuschlagen und stattdessen den güterrechtlichen Zugewinnausgleich gemäß § 1371 III zu verlangen (s.u. RN **249**). Dann entfällt diese Verpflichtung.

5. Verkürzung der Erbteile und Pflichtteile anderer Personen 244

Zwangsläufig wirkt sich die **Erhöhung** des gesetzlichen Erbteils beim überlebenden Ehegatten als **Verkürzung** der Erbteile der übrigen Miterben aus. So erbt z.B. das einzige Kind des Verstorbenen neben dem überlebenden Ehegatten nicht Dreiviertel der Erbschaft, sondern nur die Hälfte (§ 1931 I 1, III, i.V.m. § 1371 I).

Sind bestimmte Verwandte des überlebenden Ehegatten durch Testament von der Erbfolge ausgeschlossen (also enterbt) worden und steht ihnen nur ein

Pflichtteilsrecht zu (das betrifft hier die **Abkömmlinge** des Verstorbenen oder seine **Eltern**, falls keine pflichtteilsberechtigten Abkömmlinge vorhanden sind; vgl. § 2303 i.V.m. § 2309), dann berechnet sich ihr Pflichtteil aus dem Wert des durch die Erbteilserhöhung **verminderten Nachlaßrestes.**

Bsp.: Ist der überlebende Ehegatte gesetzlicher Erbe geworden und sind zwei gemeinsame Kinder vorhanden, von denen ein Kind enterbt worden ist, dann erben der Ehegatte und das nicht enterbte Kind je die Hälfte; dem enterbten Kind, das ohne die Enterbung ein Viertel des Nachlasses erhalten hätte, steht ein Pflichtteilsanspruch in Höhe eines Achtels des Nachlaßwertes gegen die Erben zu.

Beachte: Der Pflichtteil besteht in der Hälfte des Wertes des gesetzlichen Erbteils (§ 2303 I 2).

B. Die erbrechtliche Lösung bei Erb- oder Vermächtniseinsetzung

1. Grundsatz der Testierfreiheit

245 Jeder hat die Möglichkeit, nach freiem Ermessen das Erbrecht seines Ehegatten zu beeinflussen. So kann er ihn durch letztwillige Verfügung zum Alleinerben einsetzen oder ihn enterben. Er kann ihm mehr zuwenden, als er gemäß § 1371 I erhalten würde, aber auch weniger; er kann ihn zum Vor- oder Nacherben bestimmen oder ihm lediglich ein Vermächtnis zuwenden.

Beachte: Unter einem Vermächtnis versteht man die durch letztwillige Verfügung erfolgte Einzelzuwendung eines Vermögensvorteils, ohne den Bedachten zum Erben einzusetzen (§ 1939).

Gegenstände eines Vermächtnisses können z.B. sein:
ein Ölgemälde, eine Münzsammlung, ein lebenslanges Wohnrecht, der Erlaß einer Schuld, eine Unterhaltsrente, eine Geldsumme.

2. Kein Zugewinnausgleich

246 a) Wird der überlebende Ehegatte zum Erben oder Vermächtnisnehmer im Wege einer letztwilligen Verfügung eingesetzt, **gilt § 1371 I nicht.**

b) Erbrechtliche Lösung bedeutet in diesem Fall, daß der Zugewinnausgleich mit demjenigen abgegolten ist, was dem überlebenden Ehegatten von Todes wegen zufällt. Daneben gibt es keinen weiteren Zugewinnausgleich, auch wenn z.B. das zugewandte Vermächtnis nur unbedeutend sein sollte.

c) Diese Lösung kann für den überlebenden Ehegatten vorteilhaft oder ungünstig sein; das hängt einmal davon ab, welcher Anteil ihm an der Erbschaft zugewendet worden ist, zum anderen davon, wie hoch sein Anspruch auf Ausgleich des Zugewinns gewesen wäre. Doch ist dem überlebenden Ehegatten im Rahmen der erbrechtlichen Lösung eine Minimalbeteiligung am Nachlaß sicher, weil ihm ein Anspruch auf den "großen Pflichtteil" zusteht.

3. Der große Pflichtteil des Ehegatten 247

a) Der große Pflichtteil berechnet sich nach dem um ein Viertel erhöhten gesetzlichen Erbteil und entspricht der Hälfte dieses Wertes. Er beträgt neben Abkömmlingen ein Viertel, in den übrigen Fällen drei Achtel und neben Großeltern u.U. sieben Sechzehntel (s.o. RN **242**).

b) Ist der dem überlebenden Ehegatten hinterlassene Erbteil oder das ihm zugewendete Vermächtnis geringer als der große Pflichtteil, kann er von den Miterben eine Ergänzung in Höhe seines restlichen Pflichtteilsanspruchs verlangen (Zusatzpflichtteil oder Pflichtteilsrestanspruch genannt; vgl. §§ 2305, 2307 I 2).

Bsp.: Die Erbschaft hat einen Wert von 100.000 DM. Die Kinder sind zu Alleinerben eingesetzt worden. Dem überlebenden Ehegatten wurde ein Vermächtnis in Höhe von 10.000 DM zugewendet. Sein großer Pflichtteil beläuft sich auf 25.000 DM, der Pflichtteilsrestanspruch somit auf 15.000 DM. Diesen Betrag kann der Ehegatte zusätzlich zu seinem Vermächtnis von den Kindern verlangen.

c) Ist der überlebende Ehegatte zum Alleinerben eingesetzt worden oder hat sein Erbteil oder sein Vermächtnis einen höheren Wert als der um ein Viertel erhöhte gesetzliche Erbteil, dann kann er seinerseits Pflichtteilsansprüchen seiner Miterben ausgesetzt sein. Deren Pflichtteilsansprüche sind unter Berücksichtigung des großen Pflichtteils des überlebenden Ehegatten zu berechnen (BGHZ 37, 58). Sind Kinder vorhanden, beläuft sich ihr Pflichtteilsanspruch auf insgesamt ein Viertel, in den übrigen Fällen auf ein Achtel und für Großeltern u.U. auf ein Sechzehntel des Nachlaßwertes.

Bsp.: Der Nachlaß hat einen Wert von 120.000 DM. Der überlebende Ehegatte ist zum Alleinerben eingesetzt worden. Der Pflichtteilsanspruch der drei gemeinsamen Kinder gegen ihren Elternteil beläuft sich auf je 10.000 DM.

C. Die güterrechtliche Lösung bei Enterbung und Ausschlagung der Erbschaft

Die güterrechtliche Lösung besteht im **Ausgleich des Zugewinns** und im Anspruch auf den (kleinen) **Pflichtteil** (§ 1371 II, III). Es handelt sich also um eine Kombination des rechnerischen Zugewinnausgleichs mit einer garantierten Mindestbeteiligung am Nachlaß. 248

1. Voraussetzungen

Die güterrechtliche Lösung tritt ein, wenn der überlebende Ehegatte weder Erbe noch Vermächtnisnehmer wird (§ 1371 II, III). Das kann auf verschiedenen Gründen beruhen:

a) Der Verstorbene hatte seinen Ehegatten durch ein Testament von der Erbfolge ausgeschlossen (ihn **enterbt**; § 1938) und ihm auch kein Vermächtnis zugewendet. Enterbt ist in der Regel auch der Ehegatte, dem nur der (kleine) Pflichtteil (§ 2304) zugewendet wurde.

b) Beim Vorliegen besonderer Umstände kann der überlebende Ehegatte vom **Erbrecht ausgeschlossen** sein. Das betrifft die in den §§ 1933, 2339 bis 2344 und 2346 ff genannten Fälle (s.o. RN **241**).

249 c) Der überlebende Ehegatte kann die Erbschaft und das Vermächtnis **ausschlagen** (§ 1371 III i.V.m. § 1942 I). Dabei spielt es keine Rolle, ob er kraft Gesetzes Erbe geworden oder ob ihm die Erbschaft oder das Vermächtnis durch letztwillige Verfügung zugewendet worden ist (s.o. RN **239**).

Die Ausschlagung muß in der durch § 1945 vorgeschriebenen **Form** (mündliche Erklärung gegenüber dem Nachlaßgericht oder schriftlich in öffentlich beglaubigter Form) erfolgen. Ferner ist die Ausschlagungsfrist von **sechs Wochen** zu beachten (§ 1944).
Für die Ausschlagung eines Vermächtnisses ist zwar keine Frist vorgesehen, doch erlischt dieses Recht durch die Annahme des Vermächtnisses (§ 2180).

d) Wird die Erbschaft ausgeschlagen, gilt der Anfall der Erbschaft **als nicht erfolgt** (§ 1953). Der überlebende Ehegatte scheidet damit **rückwirkend** als Erbe seines Ehegatten aus. War ihm anstelle eines Erbteils oder zusätzlich zu einem Erbteil ein Vermächtnis zugewendet worden, muß er auch dieses ausschlagen, wenn er die güterrechtliche Lösung erreichen will.

2. Der Zugewinnausgleich bei der güterrechtlichen Lösung

250 a) Die güterrechtliche Lösung des Zugewinnausgleichs richtet sich nach den Vorschriften der §§ 1373 bis 1383, 1390 (§ 1371 II, 1. HS; s.o. RN **199**). Das bedeutet, daß dem überlebenden Ehegatten nur dann eine Ausgleichsforderung zusteht, wenn der Verstorbene den größeren Zugewinn erzielt hat. Trifft das nicht zu oder wurde überhaupt kein Zugewinn erzielt, dann entfällt der Ausgleichsanspruch. Hatte sich der überlebende Ehegatte bei der Ausschlagung der Erbschaft darüber **geirrt**, ist eine Irrtumsanfechtung dieser Entscheidung nicht möglich; es verbleibt bei der güterrechtlichen Lösung (so Soergel-Lange Rn 34 zu § 1371).

b) Der Zeitpunkt für die Berechnung des **Anfangsvermögens** ist der Beginn des Güterstandes der Zugewinngemeinschaft (§ 1376 I; s.o. RN **183**). Die Beendigung des Güterstandes ist für die Berechnung des **Endvermögens** maßgebend (§ 1376 II). Das ist im Normalfall der **Todestag** eines Ehegatten (s.o. RN **183**).

Stirbt der Ehegatte während der Rechtshängigkeit eines Scheidungsverfahrens oder eines Verfahrens auf vorzeitigen Zugewinnausgleich, tritt in analoger Anwendung der §§ 1384, 1387 an die Stelle des Todestages der Tag der **Rechtshängigkeit** dieser Verfahren; Voraussetzung ist dabei, daß der Scheidungsantrag oder die Klage auf vorzeitigen Zugewinnausgleich zum Erfolg geführt hätten, wäre der Ehegatte nicht gestorben.

c) Sind nach dem Tod des Verstorbenen **Schulden** vorhanden, ist zwischen **Erblasserschulden** und **Erbfallschulden** zu unterscheiden: 251

Bei den **Erblasserschulden** handelt es sich um die vom Verstorbenen "herrührenden Schulden" (vgl. § 1967 II), soweit sie beim Tode noch Bestand haben (z.B. aus einem noch nicht vollständig getilgten Darlehn). **Diese Schulden mindern das Endvermögen.**

Auch die Ausgleichsforderung ist an sich eine Erblasserschuld, die jedoch bei der Berechnung des Endvermögens außer Betracht bleibt. Sie muß aber vom Aktivbestand des Nachlasses **abgezogen** werden, wenn es gilt, **Pflichtteile** von Miterben des überlebenden Ehegatten zu berechnen (s.u. RN **255**).

Erbfallschulden sind "die den Erben als solchen treffenden Verbindlichkeiten" (vgl. § 1967 II), also alle Schulden, die erst aus Anlaß des Erbfalls entstehen (z.B. Beerdigungskosten, aber auch Ansprüche anderer Personen, die aus Vermächtnissen, Pflichtteilsrechten u.ä. herrühren). Diese Schulden sind bei der Berechnung des Endvermögens **nicht zu berücksichtigen.**

d) Für den Bestand der Ausgleichsforderung ist es belanglos, ob Umstände vorliegen, die das Recht des überlebenden Ehegatten ausschließen, **neben** der Ausgleichsforderung den **Pflichtteil** zu verlangen (s.u. RN **254**). Auch der Erbverzicht (§ 2346 I) oder der Verzicht auf den Pflichtteil (§ 2346 II) ändert nichts an dem Recht des Ehegatten, den Zugewinnausgleich zu fordern (vgl. § 1371 III). 252

Allerdings kann z.B. die Pflichtteilsentziehung wegen böswilliger Verletzung der Unterhaltspflicht (§ 2335 Nr. 4) dazu führen, daß die Erben des Verstorbenen die Erfüllung der Ausgleichsforderung wegen grober Unbilligkeit verweigern dürfen (§ 1381; s.o. RN **226**).

e) Für die **Verjährung** der Ausgleichsforderung bei der güterrechtlichen Lösung gelten zunächst die Ausführungen in RN **231**. Ferner sind die Vorschriften anzuwenden, die für die Verjährung eines Pflichtteilsanspruchs maßgebend sind (§ 1378 IV 3). Das bedeutet, daß die Frist von drei Jahren erst dann zu laufen beginnt, wenn zur Kenntnis vom Tod auch die Kenntnis der letztwilligen Verfügung hinzukommt, durch die der überlebende Ehegatte enterbt oder zur Ausschlagung des Erbes veranlaßt wird (vgl. § 2332 I).

Steht dem überlebenden Ehegatten ein Anspruch gegen einen **Dritten** gemäß § 1390 zu, verschiebt sich der Beginn der Verjährungsfrist nicht, wenn der Anspruch erst nach der Ausschlagung der Erbschaft oder des Vermächtnisses geltend gemacht werden kann (§ 1390 III 2 i.V.m. § 2332 III; s.o. RN **232**).

3. Der kleine Pflichtteil 253

Bei der güterrechtlichen Lösung wird der Pflichtteil ausschließlich nach dem **gesetzlichen Erbteil** berechnet, wie er sich aus § 1931 ergibt, also **ohne Hin-**

zurechnung eines weiteren Viertels der Erbschaft (sog. "kleiner Pflichtteil"). Das folgt aus § 1371 II, 2. HS. Der überlebende Ehegatte hat kein Wahlrecht zwischen Zugewinnausgleich mit kleinem Pflichtteil einerseits und großem Pflichtteil andererseits (BGHZ 42, 182).

a) Der kleine Pflichtteil des überlebenden Ehegatten beläuft sich neben Abkömmlingen auf ein Achtel, in den übrigen Fällen auf ein Viertel und neben Großeltern u.U. auf drei Achtel des Nachlaßwertes. Sind auch keine Großeltern vorhanden, besteht der kleine Pflichtteil in der Hälfte des Nachlaßwertes (§ 1931 i.V.m. § 2303).

254 b) Der überlebende Ehegatte ist nicht in allen Fällen der güterrechtlichen Lösung berechtigt, den kleinen Pflichtteil in Anspruch zu nehmen. Dieses Recht entfällt, wenn er aus besonderen Gründen keinen Anspruch auf ein gesetzliches Erbrecht gehabt hätte. Das trifft zu:

- beim Ausschluß des Ehegattenerbrechts gemäß § 1933 (s.o. RN **241**);
- bei Erbverzicht (§ 1371 III, 2. HS i.V.m. § 2346);
- bei Erbunwürdigkeit (§§ 2339, 2344);
- bei Pflichtteilsentziehung oder Pflichtteilsunwürdigkeit (§§ 2335, 2345 II).

Beachte: Steht dem überlebenden Ehegatten kein Pflichtteilsrecht zu, kann er nur den rechnerischen Zugewinnausgleich in Anspruch nehmen.

255 c) Bei der Berechnung des Pflichtteils wird der Bestand und der Wert des Nachlasses zur Zeit des Erbfalls zugrunde gelegt (§ 2311 I). Dabei sind die Erblasserschulden vom Aktivbestand des Nachlasses vor Berechnung des Pflichtteils abzuziehen. Zu den Erblasserschulden gehört auch der Anspruch des überlebenden Ehegatten auf Ausgleich des Zugewinns (s.o. RN **251**).

Bsp. 11: Die Ehefrau hat die ihr zugewandte Erbschaft ausgeschlagen, so daß ihre beiden Kinder Alleinerben geworden sind. Der Wert des aktiven Nachlasses beträgt 80.000 DM. Die Erblasserschulden (ohne den Zugewinnausgleich) belaufen sich auf 10.000 DM. Der Ehemann hatte einen Zugewinn von 70.000 DM, die Ehefrau von 10.000 DM erzielt.
Für die Berechnung des Pflichtteils ist von (80.000 - 10.000 - 30.000 =) 40.000 DM auszugehen. Da der kleine Pflichtteil der Ehefrau ein Achtel des bereinigten Nachlaßwertes umfaßt = 5.000 DM, erhält sie aus dem Nachlaß ihres Mannes insgesamt 35.000 DM. Die weiteren 35.000 DM teilen sich die beiden Kinder.

d) Der kleine Pflichtteil ist nicht nur für den Pflichtteilsanspruch des überlebenden Ehegatten von Bedeutung, sondern auch für die Kinder oder Eltern des Verstorbenen, wenn sie pflichtteilsberechtigt sind (§ 1371 II, 2. HS). Der kleine Pflichtteil bei einem Kind besteht in drei Achteln, bei den Eltern in einem Viertel des Nachlaßwertes (§ 2303 i.V.m. § 1931 I; BGHZ 42, 182).

Bsp. 12: Die Ehefrau ist verstorben und hat ihren Mann mit den beiden Kindern enterbt und an ihre Stelle eine entfernte Verwandte zur Alleinerbin eingesetzt.
Der Ehemann kann den Ausgleich des Zugewinns und den kleinen Pflichtteil in Höhe eines Achtels des Nachlaßwertes verlangen; der Pflichtteilsanspruch der beiden Kinder beläuft sich auf je drei Sechzehntel des Nachlaßwertes.

4. Interessenabwägung bei Ausschlagung der Erbschaft 256

a) Innerhalb der kurzen Ausschlagungsfrist von sechs Wochen muß sich der Ehegatte überlegen, ob es für ihn günstiger ist, eine ihm zugefallene Erbschaft auszuschlagen oder anzunehmen. Das setzt voraus, daß er auch über den beiderseitig erzielten Zugewinn während der Ehe Bescheid weiß sowie über die Höhe des Aktivnachlasses und über die Erblasserschulden.

Dabei kann es auch eine Rolle spielen, ob sein Erbteil mit Vermächtnissen oder Auflagen beschwert oder durch die Einsetzung eines Nacherben oder eines Testamentsvollstreckers beschränkt ist.

Wenn die Verhältnisse nicht sehr einfach liegen, wird der Ehegatte mit diesen Problemen überfordert sein und sie nicht ohne Hilfe lösen können. Im allgemeinen wird die Ausschlagung der Erbschaft für den überlebenden Ehegatten dann vorteilhafter sein, wenn sein Erbteil niedrig, der ihm zustehende Zugewinnausgleich dagegen hoch ist (vgl. Soergel-Lange Rn 32 zu § 1371).

Bsp. 13: Die Frau hat ihren Mann kraft Gesetzes beerbt und die Erbschaft angenommen. Wenn der Nachlaß nach Abzug der Erblasserschulden einen Wert von 100.000 DM hat, steht ihr die Hälfte davon zu; die andere Hälfte gehört den gemeinsamen Kindern.

Schlägt sie die Erbschaft aus, kommt es darauf an, ob sie berechtigt ist, den Zugewinnausgleich zu beanspruchen. Hatte ihr Mann einen Zugewinn von 40.000 DM erzielt, sie jedoch keinen Zugewinn, beträgt ihre Ausgleichsforderung 20.000 DM. Dazu kann sie den kleinen Pflichtteil, das ist ein Achtel des Nachlaßwertes, geltend machen, jedoch erst nach Abzug ihrer Ausgleichsforderung. Ein Achtel von 80.000 sind 10.000 DM. Sie erhält dann insgesamt 30.000 DM und steht erheblich schlechter, als wenn sie die Erbschaft angenommen hätte.

Bsp. 14: Wäre der Frau in Bsp. 13 bei sonst gleichen Verhältnissen nur ein Vermächtnis von 10.000 DM durch Testament zugewendet worden und wären die Kinder Alleinerben, hätte dies folgende Konsequenzen:
Nimmt die Frau das Vermächtnis an, muß sie sich nicht mit den 10.000 DM begnügen, sondern kann einen Pflichtteilsrestanspruch bis zur Höhe ihres großen Pflichtteils geltend machen. Dieser beläuft sich auf ein Viertel des Nachlaßwertes: 25.000 DM. Der Restanspruch von 15.000 DM steht ihr neben dem Anspruch aus dem Vermächtnis zu.

Schlägt die Frau das Vermächtnis aus, stehen ihr nach der güterrechtlichen Lösung wie in Bsp. 13 insgesamt 30.000 DM zu, so daß die Ausschlagung für sie die günstigere Alternative ist.

257 b) Ist dem überlebenden Ehegatten nicht mehr als die Hälfte der Erbschaft durch Testament zugewendet worden, kann er im Wege der Ausschlagung einen höheren Anteil am Nachlaßwert erlangen, wenn seine Ausgleichsforderung **drei Siebentel** des (nach Abzug der Erblasserschulden) aktiven Nachlaßwertes **übersteigt.**

Bsp. 14: Hat in Bsp. 13 die Frau die Erbschaft ausgeschlagen und hatte nur der Verstorbene einen Zugewinn von 90.000 DM erzielt, beträgt die Ausgleichsforderung der Frau 45.000 DM (das ist mehr als drei Siebentel des Nachlaßwertes von 100.000 DM). Von dem um die Ausgleichsforderung geminderten Nachlaßwert von 55.000 DM steht ihr als kleiner Pflichtteil ein Achtel zu = 6.875 DM. Insgesamt erhält sie dann 51.875 DM.

c) Zu beachten ist jedoch bei dieser Interessenabwägung, daß der überlebende Ehegatte, der die ihm **kraft Gesetzes** zugefallene Erbschaft ausschlägt, damit auch den Anspruch auf den sog. **Voraus** verliert. Dabei handelt es sich um den Anspruch auf die zum ehelichen Haushalt gehörenden Gegenstände und Hochzeitsgeschenke (vgl. im einzelnen § 1932).

D. *Neue Bundesländer*

258 *Wird die Ehe durch den **Tod** eines Ehegatten **nach** dem 3.10.1990 aufgelöst, kommt es darauf an, ob die Ehegatten bis zum Erbfall im Güterstand der Zugewinngemeinschaft gelebt oder ob sie von der Möglichkeit Gebrauch gemacht haben, sich durch Erklärung bis zum 2.10.1992 für die Fortgeltung des bisherigen gesetzlichen Güterstandes der Eigentums- und Vermögensgemeinschaft zu entscheiden (s.o. RN **235**).*

*1. War letzteres der Fall, ist § 1371 **nicht anzuwenden.** Bei der Erbauseinandersetzung wird zunächst das gemeinschaftliche Vermögen der Ehegatten zwischen dem überlebenden Ehegatten und den anderen Erben nach Maßgabe des § 39 FGB geteilt. Dabei kann eine gesonderte Zuteilung von Haushaltsgegenständen an den überlebenden Ehegatten gemäß § 39 a FGB in Betracht kommen.*
Hatte der überlebende Ehegatte zur Vergrößerung oder zur Erhaltung des Vermögens des Verstorbenen einen wesentlichen Beitrag geleistet, kann ihm das Gericht außer seinem Anteil am gemeinschaftlichen Eigentum und Vermögen und neben seinem Erbteil am Alleineigentum des Verstorbenen einen Ausgleichsanspruch zubilligen, der in einem zusätzlichen Anteil am Vermögen des Verstorbenen besteht und sich bis zur Hälfte dieses Vermögens erstrekken kann (§ 40 FGB).

2. Haben die Eheleute ab dem 3.10.1990 im Güterstand der Zugewinngemeinschaft gelebt, so erfolgt beim Tode eines Ehegatten der Zugewinnausgleich nach der erbrechtlichen oder güterrechtlichen Lösung gemäß § 1371.

*Spätestens jetzt hat der überlebende Ehegatte die Möglichkeit, mit einem Antrag beim FamG seinen Anspruch auf einen **ungleichen Anteil** am gemeinschaftlichen Eigentum und Vermögen geltend zu machen (Art. 234 § 4 IV EGBGB i.V.m. § 39 II FGB). Ist das der Fall, muß das FamG vorab über die Anteile der Ehegatten am Gesamtgut nach den Regeln der HausratsVO entscheiden. Der Wert dieser Anteile ist dem Anfangsvermögen beider Ehegatten hinzuzurechnen (s.o. RN **237**).*

Zweiter Abschnitt: **Vertragsmäßiges Güterrecht**

I. Der Ehevertrag

1. Grundsatz der Vertragsfreiheit 259

Auch im ehelichen Güterrecht gilt grundsätzlich das Prinzip der Vertragsfreiheit. So sind die Ehegatten nicht gezwungen, im Güterstand der Zugewinngemeinschaft zu leben, sondern haben die Möglichkeit, ihre vermögensrechtlichen Verhältnisse durch den Abschluß eines **Ehevertrages** abweichend davon zu gestalten (§ 1408 I). Im Rahmen eines solchen Vertrages können sie sowohl einen anderen Güterstand wählen als auch innerhalb eines bestimmten Güterstandes Abweichungen von den gesetzlichen Bestimmungen vereinbaren. Allerdings ist dieses Recht nicht schrankenlos und darf nicht gegen zwingende Vorschriften verstoßen.

2. Allgemeine Voraussetzungen des Ehevertrages 260

a) Der Abschluß eines Ehevertrages kann vor oder nach der Eheschließung vereinbart werden. Ist der Vertrag zwischen Verlobten geschlossen worden, wird er erst im Zeitpunkt der Eheschließung rechtswirksam. Kommt es nicht zur Eheschließung, entfaltet der Vertrag keine Rechtswirkungen. Im Verlaufe der Ehe ist jederzeit der Abschluß eines Ehevertrages möglich.

b) Der Ehevertrag muß bei **gleichzeitiger Anwesenheit** beider Partner vor einem **Notar** geschlossen werden (§ 1410). Eine Vertretung ist dabei zulässig. Die vorgeschriebene Form wird auch gewahrt, wenn der Ehevertrag zum Inhalt eines gerichtlichen Vergleichs gemacht wird (§ 127 a).

c) Wird die Formvorschrift nicht eingehalten, hat das die Nichtigkeit des Vertrages zur Folge (§ 125).

3. Persönliche Voraussetzungen der Vertragschließenden 261

a) Der Abschluß eines Ehevertrages ist **nicht** davon abhängig, daß die Partner des Vertrages **voll geschäftsfähig** sind. Auch der noch **minderjährige** Vertragspartner kann einen Ehevertrag abschließen, benötigt aber die Zustimmung seines gesetzlichen Vertreters, im Regelfall die Zustimmung seiner Eltern (§ 1411 I 1 i.V.m. § 1629). Der gesetzliche Vertreter ist zum Abschluß eines Ehevertrages im Namen des Vertretenen nicht befugt (§ 1411 I 4).

b) Steht ein Minderjähriger unter Vormundschaft oder steht ein Volljähriger unter Betreuung, so ist außer der Zustimmung des gesetzlichen Vertreters (des Vormunds oder Betreuers) die **Genehmigung des VormG** erforderlich:

- wenn durch den Ehevertrag der Ausgleich des Zugewinns ausgeschlossen oder eingeschränkt wird oder

- wenn der Güterstand der Gütergemeinschaft vereinbart oder wieder aufgehoben wird (§ 1411 I 3).

Der Zustimmung des Betreuers und der Genehmigung des VormG bedarf es aber nur, wenn für den Abschluß eines Ehevertrages durch den Betreuten ein **Einwilligungsvorbehalt** angeordnet ist (§ 1411 I i.V.m. § 1903; s.u. RN **751**).

c) Ist eine Ehegatte **geschäftsunfähig** (also geisteskrank; vgl. § 104 Nr. 2), so schließt sein gesetzlicher Vertreter für ihn den Ehevertrag ab (§ 1411 II 1, 1. HS). Wenn der Geschäftsunfähige noch minderjährig ist, sind dafür im Regelfall seine Eltern zuständig, ansonsten sein Vormund; dieser benötigt für den Abschluß eines Ehevertrages die Genehmigung des VormG; das gleiche gilt für den Betreuer eines geschäftsunfähigen Ehegatten (§ 1411 II 2).

d) Der Abschluß eines Ehevertrages für einen geschäftsunfähigen Ehegatten ist weiter dadurch eingeschränkt, daß der gesetzliche Vertreter nicht berechtigt ist, den Güterstand der **Gütergemeinschaft** zu vereinbaren oder aufzuheben (§ 1411 II 1, 2. HS); alle anderen zulässigen Vereinbarungen dürfen auch für einen geschäftsunfähigen Ehegatten getroffen werden.

4. Inhalt des Ehevertrages

262 Folgende Vereinbarungen können Gegenstand eines Ehevertrages sein:

a) **Wechsel** des Güterstandes bei Aufhebung des gesetzlichen Güterstandes und Vereinbarung der Gütertrennung oder der Gütergemeinschaft; ferner die Aufhebung eines Wahlgüterstandes und Vereinbarung eines anderen Güterstandes (§ 1408 I).
Nicht zulässig wäre es, den Güterstand durch Verweisung auf ein nicht mehr geltendes oder ausländisches Recht zu bestimmen (§ 1409). Auch die Bildung eines "Mischgüterstandes", der sich aus Elementen verschiedener Güterstände zusammensetzt, wäre unzulässig.

b) **Ausschluß des Versorgungsausgleichs** (§ 1408 II 1); inhaltlich zulässig ist nicht nur der vollständige Ausschluß, sondern auch der teilweise Ausschluß oder die nähere Ausgestaltung des Versorgungsausgleichs, soweit dies nicht gegen zwingende Vorschriften verstößt (vgl. Palandt-Diederichsen Rn 10-14 zu § 1408).

Der Ausschluß des Versorgungsausgleichs ist riskant, weil z.B. die Gefahr besteht, daß damit einem Ehepartner jede Versorgung für das Alter oder bei Arbeitsunfähigkeit verlorengeht; auch der Anspruch auf einen etwaigen Zugewinnausgleich wird eingebüßt, denn für die Zukunft gilt der Güterstand der Gütertrennung (§ 1414, 2).

Der Ausschluß wird jedoch unwirksam, wenn ein Ehegatte innerhalb eines Jahres nach Vertragsschluß den Antrag auf Scheidung der Ehe stellt (§ 1408 II 2). Die Unwirksamkeit tritt aber nicht ein, wenn der Scheidungsantrag zurückgenommen oder abgewiesen wird (umstr.; vgl. BGH NJW 86, 2318; OLG Frankfurt NJW-RR 90, 582).

263 c) **Abänderung** von Einzelregelungen eines bestimmten Güterstandes; solche Änderungen sind zulässig, soweit sie nicht gegen zwingende Vorschriften verstoßen.

Bsp. für zulässige Abänderungen beim **gesetzlichen Güterstand**:
Lockerung oder Ausschluß der Verfügungsbeschränkungen der §§ 1365 ff; Begrenzung des Zugewinnausgleichsanspruchs; Festlegung des Anfangs- und des Endvermögens; Bestimmungen über die Art und Weise der Ausgleichszahlung.

Bsp. für zulässige Abänderungen bei der **Gütergemeinschaft:**
Erklärung einzelner Gegenstände zum Vorbehaltsgut (§ 1418 II Nr. 1); Regelung der Verwaltungsbefugnis am Gesamtgut (§ 1421); Verzicht auf die Einwilligung des anderen Ehegatten zu bestimmten Rechtsgeschäften (§§ 1423 ff).

d) **Beschränkung** oder **Ausschluß** des gegenseitigen Vertretungsrechts der Ehegatten (§ 1357 II 2 i.V.m. § 1412; s.o. RN **140**).

e) **Einschränkung** oder **Ausschluß** des Widerrufsrechts, wenn ein Ehegatte dem anderen die **Vermögensverwaltung** überlassen hat (§ 1413; s.o. RN **186**).

f) **Einspruch** und **Widerruf** der Einwilligung zum selbständigen Betrieb eines **Erwerbsgeschäftes** in der Gütergemeinschaft (§§ 1431 III, 1456 III i.V.m. § 1412).

Beachte: Die Vereinbarung bestimmter güterrechtlicher Regelungen kann zum Eintritt des Güterstandes der **Gütertrennung** führen (§ 1414; s.u. RN **271**).

5. Rechtswirkungen gegenüber Dritten 264

a) Zum Schutz eines Dritten, der mit den Eheleuten Geschäfte abschließt, bestimmt § 1412, daß die Ehegatten nicht berechtigt sind, sich gegenüber einem Dritten auf ehevertraglich vereinbarte Bestimmungen zu berufen, sofern der Ehevertrag nicht im Güterrechtsregister (GüterRR) eingetragen oder dem Dritten bekannt war. Diese Regelung betrifft:

- den Ausschluß oder die Änderung des gesetzlichen Güterstandes (§ 1412 I, 1. HS);
- die Aufhebung oder Abänderung einer bereits im GüterRR eingetragenen Regelung (§ 1412 II).

b) Der Schutz des Dritten gilt für **Rechtsgeschäfte**, die zwischen ihm und einem Ehegatten abgeschlossen worden sind; ferner für Einwendungen eines Ehegatten gegen ein rechtskräftiges **Urteil**, das zwischen dem Dritten und dem anderen Ehegatten ergangen ist (§ 1412 I).

Der Schutz des Dritten versagt, 265

- wenn der Dritte etwas im Wege der **Zwangsvollstreckung** oder aufgrund eines **Verwaltungsaktes** erwirbt; ebenso bei einem Rechtserwerb **kraft Gesetzes**;
- wenn der Ehevertrag im Zeitpunkt der Vornahme des Rechtsgeschäfts oder im Zeitpunkt der Rechtshängigkeit im GüterRR des zuständigen AG (s.u. RN **267**) eingetragen war, wobei es auf die **Kenntnis** des Dritten von der Eintragung **nicht ankommt**;
- wenn der Dritte von den durch den Ehevertrag bewirkten Rechtsänderungen **positive Kenntnis** hatte; in diesem Fall kommt es auf die Eintragung im GüterRR nicht an.

Bsp.: Haben die Eheleute im Ehevertrag anstelle der Zugewinngemeinschaft den Güterstand der Gütergemeinschaft gewählt, aber nicht im GüterRR eintragen lassen, kann sich bei einem Rechtsgeschäft eines Ehegatten mit einem Dritten der andere Ehegatte nicht darauf berufen, daß er in Gütergemeinschaft lebt, wenn dies dem Dritten bei Abschluß des Vertrages nicht bekannt war.

Ebenso ist es, wenn es wegen eines Rechtsgeschäfts zu einem Prozeß zwischen einem Ehegatten und einem Dritten kommt, der durch ein rechtskräftiges Urteil entschieden wird; bei der nachfolgenden Zwangsvollstreckung kann sich der andere Ehegatte nicht darauf berufen, daß sich der Güterstand geändert hat, falls diese Änderung nicht im GüterRR eingetragen war, als der Rechtsstreit anhängig wurde oder dem Dritten zu diesem Zeitpunkt bekannt war.
Schädigt ein Ehegatte einen Dritten durch eine unerlaubte Handlung (§ 823; z.B. Betrug), so bestimmt sich die Frage, ob auch der andere Ehegatte für den Schaden haftet, nur nach dem wirklichen Güterstand, nicht nach dem eingetragenen.

c) Die Schutzwirkung der Eintragung geht verloren, wenn ein Ehegatte nach der Eintragung eines Ehevertrages im GüterRR seinen gewöhnlichen Aufenthalt (s.u. RN **322**) in einen anderen Gerichtsbezirk verlegt; dann muß die Eintragung im Register dieses Bezirks wiederholt werden, wenn die Schutzwirkung fortbestehen soll (§ 1559, 1).

Verlegt der Ehegatte seinen gewöhnlichen Aufenthalt in den früheren Bezirk zurück, ist hier keine Neueintragung erforderlich, weil die frühere Eintragung "als von neuem erfolgt" gilt (§ 1559, 2).

II. Das Güterrechtsregister

266 Das GüterRR erfüllt eine doppelte Funktion: Zum einen dient es dazu, die güterrechtlichen Verhältnisse der Ehegatten offenzulegen, um den Geschäftsverkehr mit ihnen zu erleichtern, zum andern hat es den Zweck, das Risiko eines Geschäftspartners, der die Eintragung nicht kennt, klar abzugrenzen. Doch machen die Eheleute von der Eintragungsmöglichkeit kaum Gebrauch; auch von den Geschäftsleuten wird das GüterRR nur selten eingesehen. Es ist daher weitgehend ein "totes Register" geblieben.

1. Zuständigkeit

267 Das Registergericht ist eine Abteilung des AG, die u.a. das GüterRR führt. **Örtlich** zuständig ist jedes AG, in dessen Bezirk auch nur einer der Ehegatten seinen **gewöhnlichen Aufenthalt** hat (§ 1558 I; s.u. RN **322**). Ein Registergericht kann auch für mehrere AG-Bezirke zuständig sein, wenn dies von der Landesjustizverwaltung angeordnet worden ist (§ 1558 II).

2. Rechtsfolgen der Eintragung

a) Die Wirksamkeit eines Ehevertrages ist **nicht** von der Eintragung im GüterRR **abhängig.** Sie verschafft aber einem Dritten die Möglichkeit, sich über die güterrechtlichen Verhältnisse der Ehegatten zu unterrichten. Für die Ehegatten hat die Eintragung den Vorteil, daß sich ein Dritter bei einem Rechtsgeschäft nicht darauf berufen kann, er habe die Abweichung vom gesetzlichen Güterstand nicht gekannt (§ 1412; s.o. RN **265**).

b) Die Bedeutung der Eintragung ist allerdings eingeschränkt, weil sie nicht die "Vermutung der Richtigkeit" für sich hat. Ist z.B. ein Ehevertrag nichtig, kann sich ein Dritter nicht auf diesen Vertrag berufen, auch wenn er im GüterRR eingetragen ist. 268

Lassen aber die Ehegatten eine als unrichtig erkannte Eintragung im Register stehen, müssen sie sich gegenüber einem gutgläubigen Dritten an dem Inhalt der Eintragung festhalten lassen, wenn sie die Berichtigung der Eintragung schuldhaft unterlassen (Haftung aus einem schuldhaft veranlaßten Rechtsschein, vgl. Staudinger-Thiele Rn 51 zu § 1412).

Entspricht jedoch eine Eintragung der wahren Rechtslage, kann der Dritte darauf vertrauen, daß diese Rechtslage fortbesteht, es sei denn, daß ihm die nachträgliche Änderung der Verhältnisse positiv bekannt geworden oder daß diese ebenfalls im GüterRR eingetragen worden ist (§ 1412 II).

Bsp.: Die Verlobten haben durch Ehevertrag den Güterstand der Gütertrennung vereinbart und diese nach der Eheschließung im GüterRR eintragen lassen. Nach einigen Jahren schließen sie erneut einen Ehevertrag, durch den sie sich für den gesetzlichen Güterstand entscheiden. Wenn sie diesen Ehevertrag nicht gleichfalls im GüterRR eintragen lassen, kann ein gutgläubiger Dritter darauf vertrauen, daß das Ehepaar weiterhin im Güterstand der Gütertrennung lebt.

c) Ohne jede Einschränkung darf ein Dritter auf das **Schweigen** des GüterRR vertrauen. Rechtsverhältnisse, die nicht eingetragen sind, braucht sich ein Dritter nicht entgegenhalten zu lassen.

Bsp.: Schließt ein Ehegatte den anderen vom gegenseitigen Vertretungsrecht aus (§ 1357 II; s.o. RN **141**), ohne dies im GüterRR eintragen zu lassen, hat dieser Ausschluß keine Rechtswirkungen gegenüber einem gutgläubigen Dritten.

3. Eintragungsfähige Regelungen 269

Nicht alles, was Gegenstand eines Ehevertrages sein kann, ist auch eintragungsfähig. Es kommt darauf an, ob die güterrechtlichen Vereinbarungen "Außenwirkung" haben, also die Rechtsstellung Dritter beeinflussen können, oder ob sie allein das Innenverhältnis der Ehegatten betreffen (so BGHZ 66, 203, 207). Mit dieser Einschränkung sind die in RN **262** genannten Regelungen eintragungsfähig, auch wenn sie nicht durch Ehevertrag, sondern durch ein Urteil herbeigeführt worden sind (z.B. gemäß §§ 1388, 1449, 1470).

4. Eintragungserfordernisse

Die Eintragung in das Register erfolgt normalerweise nur auf Grund eines **Antrages**, der in öffentlich beglaubigter Form zu stellen ist (§ 1560 i.V.m. § 129). Grundsätzlich ist der Antrag **beider Ehegatten** notwendig, doch genügt in vielen Fällen der Antrag **eines** Ehegatten (vgl. § 1561 II).

5. Verfahren

Der Registerrichter prüft die formellen Voraussetzungen der Eintragung und deren inhaltliche Zulässigkeit, aber nicht die Richtigkeit der Angaben. Die **Form** der Eintragung richtet sich nach § 161 FGG i.V.m. § 130 FGG. Die (kostenlose) **Einsicht** in das GüterRR steht jedem frei, ohne daß ein berechtigtes Interesse glaubhaft gemacht werden müßte.

III. Die Gütertrennung

1. Begriff

270 Das Wesen der Gütertrennung (§ 1414) besteht darin, daß sich die Ehegatten in vermögensrechtlicher Beziehung wie Unverheiratete gegenüberstehen. Doch gelten die allgemeinen Pflichten der ehelichen Lebensgemeinschaft (§§ 1353 bis 1362) auch in diesem Güterstand. Da es nach dessen Beendigung keine güterrechtlichen Ausgleichsansprüche gibt, kann ein Entgelt für die Mitarbeit eines Ehegatten im Beruf oder Geschäft des anderen oder für die Übernahme der Haushaltsführung durch den nichterwerbstätigen Ehegatten nur durch freiwillige Zuwendungen oder vertragliche Vereinbarungen erreicht werden.

2. Eintritt der Gütertrennung

Der Güterstand der Gütertrennung kann sowohl **vertraglich** vereinbart werden als auch **kraft Gesetzes** eintreten.

a) Im Normalfall wird die Gütertrennung durch einen vor oder nach der Heirat abgeschlossenen Ehevertrag begründet (§ 1408 I). Der Ausschluß des **Versorgungsausgleichs** ist damit noch nicht verbunden; doch kann dieser Ausschluß durch eine ausdrückliche Vereinbarung im Ehevertrag erreicht werden (§ 1408 II; s.o. RN **262**).

271 b) Als hilfsweiser gesetzlicher Güterstand tritt ohne weiteres Gütertrennung ein, falls sich nicht aus dem Ehevertrag etwas anderes ergibt (§ 1414):

- wenn der gesetzliche Güterstand oder die Gütergemeinschaft **aufgehoben** wird, ohne daß gleichzeitig ein anderer Güterstand an ihre Stelle tritt;
- wenn der gesetzliche Güterstand durch einen vor der Heirat geschlossenen Ehevertrag **ausgeschlossen** wird, ohne einen anderen Güterstand zu vereinbaren;
- wenn der Ausgleich des Zugewinns im gesetzlichen Güterstand **ausgeschlossen wird;**
- wenn der Versorgungsausgleich **ausgeschlossen** wird (s.o. RN **262**).

c) Ferner tritt Gütertrennung mit der Rechtskraft eines **Urteils** ein,

- das der Klage auf vorzeitigen Ausgleich des Zugewinns stattgibt (§ 1388);
- das den Güterstand der Gütergemeinschaft aufhebt (§§ 1449, 1470).

3. Rechtsfolgen der Gütertrennung

272 a) Das Vermögen der Eheleute wird durch den Eintritt der Gütertrennung nicht berührt. Jeder Ehegatte behält sein Vermögen und verwaltet es allein, sofern er nicht die Verwaltung dem anderen Ehegatten überläßt (§ 1413). Die Nutzungen aus dem Vermögen und die Einkünfte aus einer Berufstätigkeit gehören ihm allein, ohne daß ein späterer Ausgleich des in der Ehe erzielten Zugewinns stattfindet. Auch für die Tilgung seiner Schulden ist jeder Ehegatte allein verantwortlich.

b) Diese strengen Formen der Gütertrennung werden dadurch gemildert, daß zwischen den Ehegatten aufgrund der allgemeinen Rechtswirkungen der Ehe zahlreiche gegenseitige Verpflichtungen bestehen, die auch vermögensrechtliche Auswirkungen haben. So sind beide Ehegatten verpflichtet, zum Familienunterhalt beizutragen (§ 1360), sie haften gegenseitig für Geschäfte zur angemessenen Deckung des Lebensbedarfs (§ 1357) und haben die Pflicht, dem anderen Ehegatten den Mitgebrauch der Wohnung und die Benutzung der Hausratsgegenstände zu gestatten. Ferner kann ein Ehegatte nach der Gestaltung der ehelichen Lebensgemeinschaft (s.o. RN **109**) zur Mitarbeit im Beruf oder Geschäft des anderen verpflichtet sein.

c) Um die Benachteiligung eines nicht berufstätigen, aber in der Haushaltsführung und bei der Kindererziehung tätigen Ehegatten auszugleichen, müssen die Eheleute darauf bedacht sein, für dessen Existenzsicherung zu sorgen; das gilt auch für die Sicherung des im Beruf oder im Geschäft des anderen Ehegatten mitwirkenden Partners. Eine solche Absicherung kann z.B. in der Form einer Lebensversicherung, eines Erbvertrages oder durch Übertragung von Eigentum oder Miteigentumsanteilen an Sachen und Grundstücken erfolgen. Die Ehegatten haben aber auch die Möglichkeit, ein entgeltliches Arbeits- oder Gesellschaftsverhältnis untereinander zu begründen, um beide Partner angemessen an den Erträgen gemeinsamer Arbeit zu beteiligen (vgl. BVerfGE 13, 290; BGH FamRZ 82, 141).

d) Besondere Schwierigkeiten ergeben sich bei der Beendigung dieses Güter- 273
standes, wenn die Eheleute es versäumt haben, durch ausdrückliche Vereinbarungen existenzsichernde Maßnahmen zu treffen. Um dem benachteiligten Ehegatten zu helfen, haben die Gerichte verschiedene Rechtsgrundlagen eines Vergütungsanspruchs gegen den anderen Ehegatten in Betracht gezogen:

Naheliegend war zunächst die Überlegung, daß ein Ehegatte durch die Zuwendungen des anderen während der Ehe im Sinne der §§ 812 ff **bereichert** und im Falle der Scheidung zur Rückgewähr des Empfangenen verpflichtet sein könnte. Doch greifen die Vorschriften über die ungerechtfertigte Bereicherung bei **Gütertrennung** nicht ein, weil das Bestehen der Ehe nicht der (durch die Scheidung wieder weggefallene) Rechtsgrund für die Zuwendung gewesen ist (BGH FamRZ 82, 910). Im **gesetzlichen Güterstand** werden die Bereicherungsvorschriften ohnehin durch die Regeln über den Zugewinnausgleich ausgeschlossen (BGHZ 65, 320; 84, 361, 363).

Zuwendungen unter Eheleuten können in aller Regel auch nicht unter dem Gesichtspunkt des **Widerrufs einer Schenkung** (§§ 530, 531) zurückgefordert werden; denn an der (subjektiven) **Unentgeltlichkeit** der Zuwendung fehlt es schon dann, wenn die Leistung "um der Ehe willen und als Beitrag zur Verwirklichung oder Ausgestaltung, Erhaltung und Sicherung der ehelichen Lebensgemeinschaft erbracht wird und darin ihre Geschäftsgrundlage findet" (BGHZ 82, 227, 230; BGH FamRZ 92, 300 mit Anm. Kues FamRZ 92, 924). Typisches Bsp. dafür: OLG Bamberg FamRZ 96, 1221.

274 Sind diese Motive für die Zuwendung maßgebend gewesen, dann sprechen die Gerichte von **unbenannten** (ehebezogenen oder ehebedingten) **Zuwendungen.**

e) Ist mit der Beendigung der Ehe der Anlaß für diese unbenannten Zuwendungen entfallen, gewährt die Rechtsprechung - insbes. bei Gütertrennung - entsprechend den Regeln über den "Wegfall der Geschäftsgrundlage" (s.u.) einen **Ausgleichsanspruch** in Geld, wenn die Beibehaltung der Vermögensverhältnisse, wie sie durch die Zuwendung herbeigeführt worden sind, für den benachteiligten Ehegatten unzumutbar ist (§ 242; BGH FamRZ 89, 599; dazu Kleinle, FamRZ 97, 1383, 1388).

Bsp.: Übertragung des Alleineigentums an einem Grundstück; Mitfinanzierung eines dem anderen Ehegatten gehörenden Hausgrundstücks (OLG Hamm FamRZ 88, 620); Zuschüsse für den Aufbau einer beruflichen Existenz des anderen Ehegatten (BGH NJW 74, 2045).

f) Neben den unbenannten Zuwendungen können auch **Arbeitsleistungen**, die ein Ehegatte zugunsten seines Partners erbracht und damit dessen Vermögen gesteigert hat, zu Ausgleichsansprüchen führen; doch muß die Mitarbeit einen **Umfang** haben, der deutlich über das hinausgeht, was jeder Ehegatte im Hinblick auf die zwischen Eheleuten bestehenden gegenseitigen Beistands- und Unterstützungspflichten ohnehin schuldet (BGH FamRZ 94, 1167).

Als Rechtsgrundlage für derartige außergewöhnliche Arbeits- oder Dienstleistungen eines Ehegatten wird ein durch schlüssiges Verhalten zustande gekommener **familienrechtlicher Vertrag besonderer Art** angesehen, dessen Geschäftsgrundlage nach dem Scheitern der Ehe entfällt, was einen Ausgleichsanspruch nach § 242 zur Folge haben kann (BGHZ 84, 361, 367).

*Im Güterstand der **Zugewinngemeinschaft** spielen die Grundsätze über den Wegfall der Geschäftsgrundlage bei unbenannten Zuwendungen eine wesentlich geringere Rolle als bei der Gütertrennung; denn sie werden durch die Vorschriften über den Ausgleichs des Zugewinns verdrängt (BGH FamRZ 89, 147; BGHZ 115, 132).*

Nur dann, wenn ausnahmsweise der güterrechtliche Ausgleich zu keiner angemessenen Lösung führt, greifen die Grundsätze über den Wegfall der Geschäftsgrundlage ergänzend ein und können neben dem Anspruch auf Ausgleichs des Zugewinns einen Anspruch auf Ausgleich einer Vermögenszuwendung rechtfertigen (vgl. BGH FamRZ 89, 147, 149; BGHZ 115, 132, 136).

g) Unter dem Begriff der **Geschäftsgrundlage** werden - vereinfacht gesagt - die bei Abschluß eines Vertrages erkennbar gewordenen gemeinschaftlichen Vorstellungen beider Partner über das Vorhandensein (oder über den künftigen Eintritt) bestimmter Umstände verstanden, die sie zwar für wichtig halten, aber auch für so selbstverständlich, daß sie diese Vorstellungen nicht zum Inhalt des Vertrages machen. Das gilt auch für Vorstellungen **eines** Partners, die dem anderen erkennbar gewesen und von ihm nicht beanstandet worden sind. Bei Rechtsgeschäften (insbes. Schenkungen) unter Eheleuten wird häufig die Erwartung, daß die Ehe Bestand haben wird, Geschäftsgrundlage sein (vgl. BGH FamRZ 90, 600, 602).

h) Anders liegen die Dinge, wenn es sich nicht um ehebedingte Zuwendungen eines Ehegatten an den anderen handelt, sondern um die **gemeinschaftliche** Tätigkeit beider Ehegatten, die sich in den Dienst einer gemeinsamen Aufgabe gestellt haben. Hier kann - wenn es an einem ausdrücklich geschlossenen Gesellschaftsvertrag mangelt - die Annahme einer durch schlüssiges Verhalten zustande gekommenen **Ehegatten-Innengesellschaft** naheliegen. 275

Voraussetzung dafür ist nach der Rechtsprechung, daß Ehegatten abredegemäß durch **beiderseitige** Leistungen einen über den typischen Rahmen der ehelichen Lebensgemeinschaft hinausgehenden Zweck verfolgt haben, indem sie etwa durch Einsatz von Vermögenswerten und Arbeitsleistungen **gemeinsam** ein Unternehmen aufgebaut oder eine berufliche oder gewerbliche Tätigkeit ausgeübt haben (grundlegend BGHZ 8, 249; BGH FamRZ 90, 973; BGH NJW 95, 3383).

Bei der Beendigung dieser Art von Gesellschaft, die z.B. in der Einleitung eines Scheidungsverfahrens zu sehen ist, kann eine Auseinandersetzung mit dem Ziel stattfinden, dem mitarbeitenden Ehegatten einen Geldanspruch zuzubilligen, der sich nach Quantität und Qualität seiner Mitarbeit richtet (kritisch hierzu: Soergel-Gaul Rz 14 zu § 1414).

Beachte: Endet der Güterstand der Gütertrennung durch den **Tod** eines Ehegatten, sind Ausgleichsansprüche der Erben gegen den überlebenden Ehegatten (und umgekehrt) in der Regel ausgeschlossen (vgl. Palandt-Diederichsen Rn 15 zu § 1931; BGH NJW-RR 90, 834).

4. Beendigung der Gütertrennung 276

a) Der Güterstand der Gütertrennung kann jederzeit durch einen Ehevertrag beendet werden; geschieht dies, ohne gleichzeitig einen neuen Güterstand für die Zukunft zu vereinbaren, tritt der gesetzliche Güterstand der Zugewinngemeinschaft ein. Ansonsten endet die Gütertrennung - wie bei jedem anderen Güterstand - mit dem Tod eines Ehegatten oder mit der Rechtskraft eines Urteils, durch das die Ehe geschieden oder aufgehoben wird (§§ 1564, 1313).

b) Eine besondere Regelung hat das **Ehegattenerbrecht** gefunden, wenn die Eheleute im Zeitpunkt des Todes eines Ehegatten in Gütertrennung gelebt haben. Weitere Voraussetzung dafür ist, daß sowohl der überlebende Ehegatte als auch die Kinder **gesetzliche Erben** geworden sind und daß ihr Erbrecht nicht ausgeschlossen oder nachträglich weggefallen ist (s.o. RN **241**).

Nach § 1931 IV erbt der überlebende Ehegatte neben **einem** Kind die Hälfte und neben **zwei** Kindern ein Drittel des Nachlasses. Sind mehr als zwei miterbende Kinder vorhanden, bleibt es bei der Erbfolge nach § 1931 I und II.

Zweck dieser Regelung ist es zu verhindern, daß der Erbteil des überlebenden Ehegatten geringer ist als der eines Kindes. Damit soll ein gewisser Ausgleich dafür geschaffen werden, daß der überlebende Ehegatte im Gegensatz zu den anderen Güterständen (§§ 1371, 1416) sonst nicht am gemeinsam Erarbeiteten beteiligt ist.

c) Der Güterstand der Gütertrennung schließt nicht aus, daß nach der Scheidung oder Aufhebung der Ehe einem Ehegatten **Unterhaltsansprüche** gegen den anderen nach Maßgabe der §§ 1569 ff zustehen können (s.u. RN **329**). Ferner hat der geschiedene Ehegatte u.U. Anspruch auf den **Versorgungsausgleich** (§ 1587), sofern dieser nicht im Ehevertrag ausdrücklich ausgeschlossen worden ist oder der Ausschluß unwirksam war, als der Antrag auf Scheidung gestellt wurde (§ 1408 II; s.o. RN **262**).

IV. Die Gütergemeinschaft

1. Das Wesen der Gütergemeinschaft

277 Als Gütergemeinschaft wird einer der beiden Wahlgüterstände bezeichnet, den die Ehegatten anstelle des gesetzlichen Güterstandes der Zugewinngemeinschaft wählen können. Im Gegensatz zu den beiden anderen Güterständen zeichnet sich die Gütergemeinschaft durch eine besonders enge Form der Vermögensgemeinschaft aus, die sowohl das bei der Eheschließung vorhandene als auch das künftig erworbene Vermögen umfaßt (**Gesamtgut**). Davon zu unterscheiden sind das **Vorbehaltsgut** und das **Sondergut** als eigenständige Vermögensmassen. Die Vorschriften über die **Verwaltung** des Gesamtgutes sind kompliziert und nehmen den größten Teil der gesetzlichen Bestimmungen über die Gütergemeinschaft ein. Eine weitere Besonderheit dieses Güterstandes stellt die sog. **fortgesetzte Gütergemeinschaft** dar; darunter ist die Fortführung der Gütergemeinschaft nach dem Tode eines Ehegatten zwischen dem überlebenden Ehegatten und den gemeinsamen Abkömmlingen zu verstehen, falls die Ehegatten das im Ehevertrag vereinbart haben.

Die Bedeutung der Gütergemeinschaft ist im Schwinden begriffen. Sie wird von der städtischen Bevölkerung nur noch selten vereinbart, dagegen ist sie in ländlichen Gegenden noch häufiger anzutreffen.

2. Beginn und Ende der Gütergemeinschaft

278 a) Die Gütergemeinschaft kann nur im Wege eines **Ehevertrages** vereinbart werden (§§ 1408, 1415; s.o. RN **181**) und tritt in keinem Fall kraft Gesetzes ein. Für den **geschäftsunfähigen Ehegatten** kann nicht einmal sein gesetzlicher Vertreter diesen Güterstand begründen oder aufheben (§ 1411 II). Dies hängt mit den finanziellen Gefahren zusammen, die für einen Ehegatten mit diesem Güterstand verbunden sein können.

279 b) Die Gütergemeinschaft endet mit dem **Tod** eines Ehegatten, falls sich nicht die im Ehevertrag vereinbarte fortgesetzte Gütergemeinschaft an-

schließt (§ 1483; s.u. RN **303**). Ferner kann die Gütergemeinschaft durch einen **Ehevertrag** zu dem Zweck aufgehoben werden, daß an ihre Stelle ein anderer Güterstand tritt (§§ 1408, 1414, 2). Auch mit der Rechtskraft eines **Aufhebungsurteils** wird dieser Güterstand beendet, was zur Folge hat, daß die Ehegatten künftig im Güterstand der Gütertrennung leben (§§ 1449, 1470; s.u. RN **298**).

Die gleiche Rechtsfolge tritt ein, wenn die Ehegatten in einem Ehevertrag den **Versorgungsausgleich** ausschließen (§ 1414, 2), sofern sich aus dem Vertrag nichts anderes ergibt. Schließlich endet die Gütergemeinschaft auch mit der Rechtskraft eines **Urteils**, durch das die Ehe geschieden oder aufgehoben wird (§§ 1564, 1313).

A. Die Vermögensmassen der Gütergemeinschaft

Die Gütergemeinschaft weist fünf verschiedene Vermögensmassen auf: das **Gesamtgut**, das **Sondergut** des Mannes und der Frau, das **Vorbehaltsgut** des Mannes und der Frau. Im einzelnen:

1. Das Gesamtgut 280

a) Das beiderseitige Vermögen beider Ehegatten wird mit dem Abschluß des Ehevertrages, durch den die Gütergemeinschaft vereinbart wird, **gemeinschaftliches Vermögen** (Gesamtgut; § 1416 I 1). Das Gesamtgut entsteht kraft Gesetzes, ohne daß die Übertragung in das Gesamtgut durch einzelne Rechtsgeschäfte erforderlich wäre (§ 1416 II). Das gilt auch für die im Grundbuch eingetragenen Grundstücke, so daß das Grundbuch berichtigt werden muß, wozu jeder Ehegatte die Mitwirkung des anderen verlangen kann (§ 1416 III 1 BGB i.V.m. §§ 19, 22, 47 GBO).

Bsp.: Die Verlobten schließen einen Ehevertrag, in dem sie den Güterstand der Gütergemeinschaft vereinbaren. Die der Frau gehörende Eigentumswohnung wird im Zeitpunkt der Eheschließung kraft Gesetzes Gesamtgut und gehört nun beiden Ehegatten gemeinschaftlich.

b) Auch das **während der Ehe** erworbene Vermögen eines Ehegatten wird kraft Gesetzes Gesamtgut, ohne daß es darauf ankommt, ob der Ehegatte im eigenen Namen oder für das Gesamtgut gehandelt hat (§ 1416 I 2). Das gilt auch dann, wenn dem Vertragspartner nicht bekannt war, daß der Ehegatte im Güterstand der Gütergemeinschaft lebt.

Bsp.: Erwirbt der Ehemann ein Grundstück in eigenem Namen und wird er deshalb (fälschlich) im Grundbuch als Alleineigentümer eingetragen, gehört das Grundstück dennoch von Anfang an zum Gesamtgut, und zwar ohne Durchgangserwerb beim Käufer (vgl. Soergel-Gaul Rz 4 zu § 1416; umstr.).

c) Hinsichtlich des Gesamtgutes besteht eine **Gesamthandsgemeinschaft** der 281
Ehegatten (ähnlich wie z.B. bei der BGB-Gesellschaft gemäß §§ 718 ff oder bei der Erbengemeinschaft gemäß § 2032 I).

Das bedeutet im einzelnen, daß einem Ehegatten **kein eigener selbständiger Anteil** am Gesamtgut zusteht, weder insgesamt noch an den einzelnen Vermögensgegenständen. Vielmehr gehört das Gesamtgut als solches und jeder einzelne Bestandteil davon **beiden Ehegatten gemeinsam**, so daß keiner von ihnen über seinen (unselbständigen) Anteil am Gesamtgut und den dazu gehörenden Gegenständen verfügen darf (§ 1419 I, 1. HS). Tut er es dennoch, ist seine Verfügung nichtig (§ 134).

Aus dem gleichen Grund darf kein Ehegatte während des Bestehens der Gütergemeinschaft die **Teilung** des Gesamtgutes verlangen (§ 1419 I, 2. HS). Gegebenenfalls muß er auf Aufhebung der Gütergemeinschaft klagen (§§ 1447, 1469; s.u. RN **297**).

d) Für die Zugehörigkeit eines einzelnen Vermögensgegenstandes zum Gesamtgut spricht eine **Vermutung.** Wer diese nicht gelten lassen will, muß beweisen, daß der Gegenstand zum Sondergut oder Vorbehaltsgut gehört.

e) Für den **Familienunterhalt** sind in erster Linie die **Einkünfte** der Ehegatten, soweit sie in das Gesamtgut fallen, zu verwenden. Nur wenn sie nicht ausreichen, müssen die Einkünfte aus den anderen Vermögensmassen, und notfalls der Vermögensstamm (s.u. RN 463), zum Unterhalt der Familie herangezogen werden (§ 1420).

2. Das Sondergut

282 a) Nicht zum Gesamtgut gehört das Sondergut, das aus Vermögensrechten und Ansprüchen besteht, die nicht durch Rechtsgeschäft übertragen werden können (§ 1417 II).

Es handelt sich dabei z.B. um Arbeitseinkommen und Unterhaltsansprüche, soweit sie unpfändbar sind (vgl. §§ 850 ff ZPO); ferner um nicht abtretbare Forderungen im Sinne der §§ 399 und 400; ebenso um den Nießbrauch an Sachen (§ 1059) oder um Urheberrechte, soweit sie nicht übertragbar sind (§ 29 UrhG). Auch die nicht übertragbaren Anteile an Personengesellschaften gehören dazu (§ 719 I).

b) Die Ehegatten bleiben Inhaber der zum Sondergut gehörenden Rechte und verwalten es selbständig (§ 1417 III 1). Diese Verwaltung erfolgt jedoch "für Rechnung des Gesamtgutes" (§ 1417 III 2). Das bedeutet, daß die **Erträge** des Sondergutes in das Gesamtgut fallen; dementsprechend hat das Gesamtgut auch die **Lasten** des Sondergutes zu tragen (vgl. z.B. § 1440, 2).

3. Das Vorbehaltsgut

283 a) Vom Gesamtgut nicht erfaßt wird das Vorbehaltsgut jedes Ehegatten; es bleibt sein alleiniges Eigentum, über das er auch allein verfügungsberechtigt ist. Jeder Ehegatte verwaltet sein Vorbehaltsgut selbständig, aber im Gegensatz zum Sondergut "für eigene Rechnung" (§ 1418 III). Ihm gehören deshalb alle Erträge des Vorbehaltsgutes, dafür muß er auch dessen Lasten allein tragen.

b) Das Vorbehaltsgut setzt sich zusammen aus Gegenständen:

- die durch **Ehevertrag** zum Vorbehaltsgut erklärt worden sind (§ 1418 II Nr. 1);
- die ein Ehegatte **geerbt** hat oder die ihm **geschenkt** worden sind, wenn der Verfügende oder der Schenkende ausdrücklich bestimmt hat, daß dieser Erwerb zum Vorbehaltsgut gehören soll (§ 1418 II Nr. 2);
- die ein Ehegatte als **Ersatz** eines zum Vorbehaltsgut gehörenden Gegenstandes erlangt oder aufgrund eines zum Vorbehaltsgut gehörenden Rechtes erworben hat; das gleiche gilt für einen Erwerb aufgrund eines Rechtsgeschäfts, das sich auf das Vorbehaltsgut bezieht (§ 1418 II Nr.3).

Bsp. für Vorbehaltsgut zu Nr. 1: Durch Ehevertrag kann bestimmt werden, daß ein einzelner Gegenstand, aber auch eine Mehrheit von Sachen nicht (mehr) zum Gesamtgut gehören, sondern einem Ehegatten als Vorbehaltsgut zufallen sollen (Rechtsgrund dafür wird oft eine Schenkung sein).

Zu Nr. 2: Was einem Ehegatten als Erbteil, als Vermächtnis oder als Pflichtteil zugewendet wird, fällt in das Gesamtgut, wenn nicht der Verfügende testamentarisch bestimmt hat, daß es Vorbehaltsgut sein soll.

Zu Nr. 3: Gehört ein Mietshaus zum Vorbehaltsgut eines Ehegatten, stehen ihm auch die Mietzinsen als Vorbehaltsgut zu. Wird eine zum Vorbehaltsgut gehörende Forderung erfüllt, fällt auch die geschuldete Leistung in das Vorbehaltsgut. Wird ein zum Vorbehaltsgut gehörendes Auto durch einen Unfall zerstört, fällt das Ersatzfahrzeug ohne weiteres in das Vorbehaltsgut des betreffenden Ehegatten. Ferner ist der Erlös aus dem Verkauf eines zum Vorbehaltsgut gehörenden Gegenstandes wieder dem Vorbehaltsgut zuzurechnen. Das gleiche gilt, wenn mit Mitteln des Vorbehaltsgutes ein Einrichtungsgegenstand oder ein Grundstück erworben wird.

c) Dritten gegenüber können die Eheleute die Zugehörigkeit eines Gegenstandes zum Vorbehaltsgut nur geltend machen, wenn dies im GüterRR eingetragen oder dem Dritten bekannt war, als das Geschäft vorgenommen wurde (§ 1418 IV i.V.m. § 1412; s.o. RN **264**). 284

Bsp.: Die Ehegatten leben im Güterstand der Gütergemeinschaft und haben den Ehevertrag, der die Alleinverwaltung des Gesamtgutes durch den Mann bestimmt, im GüterRR eintragen lassen. Als später die Ehefrau eine Ölgemäldesammlung als Vorbehaltsgut erbt, versäumt sie es, auch dies im GüterRR eintragen zu lassen. Deshalb kann ein Dritter rechtswirksam eines dieser Ölbilder durch Kauf vom Ehemann erwerben, weil er sich gutgläubig auf dessen Verfügungsbefugnis verlassen darf.

B. Die Verwaltung des Gesamtgutes

Übersicht 285

Einen breiten Raum nehmen im Gesetz die Bestimmungen über die Verwaltung des Gesamtgutes ein. Die Ehegatten können sich entscheiden, wer von ihnen das Gesamtgut verwalten soll oder ob sie eine gemeinschaftliche Verwaltung wünschen. Diese Regelung "sollen" die Ehegatten im Ehevertrag treffen (§ 1421, 1). Unterlassen sie dies, haben sie das Gesamtgut gemeinschaftlich zu verwalten (§ 1421, 2).

Dritten gegenüber gelten beide Eheleute als **gemeinsame Verwalter**, selbst wenn sie dies im Ehevertrag anders geregelt haben, aber die Alleinverwaltung eines Ehegatten nicht im GüterRR eingetragen und dem Dritten unbekannt war (§ 1412; s.o. RN **264**).

Beachte: Die gemeinschaftliche Verwaltung ist in der Praxis die Regel.

1. Die gemeinschaftliche Verwaltung des Gesamtgutes

286 a) Bei der gemeinschaftlichen Verwaltung sind die Eheleute einander zur Mitwirkung bei allen Maßnahmen verpflichtet, die zur ordnungsgemäßen Verwaltung des Gesamtgutes erforderlich sind (§ 1451). Diese Mitwirkung ist notwendig, weil die Ehegatten nur **gemeinschaftlich berechtigt** sind, Rechtsgeschäfte über das Gesamtgut abzuschließen, über das Gesamtgut zu verfügen oder Prozesse darüber zu führen (§ 1450 I).

b) Verweigert ein Ehegatte **grundlos** seine Mitwirkung an einem Rechtsgeschäft oder an der Führung eines Prozesses, kann das VormG auf Antrag die Zustimmung des Ehegatten zu diesen Maßnahmen ersetzen, falls sie zur ordnungsmäßigen Verwaltung erforderlich sind (§ 1452). Dazu gehört es z.B., das Gesamtgut zu erhalten, zu vermehren oder es vor Gefahren zu sichern (RGZ 76, 136; 124, 325). Die beharrliche Weigerung eines Ehegatten, bei der ordnungsmäßigen Verwaltung des Gesamtgutes mitzuwirken, kann den anderen Ehegatten berechtigen, die Aufhebung der Gütergemeinschaft im Klagewege zu erzwingen (§ 1469 Nr. 2; s.u. RN **297**).

c) In bestimmten Fällen ist es aber **einem** Ehegatten gestattet, allein Verwaltungsmaßnahmen vorzunehmen, z.B. bei der Entgegennahme einer Willenserklärung oder bei einem Rechtsgeschäft, sofern der andere Ehegatte an der Mitwirkung verhindert ist und mit dem Aufschub der Angelegenheit Gefahr verbunden wäre (§§ 1450 II, 1454).

Ferner darf jeder Ehegatte die in § 1455 genannten Rechtsgeschäfte allein vornehmen, weil sie ihn persönlich betreffen.

Insbes. kann er ein zum Gesamtgut gehörendes Recht gegen einen Dritten gerichtlich geltend machen, wenn der andere Ehegatte ohne seine Zustimmung über das Recht verfügt hat (§ 1455 Nr. 8); er kann aber auch einen Rechtsstreit fortsetzen, der schon vor Beginn der Gütergemeinschaft von ihm anhängig gemacht worden war (§ 1455 Nr. 7).

287 d) Hat ein Ehegatte eingewilligt, daß der andere ein **selbständiges Erwerbsgeschäft** betreibt, benötigt dieser für Rechtsgeschäfte und Rechtsstreitigkeiten, die der Geschäftsbetrieb mit sich bringt, nicht die erneute Zustimmung seines Ehegatten. Dabei steht das **Schweigen** des Ehegatten seiner **Einwilligung** gleich, wenn er gegen den ihm bekannten Betrieb eines Erwerbsgeschäfts keinen **Einspruch** eingelegt hat (§ 1456 I, II); doch hat er die Möglichkeit, seine (ausdrücklich erklärte oder unterstellte) Einwilligung nachträglich zu widerrufen.
Ein Mißbrauch dieses Rechts kann den anderen Ehegatten berechtigen, die Aufhebungsklage zu erheben (§ 1469 Nr. 2; s.u. RN **297**).

Dritten gegenüber kann die nach § 1462, 2 bestehende Haftung des Gesamtgutes für die Schulden des Erwerbsgeschäfts durch einen Einspruch oder durch den Widerruf der Einwilligung nur nach Maßgabe des § 1412 ausgeschlossen werden (§ 1456 III; s.o. RN **264**).

e) Bei einer **Verfügung** (zum Begriff s.o. RN **188**) eines Ehegatten über das Gesamtgut, die ohne die erforderliche Einwilligung des anderen Ehegatten vorgenommen und vom VormG nicht ersetzt worden ist, bleibt die Rechtswirksamkeit der Verfügung zunächst in der Schwebe, bis feststeht, ob der andere Ehegatte die Verfügung genehmigt oder die Genehmigung verweigert. Für die Einholung der Genehmigung gelten die Bestimmungen des § 1366 entsprechend (§ 1453 I; s.o. RN **193**). Bis zur Genehmigung kann der gutgläubige oder vom Ehegatten getäuschte Vertragspartner den Vertrag widerrufen und damit ungültig machen (§ 1453 II). 288
Eine **Bereicherung** des Gesamtgutes durch ein Rechtsgeschäft, das ohne die erforderliche Zustimmung des anderen Ehegatten vorgenommen worden ist, muß nach Maßgabe der §§ 812 ff an den Geschäftspartner herausgegeben werden (§ 1457).

2. Alleinverwaltung des Gesamtgutes 289

a) Außer der gemeinschaftlichen Verwaltung des Gesamtgutes kommt nur die Verwaltung **allein** durch den Mann oder die Frau in Betracht, wenn sie im Ehevertrag bestimmt worden ist (§ 1421). Der allein verwaltende Ehegatte hat das Recht, die zum Gesamtgut gehörenden Sachen in Besitz zu nehmen, über das Gesamtgut zu verfügen und darüber Rechtsstreitigkeiten im eigenen Namen zu führen (§ 1422). Zu seinen Pflichten gehört es, das Gesamtgut ordnungsgemäß zu verwalten, den anderen Ehegatten über die Verwaltung zu unterrichten und ihm Auskunft zu erteilen. Verletzt er diese Pflichten und schädigt er dadurch das Gesamtgut, hat er "zu dem Gesamtgut Ersatz" zu leisten (§ 1435).

b) Zu einzelnen wichtigen Rechtsgeschäften über das Gesamtgut benötigt der allein verwaltende Ehegatte die **Einwilligung** des anderen, die notfalls durch das VormG **ersetzt** werden kann (§ 1426). Das betrifft Rechtsgeschäfte über das **Gesamtgut im ganzen** (§ 1423), über **Grundstücke, Schiffe** und **Schiffsbauwerke** (§ 1424) oder **Schenkungen**, die über Pflicht- und Anstandsschenkungen (s.o. RN **211**) hinausgehen (§ 1425).

c) Die Rechtsfolgen einer fehlenden Einwilligung des anderen Ehegatten sind nicht ganz dieselben wie im Falle gemeinschaftlicher Verwaltung des Gesamtguts (s.o. RN **288**), weil nicht nur bei Verfügungen, sondern auch bei Verpflichtungsgeschäften (insbes. Verträgen) die Möglichkeit nachträglicher Genehmigung durch den anderen Ehegatten besteht (§ 1427 I i.V.m. § 1366). Auch hier kann der gutgläubige oder vom Ehegatten getäuschte Vertragspartner bis zur Genehmigung den Vertrag widerrufen und damit ungültig machen (§ 1427 II).
Hat der Verwalter ohne die erforderliche Zustimmung des anderen Ehegatten über ein zum Gesamtgut gehörendes Recht verfügt, ist der andere Ehegatte berechtigt, im **eigenen Namen** gegen den Vertragspartner des Verwalters gerichtlich vorzugehen und z.B. auf Herausgabe der Sache oder Rückübertragung des Rechtes an sich oder an den Verwalter zu klagen (§ 1428).

Hinsichtlich der Herausgabe einer **ungerechtfertigten Bereicherung** gilt das gleiche wie zu § 1457 (§ 1434; s.o. RN **288**).

290 d) In einer Reihe von Angelegenheiten ist der nicht an der Verwaltung beteiligte Ehegatte berechtigt, **ohne Zustimmung** des Verwalters rechtswirksam zu handeln.

Das ist der Fall:

- wenn der Verwalter durch Krankheit oder Abwesenheit **verhindert** ist, ein Rechtsgeschäft vorzunehmen und mit dessen Aufschub Gefahr verbunden ist (§ 1429);
- wenn das VormG die Zustimmung des Verwalters zu einem Rechtsgeschäft ersetzt hat, das der andere Ehegatte in **persönlichen Angelegenheiten** vornehmen muß (§ 1430);
- wenn der Verwalter eingewilligt hat, daß der andere Ehegatte ein **selbständiges Erwerbsgeschäft** betreibt, für alle dabei anfallenden Rechtsgeschäfte und Rechtsstreitigkeiten (§ 1431; im einzelnen s.o. RN **287**);
- wenn es um die **Annahme** oder **Ausschlagung** einer Erbschaft, eines Vermächtnisses, usw. geht (§ 1432);
- wenn ein Rechtsstreit **fortgesetzt** werden soll, der schon beim Eintritt der Gütergemeinschaft anhängig war (§ 1433).

C. Die Schuldenhaftung im Außenverhältnis

291 Bei den verschiedenen Vermögensmassen innerhalb der Gütergemeinschaft ist zu unterscheiden, inwieweit den Gläubigern für die Schulden eines Ehegatten das Gesamtgut oder das Sonder- und Vorbehaltsgut haftet.

1. Haftung des Gesamtgutes

Grundsätzlich haftet das Gesamtgut für alle Schulden beider Ehegatten. Diese Schulden, bei denen die Gläubiger Befriedigung aus dem Gesamtgut verlangen können, heißen **Gesamtgutsverbindlichkeiten** (§§ 1437 I, 1459 I).

a) Bei der **Alleinverwaltung** durch einen Ehegatten sind alle durch ihn veranlaßten Schulden Gesamtgutsverbindlichkeiten, und zwar gleichgültig, ob sie vor oder während des Güterstandes entstanden sind, ob sie auf Gesetz oder Rechtsgeschäft beruhen oder sich auf sein Vorbehaltsgut oder Sondergut beziehen (§ 1437 I).

Bsp. 1: Die Eheleute haben durch Ehevertrag einen Sportwagen, der vom allein verwaltenden Ehegatten gekauft worden ist, zu dessen Vorbehaltsgut erklärt. Für die Zahlung des Kaufpreises haftet das Gesamtgut der Eheleute. Zusätzlich haftet der allein verwaltende Ehegatte dem Verkäufer des Wagens auch persönlich mit seinem Vorbehaltsgut (s.u. RN **293**).

Gesamtgutsverbindlichkeiten sind im gleichen Umfang auch die **Schulden des anderen Ehegatten**, von den Ausnahmen in §§ 1438 bis 1440 abgesehen (vgl. § 1437).

Diese Ausnahmen betreffen z.B. Schulden aus Rechtsgeschäften des anderen Ehegatten nach Eintritt des Güterstandes, denen der allein verwaltende Ehegatte nicht zugestimmt hat (§ 1438) oder Schulden, die mit dem Vorbehaltsgut oder Sondergut des nicht verwaltenden Ehegatten zusammenhängen (vgl. §§ 1439, 1440).

b) Zu den Gesamtgutsverbindlichkeiten zählen auch die Schulden aus Rechts- 292
geschäften, die **ohne Zustimmung des Verwalters** für das Gesamtgut wirksam sind (§ 1438 I). Dazu gehören z.B.:

- Schulden, die aufgrund des gegenseitigen Vertretungsrechtes nach § 1357 entstanden sind (s.o. RN **127**);
- Schulden, die mit der Führung eines selbständigen Erwerbsgeschäfts verbunden sind, wenn der verwaltende Ehegatte dem Betrieb eines solchen Erwerbsgeschäfts vorher zugestimmt hatte (§ 1440, 2);
- Schulden, die mit dem Erwerb einer Erbschaft, eines Vermächtnisses oder mit anderen Rechtsgeschäften persönlicher Art verbunden sind (§ 1432);
- Kosten eines Rechtsstreits, den ein Ehegatte nach Eintritt der Gütergemeinschaft fortgesetzt hat (§ 1433);
- Schulden aus einer ungerechtfertigten Bereicherung (§§ 812 ff) des Gesamtgutes (§ 1434).

c) In ganz ähnlicher Weise ist die Haftung für Gesamtgutsverbindlichkeiten geregelt, wenn die Ehegatten das Gesamtgut **gemeinschaftlich** verwalten (vgl. § 1459 I). Der Haftungsumfang des Gesamtgutes für beide Ehegatten ist fast der gleiche wie im Falle der Alleinverwaltung; die in den §§ 1460 bis 1462 genannten Ausnahmen entsprechen den Vorschriften der §§ 1438 bis 1440 (s.o. RN **291**).

2. Die persönliche Haftung der Ehegatten 293

a) Wer das Gesamtgut **allein verwaltet**, haftet auch **persönlich** mit seinem Sonder- und Vorbehaltsgut für alle in seiner Person entstandenen Schulden, aber auch für die Schulden seines Ehegatten mit Ausnahme der in den §§ 1438 bis 1440 geregelten Fälle (§ 1437 II).

Diese persönliche Haftung auch für die Schulden des anderen Ehegatten ist gefährlich und kann den **wirtschaftlichen Ruin** beider Ehegatten zur Folge haben; denn beide haften den Gläubigern als **Gesamtschuldner** im Sinne des § 421. Das bedeutet z.B., daß ein Gläubiger die Begleichung einer Schuld nach seinem Belieben von jedem Ehegatten ganz oder zum Teil fordern kann, bis sie getilgt ist.

b) Einschränkend ist allerdings zu sagen, daß die Haftung mit dem Sondergut oft schon deshalb entfällt, weil es in der Regel unpfändbar ist (§ 851 ZPO i.V.m. 1417 II BGB). Ferner ist zu beachten, daß der von der Verwaltung ausgeschlossene Ehegatte für die Schulden des verwaltenden Ehegatten niemals persönlich haftet (§ 1422, 2).

c) Sofern das Gesamtgut von **beiden Ehegatten** verwaltet wird, haften **beide** für alle Gesamtgutsverbindlichkeiten auch persönlich mit ihrem Sonder- und Vorbehaltsgut, von den Ausnahmen der §§ 1460 bis 1462 abgesehen (§ 1459 II 1). Hier gilt das zu 2 a) Gesagte entsprechend.

D. Die Schuldenhaftung im Innenverhältnis

294 Von der Haftung der Eheleute mit ihrem Gesamtgut oder dem Sonder- und Vorbehaltsgut gegenüber ihren Gläubigern (Außenverhältnis) ist die Haftung der Ehegatten im Verhältnis zueinander zu unterscheiden (Innenverhältnis). Im allgemeinen fallen auch im Innenverhältnis der Ehegatten die Gesamtgutsverbindlichkeiten dem Gesamtgut zur Last, so daß für gegenseitige Ausgleichsansprüche zwischen ihnen kein Raum ist.

Doch macht das Gesetz dann eine Ausnahme von diesem Grundsatz, wenn es nicht gerechtfertigt wäre, für die Schulden eines Ehegatten im Verhältnis zum anderen das Gesamtgut haften zu lassen.

1. Das Innenverhältnis bei Alleinverwaltung

295 Folgende Gesamtgutsverbindlichkeiten fallen dem Ehegatten zur Last, der sie veranlaßt hat:

a) Schulden aus einer unerlaubten Handlung (§ 823), die nach Eintritt der Gütergemeinschaft begangen worden ist, und aus einem darauf beruhenden Strafverfahren (§ 1441 Nr. 1);

Bsp.: Schadenersatzleistungen; Bußgelder und Geldstrafen; Kosten eines Strafverteidigers.

b) Schulden, die sich auf das Vorbehaltsgut oder das Sondergut eines Ehegatten beziehen, sofern dafür im Außenverhältnis das Gesamtgut haftet (§ 1441 Nr. 2; s.o. RN **291**);

Bsp. 2: Ist der in Bsp. 1 erwähnte Sportwagen aus dem Gesamtgut der Eheleute bezahlt worden, hat der allein verwaltende Ehegatte den Kaufpreis aus seinem Vorbehalts- oder Sondergut an das Gesamtgut zurückzuerstatten.

Bsp. 3: Der von der Verwaltung ausgeschlossene Ehegatte betreibt mit Zustimmung des Verwalters ein selbständiges zu seinem Vorbehaltsgut gehörendes Erwerbsgeschäft auf eigene Rechnung, für dessen Schulden die Gläubiger das Gesamtgut in Anspruch nehmen dürfen (vgl. § 1440, 2). Doch hat der das Erwerbsgeschäft betreibende Ehegatte dem Gesamtgut das für die Schuldentilgung Verauslagte wieder zu ersetzen (§ 1441 Nr. 2).

Würde das Erwerbsgeschäft nicht zum Vorbehaltsgut gehören, sondern mit Zustimmung des Verwalters für Rechnung des Gesamtgutes betrieben werden, wäre § 1441 Nr. 2 nicht anzuwenden, weil dann die Schulden des Erwerbsgeschäfts auch im Innenverhältnis der Ehegatten dem Gesamtgut zur Last fielen (§ 1442, 2).

c) Kosten eines Rechtsstreits, über die in a) und b) genannten Schulden (§ 1441 Nr. 3), soweit nicht die Ausnahmevorschrift des § 1442 eingreift.

Prozessieren die Ehegatten miteinander, hat jeder Ehegatte die Kosten des Rechtsstreits insoweit zu tragen, wie es vom Prozeßgericht festgesetzt wird (§ 1443 I BGB i.V.m. §§ 91 ff ZPO).
Führt der nicht verwaltende Ehegatte einen Rechtsstreit mit einem Dritten, sind die Kosten nach Maßgabe des § 1443 II entweder vom prozeßführenden Ehegatten oder vom Gesamtgut zu tragen.

d) Kosten einer das gewöhnliche Ausmaß übersteigenden Ausstattung für ein **gemeinschaftliches Kind** (§ 1444 I i.V.m. § 1624; s.u. RN **527**). Erhält ein **nicht gemeinschaftliches Kind** eine Ausstattung aus dem Gesamtgut, richtet sich die Haftung der Ehegatten im Innenverhältnis nach § 1444 II.

2. Das Innenverhältnis bei gemeinsamer Verwaltung 296

Verwalten beide Ehegatten **gemeinsam** das Gesamtgut, ist ihre Haftung im Innenverhältnis in gleicher Weise geregelt wie bei der Alleinverwaltung eines Ehegatten (§§ 1463 bis 1466); doch ist bei der Ausstattung für ein gemeinsames Kind das Handeln beider Ehegatten gemäß § 1450 erforderlich.

3. Ausgleichspflichten der Ehegatten

Kommt es während der Dauer der Gütergemeinschaft zu ungerechtfertigten Verschiebungen zwischen den einzelnen Vermögensmassen der Ehegatten, insbes. deshalb, weil der **allein verwaltende** Ehegatte Werte des Gesamtgutes für sein Vorbehaltsgut oder sein Sondergut verwendet hat, muß er dies dem Gesamtgut ersetzen; im umgekehrten Fall kann er Ersatz aus dem Gesamtgut verlangen (§ 1445).

Fällig werden diese Ansprüche erst bei der Beendigung der Gütergemeinschaft (§ 1446 I). Das gilt an sich auch für den nicht verwaltenden Ehegatten, doch ist dieser verpflichtet, seine Ausgleichsschulden **sofort** zu bezahlen, soweit sein Vorbehaltsgut oder sein Sondergut dafür ausreicht (§ 1446 II).

Im Falle **gemeinsamer Verwaltung** des Gesamtgutes gilt die Ausgleichspflicht für beide Ehegatten, wobei beide u.U. zur sofortigen Tilgung der Ausgleichsschuld verpflichtet sind (§§ 1467, 1468).

E. Aufhebungsklage und Auseinandersetzung

1. Voraussetzungen der Aufhebungsklage 297

a) Die Haftung des Gesamtgutes für die Schulden beider Ehegatten kann zu einer erheblichen Gefährdung dieser gemeinsamen Vermögensgrundlage der Familie führen, wenn der **allein verwaltende** Ehegatte zu dieser Tätigkeit **unfähig** ist oder seine Rechte **mißbraucht.** Aus diesen sowie den anderen in § 1447 genannten wichtigen Gründen ist der nicht verwaltende Ehegatte berechtigt, auf Aufhebung der Gütergemeinschaft zu klagen.

b) Das gleiche Recht steht auch dem Verwalter zu, wenn durch das Verhalten des anderen Ehegatten das Gesamtgut überschuldet zu werden droht (§ 1448).

c) Bei **gemeinsamer Verwaltung** des Gesamtgutes kann jeder Ehegatte die Aufhebung der Gütergemeinschaft im Klagewege betreiben, wenn dafür die in § 1469 genannten Gründe vorliegen, die im wesentlichen den §§ 1447 und 1448 entsprechen.

2. Wirkungen des Aufhebungsurteils

298 a) Das rechtskräftige Aufhebungsurteil ist ein Gestaltungsurteil, durch das die Gütergemeinschaft aufgehoben wird; für die **Zukunft** gilt der Güterstand der Gütertrennung (§§ 1449 I, 1470 I). Der Ehegatte, der die Aufhebung erwirkt hat, kann bei der Auseinandersetzung des Gesamtgutes wählen, ob sie für den Zeitpunkt der Rechtskraft des Urteils oder für den Zeitpunkt der Rechtshängigkeit der Aufhebungsklage erfolgen soll (§ 1479). Auf diese Weise kann einer Vermögensmanipulation nach Einreichung der Aufhebungsklage entgegengewirkt werden.

b) **Dritten** kann die Aufhebung der Gütergemeinschaft nur nach Maßgabe des § 1412 entgegengehalten werden (§§ 1449 II, 1470 II; s.o. RN **264**).

3. Die Auseinandersetzung des Gesamtgutes

299 Bei der Auseinandersetzung sind zwei Abschnitte zu unterscheiden, nämlich der Rechtszustand von der Beendigung des Güterstandes bis zur Auseinandersetzung und dann die Durchführung der Auseinandersetzung selbst.

a) Wird die Gütergemeinschaft beendet (s.o. RN **279**), ohne daß fortgesetzte Gütergemeinschaft eintritt, verwalten die Ehegatten das Gesamtgut nach Maßgabe der §§ 1472, 1473 bis zur Auseinandersetzung **gemeinschaftlich.** Eine wesentliche Änderung in der Verwaltung tritt demnach nur dann ein, wenn vor der Beendigung des Güterstandes ein Ehegatte das Gesamtgut allein verwaltet hatte.

Nach wie vor besteht eine Gemeinschaft zur gesamten Hand hinsichtlich des Gesamtgutes, so daß der einzelne Ehegatte nicht über seinen Anteil am Gesamtgut und an den einzelnen dazu gehörenden Gegenständen verfügen kann (§ 1471 II i.V.m. § 1419; s.o. RN **281**).

300 b) Bei der Beendigung der Gütergemeinschaft durch den **Tod** entfällt häufig die Auseinandersetzung, wenn die Ehegatten im Ehevertrag oder in einem gemeinsamen Testament sich gegenseitig als Alleinerben eingesetzt haben.

Andernfalls gehört der Anteil des verstorbenen Ehegatten am Gesamtgut mit seinem Vorbehalts- und Sondergut zum Nachlaß, der nach den allgemeinen Bestimmungen vererbt wird (§ 1482 i.V.m. §§ 1922 ff). Die Erben des Verstorbenen haben sich mit dem überlebenden Ehegatten nach den Vorschriften der §§ 1471 bis 1481 auseinanderzusetzen.

Das gleiche gilt für die Ehegatten selbst, wenn die Gütergemeinschaft zu ihren Lebzeiten endet.

c) Bei der Durchführung der Auseinandersetzung (§ 1474) sind zunächst die Gesamtgutsverbindlichkeiten zu tilgen (§ 1475 I); der verbleibende Überschuß steht beiden Ehegatten zu gleichen Teilen zu (§ 1476). Die Teilung des Überschusses erfolgt nach den Vorschriften über die **Gemeinschaft** (§ 1477 I i.V.m. §§ 752 ff), wobei jeder Ehegatte bestimmte Gegenstände, die zum Gesamtgut gehören, gegen Ersatz ihres Wertes übernehmen kann (§ 1477 II). Pensions-, Renten- und andere Versorgungsanwartschaften der Ehegatten bleiben von der Auseinandersetzung unberührt, da sich ihre Regelung nach den Sondervorschriften über den Versorgungsausgleich richtet (§ 1587 III). 301

Für den Fall, daß entgegen § 1475 die Teilung des Gesamtgutes **vor** der Begleichung der Gesamtgutsverbindlichkeiten erfolgt, haftet auch der nicht an der Verwaltung beteiligte Ehegatte den Gläubigern persönlich als Gesamtschuldner, aber unter Beschränkung seiner Haftung auf die ihm zugeteilten Gegenstände (§ 1480). Im Innenverhältnis hat der bisher allein verwaltende Ehegatte dafür zu sorgen, daß der andere nicht von einem Gläubiger über das aus dem Gesamtgut Erlangte hinaus und nicht höher als bis zur Hälfte der Schulden in Anspruch genommen wird (§ 1481 I).

d) Wird die Gütergemeinschaft durch eine **Ehescheidung** beendet, gilt die besondere Vorschrift des § 1478. Sie ermöglicht es jedem Ehegatten, anstelle der in § 1476 I vorgesehenen Regelung, wonach der verbleibende Überschuß nach Tilgung der Gesamtgutsverbindlichkeiten beiden Ehegatten zu **gleichen Teilen** zusteht, eine andere Art der Auseinandersetzung zu wählen. 302

Verlangt er die Auseinandersetzung nach § 1478, ist ihm der **Wert** dessen zu erstatten, was er in die Gütergemeinschaft eingebracht hat. Der Anspruch ist also nicht auf die Rückgabe der eingebrachten Sachen gerichtet, doch kann auch in diesem Fall die Übernahme von Sachen gegen Ersatz ihres Wertes gemäß § 1477 II erfolgen. Zu den "eingebrachten Sachen" zählen zunächst die Gegenstände, die dem Ehegatten beim Eintritt des Güterstandes gehört haben; dies trifft auch auf einen Zugewinnausgleichsanspruch zu, wenn die Eheleute vor der Gütergemeinschaft im gesetzlichen Güterstand gelebt haben (BGHZ 109, 89, 93); ebenso alles, was ein Ehegatte im Erbwege, durch Schenkung oder Ausstattung erworben hat (vgl. § 1478 II, III).

F. Die fortgesetzte Gütergemeinschaft

Einführung 303

Sinn der fortgesetzten Gütergemeinschaft ist es, das Familienvermögen auch nach dem Tod eines Ehegatten den Angehörigen der Familie zu erhalten und andere, nicht zu diesem Kreis gehörende Personen, davon auszuschließen.

Dieses Ziel wird durch die Fortsetzung der Gütergemeinschaft zwischen dem überlebenden Ehegatten und den gemeinschaftlichen Abkömmlingen erreicht, wobei der überlebende Ehegatte die Alleinverwaltung des Gesamtgutes übernimmt, während die Abkömmlinge in die Stellung des von der Verwaltung ausgeschlossenen Ehegatten eintreten (§ 1487 I).

Die damit verbundenen gesetzlichen Regelungen haben sich in der Praxis nicht bewährt, vor allem deshalb, weil sie den überlebenden Ehegatten in seiner Handlungsfreiheit stark einschränken und weil die Familienmitglieder in der heutigen Zeit eher an einer raschen Erbteilung interessiert sind, als an der Bindung des Familienvermögens. Aus diesen Gründen ist die fortgesetzte Gütergemeinschaft nur noch selten anzutreffen.

Die Rechtsverhältnisse der fortgesetzten Gütergemeinschaft sind durch **zwingende Vorschriften** geregelt, so daß Anordnungen der Ehegatten, die mit den §§ 1483 bis 1517 in Widerspruch stehen, nichtig sind (§ 1518 i.V.m. § 134).

1. Eintritt der fortgesetzten Gütergemeinschaft

304 Die fortgesetzte Gütergemeinschaft kann nur im Wege eines **Ehevertrages** begründet werden und hat zur Folge, daß beim Tod eines Ehegatten die Gütergemeinschaft zwischen dem überlebenden Ehegatten auf der einen und den **gemeinschaftlichen** erbberechtigten Abkömmlingen (§ 1924; zum Begriff s.o. RN **242**) auf der anderen Seite fortgesetzt wird (§ 1483).

Die Fortsetzung betrifft nur das Gesamtgut, so daß das Sondergut und das Vorbehaltsgut des Verstorbenen nach den allgemeinen Erbregeln weitervererbt wird. Leben außerdem **einseitige Abkömmlinge** des Verstorbenen (z.B. aus einer früheren Ehe), erben diese so, als ob die fortgesetzte Gütergemeinschaft nicht eingetreten wäre (§ 1483 II); sie erben also auch den ihnen zustehenden Anteil am Gesamtgut.

2. Die Verwaltung des Gesamtgutes

305 a) Das **Gesamtgut** der fortgesetzten Gütergemeinschaft besteht aus dem bisher vorhandenen Gesamtgut der Gütergemeinschaft, soweit es nicht einem einseitigen und damit nicht anteilsberechtigten Abkömmling zugefallen ist (§ 1483 II); ferner aus dem Vermögen, das der überlebende Ehegatte aus dem Nachlaß des Verstorbenen geerbt hat, sowie aus dem Vermögen, das er nach Eintritt der fortgesetzten Gütergemeinschaft erwirbt (§ 1485 I). Nicht zum Gesamtgut gehören das Sonder- und Vorbehaltsgut des überlebenden Ehegatten (§ 1486) und das Vermögen der Abkömmlinge (§ 1485 II).

b) Gesamtgutsverbindlichkeiten sind zunächst die Schulden des überlebenden Ehegatten, und zwar gleichgültig aus welchem Rechtsgrund sie entstanden sind, sodann die Schulden des verstorbenen Ehegatten, sofern sie schon während des Bestehens der Gütergemeinschaft Gesamtgutsverbindlichkeiten waren (§ 1488). Für diese Verbindlichkeiten haftet der überlebende Ehegatte auch persönlich (§ 1489 I), während eine persönliche Haftung der Abkömmlinge durch die fortgesetzte Gütergemeinschaft nicht begründet wird (§ 1489 III). Sie haften für ihre eigenen Schulden nur mit ihrem eigenen Vermögen.

c) Verbindlichkeiten des überlebenden Ehegatten, die er dem Gesamtgut schuldet, oder seine Forderungen gegen das Gesamtgut werden erst nach Beendigung der fortgesetzten Gütergemeinschaft fällig (§ 1487 II).

3. Die Beendigung der fortgesetzten Gütergemeinschaft 306

a) Der überlebende Ehegatte kann innerhalb von sechs Wochen, nachdem er vom Eintritt der fortgesetzten Gütergemeinschaft Kenntnis erhalten hat, diese durch Erklärung gegenüber dem Nachlaßgericht **ablehnen** (§ 1484 I i.V.m. §§ 1943 ff). Lehnt er ab, gilt das gleiche wie beim Tod eines Ehegatten (§ 1484 III i.V.m. § 1482; s.o. RN **300**).

b) Auch nach Ablauf der Ablehnungsfrist kann der überlebende Ehegatte die fortgesetzte Gütergemeinschaft jederzeit **aufheben.** Die Aufhebung geschieht durch Erklärung gegenüber dem Nachlaßgericht oder durch notariellen Vertrag mit den anteilsberechtigten Abkömmlingen (§ 1492) und hat die Auseinandersetzung des Gesamtgutes zur Folge (§ 1497).

c) Die fortgesetzte Gütergemeinschaft endet ferner mit der **Wiederverheiratung** des überlebenden Ehegatten (§ 1493) oder mit dessen **Tod** (§ 1494). Sie endet auch beim **Tod** aller anteilsberechtigten **Abkömmlinge** (§ 1490, 3) oder beim **Verzicht** aller anteilsberechtigten Abkömmlinge auf ihren Anteil am Gesamtgut (§ 1491).

d) Ein **anteilsberechtigter Abkömmling** kann nur im Wege der **Aufhebungsklage** die Aufhebung der fortgesetzten Gütergemeinschaft herbeiführen, wenn 307
einer der in § 1495 Nr. 1 bis 3 genannten Gründe vorliegt (Nr. 4 ist gegenstandslos, weil es eine Verwirkung der elterlichen Sorge nicht mehr gibt). Das rechtskräftige Aufhebungsurteil wirkt auch gegenüber allen anderen Abkömmlingen, selbst wenn sie am Prozeß nicht beteiligt waren (§ 1496).

e) Ferner besteht für jeden Ehegatten die Möglichkeit, die Fortsetzung der Gütergemeinschaft im Wege einer letztwilligen Verfügung beim Vorliegen bestimmter Umstände **auszuschließen** (§§ 1509, 1510) oder - mit Zustimmung des anderen Ehegatten (§ 1516) - einen gemeinschaftlichen Abkömmling von der Teilnahme an ihr auszuschließen oder dessen Anteil herabzusetzen oder zu entziehen (§§ 1511-1515).

4. Die Auseinandersetzung des Gesamtgutes

Nach Beendigung der fortgesetzten Gütergemeinschaft ist das Gesamtgut zwischen dem überlebenden Ehegatten und den Abkömmlingen auseinanderzusetzen (§ 1497). Die Durchführung der Auseinandersetzung ist entsprechend der Auseinandersetzung bei Beendigung der Gütergemeinschaft geregelt (s.o. RN **301**) und richtet sich im einzelnen nach den Vorschriften der §§ 1498 bis 1506.

Vierter Teil

Die Ehescheidung und ihre Nachwirkungen

Erster Abschnitt: **Die Ehescheidung**

I. Einführung

308 1. Begriff und geschichtlicher Rückblick

Ehescheidung bedeutet die Auflösung der Ehe auf Antrag eines oder beider Ehegatten durch ein gerichtliches Urteil mit Wirkung für die Zukunft (vgl. § 1564). Die Gründe dafür liegen nicht in Mängeln der Eheschließung, sondern beruhen auf Umständen, die in der Entwicklung des ehelichen Verhältnisses nach der Heirat eingetreten sind.

Das Recht der Ehescheidung war bis zum Jahre 1938 im **BGB** geregelt; dann wurde es, hauptsächlich aus ideologischen Gründen (s.o. RN **28**), aus dem BGB entfernt und in einem neugeschaffenen **Ehegesetz** den nationalsozialistischen Vorstellungen angepaßt. Nach dem zweiten Weltkrieg ist das EheG vom Alliierten Kontrollrat nach Bereinigung von seinem rassistischen Gedankengut am 1.3.1946 als Gesetz Nr. 16 wieder in Kraft gesetzt worden.

Nach diesem Gesetz konnte ein Ehegatte die Scheidung verlangen, wenn der andere die Ehe gebrochen oder durch andere schwere Verfehlungen schuldhaft so tief zerrüttet hatte, daß die Wiederherstellung der ehelichen Lebensgemeinschaft nicht mehr zu erwarten war. Bei dieser Beurteilung spielte der **letzte eheliche Verkehr** eine große Rolle, weil dieser Verkehr von den Gerichten schematisch als "Verzeihung" gewertet wurde, was den Verlust der vorangegangenen Scheidungsgründe zur Folge hatte.

Daneben gab es Scheidungsgründe in besonderen Fällen (z.B. bei bestimmten Arten geistiger und körperlicher Krankheiten) und den Scheidungsgrund der Ehezerrüttung nach dreijähriger Aufhebung der häuslichen Gemeinschaft, und zwar ohne die Notwendigkeit eines Schuldnachweises. Dieser letztgenannte Scheidungsgrund scheiterte jedoch oft am Widerstand des anderen Ehegatten oder wegen des Interesses minderjähriger Kinder an der Aufrechterhaltung der Ehe.

2. Die Einführung des neuen Scheidungsrechtes

309 Eine grundlegende Änderung im Scheidungsrecht ist durch das 1. EheRG vom 14.6.1976 eingetreten. Mit ihm wurde das Recht der Ehescheidung wieder in das BGB zurückverlegt und ist nunmehr in den §§ 1564 bis 1568 enthalten. Gleichzeitig wurde damit eine Abkehr vom Schuldprinzip der Scheidung vollzogen und an seiner Stelle ausnahmslos das Zerrüttungsprinzip eingeführt.

Beachte: Es kommt nicht mehr darauf an, wer die Zerrüttung verschuldet hat; maßgebend ist allein der Umstand, daß die Ehe **gescheitert** ist.

Damit hat der Gesetzgeber der Tatsache Rechnung getragen, daß es in den meisten Fällen weder den Ehegatten noch dem Gericht möglich ist, alle Ursachen für eine Zerrüttung zu erkennen und ihren Einfluß auf die Ehe richtig einzuschätzen.
Gleichzeitig mit dem Recht der Ehescheidung wurde auch das **Verfahren** reformiert. Das Scheidungsverfahren wird nicht mehr als Rechtsstreit zwischen einem "Kläger" und einem "Beklagten" ausgetragen, sondern auf **Antrag** eines oder beider Ehegatten eingeleitet, die die Bezeichnung "Antragsteller" und "Antragsgegner" tragen (§ 622 ZPO).
Eine weitere wesentliche Änderung gegenüber dem früheren Recht besteht darin, daß gleichzeitig mit der Scheidung - sei es von Amts wegen oder auf Antrag - auch über die sog. **Folgesachen** mitzuentscheiden ist. Das sind Familiensachen, die sich mit den **Nachwirkungen** der Ehe befassen und eine große praktische Bedeutung haben. Es handelt sich dabei um die in § 623 ZPO i.V.m. § 621 ZPO aufgeführten Angelegenheiten, wie z.B. den nachehelichen Unterhalt und Versorgungsausgleich.

3. Kirchliches Scheidungsrecht 310

Die Einstellung der katholischen Kirche zur Ehescheidung unterscheidet sich wesentlich von der Sicht der evangelischen Kirche:
Da nach katholischer Lehre die Ehe ein Sakrament ist, das sich die Eheleute gegenseitig spenden, gilt die durch den ehelichen Verkehr vollzogene Ehe Getaufter als **unauflöslich**. Nur bei Vorliegen besonderer Umstände (z.B. bei bestimmten Ehehindernissen, bei fehlendem freien Willen zur Ehe und zur Nachkommenschaft) kann in einem Verfahren der kirchlichen Ehegerichtsbarkeit eine Ehe für ungültig erklärt (annulliert) werden. Die weltliche Ehescheidung hat deshalb auf die kirchlich getraute Ehe keinen Einfluß.
Die evangelischen Kirchen haben keine Verfahren zur Auflösung kirchlich geschlossener Ehen entwickelt, da die Ehe nach Luthers Auffassung "ein weltlich Ding" ist. Doch lehnen auch die evangelischen Kirchen eine Scheidung grundsätzlich ab, da sie nicht ihrem Verständnis vom Wesen der Ehe entspricht. Die kirchliche Trauung eines geschiedenen Ehegatten wird aber (im Gegensatz zur katholischen Kirche) beim Vorliegen ernster Gründe gestattet.

4. Statistik 311

Die Zahl der Ehescheidungen nimmt von Jahr zu Jahr zu. 1997 wurden in ganz Deutschland 187.802 Ehen geschieden, rund 7 % mehr als im Jahr zuvor (175.550). Damit wird von hundert bestehenden Ehen eine geschieden. In nur zwei von je tausend Verfahren wird der Scheidungsantrag abgewiesen.

Praktisch führt heute jeder Scheidungsantrag auch zur Ehescheidung. Die Anträge werden, wie schon seit Jahrzehnten, überwiegend von Frauen gestellt (zu 61%); in den meisten Fällen stimmen jedoch die Ehemänner der Scheidung zu.

5. Wirkungen der Ehescheidung

312 Durch die Scheidung entfallen für die Ehegatten die "Wirkungen der Ehe im allgemeinen" (§§ 1353 ff) sowie die zwischen ihnen bestehenden Erb- und Pflichtteilsrechte (§§ 1931 ff, 2077, 2268, 2303 II). Anstelle der Sorge für den Familienunterhalt (§ 1360) kann nach der Scheidung die Unterhaltsleistung für den anderen Ehegatten treten (§§ 1569 ff). Die während der Ehe begründeten güterrechtlichen Verpflichtungen in der Zugewinngemeinschaft (§§ 1363 ff) oder der Gütergemeinschaft (§§ 1415 ff) enden mit der Scheidung und haben eine vermögensrechtliche Auseinandersetzung zur Folge. Schließlich findet zwischen den geschiedenen Ehegatten der Versorgungsausgleich statt (§§ 1587 ff).

Sind minderjährige Kinder vorhanden, bewirkt die Scheidung nicht mehr den Verlust der elterlichen Sorge für einen Elternteil, doch ist es häufig erforderlich, den Unterhalt für die Kinder in einem besonderen Verfahren sicherzustellen (§ 1612 a).

II. Voraussetzungen der Ehescheidung

1. Scheitern der Ehe

313 Im Unterschied zum früheren Recht kennt das Gesetz nur noch **einen** Scheidungsgrund, das **Scheitern der Ehe** (§ 1565 I 1). Nach der gesetzlichen Begriffsbestimmung (Legaldefinition) ist eine Ehe dann gescheitert, wenn die Lebensgemeinschaft der Ehegatten nicht mehr besteht und nicht erwartet werden kann, daß die Ehegatten sie wiederherstellen (§ 1565 I 2).

a) Die eheliche Lebensgemeinschaft besteht dann nicht mehr, wenn das Maß der Gemeinsamkeiten, das die Ehegatten noch verbindet, unter eine Mindestgrenze abgesunken ist. Die Aufhebung der Lebensgemeinschaft setzt nicht zwingend eine räumliche Trennung voraus, doch kann die Trennung ein wichtiges Anzeichen dafür sein, daß sich die Eheleute nichts mehr zu sagen haben. Auch muß die Entfremdung der Ehegatten nicht auf beiden Seiten eingetreten sein; nicht selten kommt es vor, daß sich ein Partner der ehelichen Lebensgemeinschaft aus Gründen entzieht, die allein in seiner Person liegen, während der andere Ehegatte an der Lebensgemeinschaft festhalten möchte. Die einseitig herbeigeführte Ehezerrüttung kann daher auch für dessen Verursacher ein Recht auf Scheidung begründen.

b) Zur Aufhebung der Lebensgemeinschaft muß hinzukommen, daß die Wiederherstellung der ehelichen Lebensgemeinschaft voraussichtlich nicht mehr erwartet werden kann. Diese Prognose ist oft schwierig zu stellen, da es immer wieder vorkommt, daß Ehegatten selbst nach mehrjähriger Entfremdung wieder zueinander finden und die eheliche Gemeinschaft fortsetzen.

Maßgebend wird sein, ob die Ehekrise überwindbar erscheint oder ob einem oder beiden Ehegatten jegliche Versöhnungsbereitschaft fehlt.

Bsp.: für häufig vorkommende Zerrüttungsgründe:
Unüberwindliche Abneigung wegen Unvereinbarkeit der Charaktere; eheliche Untreue; Eingehung einer festen und dauerhaften Bindung mit einem anderen Partner (OLG Frankfurt FamRZ 77, 801); dauernde Lieblosigkeit; Homosexualität (OLG Hamm FamRZ 78, 190); Beleidigungen und Mißhandlungen; Vernachlässigung der Kinder und des Haushalts; Begehung strafbarer Handlungen; Krankheiten, insbes. Suchtkrankheiten.

2. Vermutungstatbestände 314

Um dem Gericht die Beurteilung, ob die Ehe gescheitert ist, zu erleichtern, hilft das Gesetz mit zwei **unwiderlegbaren Vermutungen:**

a) Die Ehe **gilt** als gescheitert, wenn die Ehegatten seit **einem Jahr** getrennt leben und **beide** Ehegatten die Scheidung beantragen oder der Antragsgegner der Scheidung zustimmt (§ 1566 I). Damit ermöglicht das Gesetz die **einverständliche Scheidung** (Konventionalscheidung) der Ehegatten.

Diese hat es in der Gerichtspraxis schon zur Zeit der Verschuldensscheidung gegeben, wenn auch getarnt: Die Eheleute einigten sich mit Hilfe ihrer Anwälte und stützten die Klage auf nur eine Eheverfehlung, meist des Mannes, um der Frau den Anspruch auf Unterhaltsleistung zu erhalten.

Die Vermutung gilt, wenn die Ehegatten mindestens ein Jahr **getrennt gelebt** haben. Dabei reicht es aus, daß diese Frist am Schluß der mündlichen Verhandlung vollendet wird. Der Lauf der Jahresfrist wird nicht dadurch gehemmt oder unterbrochen, wenn die Ehegatten einen **Versöhnungsversuch** unternehmen und deshalb über eine kürzere Zeit zusammenleben (§ 1567 II). Was unter einer "kürzeren Zeit" zu verstehen ist, läßt sich nicht eindeutig abgrenzen. Bei der Trennungsfrist von einem Jahr wird nur ein Zeitraum von einigen Wochen als "kürzer" zu beurteilen sein (a.A. OLG Düsseldorf FamRZ 95, 96: drei Monate).
Unter dem **Getrenntleben** der Ehegatten ist die Aufhebung der häuslichen Gemeinschaft zu verstehen, die auch innerhalb der ehelichen Wohnung erfolgen kann. Doch muß diese Trennung dem Willen eines (oder beider) Ehegatten entsprechen, nicht mehr zusammenleben zu wollen (§ 1567 I). Näheres zum Begriff des Getrenntlebens s.o. RN **147.**

b) Ferner ist erforderlich, daß der **Antrag** auf Ehescheidung von **beiden** Ehegatten in **einer** Antragsschrift oder in getrennten Schriften gestellt wird; es reicht aber aus, wenn ein Ehegatte dem Antrag des anderen zustimmt.

Der Scheidungsantrag **eines** Ehegatten muß nach § 630 I ZPO bei einer einverständlichen Scheidung bestimmte Angaben enthalten:

1. die Mitteilung, daß der andere Ehegatte der Scheidung zustimmen oder selbst die Scheidung beantragen wird;

2. im Falle, daß minderjährige Kinder vorhanden sind:
entweder die übereinstimmenden Erklärungen beider Ehegatten, daß sie sich über den Fortbestand der elterlichen Sorge und über den Umgang mit ihren Kindern einig sind und deshalb in dieser Hinsicht **keine Anträge** stellen werden,
oder die entsprechenden **Anträge** (jeweils mit der Zustimmung des anderen Ehegatten), falls die Ehegatten eine Übertragung der elterlichen Sorge oder eine Umgangsregelung durch das Gericht wünschen;

3. schließlich die Einigung über den Kindes- und Ehegattenunterhalt und über die Rechtsverhältnisse an der Ehewohnung und am Hausrat. Hier kommt noch hinzu, daß das FamG dem Scheidungsantrag erst stattgeben soll, wenn die Ehegatten über den Gegenstand ihrer Einigung auch einen **vollstreckbaren Schuldtitel** herbeigeführt haben (§ 630 III ZPO). Dabei kann es sich u.a. um einen vor Gericht geschlossenen Vergleich handeln (§ 794 I Nr. 1 ZPO).

Mit diesen Verfahrensvorschriften ist eigentlich eine erhebliche Erschwerung der einverständlichen Scheidung nach einem Trennungsjahr verbunden. Dennoch werden etwa zwei Drittel aller Ehescheidungen nach § 1566 I durchgeführt, weil sich die Ehepaare vor Einreichung des Scheidungsantrags unter Mitwirkung eines Rechtsanwalts über diese Probleme einigen können.

Gelingt es ihnen nicht, die in § 630 ZPO genannten Voraussetzungen zu erfüllen, können sie ihr Scheidungsbegehren unmittelbar auf § 1565 I stützen, müssen dann aber das Scheitern ihrer Ehe vor Gericht beweisen, was aber im Regelfall keine besonderen Schwierigkeiten bereitet (verdeckte Konventionalscheidung; s.u. RN **318**).

315 c) Will nur **ein** Ehegatte geschieden werden, braucht er das Scheitern seiner Ehe nicht zu beweisen, wenn die Ehegatten **seit drei Jahren** getrennt leben; denn das Scheitern wird dann **unwiderlegbar vermutet** (§ 1566 II). Diese Vorschrift eröffnet einem Ehegatten, der sich von der Ehe losgesagt oder sie durch sein Verhalten zerstört hat, die Möglichkeit, die Scheidung auch gegen den Widerstand des anderen zu erreichen.

Auch hier unterbricht ein kurzzeitiges Zusammenleben zum Zwecke eines Versöhnungsversuchs nicht den Lauf der Dreijahresfrist (§ 1567 II). Ein vorübergehendes Zusammenleben bis zu etwa drei Monaten kann hier noch als "kürzere Zeit" angesehen werden (OLG Hamm NJW-RR 86, 554; umstr.).

Bei einer streitigen Scheidung muß in der Antragsschrift, was die nachehelichen Regelungen betrifft, nur angegeben werden, ob gemeinschaftliche Kinder vorhanden und ob Familiensachen anderer Art (§ 621 II 1 ZPO) bereits bei Gericht anhängig sind (§ 622 II ZPO).

3. Scheidung ohne Vermutungstatbestände

316 In einigen Fällen können sich Ehegatten nicht auf die gesetzlichen Scheidungsvermutungen stützen, sondern müssen, wenn sie mit ihrem Scheidungsantrag Erfolg haben wollen, das Scheitern ihrer Ehe vor Gericht **beweisen**. Im einzelnen:

a) Leben die Ehegatten noch **nicht ein Jahr getrennt**, kann die Ehe nur geschieden werden, wenn ihre Aufrechterhaltung für den Antragsteller aus Gründen, die in der Person des anderen liegen, eine **unzumutbare Härte** darstellen würde (§ 1565 II; BGH FamRZ 81, 127; OLG Köln FamRZ 96, 108). Durch diese Vorschrift wird die Scheidung erheblich erschwert, wenn ein Ehegatte (oder beide) nicht gewillt sind, das Trennungsjahr abzuwarten.

Damit soll übereilten Scheidungsanträgen entgegengewirkt und verhindert werden, daß ein Ehegatte, der durch sein Verhalten die Ehe zerrüttet hat, die sofortige Scheidung erzwingen kann (OLG Koblenz FamRZ 78, 33). Außerdem dient die Notwendigkeit der einjährigen Trennung auch dazu, die Ernsthaftigkeit des Scheidungsbegehrens erkennbar werden zu lassen.

Nur dann, wenn nachgewiesen wird, daß die Ehe gescheitert ist und daß das 317 Abwarten des Trennungsjahres für den Antragsteller unzumutbar wäre, kann die Ehe früher geschieden werden. An diesen Nachweis werden von der Rechtsprechung strenge Anforderungen gestellt (OLG München NJW 78, 49).

Daß die Gründe für die Unzumutbarkeit in der Person des anderen Ehegatten liegen müssen, gilt auch dann, wenn beide Ehegatten die Scheidung vor Ablauf des Trennungsjahres verlangen und jeweils dem anderen Partner eine unzumutbare Härte vorwerfen (Palandt-Diederichsen Rn 18 zu § 1565; umstr.).

Bsp. für unzumutbare Härten:

Fortgesetzte grobe Mißhandlungen (OLG Stuttgart FamRZ 88, 1276); schwere Ehrverletzungen und Kränkungen, insbes. beim eheähnlichen Zusammenleben des Antragsgegners mit einer anderen Person (OLG Köln FamRZ 91, 822); maßlose unbegründete Eifersucht und Streitlust; stark ausgebildeter Alkoholismus (OLG Bamberg FamRZ 80, 577) oder Drogensucht; dauernde Verweigerung des ehelichen Verkehrs (OLG Hamm FamRZ 79, 511); Aufnahme homosexueller Beziehungen; ständiges schikanöses Verhalten (OLG Hamm FamRZ 79, 586).

b) Leben die Ehegatten länger als ein Jahr, aber noch keine drei Jahre getrennt, kann die Ehe gegen den Willen eines Ehegatten nur geschieden werden, wenn der Antragsteller beweist, daß die Ehe gescheitert ist (dazu OLG Zweibrücken FamRZ 97, 1212).

c) Leben die Ehegatten, die eine **einverständliche Scheidung** herbeiführen 318 wollen, schon länger als ein Jahr getrennt, können sich aber nicht über die in § 630 I ZPO genannten Scheidungsfolgen einigen (s.o. RN **314**), haben sie die Möglichkeit, von der Zerrüttungsvermutung keinen Gebrauch zu machen und stattdessen das Scheitern der Ehe im Sinne des § 1565 I im einzelnen darzulegen und zu beweisen.

Dazu genügt es in den meisten Fällen, wenn der Antragsteller den Ablauf des Trennungsjahres und die Gründe vorträgt, aus denen sich die Ehezerrüttung ergibt. Werden diese Angaben vom Antragsgegner bestätigt, legt sie das Gericht seiner Entscheidung zugrunde, falls es keine Zweifel an der Glaubwürdigkeit der übereinstimmenden Erklärungen hat (**verdeckte Konventionalscheidung**; vgl. Staudinger-Rauscher § 1566 Rz 13). Über die Familiensachen, die als **Folgesachen** in den sog. Verhandlungs- und Entscheidungsverbund fallen, wird auch hier - teils von Amts wegen, teils auf Antrag - mitentschieden (s.u. RN **324 ff**).

4. Härteklauseln

319 Das FamG kann beim Vorliegen eines Härtefalles den Antrag auf Ehescheidung selbst dann abweisen, wenn nachgewiesen ist oder kraft Gesetzes vermutet wird, daß die Ehe gescheitert ist:

a) Eine Ehe soll nicht geschieden werden, wenn ihre Aufrechterhaltung im Interesse der minderjährigen Kinder, die aus der Ehe hervorgegangen sind, "aus besonderen Gründen ausnahmsweise" notwendig ist (§ 1568, 1. HS). Diese Voraussetzungen hat das FamG von Amts wegen zu prüfen.

Wie der Gesetzestext erkennen läßt, wird diese Härteklausel nur in seltenen Ausnahmefällen angewendet, falls die Ablehnung der Scheidung zur Zeit das einzige Mittel ist, um Kinder vor konkret voraussehbaren Schäden und Nachteilen zu bewahren. Das allgemeine Interesse eines Kindes, daß sich seine Eltern nicht scheiden lassen sollen, reicht dafür nicht aus.

Bsp. für Härtefälle:

Gefahr der Selbsttötung des Kindes (OLG Hamburg FamRZ 86, 469); Gefahr schwerer seelischer Konflikte bei starker Bindung zu beiden Elternteilen; Gefährdung des Kindesunterhalts nach der Scheidung (umstr).

320 b) Eine Ehe soll ferner nicht geschieden werden, "wenn und solange die Scheidung für den Antragsgegner, der sie ablehnt, auf Grund außergewöhnlicher Umstände eine so schwere Härte darstellen würde, daß die Aufrechterhaltung der Ehe auch unter Berücksichtigung der Belange des Antragstellers ausnahmsweise geboten erscheint" (§ 1568, 2. HS). Solche außergewöhnliche Umstände werden vom FamG aber nur berücksichtigt, wenn sie vom Antragsgegner vorgebracht werden (§ 616 III ZPO).

Der Zweck dieser Vorschrift besteht nicht darin, eine gescheiterte Ehe auf Dauer aufrechtzuerhalten; sie soll jedoch eine Scheidung "zur Unzeit" verhindern (BVerfG NJW 81, 108) und es dem Antragsgegner ermöglichen, sich auf die neue Situation, die ihn ungewöhnlich hart trifft, einzustellen. Auch in diesem Fall muß die Abweisung des Scheidungsantrags das einzige Mittel sein, um den nicht scheidungswilligen Ehegatten vor einer für ihn unerträglichen Lage zu bewahren.

Bsp. für Härtefälle:

Ein Ehegatte wird nach langjähriger harmonischer Ehe, für die er hohe Opfer gebracht hat, plötzlich im Stich gelassen (BGH NJW 79, 1042); ein schwerkranker Ehegatte würde durch die Scheidung noch zusätzlich in lebensbedrohender Weise belastet (OLG Karlsruhe FamRZ 79, 512); ein Ehegatte, der durch verschiedene Schicksalsschläge hart betroffen ist, könnte die Scheidung nicht noch zusätzlich seelisch verkraften; für einen Ehegatten hätte die Scheidung zur Folge, daß er aus dem Betrieb hinausgedrängt würde, der sein Lebensinhalt ist (vgl. Schwab FamRZ 76, 491, 506; umstr.). Doch werden wirtschaftliche Interessen nur selten die Aufrechterhaltung der Ehe gebieten, etwa um eine Scheidung zur Unzeit zu verhindern (OLG Düsseldorf FamRZ 80, 780).

Bsp. für das Fehlen eines Härtefalles:

Dauernde Hilfsbedürftigkeit (BGH FamRZ 79, 469); Selbstmordgefahr (BGH NJW 81, 2808); Verlust der Ehewohnung (BGH NJW 84, 2353); drohende Abschiebung als Ausländer (OLG Köln FamRZ 95, 997).

III. Das Scheidungsverfahren

1. Verfahrensvorschriften 321

Das Scheidungsverfahren richtet sich nach den allgemeinen Vorschriften der ZPO für Ehesachen (§§ 606 ff ZPO) und den besonderen Vorschriften für die Scheidung und ihre Folgesachen (§§ 622 ff ZPO). Bei den meisten Folgesachen treten die Verfahrensvorschriften des FGG und der HausratsVO an die Stelle der ZPO (§ 621 a I ZPO).

2. Die Zuständigkeit des Familiengerichts

Für die Durchführung des Scheidungsverfahrens ist das **FamG** (eine Abteilung des AG) ausschließlich zuständig, in dessen Bezirk die Ehegatten ihren gemeinsamen gewöhnlichen Aufenthalt haben (§ 606 I 1 ZPO).

Gemeinsam ist der Aufenthalt nur dann, wenn die Eheleute zusammenleben, nicht beim Getrenntleben im Sinne des § 1567.
Unter dem **gewöhnlichen Aufenthalt** ist der **tatsächliche** Mittelpunkt des 322
Lebens zu verstehen, der Ort, an dem sich jemand ständig oder fast ständig aufzuhalten pflegt, wo er also nicht nur vorübergehend wohnt und schläft. Da es sich um ein rein tatsächliches Geschehen handelt, kommt es nicht darauf an, ob der Betreffende auch den rechtsgeschäftlichen Willen hat, an diesem Ort einen **Wohnsitz** zu begründen (§ 7 BGB); doch wird häufig der gewöhnliche Aufenthalt mit dem Wohnsitz identisch sein.

Fehlt es an einem gemeinsamen gewöhnlichen Aufenthalt im Inland, ist das FamG zuständig, in dessen Bezirk **einer** der Ehegatten mit den gemeinsamen minderjährigen Kindern seinen gewöhnlichen Aufenthalt hat (§ 606 I 2 ZPO). Trifft das nicht zu, kommt es darauf an, wo die Ehegatten den **letzten** gemeinsamen gewöhnlichen Aufenthalt hatten (§ 606 II 1). Liegen auch diese Voraussetzungen am Beginn der Rechtshängigkeit des Scheidungsverfahrens nicht vor, richtet sich die Zuständigkeit des FamG nach den weiteren Hilfszuständigkeiten in § 606 II und III ZPO.

3. Der Gang des Verfahrens 323

Die Scheidung wird auf **Antrag** eines oder beider Ehegatten eingeleitet. Die Antragsschrift muß von einem Rechtsanwalt unterzeichnet sein (§ 78 II 1 Nr. 1 ZPO) und im Falle einverständlicher Scheidung die in RN **314** genannten Angaben enthalten. Stimmt ein Gatte dem Antrag des anderen zu (§ 1566 I), ist dies (ohne Anwaltszwang) dem Gericht gegenüber zu erklären (§ 630 II 2 ZPO). Die Zustimmung kann aber bis zum Schluß der mündlichen Verhandlung widerrufen werden (630 II 1 ZPO). Aus der einverständlichen wird dann eine streitige Ehescheidung. Will der Antragsgegner selbst **Prozeßanträge** stellen (z.B. einen eigenen Scheidungsantrag), muß auch er durch einen Anwalt vertreten sein; sonst nicht.

Das FamG soll zum ersten Termin das **persönliche Erscheinen** der Ehegatten anordnen, um sie anzuhören und sich einen Eindruck von ihnen zu verschaffen. Ferner dient die Anhörung der Aufklärung des Sachverhalts und dem Zweck, eine gütliche Einigung über Probleme bei den Folgesachen zu erreichen. Dabei werden auch Fragen der elterlichen Sorge besprochen und Hinweise auf Beratungsstellen und Träger der Jugendhilfe gegeben (§ 613 ZPO).

Liegen konkrete Anhaltspunkte vor, daß die Ehe noch zu retten ist, soll das Gericht das Verfahren von Amts wegen **aussetzen**, sofern nicht beide Ehegatten, die schon länger als ein Jahr getrennt leben, widersprechen (§ 614 II ZPO). Die Aussetzung darf die Dauer von einem Jahr nicht überschreiten (§ 614 IV ZPO).

4. Der Verhandlungs- und Entscheidungsverbund

324 Eine streitige Ehescheidung führt regelmäßig auch zu Auseinandersetzungen zwischen den Ehegatten über die Folgen der Scheidung in persönlicher und vermögensrechtlicher Hinsicht. Über diese "Folgesachen" ist **gleichzeitig** mit der Scheidung und in **demselben Verfahren** zu verhandeln und zu entscheiden, sofern sie Gegenstand des Verfahrens werden. Damit wird erreicht, daß sich die Ehegatten bereits im Scheidungsverfahren bewußt werden, welche Konsequenzen die Scheidung mit sich bringen wird.

Der Kreis der Familiensachen, die als Folgesachen in den sog. **Verhandlungs-** und **Entscheidungsverbund** fallen, ergibt sich aus § 621 ZPO, wobei die Voraussetzungen für den Eintritt in den Verbund verschieden ausgestaltet sind:

a) **Kraft Gesetzes** hat das FamG über den **Versorgungsausgleich** zu entscheiden (§ 621 I Nr. 6 i.V.m. § 623 I 3 ZPO), soweit es den öffentlich-rechtlichen Versorgungsausgleich nach § 1587 b BGB betrifft (s.u. RN **385**).

Die bisher bestehende Verpflichtung des FamG, von Amts wegen zu bestimmen, welchem Elternteil die **Sorge für ein gemeinschaftliches Kind** zustehen soll (§ 623 III a.F. ZPO) ist durch das KindRG mit Wirkung vom 1.7. 1998 entfallen, so daß hierüber nur noch **auf Antrag** eines Ehegatten entschieden wird (s.u. RN **325**).

325 b) In den anderen Folgesachen tritt der Verbund nur ein, wenn diese Verfahren **rechtzeitig** (d.h. bis zum Schluß der mündlichen Verhandlung) von einem Ehegatten **beantragt** und damit "anhängig gemacht" werden (§ 623 IV 1 ZPO; dazu OLG Köln FamRZ 79, 1027).

Das betrifft **Familiensachen**, die zum Gegenstand haben:

- die **Übertragung der elterlichen Sorge** auf einen Elternteil, wenn die Eltern, denen die elterliche Sorge gemeinsam zusteht, auf Dauer getrennt leben (§ 623 II 1 Nr. 1 ZPO i.V.m. § 1671 I BGB; s.u. RN **570**).
- die Regelung des **Umgangs** eines Ehegatten mit einem gemeinschaftlichen Kind oder mit dem Kind des anderen Ehegatten (§ 623 II 1 Nr. 2 ZPO i.V.m. §§ 1684, 1685 BGB; s.u. RN **575**).
- die **Herausgabe** eines **Kindes** an den anderen Elternteil (§ 621 II 1 Nr. 3 ZPO); sie kommt in Betracht, wenn ein Elternteil dem anderen das Kind vorenthält, der für das Kind sorgeberechtigt ist (§ 1632 I, III BGB; s.u. RN **548**);
- die gesetzliche **Unterhaltspflicht** der Eltern gegenüber einem gemeinschaftlichen **Kind** (mit Ausnahme von Vereinfachten Verfahren zur Abänderung von Unterhaltstiteln; § 623 I 1 i.V.m. § 621 II 1 Nr. 4 ZPO); sie richtet sich nach den Regeln der Unterhaltspflicht zwischen Verwandten (§§ 1601 ff, insbes. §§ 1602 II und 1603 II BGB; s.u. RN **461**);

- die durch die **Ehe** begründete gesetzliche **Unterhaltspflicht** (§ 621 I Nr. 5 ZPO); die Bestimmungen über den Unterhalt eines geschiedenen Ehegatten sind in den §§ 1569 ff BGB enthalten (s.u. RN **331**);
- den **Versorgungsausgleich**, und zwar den **schuldrechtlichen** gemäß § 1587 f BGB, da über den öffentlich-rechtlichen Versorgungsausgleich von Amts wegen zu entscheiden ist (§ 621 I Nr. 6 ZPO); Näheres s.u. RN **387**;
- die Rechtsverhältnisse an **Ehewohnung** und am **Hausrat** (§ 621 I Nr. 7 ZPO); Näheres s.u. RN **397**;
- Ansprüche aus dem **ehelichen Güterrecht** (§ 621 I Nr. 8 ZPO); z.B. der Anspruch auf Zugewinnausgleich (§ 1378 BGB; s.o. RN **224**) oder auf Auseinandersetzung des Gesamtgutes (§§ 1471 ff BGB; s.o. RN **299**);
- die Verfahren nach §§ **1382** und **1383** (§ 621 I Nr. 9 ZPO), bei denen es sich um die Stundung der Ausgleichsforderung und die Übertragung von Vermögensgegenständen im Zugewinnausgleich handelt (s.o. RN **227 ff**).

Beachte: Ein Ehegatte wird den Antrag auf Entscheidung über eine Folgesache im Verbund mit der Scheidung vor allem dann stellen, wenn es sich um eine **streitige Ehescheidung** handelt. Bei einer **einverständlichen Scheidung** im Sinne des § 1566 I müssen sich die Eheleute schon vor der Einreichung der Antragsschrift über die meisten Folgeregelungen geeinigt haben (§ 630 ZPO; s.o. RN **314**). Anders wiederum bei einer "verdeckten Konventionalscheidung" (s.o. RN **318**).

Versäumt ein Ehegatte die rechtzeitige Antragstellung, muß über die betreffende Folgesache in einem selbständigen Verfahren verhandelt und entschieden werden.

5. **Einstweilige Anordnungen** 326

Da sich das Scheidungsverfahren wegen der gleichzeitigen Entscheidung über die Folgesachen länger hinziehen kann, wird in Konfliktsituationen oftmals eine **sofortige** Schlichtung einzelner Streitpunkte zwischen den Ehegatten erforderlich sein. Deshalb bietet das Gesetz im Wege einer **einstweiligen Anordnung** die Möglichkeit, verschiedene Streitpunkte für die Dauer des Scheidungsverfahrens (und darüber hinaus) zu regeln (§§ 620 bis 620 g ZPO). Solche einstweilige Anordnungen haben eine große praktische Bedeutung und nehmen oft die spätere Regelung der Scheidungsfolgen vorweg.

Im einzelnen:

a) Der **Antrag** auf Erlaß einer einstweiligen Anordnung ist zulässig, sobald das Scheidungsverfahren anhängig gemacht oder ein Antrag auf Bewilligung der Prozeßkostenhilfe eingereicht ist (§ 620 a II ZPO).
Eine mündliche Verhandlung über den Antrag ist nicht zwingend vorgeschrieben, doch sollen, wenn die einstweilige Anordnung ein gemeinschaftliches Kind betrifft, das Kind und das JA **angehört** werden (§ 620 a III 1 ZPO).

b) Die Wirksamkeit einer einstweiligen Anordnung ist nicht auf die Dauer des Ehescheidungsverfahrens beschränkt, doch kann das Gericht anordnen, daß die einstweilige Anordnung nur bis zur Rechtskraft des Scheidungsurteils Gültigkeit haben soll. Davon abgesehen tritt sie außer Kraft, sobald eine anderweitige Regelung wirksam wird; ebenso wenn der Scheidungsantrag zurückgenommen oder abgewiesen wird oder das Verfahren beim Tod eines Ehegatten gemäß § 619 ZPO in der Hauptsache als erledigt anzusehen ist (§ 620 f ZPO).

6. Abschluß des Verfahrens

327 a) Wird dem Scheidungsantrag stattgegeben, entscheidet das FamG gleichzeitig über die Folgesachen, und zwar einheitlich durch Urteil (§ 629 I ZPO).

b) Die **Kosten** des Scheidungsverfahrens einschließlich der Folgesachen werden in dem Urteil regelmäßig gegeneinander aufgehoben (§ 93 a ZPO). Das bedeutet, daß jede Partei ihre außergerichtlichen Kosten (z.B. die Kosten ihres Rechtsanwalts) selbst trägt und außerdem die Hälfte der Gerichtskosten.
Die **Höhe** der Kosten bei einer Scheidung richtet sich nach dem sog. **Streitwert**, bei dessen Bestimmung vor allem das in drei Monaten erzielte Nettoeinkommen der Eheleute maßgebend ist. Dabei beträgt der gesetzliche Mindeststreitwert 4.000 DM, der Höchststreitwert zwei Millionen DM (§ 12 II GKG). Nach der Statistik liegt der Streitwert bei etwa 30% aller Scheidungen zwischen 10.000 DM und 15.000 DM.
Die Höhe der Kosten hängt aber nicht nur vom Streitwert ab, sondern auch davon, ob nur ein Partner oder beide Partner durch einen Rechtsanwalt vertreten waren, ob eine Beweisaufnahme stattgefunden hat, und ob neben der Scheidung auch über Folgesachen zu entscheiden war.

Bsp.: Bei einer Ehescheidung mit den Mindeststreitwerten von 4.000 DM für die eigentliche Scheidung, 1.500 DM für die Regelung der elterlichen Sorge und 1.000 DM für den Versorgungsausgleich, an der nur ein Rechtsanwalt tätig war und eine Beweisaufnahme stattgefunden hat, fallen in erster Instanz **Gerichtskosten** in Höhe von 380 DM an. Die Gebühren des **Rechtsanwalts** zuzüglich einer Auslagenpauschale von 40 DM und 16% Mehrwertsteuer belaufen sich auf 1.351, 40 DM, die Gesamtkosten daher auf 1.731, 40 DM. Wird für die Scheidung ein Streitwert von 12.000 DM (+ 1.500 DM elterliche Sorge + 1.000 DM Versorgungsausgleich) angenommen, betragen die Gesamtkosten erster Instanz (bei sonst gleichen Voraussetzungen) 3.335, 40 DM.

328 c) Mit der Rechtskraft des Urteils ist die Ehe **aufgelöst** (§ 1564, 2 BGB). Wird das Urteil des FamG nicht rechtskräftig, weil ein Ehegatte dagegen **Berufung** eingelegt hat (§ 511 i.V.m. §§ 516 ff ZPO), entscheidet darüber nicht das LG, sondern das OLG (§ 119 I Nr. 1 GVG). Gegen dessen Berufungsurteil kann unter bestimmten Voraussetzungen das Rechtsmittel der **Revision** zum BGH eingelegt werden (§ 621 d ZPO).

Zweiter Abschnitt: **Der nacheheliche Unterhalt**

I. Allgemeines 329

1. Voraussetzungen

Grundsätzlich ist jeder Ehegatte verpflichtet, sich nach der Scheidung selbst zu versorgen. Nur dann, wenn er nicht erwerbstätig sein kann und auch sonst über keine ausreichenden Einkünfte verfügt, steht ihm ein Unterhaltsanspruch gegen den anderen Ehegatten zu (§ 1569); denn die gegenseitige Verantwortung eines Ehegatten für das Wohl des anderen während der Ehe setzt sich nach der Ehescheidung in der (eingeschränkten) **Mitverantwortung** füreinander fort, falls dies aus Gründen, die mit der Ehe in Verbindung stehen, notwendig werden sollte. Beim Unterhaltsanspruch handelt es sich also um einen familienrechtlich begründeten und vom jeweiligen Güterstand unabhängigen Anspruch eines geschiedenen Ehegatten gegen den anderen. Dazu muß - wie allgemein im Unterhaltsrecht - auf Seiten des Berechtigten **Bedürftigkeit** (§ 1577; s.u. RN **452**) und auf Seiten des Verpflichteten **Leistungsfähigkeit** (§ 1581; s.u. RN **455**) bestehen.

2. Unterhaltsvereinbarungen 330

Häufig braucht die Unterhaltsberechtigung eines geschiedenen Ehegatten nicht geprüft zu werden. Das ist insbes. der Fall, wenn die Ehegatten eine **Unterhaltsvereinbarung** für die Zeit nach der Scheidung getroffen haben, was gewöhnlich im Rahmen eines **Scheidungsvergleichs** geschieht (§ 1585 c; BGH FamRZ 85, 166).

Eine solche Vereinbarung kann auch einen **Verzicht** eines oder beider Ehegatten auf den nachehelichen Unterhalt beinhalten. Es wird geschätzt, daß in mehr als der Hälfte aller Ehescheidungen die Ehegatten gegenseitig auf Unterhalt verzichten.
Doch kann ein derartiger Verzicht u.U. **sittenwidrig** und damit nichtig sein (§ 138 I), wenn z.B. aufgrund dieses Verzichts ein Ehegatte gezwungen wäre, die Leistungen der Sozialhilfe in Anspruch zu nehmen (BGH FamRZ 83, 137, 139); ebenso wenn ein einseitiger Verzicht unter Ausnutzung einer Zwangslage oder der Unerfahrenheit des anderen zustande gekommen wäre.
Ein beiderseitiger Verzicht darf sich auch nicht zum **Nachteil der Kinder** des Ehepaares auswirken, sonst kann in der Berufung auf den Unterhaltsverzicht ein Verstoß gegen Treu und Glauben liegen (§ 242; OLG Düsseldorf FamRZ 96, 734; BGH FamRZ 97, 873).

3. Besonderheiten des Unterhaltsanspruchs

Die einzelnen Unterhaltstatbestände haben die Eigenheit, daß sie sowohl für sich genommen (originär) eine Unterhaltspflicht begründen (z.B. die Kindesbetreuung) als auch an eine bereits anderweit bestehende Unterhaltspflicht **anknüpfen** können (z.B. an das Ende der Kindesbetreuung). Demgemäß ist zwischen dem **Stammunterhalt** und dem **Anschlußunterhalt** zu unterscheiden.

II. Die Unterhaltstatbestände

1. Der Unterhalt wegen Betreuung eines Kindes (§ 1570)

331 Hat ein geschiedener Ehegatte ein **gemeinschaftliches** Kind zu pflegen oder zu erziehen und kann deshalb von ihm eine Erwerbstätigkeit nicht erwartet werden, ist er berechtigt, vom anderen Ehegatten Unterhalt zu verlangen. Dabei entbindet die Betreuung eines oder mehrerer Kinder nicht in allen Fällen von der Pflicht zur Aufnahme einer Erwerbstätigkeit. Es kommt auf das Alter und die Zahl der Kinder sowie ihre Pflegebedürftigkeit an (OLG Celle FamRZ 98, 1518; ausführlich dazu Wendl/Pauling § 4 Rn 72 - 82). Je älter und selbständiger ein Kind ist, um so eher ist dem sorgeberechtigten Elternteil zuzumuten, seinen Unterhalt durch Aufnahme einer Arbeitstätigkeit (ganz oder teilweise) zu bestreiten (vgl. dazu RN **153**).

Eine bereits erloschene Unterhaltsberechtigung kann wieder aufleben, wenn z.B. ein Kind wegen einer Krankheit oder aufgrund eines Unfalls erneut betreuungsbedürftig wird.

2. Der Unterhalt wegen Alters (§ 1571)

332 Kann von einem geschiedenen Ehegatten wegen seines Alters eine Erwerbstätigkeit nicht mehr erwartet werden und ist seine Bedürftigkeit zu einem bestimmten Zeitpunkt (s.u.) gegeben, hat er das Recht, vom anderen Ehegatten Unterhalt zu verlangen.

a) Eine feste Altersgrenze hat das Gesetz nicht aufgestellt. In jedem Fall ist sie mit dem 65. Lebensjahr erreicht, aber oft schon vorher, z.B. sobald der bedürftige Ehegatte ein Altersruhegeld aus der betrieblichen Altersversorgung oder eine Altersrente aus der gesetzlichen Rentenversicherung erhält. Doch kommt es auf den Einzelfall an, ob für einen Unterhaltsberechtigten, der schon vor dem 65. Lebensjahr eine Rente bezieht, die Obliegenheit zur Aufnahme einer Arbeit besteht (BGH FamRZ 99, 708).

Berufsbedingt kann der Anspruch auf Unterhalt aus Altersgründen wesentlich früher entstehen, z.B. bei einem Tänzer oder einem Mannequin; doch wird hier die Zumutbarkeit einer Fortbildungsmaßnahme oder einer Umschulung zu prüfen sein (§ 1574 III; s.u. RN **343**).

b) Das Alter allein rechtfertigt noch keinen Unterhaltsanspruch. Es muß hinzukommen, daß von dem geschiedenen Ehegatten **zu bestimmten Zeitpunkten** keine Erwerbstätigkeit erwartet werden kann, und zwar:

- im Zeitpunkt der **Scheidung**, also bei Rechtskraft des Scheidungsurteils;
- bei Beendigung der Pflege oder Erziehung eines **gemeinschaftlichen Kindes**; damit ist der Zeitpunkt gemeint, in dem die Voraussetzungen für den Anspruch aus § 1570 entfallen sind; der Anspruch nach § 1571 hat dann die Bedeutung eines Anschlußunterhalts;

- bei dem Wegfall der Voraussetzungen nach **§§ 1572** und **1573**; das betrifft den Unterhalt wegen Krankheit oder anderer Gebrechen und den Unterhalt bis zur Erlangung einer angemessenen Erwerbstätigkeit; auch in diesen Fällen handelt es sich um Anschlußunterhalt.

Beachte: Tritt die altersbedingte Unzumutbarkeit für die Aufnahme einer Erwerbstätigkeit erst nach einem der genannten Zeitpunkte ein, begründet dies keinen Unterhaltsanspruch (MünchKomm-Richter § 1571 RdNr. 11).

3. Der Unterhalt wegen Krankheit oder Gebrechen (§ 1572) 333

Wenn von einem geschiedenen Ehegatten infolge einer Krankheit oder anderer Gebrechen oder wegen der Schwäche seiner körperlichen oder geistigen Kräfte keine Erwerbstätigkeit erwartet werden kann, ist ihm der andere Ehegatte unterhaltspflichtig.

a) Krankheit oder Gebrechen brauchen nicht während der Ehe entstanden zu sein, sondern können schon bei der Eheschließung vorgelegen haben. Wer einen auf Dauer kranken oder behinderten Partner heiratet, übernimmt damit eine besondere, über die Zeit der Ehe hinausreichende Verantwortung (BGH FamRZ 81, 1163; BGH NJW 82, 40).

b) Auch dieser Unterhaltsanspruch setzt voraus, daß die Unzumutbarkeit für die Aufnahme einer Erwerbstätigkeit (teilweise wie bei § 1571) zu bestimmten Zeitpunkten bestehen muß, und zwar:

- im Zeitpunkt der **Scheidung**; die Verschlimmerung eines Leidens in engem zeitlichen Zusammenhang mit der Scheidung reicht aus (BGH FamRZ 81, 1163);
- bei Beendigung der Pflege oder Erziehung eines **gemeinschaftlichen Kindes**; es genügt, wenn die Krankheit nach der Scheidung, aber während der Kindererziehung erworben worden ist oder den Grund für die Beendigung der Erziehung oder Pflege bildet;
- bei Beendigung der **Ausbildung**, Fortbildung oder Umschulung gemäß § 1575 (s.u. RN **343**); hier gilt das Vorstehende entsprechend;
- bei Wegfall des bis zur Erlangung einer angemessenen Erwerbstätigkeit bestehenden Unterhaltsanspruchs gemäß § 1573; auch hier genügt es, wenn die Krankheit erst während der Suche nach einem Arbeitsplatz aufgetreten ist (s.u. RN **334**).

Beachte: Treten die Krankheiten usw. erst nach den genannten Zeitpunkten auf, besteht kein Unterhaltsanspruch (OLG Düsseldorf FamRZ 93, 331).

4. Der Unterhalt bis zur Erlangung einer Erwerbstätigkeit (§ 1573 I) 334

Kann ein geschiedener Ehegatte keine angemessene Erwerbstätigkeit finden, steht ihm unter bestimmten Voraussetzungen ein Unterhaltsanspruch gegen den anderen Ehegatten zu:

a) Der geschiedene Ehegatte darf nicht schon gemäß §§ 1570 bis 1572 unterhaltsberechtigt sein. Neben diesen im Gesetz ausdrücklich genannten Bestimmungen darf auch kein Unterhaltsanspruch nach §§ 1575 oder 1576 bestehen (MünchKomm-Richter § 1573 RdNr. 8; s.u. RN **343**).

Andererseits kommt dieser Anspruch auch dann in Betracht, wenn der geschiedene Ehegatte zunächst nach den Vorschriften der §§ 1570 bis 1572 und 1575 unterhaltsberechtigt war, die Voraussetzungen dieser Vorschriften aber entfallen sind (was bei § 1571 schwer vorstellbar ist!). Es handelt sich dann um einen Anschlußunterhalt (§ 1573 III).

335 b) Der geschiedene Ehegatte, der nicht erwerbstätig war, hat nach der Scheidung **keine angemessene Arbeit** gefunden.

Dem steht es gleich, wenn er zwar zur Zeit der Scheidung erwerbstätig war, aber danach seinen Arbeitsplatz verloren hat; doch muß der zeitliche Zusammenhang mit der Scheidung zu diesem Zeitpunkt noch bestehen, was dann nicht mehr angenommen werden kann, wenn der Verlust des Arbeitsplatzes erst etwa ein Jahr nach der Scheidung eingetreten ist (vgl. BGH NJW-RR 93, 706; OLG Bamberg FamRZ 97, 819). War jedoch der spätere Verlust des Arbeitsplatzes darauf zurückzuführen, daß es dem Ehegatten nicht gelungen war, seinen Unterhalt **nachhaltig** zu sichern, kann ihm gemäß § 1573 IV ein Unterhaltsanspruch zustehen (s.u. RN **338**).

c) Der geschiedene Ehegatte muß sich spätestens im Zeitpunkt der Scheidung **intensiv bemüht** haben, eine angemessene Erwerbstätigkeit zu finden. Haben sich die Eheleute schon längere Zeit vor der Scheidung getrennt, mußten diese Bemühungen u.U. schon wesentlich früher einsetzen (vgl. RN **154**). War jedoch der geschiedene Ehegatte zunächst nach den Bestimmungen der §§ 1570 bis 1572, 1575 unterhaltsberechtigt, braucht er sich erst um eine Erwerbstätigkeit zu bemühen, wenn die Voraussetzungen der genannten Unterhaltsansprüche weggefallen sind oder deren Wegfall bevorsteht (§ 1573 III; BGH FamRZ 95, 871).

Bsp.: Die Kinder der Eheleute sind erwachsen; die Krankheit des geschiedenen Ehegatten ist ausgeheilt; dessen Ausbildung ist abgeschlossen.

Den **Nachweis**, daß die Bemühungen um einen angemessenen Arbeitsplatz erfolglos geblieben sind, hat der geschiedene Ehegatte zu führen. Hat er keine derartigen Anstrengungen unternommen, darf seine Klage auf Unterhalt erst dann abgewiesen werden, wenn feststeht oder zumindest nicht auszuschließen ist, daß er bei ausreichenden Bemühungen eine reale Chance gehabt hätte, einen angemessenen Arbeitsplatz zu finden (BGH FamRZ 87, 912).

336 d) Die Frage, ob dem geschiedenen Ehegatten eine "angemessene Erwerbstätigkeit" zur Verfügung steht, ist nach der Legaldefinition des § 1574 II zu beurteilen. Danach ist eine Beschäftigung nur dann angemessen, wenn sie der Ausbildung, den Fähigkeiten, dem Lebensalter und dem Gesundheitszustand des Ehegatten sowie den ehelichen Lebensverhältnissen entspricht.

Soweit es auf die **ehelichen Lebensverhältnisse** ankommt, spielt die **Dauer** der Ehe und die Dauer der Kinderbetreuung eine wesentliche Rolle (§ 1574 II, 2. HS). Je länger eine Ehe gedauert hat, desto schwerer wiegt die Gestaltung der ehelichen Lebensverhältnisse, wenn es darum geht, die Angemessenheit einer Berufstätigkeit zu beurteilen. Vor allem dem nichterwerbstätigen Ehegatten, der sich wegen Haushaltsführung und Kinderbetreuung in der Ehe nicht weiterbilden konnte oder dem ein beruflicher Aufstieg versagt blieb, soll durch die Hervorhebung der ehelichen Lebensverhältnisse ein sozialer Abstieg erspart bleiben (OLG Hamm FamRZ 93, 970).

Es kommt ihm daher zugute, wenn sein Ehepartner im Laufe einer längeren Ehe einen hohen sozialen Status erreicht hat. Haben andererseits die ehelichen Lebensverhältnisse nicht die Stufe erlangt, die der Ausbildung und den Fähigkeiten der Ehegatten entspricht, wirkt sich dies nachteilig aus, wenn die Angemessenheit einer Erwerbstätigkeit festzustellen ist.

Bsp.: Nach zwanzig Ehejahren braucht die geschiedene Frau eines gutsituierten Arztes nicht mehr in den erlernten Beruf einer kaufmännischen Angestellten zurückkehren (vgl. KG FamRZ 84, 898). Wurde ein Ehegatte mit Hochschulabschluß jahrelang von seinem Ehepartner, einer ungelernten Hilfskraft, unterhalten, darf er die Aufnahme einer Berufstätigkeit nicht schon deshalb ablehnen, weil sie nicht seiner Ausbildung entspricht.

e) Übt der geschiedene Ehegatte nach der Scheidung eine ihm **nicht angemessene Erwerbstätigkeit aus** (z.B. ein Lehrer, der keine Anstellung gefunden hat, arbeitet als Aushilfskellner), darf er sie jederzeit aufgeben, ohne daß ihm daraus ein Nachteil erwächst (§ 1574 I; BGH NJW 83, 933, 936). Behält er die **nicht angemessene Erwerbstätigkeit** auch nach der Scheidung bei, ohne die Aussicht zu haben, eine ihm angemessene Beschäftigung zu finden, ändert dies nichts an der Unterhaltspflicht seines früheren Ehegatten. Ob und inwieweit die Einkünfte aus dieser **nicht angemessenen** Erwerbstätigkeit auf den Unterhaltsanspruch gegen den anderen Ehegatten anzurechnen sind, richtet sich nach der Vorschrift des § 1577 II (s.u. RN **350**). 337

f) Hat der geschiedene Ehegatte zwar eine ihm angemessene, aber dem Umfang nach nicht ausreichende **Teilarbeit** gefunden (ein Lehrer darf z.B. nur wenige Stunden in der Woche unterrichten), steht ihm gemäß § 1573 II ein Unterhaltsanspruch in Höhe des Unterschiedsbetrages zu seinem vollen Unterhalt gegen den anderen Ehegatten zu (s.u. RN **340**).

5. Unterhalt bei Verlust einer angemessenen Erwerbstätigkeit (§ 1573 IV) 338

Grundsätzlich steht dem geschiedenen Ehegatten kein Unterhaltsanspruch zu, wenn er **nach der Scheidung** seine Einkünfte aus einer angemessenen Erwerbstätigkeit verliert, ohne daß dies im zeitlichen Zusammenhang mit der Scheidung geschieht (s.o. RN **335**).

Eine Ausnahme davon enthält die Bestimmung des § 1573 IV 1, sofern der Verlust darauf zurückzuführen ist, daß es dem geschiedenen Ehegatten trotz aller Bemühungen nicht gelungen ist, seinen Unterhalt **nachhaltig zu sichern.** Der Wegfall dieser Einkünfte wird dann zum Bereich der Nachwirkungen der Ehe gerechnet und hat zur Folge, daß der andere Ehegatte (erstmals oder erneut) zur Unterhaltsleistung verpflichtet ist. Im einzelnen:

a) Der Unterhaltsanspruch setzt voraus, daß der Verlust des Arbeitsplatzes nach der Scheidung **unverschuldet** war (vgl. die Formulierung: "trotz seiner Bemühungen").

Bsp. für Verschulden:

Der Ehegatte kündigt von sich aus, ohne auf einen gleichwertigen Arbeitsplatz wechseln zu können; er schafft durch ein vorwerfbares Verhalten einen Kündigungsgrund für den Arbeitgeber.

b) Der Unterhalt darf durch die Erwerbstätigkeit **nicht nachhaltig gesichert** gewesen sein. Für diese Beurteilung kommt es nach der Rechtsprechung darauf an, ob die Erwerbstätigkeit im Zeitpunkt ihrer Aufnahme nach objektiven Maßstäben und allgemeiner Lebenserfahrung mit einer gewissen Sicherheit als **dauerhaft** angesehen werden kann oder ob befürchtet werden mußte, daß sie der geschiedene Ehegatte durch außerhalb seiner Entschließungsfreiheit liegende Umstände in absehbarer Zeit wieder verliert (OLG Köln FamRZ 98, 1434). 339

Bsp. für das Fehlen einer nachhaltigen Sicherung des Unterhalts:

Der Ehegatte ist nur aufgrund einer zeitlich befristeten Arbeitsplatzbeschaffungsmaßnahme tätig (OLG Frankfurt FamRZ 87, 1042); er ist latent krank und deshalb gezwungen, seinen Arbeitsplatz in absehbarer Zeit wieder aufzugeben (BGH NJW 85, 1699); er überschätzt trotz seines Alters seine eigene Leistungsfähigkeit (OLG Hamm FamRZ 97, 26).

c) Der geschiedene Ehegatte muß sich ernstlich, wenn auch erfolglos, darum bemüht haben, eine Erwerbstätigkeit zu erlangen, die ihm eine nachhaltige Sicherung gewährleistet hätte. Übernimmt er eine Tätigkeit, von der feststeht, daß sie voraussichtlich nicht auf die Dauer ausgeübt werden kann, steht ihm beim Verlust dieser Arbeitsstelle kein Unterhaltsanspruch gegen den anderen Ehegatten zu, falls er in der Lage gewesen wäre, eine andere Tätigkeit zu finden, die ihm diese Sicherung geboten hätte.

d) Konnte der geschiedene Ehegatte den Unterhalt durch eine angemessene Erwerbstätigkeit nur **teilweise nachhaltig sichern** (z.B. durch Teilzeitbeschäftigung), ist er berechtigt, vom anderen Ehegatten den Unterschiedsbetrag zwischen dem nachhaltig gesicherten und seinem vollen Unterhalt zu verlangen (§ 1573 IV 2).

6. Unterhalt zur Aufstockung der Einkünfte (§ 1573 II)

340 Der geschiedene Ehegatte, dessen Einkünfte aus einer **angemessenen** Erwerbstätigkeit nicht für seinen **vollen Unterhalt** (im Sinne des § 1578; s.u. RN **352**) ausreichen, kann von seinem Ehegatten den Unterschiedsbetrag zwischen den Einkünften und dem vollen Unterhalt verlangen (§ 1573 II).

a) Dieser Anspruch setzt voraus, daß der geschiedene Ehegatte eine angemessene Erwerbstätigkeit ausübt und daß ihm nicht schon aufgrund eines anderen gesetzlichen Tatbestandes ein Anspruch auf den vollen Unterhalt zusteht (z.B. nach §§ 1570 bis 1572 oder nach § 1573 I).

Aufstockungsunterhalt kommt auch als **Anschlußunterhalt** in Betracht, wenn die zunächst bestehenden Voraussetzungen der §§ 1570 bis 1572 und 1575 entfallen sind (§ 1573 III; vgl. RN **334**).

341 b) Hier besteht die Möglichkeit, verschiedene Unterhaltstatbestände miteinander zu kombinieren. Kann z.B. von dem geschiedenen Ehegatten wegen der Betreuung eines Kindes, wegen seines Alters oder einer Krankheit nur eine **Teilzeitbeschäftigung** erwartet werden, steht ihm nach der Rechtsprechung des BGH gemäß §§ 1570 bis 1572 ein Unterhaltsanspruch nur bis zur Höhe des Mehreinkommens zu, das er durch eine Vollerwerbstätigkeit hätte erzielen können.

Reicht dieser erhöhte Unterhaltsanspruch zusammen mit dem Einkommen aus der Teilerwerbstätigkeit nicht zur Deckung seines vollen Unterhalts aus, kann ein Anspruch zur Aufstockung des Unterhalts nach § 1573 II in Betracht kommen (BGH FamRZ 90, 492, 494; 93, 789). Dieser Anspruch kann (anders als bei den §§ 1570 bis 1572) **zeitlich begrenzt** werden (§ 1573 V; s.u. RN **342**).

7. Die Billigkeitsklausel des § 1573 V

342 a) Im Einzelfall kann es unbillig sein, einem Ehegatten für einen unbegrenzten Zeitraum das Arbeitsplatzrisiko für seinen geschiedenen Ehegatten aufzu-

bürden. Deshalb ermöglicht es § 1573 V, die in § 1573 I bis IV genannten Ansprüche (und nur diese) **zeitlich zu begrenzen** (vgl. Gerhardt FuR 97, 249). Ist der vom Gericht festgesetzte Zeitraum für die Unterhaltsleistung abgelaufen, erlischt der Unterhaltsanspruch, selbst wenn er über diesen Zeitpunkt hinaus gemäß § 1573 I bis IV noch bestünde; andererseits kann er schon vorher erlöschen, falls die Voraussetzungen dafür nicht mehr vorliegen.

b) Bei der vom Gericht anzustellenden Billigkeitsabwägung sind sämtliche Umstände des Einzelfalles einzubeziehen mit Ausnahme des Verschuldens am Scheitern der Ehe, das hier unberücksichtigt bleiben muß, aber im Rahmen des § 1579 Bedeutung erlangen kann (s.u. RN **362**).

c) Vor allem könnte es sein, daß unter Berücksichtigung der Dauer der Ehe, der Haushaltsführung und der Erwerbstätigkeit ein zeitlich unbegrenzter Unterhaltsanspruch unbillig wäre. Doch wird eine Unbilligkeit in der Regel nicht vorliegen, wenn der Unterhaltsberechtigte ein gemeinschaftliches Kind längere Zeit allein oder fast ausschließlich allein betreut hat oder noch betreut. Die Zeit der Betreuung eines gemeinsamen Kindes steht dabei der Ehedauer gleich (§ 1573 V 2).

Eine zeitliche Begrenzung kommt insbes. in Betracht, wenn vorauszusehen ist, daß der Unterhaltsberechtigte in absehbarer Zeit durch eigene Erwerbstätigkeit den ehelichen Standard wieder erreichen wird. Kommt ein anderer Gesichtspunkt als die Ehedauer für die Prüfung, ob ein zeitlich unbegrenzter Unterhaltsanspruch unbillig wäre, nicht in Betracht, neigt ein Teil der Gerichte dazu, den nachehelichen Unterhalt auf einen Zeitraum zu begrenzen, der etwa der **Dauer der Ehe** entspricht (OLG Hamm FamRZ 86, 908, 910; umstr.). Auch eine Ehedauer von zehn und mehr Jahren steht einer zeitlichen Begrenzung nicht im Wege (OLG Hamm FamRZ 95, 1204), wohl aber eine Ehedauer von über 30 Jahren (BGH FamRZ 87, 691).

8. Unterhalt während der Ausbildung, Fortbildung oder Umschulung 343

a) Von einem geschiedenen Ehegatten kann erwartet werden, daß er sich ausbilden, fortbilden oder umschulen läßt, soweit davon die Aufnahme einer angemessenen Erwerbstätigkeit abhängt und ein erfolgreicher Abschluß dieser Weiterbildung zu erwarten ist (§ 1574 III). Während der Dauer dieser Maßnahmen steht dem geschiedenen Ehegatten ein Unterhaltsanspruch gegen den anderen nach § 1573 zu (BGH FamRZ 84, 561, 563).

Anders ist es bei § 1575, der zum Ziele hat, **ehebedingte Nachteile** auszugleichen, die einem Ehegatten dadurch entstanden sind, daß er in Erwartung der Ehe eine Schul- oder Berufsausbildung nicht aufgenommen oder abgebrochen hat. In diesem Fall ist der geschiedene Ehegatte berechtigt, für die Dauer der entsprechenden Ausbildung Unterhalt vom anderen Ehegatten zu verlangen.

Der Unterhalt wird aber nur für die Zeit gewährt, in der eine solche Ausbildung im allgemeinen abgeschlossen werden kann, was einer mittleren Studiendauer entspricht; dabei sind **ehebedingte Verzögerungen** (z.B. durch eine während der Ehe erlittene Gesundheitsschädigung) nicht nachteilig zu bewerten (§ 1575 I 2; BGH NJW 80, 393).

b) Die Voraussetzungen des Unterhaltsanspruchs sind im einzelnen:

- Die Schul- oder Berufsausbildung muß **wegen** der Eheschließung nicht aufgenommen oder unterbrochen worden sein; das gleiche gilt, wenn es erst während der Ehe zum Abbruch der Ausbildung kommt;
- Die unterbrochene Ausbildung (oder eine ihr gleichwertige) muß **so bald wie möglich** nach der Scheidung aufgenommen werden;
- Das Ziel der Ausbildung muß auf eine **angemessene Erwerbstätigkeit** gerichtet sein, die den Unterhalt **nachhaltig zu sichern** vermag (OLG Frankfurt FamRZ 85, 712);
- Der erfolgreiche Abschluß der Ausbildung muß **zu erwarten** sein.

344 c) Ein Unterhaltsanspruch steht dem geschiedenen Ehegatten auch dann zu, wenn er zwar über eine abgeschlossene Berufsausbildung verfügt, sich aber fortbilden oder umschulen läßt, um Nachteile auszugleichen, die durch die Ehe eingetreten sind (§ 1575 II).

Bsp.: Ein Ehemann, der als Programmierer ausgebildet wurde und für die Dauer der Ehe die Haushaltsführung übernommen hatte, muß nach der Scheidung Fortbildungskurse besuchen, um den beruflichen Anschluß an den derzeitigen Ausbildungsstand zu erreichen.

d) Wenn es dem geschiedenen Ehegatten trotz seiner nachträglichen Ausbildung, Fortbildung oder Umschulung nicht gelingen sollte, eine angemessene Erwerbstätigkeit zu finden, die seiner erworbenen Qualifikation entspricht, wird er genötigt sein, weiterhin Unterhalt gemäß § 1573 I zu verlangen. Dieser Unterhalt kann ihm jedoch verweigert werden, wenn die Möglichkeit besteht, daß der geschiedene Ehegatte einen seiner **früheren Ausbildung** entsprechenden Arbeitsplatz finden kann (§ 1575 III).

Bsp.: Eine kaufmännische Angestellte, die eine bereits während der Ehe begonnene, dann aber abgebrochene Ausbildung zur Sozialpädagogin nach der Scheidung fortgesetzt und erfolgreich abgeschlossen hat, muß notfalls wieder eine ihr angebotene Stelle als kaufmännische Angestellte annehmen, wenn sie als Sozialpädagogin keinen Arbeitsplatz findet.

9. Unterhalt aus Billigkeitsgründen (§ 1576)

345 Kommt für einen geschiedenen Ehegatten keiner der vorstehend genannten Unterhaltstatbestände in Betracht, kann er dennoch vom anderen Ehegatten Unterhalt verlangen,

> "soweit und solange von ihm aus sonstigen schwerwiegenden Gründen eine Erwerbstätigkeit nicht erwartet werden kann und die Versagung von Unterhalt unter Berücksichtigung der Belange beider Ehegatten grob unbillig wäre".

Mit diesem "Auffangtatbestand" soll erreicht werden, daß auch in anderen Fällen ehebedingter Bedürftigkeit ein Unterhaltsanspruch gegeben sein kann, wenn dies unter Berücksichtigung der Interessen beider Ehegatten der Billigkeit entspricht. Im einzelnen:

a) Es muß sich um andere als die bisher aufgeführten Unterhaltstatbestände handeln; doch müssen diese besonderen Gründe ebenso gewichtig sein wie jene und zur Folge haben, daß von dem geschiedenen Ehegatten keine Erwerbstätigkeit erwartet werden kann.

Bsp.: Der geschiedene Ehegatte hat ein Kind der gemeinsamen Tochter zu betreuen (AG Herne-Wanne FamRZ 96, 1016); er hat einen Angehörigen des anderen Ehegatten vor oder nach der Scheidung lange Zeit gepflegt; er hat ein fremdes Kind zu betreuen, das seinerzeit von beiden Ehegatten aufgenommen worden ist (BGH FamRZ 84, 769, 771).

b) Hinzu kommen muß jedoch, daß die Versagung eines Unterhaltsanspruchs 346
in diesem konkreten Fall **grob unbillig** wäre. Dabei muß berücksichtigt werden, wie sich die Unterhaltszahlung auf die wirtschaftlichen und sonstigen Verhältnisse des anderen Ehegatten auswirken könnte. Soweit es sich um die Pflege eines nicht gemeinschaftlichen Kindes durch den geschiedenen Ehegatten handelt, kann in dem Einverständnis des anderen Ehegatten zur Aufnahme dieses Kindes in die Familie nicht ohne weiteres die Übernahme des Risikos gesehen werden, auf Dauer für dessen Unterhalt sorgen zu müssen. Grob unbillig wird deshalb die Versagung des Unterhaltsanspruchs nur dann sein, wenn hier besondere zusätzliche Gründe vorliegen, die gegen die Versagung des Unterhaltsanspruchs sprechen (BGH FamRZ 83, 800, 802).

c) Unzulässig wäre es freilich, beim Vorliegen aller Voraussetzungen die Unterhaltszahlung nur wegen eines schwerwiegenden ehelichen Fehlverhaltens zu verweigern (§ 1576, 2); denn das Gesetz will verhindern, daß ein Scheidungsverschulden Einfluß auf die Unterhaltsgewährung nehmen und zu wirtschaftlichen Sanktionen führen kann. Doch können solche Umstände im Rahmen der **Gesamtabwägung** eine Rolle spielen und mit anderen gegen die Zuerkennung einer Unterhaltszahlung sprechen (BGH NJW 84, 1538, 1541).

d) Da es sich um einen Ausnahmetatbestand handelt, kommt eine Unterhaltsgewährung nur soweit und solange in Betracht, wie dem bedürftigen Ehegatten auch nach einem strengen Maßstab eine Erwerbstätigkeit nicht zugemutet werden kann (OLG Düsseldorf FamRZ 80, 56).

III. Die Bedürftigkeit als Anspruchsvoraussetzung

1. Maßstäbe der Bedürftigkeit 347

Ein Unterhaltsanspruch steht dem geschiedenen Ehegatten nicht zu, solange und soweit er sich aus seinen Einkünften und aus seinem Vermögen selbst unterhalten kann, also **nicht bedürftig** ist (§ 1577 I).

a) Zu den **Einkünften** zählt alles, was dem geschiedenen Ehegatten durch eigene (ihm zumutbare) Arbeit oder aus den Erträgen seines Vermögens (z.B. Zinsen oder Mieteinkünfte) zufließt. Dabei ist es gleichgültig, woher das Vermögen stammt, z.B. aus einer Erbschaft, aus dem Zugewinnausgleich oder aus einer Schmerzensgeldzahlung (vgl. BGH FamRZ 88, 1031). Zum anrechenbaren Einkommen gehören auch **Wohnvorteile**, z.B. das mietfreie Wohnen im eigenen Haus (BGH FamRZ 98, 87). Ferner sind zu den Einkünften die Vergütungen zu rechnen, die der geschiedene Ehegatte von seinem neuen Partner in einer nichtehelichen Lebensgemeinschaft für die Haushaltsführung und für Versorgungsleistungen erhält (BGH FamRZ 95, 343).

Zu den Einkünften gehören auch bestimmte Leistungen **öffentlicher Kassen**, z.B. Wohngeld, Pflegegeld, Arbeitslosengeld, Krankengeld, Altersrenten oder Leistungen nach dem BAföG (OLG Hamm FamRZ 95, 1422). Doch gilt dies nicht für alle öffentlichen Leistungen; wenn z.B. **Sozialleistungen** aufgrund eines Körper- oder Gesundheitsschadens in Anspruch genommen werden, zählen sie **nicht zu den Einkünften** (§ 1578 a i.V.m. § 1610 a; s.u. RN **454**). Das gleiche gilt für Leistungen der Sozialhilfe oder Arbeitslosenhilfe (BGH NJW 87, 1551). Die Frage der Anrechenbarkeit als Einkünfte muß daher für jede öffentliche Leistung gesondert geprüft werden.

Beim Arbeitseinkommen sind nicht die Bruttoeinnahmen für die Prüfung der Bedürftigkeit maßgebend, sondern das nach Abzug der Steuern und Versorgungsaufwendungen sowie eines berufsbedingten Mehraufwandes verbleibende **bereinigte Nettoeinkommen** (s.u. RN **356, 456**).

348 Manchmal muß sich der geschiedene Ehegatte auch ein **fiktives Einkommen** auf seinen Unterhaltsanspruch anrechnen lassen, wenn er es unterläßt, zumutbare Einkünfte zu erzielen. Das ist z.B. der Fall, wenn er sich grundlos weigert, eine ihm angemessene Erwerbstätigkeit zu ergreifen oder sich darum zu bemühen (OLG Hamm FamRZ 92, 63); desgleichen, wenn er davon absieht, von seinem Partner, mit dem er unverheiratet zusammenlebt, für die Führung des Haushalts ein angemessenes Entgelt zu verlangen, sofern dieser wirtschaftlich dazu in der Lage ist (BGH FamRZ 87, 1011, 1013 mit Anm. Luthin). Ebenso kann es sein, wenn es der geschiedene Ehegatte versäumt, sein unwirtschaftlich angelegtes Vermögen in nutzbringender Weise umzuschichten (BGH NJW 92, 1044, 1046).

b) Der geschiedene Ehegatte ist grundsätzlich verpflichtet, auch den **Stamm** seines **Vermögens** (zum Begriff s.u. RN **455**) zu verwerten, bevor er den anderen Ehegatten auf Unterhalt in Anspruch nehmen darf (z.B. durch Verkauf von Wertpapieren, Grundstücken oder Kunstwerken).

349 Doch braucht er den Vermögensstamm nicht anzugreifen, wenn dessen Verwertung **unwirtschaftlich** oder **unbillig** wäre (§ 1577 III). So kann es unbillig sein, wenn er sein Vermögen auflösen müßte, obwohl der andere Ehegatte in der Lage wäre, seine Unterhaltspflicht aus dem laufenden Einkommen zu erfüllen. Die Veräußerung eines bescheidenen Eigenheimes wird in aller Regel sowohl unwirtschaftlich als auch unbillig sein.

c) Da die nach der Scheidung bei einem Ehegatten eintretenden Schicksalsschläge nicht mehr zu Lasten des anderen Ehegatten gehen sollen, steht dem geschiedenen Ehegatten kein Unterhaltsanspruch zu, wenn im Zeitpunkt der Scheidung zu erwarten war, daß sein Unterhalt durch die Erträge aus seinem Vermögen und durch die Verwertung des Vermögens **nachhaltig gesichert** sein werde, auch wenn dieses Vermögen später wegfällt (§ 1577 IV 1).

Von einer "nachhaltigen Sicherung" (zum Begriff s.o. RN **339**) wird man aber nur dann sprechen können, wenn das Vermögen so umfangreich ist, daß es den gesamten Unterhaltsbedarf des geschiedenen Ehegatten auf Lebenszeit zu decken vermag.

Dennoch kann bei einem späteren Wegfall des Vermögens ein Unterhaltsanspruch neu entstehen, wenn zu diesem Zeitpunkt von dem geschiedenen Ehegatten wegen der Betreuung eines Kindes keine Erwerbstätigkeit erwartet werden kann (§ 1577 IV 2 i.V.m. § 1570).

2. Anrechnung eigener Einkünfte

350 Die Einkünfte eines geschiedenen Ehegatten sind nur dann in vollem Umfang auf seinen Unterhaltsanspruch anzurechnen, wenn sie aus einer **angemessenen** Erwerbstätigkeit stammen (vgl. § 1574 II). Übt der geschiedene Ehegatte dagegen eine Erwerbstätigkeit aus, zu der er **nicht verpflichtet** ist, bestimmt sich nach § 1577 II, inwieweit diese Einkünfte anrechenbar sind.

a) Die Bestimmung des § 1577 II geht davon aus, daß der unterhaltspflichtige Ehegatte nicht in der Lage oder nicht bereit ist, den **vollen Unterhalt** zu leisten.

Unter dem **vollen Unterhalt** ist der gesamte sich nach den ehelichen Lebensverhältnissen richtende Lebensbedarf des geschiedenen Ehegatten nach § 1578 zu verstehen (OLG Oldenburg FamRZ 97, 885; s.u. RN **352**).

Davon zu unterscheiden ist der **geschuldete Unterhalt**, der häufig unter dem vollen Unterhalt liegt, weil der unterhaltspflichtige Ehegatte (z.B. wegen eines niedrigen Einkommens oder wegen anderer Unterhaltsverpflichtungen) gar nicht in der Lage ist, für den vollen Unterhalt seines geschiedenen Ehegatten aufzukommen (vgl. § 1581; s.u. RN **367**).

b) § 1577 II 1 bestimmt nun, daß sich der geschiedene Ehegatte Einkünfte, 351
die er aus einer von ihm nicht zu erwartenden oder nicht angemessenen Erwerbstätigkeit erzielt, solange nicht anrechnen lassen muß, wie er sie benötigt, um seinen vollen Lebensunterhalt zu decken. In Höhe der Differenz zwischen dem geschuldeten und dem vollen Unterhalt wird daher der andere Ehegatte durch diese Einkünfte von seiner Unterhaltspflicht nicht entlastet.

Bsp. 1: Beläuft sich der volle Lebensunterhalt des geschiedenen Ehegatten auf 2.000 DM, kann der andere Ehegatte aber nur 1.200 DM an ihn zahlen (z.B. weil er auch gegenüber Kindern aus einer zweiten Ehe unterhaltspflichtig ist), so werden Einkünfte des geschiedenen Ehegatten aus einer unzumutbaren Erwerbstätigkeit bis zur Höhe von 800 DM nicht auf den Unterhaltsanspruch angerechnet. Der andere Ehegatte bleibt weiterhin verpflichtet, Unterhalt in Höhe von 1.200 DM zu leisten (vgl. BGH NJW 83, 933, 935).

c) Erzielt der geschiedene Ehegatte aus einer unzumutbaren oder nicht zu erwartenden Erwerbstätigkeit **höhere Einkünfte**, die seinen vollen Unterhalt übersteigen, sind die Mehreinkünfte auf seinen Unterhaltsanspruch insoweit anzurechnen, als es der Billigkeit entspricht (§ 1577 II 2).
Obwohl diese Billigkeitsprüfung auf den Einzelfall abzustellen ist (BGH FamRZ 95, 343), hat sich in der Praxis häufig die Übung herausgebildet, den übersteigenden Betrag **zur Hälfte** auf den Unterhaltsanspruch anzurechnen (OLG Hamm FamRZ 92, 142; Born FamRZ 97, 129, 134).

Bsp. 2: Erzielt der geschiedene Ehegatte in Bsp. 1 aus einer Arbeitstätigkeit, zu der er nicht verpflichtet ist, ein Einkommen von 1.400 DM, so übersteigt es zusammen mit dem geschuldeten Unterhalt von 1.200 DM den vollen Lebensunterhalt um 600 DM. Es kann deshalb der Billigkeit entsprechen, den Unterhaltsanspruch um 300 DM zu kürzen, falls nicht besondere Gesichtspunkte für eine andere Art der Anrechnung sprechen.

IV. Der Umfang des Unterhaltsanspruchs

1. Gesamter Lebensbedarf 352

Gemäß § 1578 I 4 umfaßt der Unterhalt den **gesamten Lebensbedarf.** Das bedeutet, daß der geschiedene Ehegatte nicht nur einen Anspruch auf das Existenzminimum hat, sondern daß er grundsätzlich in der Lage sein soll, seinen gewohnten Lebensstandard beizubehalten. Im einzelnen:

a) Zu den **elementaren Lebensbedürfnissen** gehören die Aufwendungen für Nahrung, Kleidung, Wohnung und ärztliche Betreuung, aber auch Aufwendungen für Freizeit, Erholung und für die Pflege geistiger Interessen.

b) Ferner gehören hierher die Kosten einer angemessenen Kranken- und Pflegeversicherung und, falls die Voraussetzungen der §§ 1574 III, 1575 I, II vorliegen, die Kosten einer Aus-, Fortbildung oder Umschulung (§ 1578 II).

c) Abgesehen vom Ausbildungsunterhalt umfaßt der Lebensbedarf auch die Kosten einer angemessenen **Alters-** und **Invaliditätsversicherung** (§ 1578 III), sofern der geschiedene Ehegatte nach den §§ 1570 bis 1573 oder 1576 unterhaltsberechtigt ist (sog. **Vorsorgeunterhalt**).
Eine solche Versicherung ist vor allem dann wichtig, wenn schon bei der Scheidung abzusehen ist, daß die künftige Altersrente des Unterhaltsberechtigten niedrig ausfallen wird und daß auch der spätere Versorgungsausgleich nicht ausreichen wird, um den angemessenen Lebensbedarf zu decken.
Doch ist der laufende Unterhalt gegenüber dem erst für die Zukunft bestimmten Vorsorgeunterhalt vorrangig, wenn die Leistungsfähigkeit des unterhaltspflichtigen Ehegatten nicht für beide Unterhaltsleistungen ausreicht (vgl. BGH FamRZ 81, 442, 445). Sehr oft entfällt deshalb der Anspruch auf Zahlung des Vorsorgeunterhalts vollständig.

d) Zum Lebensbedarf gehört auch der **trennungsbedingte Mehrbedarf.** In den meisten Fällen führt die Trennung der Ehegatten vor oder nach der Scheidung zu einem Mehrbedarf, weil die doppelte Mietbelastung und die Führung zweier Haushalte teuerer ist als gemeinsames Wirtschaften. Beruft sich ein Ehegatte auf diesen Mehrbedarf, hat er ihn konkret darzulegen (vgl. BGH NJW-RR 90, 578). Doch kann der Mehrbedarf regelmäßig erst dann berücksichtigt werden, wenn zusätzliche Mittel dafür zur Verfügung stehen, was meistens nicht der Fall ist.

e) Der **Sonderbedarf** eines Ehegatten (s.u. RN **488**) fällt ebenfalls unter den Begriff des Lebensbedarfs. Das gilt z.B. für die **Umzugskosten**, die im Zusammenhang mit der Aufnahme einer Erwerbstätigkeit entstehen.

2. Bedeutung der ehelichen Lebensverhältnisse

353 Mit der Feststellung allein, welche Aufwendungen eines geschiedenen Ehegatten zu seinem gesamten Lebensbedarf gehören, ist es nicht getan. Es kommt auch auf den **Maßstab** an, nach dem sich die Berechnung des zu leistenden Unterhalts zu richten hat. Diesen Maßstab bilden die **ehelichen Lebensverhältnisse** (§ 1578 I 1). Der während der Ehe erreichte Lebensstandard ist somit auch für die Zeit nach der Scheidung maßgebend. Damit soll verhindert werden, daß sich der geschiedene Ehegatte mit einem niedrigeren Standard zufriedengeben muß, als er ihm bisher zustand. Trotz dieser gesetzlichen "Lebensstandardgarantie" müssen geschiedene Ehegatten in der Praxis oft aus tatsächlichen oder rechtlichen Gründen erhebliche Einschränkungen ihres Lebensstandards hinnehmen (s.o. RN **151**).

354 a) Maßgebender **Zeitpunkt** für die Beurteilung der ehelichen Lebensverhältnisse ist nicht die Trennung der Ehegatten, sondern die Rechtskraft des **Scheidungsurteils** (BGH FamRZ 85, 374, 376).

Doch steht dem geschiedenen Ehegatten ein Anteil an der Erhöhung des Einkommens zu, das der andere Ehegatte später, aber im zeitlichen Zusammenhang mit der Scheidung erzielt, wenn dieser Zuwachs das Ergebnis einer normalen Berufsentwicklung ist oder (insbes. im öffentlichen Dienst) auf einer Regelbeförderung beruht (OLG Köln FamRZ 93, 711).

Nur ausnahmsweise ist der Zeitpunkt der **Trennung** von Bedeutung, wenn die Einkommensverhältnisse eines oder beider Ehegatten während der Trennung eine unerwartete, vom Normalverlauf erheblich abweichende Entwicklung genommen haben (unerwarteter Karrieresprung, vgl. BGH NJW 82, 1870, 1872).

Bsp.: Wird ein Lehrer während des Getrenntlebens zum Professor an einer Pädagogischen Hochschule ernannt, bleibt die damit verbundene Einkommenssteigerung bei der Bemessung des nachehelichen Unterhalts seiner Frau außer Betracht (LG Frankfurt FamRZ 76, 342, 344).

b) Entscheidend ist immer, inwieweit das Einkommen eines oder beider Ehegatten die ehelichen Lebensverhältnisse **nachhaltig geprägt** hat. Das setzt eine gewisse **Dauer** voraus, so daß nur vorübergehende Umstände außer Betracht bleiben müssen. So ist es auch, wenn ein Ehegatte während der Ehe eine ihm **nicht zumutbare** Tätigkeit ausgeübt hat, weil diese ohne unterhaltsbedingte Nachteile jederzeit wieder aufgegeben werden kann (BGH FamRZ 84, 364; s.o. RN **337**). Nichtprägend sind auch lediglich **fiktive Einkünfte** (zum Begriff s.o. RN **348**) eines Ehegatten (BGH FamRZ 97, 281).

c) Eine erst **nach der Scheidung** aufgenommene **Erwerbstätigkeit** kann die ehelichen Lebensverhältnisse an sich nicht mehr prägen. Die Rechtsprechung läßt aber Ausnahmen zu, wenn diese Tätigkeit schon während des Zusammenlebens geplant oder vorauszusehen war und in einem engen zeitlichen Zusammenhang mit der Scheidung verwirklicht worden ist (BGHZ 89, 108, 112).

d) Bei anderen nach der Scheidung eingetretenen Veränderungen der Einkommensverhältnisse kommt es nicht auf den zeitlichen Zusammenhang mit der Scheidung an, wenn die Erwartung ihres Eintritts bereits die ehelichen Lebensverhältnisse geprägt hat; das gilt z.B., wenn der Unterhalt für ein älter gewordenes Kind weggefallen ist (BGH FamRZ 90, 1085) oder für die Rente beim späteren Eintritt in den Ruhestand (BGH NJW 88, 2101).

e) Von diesen eindeutig durch die ehelichen Lebensverhältnisse geprägten Veränderungen abgesehen, kann ein prägender Einfluß von anderen Ereignissen, die nach der Scheidung eingetreten sind, nur angenommen werden, wenn sie auch in einem engen zeitlichen Zusammenhang mit der Scheidung stehen (OLG Koblenz FamRZ 97, 1079).

3. Halbteilungsgrundsatz 355

Um die Höhe des Anteils festzustellen, der dem geschiedenen Ehegatten am Einkommen des anderen Ehegatten zusteht, sind die (einseitigen oder beiderseitigen) Einkünfte zu ermitteln, die die ehelichen Lebensverhältnisse geprägt haben. Von der Summe der Gesamteinkünfte steht dem Grundsatz nach jedem Ehegatten **die Hälfte** zu, weil davon ausgegangen wird, daß die Ehegatten in gleicher Weise zum ehelichen Lebensstandard beigetragen haben (BGH FamRZ 88, 265, 267). In der Praxis erfährt der Halbteilungsgrundsatz jedoch gewisse Einschränkungen. Im einzelnen:

a) Zunächst sind bei den Einkünften der Ehegatten nur diejenigen Beträge zu 356
berücksichtigen, die allein für ihren Unterhalt zur Verfügung gestanden haben (BGH FamRZ 86, 780). Vom beiderseitigen Bruttoeinkommen werden daher alle anderen Posten abgezogen: insbes. die Lohn-, Einkommens- und Kirchensteuern, ferner die Vorsorgeaufwendungen im Rahmen des § 1578 II, III, aber auch Zins- und Tilgungsraten für ehebedingte Schulden und (besonders wichtig!) die **Unterhaltsleistungen** für die gemeinsamen Kinder der Ehegatten und für ein nicht gemeinsames Kind, sofern für dessen Unterhalt schon während der bestehenden Ehe aufzukommen war (BGH FamRZ 87, 456, 458).

Dagegen sind vermögensbildende Aufwendungen (z.B. Lebensversicherungen, Kapitalanlagen) nur dann (ganz oder teilweise) von den Einkünften abzusetzen, wenn bei gehobenem Lebensstandard Teile des Einkommens für den laufenden Unterhalt nicht benötigt worden sind (BGH FamRZ 83, 678).

Erst dieses **"bereinigte Nettoeinkommen"** kommt für die Aufteilung zwischen den Ehegatten in Betracht (s. ergänzend RN **456**).

b) Dabei billigt die Rechtsprechung demjenigen Ehegatten, der berufstätig ist, pauschal einen **Bonus von 1/7** seines Nettoeinkommens zu. Damit wird ein Ausgleich für seine **berufsbedingt höheren Aufwendungen** geschaffen und zugleich ein Leistungsanreiz für seine weitere Erwerbstätigkeit bezweckt (BGH FamRZ 91, 1414).
Häufig wird von den Gerichten neben diesem Bonus eine weitere **Pauschale von 5%** des Nettoeinkommens zugebilligt, um berufsbedingte Aufwendungen, die sich eindeutig von den privaten Lebenshaltungskosten abgrenzen lassen, zu erfassen. Der BGH wendet sich gegen diese doppelte Berücksichtigung berufsbedingter Aufwendungen; er hält es für richtiger, neben einer Pauschale den Bonus niedriger anzusetzen (FamRZ 90, 979, 981) oder den Mehraufwand (z.B. für **Fahrtkosten** zum Arbeitsplatz; vgl. BGH FamRZ 98, 1501) konkret zu berechnen (FamRZ 93, 1304, 1306; kritisch dazu Scholz FamRZ 90, 1088). In Bayern wird seit dem 1.7.1998 neben der Pauschale von 5 % für berufsbedingte Aufwendungen nur noch ein **Bonus von 1/10** des Nettoeinkommens berücksichtigt.

c) Eine **Begrenzung** des Unterhalts nach oben wird bei der Zubilligung des vollen Unterhalts erreicht. Die untere Grenze ergibt sich aus dem Mindestbedarf des Unterhaltsberechtigten einerseits (umstr., s.u. RN **476**) und aus der Leistungsfähigkeit des Unterhaltsverpflichteten andererseits. Zur Begrenzung des Unterhalts in den sog. **Mangelfällen** s.u. RN **475.**

4. Differenz- und Anrechnungsmethode

357 Je nachdem, welches **Grundmuster** die Ehe geprägt hat, wird der Unterhalt nach der Differenz- oder nach der Anrechnungsmethode festgestellt.

a) Bei der **Doppelverdienerehe** (zum Begriff s.o. RN **108**) wird von der Rechtsprechung die **Differenzmethode** angewendet und der Unterhaltsanspruch aus der Hälfte der Differenz zwischen den beiderseitigen Nettoeinkommen errechnet (BGH NJW 84, 1237, 1238).

Bsp.: Bei einem kinderlosen Ehepaar verfügt A im Zeitpunkt der Scheidung und auch später über ein bereinigtes Nettoeinkommen von 4.200 DM, B über ein solches von 1.750 DM. Von der Differenz der Nettoeinkommen stehen B 3/7 als Unterhaltsanspruch gegen A zu. Diese Berechnungsmethode bewirkt, daß **beiden** Ehegatten der Erwerbstätigenbonus zukommt:

(4.200 - 1.750) x 3/7 = 1.050 DM.

Der trennungsbedingte **Mehrbedarf** der Ehegatten (s.o. RN **352**) wird hier außer Betracht bleiben können, weil dann, wenn nach Trennung oder Scheidung nicht mehr Mittel zur Verfügung stehen als vorher, die Differenzmethode bei durchschnittlichem Einkommen regelmäßig geeignet ist, dem beiderseitigen Mehrbedarf angemessen Rechnung zu tragen (BGH FamRZ 84, 149; OLG Hamm FamRZ 97, 944).

358 Der **Halbteilungsgrundsatz** kommt zum Zuge, wenn beide Ehegatten nach der Scheidung (z.B. als Rentner oder Pensionisten) nicht mehr berufstätig sind, so daß der Bonus von 1/7 entfällt. Ebenfalls hälftig geteilt werden die Ein-

künfte beider Ehegatten, die nicht aus einer Erwerbstätigkeit herrühren, z.B. Erträge aus einem Vermögen (BGH FamRZ 91, 1163, 1166).

b) Bei der **Alleinverdienerehe** (zum Begriff s.o. RN **108**) erfolgt die Berechnung des Unterhalts nach der **Anrechnungsmethode**, weil hier die ehelichen Lebensverhältnisse nur durch die Einkünfte **eines** Ehegatten geprägt worden sind. Das geschieht in der Weise, daß die Einkünfte des unterhaltsberechtigten Ehegatten, die auf einer **nach der Scheidung** aufgenommenen Erwerbstätigkeit beruhen, erst abgezogen werden, nachdem die Quote gebildet worden ist.

Bsp: Der kinderlos verheiratete Mann M hat auch nach seiner Scheidung von seiner Frau F ein bereinigtes Nettoeinkommen von 3.500 DM. F wird erst nach der Scheidung berufstätig und erzielt ein bereinigtes Nettoeinkommen von 1.400 DM.
Unter Berücksichtigung des Erwerbstätigkeitsbonus von 1/7 könnte F vom Nettoeinkommen des M 3/7 = 1.500 DM als Unterhalt verlangen, falls es ihr nicht möglich gewesen wäre, eine angemessene Erwerbstätigkeit zu finden. Da F aber jetzt selbst 1.400 DM verdient, ist dieser Betrag, abzüglich des Erwerbstätigkeitsbonus von 1/7, auf ihren Unterhaltsanspruch anzurechnen (vgl. BGH FamRZ 85, 908, 910):

3.500 x 3/7 = 1.500 - (1.400 x 6/7 =) 1.200 = <u>300 DM.</u>

Dieses Ergebnis zeigt, daß die Anrechnungsmethode erhebliche Nachteile für den Ehegatten mit sich bringt, der erst nach der Scheidung eine Erwerbstätigkeit aufnimmt. Solange jedoch die Rechtsprechung an dem Unterschied zwischen den die ehelichen Lebensverhältnisse prägenden oder nichtprägenden Einkünften festhält, wird sich daran nichts ändern.

c) Bei der **Zuverdienerehe** (zum Begriff s.o. RN **108**) kann eine Kombination 359
der beiden Berechnungsmethoden erforderlich werden (Mischmethode). Es wird dann das Nettoeinkommen beider Ehegatten während des Zusammenlebens nach der Differenzmethode, das Mehreinkommen des unterhaltsberechtigten Ehegatten, das dieser nach der Scheidung erzielt, im Wege der Anrechnungsmethode berücksichtigt.

Bsp.: Beträgt das bereinigte Nettoeinkommen von A während der Ehe 4.200 DM, das von B 420 DM, und erzielt B nach der Scheidung ein Mehreinkommen von 1.400 DM (insgesamt 1.820 DM), während das Einkommen von A gleich hoch geblieben ist, dann errechnet sich der auf die Ehezeit bezogene Unterhalt von B nach der Formel:

(4.200 - 420) x 3/7 = 1.620 DM.

Für das Mehreinkommen von B nach der Scheidung wird die Anrechnungsmethode angewendet:

1.620 - (1.400 x 6/7 =) 1.200 = <u>420 DM.</u>

d) Um es den geschiedenen Ehegatten zu ermöglichen, die Voraussetzungen eines Unterhaltsanspruchs feststellen zu können, bestimmt § 1580, daß die Eheleute gegenseitig verpflichtet sind, über ihre Einkünfte und ihr Vermögen **Auskunft zu erteilen.**

Auf Inhalt und Umfang dieses Auskunftsanspruchs sind die Vorschriften des § 1605 entsprechend anzuwenden (s.u. RN **460**).

5. Additionsmethode und Quotenbedarfsmethode

360 Zu den im wesentlichen gleichen Ergebnissen wie die Differenz- und Anrechnungsmethode führt die **Additionsmethode** (Mayer FamRZ 92, 138; Gerhardt FamRZ 93, 261). Bei ihr wird die Unterhaltsberechnung in zwei Stufen vorgenommen. In der ersten Stufe wird der **Unterhaltsbedarf** beider Partner, in der zweiten Stufe die **Unterhaltshöhe** ermittelt.

Auf einer etwas anderen Berechnungsweise beruht die **Quotenbedarfsmethode** (Scholz FamRZ 90, 1088). Beide Methoden haben Vorteile bei der Bedarfsfeststellung in komplizierten Fällen und erleichtern die Berechnung des Unterhaltsanspruchs, wenn später dessen Anpassung an geänderte Verhältnisse erforderlich wird. Die in der gerichtlichen Praxis noch weit überwiegend angewendete Differenz- und Anrechnungsmethode hat dagegen den Vorzug der einfacheren Berechnung in weniger problematischen Fällen (zu den Unterschieden der Berechnungsmethoden vgl. Wendl/Gutdeutsch § 4 Rn 399 ff).

V. Begrenzung und Ausschluß des Unterhaltsanspruchs

Die Zahlung des Unterhalts kann aus unterschiedlichen Gründen für den dazu verpflichteten Ehegatten eine **unbillige Härte** bedeuten. Deshalb ist es möglich, einen Unterhaltsanspruch zeitlich zu begrenzen, herabzusetzen oder vollständig zu versagen, wenn es erforderlich ist, eine unzumutbare Belastung zu vermeiden.

1. Zeitliche Begrenzung des Unterhalts wegen Unbilligkeit

361 Die in § 1578 I 1 zum Ausdruck kommende "Lebensstandardgarantie" (s.o. RN **353**), die an sich zeitlich unbegrenzt ist, kann sich im Einzelfall als unbillig erweisen; das wird insbes. der Fall sein, wenn die Ehedauer nur kurz war und der geschiedene Ehegatte durch die Eheschließung keine beruflichen Nachteile erlitten hat. In diesen und ähnlichen Fällen ist nicht einzusehen, daß der unterhaltsberechtigte Ehegatte an dem sozialen Aufstieg, den ihm die Ehe gebracht hat, für einen unbegrenzten Zeitraum teilnehmen darf.

a) Zur Vermeidung einer Unbilligkeit läßt es das Gesetz zu, den nach den ehelichen Lebensverhältnissen bemessenen vollen Unterhalt **zeitlich zu begrenzen** und danach auf den "angemessenen Lebensbedarf" herabzusetzen (§ 1578 I 2, 1.HS; dazu Gerhardt FuR 97, 250). Unter diesem Begriff ist nicht das Existenzminimum zu verstehen, sondern der eheunabhängige Unterhalt, wie er sich nach der Lebensstellung bemißt, die der geschiedene Ehegatte **vor der Ehe** hatte oder jetzt haben würde, wenn er nicht geheiratet hätte (BGH FamRZ 86, 886, 888).

b) Ebenso wie in § 1573 V soll von dieser Herabsetzung des vollen Unterhalts kein Gebrauch gemacht werden, wenn der geschiedene Ehegatte nicht nur vorübergehend ein gemeinschaftliches Kind allein oder überwiegend betreut hat oder betreut (§ 1578 I 2, 2.HS). Auch hier steht die Zeit der Kinderbetreuung der Ehedauer gleich (§ 1578 I 3; s.o. RN **342**).

c) Im Gegensatz zu § 1573 V können von der Herabsetzung im Rahmen des § 1578 **sämtliche nachehelichen Unterhaltsansprüche** betroffen sein. Auch ist es möglich, die Einschränkungen des § 1578 I 2 mit denen des § 1573 V zu kombinieren (vgl. Wendl/Pauling § 4 Rn 589).

Bsp.: Ein kinderloses Ehepaar, das von den Einkünften des Mannes gelebt hat, wird nach vier Jahren geschieden. Die Frau findet keine Arbeit. Sie ist dann nach § 1573 I unterhaltsberechtigt, doch kann das Gericht, wenn eine zeitlich unbegrenzte Unterhaltspflicht für den Mann unbillig wäre, der Frau z.B. den vollen Unterhalt für eine Übergangszeit von 18 Monaten zusprechen, danach anordnen, daß sie für ein weiteres Jahr als angemessenen Unterhalt nur noch die Hälfte des vollen Unterhalts erhält (§ 1578 I 2) und schließlich bestimmen, daß nach Ablauf dieses Jahres der Unterhaltsanspruch erlischt (§ 1573 V).

2. Ausschluß des Unterhalts bei grober Unbilligkeit 362

Nach der **Härteklausel** des § 1579 ist ein Unterhaltsanspruch zu versagen, herabzusetzen oder zeitlich zu begrenzen, soweit die Leistung des Unterhalts aus den im einzelnen genannten Gründen **grob unbillig** wäre; doch müssen dabei die Belange eines gemeinsamen Kindes, das dem geschiedenen Ehegatten anvertraut ist, gewahrt bleiben. Dem Kindesinteresse kommt deshalb grundsätzlich der **Vorrang vor** den Interessen des unterhaltspflichtigen Ehegatten zu (BGH FamRZ 89, 1279; BGH NJW 98, 1309).

Zweck der Härteklausel ist es, einen Rechtsmißbrauch beim nachehelichen Unterhalt zu verhindern und damit auch im Einzelfall den Grundsatz von Treu und Glauben (§ 242) zu verwirklichen. Die im Gesetz genannten Gründe, die zu einer vollständigen oder teilweisen Versagung des Unterhaltsanspruchs führen können (gute Übersicht bei Oelkers FamRZ 96, 257), sind folgende:

a) *Kurze Dauer der Ehe* (§ 1579 Nr. 1)
Die Ehedauer wird von der Eheschließung bis zur Stellung des Scheidungsantrags berechnet und gilt im allgemeinen nur dann als kurz, wenn sie nicht länger als etwa zwei Jahre gedauert hat (BGH FamRZ 90, 492, 495). Mehrfach wird auch eine Ehedauer von bis zu drei Jahren noch als kurz bezeichnet (vgl. KG FamRZ 81, 157, 159).

Zeiten, in denen der geschiedene Ehegatte nach der Scheidung ein gemeinsames Kind betreut hat und deshalb gemäß § 1570 unterhaltsberechtigt war, werden der Ehedauer gleichgestellt. Dabei ist zunächst von der tatsächlichen Ehezeit auszugehen und anschließend die zur Wahrung der Kindesbelange vorgesehene Abwägung vorzunehmen (BVerfG FamRZ 89, 941, 943).

b) *Schwere Straftaten* (§ 1579 Nr. 2) 363
Grobe Unbilligkeit einer Unterhaltspflicht kann vorliegen, wenn der geschiedene Ehegatte ein Verbrechen oder ein schweres vorsätzliches Vergehen gegen den anderen Ehegatten oder gegen einen von dessen nahen Angehörigen begangen hat. Nahe Angehörige sind nicht nur die nächsten Verwandten, sondern auch andere Personen, zu denen eine enge soziale Bindung besteht (z.B. bei einem Lebensgefährten, umstr.).

Bsp. für Verbrechen und schwere vorsätzliche Vergehen:
Mord, Totschlag, schwere Körperverletzung; Diebstahl, Unterschlagung, Betrug, auch Prozeßbetrug durch falsche Angaben oder eine Falschaussage vor Gericht (OLG Hamm FamRZ 97, 1337). Schwerwiegende Beleidigungen und Verleumdungen, sofern sie nachteilige Auswirkungen gehabt haben. Dabei macht es keinen Unterschied, ob diese Handlungen vor oder nach der Ehescheidung begangen worden sind.

c) *Mutwillig herbeigeführte Bedürftigkeit* (§ 1579 Nr. 3)
Sie liegt vor, wenn der Ehegatte sein Vermögen verschleudert oder seine Erwerbstätigkeit aufgibt, um nach der Scheidung einen Unterhaltsanspruch zu erlangen. Doch muß die Mutwilligkeit stets unterhaltsbezogen sein, d.h. das Verhalten des Ehegatten muß mindestens auch darauf gerichtet sein, seine Unterhaltsbedürftigkeit herbeizuführen (BGH FamRZ 88, 1031, 1033).
Mutwillig kann nicht nur ein vorsätzliches, sondern auch ein leichtfertiges Handeln sein, so immer dann, wenn jemand seine Arbeitskraft oder sein Vermögen auf sinnlose Art riskiert und dabei einbüßt (BGH FamRZ 93, 1055). Ferner kann es mutwillig sein, wenn es der geschiedene Ehegatte unterläßt, gegen seine Alkohol- oder Drogensucht geeignete Maßnahmen zu ergreifen, sich z.B. einer Entziehungskur zu unterziehen.

364 d) *Verletzung der Vermögensinteressen des anderen Ehegatten* (§ 1579 Nr.4)
Da im allgemeinen kein Ehegatte verpflichtet ist, die Vermögensinteressen des anderen Ehegatten wahrzunehmen, kann von einem Hinwegsetzen über dessen schwerwiegende Vermögensinteressen nur dann die Rede sein, wenn das Vermögen mutwillig geschädigt oder die wirtschaftliche Existenz untergraben wird.

Bsp: Ein Ehegatte denunziert den anderen, um ihn zu schädigen, z.B. um den Verlust seines Arbeitsplatzes zu erreichen (OLG Koblenz FamRZ 91, 1312); er erhebt eine wissentlich falsche Strafanzeige gegen ihn; er verbreitet Gerüchte über einen bevorstehenden Konkurs des Unternehmens seines Ehegatten; er macht bei einer Vernehmung belastende Aussagen über ihn, obwohl er die Aussage verweigern könnte (OLG Köln FamRZ 95, 1580).

Dabei kommt es nicht darauf an, ob tatsächlich ein Schaden eintritt, weil die bloße Vermögensgefährdung durch das Verhalten des geschiedenen Ehegatten ausreicht.

365 e) *Gröbliche Verletzung von Unterhaltspflichten* (§ 1579 Nr. 5)
Hat der geschiedene Ehegatte längere Zeit **vor der Trennung** seine Pflicht, zum Familienunterhalt beizutragen (vgl. § 1360; s.o. RN **114**), gröblich verletzt, kann dies den vollständigen oder teilweisen Verlust seines Unterhaltsanspruchs zur Folge haben.

Bsp.: Verstöße gegen die Mitarbeitspflicht im Beruf oder Geschäft des anderen Ehegatten; die Vernachlässigung der Haushaltsführung oder der Sorge für die Kinder; vor allem die Weigerung, die notwendigen Mittel für den Familienunterhalt zur Verfügung zu stellen. Da die Pflichtverletzung "gröblich" und "längere Zeit" hindurch erfolgt sein muß, wird dieser Tatbestand nur dann erfüllt sein, wenn die Familie durch ein solches Verhalten in ernsthafte Schwierigkeiten geraten ist.

f) *Fehlverhalten gegenüber dem anderen Ehegatten* (§ 1579 Nr. 6)
Das Fehlverhalten eines unterhaltsbedürftigen Ehegatten kann nur dann die Anwendung der Härteklausel rechtfertigen, wenn es offensichtlich schwerwiegend ist und eindeutig ihm und nicht dem anderen Ehegatten zur Last fällt. Das betrifft hauptsächlich Verstöße gegen die Pflicht zur ehelichen Lebensgemeinschaft (s.o. RN **83**), insbes. gegen die eheliche Treuepflicht.

Bsp.: Die Aufnahme intimer Beziehungen zu Dritten (OLG Bamberg FamRZ 87, 1153); die Begründung einer nichtehelichen Lebensgemeinschaft gegen den Willen des anderen Ehegatten (OLG Frankfurt FamRZ 94,169); fortgesetzte Vereitelung des Umgangrechts mit dem gemeinsamen Kind (OLG München FamRZ 98, 750).

Da die eheliche Treuepflicht mit der Auflösung der Ehe entfällt, handelt es sich meist um Verfehlungen, die im Verlauf der Ehe begangen worden sind

und bereits zum Wegfall des Trennungsunterhalts gemäß § 1361 III i.V.m. § 1579 Nr. 6 geführt haben (s.o. RN **160**).
Trifft auch den anderen Ehegatten ein Verschulden, greift dieser Ausnahmetatbestand nicht ein. Deshalb ist es trotz Beseitigung des Verschuldensprinzips in der Ehescheidung bei der Anwendung dieser Härteklausel erforderlich, das Verhalten beider Ehepartner zu analysieren, um die Einseitigkeit des Verschuldens feststellen zu können (BGH FamRZ 83, 670).

g) *Andere schwerwiegende Gründe* (§ 1579 Nr. 7) 366

Dieser "Auffangtatbestand" greift ein, wenn andere als die vorstehend genannten Versagungstatbestände vorliegen, sofern sie ebenso schwer wiegen, wie diese. Es handelt sich im wesentlichen um Sachverhalte, denen kein vorwerfbares Fehlverhalten zugrunde liegt, in denen aber aus objektiven Gründen die Gewährung von Unterhalt für den anderen Ehegatten **unzumutbar** wäre (OLG Hamm FamRZ 98, 371).

Am häufigsten wird die Unzumutbarkeit damit begründet, daß der andere Ehegatte eine neue Partnerbeziehung eingegangen ist. Darin liegt kein Fehlverhalten im Sinne des § 1579 Nr. 6, wenn die Aufnahme dieser Beziehung erst nach der Scheidung oder dem endgültigen Scheitern der Ehe geschieht.

Doch kann es sein, daß die Beziehung des Unterhaltsberechtigten zu einem neuen Lebenspartner mit besonders kränkenden oder anstößigen Begleitumständen verbunden ist, durch die der Unterhaltspflichtige in außergewöhnlicher Weise bloß gestellt oder in seinem Ansehen geschädigt wird (BGH FamRZ 89, 487, 490).
Auch dann, wenn der geschiedene Ehegatte nur deshalb von einer Eheschließung mit dem neuen Partner absieht, um nicht den Unterhaltsanspruch gegen den anderen Ehegatten zu verlieren, kann das die Pflicht zur Unterhaltsleistung als grob unbillig erscheinen lassen (BGH aaO).

Ferner wird von der Rechtsprechung die Unterhaltsleistung als unzumutbar angesehen, wenn der geschiedene Ehegatte mit einer anderen Person in einer "festen sozialen Bindung" lebt, die gleichsam an die Stelle einer Ehe getreten ist (BGH FamRZ 95, 540, 542). Dabei wird für das Zusammenleben eine gewisse Mindestdauer vorausgesetzt, die sich auf zwei bis drei Jahre beläuft (BGH FamRZ 97, 671).

Geht der Unterhaltsberechtigte eine Bindung mit einem **gleichgeschlechtlichen Partner** ein, erfüllt das bloße Zusammenleben nicht die Voraussetzungen des § 1579 Nr. 7, sofern nicht weitere Umstände hinzutreten, die die Fortdauer der Unterhaltsbelastung für den Verpflichteten als unzumutbar erscheinen lassen (BGH FamRZ 95, 344, 345).

VI. Die Leistungsfähigkeit des unterhaltspflichtigen Ehegatten

1. Begriff 367

Während bisher die volle Leistungsfähigkeit des unterhaltspflichtigen Ehegatten vorausgesetzt wurde, müssen nun die Auswirkungen beachtet werden, die sich ergeben, wenn diese Leistungsfähigkeit gemindert ist oder entfällt.
Die volle Leistungsfähigkeit ist nur dann gegeben, wenn der Unterhaltspflichtige in der Lage ist, **ohne Gefährdung des eigenen angemessenen Unterhalts** (also des vollen Unterhalts im Sinne des § 1578 I 1) dem bedürftigen Ehegatten Unterhalt zu gewähren (BGH FamRZ 90, 260, 264; kritisch

dazu Derleder FuR 90, 166). Ist das nicht der Fall, wird er nicht schon deshalb von jeder Unterhaltspflicht frei; doch braucht er nur insoweit Unterhalt zu leisten, als es mit Rücksicht auf die Bedürfnisse und die Erwerbs- und Vermögensverhältnisse der geschiedenen Ehegatten der **Billigkeit** entspricht (§ 1581, 1).

2. Gefährdung des eigenen angemessenen Unterhalts

368 a) Ob eine Gefährdung vorliegt, setzt die Ermittlung des Unterhaltsbedarfs beider Ehegatten nach Maßgabe ihrer ehelichen Lebensverhältnisse im Sinne des § 1578 voraus (s.o. RN **353**). Dabei kommt der Feststellung, in welcher Höhe das Nettoeinkommen des Unterhaltspflichtigen für Unterhaltsleistungen zur Verfügung steht, eine besondere Bedeutung zu. Wird das Bruttoeinkommen durch den Abzug der Ausgaben für den Unterhalt mehrerer Kinder, für die Tilgung der Schulden anderer Gläubiger, für Steuern und Vorsorgeaufwendungen "bereinigt" (s.o. RN **356**), dann verbleibt oft ein geringer Rest, der weder für den eheangemessenen Unterhalt des geschiedenen Ehegatten, noch für den des unterhaltspflichtigen Ehegatten ausreicht: Es liegt ein sog. **Mangelfall** vor (s.u. RN **475 ff**).
In der Praxis sind solche Mangelfälle keine Ausnahme, sondern die Regel, weil auch bei unveränderten Einkommensverhältnissen der Ehegatten nach der Scheidung schon wegen des trennungsbedingten Mehrbedarfs der frühere Standard der ehelichen Lebensverhältnisse kaum erreicht werden kann.

b) Zur Behebung eines Mangelfalles ist der unterhaltspflichtige Ehegatte nicht verpflichtet, den **Stamm** seines Vermögens (zum Begriff s.u. RN **463**) zu verwerten, wenn dies unwirtschaftlich oder im Hinblick auf die wirtschaftlichen Verhältnisse der Ehegatten unbillig wäre (§ 1581, 2). Doch sind die **Erträge** aus dem Vermögen den Einkünften hinzuzurechnen.

3. Absolute Leistungsunfähigkeit

369 a) Die unterste Einkommensgrenze, ab der eine Unterhaltszahlung in Betracht kommt, stellt der **notwendige Selbstbehalt** des Unterhaltsschuldners dar (auch Mindestselbstbehalt oder notwendiger Eigenbedarf genannt; s.u. RN **476**). Übersteigt das bereinigte Nettoeinkommen nicht diese Grenze, entfällt die Billigkeitsabwägung nach § 1581, weil ein Unterschreiten dieser "Opfergrenze" unzulässig wäre und der Unterhaltsschuldner sonst sozialhilfebedürftig würde (BGHZ 111, 194). Es liegt dann absolute Leistungsunfähigkeit vor.

b) Nach der **Düsseldorfer Tabelle 1999** (FamRZ 99, 766) beträgt der notwendige Selbstbehalt eines **erwerbstätigen** Schuldners zur Zeit 1.500 DM; falls er **nicht erwerbstätig** ist, 1300 DM im Monat (s.u. RN **476**).
In **Westberlin** geht das KG beim Selbstbehalt gegenüber einem geschiedenen oder getrennt lebenden Ehegatten von 1.700 DM bzw. 1.500 DM im Monat aus.

370 *Im Beitrittsteil des Landes Berlin beläuft sich der notwendige Selbstbehalt gegenüber geschiedenen oder getrennt lebenden Ehegatten nach der* ***Berliner Tabelle*** *(FamRZ 99, 772) auf 1.550 DM bzw. 1.370 DM im Monat. Die Regelsätze der Berliner Tabelle sind darüber hinaus ab dem 1.7.1998 auch für das* ***gesamte Gebiet*** *der früheren* ***DDR*** *anzuwenden.*

Die Tabellensätze berücksichtigen alle Lebenshaltungskosten mit den Aufwendungen für eine Wohnung. Dabei legt die Düsseldorfer Tabelle eine Warmmiete von monatlich 650 DM zugrunde. Liegen die unvermeidbaren Mietkosten deutlich höher, kann eine Anpassung des notwendigen Selbstbehalts an diese Aufwendungen in Betracht kommen.

Beachte: In den Tabellensätzen sind **keine** Beiträge zur **Kranken- und Pflegeversicherung** enthalten. Sie müssen zum Selbstbehalt hinzugerechnet werden.

c) Bei absoluter Leistungsunfähigkeit des Unterhaltsschuldners entfällt für den geschiedenen Ehegatten jeder Unterhaltsanspruch gegen ihn; anstelle des Ehegatten sind die **Verwandten** des unterhaltsbedürftigen Ehegatten verpflichtet, diesem Unterhalt zu leisten (§ 1584; s.u. RN **479**).

4. Eingeschränkte Leistungsfähigkeit 371

a) Liegt das bereinigte Nettoeinkommen des unterhaltspflichtigen Ehegatten über der "Opfergrenze", reicht es aber nicht aus, um **beiden** Ehegatten den angemessenen Unterhalt im Sinne des § 1578 zu ermöglichen, hat das Gericht eine **Billigkeitsentscheidung** zu treffen.
b) Dabei sind die Bedürfnisse der beiden Ehegatten, wie sie sich aus ihrer konkreten Situation ergeben, sowie ihre Einkommens- und Vermögensverhältnisse zu berücksichtigen (§ 1581, 1). Weil es deshalb auf alle **Umstände des Einzelfalles** ankommt, ist es hier nicht möglich, von einem bestimmten Richtsatz auszugehen (grundlegend BGH FamRZ 90, 260, 265; kritisch dazu Derleder FuR 90, 165, 167).
Doch wird dem Unterhaltspflichtigen regelmäßig mehr als der notwendige Selbstbehalt (s.o. RN **369**) verbleiben, während der Unterhaltsberechtigte weniger erhalten wird, als es seinem eheangemessenen Unterhalt entspricht. Nur in Mangelfällen, bei denen auch minderjährige Kinder zu unterhalten sind, wird es zulässig sein, dem Unterhaltspflichtigen bei eingeschränkter Leistungsfähigkeit lediglich den notwendigen Selbstbehalt zu belassen (BGHZ 97, 1919).

VII. Rangfolge im Falle der Wiederheirat

Hat ein unterhaltspflichtiger Ehegatte nach seiner **Wiederheirat** nicht nur seinem neuen Ehegatten, sondern auch dem geschiedenen Ehegatten und seinen Kindern Unterhalt zu leisten, werden die Einkünfte aus seiner Erwerbstätigkeit und aus seinem Vermögen oft nicht ausreichen, um alle Ansprüche befriedigen zu können, ohne dabei den eigenen angemessenen Unterhalt zu gefährden. Für derartige Mangelfälle bestimmt § 1582 ein kompliziertes **Rangverhältnis** zwischen diesem Personenkreis. Im einzelnen:

1. Grundsätzlich steht dem **geschiedenen Ehegatten** der **Vorrang** vor dem neuen Ehegatten zu (§ 1582 I 1, 1. HS). Das bedeutet, daß der neue Ehegatte erst dann Unterhalt von seinem Ehegatten verlangen darf, wenn der Unterhaltsanspruch des geschiedenen Ehegatten befriedigt ist. Doch darf das nicht dazu führen, daß für daß neue Ehepaar nicht einmal sein Mindestbedarf gesichert ist, da sonst verfassungsrechtliche Bedenken gegen diese Regelung bestehen (BGH FamRZ 87, 916). 372

2. Der Vorrang des geschiedenen Ehegatten besteht jedoch nicht, wenn der neue Ehegatte im hypothetischen Fall, daß auch seine Ehe geschieden wäre, gemäß §§ 1569 bis 1574, 1576 und 1577 I unterhaltsberechtigt wäre (BGH FamRZ 83, 678, 680).

Träfe das zu, bestünde **Gleichrang** zwischen dem geschiedenen und dem neuen Ehegatten (§ 1582 I 1, 2. HS). Das bedeutet, daß die Unterhaltsansprüche des neuen und des geschiedenen Ehegatten um den jeweils gleichen Prozentsatz gekürzt werden müßten. Bei einem unterhaltspflichtigen Ehegatten, der erwerbstätig ist, wäre dann sein bereinigtes Nettoeinkommen zwischen ihm und seinen beiden Ehegatten im Verhältnis 4 : 3 : 3 aufzuteilen, sonst im Verhältnis 1 : 1 : 1 (Gutdeutsch FamRZ 95, 327; Hampel FamRZ 95, 1177).

3. Doch gilt dieser Gleichrang wiederum nicht, wenn der geschiedene Ehegatte nach § 1570 oder 1576 unterhaltsberechtigt ist oder die Ehe von langer Dauer war (§ 1582 I 2); dann steht dem geschiedenen Ehegatten wieder der **Vorrang** vor dem neuen Ehegatten zu. Eine lange Ehedauer wird ab etwa 15 Jahren anzunehmen sein (BGH FamRZ 83, 886, 888). Auch hier steht der Ehedauer die Zeit gleich, in der der geschiedene Ehegatte wegen der Betreuung eines gemeinsamen Kindes unterhaltsberechtigt war (§ 1582 I 3).

373 4. Hat der zur Unterhaltsleistung verpflichtete Ehegatte neben seinen Ehegatten auch **minderjährige unverheiratete Kinder** zu versorgen, stehen diese im Rang demjenigen Ehegatten gleich, der gemäß § 1582 I den Vorrang einnimmt (§ 1582 II i.V.m. § 1609; BGH FamRZ 88, 705, 707). Näheres zur Rangfolge bei mehreren unterhaltsbedürftigen Angehörigen s.u. RN **481**.

5. Stehen dem unterhaltsberechtigten geschiedenen Ehegatten auch Unterhaltsansprüche gegen seine **Verwandten** gemäß § 1601 zu, bestimmt § 1584 die Rangfolge. Danach haftet der unterhaltspflichtige Ehegatte **vor den Verwandten** des geschiedenen Ehegatten. Nur dann, wenn die Erfüllung dieser Unterhaltsverpflichtung seinen eigenen angemessenen Unterhalt gefährden würde, haften die Verwandten vorrangig. Besteht die Gefährdung nur für einen Teil der Unterhaltsverpflichtung, haften die Verwandten nur für den nicht gedeckten Teil des Unterhaltsanspruchs.

6. Ist die Rechtsverfolgung gegen den an sich leistungsfähigen Ehegatten im Inland ausgeschlossen oder erheblich erschwert, tritt die Ersatzhaftung der Verwandten des geschiedenen Ehegatten ebenfalls ein; doch geht in diesem Fall der Unterhaltsanspruch des geschiedenen Ehegatten kraft Gesetzes auf seine Verwandten über, die den Unterhalt anstelle des anderen Ehegatten geleistet haben (§ 1584, 3 i.V.m. § 1607 II und IV; s.u. RN **458**).

VIII. Ausgestaltung und Ende des Unterhaltsanspruchs

1. Die Art der Unterhaltsgewährung

374 a) § 1585 I regelt, in welcher Weise der Unterhalt zu leisten ist. Danach ist der laufende Unterhalt durch Zahlung einer **Geldrente** zu gewähren, und zwar **monatlich im voraus**, also jeweils zum Ersten eines Monats.

b) Statt der Rente kann der geschiedene Ehegatte eine **Kapitalabfindung** beim Vorliegen eines wichtigen Grundes verlangen, sofern der andere Ehegatte dadurch nicht unbillig belastet wird; er muß dann in der Lage sein, die geforderte Abfindung unschwer leisten zu können (§ 1585 II). Von dieser Möglichkeit der Kapitalabfindung wird aber nur selten Gebrauch gemacht.

c) In bestimmten Fällen kann der Unterhaltsberechtigte verlangen, daß ihm der Verpflichtete **Sicherheit leistet**, wobei sich die Art der Sicherheit nach den jeweiligen Umständen richtet (§ 1585 a).

2. Unterhalt für die Vergangenheit

Für eine zurückliegende Zeit kann Unterhalt nicht verlangt werden. Doch macht § 1585 b von diesem Grundsatz verschiedene **Ausnahmen**:

a) **Sonderbedarf** im Sinne des § 1613 II (s.u. RN **488**) kann auch rückwirkend geltend gemacht werden (§ 1585 b I); doch wird diese Möglichkeit für eine mehr als ein Jahr vor der Rechtshängigkeit zurückliegende Zeit durch § 1585 b III eingeschränkt (s. unter c).

b) **Sonstige** Unterhaltsansprüche und darauf gestützte Schadenersatzforderungen wegen Nichterfüllung können rückwirkend von der Zeit an geltend gemacht werden, in der der unterhaltspflichtige Ehegatte in Verzug geraten oder der Anspruch rechtshängig geworden ist (§ 1585 b II; s. RN **487** f).

c) Betreffen die unter a) und b) genannten Ansprüche einen Zeitraum, der länger als ein Jahr vor Eintritt der Rechtshängigkeit zurückliegt, können sie nur geltend gemacht werden, wenn anzunehmen ist, daß sich der Unterhaltspflichtige der Leistung **absichtlich entzogen** hat (§ 1585 b III). Dazu genügt jedes zweckbestimmte Verhalten des Schuldners, durch das die rechtzeitige Erfüllung der Unterhaltsschuld verhindert oder wesentlich erschwert worden ist (BGHZ 105, 250).

3. Ende des Unterhaltsanspruchs 375

Der Unterhaltsanspruch erlischt mit der **Wiederheirat** oder dem **Tod** des unterhaltsberechtigten Ehegatten (§ 1586). Er erlischt **nicht** mit dem Tod des unterhaltspflichtigen Ehegatten, da dessen Unterhaltspflicht auf seine Erben als Nachlaßverbindlichkeit übergeht (§ 1586 b I 1).

Der geschiedene Ehegatte kann nunmehr den **vollen** Unterhalt von den Erben verlangen, wenn sein Unterhaltsanspruch zu Lebzeiten des anderen Ehegatten nach Maßgabe des § 1581 wegen dessen eingeschränkter Leistungsfähigkeit herabgesetzt war (§ 1586 b I 2). Doch ist die Haftung der Erben der Höhe nach auf den Betrag begrenzt, der dem geschiedenen Ehegatten als Pflichtteil zugestanden hätte, wäre die Ehe nicht geschieden worden (§ 1586 b I 3 und II).

4. Wiederaufleben des Unterhaltsanspruchs

Ist der Unterhaltsanspruch wegen der Wiederheirat des geschiedenen Ehegatten erloschen, lebt er nach der Auflösung der neuen Ehe (z.B. durch Scheidung oder Tod des neuen Partners) grundsätzlich nicht wieder auf.

Eine **Ausnahme** davon macht § 1586 a, wenn der geschiedene Ehegatte keinen Unterhalt vom Ehegatten der letzten Ehe erlangen kann, aber ein Kind aus der früheren Ehe zu pflegen oder zu erziehen hat. Anschließend an diese Tätigkeit ist er berechtigt, den Unterhaltsanspruch gegen den ersten Ehegatten nach Maßgabe der §§ 1571 bis 1573, 1575 geltend zu machen.

IX. Unterhaltsverfahren 376

a) Kommt zwischen den Ehegatten keine Unterhaltsregelung auf vertraglicher Basis zustande (s.o. RN **330**), hat der unterhaltsberechtigte Ehegatte die Möglichkeit, seine Ansprüche gegen den anderen Ehegatten **gerichtlich** geltend zu machen. Das kann im Rahmen des Scheidungsverfahrens geschehen. Ausschließlich zuständig dafür ist das FamG, bei dem der Unterhaltsanspruch als **Folgesache der Ehescheidung** anhängig gemacht werden kann (§§ 621 I Nr. 5, 623 I ZPO; s.o. RN **321 ff**). Doch muß dies bis zum Schluß der mündlichen Verhandlung erster Instanz erfolgen (§ 623 IV ZPO).

b) Wird dieser Zeitpunkt versäumt oder stellt sich die Unterhaltsberechtigung eines Ehegatten erst nach der Scheidung heraus, kann der Anspruch auf Unterhalt auch außerhalb des Scheidungsverfahrens in einem selbständigen Zivilprozeß geltend gemacht werden. Für diesen Prozeß ist wiederum das FamG ausschließlich zuständig. Die **örtliche Zuständigkeit** des FamG für diese Unterhaltsklage bestimmt sich nach den allgemeinen Vorschriften der ZPO, also im Regelfall nach dem Wohnsitz des beklagten Ehegatten (§ 621 II 2 i.V.m. § 13 ZPO).

c) Im Scheidungsverfahren besteht ferner die Möglichkeit, schon von dessen Beginn an eine vorläufige Entscheidung über die Unterhaltsberechtigung zu erlangen, und zwar im Wege einer **einstweiligen Anordnung** gemäß § 620 Nr. 6 ZPO. Damit kann eine rasche Hilfe für einen in materielle Not geratenen Ehegatten und eine vorläufige Schlichtung dieser Streitfrage erreicht werden (s.o. RN **326**). Die einstweilige Anordnung behält ihre Wirksamkeit nicht nur für die Dauer des Scheidungsverfahrens, sondern auch für die Zeit nach der Rechtskraft des Scheidungsurteils (BGH NJW 85, 42), bis sie durch eine anderweitige Regelung ersetzt wird (§ 620 f ZPO).

X. *Neue Bundesländer*

377 *Für den Unterhaltsanspruch eines Ehegatten, dessen Ehe vor dem 3.10.1990 geschieden worden ist, bleibt das* ***bisherige Recht der DDR*** *(§§ 29 bis 33 FGB) weiter maßgebend. Das gilt auch für seinerzeit getroffene Unterhaltsvereinbarungen (Art. 234 § 5 EGBGB).*

a) Nach DDR-Recht durfte ein Ehegatte nur für eine Übergangszeit von höchstens zwei Jahren nach Rechtskraft des Scheidungsurteils zur Unterhaltsleistung an seinen geschiedenen Ehegatten verpflichtet werden (§ 29 I FGB). Ein unbefristeter Unterhalt kam nur in Betracht, wenn sich der Unterhaltsberechtigte voraussichtlich auf Dauer keinen eigenen Erwerb schaffen konnte und die Zahlung dem Unterhaltspflichtigen zumutbar war (§ 29 II FGB). Doch durfte u.U. die Fortdauer eines zunächst befristeten Unterhalts ausgesprochen werden, wenn sich nachträglich herausgestellt hat, daß sich der Unterhaltsberechtigte keinen eigenen Erwerb schaffen konnte und die Fortdauer dem Verpflichteten zumutbar war (§ 31 FGB).

Beachte: *Die §§ 29 und 31 FGB sind durch das 1. FamRÄndG der DDR vom 20.7.1990 mit Wirkung vom 1.10.1990 geändert und ergänzt worden (dazu Eberhardt FamRZ 90, 917).*

b) Ferner konnte im Klagewege der Wegfall oder die Herabsetzung des Unterhaltsanspruchs erreicht werden, falls sich die Umstände nach der Festsetzung des Unterhalts wesentlich geändert haben (§ 33, 1 FGB). Eine spätere Erhöhung des Unterhalts war dagegen grundsätzlich ausgeschlossen (§ 33, 2 FGB).
Der BGH hat jedoch die nachträgliche Anpassung einer durch Urteil oder Prozeßvergleich festgelegten Unterhaltsrente an die nach dem Beitritt eingetretenen Veränderungen der wirtschaftlichen Verhältnisse im Beitrittsgebiet zugelassen (BGH FamRZ 95, 544; kritisch dazu Dieckmann FamRZ 95, 548).

c) Im Gegensatz zu § 1582, der bei der Ermittlung des Unterhalts dem geschiedenen Ehegatten grundsätzlich den Vorrang vor dem neuen Ehegatten einräumt, besteht nach § 86 II FGB zwischen dem geschiedenen Ehegatten, dem neuen Ehegatten und den Kindern ***Gleichrang*** *(vgl. BGH FamRZ 93, 43).*

Ein Verfahren, das die Abänderung eines rechtskräftigen Urteils von Gerichten der DDR über den nachehelichen Unterhalt zum Gegenstand hat, richtet sich seit dem 3.10.1990 nach den Bestimmungen des § 323 ZPO (vgl. BGH FamRZ 93, 43).

Dritter Abschnitt: **Der Versorgungsausgleich**

I. Einführung

Im Gegensatz zum Zugewinnausgleich, der die Aufgabe hat, den während der Ehe erarbeiteten Vermögenszuwachs der Eheleute auszugleichen, dient der Versorgungsausgleich der Beseitigung von Unterschieden in der Versorgung der geschiedenen Ehegatten für den Fall des **Alters** und der **Erwerbsunfähigkeit.** Dem Versorgungsausgleich liegt der Gedanke zugrunde, daß die während der Ehe erworbenen Versorgungsanrechte auf einer partnerschaftlichen und gleichwertigen Lebensleistung beider Ehegatten beruhen, selbst wenn nur ein Ehegatte durch seine Erwerbstätigkeit finanziell zum Familienunterhalt beigetragen hat. 378

Dadurch soll vor allem die Benachteiligung eines Ehegatten ausgeglichen werden, der infolge der Übernahme der Haushaltsführung keine eigene Anwartschaft auf eine spätere Versorgung erwerben konnte. Es war deshalb das erklärte Ziel des 1. EheRG 1976, durch die neugeschaffenen Bestimmungen der §§ 1587 bis 1587 p vor allem der geschiedenen Hausfrau eine **eigenständige soziale Sicherung** zu verschaffen.

Dieses Reformwerk erwies sich jedoch in verschiedenen Teilen als **verfassungswidrig**, so daß es durch das "Gesetz zur Regelung von Härten im Versorgungsausgleich" (VAHRG) vom 21.2.1983 abgeändert werden mußte. Auch dieses Gesetz wurde in Einzelpunkten für verfassungswidrig erklärt (BVerfG NJW 86, 1321); es ist deshalb durch das "Gesetz über weitere Maßnahmen auf dem Gebiet des Versorgungsausgleichs" vom 8.12.1986 nochmals geändert worden. Weitere Änderungen des VAHRG sind durch das Rentenreformgesetz 1992 vom 18.12.1989 sowie durch das Rentenüberleitungsgesetz vom 25.7.1991 erfolgt, das die Einführung des Rentenrechts im Beitrittsgebiet am 1.1.1992 zum Gegenstand hatte, wodurch in Deutschland die Rechtseinheit in der Renten- und Unfallversicherung hergestellt worden ist.

Die Darstellung des Versorgungsausgleichs muß sich im Rahmen dieses Studienbuches auf eine **Übersicht** beschränken, in der nur die zum Verständnis dieses Rechtsinstituts erforderlichen Bestimmungen erläutert werden können.

II. Grundlagen des Versorgungsausgleichs

1. Anwendungsbereich 379

Der Versorgungsausgleich findet nach rechtskräftiger Scheidung einer Ehe statt, und zwar unabhängig davon, in welchem Güterstand die Eheleute gelebt haben. Das gilt nur dann nicht, wenn die Ehegatten den Versorgungsausgleich durch einen Ehevertrag nach § 1408 II rechtswirksam ausgeschlossen haben (s.o. RN **262**).

Wird die Ehe nicht geschieden, sondern aufgehoben, gibt es gleichfalls den Versorgungsausgleich, jedoch mit der Einschränkung, daß dieser im Hinblick auf die Umstände bei der Eheschließung (oder im Fall einer Doppelehe: im Hinblick auf die Belange der dritten Person) nicht grob unbillig sein darf (§ 1318 III; s.o. RN **69**).

Der Versorgungsausgleich kommt auch für sog. Altehen in Betracht, die vor dem Inkrafttreten des 1. EheRG geschlossen, aber nach dem 1.7.1977 geschieden worden sind oder noch geschieden werden (BVerfG NJW 80, 692). Hinsichtlich der in der früheren **DDR** geschlossenen oder geschiedenen Ehen s.u. RN **396**).

2. Anwartschaften und Aussichten

Der Versorgungsausgleich findet statt, wenn ein Ehegatte oder beide Ehegatten "in der Ehezeit" **Anwartschaften** oder **Aussichten** auf eine Versorgung erlangt haben (§ 1587 I). Unter dem Begriff "Anwartschaften" wird ein **Rechtsanspruch** auf eine Versorgung beim Eintritt eines Versicherungs- oder Versorgungsfalles verstanden, während eine bloße "Aussicht" dann gegeben ist, wenn nach dem gewöhnlichen Lauf der Dinge erwartet werden kann, daß sich aus ihr ein Anspruch auf eine Versorgung entwickeln wird.

Aber auch die bereits zur Zeit der Ehescheidung gezahlten Pensionen, Renten, betrieblichen Ruhegelder u.ä. sind Gegenstand des Versorgungsausgleichs.

3. Maßgebender Zeitraum

380 Es kommt für den Versorgungsausgleich nicht darauf an, ob ein Anrecht auf Versorgung erst während der Ehe **begründet** wurde (z.B. durch erstmalige Aufnahme einer Erwerbstätigkeit) oder ob ein schon vor der Ehe begründetes Anrecht während der Ehe weiter **aufrechterhalten** wird. Doch beschränkt sich der Versorgungsausgleich auf den **Zuwachs während der Ehe**, wenn die Anrechte auf Versorgung teils während, teils vor der Ehe erworben wurden, was in der Praxis häufig der Fall ist.

Da bei diesen Berechnungen die **Ehezeit** eine wichtige Rolle spielt, wird sie für die Durchführung des Versorgungsausgleichs in § 1587 II wie folgt festgelegt: Sie reicht vom Beginn des Monats, in dem die Ehe geschlossen worden ist, bis zum Ende des Monats, der dem Eintritt der Rechtshängigkeit des Scheidungsantrags vorausgeht.

4. Verwirklichung des Versorgungsausgleichs

381 Das Prinzip des Versorgungsausgleichs besteht darin, daß derjenige Ehegatte, der die wertmäßig höheren Anrechte auf eine Versorgung angesammelt hat, **die Hälfte dieses Wertunterschiedes** an den anderen Ehegatten **abgeben** muß. Um dieses Ziel zu erreichen, sind mehrere Arbeitsschritte erforderlich:

a) Zuerst müssen die für den Versorgungsausgleich in Betracht kommenden **Versorgungsanrechte** (Anwartschaften oder Aussichten auf eine Versorgung) ermittelt werden. Dabei handelt es sich im wesentlichen um die in § 1587 a II Nr. 1 bis 5 genannten Versorgungsansprüche. **Nicht ausgleichspflichtig** sind Anwartschaften oder Aussichten, die nicht mit Hilfe des Vermögens oder durch die Arbeit der Ehegatten begründet oder aufrechterhalten worden sind (§ 1587 I 2); z.B. Schadenersatzrenten, Leistungen aus der gesetzlichen Unfallversicherung oder Kriegsopferrenten.

b) Sind die Versorgungsanrechte festgestellt, muß zwischen ihnen ein **Wertausgleich** vorgenommen werden. Das ist besonders kompliziert, weil die einzelnen Anrechte der Versorgung systemverschieden und somit nicht ohne weiteres miteinander vergleichbar sind. Der Wertausgleich geschieht deshalb in der Weise, daß an jedes Versorgungsanrecht ein seiner Eigenart angepaßter **Umrechnungsmaßstab** angelegt und damit die Vergleichbarkeit ermöglicht wird.

c) Ergibt sich nach dieser Bewertung, daß ein Ehegatte höhere Versorgungsansprüche hat als der andere, muß er die Hälfte des Überschusses an diesen Ehegatten abgeben. Für diesen Wertausgleich stehen zwei Ausgleichsformen zur Verfügung: der öffentlich-rechtliche und der schuldrechtliche Versorgungsausgleich.

Im **öffentlich-rechtlichen Versorgungsausgleich** werden die während der Ehe erworbenen unterschiedlich hohen Versorgungsanrechte dadurch ausgeglichen, daß sie in Höhe der Hälfte des Wertunterschiedes auf den anderen Ehegatten übertragen werden. Ist diese Übertragung aus rechtlichen oder sonstigen Gründen nicht durchführbar, können für den ausgleichsberechtigten Ehegatten **Anwartschaften** in der gesetzlichen Rentenversicherung zu Lasten des ausgleichspflichtigen Ehegatten begründet werden. Auch kommt eine **Realteilung** der Anwartschaften außerhalb der gesetzlichen Rentenversicherung in Betracht. Daneben sind durch das VAHRG weitere Formen des Ausgleichs geschaffen worden.

Erst wenn alle Möglichkeiten für die Durchführung des öffentlich-rechtlichen Versorgungsausgleichs ausscheiden, ist der **schuldrechtliche Versorgungsausgleich** durchzuführen, was nur auf Antrag eines Ehegatten geschieht.

III. Der öffentlich-rechtliche Versorgungsausgleich

1. Die Ermittlung der Versorgungsanrechte 382

Um den Versorgungsausgleich durchführen zu können, ist es erforderlich, die von einem oder beiden Ehegatten erworbenen Anwartschaften oder Aussichten auf eine Versorgung zu erfassen und - sofern notwendig - miteinander vergleichbar zu machen. Es handelt sich um folgende Versorgungsanrechte:

a) Versorgung oder Versorgungsanwartschaften aus einem **öffentlich- rechtlichen Dienstverhältnis** bei Bund, Ländern, Gemeinden und sonstigen Körperschaften des öffentlichen Rechts (§ 1587 a II Nr. 1).

Das betrifft z.B. Beamte, Richter, Universitätsprofessoren und Soldaten. Unter diese Bestimmung fallen auch Arbeitsverhältnisse mit **beamtenähnlicher Versorgung.** Es handelt sich dabei um Arbeiter und Angestellte, denen nach ihren Einstellungsbedingungen die Gleichbehandlung mit Beamten zusteht (z.B. Lehrer an Privatschulen oder Lehranstalten).

b) Renten oder Rentenanwartschaften aus der **gesetzlichen Rentenversicherung** (§ 1587 a II Nr. 2).

Durch diese Bestimmung wird der Großteil aller Arbeiter und Angestellten erfaßt. Versicherungsträger bei den Arbeitern ist die jeweilige Landesversicherungsanstalt (LVA), bei den Angestellten die Bundesversicherungsanstalt für Angestellte (BfA).

c) Leistungen, Anwartschaften oder Aussichten auf Leistungen der **betrieblichen Altersversorgung** (§ 1587 a II Nr. 3).

Das betrifft alle Leistungen der Alters-, Invaliditäts- und Hinterbliebenenversorgung, die einem Arbeitnehmer aufgrund seines Arbeitsverhältnisses gewährt werden. Träger der Versorgung ist der jeweilige Betrieb. Auch die **Zusatzversorgung des öffentlichen Dienstes** fällt unter diese Bestimmung (BGHZ 81, 152, 155).

Alle Arten der betrieblichen Altersversorgung müssen im Zeitpunkt der Entscheidung unverfallbar sein, wenn sie dem öffentlich-rechtlichen Versorgungsausgleich unterliegen sollen. **Unverfallbar** sind sie, wenn und soweit sie in ihrem Versorgungswert durch die künftige berufliche oder betriebliche Entwicklung des Versicherten nicht mehr beeinträchtigt werden können (BGH FamRZ 96, 157).

Sind sie **nicht unverfallbar**, unterliegen sie dem schuldrechtlichen Versorgungsausgleich (s.u. RN **387**), wenn später der Versicherungsfall eintritt (§ 1587 a II Nr. 3 Satz 3).

d) **Sonstige Renten** oder ähnliche wiederkehrende Versorgungsleistungen (§ 1587 a II Nr. 4).

Diese "Auffangbestimmung" dient dazu, möglichst alle üblichen und im Erwerbsleben verbreiteten Versorgungsanrechte zu erfassen, die zwar nicht den vorgenannten Erscheinungsformen der Versorgungsträger zugeordnet werden können, aber einen ähnlichen Zweck wie diese erfüllen und mit ihnen vergleichbar sind. Hierher gehören vor allem Renten aus **berufsständischen Versorgungseinrichtungen** der freien Berufe oder die Alterssicherung für Landwirte (OLG Bamberg FamRZ 91, 1065).

e) Renten oder Rentenanwartschaften aufgrund eines **Versicherungsvertrages**, der zur Versorgung des Versicherten eingegangen wurde (§ 1587 a II Nr. 5). Das betrifft z.B. Lebensversicherungen in der Form einer Rentenversicherung. Dagegen unterliegen Kapitallebensversicherungen dem Zugewinnausgleich.

2. Auskunftspflichten

383 Um die für den Versorgungsausgleich erforderlichen Feststellungen treffen zu können, sind die Ehegatten nach § 11 II VAHRG verpflichtet, dem FamG **Auskunft** über Grund und Höhe ihrer Versorgungsanwartschaften zu geben.

Zur Erteilung dieser Auskünfte sind auch die hierfür zuständigen Behörden, Rentenversicherungsträger, Arbeitgeber, Versicherungsunternehmen und sonstige Stellen verpflichtet (§ 53 b II 2 FGG, § 11 II VAHRG).

Ferner ist jeder Ehegatte berechtigt, vom anderen Auskunft über dessen Versorgungsanwartschaften zu verlangen (§ 1587 e I i.V.m. § 1580).

3. Bewertung und Gegenüberstellung der Versorgungsanrechte

384 a) Nach Ermittlung der von beiden Ehegatten erworbenen Anrechte auf Versorgung hat sie das FamG **zu bewerten**. Das geschieht nach § 1587 a II für jede in Betracht kommende Versorgungsart gesondert. Sodann ist der **Wertunterschied** zwischen ihnen festzustellen, der sich im Verlauf der in § 1587 II beschriebenen Ehezeit ergeben hat. Als Vergleichsmaßstab wird in der Regel die Höhe der Versorgungsleistungen für den Zeitpunkt der Rechtshängigkeit des Scheidungsantrages berechnet, so als ob in diesem Zeitpunkt der Versorgungsfall eingetreten wäre.

b) Die Differenz der bei beiden Ehegatten festgestellten Werte ist dann Gegenstand des Ausgleichs. Hat nur **ein** Ehegatte Anwartschaften auf eine Versorgung erlangt, wird der Zuwachs beim anderen Ehegatten mit 0 angesetzt.

c) Da es Versorgungsarten gibt, bei denen sich im Laufe der Zeit die Leistungen steigern, die also **dynamisch** sind (z.B. die Beamtenversorgung oder die gesetzliche Rentenversicherung), aber auch andere, die stets gleich bleiben, die also **statisch** sind (z.B. Lebensversicherungen auf Rentenbasis oder Renten aus der betrieblichen Altersversorgung), müssen sie, bevor sie miteinander verglichen werden können, auf den gleichen Wertmaßstab gebracht werden. Das geschieht nach den Bestimmungen des § 1587 a III und IV und nach der mehrfach geänderten BarwertVO vom 24.6.1977 (BGBl. I S. 1014).

4. Arten des Versorgungsausgleichs

a) *Splitting* 385

Bei dem Ehegatten, der ausgleichspflichtig ist und **Anwartschaften in der gesetzlichen Rentenversicherung** erworben hat (das betrifft die größte Gruppe der Arbeitnehmer), überträgt das FamG die Hälfte der Differenz auf den ausgleichsberechtigten Ehegatten (§ 1587 b I).
Das geschieht in der Weise, daß der Rentenversicherungsträger den in Betracht kommenden Rentenbetrag, der in sog. Entgeltpunkte umgerechnet worden ist, auf ein bestehendes oder neu einzurichtendes Konto des Ausgleichsberechtigten überträgt und gleichzeitig die entsprechenden Entgeltpunkte vom Konto des Verpflichteten abbucht.

b) *Quasi-Splitting*

Sind die Versorgungsanrechte in einem öffentlich-rechtlichen Dienstverhältnis erworben worden, kann der Versorgungsausgleich im Splitting zugunsten eines Nichtbeamten nicht durchgeführt werden, weil auf ihn keine beamtenrechtlichen Versorgungsanwartschaften übertragen werden können. Anstelle dessen begründet das FamG für den ausgleichsberechtigten Ehegatten eine Rentenanwartschaft in der gesetzlichen Rentenversicherung (§ 1587 b II).

Dafür steht dem Träger der Rentenversicherung ein Erstattungsanspruch gegen den Dienstherrn des ausgleichspflichtigen Ehegatten zu (§ 225 SGB VI), während der Dienstherr die Versorgungsbezüge des Beamten in entsprechender Höhe kürzt (§ 57 I BeamtVG). Doch besteht die Möglichkeit, daß der Beamte diese Kürzung durch Zahlung eines Kapitalbetrages an den Dienstherrn abwenden kann (§ 58 I BeamtVG).

c) *Der Ausgleich sonstiger Versorgungsanrechte:* 386

- ***Realteilung.*** Ist die Durchführung des Versorgungsausgleichs weder im Rahmen des Splitting oder des Quasi-Splitting möglich, z.B. weil der ausgleichspflichtige Ehegatte durch eine andere Versorgungsart für sein Alter oder seine Erwerbs- oder Berufsunfähigkeit vorgesorgt hat (z.B. bei Renten aus einer betrieblichen Altersversorgung oder aus einer privaten Rentenversicherung), wird das auszugleichende Versorgungsanrecht **real geteilt** (im Regelfall durch Halbierung der Versorgungsanrechte), sofern das nach den für das Anrecht maßgebenden Bestimmungen (z.B. des Tarifvertrags) zulässig ist (§ 1 II VAHRG). Es handelt sich dabei um ein Splitting außerhalb der gesetzlichen Rentenversicherung.

- *Quasi-Splitting* Kann die Realteilung nicht durchgeführt werden, weil dies in den Bestimmungen nicht vorgesehen ist, dann kommt, wenn sich das auszugleichende Anrecht gegen einen **öffentlich-rechtlichen Versorgungsträger** richtet, sinngemäß (analog) das Quasi-Splitting nach § 1 III VAHRG i.V.m. § 1587 b II in Betracht.
- Scheiden alle vorgenannten Möglichkeiten des öffentlich-rechtlichen Versorgungsausgleichs aus, z.B. weil sich das Versorgungsanrecht nicht gegen einen öffentlich-rechtlichen Versicherungsträger richtet und die Satzung des Versicherungsträgers keine Realteilung zuläßt, ist der **schuldrechtliche Versorgungsausgleich** durchzuführen (§ 2 VAHRG).

d) *Quotierung bei mehreren Versorgungsanrechten*

Kommen für den Versorgungsausgleich nach § 1 VAHRG **mehrere** verschiedene **Versorgungsanrechte** in Betracht, ist die Realteilung nicht gegenüber der Durchführung des analogen Quasi-Splittings vorrangig. Vielmehr sind alle Versorgungen des Ausgleichspflichtigen **anteilmäßig** zum Ausgleich heranzuziehen, und zwar entsprechend der Quote nach dem Wertverhältnis der während der Ehe erworbenen Anrechte zum Ausgleichsbetrag (BGH FamRZ 94, 90).
Verbleibt jedoch nach Durchführung der Quotierung ein schuldrechtlich auszugleichender Restbetrag, der auch nicht nach § 3 b VAHRG (s.u. RN **388**) ausgeglichen werden kann, steht es im Ermessen des Gerichts, die Versorgungen, die eine Realteilung zulassen oder einem analogen Quasi-Splitting unterliegen, in stärkerem Maße zum Ausgleich heranzuziehen, als es dem quotenmäßigen Anteil entspricht (BGH aaO Seite 92).

IV. Der schuldrechtliche Versorgungsausgleich

1. Voraussetzungen

387 Da der schuldrechtliche Versorgungsausgleich für den ausgleichsberechtigten Ehegatten nachteiliger ist als der öffentlich-rechtliche, kommt er lediglich hilfsweise (subsidiär) zum Zuge und ist nur in den im Gesetz besonders aufgeführten Fällen (§ 1587 f Nr. 1 bis 5 BGB, § 2 VAHRG) zulässig. Ferner setzt dieser Versorgungsausgleich den **Antrag eines Ehegatten** voraus und wird nach den Vorschriften der §§ 1587 g bis 1587 n durchgeführt.

2. Grundgedanke

Im Wege des schuldrechtlichen Versorgungsausgleichs werden für den ausgleichsberechtigten Ehegatten keine eigenständigen Versorgungsanwartschaften begründet; er erhält nur einen schuldrechtlichen unterhaltsähnlichen Anspruch, und zwar in Höhe der Hälfte des Betrages, um den die Versorgung des Unterhaltspflichtigen die des Unterhaltsberechtigten übersteigt. Dieser Anspruch ist auf eine monatlich im voraus zu zahlende Geldrente (sog. Ausgleichsrente) gerichtet, die aber im Normalfall erst dann fällig wird, wenn **beide** Ehegatten versorgungsberechtigt sind (§ 1587 g I).

Allerdings erlischt mit dem Tode des ausgleichspflichtigen Ehegatten der Anspruch auf die Ausgleichsrente, so daß sie vom überlebenden Ehegatten nicht mehr bezogen werden kann und er unversorgt bleiben müßte. Dieser Nachteil ist durch § 3 a I VAHRG mit der Maßgabe beseitigt worden, daß der Träger der Versorgung die Rente weiter schuldet, sofern der Berechtigte auch ohne Scheidung der Ehe beim Tode seines Ehegatten eine Hinterbliebenenversorgung erhalten hätte (sog. verlängerter schuldrechtlicher Versorgungsausgleich).

3. Andere Formen des schuldrechtlichen Versorgungsausgleichs 388

In bestimmten Fällen ist das FamG berechtigt, den (unerwünschten) schuldrechtlichen Versorgungsausgleich durch eine andere Ausgleichsart zu ersetzen. Das kommt in Betracht, wenn beim Ausgleich der hier unter **III** 4 genannten Anrechte noch ein restlicher Ausgleichsanspruch verbleibt, der dem schuldrechtlichen Versorgungsausgleich unterliegen würde. In diesem Fall stehen zwei weitere Formen des anderweitigen Ausgleichs zur Verfügung:

a) *Super-Splitting*
Anstelle des schuldrechtlichen Versorgungsausgleichs kann das FamG ein anderes vor oder während der Ehe erworbenes Anrecht zum Ausgleich heranziehen, wenn es seiner Art nach durch Übertragung oder Begründung von Anrechten ausgeglichen werden kann (§ 3 b I Nr. 1 VAHRG).

Bsp.: Hat der ausgleichspflichtige Ehegatte vor wie nach der Eheschließung Anwartschaften in der gesetzlichen Rentenversicherung erworben, aber auch Anrechte, die dem schuldrechtlichen Versorgungsausgleich unterliegen, wie z.B. auf eine private betriebliche Alterversorgung, kann das FamG anordnen, daß ihm diese an sich schuldrechtlich auszugleichende private Betriebsrente voll belassen und statt dessen sein Anrecht in der gesetzlichen Rentenversicherung, höher als es dem Halbteilungsgrundsatz entspricht, vermindert wird.

In anderen ähnlich gelagerten Fällen kann es neben dem Super-Splitting auch zu einem erweiterten Quasi-Splitting oder einer erweiterten Realteilung kommen, was hier nicht näher ausgeführt werden kann.

b) *Beitragszahlung*
Schließlich kann das FamG dem ausgleichspflichtigen Ehegatten aufgeben, durch Beitragszahlungen Rentenanwartschaften in der gesetzlichen Rentenversicherung für den anderen Ehegatten zu begründen (§ 3 b Nr. 2 VAHRG). Voraussetzung dafür ist, daß dem ausgleichspflichtigen Ehegatten diese Beitragszahlung nach seinen wirtschaftlichen Verhältnissen **zumutbar** ist. Die Zumutbarkeit wird zu bejahen sein, wenn die Zahlung weder den angemessenen Unterhalt dieses Ehegatten gefährdet, noch zur Folge hat, daß er den Stamm seines Vermögens angreifen muß.

V. Härtefälle im Versorgungsausgleich 389

Ähnlich wie beim Zugewinnausgleich oder im nachehelichen Unterhaltsrecht gibt es auch hier Bestimmungen, die den Versorgungsausgleich ganz oder teilweise ausschließen. Das kommt aber nur in Ausnahmefällen in Betracht, wenn aus besonderen Gründen die Inanspruchnahme des unterhaltspflichtigen Ehegatten zur Leistung des Versorgungsausgleichs **unzumutbar** wäre.

Im einzelnen:

1. Härteklauseln beim öffentlich-rechtlichen Versorgungsausgleich

a) *Grobe Unbilligkeit (§ 1587 c Nr. 1)*
Würde der Versorgungsausgleich unter Berücksichtigung der beiderseitigen Verhältnisse, insbes. des beiderseitigen Vermögenserwerbs während der Ehe oder im Zusammenhang mit der Scheidung, grob unbillig erscheinen, kann dies seinen teilweisen oder gänzlichen Ausschluß zur Folge haben (BGH FamRZ 89, 1062). Die Ausführungen zur Härteklausel des § 1381 (s.o. RN **226**) gelten hier entsprechend.
Grobe Unbilligkeit liegt insbes. vor, wenn das Ergebnis dem Grundgedanken des Versorgungsausgleichs in unerträglicher Weise widersprechen und zu einem wirtschaftlichen Ungleichgewicht zu Lasten des ausgleichspflichtigen Ehegatten führen würde (BGH FamRZ 88, 489). Dabei dürfen Umstände, die zum Scheitern der Ehe geführt haben, nur im Rahmen einer Gesamtwürdigung berücksichtigt werden, wobei auch ein schweres eheliches Fehlverhalten ohne wirtschaftlichen Bezug den Ausschluß des Versorgungsausgleichs rechtfertigen kann (OLG Bamberg FamRZ 98, 1369; vgl. § 1576, 2; s.o. RN **346**).

b) *Aufgabe eigener Versorgungsanwartschaften (§ 1587 c Nr. 2)*
Ein Versorgungsausgleich scheidet aus, soweit der ausgleichsberechtigte Ehegatte in Erwartung der Scheidung oder nach der Scheidung durch eigenes Verhalten bewirkt hat, daß ihm zustehende Versorgungsanrechte, die nach § 1587 I auszugleichen wären, nicht entstanden oder entfallen sind. Um diesen Verwirkungstatbestand zu erfüllen, muß die Schmälerung der eigenen Versorgung in bewußtem Zusammenhang mit der Scheidung erfolgt sein.

c) *Verletzung der Unterhaltspflicht (§ 1587 c Nr. 3)*
Hat der Unterhaltsberechtigte während der Ehe längere Zeit hindurch seine Pflicht, zum Familienunterhalt beizutragen, gröblich verletzt, führt auch dies zum Ausschluß des Versorgungsausgleichs (vgl. BGH FamRZ 89, 1060). Diese Bestimmung entspricht dem § 1579 Nr. 5 (s.o. RN **365**).

2. Härteklausel beim schuldrechtlichen Versorgungsausgleich

390 Die Ausschlußtatbestände im schuldrechtlichen Versorgungsausgleich regelt § 1587 h, der dem § 1587 c nachgebildet ist. Dazu bestimmt § 1587 h Nr.1, daß der ausgleichsberechtigte Ehegatte, der finanziell nicht auf den Versorgungsausgleich angewiesen ist, auf diesen Anspruch **verzichten** muß, wenn der Ausgleich für den anderen Ehegatten eine **unbillige Härte** darstellen würde.

3. Härteklausel in besonderen Fällen

Die Kürzung der Versorgungsbezüge im öffentlich-rechtlichen Versorgungsausgleich zugunsten des anderen Ehegatten kann nachträglich korrigiert werden, wenn der ausgleichsberechtigte Ehegatte nicht oder nur in geringem Umfang in den Genuß der zu seinen Gunsten begründeten Versorgungsanwartschaften gekommen ist (z.B. im Falle seines frühen Todes). Sodann kann eine Rückabwicklung der durch den Versorgungsausgleich geschaffenen Rechtslage in Betracht kommen. Die Voraussetzungen hierfür ergeben sich aus §§ 4 bis 10 VAHRG.

Ferner besteht die Möglichkeit, rechtskräftig gewordene Entscheidungen über den Versorgungsausgleich nachträglich abzuändern, vor allem dann, wenn der bei der Entscheidung über den Versorgungsausgleich angenommene **Wertunterschied** zwischen den beiden Versorgungsanwartschaften wesentlich von dem Wertunterschied abweicht, wie er sich im Zeitpunkt der Entscheidung über den Antrag auf Abänderung darstellt. Die Einzelheiten dieses Verfahrens ergeben sich aus § 10 a VAHRG (s.u. RN **395**).

VI. Vereinbarungen über den Versorgungsausgleich

Die gesetzlichen Bestimmungen hindern die Eheleute nicht, den Versorgungsausgleich durch Abschluß eines Vertrages zu modifizieren oder gänzlich auszuschließen. Dabei ist zu unterscheiden, ob die Vereinbarung ohne oder im Zusammenhang mit einer Ehescheidung getroffen werden soll.

1. Vereinbarungen in einem Ehevertrag 391

Gemäß § 1408 II können die Ehegatten in einem Ehevertrag den Versorgungsausgleich jederzeit ausschließen (oder in Einzelheiten abändern), wenn sie dies z.B. aufgrund ihrer beiderseitigen wirtschaftlichen Verhältnisse für zweckmäßig erachten. Näheres hierzu s.o. RN **262**.

2. Vereinbarungen im Rahmen einer Ehescheidung

Die Ehegatten können aber auch im Zusammenhang mit einer Scheidung eine Vereinbarung über ihre künftige Versorgung wegen Alters oder Berufs- oder Erwerbsunfähigkeit treffen (§ 1587 o I 1); doch ist es ihnen verwehrt, Anwartschaftsrechte in einer gesetzlichen Rentenversicherung zu begründen oder zu übertragen (§ 1587 o I 2).

Bsp. für zulässige Vereinbarungen:

> Vereinbarung des schuldrechtlichen anstelle des öffentlich-rechtlichen Versorgungsausgleichs; die Zahlung von Beiträgen zur Begründung von Anwartschaften in der gesetzlichen Rentenversicherung; der Abschluß einer privaten Lebensversicherung; die Übertragung von Grundbesitz oder Unternehmensbeteiligungen; die Änderung der Ausgleichsquote.

Diese Vereinbarung muß entweder notariell beurkundet (§ 128) oder zum Inhalt eines gerichtlichen Vergleichs gemacht werden (§ 1587 o II 2 i.V.m. § 127 a). Außerdem ist sie nur wirksam, wenn sie vom FamG **genehmigt** wird, um durch diese Maßnahme die Übervorteilung eines Ehegatten zu verhindern (§ 1587 o II 3; vgl. BGH FamRZ 82, 688).
Die Genehmigung darf jedoch nur **versagt** werden, wenn der dem anderen Ehegatten als Ersatz für die Durchführung des Versorgungsausgleichs gewährte Vorteil offensichtlich unangemessen ist; so ist ein entschädigungsloser einseitiger Verzicht grundsätzlich nicht genehmigungsfähig (OLG Zweibrücken FamRZ 98, 1377). Bei dieser Beurteilung ist auch die Unterhaltsregelung und die Vermögensauseinandersetzung zwischen den Ehegatten einzubeziehen (vgl. § 1587 o II 4).
Sobald die Vereinbarung rechtswirksam wird, ist die Durchführung des öffentlich-rechtlichen Versorgungsausgleichs ausgeschlossen (§ 53 d FGG).

VII. Das Verfahren beim Versorgungsausgleich

1. Verschiedene Verfahrensweisen 392

Der Versorgungsausgleich kann in drei Verfahrensweisen verwirklicht werden:
a) Im **Verbund** mit der Ehescheidung entscheidet das FamG **kraft Gesetzes** über den öffentlich-rechtlichen Versorgungsausgleich (§ 621 I Nr. 6 i.V.m. § 623 I 3 ZPO). Dagegen wird der schuldrechtliche Versorgungsausgleich im Verbund mit der Ehescheidung nur durchgeführt, wenn dies "rechtzeitig" von einem Ehegatten beantragt wird (s.o. RN **325**).

b) Das Verfahren über den Versorgungsausgleich kann unter den Voraussetzungen des § 628 ZPO aus dem Entscheidungsverbund **abgetrennt** werden. In diesem Fall entscheidet das Gericht über den Scheidungsantrag vorweg und erst zu einem späteren Zeitpunkt über den Versorgungsausgleich.

Das ist zulässig,

- wenn eine Entscheidung über den Versorgungsausgleich gleichzeitig mit der Scheidung der Ehe aus rechtlichen oder tatsächlichen Gründen **nicht möglich** ist (§ 628, 1 Nr. 1 ZPO);
- wenn das Verfahren über den Versorgungsausgleich **ausgesetzt** ist, weil ein Rechtsstreit, der die Versorgungsrechte betrifft, vor einem anderen Gericht anhängig ist (§ 628, 1 Nr. 2 ZPO i.V.m. § 53 c FGG);
- wenn die gleichzeitige Entscheidung über den Versorgungsausgleich und die Ehescheidung zu einer **außergewöhnlichen Verzögerung des Verfahrens** führen und dies eine **unzumutbare Härte** darstellen würde (§ 628, 1 Nr. 4 ZPO). Nach der Rechtsprechung wäre eine Verzögerung nicht außergewöhnlich, wenn das Verfahren in etwa zwei Jahren abgeschlossen werden kann (BGH FamRZ 91, 687, 689).

c) Wird während des Ehescheidungsverfahrens **kein Antrag** auf Durchführung des schuldrechtlichen Versorgungsausgleichs gestellt, kann dieser in einem **selbständigen** (isolierten) **Verfahren** beim FamG nachgeholt werden; dieses Verfahren richtet sich nach den §§ 621, 621 a, 621 e und f ZPO. Zur örtlichen Zuständigkeit des FamG s.o. RN **376**.

2. Verfahrensvorschriften

393 a) Das FamG entscheidet über den Versorgungsausgleich grundsätzlich nach den Vorschriften des FGG (§ 621 a I 1 ZPO). Das bedeutet insbes., daß es **von Ams wegen** den Sachverhalt aufzuklären und die erforderlichen Beweise zu erheben hat (§ 12 FGG). Nur in den in § 621 a I 2 ZPO genannten Einzelbestimmungen sind die Vorschriften der ZPO und des GVG maßgebend.

b) Das FamG hat die Träger der gesetzlichen Rentenversicherung, gegebenenfalls die Träger öffentlich-rechtlicher Dienstverhältnisse **an dem Verfahren zu beteiligen** und soll mit allen Beteiligten **mündlich verhandeln**; es ist berechtigt, über Grund und Höhe der Versorgungsanwartschaften von den zuständigen Behörden und sonstigen Stellen sowie von den Eheleuten **Auskünfte einzuholen** (§ 53 b I, II FGG i.V.m. § 11 II VAHRG; s.o. RN **383**).

c) Die Entscheidung über den Versorgungsausgleich ist zu **begründen** (§ 53 b III FGG); sie wird erst mit ihrer Rechtskraft wirksam (§ 53 g I FGG).

3. Rechtsmittel

394 a) Hat das FamG im Entscheidungsverbund durch **Urteil** über den Scheidungsantrag und über den Versorgungsausgleich entschieden, kann das Urteil insgesamt mit der **Berufung** zum OLG angefochten werden (§§ 511 ff ZPO).

b) Es ist aber auch möglich, nur die Entscheidung über den Versorgungsausgleich anzufechten, und zwar durch Einlegung einer (befristeten) **Beschwerde** gegen diesen Teil des Urteils (§ 629 a II 1 i.V.m. § 621 e I, III ZPO).

c) Hat das FamG durch **Beschluß** in einem selbständigen (isolierten) Verfahren über den Versorgungsausgleich entschieden, kann dagegen die (befristete) **Beschwerde** zum OLG eingelegt werden (§ 621 e I, III ZPO).

4. Abänderung von Entscheidungen über den Versorgungsausgleich

a) Die Durchführung des Versorgungsausgleichs setzt die **Bewertung** erst künftig zu realisierender Anwartschaften und Aussichten auf eine Versorgung voraus, und zwar regelmäßig schon im Zeitpunkt der Ehescheidung. Es liegt auf der Hand, daß bis zum Beginn der Versorgungsleistungen beim Erreichen der Altersgrenze oder beim Eintritt der Erwerbsunfähigkeit viele Jahre vergehen können. Nicht selten haben sich in der Zwischenzeit die rechtlichen oder tatsächlichen Verhältnisse für die Versorgung so wesentlich geändert, daß der vom FamG durchgeführte Versorgungsausgleich nicht mehr mit der wirklichen Rechtslage übereinstimmt.

b) Deshalb sieht § 10 a VAHRG vor, daß das FamG auf Antrag eines Ehe- 395
gatten, der Hinterbliebenen eines Ehegatten oder eines betroffenen Versorgungsträgers seine rechtskräftige Entscheidung nachträglich abändern darf,

- wenn zwischen dem ursprünglich ermittelten **Wertunterschied** der beiderseitigen Anrechte und dem nunmehr ermittelten Wertunterschied eine **wesentliche Abweichung** besteht;
- wenn ein ursprünglich als **verfallbar** behandeltes Anrecht (vgl. § 1587 f Nr. 4) in Wahrheit unverfallbar war (s.o. RN **382**) oder nachträglich unverfallbar geworden ist oder durch Begründung von Anrechten ausgeglichen werden kann;
- wenn nunmehr die Möglichkeit besteht, ein dem schuldrechtlichen Versorgungsausgleich überlassenes Anrecht durch Begründung von Anrechten im Wege des öffentlich-rechtlichen Versorgungsausgleichs auszugleichen.

c) Auch beim Vorliegen dieser Voraussetzungen kommt eine Abänderung der Entscheidung über den Versorgungsausgleich nicht in Betracht, wenn dies unter Berücksichtigung der beiderseitigen Verhältnisse **grob unbillig** wäre (§ 10 a III VAHRG; vgl. KG FamRZ 96, 1422).

VIII. *Neue Bundesländer* 396

*a) Das Recht der DDR kannte keinen Versorgungsausgleich. Deshalb bestimmt Art. 234 § 6 EGBGB, daß für Ehen, die **vor dem 1.1.1992** geschieden worden sind (das ist der Tag, an dem das Rentenreformgesetz 1992 vom 18.12.1989 in Kraft getreten ist), **kein Versorgungsausgleich** stattfindet. Entscheidend ist dabei nicht der Tag des Eintritts der Rechtskraft des Scheidungsurteils, sondern der Tag, an dem das FamG die Ehescheidung ausgesprochen hat.*

*b) Für Ehen, die **nach dem 31.12.1991** geschieden werden, wird der Versorgungsausgleich durchgeführt (s. aber unter c). Nur dann, wenn diese Eheleute vor dem 3.10.1990 über ein auszugleichendes Anrecht eine **Vereinbarung** gemäß §§ 14, 14 a, 15, 41 II FGB getroffen haben, die noch rechtswirksam ist, entfällt insoweit der Versorgungsausgleich.*

*Diese Regelung gilt nicht nur für Vereinbarungen, sondern auch für **gerichtliche Entscheidungen** über ein solches Anrecht, z.B. bei vorzeitiger Aufhebung der Eigentums- und Vermögensgemeinschaft gemäß § 41 FGB.*

c) Sofern der Versorgungsausgleich für Ehen, die nach dem 31. 12. 1991 geschieden werden, durchzuführen ist, greift das in Art. 31 des Rentenüberleitungsgesetzes vom 25.7.1991 enthaltene "Gesetz zur Überleitung des Versorgungsausgleichs auf das Beitrittsgebiet" (VAÜG) ein. Es nimmt darauf Rücksicht, daß das Niveau der Renten im Beitrittsgebiet noch nicht die Höhe der Renten im übrigen Bundesgebiet erreicht hat. Die endgültige Durchführung des Versorgungsausgleichs wird deshalb in den meisten Fällen solange zurückgestellt, bis die Rentenwerte im Beitrittsgebiet den Werten im übrigen Bundesgebiet entsprechen. Die Zurückstellung geschieht in der Weise, daß der Versorgungsausgleich in den nach dem 31.12.1991 anhängigen Scheidungsverfahren **ausgesetzt** wird (§ 2 I VAÜG).

Jedoch ist der Versorgungsausgleich im Rahmen der Ehescheidung dann auszuführen, wenn er endgültig erledigt werden kann oder wenn seine Durchführung schon deshalb erforderlich wird, weil der Versorgungsfall bereits eingetreten ist. In diesem Fall hat das FamG den ermittelten Wert eines Anrechtes mit einem **Angleichungsfaktor** zu vervielfachen, um der unterschiedlichen Wertentwicklung in Ost und West Rechnung zu tragen (§ 3 II VAÜG). Die Angleichungsfaktoren werden vom Bundesminister für Arbeit jeweils durch Rechtsverordnung bekanntgegeben (§ 281 b SGB VI).

Vierter Abschnitt: **Die Aufteilung der Ehewohnung und des Hausrats**

I. Einführung

Spätestens die rechtskräftige Ehescheidung führt zur Aufhebung der Wohngemeinschaft und zur Verteilung des Hausrats der Eheleute. In erster Linie ist es ihre Sache, eine **Einigung** darüber herbeizuführen, wer die Ehewohnung weiter benutzen darf und in welcher Weise der Hausrat zwischen ihnen aufzuteilen ist. Doch spielen diese Fragen bei der Scheidung oft schon keine Rolle mehr, weil sich die Eheleute bereits während des **Getrenntlebens** über sie geeinigt haben; gelang ihnen das nicht, hatten sie die Möglichkeit, eine Entscheidung des FamG für die Dauer des Getrenntlebens zu erreichen (s.o. RN **164**). 397

Auch im Falle einer **einverständlichen Scheidung** (§ 1566 I) kommt es nicht mehr zu einem Streit über die Aufteilung der Ehewohnung und des Hausrats, weil bereits in der Antragsschrift die Einigung der Ehegatten über diese Rechtsverhältnisse enthalten sein muß (§ 630 I Nr. 3 ZPO).

Nur dann, wenn es bei einer **streitigen Ehescheidung** nicht möglich ist, die Einigung der Eheleute zu erreichen, regelt das FamG die Rechtsverhältnisse an Wohnung und Hausrat auf Antrag eines Ehegatten **nach billigem Ermessen**; dabei hat das Gericht alle Umstände des Einzelfalls, insbes. das Wohl der Kinder und die "Erfordernisse des Gemeinschaftslebens" zu berücksichtigen (§§ 1 I, 2 HausratsVO).

II. Die Zuweisung der Ehewohnung

Bei der Entscheidung des FamG, wem die Ehewohnung zuzuweisen ist, macht es einen Unterschied, ob ein Ehegatte Eigentümer des Hauses ist, in dem sich die Ehewohnung befindet oder ob es sich um eine Mietwohnung handelt. 398

1. Wohnung im eigenen Haus eines Ehegatten

a) Gehört das Haus einem Ehegatten allein (oder ist er gemeinsam mit einem Dritten Hauseigentümer), dann steht ihm auch die darin befindliche Ehewohnung allein zu. Nur ausnahmsweise soll der Richter dem anderen Ehegatten diese Wohnung zuweisen, wenn es notwendig ist, um eine **unbillige Härte** zu vermeiden (§ 3 I HausratsVO).

Bsp.: Der andere Ehegatte ist wegen der gemeinsamen Kinder, für die er sorgeberechtigt ist, dringend auf diese Wohnung angewiesen. Der andere Ehegatte ist behindert und benötigt die behindertengerecht ausgebaute Wohnung für sich. Die in der Ehewohnung ausgeübte Praxis des anderen Ehegatten kann nicht an einen anderen Ort verlagert werden (vgl. Palandt-Diederichsen Rn 2 zu § 3 HausratsVO).

Wird die Ehewohnung dem anderen Ehegatten zugewiesen, der weder Eigentümer noch Miteigentümer des Wohnhauses ist, kann das FamG kraft Gesetzes (!) ein **Mietverhältnis** zwischen den Ehegatten begründen und die Höhe des Mietzinses festsetzen (§ 5 II HausratsVO). Sollte der Hauseigentümer dem anderen Ehegatten unterhaltspflichtig sein, ist es sinnvoll, den Mietzins auf die Unterhaltszahlung anzurechnen (Brudermüller FamRZ 89, 7).

In manchen Fällen kann das Gericht auch die Wohnung zwischen den Ehegatten **aufteilen**, falls dies möglich und zweckmäßig ist (§ 6 HausratsVO).

b) Sind die Ehegatten **Miteigentümer** des Hauses, wird das Gericht nach billigem Ermessen einem von ihnen die Wohnung zuweisen und zwischen ihnen ein Mietverhältnis oder auch nur ein einfaches Nutzungsverhältnis (auf das die Regeln des Mietrechts keine Anwendung finden), begründen (§ 5 II HausratsVO; BayObLG FamRZ 74, 22). Die Höhe des Entgeltes richtet sich nach den wirtschaftlichen Verhältnissen der Ehegatten. Gegebenenfalls kann auch hier die Teilung der Wohnung nach § 6 HausratsVO in Betracht kommen.

c) Vorstehende Ausführungen sind auf **Eigentumswohnungen** entsprechend anzuwenden (§ 60 WEG). Das gleiche gilt, wenn einem Ehegatten allein oder gemeinsam mit einem Dritten ein **beschränktes dingliches Recht** (z.B. ein dingliches Wohnrecht gemäß § 1093) an dem Grundstück zusteht, auf dem sich die Ehewohnung befindet (§ 3 II HausratsVO).

2. Die Zuweisung einer Mietwohnung

399 a) Haben die Eheleute zur Miete gewohnt, kann der Richter bestimmen, daß ein von beiden Ehegatten eingegangenes Mietverhältnis von **einem** Ehegatten allein fortgesetzt wird oder daß **ein** Ehegatte anstelle des anderen in ein von diesem eingegangenes Mietverhältnis eintritt (§ 5 I 1 HausratsVO). Auf das Einverständnis des Vermieters kommt es dabei nicht an (OLG Hamburg FamRZ 90, 651), doch kann der Richter Anordnungen treffen, um die Ansprüche des Vermieters zu sichern (§ 5 I 2 HausratsVO).
Dem Ehegatten, der in der Mietwohnung verbleiben darf, kann zugunsten des anderen Ehegatten, der sich eine Ersatzwohnung suchen muß, nach billigem Ermessen eine **Ausgleichszahlung** auferlegt werden (s.o. RN **167**).

b) Kommt eine **Teilung der Mietwohnung** zwischen den Ehegatten in Frage, kann das Gericht anstelle des bisher bestehenden Mietvertrages neue Mietverhältnisse der Ehegatten mit dem Vermieter der Wohnung begründen (§ 6 II HausratsVO).

c) Handelt es sich bei der Ehewohnung um eine **Dienst- oder Werkwohnung**, weil ein Ehegatte in einem Dienst- oder Arbeitsverhältnis zu einem Dritten steht, soll der Richter diese Wohnung dem anderen Ehegatten nur dann zuweisen, wenn der Dritte damit einverstanden ist (§ 4 HausratsVO).

III. Die Aufteilung des Hausrats

1. Begriff

400 a) Zum Hausrat gehören alle beweglichen Sachen, die für das Zusammenleben der Ehegatten bestimmt waren, d.h. zum gemeinsamen Wohnen und zur Führung der Hauswirtschaft (Palandt-Diederichsen Rn 12 - 18 zu § 1 HausratsVO).

Bsp.: Die gesamte Wohnungseinrichtung mit Rundfunk- und Fernsehgeräten; Wäsche, Geschirr und Bestecke; Bücher, Musikinstrumente; Gartenmöbel; aber auch Haustiere, obwohl sie keine Sachen sind (§ 90 a; OLG Zweibrücken FamRZ 98, 1432).

b) **Nicht** zum Hausrat gehören z.B. Sparbücher, Bargeld und zur Kapitalanlage angeschaffte Gegenstände; ebensowenig die zum **persönlichen Gebrauch** eines Ehegatten bestimmten Sachen (OLG Hamm FamRZ 80, 683, 685).

Bsp.: Kleider, Schmuck, Andenken, Kunstsammlungen, Tagebücher, Foto- und Filmausrüstungen.

Die ganz oder überwiegend zur **Berufsausübung** eines Ehegatten dienenden Sachen gehören ebenfalls nicht zum Hausrat.

Bsp.: Ein Auto kann hauptsächlich zur Berufsausübung angeschafft worden sein, aber auch der ganzen Familie zur Verfügung gestanden haben; im letzteren Fall gehört es zum Hausrat (OLG Hamburg FamRZ 90, 1118).

2. Hausrat im gemeinsamen Eigentum beider Ehegatten 401

a) Nach der gesetzlichen Vermutung des § 8 II HausratsVO gilt der gesamte Hausrat, der während der Ehe für den gemeinsamen Haushalt angeschafft worden ist, für die Durchführung der Verteilung als **gemeinsames Eigentum** der Ehegatten. Mit dieser Vermutung wird eine rasche und zweckmäßige Aufteilung des Hausrats ermöglicht, ohne daß eine schwierige Beweisaufnahme über die jeweiligen Eigentumsverhältnisse an den Hausratsgegenständen durchgeführt werden muß. Allerdings gilt diese Vermutung dann nicht, wenn das Alleineigentum eines Ehegatten an Teilen des Hausrats feststeht oder im Streitfall bewiesen worden ist.

b) Aufgabe des FamG ist es, den Hausrat, der gemeinsames Eigentum beider Ehegatten ist oder als solches zu gelten hat, gerecht und zweckmäßig zu verteilen (§ 8 I HausratsVO). Sind Kinder vorhanden, wird deren Wohl besonders zu berücksichtigen sein, um ihnen die gewohnte Umwelt nach Möglichkeit zu erhalten (OLG Karlsruhe FamRZ 81, 1087).
Mit der Rechtskraft der Entscheidung des FamG geht der Hausrat in das Alleineigentum des Ehegatten über, dem die Sachen zugeteilt werden (§ 8 III 1 HausratsVO). Es handelt sich dabei um eine dem BGB sonst unbekannte Form der Eigentumsübertragung kraft Richterspruchs.

c) Zum Ausgleich des Rechtsverlustes am gemeinsamen Eigentum soll das Gericht dem Ehegatten, der einen größeren Anteil am Hausrat zugeteilt erhält, eine **Ausgleichszahlung** zugunsten des anderen Ehegatten auferlegen, sofern dies der Billigkeit entspricht (§ 8 III 2 HausratsVO).

3. Hausrat im Alleineigentum eines Ehegatten 402

a) Steht fest, daß Hausratsgegenstände einem Ehegatten **allein gehören**, ist für eine Verteilung grundsätzlich kein Raum. Nur ausnahmsweise dürfen auch diese Gegenstände dem anderen Ehegatten zugewiesen werden,

- wenn es sich um **notwendige Gegenstände** handelt, die für das Leben des anderen Ehegatten oder für seine Berufstätigkeit unentbehrlich sind; z.B. ein Bett, ein Ofen, Wäsche, Geschirr, Handwerkszeug; **und**
- wenn der andere Ehegatte auf ihre **Weiterbenutzung angewiesen** ist; z.B. weil er kein Geld hat, sie zu beschaffen oder weil sie derzeit im Handel nicht erhältlich sind; **und**
- wenn die Überlassung an den anderen Ehegatten dem Eigentümer **zumutbar** ist; z.B. weil er sie selbst nicht mehr benötigt oder weil die Überlassung auch den Kindern zugute kommt (§ 9 HausratsVO).

b) Weist das FamG einen Hausratsgegenstand des Alleineigentümers dem anderen Ehegatten zu, darf dies nicht ohne Festsetzung eines **Entgeltes** geschehen. Das **Entgelt** kann in folgender Weise bestimmt werden:

- regelmäßig durch Begründung eines **Mietverhältnisses** zwischen den Ehegatten unter Bestimmung eines Mietzinses (§ 9 II 1 HausratsVO); dabei ändert sich nichts an den Eigentumsverhältnissen;

- ausnahmsweise durch **Übertragung des Eigentums** an den anderen Ehegatten unter Festsetzung einer angemessenen Entschädigung, falls sich die endgültige Auseinandersetzung über den Hausrat als notwendig erweist, z.B. weil alle Bindungen zwischen den Ehegatten abgebrochen werden müssen (§ 9 II 2 HausratsVO).

IV. Das Hausratsverfahren

1. Arten des Verfahrens

403 a) Leben die Ehegatten in Scheidung, kann jeder von ihnen den **Antrag** auf Regelung der Rechtsverhältnisse an der Ehewohnung und am Hausrat stellen. Es handelt sich dann um eine **Scheidungsfolgesache**, über die im Verbundverfahren gleichzeitig und zusammen mit der Scheidung zu verhandeln und zu entscheiden ist (§ 621 I Nr. 7 i.V.m. §§ 623 I 1, 629 I ZPO; s.o. RN **325**).

b) Schon **während des Scheidungsverfahrens** kann das FamG die Benutzung der Ehewohnung und des Hausrats im Wege einer **einstweiligen Anordnung** regeln, wenn dies ein Ehegatte beantragt (§ 620 Nr. 7 ZPO; s.o. RN **326**).

c) Nach rechtskräftigem **Abschluß des Scheidungsverfahrens**, in dem keine Regelung der Rechtsverhältnisse an der Ehewohnung und am Hausrat getroffen worden ist, kann das FamG auf Antrag eines Ehegatten über diese Familiensache in einem selbständigen (isolierten) Verfahren entscheiden (s.o. RN **392** unter c).

d) Wird die Ehe nicht durch ein Urteil, sondern durch den **Tod** eines Ehegatten aufgelöst oder stirbt ein Ehegatte nach der Scheidung, entfällt das Verfahren nach der HausratsVO; ein bereits eingeleitetes Verfahren wird eingestellt.

2. Grundsätze des Verfahrens

404 a) Das FamG ist für das Verfahren nach der HausratsVO **ausschließlich zuständig** (§ 11 I HausratsVO). Eingeleitet wird das Verfahren durch den **Antrag** eines Ehegatten (§ 1 I HausratsVO). Der Gang des Verfahrens richtet sich, von der Ausnahmeregelung des § 621 a ZPO abgesehen, nach den Vorschriften des FGG (§ 13 I HausratsVO). Das bedeutet, daß das Gericht **von Amts wegen** den Sachverhalt aufzuklären und die erforderlichen Beweise zu erheben hat (§ 12 FGG). Der Richter wird dabei mit allen Beteiligten in der Regel **mündlich verhandeln** und auf den Abschluß eines **Vergleichs** hinwirken (§ 13 II HausratsVO).

b) Im Verfahren über die **Wohnungszuweisung** hat das Gericht neben den Ehegatten gegebenenfalls auch den Vermieter der Ehewohnung, den Grundstückseigentümer, im Fall des § 4 HausratsVO auch den Dienstherrn des Ehegatten und andere Personen, mit denen hinsichtlich der Wohnung eine Rechtsgemeinschaft besteht, zu **beteiligen** (§ 7 HausratsVO). Dieser Personenkreis hat Anspruch auf rechtliches Gehör und ist berechtigt, gegen die Entscheidung des FamG, die allen Beteiligten **zuzustellen** ist, die (befristete) Beschwerde einzulegen (§ 20 FGG; § 621 e I, III ZPO). Sofern sich die Beschwerde nur gegen die Entscheidung über den **Hausrat** richtet, muß der Wert der Beschwerde (d.h. der Verkehrswert der streitigen Hausratsgegenstände) den Betrag von 1.200 DM übersteigen (§ 14 HausratsVO).

c) Die Entscheidung des Richters wird erst mit der Rechtskraft wirksam und bindet Gerichte und Verwaltungsbehörden (§ 16 I HausratsVO). Bei einer **wesentlichen Änderung** der tatsächlichen Verhältnisse kann der Richter seine Entscheidung nachträglich abändern, soweit das notwendig ist, um eine unbillige Härte zu vermeiden (§ 17 I HausratsVO). Dasselbe gilt auch für die

Abänderung eines gerichtlichen Vergleichs der Beteiligten über Hausrat und Ehewohnung (§ 17 II HausratsVO).

V. *Neue Bundesländer* 405

a) Die HausratsVO ist zwar nicht ausdrücklich, doch allgemein nach der Grundvorschrift des Art. 8 des Einigungsvertrages übergeleitet worden und deshalb seit dem 3.10.1990 geltendes Recht im Beitrittsgebiet.

*b) Haben die Eheleute bis zum 2.10.1992 die Erklärung gegenüber einem Kreisgericht abgegeben, daß für ihre Ehe der bisherige gesetzliche Güterstand fortgelten soll (Art. 234 § 4 II EGBGB; s.o. **235**), dann richtet sich im Fall der Ehescheidung die Zuteilung von Hausratsgegenständen im Alleineigentum eines Ehegatten nach § 39 a FGB, während die Teilung des gemeinschaftlichen Eigentums und Vermögens nach § 39 FGB zu erfolgen hat. Diese Aufteilung geschieht nach den Vorschriften der HausratsVO.*

*c) Soweit die Eheleute ab dem 3.10.1990 im Güterstand der Zugewinngemeinschaft leben (Art. 234 § 4 I EGBGB), ist die Vorschrift des § 39 FGB auf die Auseinandersetzung des bis zu diesem Stichtag erworbenen gemeinschaftlichen Eigentums und Vermögens **sinngemäß anzuwenden** (Art. 234 § 4 IV EGBGB; Näheres hierzu s.o. RN **237**).*

Fünfter Teil

Die Verwandtschaft

Erster Abschnitt: **Verwandtschaft und Schwägerschaft**

Übersicht

410 a) Unter dem Begriff **Verwandtschaft** ist die durch **Abstammung** begründete **Blutsverwandtschaft** zu verstehen. Blutsverwandt sind daher alle Personen, die einen oder mehrere **gemeinsame Vorfahren** haben. Dabei macht es (anders als bei dem früheren § 1589 II a. F.) keinen Unterschied, ob die Verwandtschaft auf einer ehelichen oder nichtehelichen Geburt beruht.

Eine **Ausnahme** von dem Prinzip der Blutsverwandtschaft stellt das durch die Annahme eines Kindes (Adoption) begründete **gesetzliche Verwandtschaftsverhältnis** dar (§ 1754; s.u. RN **651**). Auch dann, wenn die biologische Mutterschaft nicht mit der genetischen Mutterschaft übereinstimmt, wird das Prinzip der Blutsverwandtschaft durchbrochen (s.u. RN **417**).

Bei allen diesen verwandtschaftlichen Beziehungen wird die Nähe der Verwandtschaft nach **Graden** bemessen und zwischen der Verwandtschaft in **gerader Linie** und in der **Seitenlinie** unterschieden. Diese Unterscheidung spielt vor allem im Unterhaltsrecht, im Erbrecht und bei den Eheverboten eine wichtige Rolle.

b) Bei der **Schwägerschaft** handelt es sich um die Rechtsbeziehungen zwischen einem Ehegatten und den Verwandten des anderen Ehegatten. Auch hier wird zwischen der Schwägerschaft in gerader Linie und in der Seitenlinie unterschieden, wobei sich der Grad der Schwägerschaft nach dem Grad der sie vermittelnden Verwandtschaft richtet.

Die Bedeutung der Schwägerschaft im Rechtsleben ist gering. Im Gegensatz zur Verwandtschaft begründet sie weder einen gesetzlichen Unterhaltsanspruch noch ein gesetzliches Erbrecht. Nunmehr ist die Schwägerschaft auch als trennendes Eheverbot entfallen (s.o. RN **34**). Verschwägerten steht nur noch das Recht auf Zeugnisverweigerung im Zivil- und Strafprozeß (§ 383 ZPO, § 52 StPO) und auf Anhörung durch das Gericht bei bestimmten Anlässen zu (so z.B. bei § 1779 III).

c) **Verlobte** werden durch die Eheschließung nicht miteinander verwandt oder verschwägert. Als **Verheiratete** unterstehen sie anderen Regeln (§§ 1353 ff; s.o. RN **80**).

I. Die Verwandtschaft 411

1. Verwandte in gerader Linie

Personen, bei denen eine von der anderen abstammt, sind in **gerader Linie** miteinander verwandt (§ 1589, 1).

Übersicht Verwandtschaft

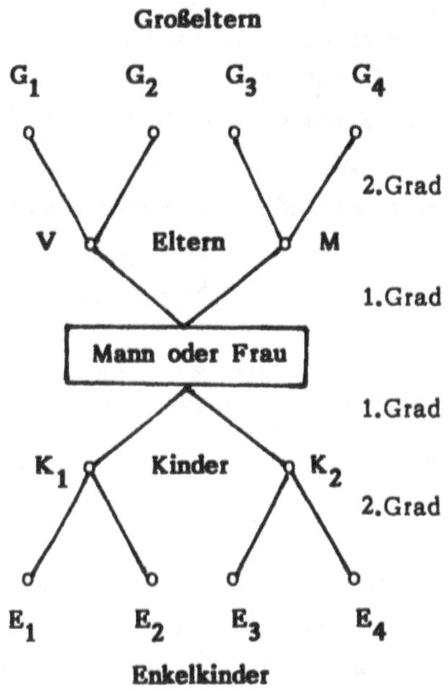

Bsp.: *Verwandtschaft in gerader Linie*

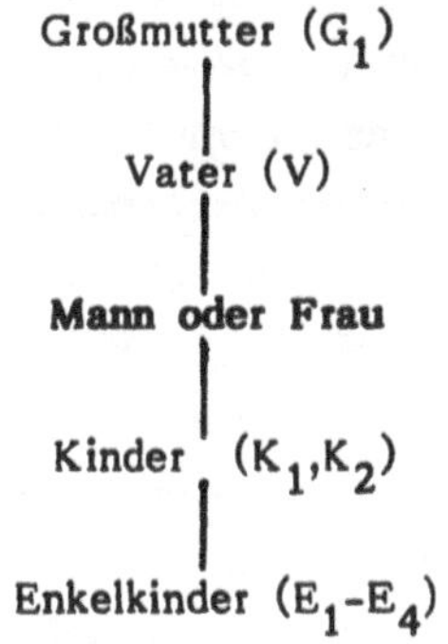

Beachte: Die Zahl der Geburten, die die Verwandten verbindet, ist für die **Nähe der Verwandtschaft** maßgebend (§ 1589, 3).

So sind die Eltern mit ihren Kindern im ersten Grad der geraden Linie, die Großeltern mit ihren Enkeln im zweiten Grad der geraden Linie verwandt.

2. Verwandte in der Seitenlinie 412

a) In Seitenlinie verwandt sind die Personen, die **nicht** voneinander abstammen, aber zumindest **einen gemeinsamen Vorfahren** haben (§ 1589, 2).

Bsp.: Bruder und Schwester, Neffe und Tante, Cousin und Cousine
(K_1 und K_2) (E_1 und K_2) (E_2 und E_3)

b) Ferner sind in der Seitenlinie vollbürtige von halbbürtigen **Geschwistern** zu unterscheiden. **Vollbürtige** Geschwister stammen von demselben Elternpaar ab, **halbbürtige** Geschwister haben nur **einen** Elternteil gemeinsam (Stiefgeschwister oder Halbgeschwister).

Bsp. für halbbürtige Geschwister:
Kinder aus der ersten und zweiten Ehe ihrer Mutter; Kinder eines Vaters, die von verschiedenen Müttern geboren wurden.

c) Bei der Ermittlung des Verwandtschaftsgrades in der Seitenlinie sind die Geburten bis zum gemeinsamen Vorfahren und von hier bis zu dem betreffenden Verwandten zu zählen, wobei die Geburt des gemeinsamen Vorfahren nicht mitgezählt wird.

Bsp.: Geschwister (z.B. K_1 und K_2) sind im zweiten Grad der Seitenlinie verwandt, und zwar gleichgültig, ob es sich um vollbürtige oder halbbürtige Geschwister handelt; zwischen der Tante und ihrem Neffen (z.B. K_2 und E_2) besteht Verwandtschaft im dritten Grad der Seitenlinie; bei Cousins und Cousinen (z.B. E_1 und E_3 oder E_4) ist es der vierte Grad der Seitenlinie.

3. Rechtswirkungen der Verwandtschaft

413 Die Verwandtschaft ist für zahlreiche Rechtsverhältnisse von Bedeutung. Sie begründet - soweit es sich um Verwandte in gerader Linie handelt - die gesetzliche **Unterhaltspflicht** zwischen ihnen (§§ 1601 ff; s.u. RN **450**); sie bestimmt die Rechtsbeziehungen zwischen **Eltern und Kindern** (§§ 1616 ff; s.u. RN **506**); sie läßt das gesetzliche **Erbrecht** und **Pflichtteilsrecht** entstehen (§§ 1924 ff, §§ 2303 ff) und spielt im **Vormundschafts-** und **Betreuungsrecht** eine wichtige Rolle (vgl. z.B. §§ 1779, 1847, 1897 V). Ferner darf keine Ehe zwischen Verwandten in gerader Linie oder zwischen Geschwistern geschlossen werden (§ 1307; s.o. RN **35**).

Im **Prozeßrecht** ermöglicht die Verwandtschaft im Verhältnis zu anderen Prozeßbeteiligten ein **Zeugnis-, Auskunfts-** und **Eidesverweigerungsrecht** (z.B. §§ 383, 384 ZPO; §§ 52, 55, 63 StPO).

Im **Strafrecht** ist der Beischlaf zwischen Verwandten in gerader Linie und zwischen Geschwistern als Blutschande (Inzest) unter Strafe gestellt (§ 173 StGB); ebenso die Vornahme sexueller Handlungen an seinem noch nicht 18 Jahre alten Kind (§ 174 I Nr. 3 StGB).

Vorschriften, die Rechtsfolgen der Verwandtschaft regeln, finden sich außerdem in zahlreichen anderen Gesetzen. Zu den Verwandtschaftsverhältnissen bei Kindern, die aus einer **künstlichen Befruchtung** hervorgegangen sind, s.u. RN **417, 442 ff**).

II. Die Schwägerschaft

1. Voraussetzungen

414 a) Die Verwandten eines Ehegatten sind mit dem anderen Ehegatten verschwägert (§ 1590 I 1).

Bsp.: Der Bruder der Frau ist mit deren Mann verschwägert (sein Schwager); verschwägert sind die Eltern der Frau mit deren Mann (ihrem Schwiegersohn); ebenso ist es im Verhältnis der Frau zu einem Kind ihres Mannes aus erster Ehe.

b) **Keine Schwägerschaft** besteht zwischen den Verwandten des einen Ehegatten und den Verwandten des anderen Ehegatten.

Bsp.: Die Ehefrauen zweier Brüder oder die Ehemänner zweier Schwestern sind nicht miteinander verschwägert (sog. Schwippschwägerschaft); das gilt auch für die Schwiegereltern beider Ehegatten.

c) **Keine Schwägerschaft** besteht auch zwischen **Stiefgeschwistern**, die keinen gemeinsamen Elternteil haben (sog. zusammengebrachte Kinder).

Bsp.: Aus der Ehe der geschiedenen Frau Blum stammt die Tochter Kerstin. Frau Blum heiratet den verwitweten Herrn Stamm, bei dem sein Sohn Bernward lebt. Kerstin und Bernward sind nicht miteinander verwandt oder verschwägert und könnten sich ohne weiteres heiraten (s.o. RN **36**). Ein Schwägerschaftsverhältnis besteht nur zwischen Bernward und seiner Stiefmutter und zwischen Kerstin und ihrem Stiefvater.

2. Linien und Grade der Schwägerschaft 415

Die Unterschiede zwischen der geraden Linie und der Seitenlinie gibt es auch bei der Schwägerschaft; ebenso kann der Grad der Schwägerschaft bestimmt werden. Beides richtet sich nach der Art der sie vermittelnden Verwandtschaft (§ 1590 I 2).

Beachte: In gleicher Weise, wie ein Ehegatte mit jemandem **verwandt** ist, ist sein **Ehegatte** mit dieser Person **verschwägert.**

Bsp.: Die Ehefrau ist mit ihren Eltern im ersten Grad der geraden Linie verwandt; deshalb ist ihr Ehemann mit seinen Schwiegereltern im ersten Grad der geraden Linie verschwägert. Ebenso ist ein Kind mit seinem Stiefvater im ersten Grad der geraden Linie verschwägert. Der Ehemann ist mit dem Bruder seiner Ehefrau (seinem Schwager) im zweiten Grad der Seitenlinie verschwägert.

3. Dauer der Schwägerschaft

Die Schwägerschaft endet nicht mit der Auflösung der Ehe, durch die sie begründet worden ist (§ 1590 II). Somit bleibt das Schwägerschaftsverhältnis eines Ehegatten zu den Verwandten des anderen Ehegatten auch dann bestehen, wenn die Ehe geschieden oder durch den Tod des anderen Ehegatten aufgelöst wird. Neue Schwägerschaften können dagegen nach der Auflösung der Ehe nicht mehr entstehen.

Zweiter Abschnitt: **Die Abstammung**

Einführung 416

Nach Art. 6 V GG ist es ein Gebot der Verfassung, den nichtehelichen Kindern die gleichen Bedingungen für ihre leibliche und seelische Entwicklung und ihre Stellung in der Gesellschaft zu verschaffen wie den ehelichen Kindern. Seit der Verkündung des Grundgesetzes vom 23.5.1949 haben deshalb Gesetzgebung und Rechtsprechung, vor allem die Entscheidungen des BVerfG, in vielen Einzelschritten die Rechtsstellung nichtehelicher Kinder verbessert und der ehelicher Kinder angenähert.

Den größten Schritt auf diesem Gebiet hat das am 1.7.1998 in Kraft getretene **Gesetz zur Reform des Kindschaftsrechts** (KindRG) vom 16.12.1997 getan. Es enthält eine Neuregelung und Vereinheitlichung des gesamten Abstammungsrechts und unterscheidet nicht mehr zwischen ehelichen und nichtehelichen Kindern. Diese Bezeichnungen werden sorgfältig vermieden, so daß der Eindruck entsteht, das Gesetz habe eine vollständige rechtliche Gleichstellung ehelicher und nichtehelicher Kinder erreicht. Das trifft jedoch nicht zu, weil es für die Abstammung von einem Vater immer noch wesentlich ist, ob das Kind innerhalb oder außerhalb einer Ehe geboren worden ist.

Gänzlich neu im deutschen Rechtswesen ist die in § 1591 enthaltene Begriffsbestimmung, welche Frau als Mutter eines Kindes anzusehen ist. Ferner gibt es wesentliche Änderungen des bisherigen Rechtszustandes bei der Anerkennung und der (neu eingeführten) Anfechtung der Vaterschaft.

Literatur zur Reform des Kindschaftsrechts: **Schwab/Wagenitz** FamRZ 97, 1377; **Gaul** FamRZ 97, 1441; **Diederichsen** NJW 98, 1977; **Wieser** FamRZ 98, 1004.

I. Mutterschaft

417 a) "Mutter eines Kindes ist die Frau, die es geboren hat" (§ 1591). Diese scheinbar überflüssige Begriffsbestimmung ist erforderlich geworden, weil es infolge der Fortschritte der Medizin möglich geworden ist, daß eine Frau eine befruchtete Eizelle oder einen ihr eingepflanzten Embryo einer anderen Frau austrägt (sog. Ei- oder Embryonenspende).

Zwar ist dieses Verfahren als "mißbräuchliche Anwendung von Fortpflanzungstechniken" in Deutschland verboten (s.u. RN **445**), doch muß damit gerechnet werden, daß eine solche Übertragung im Ausland legal durchgeführt werden kann oder daß das Verbot im Inland übertreten wird.

b) In allen diesen Fällen taucht die Frage auf, ob es im Rechtssinne eine gespaltene Mutterschaft zwischen der biologischen und der genetischen Mutter geben darf. Das Gesetz hat sich - vor allem im Interesse der Kinder - dafür entschieden, nur die rechtliche Mutterschaft der gebärenden Frau anzuerkennen, nicht zuletzt deshalb, weil sie es ist, die während der Schwangerschaft und Geburt eine körperliche und psychosoziale Beziehung zu dem Kind aufgebaut hat (BT-Drucks. 13/4899 S. 82). Ferner sollte unbedingt eine vorübergehende "Mutterlosigkeit" eines Kindes bis zur Klärung seiner genetischen Mutterschaft vermieden werden. Damit hat der Gesetzgeber - wenn auch wohl unvermeidbar - das Prinzip der auf Abstammung beruhenden Blutsverwandtschaft durchbrochen.

c) Damit steht die Mutterschaft der gebärenden Frau ein- für allemal fest, und zwar hinsichtlich sämtlicher familienrechtlichen Beziehungen zwischen Mutter und Kind. Sie kann auch nicht, etwa mit Hilfe einer Mutterschaftsanfechtung (analog zur Anfechtung der Vaterschaft) wieder beseitigt werden. Das hat freilich zur Folge, daß das "Recht des Kindes auf Kenntnis seiner Abstammung" (s.u. RN **435**) wesentlich erschwert wird. Ob es die Möglichkeit hat, seine genetische Abstammung im Wege einer Feststellungsklage zu klären, ist sehr zweifelhaft (dazu Gaul FamRZ 97, 1441, 1464).

II. Vaterschaft 418

Wer Vater eines Kindes im Rechtssinne ist, kann auf dreifache Weise festgestellt werden:

- Vater ist der Mann, der im Zeitpunkt der Geburt des Kindes mit der Mutter **verheiratet** ist (§ 1592 Nr. 1).

Besteht diese Vaterschaft nicht (oder infolge einer Anfechtung nicht mehr), ist derjenige Mann der Vater des Kindes, der

- die Vaterschaft **anerkannt** hat (§ 1592 Nr. 2) - oder
- dessen Vaterschaft nach § 1600 d **gerichtlich festgestellt** worden ist (§ 1592 Nr. 3).

Im einzelnen:

1. Vaterschaft bei Geburt in der Ehe

Die Geburt eines Kindes in der Ehe begründet die (widerlegbare) Vermutung, daß der Ehemann der Mutter auch der genetische Vater des Kindes ist. Es kommt dabei weder darauf an, ob die Zeugung des Kindes vor oder nach der Eheschließung stattgefunden hat, noch darauf, ob die Ehe später aufgehoben oder geschieden wird.

Bsp.: für die Vaterschaft des Mannes gemäß § 1592 Nr. 1:

Das Kind wird geboren, während die Eheleute seit mehreren Jahren getrennt leben; die biologische Vaterschaft des Ehemannes ist den Umständen nach offenbar unmöglich, weil das Kind einer anderen Rasse angehört als das Ehepaar; das Kind wird nach Erlaß des Scheidungsurteils, aber noch vor der Rechtskraft des Urteils geboren.

Bsp.: für das Fehlen der Vaterschaft gemäß § 1592 Nr. 1:

Die Eltern des Kindes leben in einer nichtehelichen Lebensgemeinschaft; das Kind wird nach der Rechtskraft eines Scheidungs- oder Aufhebungsurteils geboren; bei der Ehe der Eltern handelt es sich um eine sog. Nichtehe (s.o. RN **54**); das Kind kommt nach der kirchlichen, aber vor der standesamtlichen Trauung zur Welt (was nach der Ausnahmeregelung in § 67 PStG möglich ist).

Die Vaterschaft eines Mannes, der bei der Geburt des Kindes mit der Mutter verheiratet ist, **endet**

- wenn seine Vaterschaft erfolgreich angefochten wird: rückwirkend vom Tage der Geburt ab (s.u. RN **433**);
- wenn das Kind während des Scheidungsverfahrens seiner Eltern geboren wird und ein Dritter die Vaterschaft zu ihm anerkennt: frühestens mit der Rechtskraft des Scheidungsurteils (s.u. RN **420**).

2. Vaterschaft beim Tod des Ehemannes 419

Wird die Ehe durch den **Tod** des Ehemannes aufgelöst und danach ein Kind geboren, wird die Vaterschaftsvermutung des § 1592 Nr. 1 auf die **Empfängniszeit** (längstens 300 Tage vor der Geburt) erstreckt, sofern diese teilweise in der Ehe liegt. Das Kind, das nicht später als 300 Tage nach dem Tode des Mannes geboren wird, gilt dann als Kind seines verstorbenen Vaters (§ 1593, 1 i.V.m. § 1600 d III).

Steht fest, daß die Empfängnis länger als 300 Tage zurückliegt, gilt die Vaterschaftsvermutung für den entsprechend längeren Zeitraum (§ 1593, 2).

Ist der Ehemann der Mutter zwar nicht verstorben, aber im Sinne des § 1 VerschG **verschollen**, gilt auch für ihn die Vaterschaftsvermutung, wenn sein nach § 44 VerschG festgestellter Todeszeitpunkt innerhalb von 300 Tagen vor der Geburt des Kindes liegt (BT-Drucks. 13/ 4899 S. 83).

3. Vaterschaft bei Wiederverheiratung der Mutter

a) Die Vaterschaft eines Mannes zu einem Kind, das nach seinem Tod geboren worden ist, kann wieder entfallen, wenn die Mutter bei der Geburt des Kindes schon wieder verheiratet ist. In diesem Fall bestünde an sich die Vaterschaft des verstorbenen Mannes gemäß § 1593, 1 und 2, aber gleichzeitig auch die Vaterschaft des zweiten Ehemannes der Mutter gemäß § 1592 Nr. 1. Um diesen Konflikt zu lösen, bestimmt § 1593, 3, daß dieses Kind als Kind des **zweiten Ehemannes** gilt, was auch der Lebenserfahrung entspricht.

b) Ficht dieser seine Vaterschaft mit Erfolg an, gilt das Kind als Kind des **ersten Mannes** (§ 1593, 4). Dessen Vaterschaft könnte dann nur noch von der Mutter und dem Kind angefochten werden (§ 1600; s.u. RN **427 ff**).

III. Anerkennung der Vaterschaft

1. Allgemeines

420 Die Anerkennung der Vaterschaft setzt voraus, daß das Kind (rechtlich gesehen) **vaterlos** ist. Dies trifft zu, wenn das Kind außerhalb einer Ehe zur Welt gekommen oder wenn die Vaterschaft eines anderen Mannes durch eine Anfechtung wieder entfallen ist. Durch eine Anerkennung wird die Vaterschaft mit Wirkung "für und gegen alle" festgestellt, also nicht nur zwischen den Beteiligten. Deshalb kann, solange die Vaterschaft eines Mannes besteht, eine weitere Anerkennung nicht wirksam werden; sie bleibt aber schwebend wirksam, bis sich herausstellt, ob sie Gültigkeit erlangen kann (§ 1594 II).

Eine beachtliche Ausnahme von diesem Grundsatz gibt es nach § 1599 II für den Fall der Anerkennung eines während des Scheidungsverfahrens seiner Eltern geborenen Kindes (s.u. RN **426**).

Die Wirksamkeit einer Anerkennung hängt nicht davon ab, ob der Anerkennende auch der genetische Vater des Kindes ist. Somit erzeugt eine bewußt oder unbewußt wahrheitswidrig erklärte Anerkennung die gleichen Rechtsfolgen wie eine wahrheitsgemäße. Die Rechtsfolgen einer Anerkennung bestehen vor allem in der gesetzlichen Vaterschaft, wechselseitigen Unterhaltspflichten sowie Erb- und Pflichtteilsrechten im Falle des Todes.

Die Anerkennung eines Kindes ist an **keine Frist** gebunden und kann jederzeit (aber nicht mehr nach dem Tod des Kindes) erfolgen.

2. Erklärung des Mannes 421

a) Die Anerkennung besteht in der Erklärung des Mannes, der Vater eines bestimmten Kindes zu sein. Diese Erklärung ist wegen ihrer rechtsgestaltenden Wirkung an bestimmte **Formerfordernisse** gebunden und muß **öffentlich beurkundet** werden (§ 1597 I).

Für die Aufnahme dieser **öffentlichen Urkunde** sind u.a. Notare, das Gericht, Standesbeamte und Urkundspersonen (das sind dazu ermächtigte Beamte und Angestellte des JA; § 59 I Nr. 1, III SGB VIII) zuständig. In der Praxis wird die Anerkennungserklärung des Mannes beim JA gleichzeitig mit seiner Verpflichtungserklärung zur Zahlung des Unterhalts für das Kind in **einer** Urkunde aufgenommen, in der sich der Mann der sofortigen Zwangsvollstreckung aus dieser Urkunde unterwirft (sog. vollstreckbare Urkunde gemäß § 60 SGB VIII i.V.m. § 794 I Nr. 5 ZPO). Unterhaltstitel, aus denen vollstreckt werden kann, sind auch Urteile und Gerichtsvergleiche.

b) Die Anerkennung ist eine höchstpersönliche Rechtshandlung, bei der die Erklärung durch einen Bevollmächtigten ausgeschlossen ist (§ 1596 IV).

Auch ein **Minderjähriger** muß die Erklärung selbst abgeben (§ 1596 I 1), benötigt dazu aber die öffentlich beurkundete **Zustimmung** seines gesetzlichen Vertreters (im Regelfall sind das seine Eltern). Für einen **Geschäftsunfähigen** (§ 104 Nr. 2) kann sein gesetzlicher Vertreter die Vaterschaft anerkennen, wenn dies das VormG genehmigt (§ 1596 I 3).

Steht ein Volljähriger unter **Betreuung**, kann er nur selbst anerkennen, sofern er **geschäftsfähig** ist und für die Anerkennung kein Einwilligungsvorbehalt besteht (§ 1596 III i.V.m. § 1903). Ist der Betreute dagegen **geschäftsunfähig**, kann der Betreuer in seiner Eigenschaft als gesetzlicher Vertreter (§ 1902) mit Genehmigung des VormG die Vaterschaft anerkennen, sofern sich der Aufgabenkreis des Betreuers - wegen der rechtlichen Konsequenzen der Anerkennung - sowohl auf die Personen- als auch auf die Vermögenssorge erstreckt (§ 1896 II).

c) Die Anerkennung unter einer **Bedingung** oder einer **Zeitbestimmung** (s.u. RN **639**) ist unwirksam (§ 1594 III).

Dagegen kann sie von einer sog. **Rechtsbedingung** (s.u. RN **640**) abhängig gemacht werden, z.B. der Bedingung, daß die Anfechtung der Vaterschaft zu dem Kind durch den Ehemann der Mutter zum Erfolg führt (umstr.). Die Anerkennung wird erst dann wirksam, wenn die Rechtsbedingung eingetreten ist (BGHZ 99, 236).

d) Im Interesse der baldigen Klärung des Personenstandes des Kindes läßt es 422
das Gesetz zu, daß die Anerkennung schon **vor der Geburt** des Kindes erfolgen kann (§ 1594 IV); sie wird dann im Zeitpunkt der Geburt wirksam, falls das Kind außerhalb einer Ehe zur Welt kommt.

Eine solche frühe Anerkennung empfiehlt sich in einer **nichtehelichen Lebensgemeinschaft**, weil dadurch sichergestellt wird, daß das Kind bereits bei seiner Geburt einen gesetzlichen Vater hat.
Zusätzlich besteht für die Partner dieser Lebensgemeinschaft die Möglichkeit, schon vor der Geburt des Kindes gemeinsame Sorgeerklärungen bei den unter a) genannten Stellen abzugeben, damit beiden Elternteilen von der Geburt ihres Kindes ab auch die elterliche Sorge gemeinsam zusteht (§ 1626 a I Nr. 1 i.V.m. § 1626 b II; s.u. RN **533**).

e) Neu ist die Bestimmung, daß ein Mann seine **Anerkennung widerrufen** kann, wenn sie ein Jahr nach der Beurkundung wegen der fehlenden Zustimmung der Mutter noch nicht wirksam geworden ist (§ 1597 III 1). Solange der Widerruf nicht erklärt wird, kann die Zustimmung auch nach Ablauf eines Jahres rechtswirksam erteilt werden, aber nicht mehr nach einem Widerruf. Für die **Form** des Widerrufs gelten die Vorschriften über die Anerkennung entsprechend (§ 1597 III 2; s.o. unter a bis c).

3. Zustimmung der Mutter

423 a) Im Gegensatz zum bisherigen Recht bedarf die Anerkennung im Regelfall nicht mehr der Zustimmung des Kindes, sondern allein der Zustimmung der **Mutter** (§ 1595 I). Dabei handelt sie aus eigenem Recht, nicht etwa als gesetzliche Vertreterin ihres Kindes.

Diese Stärkung der Rechtsstellung der Mutter wirkt sich zwangsläufig zu Lasten des Kindesrechts auf Mitbestimmung seiner Abstammung aus. Es hat keine Möglichkeit mehr, die Anerkennung durch einen anderen Mann als seinen leiblichen Vater durch Verweigerung seiner Zustimmung zu verhindern und wird durch diese Reform zum bloßen Objekt eines Handels seiner Mutter mit einem Mann degradiert, was nicht zuletzt verfassungsrechtliche Bedenken auslöst (dazu Gaul FamRZ 97, 1441, 1449).
Trotz dieser Gefahren für das Kind ist die Zustimmung der Mutter **nicht ersetzbar**. Wird sie verweigert, kommt die Anerkennung nicht zustande; in diesem Fall besteht nur die Möglichkeit, die gerichtliche Feststellung der Vaterschaft zu beantragen (s.u. RN **434 ff**).

b) Die Zustimmung der Mutter muß denselben **Formerfordernissen** genügen wie die Anerkennung. So muß sie **öffentlich beurkundet** werden (§ 1597 I) und darf nicht von einer Bedingung oder Zeitbestimmung abhängig gemacht werden (§ 1595 III i.V.m. § 1594 III). Da sie höchstpersönlicher Natur ist, kann sie nicht durch einen Bevollmächtigten erklärt werden (§ 1596 IV). Die Zustimmung ist deshalb persönlich abzugeben, was aber schon vor der Geburt des Kindes erfolgen kann (§ 1595 III i.V.m. § 1594 IV).

c) Ist die Mutter noch **minderjährig**, hat sie selbst die Zustimmung zu erklären, doch benötigt sie dazu auch die Zustimmung ihres gesetzlichen Vertreters (§ 1596 I 4); das werden ihre Eltern oder ein Vormund sein. Falls die Mutter **geschäftsunfähig** ist, kann sie der Anerkennung nicht zustimmen, so daß diese unterbleiben muß. Steht die Mutter unter **Betreuung**, kommt es darauf an, ob sie trotzdem geschäftsfähig ist; in diesem Fall kann sie nur selbst zustimmen, sofern dem nicht ein Einwilligungsvorbehalt gemäß § 1903 entgegensteht (§ 1596 III). Ist die Betreute geschäftsunfähig, ist der Betreuer nicht berechtigt, an ihrer Stelle zu handeln.

4. Zustimmung des Kindes

424 a) Die Zustimmung des Kindes zur Anerkennung der Vaterschaft ist nur noch für den Ausnahmefall vorgesehen, daß der Mutter in dieser Beziehung die elterliche Sorge nicht zusteht (§ 1595 II). Das ist der Fall bei Volljährigkeit des Kindes oder beim Entzug der elterlichen Sorge, soweit sich dieser auf ihre Zustimmungserklärung erstreckt. Aber auch dann ersetzt die Zustimmung

des Kindes nicht die Zustimmung der Mutter, sondern muß **zusätzlich** zu dieser erklärt werden. Die Zustimmung des Kindes allein genügt nur dann, wenn die Mutter verstorben oder für tot erklärt worden ist (s. unter c).

b) Ist das Kind noch **minderjährig**, jedoch schon 14 Jahre alt, muß es die Zustimmungserklärung selbst abgeben, benötigt aber dazu die Zustimmung seines gesetzlichen Vertreters (§ 1596 II 2), der z.B. ein Vormund oder das JA sein kann, wenn es Beistand des Kindes geworden ist (s.u. RN **589 ff**). Bei einem jüngeren oder geschäftsunfähigen Kind kann nur der gesetzliche Vertreter der Anerkennung zustimmen (§ 1596 II 1). Hinsichtlich der **Formalitäten** der Zustimmung des Kindes gilt im wesentlichen das zur Zustimmung der Mutter Gesagte (s.o. RN **423** unter b).

c) Ist die Mutter des Kindes verstorben oder für tot erklärt worden, kann die Anerkennung trotz **fehlender Zustimmung** der Mutter stattfinden (a.A. BT-Drucks. 13/4899 S. 54, wonach in diesem Fall eine Anerkennung nicht möglich sei und das Kind auf ein gerichtliches Feststellungsverfahren verwiesen werden müsse). Dabei ist zu bedenken, daß das Kind quasi eine Vollwaise ist, der es nicht verwehrt werden sollte, auf unkompliziertem Wege einen gesetzlichen Vater zu erlangen. Die Gefahr, daß ein Mann die Vaterschaft anerkennt, der nicht der leibliche Vater des Kindes ist, dürfte beim Tode der Mutter nur sehr gering zu veranschlagen sein. Ohnehin wird das Kind (sofern es nicht volljährig ist) einen gesetzlichen Vertreter haben (hier einen Vormund), der sich über den Sachverhalt informieren und in Zweifelsfällen seine Zustimmung verweigern kann. Bestehen aber keine begründeten Zweifel an der genetischen Vaterschaft des Anerkennenden, liegt es im Sinne des Kindeswohls, die Anerkennung nicht allein wegen der fehlenden Zustimmung der verstorbenen Mutter von vornherein auszuschließen, zumal das Gesetz für den Fall des Todes der Mutter keine Regelung getroffen hat.

5. Gemeinsames zu Anerkennung, Zustimmung und Widerruf 425

a) Um alle Beteiligten und das Standesamt zu unterrichten, **wann** die Anerkennung rechtswirksam geworden ist, bestimmt § 1597 II, daß die Anerkennung und alle Zustimmungserklärungen, die für die Wirksamkeit der Anerkennung notwendig waren, dem Vater, der Mutter und dem Kind in **beglaubigten Abschriften** (§ 129 BGB i.V.m. § 39 BeurkG) zu übersenden sind; dies gilt auch für den Standesbeamten, der die Anerkennung am Rande des Geburtseintrags des Kindes im Geburtenbuch zu vermerken hat (§ 29 I PStG).

b) Die Unwirksamkeit einer Anerkennung, der Zustimmung oder eines Widerrufs kann nur in begrenztem Umfang geltend gemacht werden, und zwar nur dann, wenn gegen die Vorschriften der §§ 1594 bis 1597 verstoßen worden ist (§ 1598 I). Sonstige allgemeine Gründe für die Unwirksamkeit eines Rechtsgeschäfts (z.B. gemäß § 134) bleiben hier außer Betracht. Deshalb hat auch eine bewußt wahrheitswidrige Anerkennung keinen Einfluß auf ihre Gültigkeit. Fehlen andererseits die für die Wirksamkeit einer Anerkennung notwendigen Erklärungen oder sind sie nicht in der vorgeschriebenen Form erklärt worden, bleibt die Anerkennung wirkungslos, worauf sich jeder berufen kann, ohne daß die Unwirksamkeit in einem besonderen Verfahren festgestellt werden müßte. Gegebenenfalls könnte das Anerkennungsverfahren erneut durchgeführt werden.

c) Im Interesse der Rechtssicherheit bestimmt § 1598 II, daß Mängel, die zur Unwirksamkeit der Anerkennung geführt haben, nach Ablauf von **fünf Jahren** seit der Eintragung der Anerkennung in einem deutschen Personenstandsbuch **geheilt** sind. Es liegt dann trotz der Mängel eine vollgültige Anerkennung vor.

Hat es ein Beteiligter versäumt, innerhalb dieses Zeitraums die Ungültigkeit der Anerkennung geltend zu machen (z.B. durch Einreichung einer Feststellungsklage), verbleibt ihm noch die Möglichkeit, die Vaterschaft des Anerkennenden gemäß §§ 1600 ff anzufechten (s.u. RN **427 ff**).

6. Anerkennung bei Scheidung der Eltern

426 a) Bislang ohne Beispiel im deutschen Recht hat das KindRG die Möglichkeit geschaffen, daß **ein Dritter** die Vaterschaft zu einem Kind anerkennen kann, das als Kind des Ehemannes der Mutter gilt (§ 1599 II).

b) Der Gesetzgeber wollte mit dieser Neuregelung die Führung eines Anfechtungsprozesses vermeiden, falls ein Kind während des Scheidungsverfahrens seiner Eltern geboren wird und ein Dritter bereit ist, die Vaterschaft zu diesem Kind anzuerkennen. In diesem Fall soll die Lebenserfahrung dafür sprechen, daß das Kind nicht vom (noch) Ehemann der Mutter abstammt, sondern von diesem Dritten.

c) Der Wechsel in der Vaterschaft für dieses Kind ist an folgende Voraussetzungen geknüpft:

- Das Kind muß in der Zeit zwischen der Anhängigkeit des Scheidungs antrags und der Rechtskraft des Scheidungsurteils geboren worden sein (§ 1599 II 1).
- Ein Dritter muß die Vaterschaft zu dem Kind anerkennen, was das Gesetz hier ausnahmsweise gestattet (§ 1599 II 1, 2. HS i.V.m. § 1594 II).
- Die Anerkennung der Vaterschaft darf frühestens nach Beginn des Scheidungsverfahrens (auch wenn das Kind noch nicht geboren ist) und spätestens nach Ablauf eines Jahres nach Rechtskraft des Scheidungsurteils erklärt werden (§ 1599 II 1, 1. HS).
- Der Anerkennung muß außer der Mutter auch der Mann zustimmen, der mit der Mutter im Zeitpunkt der Geburt des Kindes verheiratet war (§ 1595 I i.V.m. § 1599 II 2, 1. HS).
- Die Rechtskraft des Scheidungsurteils ist Voraussetzung für die Gültigkeit der Anerkennung. Ist die Anerkennung **vor** Eintritt der Rechtskraft erklärt worden, wird sie **mit** der Rechtskraft wirksam (§ 1599 II 3). Bei einer innerhalb eines Jahres **nach** der Rechtskraft des Urteils erklärten Anerkennung tritt der Wechsel in der Abstammung des Kindes an dem Tag ein, an dem sämtliche Voraussetzungen der Anerkennung (s.o. RN **421**) vorliegen.

427 Bsp.: Das Ehepaar Hans und Grete lebt häufig getrennt. Grete reicht deshalb den Scheidungsantrag bei Gericht ein. Fünf Monate später wird Grete Mutter des Kindes Pia. Kurz darauf erkennt Paul die Vaterschaft zu Pia an. - Diese Anerkennung wird aber nur wirksam, wenn ihr Grete und Hans zustimmen und wenn ihre Ehe rechtskräftig geschieden wird. Ab diesem Zeitpunkt gilt nicht mehr Hans, sondern Paul als gesetzlicher Vater seiner Tochter Pia (§ 1599 II).

Wären Hans oder Grete vor Rechtskraft des Scheidungsurteils gestorben, hätte Paul nicht die Möglichkeit gehabt, die Vaterschaft zu Pia rechtswirksam anzuerkennen; denn beim Tode eines Ehegatten ist ihr Scheidungsverfahren "in der Hauptsache als erledigt anzusehen" (§ 619 ZPO), so daß eine rechtskräftige Ehescheidung (als Voraussetzung für die Gültigkeit der Anerkennung) nicht mehr möglich ist (§ 1599 II 3). Paul kann die Vaterschaft aber erneut anerkennen, sobald der überlebende Elternteil oder das Kind die Vaterschaft von Hans erfolgreich angefochten hat (§ 1599 I).

d) Es bleibt abzuwarten, ob diese Reform tatsächlich zu einer Verminderung von Vaterschaftsanfechtungsverfahren führen wird. Bedenklich ist jedenfalls, daß die Hauptperson, um deren rechtliches Schicksal es unmittelbar geht, nämlich das Kind, an dem Verfahren nicht beteiligt ist. Auch eine Prüfung, ob der Statuswechsel dem Kindeswohl dient, findet nicht statt; damit ist das Kind bloßes Objekt bei der wichtigen Frage seiner Abstammung.

IV. Anfechtung der Vaterschaft

Vorbemerkung

Das KindRG hat die bisher bestehenden Unterschiede zwischen der "Anfechtung der Ehelichkeit" (§§ 1594 bis 1600 a.F.) und der "Anfechtung der Anerkennung" (§§ 1600 g bis 1600 m a.F.) beseitigt und durch die einheitliche "**Anfechtung der Vaterschaft**" ersetzt (§§ 1600 bis 1600 c und e n.F.). Im Zusammenhang damit sind der Kreis der Anfechtungsberechtigten verändert und die Möglichkeiten zur Anfechtung erheblich erweitert worden.

Literatur: **Wieser** FamRZ 98, 1004

1. Anfechtungsberechtigung 428

Berechtigt, die Vaterschaft anzufechten, ist gemäß § 1600:

a) der **Mann**, dessen Vaterschaft aufgrund der **Ehe mit der Mutter** des Kindes vermutet wird (§ 1592 Nr. 1);
der **Mann**, der die Vaterschaft **anerkannt** hat (§ 1592 Nr. 2);
der **neue Ehemann**, der im Falle der Wiederverheiratung der Frau gemäß § 1593 als Vater des Kindes gilt;

b) die **Mutter** des Kindes, der durch das KindRG erstmals die Möglichkeit eingeräumt wird, die Vaterschaft ihres Kindes aus eigenem Recht anzufechten. Bedenklich ist dabei, daß dieses Anfechtungsrecht an keine weiteren Voraussetzungen geknüpft ist, so daß es der freien und alleinigen Disposition der Mutter unterliegt, ob ihr Kind seinen gesetzlichen Vater verliert, ohne daß ein anderer an seine Stelle tritt (dazu Gaul FamRZ 97, 1441, 1458).

c) das **Kind**, für das bisher das Anfechtungsrecht an die Voraussetzungen der §§ 1596 I Nr. 1 bis 5, 1598 a.F. gebunden war. Diese Einschränkungen sind nunmehr entfallen, um dem Persönlichkeitsrecht des Kindes auf

Kenntnis seiner Abstammung (s.u. RN 435) nicht mehr im Wege zu stehen. Das bedeutet andererseits, daß die Gesichtspunkte, die das BVerfG in seinen Entscheidungen vom 31.1.1989 und 26.4.1994 (BVerfGE 79, 256; 90, 263) als zu berücksichtigen angeführt hat, nämlich der "Schutz der Ehe der Mutter" und die "Gefährdung des Familienfriedens", bei der Ausübung dieses Anfechtungsrechtes keine Rolle mehr spielen.

Ersatzlos **entfallen** ist das Anfechtungsrecht der **Eltern** eines verstorbenen Mannes, das von ihnen unter den Voraussetzungen des § 1595 a a.F. ausgeübt werden konnte.

Auch künftig hat der Mann, der für sich in Anspruch nimmt, der **leibliche Vater des Kindes** zu sein, nicht das Recht, die Vaterschaft eines anderen Mannes anzufechten. Grund hierfür war die Überlegung, daß dann, wenn kein Familienmitglied von seinem Anfechtungsrecht Gebrauch macht, die Anfechtung durch einen außerhalb der Familie stehenden Dritten "dem Wohl der sozialen Familie" zuwiderlaufen würde (BT-Drucks. 13/4899 S. 57).

429 2. Anfechtungsberechtigung bei Minderjährigkeit und Geschäftsunfähigkeit

Grundsätzlich hat derjenige, der volljährig und geschäftsfähig ist, sein Anfechtungsrecht **persönlich wahrzunehmen**, weil es ein höchstpersönliches Recht ist, das nicht durch einen Bevollmächtigten ausgeübt werden kann (§ 1600 a I).

a) Sofern die **Mutter** oder der zur Anfechtung berechtigte **Mann** noch **minderjährig** sind, können sie die Vaterschaft nur selbst anfechten, **ohne** die Zustimmung ihres gesetzlichen Vertreters zu benötigen (§ 1600 a II 1, 2). Sollten sie jedoch **geschäftsunfähig** sein, kann nur ihr gesetzlicher Vertreter die Vaterschaft anfechten. (§ 1600 a II 3).

b) Ist das **Kind** minderjährig oder geschäftsunfähig, hat sein gesetzlicher Vertreter die Anfechtung durchzuführen (§ 1600 a III). Das sind beim minderjährigen Kind seine Eltern, ein Elternteil oder ein Vormund oder Pfleger; bei einem volljährigen, aber geschäftsunfähigen Kind ist es sein Betreuer.

c) Falls die Anfechtung durch einen **gesetzlichen Vertreter** zu erfolgen hat, ist sie nur zulässig, wenn sie dem **Wohl des Vertretenen** dient (§ 1600 a IV). Dies hat das FamG bei seiner Entscheidung über die Berechtigung der Anfechtung zu prüfen. Das Kindeswohl kann im konkreten Fall sowohl dafür sprechen, den bisherigen Zustand in der Familie des Kindes aufrechtzuerhalten, als auch dafür, der Feststellung der blutsmäßigen Abstammung den Vorrang einzuräumen. Eigenartig ist, daß dann, wenn die Mutter als gesetzliche Vertreterin ihres Kindes von dessen Anfechtungsrecht Gebrauch macht, eine Prüfung des Kindeswohls stattfinden muß, während diese Prüfung entfällt, wenn die Mutter aus eigenem Recht die Vaterschaft anficht. Sinnvoll wäre es gewesen, auch im letzteren Fall diese Prüfung anzuordnen, da die Interessenlage in beiden Fällen dieselbe ist.

d) Sollten die Anfechtungsberechtigten (Mann, Mutter oder das volljährige Kind) **nur** wegen einer körperlichen Behinderung unter **Betreuung** stehen und deshalb geschäftsfähig sein, haben sie das Anfechtungsrecht selbst auszuüben und können keine andere Person damit beauftragen (§ 1600 a V).

3. Anfechtungsfristen 430

a) Nunmehr gilt eine einheitliche Frist von **zwei Jahren** für alle zur Anfechtung Berechtigten, die mit dem Zeitpunkt beginnt, in dem der Berechtigte von den gegen die Vaterschaft sprechenden Umständen erfährt (§ 1600 b I).

Hat ein gesetzlicher Vertreter die Anfechtung durchzuführen, kommt es für die Kenntnis der zur Anfechtung berechtigenden Umstände nicht auf die des Vertretenen, sondern auf die **Kenntnis des Vertreters** an (§ 166; dazu OLG Bamberg FamRZ 92, 220).

b) Die Zweijahresfrist kann jedoch nicht vor der Geburt des Kindes zu laufen beginnen und auch nicht vor dem Wirksamwerden der Anerkennung (§ 1600 b II 1). Wird nach dem Tod des Ehemannes und der Wiederverheiratung der Mutter (§ 1593) die Vaterschaft des neuen Ehemannes erfolgreich angefochten, beginnt die Frist zur Anfechtung der Vaterschaft des verstorbenen Mannes erst mit der Rechtskraft der Entscheidung, durch die festgestellt wird, daß der neue Ehemann nicht der Vater des Kindes ist (§ 1600 b II 2). Hinzu kommen muß wohl auch hier, daß der Anfechtungsberechtigte von der Rechtskraft der Entscheidung Kenntnis erhalten hat.

c) Sofern der gesetzliche Vertreter eines Minderjährigen oder Geschäftsunfähigen die Vaterschaft nicht innerhalb der Frist von zwei Jahren seit seiner Kenntniserlangung angefochten hat, gilt folgendes:

- Das **Kind** ist nach dem Eintritt seiner Volljährigkeit selbst zur Anfechtung berechtigt. Dazu steht ihm eine neue Frist von zwei Jahren zur Verfügung, die an dem Tage beginnt, an dem das Kind von den Umständen erfährt, die gegen die Vaterschaft sprechen, jedoch frühestens ab dem Tage seiner Volljährigkeit (§ 1600 b III).
- Zusätzlich wird dem (minderjährigen oder volljährigen) Kind unabhängig von den bereits erwähnten Fristen eine weitere Zweijahresfrist für den Fall eingeräumt, daß es die Kenntnis von Umständen erlangt, "auf Grund derer die Folgen der Vaterschaft für es unzumutbar werden" (§ 1600 b V). Der Gesetzgeber hat darauf verzichtet, diese Umstände im einzelnen zu benennen, doch ist anzunehmen, daß die in § 1596 II a.F. genannten Gründe auch in diesem Zusammenhang in Betracht kommen (z.B. Eheschließung zwischen leiblichem Vater mit der Mutter; ehrloses oder unsittlicher Lebenswandel des Scheinvaters; Straftaten, Unterhaltspflichtverletzungen oder schwere Erbkrankheit des Scheinvaters; Näheres dazu s. 2. Aufl., RN 422 f). Aber auch andere und nicht zuletzt wirtschaftliche Gründe können das Festhalten an der Scheinvaterschaft für das Kind im Lauf der Zeit unzumutbar werden lassen.
- Ein **Geschäftsunfähiger**, dessen gesetzlicher Vertreter die rechtzeitige Anfechtung versäumt hat, kann nach dem Wegfall der Geschäftsunfähigkeit die Vaterschaft selbst anfechten, wobei die neue Zweijahresfrist an dem Tage beginnt, an dem der vormals Geschäftsunfähige die Kenntnis von Umständen erlangt, die gegen die Vaterschaft sprechen (§ 1600 b IV).

d) Der Ablauf der Anfechtungsfrist ist während der Zeit **gehemmt**, in der der Anfechtungsberechtigte ohne sein Zutun verhindert war, die Anfechtung durchzuführen. Das Gesetz erwähnt ausdrücklich die Hemmung wegen einer widerrechtlichen Drohung und verweist auf die allgemeinen Hemmungsgründe wegen des Stillstands der Rechtspflege, wegen höherer Gewalt oder wegen des Fehlens eines gesetzlichen Vertreters für einen Minderjährigen oder Geschäftsunfähigen (§ 1600 b VI i.V.m. §§ 203, 206). - Die Wirkung der Hemmung besteht hier darin, daß der Zeitraum der Hemmung in die Anfechtungsfrist nicht eingerechnet wird; die Frist also erst dann weiterläuft, wenn der Hemmungsgrund beseitigt ist (§ 205).

4. Anfechtungsverfahren

431 a) Die Anfechtung der Vaterschaft erfolgt durch Klageerhebung vor dem gemäß § 640 a ZPO zuständigen FamG (§ 1600 e I). Die Mutter und der Scheinvater sind für dieses Verfahren auch dann prozeßfähig, wenn sie noch minderjährig sind. Das gilt **nicht** für das **minderjährige Kind**; es benötigt zur Prozeßführung (ebenso wie ein Geschäftsunfähiger) einen gesetzlichen Vertreter (§ 640 b ZPO). Als gesetzliche Vertreter können weder Mutter noch Scheinvater, sofern sie miteinander verheiratet sind, für das Kind den Prozeß führen, (§ 1629 II 1 i.V.m. § 1795 I 3; dazu BGH FamRZ 72, 498).

Trifft das nicht zu, kann die Mutter das Kind vertreten, wenn sie alleinsorgeberechtigt ist. Sollte das nicht der Fall sein, muß für das Kind ein Ergänzungspfleger gemäß § 1909 bestellt werden.

Für die Durchführung des Anfechtungsprozesses sind besondere Verfahrensvorschriften maßgebend (§§ 640 bis 640 h ZPO). Das Verfahren wird vom **Amtsermittlungsprinzip** beherrscht (§ 640 I i.V.m. §§ 616 I, 617 ZPO); d.h. das Gericht kann auch von Amts wegen die Aufnahme von Beweisen anordnen und Tatsachen berücksichtigen, die nicht von den Parteien vorgebracht sind (jedoch mit der Einschränkung des § 640 d ZPO).

b) Der **Mann** ficht zu Lebzeiten des Kindes die Vaterschaft **durch Klage gegen das Kind** an (§ 1600 e I). Ist das Kind bereits verstorben, entscheidet das FamG **auf Antrag** des Mannes im Verfahren der freiwilligen Gerichtsbarkeit (§ 621 a ZPO i.V.m. § 1600 e II BGB, § 56 c FGG).

c) Das **Kind** oder die **Mutter** des Kindes fechten die Vaterschaft durch **Klage gegen den Mann** an (§ 1600 e I). Ist das Kind oder ist seine Mutter verstorben, kann niemand an ihrer Stelle klagen.

Ist der Mann verstorben, kann die Vaterschaft von dem Kind oder seiner Mutter durch Antrag beim FamG angefochten werden (§ 1600 e II; wie unter b).

5. Beweisfragen im Anfechtungsprozeß

432 a) Aufgabe des jeweiligen Klägers ist es, den Nachweis zu erbringen, daß der Mann, der aufgrund der Ehe (§ 1592 Nr. 1, 1593) als Vater gilt oder der die Vaterschaft anerkannt hat (§ 1592 Nr. 2), nicht der leibliche Vater des Kindes ist (vgl. § 1599 I).

Die Führung dieses Beweises wird durch die **gesetzliche Vermutung** erschwert, daß das Kind von dem Mann abstammt, dessen Vaterschaft nach §§ 1592 Nr. 1 und 2, 1593 besteht (§ 1600 c I). Diese Vermutung kann nur durch den vollen **Beweis des Gegenteils** entkräftet werden. Das gelingt am sichersten mit naturwissenschaftlichen Methoden, insbes. durch Blutgruppen- und erbbiologische Gutachten (s.u. RN **437**).

b) Die Vermutung gilt nicht bei der Anfechtung durch den Mann, wenn seine Anerkennungserklärung unter einem **Willensmangel** (Irrtum, Täuschung, Drohung) gelitten hat (§ 1600 c II). Der Fall der Täuschung kommt verhältnismäßig oft vor, z.B. dann, wenn die Mutter dem Mann wahrheitswidrig versichert hat, er sei der Vater ihres Kindes. In diesem Fall spricht die Vermutung der Vaterschaft nur gegen den Mann, der mit der Mutter innerhalb der Empfängniszeit (§ 1600 d III) Geschlechtsverkehr gehabt hat.

Bsp.: Kann also der Mann beweisen, daß seine Anerkennungserklärung von einem Willensmangel beeinflußt war, hat ihm das Kind zu beweisen, daß er der Mutter innerhalb der Empfängniszeit beigewohnt hat.
Gelingt der Beweis, muß nunmehr der Mann beweisen, daß das Kind nicht aus dieser Beiwohnung stammen kann. Seine Klage hat dann Erfolg, wenn nach dem Ergebnis der Beweisaufnahme **schwerwiegende Zweifel** an seiner Vaterschaft verbleiben (§ 1600 c II i.V.m. § 1600 d II 2; s.u. RN **438**).

c) Gibt das Gericht der Klage statt und stellt es rechtskräftig fest, daß der 433
Mann nicht der Vater des Kindes ist, hat das Urteil gemäß § 640 h ZPO Wirkung **für und gegen alle** und beseitigt die Vaterschaft des Mannes **rückwirkend** auf den Tag der Geburt des Kindes. Dieses ist nunmehr abstammungsrechtlich ein "vaterloses" Kind. Damit eröffnet sich die Möglichkeit, daß die Vaterschaft zu diesem Kind von einem anderen Mann **anerkannt** oder daß die Vaterschaft **gerichtlich festgestellt** wird (§ 1592 Nr. 2 und 3).

d) Außerdem steht nun fest, daß der Ehemann der Mutter nur scheinbar der Vater des Kindes war. Wird später festgestellt, wer der wirkliche Vater ist, hat der Scheinvater die Möglichkeit, wegen seiner Unterhaltsleistungen für das Kind Regreß zu nehmen (§ 1607 III 2; s.u. RN **459**).

V. Die gerichtliche Feststellung der Vaterschaft

Einführung 434

Kommt es bei einem vaterlosen Kind nicht zur Anerkennung der Vaterschaft oder wird diese im Wege der Anfechtung wieder beseitigt, bietet § 1600 d die Möglichkeit, die Vaterschaft in einem gerichtlichen Verfahren festzustellen. Ziel dieses Verfahrens ist es, den wirklichen (leiblichen) Vater des Kindes zu ermitteln (§ 1592 Nr. 3), auch wenn die bisher in § 1600 o I a.F. gebrauchte Formulierung: "Als Vater ist der Mann festzustellen, der das Kind gezeugt hat", nicht mehr im Gesetz steht.

Voraussetzung dafür ist immer, daß kein anderer Mann als Vater des Kindes anzusehen ist, bzw. daß eine bereits bestehende Vaterschaft durch Anfechtung wieder beseitigt worden ist (BGH FamRZ 99, 716). Abgesehen hiervon kann die Feststellung der Vaterschaft **jederzeit** erfolgen, da sie an keine Frist gebunden ist; auch das schon erwachsene Kind kann dies erreichen, wenn eine frühere Feststellung der Vaterschaft bisher nicht möglich war.

Die Reform des Kindschaftsrechtes hat zur gerichtlichen Feststellung der Vaterschaft keine ins Gewicht fallenden Änderungen gebracht, sofern man davon absieht, daß nun auch der Mutter (neben Mann und Kind) ein eigenes Klagerecht eingeräumt worden ist.

Im Jahre 1997 wurden in Deutschland 149.000 Verfahren zur Feststellung der Vaterschaft durchgeführt, bei denen in 94 % der Fälle der genetische Vater ermittelt werden konnte.

Literatur zur Reform: **Wieser** NJW 98, 2023

1. Klageberechtigung

435 Zur Erhebung der Feststellungsklage beim allein zuständigen FamG sind das Kind, der Mann und die Mutter des Kindes berechtigt (§ 1600 e I).

a) Das **Kind** klagt gegen seinen mutmaßlichen Vater und wird dabei, solange es minderjährig ist, im Regelfall von der nach § 1626 a II sorgeberechtigten Mutter vertreten (§ 51 ZPO). Diese hat ihrerseits die Möglichkeit, sich in diesem Verfahren vom JA als **Beistand** vertreten zu lassen (§ 1712 I Nr. 1 i.V.m. § 53 a ZPO; s.u. RN **589 ff**).

Dagegen ist mit der Abschaffung der Amtspflegschaft das Recht und die Pflicht des JA entfallen, **von Amts wegen** die für die Feststellung der Vaterschaft notwendigen Maßnahmen zu ergreifen, wozu auch die Prozeßführung gegen den Kindesvater gehört hat (§ 1709 a.F. i.V.m. § 1706 Nr. 1 a.F.).

Falls die Mutter nicht die Absicht hat, die Vaterschaft ihres Kindes klären zu lassen (z.B. weil sie den Wunsch hat, das Kind ohne Vater aufzuziehen), gibt es keine Möglichkeit, sie zur Klageerhebung im Interesse des Kindes zu veranlassen: denn der Mutter deshalb die gesetzliche Vertretung zu entziehen, hat der Gesetzgeber ausdrücklich ausgeschlossen (§ 1629 II 3, 2. HS); das Einschreiten gemäß § 1666 wegen eines Sorgerechtsmißbrauchs kommt wegen der hohen "Eingriffsschwelle" für diese Vorschrift ebenfalls nicht in Betracht (Gaul FamRZ 97, 1441, 1452; a.A. BayObLG FamRZ 99, 737).

Es kann daher die Situation eintreten, daß ein Kind, das keinen gesetzlichen Vater hat, einmal wissen will, wer sein leiblicher Vater ist. Eine solche Frage wäre legitim, da jedes Kind ein **Recht auf Kenntnis der eigenen Abstammung** hat. Dieses Recht ist zwar gesetzlich nicht geregelt, aber verfassungsrechtlich auf der Grundlage der Art. 1 und 2 GG anerkannt (BVerfG NJW 88, 3010; NJW 89, 891). Davon ausgehend hat das BVerfG einen **Auskunftsanspruch** des Kindes gegen seine Mutter auf Benennung seines leiblichen Vaters abgeleitet. Ist die Mutter nicht freiwillig bereit, den Kindesvater preiszugeben, kollidiert der Auskunftsanspruch des Kindes mit dem Recht der Mutter auf Schutz ihrer Intimsphäre. Dazu hat das BVerfG zunächst den Standpunkt vertreten, die Interessen der Mutter hätten gegenüber dem Interesse des Kindes generell zurückzutreten; später räumte das BVerfG ein, daß gegebenenfalls auch das Recht der Mutter auf Schutz ihrer Intimsphäre vorrangig sein könne (BVerfG FamRZ 97, 869; dazu Frank/Helms FamRZ 97, 1258). Zu den Kriterien für die beiderseitige Güterabwägung vgl. Lenze ZfJ 98, 101.

436 b) Der **Mann** klagt gegen das Kind auf Feststellung seiner Vaterschaft, wenn er diese nicht durch eine Anerkennung erreichen kann (z.B. weil die Mutter ihre Zustimmung verweigert hat). Neben dieser Klage auf **positive Vaterschaftsfeststellung** kommt auch eine Klage auf **negative Feststellung** seiner Vaterschaft in Betracht (§ 640 II Nr. 1 ZPO).

Das kann z.B. sinnvoll sein, wenn der Mann auf Unterhalt für ein Kind in Anspruch genommen wird und er feststellen lassen will, daß das Kind nicht von ihm abstammt. Hat er mit dieser Klage Erfolg, steht mit Wirkung **für und gegen alle** fest, daß er nicht der Vater des Kindes ist (§ 640 h ZPO). Wird jedoch diese Klage **abgewiesen**, weil das Gericht den Mann für den Vater des Kindes hält, hat das Urteil dieselbe Wirkung wie eine positive Feststellung seiner Vaterschaft, was auch im Tenor des Urteils auszusprechen ist (§ 641 h ZPO).

c) Erstmals hat nun auch die **Mutter** das Recht, gegen den Mann auf Feststellung der Vaterschaft ihres Kindes zu klagen (§ 1600 e I). Sofern das Kind noch minderjährig ist, kann sie wählen, ob sie aus eigenem Recht klagt oder als gesetzliche Vertreterin ihres Kindes. Eine Prüfung, ob dies dem Kindeswohl entspricht (wie bei der Anfechtung der Vaterschaft) findet hier nicht statt.

2. Der Gang des Verfahrens 437

Die Ermittlung des wirklichen (leiblichen) Vaters kann auf zwei Wegen erfolgen: durch den **positiven Nachweis** seiner Vaterschaft oder mit Hilfe der **Vaterschaftsvermutung** des § 1600 d II.

a) Der **positive Vaterschaftsnachweis** setzt voraus, daß das Gericht die **volle Überzeugung** von der Vaterschaft des Mannes erlangt, was die Ausschöpfung aller zur Verfügung stehenden Beweismittel voraussetzt (BGH FamRZ 91, 426). Während früher eine solche Überzeugung mit den zur Verfügung stehenden Beweismitteln nur selten zu erreichen war, haben sich inzwischen die naturwissenschaftlichen Methoden derart verfeinert, daß in vielen Fällen eine Wahrscheinlichkeit von über 99 % für die Vaterschaft eines bestimmten Mannes spricht. Dies ist vor allem mit Hilfe der Blutgruppen- und serostatistischen Gutachten möglich geworden:

Serologische Gutachten

Das älteste und zugleich sicherste Verfahren zur Ermittlung der Vaterschaft besteht in dem Vergleich der Blutmerkmale. In den letzten Jahrzehnten ist eine solche Vielzahl vererbbarer Bluteigenschaften entdeckt worden, daß es möglich ist, in fast allen Fällen die Vaterschaft eines Mannes sicher festzustellen. Andererseits ist der Ausschluß der Vaterschaft immer dann möglich, wenn das Kind eine Bluteigenschaft besitzt, die es weder von der Mutter noch von dem als Vater in Anspruch genommenen Mann geerbt haben kann.

Zu den "klassischen" Blutmerkmalen A, B, 0 sind weitere **Blutgruppensysteme** getreten, mit denen z.B. die Merkmale des Blutserums, der Proteine oder Enzyme roter Blutzellen bestimmt werden können. Große Bedeutung erlangt hat das sog. HLA-System, das die Bluteigenschaften der weißen Blutkörperchen auswertet. Reichen diese Systeme in seltenen Fällen noch nicht aus, um eine Vaterschaft feststellen oder ausschließen zu können, kann ein sog. DNA-Gutachten weiterhelfen, das auf dem bei jedem Menschen unterschiedlichen Aufbau bestimmter Abschnitte seiner Gene beruht.

Biostatistische Gutachten

Der Beweiswert der genannten Gutachten läßt sich durch ein **biostatistisches Gutachten** noch verstärken. Aufgrund der Häufigkeit bestimmter Bluteigenschaften in der Bevölkerung können Angaben darüber gemacht werden, mit welcher Wahrscheinlichkeit eine Person mit diesen Eigenschaften als Vater angenommen oder ausgeschlossen werden kann. Ist diese Wahrscheinlichkeit höher als 99,7 %, kann die Vaterschaft als geklärt gelten.

Anthropologisch-erbbiologische Gutachten

Das früher zur Klärung der Abstammung häufig eingeholte **erbbiologische Gutachten** ist in seiner Bedeutung gegenüber den immer sicherer gewordenen serologischen Gutachten stark zurückgetreten und gilt heute als überholt. Es beruhte auf dem Vergleich **äußerer körperlicher Merkmale** bei den beteiligten Personen, insbes. am Kopf und an den Händen. Ein eindeutiger Ausschluß der Vaterschaft durch ein erbbiologisches Gutachten allein ließ sich kaum erreichen. Deshalb diente ein solches Gutachten hauptsächlich zur Ergänzung anderer, insbes. serologischer Gutachten nur noch in Zweifelsfällen.

Beachte: Jede Person, die für die Ermittlung der Vaterschaft von Bedeutung ist, hat nach § 372 a ZPO die Pflicht, **Untersuchungen**, insbes. die Entnahme von Blutproben, **zu dulden**, soweit die Untersuchung nach den anerkannten Grundsätzen der Wissenschaft eine Aufklärung des Sachverhalts verspricht und ohne Nachteil für die Gesundheit zugemutet werden kann.

438 b) Die Feststellung der Vaterschaft kann auf die gesetzliche **Vaterschaftsvermutung** gestützt werden, wenn es sonst nicht möglich ist, den positiven Vaterschaftsnachweis zu führen. Dies kann z.B. der Fall sein, wenn für eine serologische Untersuchung keine ausreichenden Blut- oder Gewebeproben zur Verfügung stehen. Die Vaterschaftsvermutung greift aber nur ein, wenn die Beiwohnung des Mannes innerhalb der **Empfängniszeit** nachgewiesen ist.

Als Empfängniszeit gilt die Zeit zwischen dem 300. und dem 181. Tage vor der Geburt des Kindes mit Einschluß dieser beiden Tage; steht fest, daß das Kind außerhalb dieses Zeitraumes gezeugt worden ist, gilt der abweichende Zeitraum als Empfängniszeit (§ 1600 d III). Das Gesetz geht also, grob gerechnet, von einer Schwangerschaftsdauer von mindestens sechs und höchstens zehn Monaten aus. Die Verkürzung der Empfängniszeit durch die Reform vom 302. auf den 300. Tag vor der Geburt beruht auf der Rechtsangleichung an die Empfängniszeit in den meisten europäischen Ländern.

Der **Nachweis** der Beiwohnung innerhalb der Empfängniszeit kann bei der Klage des **minderjährigen Kindes** im Wege der Parteivernehmung seiner Mutter als gesetzliche Vertreterin erbracht werden (§ 455 I ZPO).
Überläßt die allein sorgeberechtigte Mutter die Prozeßführung dem JA als Beistand (§ 1712 I Nr. 1), kann sie in diesem Fall als Zeugin über die Beiwohnung vernommen werden, da die Vertretung des Kindes durch sie im Prozeß ausgeschlossen ist (§ 53 a ZPO).
Klagt **die Mutter** aus eigenem Recht, hat sie nur die Möglichkeit, gemäß § 640 I ZPO i.V.m. § 613 ZPO gemeinsam mit dem beklagten Mann als Partei vernommen zu werden; es sei denn, daß dieser die Beiwohnung zugesteht oder daß der Mutter sonstige Beweismittel (z.B. Briefe des Mannes) zur Verfügung stehen.
Nur dann, wenn die Beiwohnung während der Empfängniszeit zur Überzeugung des Gerichts bewiesen ist, spricht die gesetzliche Vermutung für die Vaterschaft des Mannes (§ 1600 d II 1).

c) Die Vaterschaftsvermutung kann jedoch auf zweifache Weise entkräftet werden: nämlich durch den Nachweis, daß die Zeugung des Kindes durch den Mann aufgrund von Gutachten ausgeschlossen ist, zum andern dadurch, daß nach Abschluß der Beweisaufnahme noch "schwerwiegende Zweifel an der Vaterschaft" verbleiben (§ 1600 d II 2; dazu BGHZ 61, 165).

Der Begriff der "schwerwiegenden Zweifel" läßt sich nicht eindeutig umschreiben; es kommt darauf an, welches "Gewicht" die für oder gegen die Vaterschaft sprechenden Tatsachen haben, wobei es nicht ausgeschlossen ist, daß selbst bei einer sehr hohen Wahrscheinlichkeit aufgrund bestimmter Indizien ernsthafte Zweifel an der Vaterschaft bestehen können (z.B. Mehrverkehr der Mutter mit anderen unbekannt gebliebenen Männern; vgl. BGH FamRZ 88, 1037).

3. Verfahrensvorschriften 439

a) Die gerichtliche Feststellung der Vaterschaft gehört (wie die Anfechtung der Vaterschaft) zu den "Kindschaftssachen" gemäß § 640 II Nr. 1 ZPO. Für die Durchführung des Verfahrens sind die besonderen Vorschriften der §§ 640 bis 641 h ZPO zu beachten. Doch bestehen (anders als im Anfechtungsverfahren) keine Sondervorschriften für die **Prozeßfähigkeit** eines minderjährigen oder geschäftsunfähigen Klägers. Deren Prozeßfähigkeit richtet sich somit nach den allgemeinen Vorschriften der §§ 51 bis 53 a ZPO.

Das FamG hat nach dem **Untersuchungsgrundsatz** des § 616 i.V.m. § 640 I ZPO **von Amts wegen** alle Beweismittel auszuschöpfen, die zur Klärung der Abstammung erforderlich sind, und ist nicht an Beweisanträge der Parteien gebunden. **Erkennt** der Mann in der mündlichen Verhandlung seine Vaterschaft zu dem Kind **an**, kann dies (ebenso wie die Zustimmung der Mutter) sofort beurkundet werden, was zur Erledigung des Verfahrens in der Hauptsache führt (§ 641 c i.V.m. § 91 a ZPO).

Mit der Klage des Kindes auf gerichtliche Feststellung der Vaterschaft kann der Antrag auf Verurteilung des Beklagten zur Leistung von **Unterhalt** in Höhe der Regelbeträge (s.u. RN **468 ff**) verbunden werden (§ 653 I ZPO). Die Verpflichtung zur Unterhaltsleistung wird erst wirksam, wenn die Vaterschaft des Beklagten rechtskräftig festgestellt worden ist (§ 653 II ZPO).

b) Von Bedeutung ist ferner, daß das Gericht in diesem Verfahren die Mög- 440
lichkeit hat, auf Antrag des Kindes eine **einstweilige Anordnung** zu erlassen und zu bestimmen, daß der als Vater in Anspruch genommene Mann dem Kind Unterhalt zu leisten hat (§ 641 d I ZPO). Das gleiche gilt für den Unterhalt der Mutter, wenn sie einen entsprechenden Antrag stellt, wobei sie nicht die Klägerin sein muß; sie kann z.B. bei der Klage des Kindes den Antrag auf Unterhaltszahlung sowohl als dessen gesetzliche Vertreterin als auch zugleich für sich selbst stellen.
Voraussetzung für diese einstweilige Anordnung ist, daß der Anspruch und die Notwendigkeit der einstweiligen Anordnung glaubhaft gemacht werden können (§ 641 d II 3 ZPO). Allerdings ist der jeweilige Kläger dem Mann zum Schadenersatz verpflichtet, sollte später die Klage abgewiesen werden, weil dann der Unterhalt zu Unrecht bezogen worden wäre (§ 641 g ZPO).
Bei dieser Möglichkeit, den Mann im Wege einer **einstweiligen Anordnung** auf Unterhalt in Anspruch zu nehmen, **bevor** die Vaterschaft rechtskräftig festgestellt worden ist, handelt es sich um eine Ausnahme von dem **Grundsatz**, daß die Rechtswirkungen der Vaterschaft erst vom Zeitpunkt ihrer Feststellung an geltend gemacht werden können (§ 1600 d IV). Eine weitere Ausnahme von diesem Grundsatz enthält § 1605 o, um den Unterhalt des Kindes gleich nach seiner Geburt zu sichern (s.u. RN **499**). Ansonsten treten alle Wirkungen der Vaterschaft erst mit der Rechtskraft des Feststellungsurteils ein. Insoweit besteht eine **Rechtsausübungssperre** für alle Ansprüche, die das Bestehen oder Nichtbestehen der Vaterschaft zur Voraussetzung haben.

Bsp.: Der Scheinvater hat dem Kind, als dessen Vater er gilt, solange Unterhalt zu zahlen bis rechtskräftig feststeht, daß er nicht sein leiblicher Vater ist. Andererseits kann der Scheinvater seine Regreßansprüche gegen den leiblichen Vater wegen des von ihm bisher geleisteten Unterhalts (§ 1607 III 2) erst dann geltend machen, wenn dessen Vaterschaft rechtskräftig festgestellt worden ist.

c) Stirbt das Kind oder der Mann, gegen den sich das Vaterschaftsfeststellungsverfahren richten sollte, **vor Prozeßbeginn**, kann das FamG auf Antrag desjenigen, der klageberechtigt gewesen wäre, im Verfahren der freiwilligen Gerichtsbarkeit über die Feststellung der Vaterschaft entscheiden (§ 621 a ZPO i.V.m. § 1600 e II BGB), wobei die Vorschriften des § 55 b FGG über die Anhörung der Beteiligten zu beachten sind. Gibt das FamG dem Antrag statt, hat dies die gleiche Rechtswirkung wie ein die Vaterschaft feststellendes Urteil.
Sind sowohl Mutter und Kind als auch der Mann **verstorben**, ist eine gerichtliche Vaterschaftsfeststellung unzulässig (BayObLG FamRZ 82, 1129).

d) Gegen ein rechtskräftiges Urteil, durch das die Vaterschaft festgestellt worden ist oder das die Feststellungsklage abgewiesen hat, kann außer in den in § 580 ZPO genannten Fällen die **Wiederaufnahme des Verfahrens** betrieben werden, wenn eine Partei ein neues Gutachten über die Vaterschaft vorlegt, das allein oder mit schon früher erhobenen Beweisen eine andere Entscheidung herbeigeführt haben würde (§ 641 i ZPO).

VI. *Neue Bundesländer*

441 *a) Alle Entscheidungen der Gerichte in der DDR, die vor dem 3.10.1990 zu Abstammungsfragen ergangen sind (z.B. zur positiven oder negativen Vaterschaftsfeststellung oder zur Anerkennung einer Vaterschaft oder zur Feststellung ihrer Unwirksamkeit), bleiben in ihrer Gültigkeit unberührt (Art. 234 § 7 I EGBGB), soweit sie nicht gegen den ordre public der Bundesrepublik (Art. 6 EGBGB) verstoßen (BGH FamRZ 97, 490, 492). Ab dem 3.10.1990 gelten für alle Verwandtschaftsverhältnisse die Vorschriften des BGB, insbes. was die vor dem 1.7.1998 mögliche Anfechtung der Ehelichkeit oder die Anfechtung eines Vaterschaftsanerkenntnisses betrifft.*

b) Da jedoch hinsichtlich der ***Berechtigung*** *zur Anfechtung der Ehelichkeit eines Kindes oder zur Anfechtung eines Vaterschaftsanerkenntnisses und für die dabei einzuhaltenden* ***Fristen*** *in beiden Rechtsgebieten unterschiedliche Regelungen geherrscht haben, bestimmt § 7 II aaO, daß die nach dem BGB einzuhaltenden Fristen nicht vor dem 3.10.1990 zu laufen beginnen, sofern der Anfechtungsberechtigte nach dem Recht der DDR bisher nicht klageberechtigt war (z.B. hinsichtlich der Ehelichkeitsanfechtung gilt das für das Kind oder die Eltern des Mannes; vgl. § 61 FGB).*

c) Soweit die in b) genannten Anfechtungsverfahren am 3.10.1990 bereits anhängig waren, aber noch nicht rechtskräftig abgeschlossen werden konnten, wird gemäß § 7 III aaO der Zeitraum von der Klageerhebung bis zum 3.10. 1990 bei der Berechnung der Anfechtungsfristen nicht berücksichtigt, wenn nach dem Recht des BGB der Kläger seine bisherige Klageberechtigung nach § 61 FGB verloren hat (z.B. trifft das für die Mutter oder den Staatsanwalt zu) oder die Klage nicht mehr gegen den Beklagten gerichtet werden kann.

Durch diese Regelung soll dem Kläger Gelegenheit gegeben werden, ohne Rücksicht auf den bereits erfolgten Ablauf von Anfechtungsfristen sein gerichtliches Vorgehen der jetzigen Rechtslage anzupassen.

d) Die gerichtliche Feststellung der Vaterschaft konnte ein volljähriges Kind in der DDR nur selbst betreiben (§ 56 I FGB). Dafür hatte es eine Frist von einem Jahr ab "Kenntnis der Tatsachen, die für die Vaterschaft des Verklagten sprechen" (§ 56 II FGB). Bei Fristversäumung entfiel das Klagerecht. Da in der Überleitungsvorschrift des Art. 234 § 7 EGBGB zu § 56 FGB keine Regelung getroffen worden ist, können Kinder auch dann auf Feststellung der Vaterschaft klagen, wenn sie vor dem 3.10.1990 die Jahresfrist des § 56 II FGB verstreichen ließen (BGH FamRZ 97, 876).

Anhang

Die künstliche Fortpflanzung 442

Die sog. Fortpflanzungsmedizin ermöglicht es Eheleuten, die sich auf natürlichem Wege ihren Wunsch nach einem Kind nicht erfüllen können, dies mit Hilfe medizinischer Maßnahmen zu erreichen. Derartige Verfahren werfen nicht nur rechtliche, sondern auch ethische und für die Ärzte zudem standesrechtliche Probleme auf, die noch nicht sämtlich gelöst sind.

Literatur: **Kirchmeier** FamRZ 98, 1281

Das KindRG hat bewußt davon Abstand genommen, sich mit dieser Problematik zu befassen und lediglich in § 1591 festgelegt, daß Mutter eines Kindes die Frau ist, die das Kind geboren hat. Damit hat sich der Gesetzgeber bei der Mutterschaft für einen biologischen Abstammungsbegriff entschieden, auch wenn dieser im Fall künstlicher Befruchtung von der genetischen Abstammung abweichen sollte (Näheres s.o. RN **417**).

Die wichtigsten Arten künstlicher Fortpflanzung sind folgende:

1. Künstliche Befruchtung (Insemination) 443

Bei einer Insemination wird die Eizelle der Frau auf künstlichem Wege mit dem Samen eines Mannes befruchtet.

a) Bei der **homologen Insemination** erfolgt die Befruchtung mit dem Samen des **Ehemannes** der Frau, wobei es keinen Unterschied macht, ob die Befruchtung instrumentell im Körper der Frau, also "in vivo" stattfindet oder außerhalb des Körpers im Reagenzglas, also "in vitro". In beiden Fällen wird dieses Verfahren rechtlich wie eine Beiwohnung behandelt und das daraus hervorgehende Kind ist ein Kind beider Eheleute.

Stammt der Samen nicht vom Ehemann der Frau, sondern vom Partner einer nichtehelichen Lebensgemeinschaft, spricht man auch von einer "quasi-homologen Insemination". Hier muß jedoch die Vaterschaft des Partners zu diesem Kind erst durch Anerkennung oder gerichtliche Feststellung begründet werden.

b) Bei der **heterologen Insemination** stammt der Samen nicht vom Ehemann der Frau, sondern von einem **anderen Mann.** Das auf diese Weise gezeugte Kind gilt als Kind des Ehemannes, doch kann seine Vaterschaft angefochten werden. Hat der Ehemann der Mutter der Fremdbefruchtung **zugestimmt,** geht ihm deshalb sein Anfechtungsrecht nicht verloren (BGHZ 87, 169, BGH FamRZ 95, 1272; a.A. OLG Düsseldorf FamRZ 88, 762; Roth FamRZ 96, 769; zur Problematik: Kemper FuR 95, 309).

c) Andererseits übernimmt der Ehemann mit seiner Zustimmung stillschweigend die vertragliche Verpflichtung, für den **Unterhalt des Kindes** wie ein

Vater zu sorgen. Von dieser Verpflichtung kann er sich befreien, wenn er die Zustimmung rechtzeitig **vor** der Insemination **widerruft** (BGHZ 129, 297).

Wird auf die Klage des **Ehemannes** rechtskräftig festgestellt, daß er nicht der Vater des Kindes ist, ändert dies nichts an seiner Unterhaltspflicht, wenn er der Fremdbefruchtung zugestimmt hatte, ohne sie vorher widerrufen zu haben. Alle sonstigen persönlichen Beziehungen zu diesem Kind (z.B. das Umgangsrecht oder das Erb- und Pflichtteilsrecht) entfallen jedoch.

Hat nicht der Ehemann, sondern das **Kind** die Vaterschaft angefochten, führt dies nach den Grundsätzen über den "Wegfall der Geschäftsgrundlage" (s.o. RN **274**) in der Regel zum Erlöschen der Unterhaltspflicht und aller persönlichen Beziehungen des Mannes zum Kind (BGH FamRZ 95, 865).

Wieviel Kinder in Deutschland durch heterologe Insemination gezeugt worden sind, kann nur vermutet werden. Für das Jahr 1987 schätzte das Bundesministerium der Justiz diese Zahl auf 25.000. Es ist naheliegend, daß sich diese Zahl seitdem vervielfacht hat.

2. Ersatzmutterschaft

444 a) Nach der Legaldefinition des § 13 a AdVermiG ist unter einer **Ersatzmutter** eine Frau zu verstehen, die bereit ist, sich einer künstlichen oder natürlichen Befruchtung zu unterziehen oder einen nicht von ihr stammenden Embryo auf sich übertragen zu lassen, um das Kind nach der Geburt **Dritten** zur Annahme als Kind oder zur sonstigen Aufnahme **zu überlassen.**

Je nachdem, ob der Samen vom Ehemann einer Frau, vom Ehemann der Ersatzmutter oder von einem anderen Mann stammt, sind mehrere Kombinationen möglich, deren rechtliche Konsequenzen vielfach umstritten sind.

Um **keine** Ersatzmutterschaft handelt es sich im Falle einer Ei- oder Samenspende, wenn diese **ausschließlich** im Interesse der austragenden Frau erfolgt, die das Kind auch nach der Geburt als ihr Kind behalten will.

b) Die Ersatzmutterschaft kommt hauptsächlich in zwei Formen vor:

- als **Tragemutter** (oder Leihmutter) wird die Frau bezeichnet, die das von einem **Ehemann** befruchtete Ei seiner **Ehefrau** austrägt oder sich einen auf diese Weise erzeugten Embryo einpflanzen läßt.
- **Ersatzmutter** im engeren Sinn ist dagegen eine Frau, deren Eizelle mit dem Samen eines (anderen) Ehemannes befruchtet wird, und die das Kind für die Wunscheltern austrägt.

War in beiden Fällen die Frau bei der Geburt des Kindes nicht verheiratet, kommt es als ihr eigenes Kind zur Welt (§ 1591). Sollte sie verheiratet gewesen sein, gilt das Kind zunächst als Kind dieses Ehepaares, doch kann die Vaterschaft des Ehemannes angefochten werden. Nach erfolgter Anfechtung ist es allein ein Kind der Ersatzmutter.

445 c) Alle Fälle der Ersatzmutterschaft oder Leihmutterschaft sind gemäß § 1 I Embryonenschutzgesetz (ESchG) vom 13.12.1990 (BGBl. I 2746) verboten; die darauf abzielenden Vereinbarungen der Wunscheltern mit der Ersatzmutter sind nichtig (§§ 134, 138 BGB; dazu OLG Hamm NJW 86, 781). Ebenfalls verboten ist die **Vermittlung** einer Ersatzmutter und das Suchen oder Anbieten von Ersatzmüttern (§§ 13 c und d AdVermiG).

Verboten und unter Strafe gestellt ist ferner das **Klonen** von Menschen gemäß § 6 ESchG. Unter den Begriff des Klonens fällt die künstliche Herstellung eines menschlichen Embryos mit den gleichen Erbinformationen, die von einem anderen Embryo, Foetus, Menschen oder Verstorbenen stammen.

Dritter Abschnitt: **Die Unterhaltspflicht zwischen Verwandten**

Vorbemerkung 446

Durch das Kindschaftsrechtsreformgesetz und das Kindesunterhaltsgesetz ist das Unterhaltsrecht zwischen Verwandten mit Wirkung vom 1.7.1998 entscheidend verändert worden. Diese Reformgesetze dienten vor allem dem Ziel, das Unterhaltsrecht für minderjährige Kinder, gleichgültig ob ehelich oder nichtehelich, zu vereinheitlichen. Die bisher für nichteheliche Kinder geltenden Sonderbestimmungen zum Regelunterhalt sind entfallen; an ihre Stelle ist für alle minderjährigen Kinder, die nicht im gleichen Haushalt mit ihrem unterhaltspflichtigen Elternteil leben, der Anspruch auf Unterhalt in Form eines Regelbetrages getreten. Damit verbunden waren weitere Reformen im Unterhaltsrecht und umfangreiche Änderungen im Gerichtsverfahren.

Literatur zur Reform: **Wagner** FamRZ 97, 1513; **Weber** NJW 98, 1992; **Gerhardt** FuR 98, 97 und 145; **Schumacher/Grün** FamRZ 98, 778; **Strauss** FamRZ 98, 993.

I. Einführung

1. Die Pflicht zur Leistung von Unterhalt für eine Familie, für einen Ehegatten nach der Scheidung oder während des Getrenntlebens und zwischen Verwandten ist im BGB an verschiedenen Stellen geregelt (s.o. RN **113**). Die grundlegenden Vorschriften für alle Unterhaltsverpflichtungen befinden sich in dem Abschnitt des BGB, der die Unterhaltspflicht zwischen **Verwandten** betrifft (§§ 1601 ff). Darin kommt der Unterhaltspflicht der Eltern gegenüber ihren minderjährigen Kindern eine herausragende Bedeutung zu. Außerdem enthält das Gesetz besondere Bestimmungen für die Unterhaltsansprüche der Eltern eines nichtehelichen Kindes (§§ 1615 a, 1615 l bis o).

2. Staatliche Unterstützungen 447

Oft kann ein Bedürftiger schon deshalb keinen Unterhalt erlangen, weil seine Verwandten dazu finanziell nicht in der Lage sind. Die Erfahrung zeigt aber auch, daß die freiwillige Erfüllung von Unterhaltspflichten selbst bei ausreichender Leistungsfähigkeit vielfach verzögert oder gänzlich verweigert wird. Zwar können Unterhaltsansprüche bei Gericht eingeklagt werden, doch kann ein solches Verfahren u.U. längere Zeit in Anspruch nehmen und selbst ein rechtskräftiges Unterhaltsurteil bringt in der Zwangsvollstreckung nicht immer den gewünschten Erfolg.

Um in solchen und ähnlichen Notfällen wirksam helfen zu können, bietet der Staat dem Hilfsbedürftigen die Möglichkeit, verschiedene **Sozialleistungen** in Anspruch zu nehmen. Vor allem aufgrund nachstehender Gesetze leistet der Staat die zum Lebensunterhalt notwendigen Unterstützungen:

a) ***Bundessozialhilfegesetz*** *(BSHG)*
Aufgabe der Sozialhilfe ist es, dem Empfänger der Hilfe die Führung eines Lebens zu ermöglichen, das der Würde des Menschen entspricht (§ 1 II

BSHG). Demjenigen, der seinen notwendigen Lebensunterhalt nicht oder nicht ausreichend aus eigenen Kräften und Mitteln beschaffen kann, stellt das BSHG "Hilfen zum Lebensunterhalt" zur Verfügung (§ 11 I BSHG). Dies geschieht in der Form persönlicher Hilfe sowie durch Geld- und Sachleistungen (§ 8 I BSHG). Hinzu treten "Hilfen in besonderen Lebenslagen", wenn der einzelne eine solche Lebenslage nicht aus eigenen Kräften zu meistern vermag (§§ 27 ff BSHG).
Steht dem Empfänger der Hilfe ein **Unterhaltsanspruch** gegen einen anderen zu, geht dieser Anspruch zusammen mit dem unterhaltsrechtlichen Auskunftsanspruch **kraft Gesetzes** bis zur Höhe der geleisteten Aufwendungen auf den Träger der Sozialhilfe über (§ 91 I BSHG; Einzelheiten bei W.Schellhorn, H.Schellhorn FuR 93, 261; W.Schellhorn FuR 95, 10).

b) ***Arbeitsförderungsgesetz*** *(AFG)*
Die im Rahmen des AFG gewährte **Arbeitslosenhilfe** stellt eine Leistung der sozialen Fürsorge dar. Sie steht unter bestimmten Voraussetzungen den bedürftigen Arbeitslosen zu, die der Arbeitsvermittlung zur Verfügung stehen, sich arbeitslos gemeldet haben und keinen Anspruch auf Arbeitslosengeld haben oder nicht mehr haben (§§ 134 ff AFG; dazu BSG FamRZ 89, 381).

448 c) ***Bundesausbildungsförderungsgesetz*** *(BAföG)*
Ein Auszubildender hat einen Rechtsanspruch auf individuelle Förderung einer seiner Neigung, Eignung und seinem Leistungsstand entsprechenden Ausbildung, wenn ihm die für seinen Lebensunterhalt und seine Ausbildung erforderlichen Mittel anderweitig nicht zur Verfügung stehen (§ 1 BAföG). Der Förderungsbetrag wird regelmäßig teils als Zuschuß, teils als Darlehen gewährt (§ 17 BAföG), wobei die Rückzahlung des Darlehens teilweise erlassen werden kann (§ 18 b BAföG).
Steht dem Auszubildenden für die Zeit, in der er gefördert wird, ein **Unterhaltsanspruch** gegen seine Eltern zu, so geht dieser mit der Zahlung **kraft Gesetzes** auf das betreffende Land über (§ 37 I BAföG).

d) ***Unterhaltsvorschußgesetz*** *(UVG)*
Dieses Gesetz ermöglicht es einem alleinstehenden Elternteil, für ein bei ihm lebendes Kind, das noch nicht zwölf Jahre alt ist und keinen oder nur einen unregelmäßigen Unterhalt vom anderen Elternteil bezieht, die für das Kind erforderlichen Geldmittel vom Staat zu erhalten. Dieser Vorschuß wird für längstens 72 Monate gezahlt, wobei sich die monatlichen Raten nach der Höhe der für Kinder der 1. und 2. Altersstufe geltenden Regelbeträge richten (s.u. RN 469).

3. Zum Verfahren

449 a) **Zuständig** für alle Rechtsstreitigkeiten, die eine durch Verwandtschaft oder Ehe begründete Unterhaltspflicht betreffen (§ 23 a Nr. 2, § 23 b I Nr. 5 GVG), ist jetzt einheitlich das **Familiengericht**, eine Abteilung des Amtsgerichts. Die **örtliche** Zuständigkeit des FamG richtet sich nach dem allgemeinen Gerichtsstand des Kindes oder seines gesetzlichen Vertreters (§ 642 I i.V.m. §§ 12, 13 ZPO).

b) Die **gesetzliche Vertretung** des minderjährigen Kindes bei einer Unterhaltsklage hat nach § 1629 I 3 der Elternteil inne, der die elterliche Sorge **allein** ausübt. Steht beiden Elternteilen das Sorgerecht **gemeinsam** zu, kann nur der Elternteil, in dessen Obhut sich das Kind befindet, Unterhaltsansprüche im Namen des Kindes gegen den anderen Elternteil geltend machen (§ 1629 II 2). Haben die miteinander **verheirateten Eltern** das gemeinsame Sorgerecht für das Kind, leben sie aber getrennt oder ist ein Scheidungsverfahren zwischen ihnen anhängig, dann kann derjenige Elternteil, in dessen Obhut sich das Kind befindet, dessen Unterhaltsansprüche **nur im eigenen**

Namen gegen den anderen Elternteil geltend machen (§ 1629 III 1; Näheres s.u. RN **556**).

c) Das bisher nur für nichteheliche Kinder in Betracht kommende **Regelunterhaltsverfahren** steht nunmehr als "Vereinfachtes Verfahren" **allen** minderjährigen Kindern zur Verfügung. Mit dessen Hilfe können sie schnell und kostengünstig einen Vollstreckungstitel auf künftige Unterhaltsleistungen erlangen (§ 1612 a BGB i.V.m. §§ 645 ff ZPO; s.u. RN **472**).

d) Bei allen Unterhaltsklagen vor dem FamG besteht die Möglichkeit, eine vorläufige Regelung des Unterhalts für die Dauer des Rechtsstreits im Wege einer **einstweiligen Anordnung** zu erreichen (§ 644 ZPO). Dieses Verfahren richtet sich nach den §§ 620 a bis 620 g ZPO, die hier entsprechend gelten.

e) Wird **Berufung** gegen ein Endurteil des FamG in Unterhaltssachen eingelegt, entscheidet darüber das **OLG** (§ 119 GVG).

II. Die Grundlagen des Unterhaltsanspruchs

1. Unterhaltspflicht zwischen Verwandten in gerader Linie 450

a) Das BGB beschränkt die gegenseitige Unterhaltspflicht auf Personen, die **in gerader Linie** miteinander verwandt sind (§ 1601 i.V.m. § 1589, 1; s.o. RN **411**). Das betrifft vor allem die Unterhaltspflicht der Eltern gegenüber ihren Kindern, seltener die der Großeltern gegenüber ihren Enkeln.

Doch gilt das auch in umgekehrter Richtung, z.B. dann, wenn die pflegebedürftigen Eltern nicht imstande sind, die Kosten für ihre Heimunterbringung aus eigenen Mitteln zu bestreiten (dazu Frauke FuR 95, 1).

b) Keine gegenseitige Unterhaltspflicht haben Personen, die miteinander in 451
der **Seitenlinie** verwandt sind (§ 1589, 2; s.o. RN **412**).

Es mag ein moralisches Gebot sein, Geschwister, die in Not geraten sind, zu unterstützen, eine rechtliche Verpflichtung dazu besteht nicht. In anderen Ländern (z.B. in der Schweiz oder in Italien) sind Geschwister zur gegenseitigen Unterhaltsleistung verpflichtet.

c) Eine Unterhaltspflicht zwischen Personen, die nicht in gerader Linie miteinander verwandt sind, kann sich auf **vertraglicher Grundlage** ergeben (vgl. ergänzend RN **150**).

Bsp.: Für Partner einer nichtehelichen Lebensgemeinschaft wird es oft sinnvoll sein, einen Partnerschaftsvertrag abzuschließen und darin eine Unterhaltsregelung zu treffen (s.o. RN **178**).
Bei der Aufnahme eines Kindes (z.B. des Kindes der Ehefrau aus erster Ehe) in die neue Familie wird oft anzunehmen sein, daß sich der Stiefvater stillschweigend verpflichtet, auch für den Unterhalt dieses Kindes aufzukommen, falls kein anderer unterhaltspflichtiger Verwandter vorhanden ist (vgl. BVerwG NJW 60, 1267; s.o. RN **119**). Doch kann der Stiefvater diese Unterhaltsleistung wieder einstellen, wenn dafür triftige Gründe bestehen.

2. Bedürftigkeit des Unterhaltsberechtigten 452

a) Ein Verwandter ist nur dann unterhaltsberechtigt, wenn er **bedürftig**, d.h. nicht in der Lage ist, sich selbst zu unterhalten (§ 1602 I). Bedürftigkeit setzt voraus, daß der Berechtigte weder über ein **Vermögen** noch über ein ausreichendes **Einkommen** verfügt.

Ein vorhandenes Vermögen ist aufzubrauchen, sofern dessen Verwertung nicht unwirtschaftlich ist; eine kleine Kapitalreserve für Krankheiten und Notfälle schließt die Bedürftigkeit nicht aus (BGH FamRZ 98, 367, 369).

Um Einkünfte zu erreichen, ist der Bedürftige verpflichtet, seine volle Arbeitskraft einzusetzen; er hat grundsätzlich **jede Arbeit** anzunehmen, auch wenn sie außerhalb seines erlernten Berufs oder seiner bisherigen Lebensstellung liegt (BGH FamRZ 85, 273, 274). Ist er arbeitsunwillig, kann dies zur Unterstellung **fiktiver Einkünfte** führen und den Wegfall oder die Einschränkung der Unterhaltspflicht seiner Verwandten für ihn zur Folge haben (s.o. RN **348**). Auch die Möglichkeit einer **Kreditaufnahme** zu tragbaren Bedingungen kann die Bedürftigkeit ausschließen oder mindern (OLG Hamburg FamRZ 80, 912; OLG Bamberg FamRZ 99, 876).

b) Andererseits muß für den Bedürftigen der Einsatz seiner Arbeitskraft auch **zumutbar** sein.
Diese Voraussetzung fehlt z.B., wenn er sich im Studium oder in der Berufsausbildung befindet oder wenn durch die Art der Tätigkeit seine Gesundheit gefährdet würde. Wer ein Kleinkind zu versorgen hat, ist nicht schon deshalb von jeder anderen Arbeitstätigkeit befreit und als bedürftig anzusehen, falls die Möglichkeit besteht, daß das Kind anderweitig versorgt werden kann, z.B. durch Angehörige oder in einer Tagesstätte (BGH FamRZ 85, 273, 1245).

453 c) Leistungen, die dem Bedürftigen **von dritter Seite** zufließen, muß er sich als Einkommen oder Vermögen anrechnen lassen (vgl. OLG München FamRZ 96, 1433). Das gilt auch für öffentlich-rechtliche Leistungen, soweit sie nicht - wie die Sozialhilfe - im Verhältnis zur Unterhaltsverpflichtung nur nachrangig (subsidiär) gewährt werden (grundlegend BGH FamRZ 99, 843).

Bsp. für anrechenbare Leistungen:
Waisengeld (BGH NJW 81, 168); **Wohngeld** (BGH FamRZ 82, 587, 590; a.A. Fuchs FamRZ 82, 756, 761); **BAföG-Leistungen** (auch wenn sie als Darlehen gewährt werden; BGH NJW 85, 2331); **Stipendien** (OLG Bamberg FamRZ 86, 1028); **Ausbildungsvergütungen** (BGH FamRZ 81, 541; dazu Münch-Komm-Köhler § 1602 Rn 11 c); regelmäßige **Zuwendungen** des Partners in einer **nichtehelichen Lebensgemeinschaft** (BGH FamRZ 87, 1011, 1013; kritisch Staudinger-Kappe Rn 49 ff zu § 1602).

Freiwillige Leistungen, auf die kein Rechtsanspruch besteht, mindern nicht den Unterhaltsanspruch des Bedürftigen, wenn der Zuwendende nur den Empfänger persönlich bedenken oder unterstützen, nicht dagegen den Unterhaltspflichtigen entlasten will (BGH FamRZ 93, 417, 419).

Bsp.: Ein Student wird von seinem Onkel von Zeit zu Zeit mit einem größeren Geldbetrag unterstützt.

Doch kommt die Anrechnung auf den Unterhaltsanspruch dann in Betracht, wenn der Zuwendende freiwillig die Verantwortung für den Lebensunterhalt des Empfängers übernehmen will (BGH FamRZ 95, 344, 346).

454 d) Bezieht ein Unterhaltsberechtigter **Sozialleistungen** wegen eines **Körper-** oder **Gesundheitsschadens**, spricht eine gesetzliche Vermutung dafür, daß diese Sozialleistungen nicht höher sind als die Aufwendungen des Empfängers aufgrund dieser Schäden (§ 1610 a). Mit dieser Vermutung soll dem Geschädigten die Beweislast dafür abgenommen werden, daß die Sozialleistungen

auch tatsächlich zur Deckung seiner schadensbedingten Mehraufwendungen erforderlich sind. Deshalb werden diese Sozialleistungen bei der Berechnung eines Unterhaltsanspruchs nicht zum Einkommen des Empfängers hinzugerechnet, bleiben also wertneutral. Zwar ist die Vermutung widerlegbar, doch muß dann der Gegner des Beschädigten beweisen, daß die Sozialleistungen den schadensbedingten Mehraufwand übersteigen.

3. Leistungsfähigkeit des Unterhaltspflichtigen 455

Wer seinen Verwandten unterhaltspflichtig ist (z.B seinen Eltern), braucht seinen gewohnten Lebensstandard nicht deshalb einzuschränken (anders u.U. bei Kindern; s.u. RN **466**); denn leistungsfähig im Sinne des Gesetzes ist nur derjenige, der auch unter Berücksichtigung seiner sonstigen Verpflichtungen den Unterhalt leisten kann, ohne den eigenen angemessenen Unterhalt zu gefährden (§ 1603 I).

a) Vermag der Unterhaltspflichtige die Zahlungen an seine Verwandten nicht aus seinem laufenden Arbeitseinkommen bestreiten, muß er auch die **Erträge seines Vermögens** dazu heranziehen. Notfalls ist er gezwungen, auch den **Stamm seines Vermögens** (s.u. RN **463**) anzugreifen; doch hat dies wirtschaftlich vertretbar zu sein und darf nicht zu einer Verschleuderung von Vermögenswerten führen (BGHZ 75, 272, 278); auch darf nicht der Eigenbedarf des Unterhaltspflichtigen gefährdet werden (BGH NJW 89, 524).

Sind angemessene **Rücklagen** für unvorhergesehene Ausgaben gebildet worden, brauchen sie nicht aufgelöst zu werden. Gegebenenfalls hat aber der Schuldner einen **Kredit** aufzunehmen, um seinen Unterhaltsverpflichtungen nachzukommen (BGH NJW 82, 1641).

b) In erster Linie wird aber die Leistungsfähigkeit des Unterhaltspflichtigen von seinen **Einkünften** bestimmt (BGH FamRZ 96, 160). Dazu zählt alles, was dem Schuldner als Gehalt, Arbeitslohn (einschließlich Weihnachts- und Urlaubsgeld) oder Arbeitslosengeld und Krankengeld zufließt; auch die Arbeitslosenhilfe ist beim Unterhaltspflichtigen als Einkommen zu berücksichtigen (BGH FamRZ 87, 456, 458). Ferner gehören Renten und Gewinnbeteiligungen hierher, ebenso die Einkünfte aus dem Vermögen (weitere Bsp. s.o. RN **347** und bei Palandt-Diederichsen Rn 5 zu § 1603).

Maßgebend ist das Einkommen in dem Zeitraum, für den Unterhalt verlangt 456
wird. Soweit es um Unterhaltsansprüche für die Zukunft geht, muß das mutmaßliche künftige Einkommen geschätzt werden. Bei Arbeitern, Angestellten und Beamten wird in der Regel an das durchschnittliche Monatseinkommen eines zurückliegenden Jahres angeknüpft (OLG München FamRZ 84, 173).

Handelt es sich um selbständige Unternehmer oder freiberuflich Tätige, ist es - wegen der größeren Schwankungen - üblich, den Durchschnittswert der letzten drei Jahre als Einkommen zugrunde zu legen (BVerfG FamRZ 93, 169 mit Anm. Compes).

c) Von den Einkünften sind jedoch diejenigen Beträge abzuziehen, die von vornherein nicht für Unterhaltsleistungen zur Verfügung stehen.

So kann die Verzinsung und Tilgung von **Schulden** die Leistungsfähigkeit des Verpflichteten mindern; abzugsfähig sind aber nur Schulden, soweit sie unterhaltsrechtlich berücksichtigungsfähig sind. Das setzt eine Interessenabwägung voraus, wobei der Zweck der Verbindlichkeit, der Zeitpunkt und die Art ihrer Entstehung, aber auch die schutzwürdigen Belange eines Gläubigers zu beurteilen sind. Auf Schulden, die leichtfertig, für luxuriöse Zwecke und ohne verständigen Grund eingegangen wurden, kann sich der Unterhaltspflichtige nicht berufen (BGH FamRZ 96, 160).

Unterhaltszahlungen an andere Berechtigte, die dem Bedürftigen im Rang vorgehen, sind ebenfalls als leistungsmindernd zu berücksichtigen (BGH FamRZ 84, 683, 685; s.u. RN **474**).

Abzusetzen sind auch die Beiträge für die gesetzliche **Kranken-**, **Pflege-**, **Renten-** und **Arbeitslosenversicherung** (soweit es sich nicht um vom Arbeitgeber zu tragende Anteile an der Sozialversicherung handelt; BGH FamRZ 83, 676) oder für eine angemessene private **Kranken-** und **Altersvorsorge** (OLG Bamberg FamRZ 87, 1181) sowie **berufsbedingte Aufwendungen** (s. RN **356** und RN **465**); nicht aber Ausgaben, die der allgemeinen Lebenshaltung dienen.
Steuern können grundsätzlich in der Höhe vom Einkommen abgesetzt werden, in der sie im maßgebenden Zeitraum tatsächlich entrichtet worden sind; dabei besteht die Obliegenheit, erreichbare Steuervorteile wahrzunehmen (BGH FamRZ 90, 503).

Beachte: Erst dieses **"bereinigte Nettoeinkommen"** ist für die Leistungsfähigkeit des Unterhaltspflichtigen maßgebend.

457 d) Jeder auf Unterhalt in Anspruch Genommene hat die Verpflichtung, alle in seinen Kräften stehenden Anstrengungen zu unternehmen, um seine Leistungs- und Zahlungsfähigkeit zu erhalten. Hat er durch ein verantwortungsloses, zumindest leichtfertiges Verhalten seine Leistungsunfähigkeit herbeigeführt, wird er dennoch vom Gericht als leistungsfähig behandelt; ihm werden dann **fiktive Einkünfte** angerechnet, wie er sie bei gutem Willen hätte erzielen können (BGH FamRZ 87, 372, 374; OLG Bamberg FamRZ 97, 1486).

e) Im Fall der **Arbeitslosigkeit** wird verlangt, daß sich der Unterhaltspflichtige nachhaltig und ernsthaft um einen seinen Fähigkeiten entsprechenden Arbeitsplatz bemühen muß (OLG Dresden FamRZ 97, 836). Die bloße Meldung beim Arbeitsamt reicht dazu nicht aus (OLG Düsseldorf FamRZ 80, 1008); verlangt werden zusätzlich mindestens 20 konkrete Stellengesuche im Monat. Auch ein Orts- oder Berufswechsel kann in Betracht kommen, wenn nur auf diese Weise die Unterhaltspflicht erfüllt werden kann. Jedoch werden dem Arbeitslosen keine fiktiven Einkünfte angerechnet, wenn seine Bemühungen zwar unzureichend waren, er aber auch bei ausreichenden Bemühungen keine Arbeit gefunden hätte (OLG Dresden FamRZ 96, 1236).

4. Angemessener Eigenbedarf und Ersatzhaftung

458 a) Soweit eine Unterhaltszahlung den eigenen angemessenen Unterhalt gefährden würde, entfällt der Unterhaltsanspruch (von Ausnahmen bei Kindern abgesehen). Der "angemessene Unterhalt" bemißt sich nach der **Lebensstellung des Verpflichteten** (entsprechend § 1610 I für den Bedarf des Berechtigten).

Die Höhe der dem Verpflichteten zu belassenden Beträge kann eigentlich nur unter Berücksichtigung aller Umstände des Einzelfalls festgelegt werden. Die gerichtliche Praxis stellt jedoch gewöhnlich auf das Einkommen des Unterhaltspflichtigen als Bemessungsmaßstab ab und benutzt Tabellenwerte, um die Beträge, die dem Unterhaltspflichtigen verbleiben müssen, festzulegen (s. u. RN **476**). Aus dieser Praxis hat sich der sog. **große Selbstbehalt** entwickelt, der auch **angemessener Eigenbedarf** genannt wird. Er beläuft sich nach der **Düsseldorfer Tabelle 1999** (FamRZ 99, 766), die ab dem 1.7.1999 gilt, gegenüber **volljährigen Kindern** auf mindestens 1.800 DM im Monat und wird im Einzelfall eher höher als niedriger anzusetzen sein (vgl. OLG Nürnberg FamRZ 96, 45). Gegenüber unterhaltsberechtigten **Eltern** wird der Eigenbedarf des unterhaltspflichtigen Kindes in der Regel deutlich höher angenommen und beläuft sich auf 2.250 DM im Monat.

In den neuen Bundesländern liegen die entsprechenden Sätze zur Zeit noch um ca. 9 % niedriger (vgl. Berliner Tabelle 1999, FamRZ 99, 772).

b) Ist der auf Unterhalt in Anspruch Genommene wegen der Gefährdung seines eigenen Unterhalts von seiner Leistungspflicht ganz oder teilweise befreit, hat der in der Reihenfolge nach ihm haftende **Verwandte** den Unterhalt zu gewähren (sog. Ersatzhaftung; § 1607 I). Diese Reihenfolge richtet sich nach § 1606 (s.u. RN **479**).

c) Sollte die **Rechtsverfolgung** gegen den eigentlichen Unterhaltsschuldner, der leistungsfähig ist, im Inland ausgeschlossen oder erheblich erschwert sein, tritt diese **Ersatzhaftung** gleichfalls ein (§ 1607 II 1). Dafür geht in diesem Fall der Unterhaltsanspruch des Bedürftigen auf den ersatzweise haftenden Verwandten über (§ 1607 II 2).

5. Forderungsübergang bei Unterhaltsleistungen 459

a) Neu ist, daß dieser Forderungsübergang auch zugunsten anderer Personen gilt, die anstelle eines Elternteils dem Kind Unterhalt gewährt haben, obwohl sie diesem gar nicht unterhaltspflichtig sind (§ 1607 III 1).

Das betrifft den **Ehegatten** dieses Elternteils (Stiefmutter oder Stiefvater des Kindes) sowie **Verwandte**, die mit dem Kind nur in der Seitenlinie verwandt sind (z.B. Onkel, Tante, Geschwister; s.o. RN **412**). Mit der Neuregelung soll die Bereitschaft dieser Verwandten zur Unterstützung eines Kindes gefördert und ihnen die Möglichkeit eingeräumt werden, Regreßansprüche gegen den sich seiner Unterhaltspflicht entziehenden Elternteil (zumeist ist es der Kindesvater) geltend zu machen. Voraussetzung ist aber auch hier, daß die Rechtsverfolgung gegen den unterhaltspflichtigen Elternteil in Deutschland ausgeschlossen oder wesentlich erschwert ist.

b) Ferner tritt der Forderungsübergang ein, wenn dem Kind ein **Dritter** "als Vater" Unterhalt leistet (§ 1607 III 2).
Diese Bestimmung ist an die Stelle des § 1615 b II a.F. getreten. Sie betrifft den Fall, daß ein Mann gemäß §§ 1592, 1593 oder 1599 II zunächst als Vater des Kindes gilt und ihm deshalb kraft Gesetzes zum Unterhalt ver-

pflichtet ist (§ 1601). Wird rechtskräftig festgestellt, daß dieser Mann nicht der Vater des Kindes ist, kann er gegen den leiblichen Vater des Kindes Regreß nehmen, sobald dessen Vaterschaft feststeht. Neben seinen Aufwendungen für das Kind kann der Scheinvater auch die Kosten des von ihm geführten Vaterschaftsanfechtungsprozesses vom richtigen Vater ersetzt verlangen (BGHZ 57, 229).

c) Aber auch der Mann, der **irrtümlich** seine Vaterschaft angenommen und dem Kind Unterhalt geleistet hat, ohne dazu rechtlich verpflichtet gewesen zu sein, darf von diesem Forderungsübergang Gebrauch machen. Denn "als Vater" hat z.B. auch der Partner einer nichtehelichen Lebensgemeinschaft gehandelt, wenn er in der Überzeugung, das von seiner Partnerin geborene Kind stamme von ihm, Unterhaltsleistungen erbringt, ohne seine Vaterschaft anerkannt zu haben. Schließlich muß dies auch - außerhalb von Ehe und nichtehelicher Lebensgemeinschaft - für jeden Mann gelten, der von der Mutter zu Unrecht "als Vater" für den Unterhalt ihres Kindes in Anspruch genommen wird und im Vertrauen darauf Unterhalt leistet.

d) Der Übergang darf sich aber **nicht zum Nachteil** des Unterhaltsberechtigten auswirken (§ 1607 IV).

Bsp.: Der gutverdienende Sohn seiner verarmten Mutter lebt in Südamerika und weigert sich, Unterhalt zu zahlen. An seiner Stelle wird ein Großvater des Sohnes unterhaltspflichtig. Kraft Gesetzes geht in Höhe dieser Zahlungen der Unterhaltsanspruch der Mutter gegen ihren Sohn auf den Großvater über, der dadurch die Möglichkeit erhält, zu einem späteren Zeitpunkt bei seinem Enkel Regreß zu nehmen.
Die Erfüllung des Regreßanspruchs darf aber nicht dazu führen, daß der Sohn künftig außerstande wäre, seine Unterhaltspflicht gegenüber seiner Mutter zu erfüllen. Die Mutter kann daher verlangen, daß **ihr** Unterhaltsanspruch dem Regreßanspruch des Großvaters vorgeht.

6. Auskunftspflicht

460 Um leichter feststellen zu können, wo die Grenzen der Unterhaltspflicht liegen, ordnet § 1605 I an, daß die Verwandten in gerader Linie einander verpflichtet sind, auf Verlangen über ihre Einkünfte und ihr Vermögen **Auskunft** zu erteilen; dies hat schriftlich zu geschehen.

Ferner hat der Auskunftspflichtige auf Verlangen zusätzlich ein **Verzeichnis** über seine Einkünfte und Ausgaben sowie **Belege** darüber, insbes. Bescheinigungen des Arbeitgebers, vorzulegen. Besteht Grund zu der Annahme, daß das Verzeichnis nicht mit der erforderlichen Sorgfalt aufgestellt worden ist, kann die Abgabe einer **eidesstattlichen Versicherung** verlangt werden (§ 1605 I 2, 3 i.V.m. §§ 260, 261).
Eine **erneute Auskunft** darf erst nach zwei Jahren verlangt werden; vorher nur dann, wenn glaubhaft gemacht wird, daß der Unterhaltspflichtige in der Zwischenzeit höhere Einkünfte bezogen oder weiteres Vermögen erworben hat (§ 1605 II).

III. Die Unterhaltspflicht gegenüber Kindern

461 A. Allgemeine Grundsätze

1. Lebensstellung und Lebensbedarf der Kinder

Sind minderjährige oder volljährige Kinder unterhaltsbedürftig, haben sie (wie andere Verwandte) Anspruch auf "angemessenen Unterhalt", dessen Maß sich nach ihrer **Lebensstellung** richtet (§ 1610 I). Da minderjährige Kinder regelmäßig noch keine eigene Lebensstellung haben, ist für sie die berufliche und soziale Stellung ihrer Eltern maßgebend (OLG Düsseldorf FamRZ 91, 973, 975). Der dem Kind angemessene Unterhalt hat seinen **gesamten Lebensbedarf** zu umfassen (§ 1610 II). Dazu gehört der sog. **Barbedarf** und bei minderjährigen Kindern vor allem die **persönliche Betreuung.**

a) Die persönliche Betreuung durch die Eltern oder einen Elternteil besteht in der Pflege und Erziehung des Kindes, also in der Förderung seines leiblichen und seelischen Wohls (s.u. RN **541**). Übernimmt ein Elternteil die Pflege und Erziehung eines minderjährigen unverheirateten Kindes, so erfüllt er in der Regel damit seine Unterhaltspflicht (§ 1606 III 2).

b) Neben der persönlichen Betreuung hat jedes unterhaltsbedürftige Kind Anspruch auf Deckung seines **Barbedarfs.**

Darunter versteht man die zum Leben unentbehrlichen Aufwendungen, z.B. für Ernährung, Bekleidung, Unterkunft (BGH FamRZ 84, 769, 772); des weiteren angemessene Aufwendungen für Spielzeug, für die Pflege geistiger und sportlicher Interessen sowie ein dem Lebensalter angepaßtes Taschengeld. Hierher gehören bis zur Volljährigkeit auch die **Erziehungskosten** (§ 1610 II a.E.); z.B. die Aufwendungen für den Schulunterricht, die Kosten für Ausflüge und Bildungsreisen, sofern sie nicht die Einkommensverhältnisse der Eltern übersteigen; ferner die Kosten eines Internats oder einer Privatschule.

2. Berufsausbildung der Kinder 462

a) Bei Kindern (auch soweit sie volljährig sind) umfaßt der Unterhalt die Kosten für eine angemessene **Vorbildung** (d.h. Ausbildung) **zu einem Beruf** (§ 1610 II; dazu Oelkers FuR 97, 170).

Angemessen ist die Berufsausbildung nach der Rechtsprechung dann, wenn sie der Begabung und den Fähigkeiten, dem Leistungswillen und den Neigungen des Kindes am besten entspricht und sich in den Grenzen der wirtschaftlichen Leistungsfähigkeit der Eltern hält (OLG Bamberg FamRZ 88, 1087).

Bei der Wahl des Ausbildungszieles wird dem Wunsch des Kindes, einen bestimmten Beruf zu ergreifen, eine besondere Bedeutung zukommen. Die Eltern sollten bei der Beurteilung dieses Wunsches weder zu ehrgeizig sein noch bei einer deutlich hervortretenden Begabung ihres Kindes diese unterdrücken, weil sie nicht ihren eigenen Wünschen entspricht. Ausschlaggebend hat immer das Wohl des Kindes zu sein, das zu fördern auch die Bereitschaft der Eltern, sich mit ihren Kindern auszusprechen und zu verständigen, einschließt (vgl. § 1631 a).

Doch beruht der Anspruch des Kindes auf Finanzierung seiner Berufsausbildung auf **Gegenseitigkeit.** Verletzt ein Kind die Obliegenheit, seine Ausbildung planvoll und zielstrebig aufzunehmen und durchzuführen, entfällt der Unterhaltsanspruch, ohne daß die besonderen Vorschriften der Verwirkung nach § 1611 I vorliegen müssen (BGH FamRZ 98, 671).

b) Die Pflicht zur Übernahme der Ausbildungskosten dauert im allgemeinen nur bis zum sog. **Regelabschluß** (OLG Stuttgart FamRZ 96, 1434). Nach Ablauf der Regelstudienzeit besteht sie nur noch in eingeschränktem Umfang (OLG Hamm FamRZ 81, 493) und endet nach erheblicher Überschreitung der durchschnittlichen Ausbildungszeit vollständig (OLG Hamm NJW 82, 2325).

Einen **Wechsel des Ausbildungsziels** müssen die Eltern nur dann mittragen, wenn es dafür triftige Gründe gibt (OLG Düsseldorf FamRZ 79, 543). Bei einem Universitätsstudium wird ein Wechsel der Fachrichtung nur in den Anfangssemestern von den Eltern finanziell mitzutragen sein (BVerwG FamRZ 80, 292).

Die Finanzierung einer **Zweitausbildung entfällt** dagegen, wenn die Eltern bereits die Kosten einer vollständigen Berufsausbildung getragen haben (BGHZ 69, 190, 193). Nur beim Vorliegen ganz erheblicher Gründe (z.B. bei Gefährdung der Gesundheit im ursprünglich erlernten Beruf oder bei fehlerhafter Einschätzung der Begabung des Kindes durch die Eltern) darf das Kind auf Kosten der Eltern eine weitere neue Ausbildung beginnen (BGHZ 69, 190, 194; kritisch dazu Biletzki FamRZ 96, 777).

c) Von der Zweitausbildung ist die **Weiterbildung** zu unterscheiden. Auch deren Finanzierung ist grundsätzlich nicht Pflicht der Eltern, wenn sie bereits die Kosten einer Berufsausbildung getragen haben. Stellt sich jedoch die zunächst gewählte Ausbildung nur als Etappe auf dem Weg zum angestrebten Beruf dar, besteht eine weitere Unterhaltspflicht der Eltern, weil die mehreren Ausbildungsabschnitte insgesamt als **ein** Ausbildungsgang zu werten sind. Das ist z.B. für den Ausbildungsgang: Abitur-Lehre-Studium anerkannt (BGH FamRZ 89, 853; einschränkend BGH FamRZ 95, 416; OLG Bamberg FamRZ 98, 315). *Im Bereich der früheren DDR war die Ausbildung zum Facharbeiter mit Abitur und späterem Studium ein einheitlicher Ausbildungsgang (OLG Brandenburg FamRZ 97, 1107).* Doch müssen die einzelnen Ausbildungsabschnitte in einem zeitlichen und sachlichen Zusammenhang stehen; d.h. die praktische Ausbildung muß eine sinnvolle Vorbereitung auf das Studium darstellen und den Eltern wirtschaftlich zumutbar sein.

d) Der angemessene Unterhaltsbedarf eines **Studierenden**, der nicht bei seinen Eltern wohnt, beträgt nach der Düsseldorfer Tabelle im Regelfall 1.120 DM im Monat.

3. Gesteigerte Unterhaltspflicht der Eltern

463 a) Im Hinblick auf ihre besondere Hilfsbedürftigkeit trifft die Eltern gegenüber ihren **minderjährigen unverheirateten Kindern** eine gesteigerte Unterhaltspflicht (§§ 1602 II, 1603 II 1). Dieser unterhaltsrechtlich bevorzugten Gruppe hat das KindUG in § 1603 II 2 auch alle **volljährigen unverheirateten Kinder** bis zur Vollendung des **21. Lebensjahres** gleichgestellt, solange sie im **Haushalt der Eltern** oder eines **Elternteils** leben und sich in der **allgemeinen Schulausbildung** befinden (z.B. bis zur Mittleren Reife oder bis zum Abitur).

Mit dieser Reform sollte der Tatsache Rechnung getragen werden, daß sich noch viele Kinder zu Beginn der Volljährigkeit in ihrer Schulausbildung befinden und ihre Unterhaltsbedürftigkeit nicht anders zu beurteilen ist als vor ihrem 18. Geburtstag (Wagner FamRZ 96, 705, 712).

b) Die erweiterte Unterhaltspflicht der Eltern bedeutet zunächst, daß sie den Unterhalt nicht mit der Begründung verweigern dürfen, ihre Kinder besäßen ein ausreichendes Vermögen und seien deshalb nicht bedürftig (§ 1602 II). Allerdings sind die Eltern berechtigt (aber nicht verpflichtet!), zunächst **die Einkünfte** aus dem **Vermögen der Kinder** für deren Unterhalt zu verwenden, ohne den **Stamm** ihres Vermögens anzugreifen (§ 1602 II).

Exkurs: Beachte den Unterschied zwischen **Vermögensstamm** und den **Einkünften** daraus:

Bsp. für **Einkünfte** aus dem **Vermögen** der Kinder:
Zinsen aus Geldanlagen, Dividenden, Miet- und Pachteinnahmen, Gewinne aus Vermögensbeteiligungen;

Bsp. für den **Stamm eines Vermögens:**
Sparguthaben, Guthaben aus Bausparverträgen, Aktien und Wertpapiere aller Art, Lebensversicherungen, Grundbesitz, Eigentumswohnungen, Kunstwerke, Schmuck, Edelmetalle, Unternehmensbeteiligungen;

Sind keine ausreichenden Einkünfte aus dem Vermögen der Kinder vorhanden, 464
dürfen die Eltern auch die **Einkünfte** der Kinder aus ihrer **Arbeitstätigkeit** oder aus einem von ihnen geführten **Erwerbsgeschäft** zum Unterhalt der Kinder verwenden (§ 1649 I). Nur soweit diese Einkünfte nicht für den Unterhalt ausreichen, steht den Kindern ein ihrer Lebensstellung angemessener Unterhaltsanspruch gegen ihre Eltern zu (§§ 1602 II, 1610 I; s.o. RN **461**).
c) Müßten die Eltern bei der Erfüllung dieser Unterhaltsansprüche ihren eigenen angemessenen Unterhalt gefährden, wird ihre Unterhaltspflicht durch § 1603 II weiter gesteigert. Bevor sie sich selbst einschränken müssen, haben sie jedoch das Recht, den **Stamm des Vermögens** ihrer Kinder für deren Unterhalt zu verwenden (§ 1603 II 3, 2.HS). Ist kein Vermögen vorhanden oder reicht es für den Unterhalt der Kinder nicht aus, sind **andere leistungsfähige Verwandte** (z.B. die Großeltern) verpflichtet, anstelle der Eltern Unterhalt für die Kinder zu leisten (§ 1603 II 3, 1.HS). Erst dann, wenn auch keine leistungsfähigen Verwandten vorhanden sind, haben die Eltern die Pflicht, **alle erforderlichen Mittel** zu ihrem und der Kinder Unterhalt **gleichmäßig** zu verwenden (§ 1603 II 1). Die Eltern müssen sich dann notfalls auf das zu ihrer Existenz unbedingt Erforderliche einschränken. Reicht selbst dann das Einkommen nicht aus, um den notwendigen Eigenbedarf eines unterhaltspflichtigen Elternteils und der mit ihm gleichrangigen Unterhaltsberechtigten zu decken, liegt ein sog. **Mangelfall** vor (s.u. RN **475 ff**).

B. Berechnungsarten des Unterhalts

1. Unterhalt in statischer und dynamischer Form 465

Der nach den persönlichen und wirtschaftlichen Verhältnissen angemessene Barunterhalt wird nach der Reform des Unterhaltsrechts einheitlich für eheliche und nichteheliche Kinder nach den gleichen Grundsätzen ermittelt. Doch gibt es dafür unterschiedliche Verfahren, zwischen denen das unterhaltsberechtigte Kind wählen kann:

a) Steht ein ausreichend hohes Einkommen eines Elternteils zur Verfügung, kann der dem Kind zustehende Unterhalt ganz individuell nach seinen persönlichen Bedürfnissen (z.B. im Falle einer Behinderung, bei kostenintensiven

Sportarten oder einem Auslandsstudium) ermittelt werden, ohne auf pauschalierende Regelwerke zurückgreifen zu müssen. Außergerichtlich führt das meist zu Unterhaltsvereinbarungen; dieser Bedarf kann aber auch im Wege einer Unterhaltsklage nach § 621 I Nr. 4 ZPO festgestellt werden. Eine solche auf einen bestimmten Betrag gerichtete Unterhaltsrente kann dann bei veränderten Bedingungen nur im Wege einer Abänderungsklage nach § 323 ZPO den neuen Verhältnissen angepaßt werden (statische Unterhaltsrente).

b) Nicht ganz so individuell wird der Unterhalt eines Kindes ermittelt, wenn er sich an den Sätzen orientiert, die **Unterhaltstabellen** in pauschalierter Form einerseits nach der Altersgruppe des Kindes andererseits nach der Höhe des zur Verfügung stehenden Einkommens vorsehen. Wird der Anspruch auf Zahlung einer gleichbleibend hohen Unterhaltsrente gerichtet, handelt es sich auch hier um eine statische Rente (Näheres s.u. RN **468**).

c) Das KindUG hat nunmehr die Möglichkeit geschaffen, daß minderjährige Kinder, die mit dem unterhaltspflichtigen Elternteil nicht in einem Haushalt leben, den Individualunterhalt in Form eines **Prozentsatzes** vom maßgebenden **Regelbetrag** verlangen können (§ 1612 a I). Dieser Regelbetrag richtet sich nach der Regelbetrag-VO und umfaßt drei Altersstufen; er verändert sich alle zwei Jahre, beginnend mit dem 1.7.1999 (§ 1612 a IV 1). Auf diese Weise wird der Unterhalt innerhalb der betreffenden Altersstufe alle zwei Jahre den Regelbeträgen angepaßt und damit dynamisiert (s.u. RN **469**).

d) Ferner besteht die Möglichkeit, den Unterhaltsanspruch in Form eines Prozentsatzes des **jeweiligen** Regelbetrages geltend zu machen. Das wird für ein Kind in den unteren Altersstufen sinnvoll sein, weil sich dann der Unterhalt bei der regelmäßigen Dynamisierung zusätzlich erhöht, wenn das Kind eine höhere Altersstufe erreicht (s.u. RN **470**).

e) Die Festsetzung der Unterhaltsbeträge kann auf Antrag in einem "**vereinfachten Verfahren**" gemäß §§ 645 bis 650 ZPO erfolgen, sofern der Unterhalt nicht das Eineinhalbfache des Regelbetrages übersteigt (Näheres dazu s.u. RN **472**); andernfalls muß der Unterhalt im normalen Gerichtsverfahren eingeklagt werden. Zuständig ist immer das FamG.

2. Unterhaltstabellen

466 In der Praxis der Gerichte spielen die **Unterhaltstabellen der OLG** bei der Bemessung des Barbedarfs eine wichtige Rolle. Die **Düsseldorfer Tabelle**, die am häufigsten verwendet wird, basierte bis zum Jahre 1996 auf dem Regelunterhalt für nichteheliche Kinder, der gleichzeitig den Mindestbedarf für eheliche Kinder darstellte. Nunmehr beruht die **Tabelle 1999** (FamRZ 99, 766) auf den ab dem 1.7.1999 für **alle Kinder** geltenden **Regelbeträgen** nach der Regelbetrag-VO, die als Richtsätze der 1. Einkommensstufe in der Tabelle eingearbeitet sind und sich in dieser Gruppe für Kinder unter 6 Jahren auf 355 DM, für Kinder von 6 bis 12 Jahren auf 431 DM und für Kinder bis 18 Jahren auf 510 DM pro Monat belaufen. Darüber hinaus enthält die Düsseldorfer Tabelle Richtlinien für den Eigenbedarf des Unterhaltspflichtigen und Richtsätze für den Unterhalt der übrigen Verwandten, des Ehegatten und für sog. Mangelfälle (s.u. RN **475**).

Literatur: **Pieper** FuR 98, 101; **Scholz** FamRZ 98, 797

Auszug aus der **Düsseldorfer Tabelle 1999** (FamRZ 99, 766)

Kindesunterhalt

Nettoeinkommen des Barunterhaltspflichtigen in DM (Anm. 3, 4)	Altersstufen in Jahren (§ 1612a III BGB) 0–5	6–11	12–17	ab 18	Vomhundertsatz	Bedarfskontrollbetrag (Anm. 6)
1. bis 2400	355	431	510	589	100	1300/1500
2. 2400–2700	380	462	546	631	107	1600
3. 2700–3100	405	492	582	672	114	1700
4. 3100–3500	430	522	618	713	121	1800
5. 3500–3900	455	552	653	754	128	1900
6. 3900–4300	480	582	689	796	135	2000
7. 4300–4700	505	613	725	837	142	2100
8. 4700–5100	533	647	765	884	150	2200
9. 5100–5800	568	690	816	943	160	2350
10. 5800–6500	604	733	867	1002	170	2500
11. 6500–7200	639	776	918	1061	180	2650
12. 7200–8000	675	819	969	1120	190	2800
über 8000	nach den Umständen des Falles					

a) Die Richtsätze der Tabelle gehen von einer Unterhaltspflicht für einen 467
(geschiedenen oder getrennt lebenden) Ehegatten und zwei Kindern aus. Bei mehr oder weniger unterhaltsberechtigten Personen kann dies durch Zwischenbeträge oder durch die Einstufung in höhere oder niedrigere Gruppen berücksichtigt werden.

*Für das Beitrittsgebiet ist die **Berliner Tabelle 1999** (FamRZ 99, 772) maßgebend, die sich von der Düsseldorfer Tabelle durch die nachstehenden **zwei Vorstufen** unterscheidet und weder Bedarfskontrollbeträge noch Unterhaltssätze über das 18. Lebensjahr hinaus enthält. Sie ist dann anzuwenden, wenn sowohl Unterhaltsgläubiger als auch Unterhaltsschuldner im Beitrittsgebiet wohnen; in Mischfällen (Ost/West) ist auf die am jeweiligen Wohnsitz geltenden Unterhaltssätze und -regeln abzustellen.*

Vorstufen der Berliner Tabelle

Altersstufen in Jahren (Der Regelbetrag einer höheren Altersstufe ist ab dem Beginn des Monats maßgebend, in den der 6. bzw. 12. Geburtstag fällt.)		0–5 (Geburt bis 6. Geburtstag)	6–11 (6. bis 12. Geburtstag)	12–17 [–20*] (12. bis 18. Geburtstag) * [18. bis 21. Geburtstag, wenn noch in der allg. Schulausbildung und im Elternhaushalt lebend]	Vomhundertsatz Ost	Vomhundertsatz West
Nettoeinkommen des Barunterhaltspflichtigen in DM						
Gruppe						
a)	bis 1800	324	392	465	100	
b)	1800–2100	342	414	491		
	ab 2100	wie Düsseldorfer Tabelle (aber ohne 4. Altersstufe und ohne Bedarfskontrollbetrag)				

Der angemessene Unterhalt für **Kinder** richtet sich nach diesen Tabellen einerseits nach ihrem Alter, zum anderen nach der Höhe des bereinigten Nettoeinkommens des Unterhaltspflichtigen (s.o. RN **456**). In den Einkommenssätzen ist kein Abzug für **berufsbedingte Aufwendungen** enthalten; dafür wird in der Tabelle vorgeschlagen, eine **Pauschale** von 5 % vom monatlichen Nettoeinkommen abzuziehen, und zwar mindestens 90 DM, höchstens 260 DM.

b) Die sich aus der Kombination von Kindesalter und Einkommen ergebenden Unterhaltsbeträge müssen evtl. um Beiträge für eine Kranken- und Pflegeversicherung und für einen etwaigen Sonderbedarf (s.u. RN **488**) erhöht werden. Andererseits umfassen die Richtsätze auch die Kosten für Wohnung, für Ausbildung, Freizeit, Erholung und Kultur. Ferner muß in jedem Einzelfall eine ausgewogene Verteilung des Einkommens zwischen dem Unterhaltspflichtigen und den unterhaltsberechtigten Kindern gewährleistet sein, wozu der Vergleich mit den sog. **Bedarfskontrollbeträgen** dient.

Bsp.: Die zweijährige Tochter und der achtjährige Sohn leben bei ihrer geschiedenen Mutter, die für sich auf Unterhalt verzichtet hat und die Kinder betreut. Sie erhält für die beiden Kinder ab 1.1.1999 das volle Kindergeld von je 250 DM.
Beträgt das Nettoeinkommen des Vaters monatlich 3.400 DM, hat er nach der Tabelle in der Einkommensgruppe 4 für die Tochter 430 DM und für den Sohn 522 DM an Unterhalt zu zahlen.

Zieht man diese Beträge vom Einkommen ab, behält der Vater für seinen eigenen Unterhalt monatlich 2.448 DM, was im Verhältnis zum Unterhalt der Kinder schon deshalb unangemessen hoch ist, weil die Unterhaltssätze der Tabelle davon ausgehen, daß der Unterhaltspflichtige neben zwei Kindern auch seinem Ehegatten Unterhalt schuldet, was hier entfällt. Deshalb wird eine höhere Einstufung des Kindesunterhalts um drei Einkommensstufen angemessen sein. Nach Gruppe 7 beträgt der für die Kinder zu leistende Unterhalt 505 + 613 = 1.118 DM. Auf diesen Betrag ist die Hälfte des auch ihm zustehenden Kindergeldes in Höhe von 250 DM anzurechnen (§ 1612 b I). Dem Vater verbleibt ein angemessener Unterhalt von netto 2.532 DM im Monat, der noch über dem Bedarfskontrollbetrag von 2.100 DM liegt, wenn die aus der 7. Einkommensgruppe der Düsseldorfer Tabelle sich ergebenden **Bedarfsbeträge** der Kinder zugrunde gelegt werden (zu dieser Problematik: OLG Hamm FamRZ 99, 878).

3. Unterhalt im Regelbetragsverfahren

468 Für ein Kind kann es vorteilhaft sein, den ihm zustehenden Unterhalt nicht durch Klage bei Gericht geltend zu machen, sondern ihn als Vomhundertsatz des Regelbetrages zu verlangen. Die Regelbeträge werden automatisch alle zwei Jahre nach Maßgabe des § 1612 a IV der Entwicklung der Nettolöhne angepaßt, so daß für das Kind die Notwendigkeit entfällt, bei veränderten wirtschaftlichen Verhältnissen auf Abänderung eines bereits erlangten Unterhaltstitels zu klagen.

Dennoch eignet sich des Regelbetragsverfahren nicht für alle Fälle von Unterhaltsansprüchen. Sowohl bei einem Unterhalt auf relativ hohem Niveau als auch in Mangelfällen wird es angebracht sein, den Unterhaltsanspruch auf eine **gleichbleibend** hohe Unterhaltsrente zu richten (vgl. Strauß FamRZ 98, 993, 997). Das gilt auch für alle Fälle, in denen die besonderen Voraussetzungen des Regelbetragsverfahren nicht gegeben sind. Das Hauptanwendungsgebiet für das vereinfachte Verfahren wird daher dort liegen, wo ein **durchschnittliches Nettoeinkommen** zur Verfügung steht.

a) *Persönliche und sachliche Voraussetzungen*

Die Möglichkeit, den Unterhaltsanspruch auf der Basis der Regelbeträge geltend zu machen, ist an verschiedene Voraussetzungen geknüpft:

- Das Regelbetragsverfahren kann nach § 1612 a I nur von einem **minderjährigen Kind** eingeleitet werden, wobei der Unterschied, ob es sich um ein eheliches oder nichteheliches Kind handelt, keine Rolle mehr spielt. Für volljährige Kinder in der Schulausbildung, die gemäß § 1603 II 2 den minderjährigen Kindern gleichgestellt sind. kommt das Regelbetragsverfahren nicht in Betracht (umstr.).
- Ferner darf das Kind **nicht im Haushalt** des barunterhaltspflichtigen Elternteils leben. Ob es vom anderen Elternteil (oder von anderen Verwandten) betreut und versorgt wird oder in einem Internat wohnt, ist nicht entscheidend.
- Sachlich ist das Regelbetragsverfahren insoweit eingeschränkt, als der geltend gemachte Unterhalt nicht das **Eineinhalbfache** des betreffenden Regelbetrages übersteigen darf, wobei Abzüge von Kindergeld oder anderen kindbezogenen Leistungen (s.u. RN **471**) hier unberücksichtigt bleiben (§ 645 I ZPO).
  Bei der Berechnung des in Betracht kommenden Vomhundertsatzes leistet die **Düsseldorfer Tabelle** gute Dienste. Sie enthält in einer besonderen Spalte die Prozentbeträge, um die die Unterhaltssätze in den Einkommensgruppen 2 bis 13 die in der Einkommensgruppe 1 genannten Unterhaltsbeträge (die mit den aktuellen Regelbeträgen identisch sind) übersteigen. In der 8. Einkommensgruppe ist das Eineinhalbfache des Regelbetrages erreicht. Will ein Kind seinen Unterhalt aus einer noch höheren Einkommensgruppe beziehen, ist ihm das nicht verwehrt; es muß dann aber auf das Regelbetragsverfahren und damit auf die Dynamisierung seiner Rente verzichten und seinen Unterhaltsanspruch in einem normalen Gerichtsverfahren geltend machen.

b) *Wesen und Bedeutung der Regelbeträge* 469

Der von der Reform eingeführte Begriff "Regelbetrag" soll nicht den Anschein erwecken, es handle sich bei ihm um den Mindestbedarf eines Kindes zur Deckung seines Unterhalts; denn der Regelbetrag dient in erster Linie als **Bemessungsgrundlage** für eine den individuellen Bedürfnissen angepaßte dynamische Unterhaltsrente. Die in der Regelbetrag-VO enthaltenen Regelbeträge sind in **drei Altersstufen** gegliedert, deren Monatsbeträge sich seit dem 1.7.1999 in der ersten Altersstufe (bis zur Vollendung des 6. Lebensjahres) auf 355 DM, in der zweiten Altersstufe (vom 7. bis zur Vollendung des 12. Lebensjahres) auf 431 DM und in der dritten Altersstufe (ab dem 13. Lebensjahr) auf 510 DM belaufen (§ 1 Regelbetrag-VO i.V.m. § 1612 a III). Kommt das Kind in eine höhere Altersstufe, ist der höhere Regelbetrag ab **Beginn des Monats** maßgebend, in dem das Kind das betreffende Lebensjahr vollendet (§ 1612 a III 2).
*Die Regelbeträge für die östlichen Bundesländer (Beitrittsgebiet) liegen um etwa 9 % niedriger und belaufen sich für die drei Altersstufen auf 324 DM, 392 DM und 465 DM (gleichlautend mit der Berliner Tabelle; s.o. RN **467**).*

Die Bedeutung der Regelbeträge ergibt sich aus § 1612 a I, wonach ein minderjähriges Kind von einem Elternteil, mit dem es nicht in einem Haushalt lebt, den Unterhalt in einem **Vomhundertsatz** eines oder des jeweiligen Regelbetrages verlangen kann. Wie schon erwähnt, ist der Regelbetrag nicht mit dem geschuldeten Unterhalt gleichzusetzen; er dient aber dazu, auf seiner Grundlage die Höhe des individuell ermittelten Unterhaltsbetrages in einen Vomhundertsatz umzurechnen, um seine Dynamisierung zu ermöglichen.

470 c) *Anwendungsfälle*

Zunächst ist die Höhe des Unterhalts eines minderjährigen Kindes nach allgemeinen Regeln zu errechnen, wobei die Düsseldorfer Tabelle hilfreich sein wird. Sodann ist der beanspruchte Unterhaltsbetrag in einen Vomhundertsatz des Regelbetrages der betreffenden Altersstufe umzurechnen, was anhand nachstehender Beispiele gezeigt wird:

Bsp. 1: Der achtjährige Frank, der bei seiner vom Vater getrennt lebenden Mutter wohnt, beansprucht eine monatliche Unterhaltsrente von 520 DM. Der Regelbetrag der für ihn in Betracht kommenden 2. Altersstufe beläuft sich auf 431 DM. Die Umrechnung in den Vomhundertsatz des Regelbetrages geschieht nach folgender Formel:

(Individualunterhalt : Regelbetrag) x 100

Bei Frank lautet diese Rechnung: (520 : 431) x 100 = 120, 6496. Da der Vomhundertsatz auf **eine** Dezimalstelle zu begrenzen ist (§ 1612 a II 1), beträgt der Vomhundertsatz **120, 6%**.
Wenn der Vater verpflichtet wird, 120,6 % des Regelbetrages der 2. Altersstufe an Frank zu zahlen, ergibt dies einen Monatsbetrag von 519, 79 DM, der gemäß § 1612 a II 2 auf volle DM (hier 520 DM) aufzurunden ist. Von dieser Unterhaltsrente ist im Regelfall der **Hälfteanteil** des Vaters am Kindergeld abzuziehen (s.u. RN **471**).

Bsp. 2: Wenn Frank zehn Jahre alt geworden ist, könnten sich in der Zwischenzeit die Regelbeträge ab dem 1.7.2001 geändert haben. Nehmen wir z.B. an, daß sich der Regelbetrag der 2. Altersstufe um 2 % erhöht hat und nunmehr 440 DM beträgt. Die neue Unterhaltsrente wird dann nach folgender Formel berechnet:

(Regelbetrag x Vomhundertsatz) : 100

Das ergibt für Frank : (440 x 120,6) : 100 = 530, 64 DM, aufgerundet: 531 DM. Damit wird der Vorteil der Dynamisierung deutlich, weil Frank ab dem Tage der Änderung des Regelbetrages den erhöhten Unterhaltsbetrag verlangen kann, ohne eine Abänderungsklage nach § 323 ZPO erheben zu müssen.

Bsp. 3: Mit der Vollendung des 12. Lebensjahres ist Frank in die 3. Altersstufe gelangt. Stand ihm bisher ein Unterhaltstitel zur Verfügung, der sich auf die 2. Altersstufe beschränkt hat, kann dieser Titel nicht weiter dynamisiert werden. Um eine sonst notwendige Abänderungsklage zu vermeiden, bietet § 1612 a I die Möglichkeit, den Unterhalt vom **jeweiligen** Regelbetrag zu verlangen. Es wäre deshalb zweckmäßig gewesen, schon bei der Erstfestsetzung seines Unterhalts im Alter von acht Jahren den Antrag zu stellen, daß der von seinem Vater zu zahlende Unterhalt auf 120, 6 % des Regelbetrages der **jeweiligen Altersstufe** (abzüglich des Anteils am Kindergeld) festzusetzen ist. Wird diesem Antrag stattgegeben, bedarf es weder bei einer Erhöhung der Regelbeträge noch bei einem Wechsel in eine höhere Altersstufe einer Änderung des Unterhaltstitels, weil die Vollstreckbarkeit des Titels infolge seiner Dynamisierung an diese Änderungen automatisch angepaßt wird.

4. Anrechnung des Kindergeldes

471 Das staatliche Kindergeld hat nicht den Zweck, die Unterhaltsleistung für ein Kind zu erhöhen, sondern soll dazu dienen, die Unterhaltslast der Eltern zu erleichtern. Deshalb wird im Verhältnis der Ehegatten zueinander und

im Verhältnis zum Kind das Kindergeld nicht als Einkommen des unterhaltspflichtigen Ehegatten berücksichtigt (BGH FamRZ 97, 806). Doch schreibt § 1612 b im Verhältnis der Eltern zu ihren Kindern die Anrechnung des Kindergeldes auf ihre Unterhaltsleistung vor, und zwar grundsätzlich je **zur Hälfte.** Damit kommt zum Ausdruck, daß die tatsächliche Betreuung eines Kindes dem vom anderen Elternteil zu leistenden Barunterhalt gleichwertig ist.

Nach der Neufassung des Bundeskindergeldgesetzes (BKGG) vom 22.4.1999 beträgt das Kindergeld für das erste und zweite Kind je 250 DM, für das dritte Kind 300 DM und für das vierte und jedes weitere Kind je 350 DM monatlich (§ 6 BKGG). Es ist beabsichtigt, das Kindergeld ab dem 1.1.2000 um je 20 DM zu erhöhen.

Im Zusammenhang mit dem Regelbetragsverfahren sind folgende Fallgestaltungen zu berücksichtigen:

a) Das Kindergeld wird grundsätzlich nicht je zur Hälfte an beide Elternteile ausgezahlt, sondern (aus Vereinfachungsgründen) nur **einer Person** für jedes Kind gewährt (§ 3 I BKGG). Leben die Eltern getrennt oder sind sie geschieden, erhält das Kindergeld im Normalfall derjenige Elternteil, der das Kind in seinen Haushalt aufgenommen hat (§ 3 II 1 BKGG). Damit der andere Elternteil, der barunterhaltspflichtig ist, ebenfalls in den Genuß des Kindergeldes kommt, ordnet § 1612 b I an, daß das Kindergeld zur Hälfte auf seine Unterhaltsleistung anzurechnen ist. Auch im Regelbetragsverfahren muß deshalb diese Anrechnung berücksichtigt werden (s.o. RN **470**).

b) Wohnt das Kind nicht bei seinen Eltern, sondern bei Dritten (z.B. Großeltern), kann eine dritte Person zum Empfang des Kindergeldes berechtigt sein (§ 3 II 2 BKGG). In diesem Fall vermindert sich der von beiden Elternteilen zu leistende Barunterhalt je um die Hälfte des Kindergeldes.
Wird das Kindergeld an einen der beiden barunterhaltspflichtigen Elternteile ausgezahlt, erhöht sich der Unterhaltsanspruch gegen diesen Elternteil um die Hälfte des Kindergeldes, während sich der Unterhaltsanspruch gegen den anderen Elternteil um die Hälfte des Kindergeldes vermindert (§ 1612 b II). Auf diese Weise kommt das Kindergeld beiden Elternteilen je zur Hälfte zugute. Diese Regelung gilt auch im Falle der Volljährigkeit des Kindes, weil dann (infolge des Wegfalls der Betreuungsleistungen) beide Elternteile dem Kind barunterhaltspflichtig sind.

c) Hat nur der barunterhaltspflichtige Elternteil Anspruch auf Kindergeld, wird es aber nicht an ihn ausgezahlt (z.B. weil das Kind nach dem Tode seiner Mutter von seiner Großmutter betreut wird, die das Kindergeld erhält), ist das volle Kindergeld auf die Unterhaltsrente des unterhaltspflichtigen Elternteils anzurechnen (§ 1612 b III).

d) Im **Mangelfall**, der dann eintritt, wenn der unterhaltspflichtige Elternteil außerstande ist, den Unterhalt in Höhe des Regelbetrages zu leisten, entfällt die Anrechnung des Kindergeldes (§ 1612 b V; Näheres dazu s.u. RN **477**).

e) Die Ausführungen zum Kindergeld gelten entsprechend für andere **kindbezogene Leistungen**, die anstelle des Kindergeldes gewährt werden und den Anspruch auf Kindergeld ausschließen (§ 1612 c). Es handelt sich z.B. um die in § 4 I BKGG genannten Zulagen aus der gesetzlichen Unfallversicherung oder um Zuschüsse aus der gesetzlichen Rentenversicherung (dazu BGH FamRZ 81, 28).

5. Vereinfachtes Verfahren

472 Das vereinfachte Verfahren (§§ 645 bis 650 ZPO) ist durch das KindUG eingeführt worden, um **allen** minderjährigen Kindern auf schnellem und kostengünstigem Wege einen Unterhaltstitel zu verschaffen, der sich dynamisch den jeweils geänderten Regelbeträgen anpaßt und auf diese Weise dem Kind den seiner Lebensstellung angemessenen Lebensunterhalt sichert. Dabei sind folgende Verfahrensgrundsätze zu beachten:

a) Zuständig für das vereinfachte Verfahren ist das FamG (§ 621 I Nr. 4 ZPO); die Durchführung des Verfahrens obliegt nicht dem Richter, sondern dem **Rechtspfleger** (§ 20 Nr. 10 a RpflG). Ihm stehen umfassende **Auskunftsbefugnisse** für alle mit dem Unterhalt zusammenhängenden Fragen (z.B. hinsichtlich Einkünften und Vermögen) zu, wobei er, soweit erforderlich, nach § 643 ZPO auch selbst Auskünfte bei den betreffenden Dienststellen einholen darf.

b) Das vereinfachte Verfahren kommt nur für die **Erstfestsetzung** des Unterhalts in Betracht. Hat bereits ein Gericht über den Unterhalt entschieden (oder ist ein gerichtliches Verfahren darüber anhängig), findet das vereinfachte Verfahren nicht statt; das gilt auch, wenn schon ein zur Zwangsvollstreckung geeigneter Titel (z.B. ein gerichtlicher Vergleich oder eine vollstreckbare Urkunde) vorhanden ist (§ 645 II ZPO). Diese Ausnahmen sollen verhindern, daß bereits durchgeführte gerichtliche Maßnahmen nochmals im vereinfachten Verfahren überprüft werden.
Um jedoch minderjährigen Kindern, die vor dem 1.7.1998 keine dynamische Unterhaltsrente erlangen konnten, diesen Vorteil nachträglich zu verschaffen, eröffnet ihnen Art. 5 § 3 KindUG diese Möglichkeit in einem vereinfachten Verfahren.

473 c) Das vereinfachte Verfahren wird durch einen **Antrag** des Kindes beim FamG eingeleitet, der die in § 646 I ZPO aufgeführten elf Angaben und Erläuterungen enthalten muß, andernfalls er vom Gericht durch einen nicht anfechtbaren Beschluß zurückgewiesen wird (§ 646 II ZPO); doch kann ein ergänzter Antrag von neuem gestellt werden.

Das minderjährige Kind wird bei der Antragstellung in der Regel durch den Elternteil gesetzlich vertreten, in dessen Obhut sich das Kind befindet (s.o. RN **449**). Dieser Elternteil kann aber auch die **Beistandschaft** beantragen, sofern ihm die alleinige elterliche Sorge zusteht. In diesem Fall ist es Aufgabe des JA, die Unterhaltsansprüche des Kindes gerichtlich geltend zu machen (§ 1712 I Nr. 2).

d) Ist der Antrag im vereinfachten Verfahren zulässig, gibt das Gericht dem Antragsgegner die Möglichkeit, nach Maßgabe des § 647 ZPO hierzu Stellung zu nehmen. Der Antragsgegner kann dann innerhalb eines Monats **Einwendungen** erheben, die sich gegen die formellen Voraussetzungen des Verfahrens richten (§ 648 I ZPO), mit denen aber auch andere unterhaltsrechtliche Einwendungen erhoben werden können, z.B. der Einwand, daß er nicht oder nur eingeschränkt leistungsfähig sei (§ 648 II ZPO). Diesen letztgenannten Einwand kann der Antragsgegner aber nur wirksam erheben, wenn er zugleich erklärt, inwieweit er zur Unterhaltsleistung bereit ist und daß er sich insoweit zur Leistung verpflichtet. Eine solche Verpflichtungserklärung kann er vor Gericht, vor einem Notar, aber auch vor der Urkundsperson des JA abgeben (§ 59 I 1 Nr. 9 SGB VIII). Ferner muß er über seine persönlichen und wirtschaftlichen Verhältnisse Auskunft geben und Belege vorlegen (§ 648 II 3 ZPO).

e) Hat sich der Antragsgegner zur teilweisen Erfüllung seiner Unterhaltspflicht bereit erklärt, setzt das Gericht den anerkannten Betrag auf Antrag des Kindes als Vomhundertsatz des Regelbetrages fest (§ 650, 2 ZPO). Hinsichtlich des vom Kind verlangten höheren Unterhaltsbetrages steht es ihm frei, diesen im Wege eines streitigen Verfahrens weiter zu verfolgen. Das vereinfachte Verfahren wird dann auf Antrag in das streitige Verfahren übergeleitet (§ 651 ZPO). Auch der Antragsgegner kann, soweit seine Einwendungen im vereinfachten Verfahren zurückgewiesen worden sind (§ 648 II ZPO), den Übergang ins streitige Verfahren beantragen, um dort z.B. geltend zu machen, daß das Kind gar nicht bedürftig sei.

Erreicht das Kind im streitigen Verfahren die Verurteilung des Beklagten zu einer höheren als der anerkannten Unterhaltsleistung, kann der im vereinfachten Verfahren festgesetzte Beschluß aufgehoben und der Gesamtbetrag neu festgesetzt werden (§ 651 IV ZPO).

f) Hat der Antragsgegner gar keine oder im vereinfachten Verfahren zurück- 474
zuweisende oder unzulässige Einwendungen erhoben (§ 648 II ZPO), erläßt der Rechtspfleger einen **Festsetzungsbeschluß**, in dem ausgesprochen wird, daß der Antragsgegner den festgesetzten Unterhalt an den Unterhaltsberechtigten zu zahlen hat (§ 649 I ZPO).
Gegen den Beschluß kann "sofortige Beschwerde" eingelegt werden (§ 652 ZPO), und zwar innerhalb von zwei Wochen nach Zustellung des Beschlusses (§ 577 II ZPO), über die das OLG entscheidet.

g) Ist das vereinfachte Verfahren durch einen rechtskräftigen Festsetzungsbeschluß beendet worden, haben beide Parteien die Möglichkeit, eine **Abänderungsklage** nach § 654 ZPO mit dem Ziel zu erheben, einen höheren Unterhalt oder seine Herabsetzung zu erreichen. Es handelt sich dabei um ein **besonderes Verfahren**, das nicht den einschränkenden Vorschriften des § 323 ZPO unterliegt.
Sollten sich die für die Berechnung des **Kindergeldes** (oder kindbezogener Leistungen) maßgebenden Umstände nachträglich ändern, kann jeder Vollstreckungstitel, in dem die nach §§ 1612 b und 1612 c ziffernmäßig anzurechnenden Beträge festgelegt worden sind, im vereinfachten Verfahren durch Beschluß geändert werden (§ 655 ZPO). Da dies zu unangemessenen Ergebnissen führen kann, hat jede Partei die Möglichkeit, innerhalb eines Monats nach Zustellung des Beschlusses eine **besondere Abänderungsklage** zu erheben (§ 656 ZPO).

C. Mangelfälle im Unterhaltsrecht

1. Erhöhte Pflichten der Eltern 475

a) Wenn ein Ehegatte und mehrere Kinder unterhaltsberechtigt sind und nur das Einkommen des anderen Ehegatten für alle Berechtigten zur Verfügung steht, werden diese Mittel oft nicht ausreichen, um den notwendigen Lebensbedarf aller zu befriedigen. Wir sprechen dann von einem sog. **Mangelfall.** Im Verhältnis zu den Kindern sind dann die Eltern verpflichtet, alle verfügbaren Mittel gleichmäßig einzusetzen, um den Unterhalt der Kinder zu sichern (s.o. RN **464**). Das bedeutet nicht, daß die Eltern verpflichtet sind, das letzte Stückchen Brot mit ihren Kindern zu teilen; immerhin müssen sie sich auf das für ihren eigenen Lebensbedarf unbedingt Erforderliche beschränken und haben auch den Stamm ihres Vermögens anzugreifen, soweit er nicht zur Sicherung ihres künftigen Eigenbedarfs unverzichtbar ist (dazu Duderstadt FamRZ 98, 273).

b) Ein **arbeitsloser Elternteil** ist zu besonderen Anstrengungen verpflichtet, um den Unterhalt seiner Kinder sicherzustellen. Er hat seine Bemühungen um einen Arbeitsplatz auf das gesamte Bundesgebiet auszudehnen und hat auch Gelegenheits- und Aushilfstätigkeiten anzunehmen, selbst wenn sie für ihn sonst unzumutbar wären (BGH FamRZ 94, 372; Bock FamRZ 98, 43 und 980; s. ergänzend RN **457**).

c) **Heiratet** ein zur Unterhaltsleistung verpflichteter Elternteil und übernimmt er in der neuen Ehe die Haushaltsführung und Betreuung eines aus der neuen Ehe stammenden Kindes, entlastet ihn das nicht von seiner Unterhaltspflicht gegenüber den Kindern aus einer früheren Verbindung. Er muß deshalb seine häusliche Tätigkeit auf das notwendige Maß beschränken und wenigstens eine Nebentätigkeit annehmen, um seine Pflicht den anderen Kindern gegenüber wenigstens teilweise genügen zu können (Hausmann-Rechtsprechung; vgl. BGH NJW 96, 1815; OLG Hamm FamRZ 96, 1493 und 97, 835 betr. eine wiederverheiratete Mutter).

2. Notwendiger Eigenbedarf

476 a) Reichen die zur Verfügung stehenden Mittel nicht aus, um den angemessenen Unterhalt aller Berechtigten zu decken, müssen Kürzungen der Unterhaltsbeträge in Kauf genommen werden, wobei die Leistungsfähigkeit des unterhaltspflichtigen Elternteils nicht dadurch untergraben werden darf, daß ihm bei der Verteilung der vorhandenen Mittel weniger als das Existenzminimum verbleibt. Dieser Grenzbetrag wird sich im allgemeinen nach den Sätzen der Sozialhilfe richten und wird als **notwendiger Eigenbedarf**, **kleiner Selbstbehalt** oder **Mindestbedarf** bezeichnet (BGH NJW 84, 1614).

b) Nach der **Düsseldorfer Tabelle 1999** beträgt der notwendige Eigenbedarf eines erwerbstätigen Ehegatten, der zum Unterhalt seines getrennt lebenden oder geschiedenen Ehegatten und/oder eines minderjährigen Kindes verpflichtet ist, monatlich 1.500 DM, eines nicht Erwerbstätigen monatlich 1.300 DM.

Die Mindestsätze für den Unterhalt der Kinder entsprechen den Regelbeträgen nach § 1 Regelbetrag-VO, die mit den Unterhaltssätzen der 1. Einkommensstufe der Düsseldorfer Tabelle identisch sind (s.o. RN **469**).

Umstritten ist, ob auch für den unterhalts**berechtigten** Ehegatten in Mangelfällen von einem **Pauschalbetrag** zur Deckung seines notwendigen Eigenbedarfs (Existenzminimums) ausgegangen werden darf. Viele Gerichte sind von einer solchen Pauschale ausgegangen, die nach der Düsseldorfer Tabelle ebenso hoch ist wie die Pauschale für den unterhaltspflichtigen Ehegatten (z.B. OLG Düsseldorf FamRZ 96, 167).

Trotz des heftigen Widerstands aus Literatur und Rechtsprechung der OLG hat der BGH eine Bedarfsbemessung nach Mindestsätzen abgelehnt, weil nicht auszuschließen sei, "daß der pauschalierende Mindestbetrag den aus den ehelichen Lebensverhältnissen individuell ermittelten Betrag übersteigt und somit zu einer ungerechtfertigten Bevorzugung des Ehegatten führt" (BGH FamRZ 97, 806, 808). Allerdings ist diese Rechtsprechung insofern überholt, als der BGH zur Anrechnung des Kindergeldes Ausführungen gemacht hat, die im Hinblick auf den in der Zwischenzeit in Kraft getretenen § 1612 b nicht mehr der Rechtslage entsprechen.

c) So ist im Mangelfall die Anrechnung des Kindergeldes verboten, soweit der Unterhaltspflichtige außerstande ist, Unterhalt in Höhe der Regelbeträge zu zahlen (§ 1612 b V). Das bedeutet, daß der barunterhaltspflichtige Elternteil den auf ihn entfallenden Teil des Kindergeldes auf seine Unterhaltsleistung nur in der Höhe anrechnen darf, soweit der Anteil zusammen mit dem zur Verfügung stehenden Geldbetrag den Regelbetrag übersteigt (Weber NJW 98, 1992, 1997). 477

Bsp.: Kann der Vater für seine fünfjährige Tochter Claudia, die bei der Mutter lebt, monatlich nur 250 DM zahlen, dann unterschreitet seine Unterhaltsleistung den Regelbetrag von 355 DM (s.o. RN **469**) um 105 DM. Bei einem monatlichen Kindergeld von 250 DM unterbleibt die Anrechnung des hälftigen Kindergeldanteils von 125 DM in Höhe des Fehlbetrages von 105 DM. Angerechnet wird nur der restliche Kindergeldanteil von 20 DM, so daß der Vater insgesamt eine Unterhaltsrente von 230 DM zu zahlen hat.
Würde § 1612 b V nicht im Mangelfall die Anrechnung verbieten, hätte ein Unterhaltspflichtiger, der lediglich zur Zahlung von monatlich 120 DM in der Lage wäre, überhaupt keine Zahlungsverpflichtung, weil der Kindergeldanteil höher wäre als seine Leistungspflicht. Dieses Ergebnis sollte mit der Ausnahmeregelung verhindert werden.

3. Verschärfte Mangelfälle 478

a) Ein verschärfter **Mangelfall** liegt vor, wenn das Einkommen des Unterhaltspflichtigen nicht einmal zur Deckung seines notwendigen Eigenbedarfs und des Existenzminimums der von ihm zu unterhaltenden Angehörigen ausreicht. In diesem Fall ist vorab der notwendige Eigenbedarf des Unterhaltspflichtigen sicherzustellen. Anschließend wird der verbleibende Betrag in der Weise auf die Unterhaltsberechtigten verteilt, daß ihre jeweiligen Mindestbedarfssätze nach gleichen prozentualen Anteilen gekürzt werden. Dabei ist auch die nur teilweise zulässige Anrechnung der Kindergeldanteile nach Maßgabe des § 1612 b V zu berücksichtigen.

b) Die Berechnung des Unterhalts in Mangelfällen wird zur Zeit kontrovers diskutiert. Nachstehendes Beispiel stellt eine **Berechnungsmöglichkeit** dar:

Monika, die von Viktor getrennt lebende Ehefrau, begehrt für sich und ihre gemeinsamen Kinder Simon (acht Jahre) und Tanja (drei Jahre), die bei ihr leben und von ihr betreut werden, Unterhalt. Monika hat kein Einkommen, doch erhält sie das Kindergeld von 500 DM. Viktor ist berufstätig und verfügt nach Abzug von 200 DM für berufsbedingte Aufwendungen (Fahrtkosten u.ä.) über ein bereinigtes Nettoeinkommen von 2.800 DM.

Als Ausgangspunkt sind folgende Feststellungen zu treffen:
Simon steht nach der Einkommensgruppe 3 der Düsseldorfer Tabelle (DT) eine monatliche Unterhaltsrente von 492 DM zu; Tanja kann für sich 405 DM monatlich beanspruchen. Der angemessene Unterhalt für Monika beläuft sich auf 3/7 des Nettoeinkommens (s.o. RN **356 f**) nach Abzug der Kinderbeträge: 2.800 - 492 - 405 = 1.903 x 3/7 = 816 DM. Da Viktor außerstande ist, neben seinem eigenen Unterhalt noch 1.713 DM an Unterhaltsrenten zu zahlen, muß folgende Mangelfallberechnung vorgenommen werden:

Bei Viktor ist von seinem Einkommen der notwendige Eigenbedarf in Höhe von 1.500 DM abzusetzen (s.o. RN **476**). Dem zur Verteilung an die Familie verbleibenden Betrag von (2.800 - 1.500 =) 1.300 DM stehen Ansprüche der Mutter und der Kinder in Höhe von 1.713 DM gegenüber. Deshalb muß eine verhältnismäßige Kürzung dieser Ansprüche vorgenommen werden:

Monika:	816 x 1.300/1.713	=	619 DM
Simon:	492 x 1.300/1.713	=	374 DM
Tanja:	405 x 1.300/1.713	=	307 DM
			1.300 DM

Da bei dieser Berechnung Simon und Tanja nicht einmal die Regelbeträge erhalten, die der untersten Einkommensstufe der DT entsprechen (431 + 355 DM), kommt nur eine teilweise Anrechnung des Viktor zustehenden Kindergeldanteils in Betracht. Die Anrechnung entfällt bei Simon in Höhe der Differenz zwischen 431 (Regelbetrag) und 374 DM = 57 DM zur Gänze (§ 1612 b V). Nur der Anteil am Kindergeld, der zusammen mit dem zur Verfügung stehenden Geldbetrag den Regelbetrag übersteigt (125 + 374 - 431 =) 68 DM kann Viktor von der Unterhaltsrente für Simon absetzen (374 - 68 =) 306 DM.
Bei Tanja ergibt sich auf dem gleichen Berechnungsweg eine zulässige Anrechnung des Kindergeldanteils in Höhe von 77 DM, so daß sich ihre Unterhaltsrente auf (307 - 77 =) 230 DM reduziert.
Die Hälfte des Kindergeldes, das Monika erhält und die dem Anteil ihres Mannes entspricht, hat sie für den Unterhalt der Kinder zu verwenden, die auf diese Weise wenigstens den Regelbetrag erhalten, und zwar Simon (306 + 125 =) 431 DM, Tanja (230 + 125 =) 355 DM.
Da die Verteilungsmasse von 1.300 DM nur in Höhe von (306 + 230 + 619 =) 1.155 DM in Anspruch genommen wird, verbleibt für Viktor ein Restbetrag von 145 DM, so daß sich sein Selbstbehalt auf 1.645 DM erhöht.
Die andere Hälfte des Kindergeldes, die Monikas Anteil ausmacht, darf sie zur Ergänzung ihres eigenen Unterhalts verwenden und erreicht dadurch (619 + 250 =) 869 DM; denn auf Monika trifft § 1612 b V nicht zu, da ihre Kinder den Regelbetrag erhalten und sie die ihr obliegende Unterhaltsleistung durch die Betreuung der Kinder in vollem Umfang erbringt (§ 1606 III 2). Da Monika mit 869 DM im Monat unterhalb des Existenzminimums liegen dürfte, wird sie wegen des Fehlbetrages auf Sozialhilfe angewiesen sein.

IV. Reihenfolge unterhaltspflichtiger und unterhaltsberechtigter Personen

479 Hat ein Bedürftiger **mehrere Angehörige**, die in der Lage sind, ihm Unterhalt zu gewähren, legt das Gesetz fest, in welcher Reihenfolge sie der Bedürftige in Anspruch nehmen darf. Umgekehrt kann es sein, daß **mehrere Bedürftige** vorhanden sind und daß der Unterhaltspflichtige außerstande ist, die Ansprüche aller zu befriedigen. Auch in diesem Fall bestimmt das Gesetz, in welcher Reihenfolge ihnen ein Unterhaltsanspruch zusteht.

1. Reihenfolge der unterhaltspflichtigen Angehörigen

a) In erster Linie haftet der **Ehegatte** des Bedürftigen vor dessen Verwandten (§ 1608, 1). Nur soweit der Ehegatte außerstande ist, ohne Gefährdung seines angemessenen Unterhalts seinem bedürftigen Partner Unterhalt zu leisten, haften die Verwandten des Bedürftigen vor ihm (§ 1608, 2). Diese Regelung gilt auch im Verhältnis eines **geschiedenen Ehegatten** zu seinem früheren Ehegatten (§ 1584; s.o. RN **370**). Die Verwandten haften auch dann, wenn der Ehegatte zwar leistungsfähig, aber nicht leistungswillig ist und die Rechtsverfolgung gegen ihn im Inland ausgeschlossen oder erheblich erschwert wäre (§ 1608, 3 i.V.m. § 1607 II und IV; vgl. hierzu RN **459**).

b) In zweiter Linie haften die **Abkömmlinge** des Unterhaltsberechtigten (zum Begriff s.o. RN **242**), wobei die näheren vor den entfernteren Abkömmlingen zur Unterhaltsleistung verpflichtet sind (§ 1606 I, II). Das bedeutet, daß die Kinder des Unterhaltsberechtigten vor dessen Enkelkindern auf Unterhalt haften.

c) Falls keine Abkömmlinge vorhanden oder diese leistungsunfähig sind, haften an dritter Stelle die **Verwandten der aufsteigenden Linie** auf Unterhalt, und zwar die näheren vor den entfernteren (§ 1606 I, II). Das bedeutet, daß die Eltern ihren Kindern gegenüber **vor** deren Großeltern unterhaltspflichtig sind.

Übersicht zur Reihenfolge unterhaltspflichtiger Personen: 480

1. Ehegatte, 2. Kinder, 3. Enkel, 4. Eltern, 5. Großeltern

d) Die Eltern haften den Kindern gegenüber (wie alle gleich nahen Verwandten) nur **anteilig** auf Unterhalt, und zwar nach ihren Erwerbs- und Vermögensverhältnissen (§ 1606 III 1). Ein Kind kann sich daher nicht aussuchen, ob es vom Vater oder von der Mutter den gesamten Unterhalt beanspruchen darf. Da jeder Elternteil nur entsprechend seinen finanziellen Verhältnissen den Barbedarf des Kindes zu befriedigen hat, wird ihr Anteil, wenn beide Elternteile berufstätig sind, verschieden hoch ausfallen. Derjenige Elternteil, der sich der Pflege und Erziehung eines minderjährigen Kindes widmet, braucht allerdings zur Deckung des Barbedarfs in der Regel nichts beizutragen (§ 1606 III 2; s.o. RN **461**), sofern er nicht wesentlich mehr verdient als der andere Elternteil (OLG Bamberg FamRZ 95, 566). Auch dann, wenn ein Elternteil verstorben ist oder aus anderen Gründen nicht auf Unterhalt in Anspruch genommen werden kann, hat der andere den Unterhalt allein aufzubringen.

e) Kommt ein Elternteil **allein** für den Barunterhalt eines gemeinsamen Kindes auf, will er damit in der Regel nicht den anderen Elternteil entlasten. Ihm steht dann ein **familienrechtlicher Ausgleichsanspruch** gegen den anderen Elternteil zu, wenn dieser ebenfalls barunterhaltspflichtig war. Dieser Ausgleichsanspruch ist nicht auf den Ersatz für die persönliche Betreuung gerichtet (BGH FamRZ 94, 1102; dagegen Scholz FamRZ 94, 1314).

Der Anspruch unterliegt den Schranken des § 1613 (BGH NJW 88, 2375), kann also für die Vergangenheit erst verlangt werden, nachdem der andere Elternteil aufgefordert worden ist, über seine wirtschaftlichen Verhältnisse Auskunft zu erteilen, aber auch im Falle des Verzugs oder der Rechtshängigkeit des Anspruchs (s.u. RN **481**).

2. Reihenfolge der Unterhaltsberechtigten

481 Erheben mehrere Bedürftige einen Unterhaltsanspruch gegen einen Verwandten oder (geschiedenen) Ehegatten, wird der zum Unterhalt Verpflichtete oft außerstande sein, alle Ansprüche zu erfüllen. Deshalb bestimmt § 1609, welcher Bedürftige vor allen anderen Unterhalt beanspruchen darf:

a) An **erster Stelle** sind die **minderjährigen unverheirateten Kinder** unterhaltsberechtigt, und zwar gleichgültig, ob es sich um eheliche oder nichteheliche, um leibliche oder adoptierte Kinder handelt, sowie unabhängig davon, aus welcher Ehe des Unterhaltsschuldners sie stammen (§ 1609 I).

Den **gleichen Rang** wie diese Kinder nehmen seit der Reform die **volljährigen Kinder** bis zur Vollendung des 21. Lebensjahres ein, sofern sie nicht verheiratet sind, im Haushalt der Eltern oder eines Elternteils leben und sich in der allgemeinen Schulausbildung befinden (s.o. RN **463**).

Wiederum den **gleichen Rang** wie diese Kinder nimmt der **Ehegatte** des Unterhaltsschuldners ein (§ 1609 II). Damit ist sowohl der jetzige als auch der geschiedene Ehegatte gemeint; sind beide unterhaltsbedürftig, kommt es darauf an, wer nach § 1582 den **Vorrang** hat (BGHZ 104, 158, 165), was in der Regel auf den geschiedenen Ehegatten zutrifft (s.o. RN **372**).

In diesem Fall kann der **neue** Ehegatte erst dann Unterhalt beanspruchen,

- wenn zuerst die Unterhaltsansprüche aller minderjährigen unverheirateten und diesen gleichstehenden volljährigen Kinder erfüllt sind;
- wenn der nach den Lebensverhältnissen der Ehegatten (§ 1578) bemessene Unterhaltsbedarf des geschiedenen Ehegatten gesichert ist und
- wenn dem Unterhaltsschuldner ein angemessener Selbstbehalt von seinen Einkünften verbleibt (BGHZ 104, 158, 168).

b) Reichen die Einkünfte des Unterhaltsschuldners nicht aus, um das Existenzminimum aller **gleichrangig** Beteiligten zu sichern, sind alle Ansprüche nach Maßgabe der Ausführungen in RN **478** zu kürzen.

Sollte ausnahmsweise zwischen dem neuen und dem geschiedenen Ehegatten gemäß § 1582 **Gleichrang** herrschen (s.o. RN **372**), hat auch der neue Ehegatte Anspruch darauf, entsprechend seinem Unterhaltsbedarf in gleicher Weise wie der geschiedene Ehegatte in die Unterhaltsberechnung einbezogen zu werden (vgl. Hampel FamRZ 95, 1177; BGH FamRZ 96, 1272).

c) An **zweiter Rangstelle** stehen die minderjährigen **verheirateten** Kinder und die **volljährigen** Kinder, soweit sie nicht nach § 1603 II 2 bevorrechtigt sind.

An **dritter Rangstelle** folgen die Unterhaltsansprüche der **Enkel**.

Die **vierte Rangstelle** nehmen die **Eltern** des Unterhaltspflichtigen ein. Als letzte sind die **Großeltern** des Unterhaltspflichtigen an der Reihe.

3. Übersicht zur Reihenfolge unterhaltspflichtiger Personen: 482

Die **minderjährigen** unverheirateten **Kinder**
und die ihnen nach § 1603 II 2 gleichstehenden **volljährigen Kinder**
des Unterhaltspflichtigen **stehen** im **Gleichrang**
mit seinem

Ehegatten,

geschiedenen Ehegatten
im Falle des Vorrangs
nach § 1582,

neuen Ehegatten
und seinem geschiedenen
Ehegatten bei Gleichrang zwischen ihnen
nach § 1582.

Der neue Ehegatte folgt
im Rang nach dem
geschiedenen Ehegatten

Danach folgen
die minderjährigen verheirateten Kinder
und die nicht bevorrechtigten volljährigen Kinder,

die Enkel,

die Eltern,

die Großeltern.

Beachte: Waren und sind die Eltern eines Kindes nicht miteinander verheiratet, haben die Unterhaltsansprüche der Mutter nach § 1615 l I und II gegen den Vater **Vorrang** vor den Ansprüchen der Mutter gegen ihre Verwandten oder gegen ihren (geschiedenen oder getrennt lebenden) Ehegatten (OLG Hamm FamRZ 97, 1538). Im Verhältnis zu der Ehefrau des Vaters oder dessen minderjährigen Kindern (sowie den ihnen gleichgestellten volljährigen Kindern) gehen die Ansprüche der Mutter im Rang nach, sind aber gegenüber Ansprüchen der verheirateten oder volljährigen Kinder des Vaters vorrangig (§ 1615 l III).

V. Die Art der Unterhaltsgewährung

1. Barunterhalt und Naturalunterhalt 483

a) Der Unterhalt kann sowohl in Form des Barunterhalts als auch des Naturalunterhalts geleistet werden. Minderjährige Kinder, die bei ihren Eltern leben, erhalten ihren Unterhalt im Rahmen der elterlichen Sorge meist in Form der persönlichen Betreuung; ferner gehören die Aufwendungen zur Deckung des **Barbedarfs** zum Unterhalt (s.o. RN **461**).

b) Der **Barunterhalt** besteht dagegen aus einer monatlich im voraus zu zahlenden **Geldrente**, wobei die einzelne Rate auch dann geschuldet wird, wenn der Berechtigte im Laufe eines Monats stirbt (§ 1612 I 1, III). Der Anspruch auf eine Geldrente steht nicht nur Verwandten, sondern auch getrennt lebenden oder geschiedenen **Ehegatten** zu (§§ 1361 IV, 1585 I).

c) Liegen besondere Gründe vor, kann der zur Zahlung einer Geldrente Verpflichtete verlangen, daß er den Unterhalt **in anderer Art** erbringen darf (§ 1612 I 2).

Bsp.: Die bedürftigen Eltern leben auf dem Gutshof ihres Sohnes; dieser kann anordnen, daß die Eltern ihren Unterhalt in der Hauptsache durch Naturalleistungen erhalten.

2. Bestimmungsrecht der Eltern

484 a) Sind Eltern einem **unverheirateten Kind** unterhaltspflichtig, können sie bestimmen, in welcher Art und Weise und für welche Zeit im voraus das Kind den Unterhalt erhalten soll (§ 1612 II 1). Dieses Bestimmungsrecht gilt sowohl für minderjährige als auch volljährige Kinder, sofern sie noch ledig sind. Dadurch haben die Eltern die Möglichkeit, ihrer Unterhaltspflicht in der Weise nachzukommen, wie es ihren wirtschaftlichen Verhältnissen angemessen ist. Außerdem dürfen die Eltern durch die Art der von ihnen gewählten Unterhaltsleistung einen gewissen Einfluß auf die Lebensführung auch eines volljährigen Kindes nehmen (BGH FamRZ 81, 250, 252); dabei haben sie jedoch auf die Belange des Kindes die gebotene Rücksicht zu nehmen, insbes. bei volljährigen Kindern (§ 1612 II 1 a.E.)

Bsp.: Die Eltern sind berechtigt, bei einem minderjährigen Kinde zu bestimmen, daß an die Stelle der Betreuung im eigenen Haushalt die Betreuung in einem Internat tritt.
Bei einem volljährigen Kind können die Eltern verlangen, daß es Verpflegung und Unterkunft zu Haus entgegenzunehmen hat, um zu verhindern, daß das Kind aus der elterlichen Wohnung auszieht.

b) Ein Elternteil, dem die **persönliche Sorge** für sein minderjähriges Kind **nicht zusteht**, darf das Bestimmungsrecht nur für den Zeitraum ausüben, in dem das Kind in **seinen Haushalt aufgenommen** ist (§ 1612 II 3).

Das Bestimmungsrecht ist bei einem **minderjährigen Kind** von **beiden Eltern** auszuüben, sofern nicht ein Elternteil allein sorgeberechtigt ist oder der andere Elternteil das Kind in seinen Haushalt aufgenommen hat. Besondere Schwierigkeiten ergeben sich dann, wenn das Kind **volljährig** ist und seine Eltern getrennt leben oder geschieden sind. Dann darf der unterhaltspflichtige Elternteil nach der Rechtsprechung **allein bestimmen** und sich z.B. für den Naturalunterhalt entscheiden; doch muß diese Regelung auch für den anderen Elternteil zumutbar sein und seine schutzwürdigen Interessen berücksichtigen (BGHZ 104, 224, 229).

Bsp.: Lebt die 25jährige unterhaltsbedürftige Tochter mit ihrem Freund in einer Wohngemeinschaft, wird der von seiner Frau getrennt lebende Vater als berechtigt angesehen werden können, das Bestimmungsrecht allein auszuüben, wenn er bereit und imstande ist, den gesamten Unterhalt für die Tochter in seiner Wohnung zu leisten.
Anders kann es sein, wenn die Tochter seit langem mit der ebenfalls unterhaltsbedürftigen Mutter zusammenlebt und der unterhaltspflichtige Vater das Kind in seinen Haushalt aufnehmen möchte.

c) Liegen **besondere Gründe** vor, kann das FamG auf Antrag des Kindes die 485
Bestimmung der Eltern über die Art und Weise der Unterhaltsgewährung **ändern** (§ 1612 II 2). Das wird nur ausnahmsweise in Betracht kommen, weil die Rechtsprechung strenge Voraussetzungen an eine Abänderung knüpft (vgl. OLG Düsseldorf FamRZ 96, 235).

Der praktisch häufigste Fall für Abänderungswünsche minderjähriger und volljähriger Kinder besteht in dem Wunsch, das Elternhaus zu verlassen und Barunterhalt von den Eltern zu beziehen. Dieser Wunsch allein ist noch kein besonderer Grund im Sinne des Gesetzes; es kommt jedoch auf eine Abwägung der Umstände des Einzelfalls an (OLG Frankfurt FamRZ 82, 1231).

Bsp. für besondere Gründe:
körperliche Züchtigung einer fast volljährigen Tochter (OLG Zweibrükken FamRZ 86, 1034); Aufzwingen des elterlichen Willens gegenüber einem erwachsenen Kinde; unangemessene Überwachungsmaßnahmen der Eltern, die zu einer tiefgehenden Entfremdung geführt haben (OLG Hamburg FamRZ 90, 1269); Hausverbot für den Freund bzw. die Freundin des erwachsenen Kindes (OLG Hamburg FamRZ 89, 309); Notwendigkeit des Ortswechsels wegen eines bestimmten Studienfachs (BGH FamRZ 96, 798), aber auch beim Wechsel zum anderen Elternteil (OLG Schleswig FamRZ 98, 1195).

Bsp. für das Fehlen besonderer Gründe:
eine vom Kind provozierte Entfremdung zu seinen Eltern (KG FamRZ 90, 791); gelegentliche Meinungsverschiedenheiten, wie sie bei heranwachsenden Kindern nicht ungewöhnlich sind (OLG Frankfurt FamRZ 79, 955); die bereits durchgeführte eigenmächtige Trennung von der Familie (OLG Frankfurt FamRZ 80, 820); ein nicht sachlich gebotener Wechsel des Studienortes.

VI. Unterhalt für die Vergangenheit 486

Zweck einer Unterhaltsrente ist es, den gegenwärtigen und zukünftigen Lebensbedarf eines Bedürftigen zu decken. Nach dem Grundsatz, den schon die alten Römer gekannt haben: "In der Vergangenheit lebt man nicht" ("in praeteritum non vivitur"), kann deshalb nur ausnahmsweise Unterhalt für eine zurückliegende Zeit verlangt werden.

1. Voraussetzung dafür ist nach § 1613 I, daß

a) der Unterhaltspflichtige zur Vorbereitung eines Unterhaltsanspruchs aufgefordert worden ist, über seine Einkünfte und sein Vermögen **Auskunft zu erteilen**; oder

b) der Unterhaltspflichtige in **Verzug** geraten ist; oder

c) der Unterhaltsanspruch **rechtshängig** geworden ist.

zu a): Diese Voraussetzung ist durch die Reform des Unterhaltsrechts eingeführt worden, um die rückwirkende Geltendmachung von Unterhaltsansprüchen zu erleichtern.
Dabei ist wichtig, daß das Auskunftsverlangen dem Unterhaltspflichtigen im Sinne des § 130 **zugegangen** sein muß und diesem deutlich gemacht hat, daß die Auskunft zur Erhebung einer Unterhaltsklage benötigt wird. - Die Verpflichtung, eine Auskunft erteilen zu müssen, richtet sich nach § 1605. Für **geschiedene Ehegatten** gilt diese Erleichterung, Unterhalt für die Vergangenheit beanspruchen zu können, **nicht**; sie können rückständigen Unterhalt nur unter den Voraussetzungen zu b) und c) geltend machen.

487 zu b): **Verzug** setzt Fälligkeit der Forderung, Mahnung und Verschulden voraus (§§ 284, 285, 276 I).

Die Unterhaltsforderung wird **fällig**, sobald alle Voraussetzungen für ihr Entstehen gegeben sind (s.o. RN **450** f). Unter der **Mahnung** ist die an den Unterhaltsschuldner gerichtete Aufforderung zu verstehen, ihm Unterhalt zu gewähren. Diese Aufforderung muß **nach** dem Eintritt der Fälligkeit erfolgen (BGH FamRZ 92, 920; abl. Bentert FamRZ 93, 890) und so konkret sein, daß der Unterhaltsschuldner genau weiß, welche Leistung von ihm verlangt wird (BGH NJW 84, 868). Eine **Wiederholung** der Mahnung ist nicht erforderlich, solange die Voraussetzungen des Unterhaltsanspruchs fortbestehen (OLG Bamberg FamRZ 90, 1235). Für ein minderjähriges Kind wird die Mahnung durch seinen gesetzlichen Vertreter ausgesprochen (das ist im allgemeinen ein Elternteil gemäß § 1629; s.u. RN **556**).

Verschulden ist beim Verzug fast immer gegeben, weil der Unterhaltsschuldner nur selten triftige Gründe dafür angeben kann, weshalb er nicht in der Lage ist, seiner Unterhaltspflicht zu genügen. Macht er seine **mangelnde Leistungsfähigkeit** geltend, gerät er nur dann nicht in Verzug, wenn er im Sinne des § 1603 tatsächlich leistungsunfähig ist; andernfalls (s.o. RN **457**) kann seine Mittellosigkeit den Eintritt des Verzuges nicht hindern (§ 279).

Der Verzug **beginnt** mit dem **Zugang der Mahnung** beim Unterhaltsschuldner (§ 130). Leistet er daraufhin keinen Unterhalt, muß der Berechtigte gerichtliche Hilfe in Anspruch nehmen (s.o. RN **449**). Unterläßt er dies, droht zwar nicht die **Verjährung** des gesamten Unterhaltsanspruchs (§ 194 II), aber die einzelnen Monatsraten verjähren nach **vier Jahren**, wobei diese Frist am Ende des Jahres zu laufen beginnt, in dem die Raten fällig geworden sind (§§ 197, 201). Handelt es sich um Unterhaltsansprüche eines minderjährigen Kindes gegen seine Eltern, ist jedoch die Verjährung gehemmt, solange das Kind minderjährig ist (§ 204).
Beruht die Unterhaltspflicht auf einem **Vertrag** oder Vergleich zwischen einem bedürftigen und einem leistungsfähigen Verwandten oder Ehegatten, ist eine Mahnung des Schuldners entbehrlich; denn er kennt seine Verpflichtung bereits aus der abgeschlossenen Vereinbarung (OLG Bremen FamRZ 81, 972). Auch in diesem Fall droht aber die **Verjährung** der einzelnen Unterhaltsraten, falls sich der Schuldner weigert, seiner Unterhaltspflicht freiwillig nachzukommen.

zu c): Die gleiche Wirkung wie der Verzug hat die **Rechtshängigkeit** des Unterhaltsanspruchs. Sie beginnt mit der **Klageerhebung**, d.h. mit der Zustellung der Klageschrift an den Unterhaltsschuldner (§§ 261 I, 253 I ZPO).

Im **Mahnverfahren** tritt die Rechtshängigkeit mit der Zustellung des Mahnbescheids ein, wenn die Streitsache alsbald, nachdem der Schuldner Widerspruch gegen den Bescheid eingelegt hat, an das zuständige AG abgegeben wird (§ 284 I 2 BGB, § 696 III ZPO).

2. Sonderbedarf für die Vergangenheit 488

Ist beim Unterhaltsberechtigten ein **Sonderbedarf** eingetreten, kann die nachträgliche Bezahlung dieser Aufwendungen ohne die Einschränkung durch § 1613 I verlangt werden (§ 1613 II Nr. 1).

Unter einem **Sonderbedarf** wird ein unregelmäßiger, d.h. nicht ohne weiteres voraussehbarer **außergewöhnlich hoher** Bedarf verstanden, der bei der Höhe der laufenden Unterhaltsrente nicht berücksichtigt werden konnte (vgl. BGH FamRZ 82, 145; OLG Karlsruhe FamRZ 97, 967). Aber auch dieser Anspruch kann nicht ohne jede zeitliche Begrenzung geltend gemacht werden, sondern nur **innerhalb eines Jahres** nach seiner Entstehung.
Nach Ablauf dieses Jahres kann der Unterhaltsschuldner die Zahlung verweigern, wenn er nicht **vorher** in Verzug gekommen oder der Anspruch rechtshängig geworden ist (§ 1613 II Nr. 1, 2.HS).

Bsp. für Sonderbedarf: Ein nach einer Erkrankung notwendig gewordener Kuraufenthalt (OLG Köln FamRZ 86, 593); eine mehrjährige kieferorthopädische Behandlung (OLG Karlsruhe FamRZ 92, 1317); eine nur im Ausland durchzuführende Operation; das Auslandsstudium des Kindes (OLG Hamm NJW 94, 2627); die Anschaffung von Hausratsgegenständen, die durch Brand oder Diebstahl verlorengegangen sind; überraschend erforderlich gewordener Nachhilfeunterricht; nicht voraussehbare Kosten einer Klassenfahrt.

Kein Sonderbedarf sind: Altenpflegekosten (OLG Hamm FamRZ 96, 1218); Kosten für Kommunion oder Konfirmation (OLG Düsseldorf FamRZ 90, 1144); Kosten für Kindergartenbesuch (OLG Stuttgart NJW 98, 3129).

3. Verhinderung des Unterhaltsanspruchs 489

a) Es handelt sich um einen durch das KindUG eingeführten Tatbestand, der es ermöglichen soll, einen Unterhaltsanspruch auch für **den** Zeitraum nachträglich geltend zu machen, in dem der Berechtigte aus rechtlichen oder tatsächlichen Gründen, die im **Verantwortungsbereich des Pflichtigen** liegen, an der Geltendmachung des Anspruch verhindert war (§ 1613 II Nr. 2).

Bsp. für **rechtliche Behinderung:** Der Unterhaltsanspruch eines Kindes gegen seinen Vater entsteht bereits mit seiner Geburt (§ 1601); hatte es zu diesem Zeitpunkt keinen gesetzlichen Vater, war das Kind solange rechtlich gehindert, seinen Unterhaltsanspruch geltend zu machen, bis die Vaterschaft anerkannt oder gerichtlich festgestellt worden ist. - Dies gilt entsprechend für die Unterhaltsansprüche der Mutter eines solchen Kindes gegen dessen Vater (§ 1615 l III 4).

Bsp. für **tatsächliche Behinderung:** Der Unterhaltspflichtige hält sich auf Dauer im Ausland auf oder ist unbekannten Aufenthalts, so daß der Unterhaltsanspruch seines Kindes nicht oder nur mit zeitlicher Verzögerung durchgesetzt werden kann. Ebenso ist es, wenn der Vater mit unlauteren Mitteln das Kind oder dessen gesetzlichen Vertreter veranlaßt, von einer Unterhaltsklage abzusehen.

b) Sind wegen der rechtlichen oder tatsächlichen Verhinderung große Unterhaltsrückstände aufgelaufen, kann deren gesamte Einforderung die Leistungskraft des Unterhaltspflichtigen deutlich übersteigen.

Wenn daher die sofortige Erfüllung für den Pflichtigen eine **unbillige Härte** darstellen würde, kann er gegen diese Forderung einwenden, daß es der Billigkeit entspreche, ihm die rückständigen Beträge vollständig (oder teilweise) zu erlassen oder ihm Stundung zu gewähren oder Ratenzahlungen zu bewilligen (§ 1613 III 1).

Diese Einwendungen kann der Unterhaltsschuldner auch gegenüber **Dritten** erheben, die an seiner Stelle dem Kind Unterhalt gewährt haben (§ 1613 III 2; s.o. RN **459**).

c) Eine **Abänderungsklage** kann grundsätzlich nur für die Zeit **nach** Erhebung dieser Klage Erfolg haben (§ 323 III 1 ZPO). Nunmehr kann die Abänderung von Urteilen oder anderen Vollstreckungstiteln, die Unterhaltsleistungen für Familien, Ehegatten oder Verwandten zum Gegenstand haben, auch für die Zeit **vor** Erhebung der Abänderungsklage verlangt werden, wenn die sonstigen Voraussetzungen des § 1613 dafür vorliegen (§ 323 III 2 ZPO). Doch gilt diese Ausnahmeregelung nur für Abänderungsansprüche eines Unterhalts**berechtigten.**

VII. Ergänzende Vorschriften zum Unterhaltsrecht

1. Beschränkung oder Wegfall der Unterhaltsverpflichtung

490 Die Erfüllung der Unterhaltspflicht kann im Einzelfall **unzumutbar** sein und die Einschränkung oder den Wegfall des Unterhaltsanspruchs zur Folge haben.

Nach § 1611 I kommen dafür folgende Fälle in Betracht:

- Der Unterhaltsberechtigte ist durch sein **sittliches Verschulden** bedürftig geworden (z.B. durch Spielleidenschaft, durch Trunk- oder Drogensucht; vgl. OLG Celle FamRZ 90, 1142);
- Der Unterhaltsberechtigte hat seine eigene Unterhaltspflicht gegenüber dem Unterhaltspflichtigen **gröblich vernachlässigt** (z.B. hat ein Elternteil seine Kinder längere Zeit unversorgt gelassen und ist später selbst unterhaltsbedürftig geworden; vgl. AG Germersheim FamRZ 90, 1387);
- Der Unterhaltsberechtigte hat vorsätzlich eine **schwere Verfehlung** gegen den Unterhaltspflichtigen oder gegen einen von dessen nahen Angehörigen begangen (vgl. OLG Bamberg FamRZ 92, 717 mit Anm. Ewers FamRZ 92, 719 und Schütz FamRZ 92, 1338 sowie die Bsp. zu § 1579 Nr. 2 bei RN **363**).

In diesen Fällen braucht der Unterhaltspflichtige nur einen **Beitrag zum Unterhalt** in der Höhe zu leisten, die der Billigkeit entspricht. Im Falle **grober Unbilligkeit** entfällt die Unterhaltsverpflichtung gänzlich (§ 1611 I 2).

Ergänzt wird diese Regelung durch die Vorschrift, daß der Bedürftige wegen des teilweisen oder gänzlichen Ausfalls seines Unterhaltsanspruchs nicht einen anderen Verwandten in Anspruch nehmen darf (§ 1611 III).

Beachte: Die Einschränkung oder der Wegfall der Unterhaltspflicht aus den oben genannten Gründen kommt gegenüber **minderjährigen unverheirateten Kindern** nicht in Betracht (§ 1611 II).

2. Verzicht auf den Unterhaltsanspruch

491 a) Für die **Zukunft** kann auf Unterhalt **nicht** verzichtet werden (§ 1614 I); auch nicht teilweise, z.B. durch Vereinbarung einer unangemessen niedrigen Unterhaltsrente. Mit dieser Vorschrift wird u.a. erreicht, daß nicht der an erster Rangstelle zur Unterhaltsleistung Verpflichtete entlastet und an seiner

Stelle ein anderer Verwandter unterhaltspflichtig gemacht werden kann. Auch könnte sich sonst ein derartiger Verzicht zu Lasten öffentlicher Kassen, insbes. der Sozialhilfe, auswirken. Vereinbarungen, durch die § 1614 umgangen werden soll, sind deshalb gemäß § 134 nichtig.

b) Als **Ausnahme** von § 1614 ist es geschiedenen Ehegatten gestattet, für die Zukunft auf Unterhalt zu verzichten (§ 1585 c; s.o. RN **330**). Zulässig ist außerdem ein Unterhaltsverzicht für die **Vergangenheit**, z.B. wenn es den Sonderbedarf betrifft.

c) Will der Unterhaltspflichtige eine **Vorauszahlung** leisten, ist es zweckmäßig, die Rente nicht für länger als **drei Monate im voraus** zu entrichten. Leistet er eine größere Vorauszahlung, läuft er Gefahr, nochmals zahlen zu müssen, wenn der Berechtigte nach Ablauf von drei Monaten wieder bedürftig geworden ist (§ 1614 II i.V.m. § 760 II).

3. Erlöschen des Unterhaltsanspruchs 492

Der Anspruch auf Unterhalt ist höchstpersönlicher Natur. Beim **Tod** des Berechtigten oder Verpflichteten geht der Anspruch nicht auf die Erben über, sondern er **erlischt** (§ 1615 I). Das Erlöschen des Unterhaltsanspruchs tritt aber dann nicht ein, soweit es sich um Ansprüche für die Vergangenheit oder um bereits zur Zeit des Todes fällig gewesene Ansprüche handelt (vgl. § 1612 III 2).
Auch beim Tod des unterhaltspflichtigen geschiedenen **Ehegatten** erlischt der Unterhaltsanspruch nicht, sondern geht auf dessen Erben als Nachlaßverbindlichkeit über (§ 1586 b; s.o. RN **375**). Der Grund für diese Ausnahme liegt darin, daß dem geschiedenen Ehegatten kein Erbrecht zusteht und er durch die Vererblichkeit seines Unterhaltsanspruchs einen gewissen Ausgleich dafür erhalten soll.

Ist der Unterhaltsanspruch durch den Tod des Unterhaltspflichtigen erloschen, kann er in der Person des an nächster Rangstelle stehenden Verwandten neu entstehen.

Beim Tod des Unterhaltsberechtigten muß der Verpflichtete die **Kosten der Beerdigung** tragen, soweit die Bezahlung nicht von dessen Erben zu erlangen ist (§ 1615 II).

VIII. Das Kind und seine nicht miteinander verheirateten Eltern

Einführung 493

Die Reform des Kindschaftsrechts hat in den meisten, aber nicht in allen Fällen die rechtliche Gleichstellung von ehelichen und nichtehelichen Kindern zustande gebracht. So enthalten die Sondervorschriften der §§ 1615 a, 1615 l bis 1615 o ausschließlich Regelungen, die nichteheliche Kinder und ihre Eltern betreffen. Da jedoch der Gebrauch des Wortes "nichtehelich" für den Gesetzgeber tabu war, mußte er diesen allgemein gebräuchlichen Ausdruck in gewundenen Formulierungen umschreiben. Dabei ist anstelle einer juristisch einwandfreien Definition eine umständliche Aufzählung negativer Merkmale getreten, die dazu noch in sich unklar und verwirrend sind.

Schon die Überschrift, die von den "Besonderen Vorschriften für das Kind und seine nicht miteinander verheirateten Eltern" spricht, trifft auch auf das Kind aus einer geschiedenen Ehe zu, dessen Eltern nicht (mehr) miteinander verheiratet sind; aber gerade dieses Kind ist hier nicht gemeint.
Wenn es in § 1615 a ohne jede zeitliche Abgrenzung heißt, daß die besonderen Vorschriften dann nicht gelten sollen, wenn die Eltern nach der Geburt des Kindes geheiratet haben, dann ist dies zumindest unklar; haben die Eltern z.B. erst drei Jahre nach der Geburt des Kindes (oder noch später) geheiratet, gelten diese Vorschriften in jedem Fall.
Damit zählt § 1615 a (neben § 1318) zu den am wenigsten gelungenen Bestimmungen im Rahmen der Reformgesetze.

Im Gegensatz zu einer verheirateten Frau, die bei der Geburt eines Kindes in der Regel keine existenziellen Probleme mit ihrem Unterhalt und der Versorgung ihres Kindes hat, ist die alleinstehende Mutter in hohem Maße schutzbedürftig. Aus diesem Grunde gewährt § 1615 l der Mutter aus Anlaß der Geburt einen Unterhaltsanspruch gegen den Vater, der sich aus zwei verschiedenen Ansprüchen zusammensetzt:

1. *Der reguläre Anspruch der Mutter aufgrund der Entbindung*

494 a) Der Mutter steht ein begrenzter Unterhaltsanspruch gegen den Vater ihres Kindes zu, und zwar für die Zeit von sechs Wochen **vor** und acht Wochen **nach** der Geburt des Kindes (§ 1615 l I), was den Schutzfristen des Mutterschutzgesetzes vom 18.4.1968 entspricht. Die Vaterschaft des in Anspruch genommenen Mannes muß zu diesem Zeitpunkt noch nicht feststehen; denn es genügt, wenn der Mann seine Vaterschaft nicht bestreitet (OLG Zweibrücken FamRZ 98, 554, aber umstr.). Der Unterhaltsanspruch der Mutter kommt auch gegen den Partner einer nichtehelichen Lebensgemeinschaft in Betracht, wenn er sich zu dem Kind bekennt.

b) Ferner hat die Mutter einen Anspruch auf Erstattung der **Entbindungskosten** und sonstiger Kosten infolge der Schwangerschaft gegen den Vater, und zwar gleichgültig, wann sie entstanden sind (§ 1615 l I 2).

Der Anspruch umfaßt u.a. die Kosten für die Hebamme oder den Arzt, die Kosten eines Klinikaufenthalts und die Kosten für weitere Aufwendungen, z.B. wenn diese durch Komplikationen infolge der Schwangerschaft oder der Entbindung notwendig werden.

2. *Der außerordentliche Unterhaltsanspruch der Mutter*

495 a) Soweit die Mutter infolge der Schwangerschaft oder einer durch Schwangerschaft oder Entbindung verursachten **Krankheit** außerstande ist, **erwerbstätig** zu sein, ist sie berechtigt, vom Vater auch außerhalb des regulären Zeitraums Unterhalt zu verlangen (§ 1615 l II 1). Dies gilt auch dann, wenn die Mutter zwar erwerbstätig sein könnte, von ihr aber wegen der Pflege oder Erziehung des Kindes (oder anderer Kinder) eine Erwerbstätigkeit nicht erwartet werden kann (§ 1615 l II 2; dazu BGH FamRZ 98, 541).

b) Diese Unterhaltsverpflichtung kann frühestens vier Monate vor der Geburt beginnen und danach drei Jahre andauern. Doch kann der Vater zu weitergehenden Unterhaltsleistungen verpflichtet sein, wenn das Ende des Unterhalts nach drei Jahren "insbesondere unter Berücksichtigung der Belange des Kindes grob unbillig wäre". Das kann z.B. bei besonderer Pflegebedürftigkeit eines behinderten Kindes der Fall sein.

3. *Ergänzende Vorschriften* 496

a) Die in § 1615 l geregelten Ansprüche der Mutter sind echte **Unterhaltsansprüche**, auf die die Vorschriften des Verwandtenunterhalts entsprechend anzuwenden sind (§ 1615 l III 1). Allgemeine Voraussetzung ist deshalb, daß die Mutter **bedürftig** und der Mann **leistungsfähig** sein müssen. Das Maß des Unterhalts richtet sich dabei allein nach der Lebensstellung der Mutter, nicht nach der des Vaters. Der Mindestunterhalt der Mutter beläuft sich nach der Düsseldorfer Tabelle zur Zeit auf 1.300 DM im Monat. Erhält die Mutter während der genannten Zeiträume eine Lohnfortzahlung durch den Arbeitgeber, entfällt insoweit ihr Anspruch gegen den Vater.

Für den Unterhalt der Mutter hat der Vater **vor** deren Verwandten aufzukommen (§ 1615 l III 2). Zur **Reihenfolge** bei mehreren unterhaltsbedürftigen Angehörigen des Vaters vgl. RN **482**.

b) Die alleinstehende Mutter hat neben ihrem Anspruch auf Unterhalt auch Anspruch auf Erstattung ihrer Aufwendungen für einen **Sonderbedarf** und ist berechtigt, ihren Unterhalt auch für die Vergangenheit zu verlangen, wenn sie ihn vor der Anerkennung oder Feststellung der Vaterschaft nicht rechtzeitig geltend machen konnte (§ 1615 l III 4 i.V.m. § 1613 II).

Allerdings muß sie damit rechnen, daß der Vater die Stundung oder den Erlaß rückständigen Unterhalts gemäß § 1613 III beantragen kann; zwar ist auf diese Bestimmung in § 1615 l III 4 nicht verwiesen worden, doch ist dessen analoge Anwendung geboten.

c) Die Unterhaltsansprüche der Mutter **verjähren** in vier Jahren, beginnend mit dem Ende des auf die Entbindung folgenden Jahres, sofern die Verjährung nicht gehemmt oder unterbrochen ist (§ 1615 l IV).

Bsp.: Ist das Kind am 26.5.1994 geboren worden, beginnt die Verjährung am 1.1.1996 hinsichtlich aller bis dahin entstandenen Unterhaltsrückstände zu laufen, so daß diese Ansprüche am 1.1.2000 verjährt sind. Wird die Vaterschaft erst nach dem 1.1.1996 anerkannt oder festgestellt, verschiebt sich der Verjährungsbeginn um diesen Zeitraum, weil der Vater vor diesem Zeitpunkt nicht zur Leistung des Unterhalts verpflichtet ist, was die Verjährung hemmt (§§ 1594 I, 1600 d IV i.V.m. §§ 202 I, 205; dazu BGH FamRZ 81, 763).

d) **Stirbt** die Mutter, sind ihre Erben verpflichtet, die Kosten der Beerdigung 497
zu tragen (§ 1968). Tritt der Tod der Mutter als Folge der Schwangerschaft oder Entbindung ein, ist der Vater des Kindes zur Übernahme dieser Kosten verpflichtet, jedoch nur hilfsweise, soweit die Bezahlung nicht von den Erben zu erlangen ist (§ 1615 m).

e) Abweichend von § 1615 erlischt der Unterhaltsanspruch der Mutter beim **Tod des Vaters nicht**, sondern geht als Nachlaßverbindlichkeit auf die Erben des Vaters über (§ 1615 l III 5 i.V.m. § 1967). Das gilt auch für die Entbindungskosten und für die etwaigen Beerdigungskosten der Mutter, und zwar selbst dann, wenn der Vater vor der Geburt des Kindes gestorben ist. Eine **Tod- oder Fehlgeburt** des Kindes ändert ebenfalls nichts an den Ansprüchen der Mutter gegen den Vater oder dessen Erben (§ 1615 n).

4. *Der Anspruch des Vaters gegen die Mutter*

498 a) Das KindRG hat erstmals einen Unterhaltsanspruch des Vaters eingeführt, falls er es ist, der das außereheliche Kind betreut (§ 1615 l V; dazu Büdenbender FamRZ 98, 129). Dieser Anspruch setzt voraus, daß vom Vater wegen der Pflege oder Erziehung des Kindes eine Erwerbstätigkeit nicht erwartet werden kann (§ 1615 l V i.V.m. § 1615 l II 2).

b) Im übrigen ist an dieser wenig durchdachten Vorschrift vieles unklar. Als "Vater" müßte der betreuende Mann seine Vaterschaft schon vor der Geburt des Kindes anerkannt haben, sonst könnte ihm der Anspruch für eine Betreuung ab Geburt nicht zustehen. Abgesehen davon ergibt sich aus dem Gesetzestext nicht eindeutig, ob der Anspruch schon von der Geburt ab in Betracht kommt oder erst acht Wochen danach. Bei einer sachgerechten Auslegung dürfte aber nicht zweifelhaft sein, daß der Anspruch schon ab Geburt entstehen kann.
Selbst wenn der Mann die Vaterschaft zu dem Kind anerkannt hat, taucht das Problem auf, ob er zur Ausübung der Pflege auch das Sorgerecht haben muß. Sollte das nicht der Fall sein, müßte zumindest die Mutter mit dieser Betreuung einverstanden sein, wenn sie dafür Unterhalt zahlen soll.

c) Für den Unterhaltsanspruch des Vaters gelten im übrigen die Bestimmungen in § 1615 l III und IV entsprechend (§ 1615 l V 2; s.o. RN **496**).

5. *Vorläufiger Rechtsschutz für Kind und Mutter*

499 *a) für das Kind:*

Bevor der Unterhalt für das Kind **endgültig** festgestellt ist, kann auf zweifache Weise eine **vorläufige Regelung** des Unterhalts erreicht werden, und zwar

- durch eine **einstweilige Anordnung** auf Zahlung von Unterhalt oder Leistung einer Sicherheit für den Unterhalt, sobald die Klage gegen den Mann auf Feststellung seiner Vaterschaft bei Gericht eingereicht ist (§ 641 d ZPO; s.o. RN **440**).
- durch eine **einstweilige Verfügung** gegen den Mann, der die Vaterschaft bereits anerkannt hat oder der nach § 1600 d II als Vater vermutet wird (s.o. RN **438**), auf Zahlung des Unterhalts für die ersten drei Monate nach der Geburt des Kindes (§ 1615 o I 1).
  Der Antrag kann schon **vor der Geburt** des Kindes von der Mutter oder einem für die Leibesfrucht bestellten Pfleger (§ 1912) gestellt werden und führt dann meistens zu der Anordnung, daß der erforderliche Betrag angemessene Zeit vor der Geburt zu hinterlegen ist (§ 1615 o I 2).

500 *b) für die Mutter:*

\- 505 Die Mutter kann den Erlaß einer **einstweiligen Verfügung** gegen den Mann beantragen, der die Vaterschaft schon anerkannt hat oder der nach § 1600 d II als Vater vermutet wird. Damit kann sie erreichen, daß der Mann die nach § 1615 l I voraussichtlich zu leistenden Beträge entweder sofort zu zahlen oder zugunsten der Mutter zu hinterlegen hat (§ 1615 o II).

Ein entsprechendes Antragsrecht des betreuenden Vaters gegen die Mutter hat das Gesetz nicht vorgesehen.

c) Anders als nach den allgemeinen Bestimmungen über die einstweilige Verfügung (§§ 936, 940 i.V.m. § 920 ZPO) muß nicht glaubhaft gemacht werden, daß die im Wege der einstweiligen Verfügung geltend gemachten Ansprüche für Kind und Mutter gefährdet sind (§ 1615 o III).

Sechster Teil

Eltern und Kinder

Erster Abschnitt: **Allgemeine Rechtsbeziehungen**

Einführung 506

Die Rechtsbeziehungen zwischen Eltern und Kindern sind vielfältiger Natur. So gibt es - nicht nur im Familienrecht - zahlreiche Gesetzesbestimmungen im privaten und öffentlichen Recht, die sich mit dem Verhältnis der Eltern zu ihren Kindern befassen.

Erwähnt seien das Erb- und Pflichtteilsrecht, das Staatsangehörigkeitsrecht, das Kinder- und Jugendhilferecht, das Recht auf Zeugnisverweigerung im Straf- und Zivilprozeß und das öffentlich-rechtliche Namensänderungsrecht, das dann zum Zuge kommt, wenn bei Vorliegen eines wichtigen Grundes eine Namensänderung gerechtfertigt ist, die nach den Vorschriften des BGB nicht durchgeführt werden kann.

Doch liegt der Schwerpunkt der Rechtsbeziehungen zwischen Eltern und Kindern im Familienrecht des BGB und hier vor allem im Recht der elterlichen Sorge und im Unterhaltsrecht. In diesem Zusammenhang ist auch die Adoption zu nennen, mit der die Neubegründung eines Eltern-Kind-Verhältnisses erreicht werden kann (s.u. RN **623**).

Unter dem Titel "Rechtsverhältnis zwischen den Eltern und dem Kinde im allgemeinen" faßt das BGB weitere Teilaspekte dieser Beziehungen in den §§ 1616 bis 1625 zusammen, nämlich das Namensrecht des Kindes einschließlich der sog. Einbenennung, die gegenseitige Pflicht zu Beistand und Rücksichtnahme, die Dienstleistungspflicht der Kinder und die einem Kind gewährte Ausstattung. Das Namensrecht hat mit Wirkung vom 1.7.1998 durch das Kindschaftsrechtsreformgesetz eine grundlegend neue Fassung erhalten, was infolge der rechtlichen Gleichstellung ehelicher und nichtehelicher Kinder unumgänglich war, allerdings auch zu schwer durchschaubaren Regelungen geführt hat.

Literatur: **Wagenitz** FamRZ 98, 1545; **Diederichsen** NJW 98, 1977, 1981

A. Die Namen der Kinder

507 **Einführung**

a) Die Funktion des Namens, die Abstammung und Familienzugehörigkeit einer Person erkennen zu lassen, ist seit der Entscheidung des BVerfG vom 5.3.1991 (FamRZ 91, 535) weitgehend entfallen. Die gemeinsame Namensführung in Ehe und Familie besteht nur noch als Sollvorschrift im Gesetz (§ 1355 I 1; s.o. RN **92**), so daß ein Namenswechsel von Generation zu Generation möglich geworden ist.

Nach heutigem Verständnis richtet sich die Wahl eines Namens bei Ehegatten und ihren Kindern nicht mehr nach den Regeln deutscher Rechtstradition, sondern ist Ausdruck des Selbstbestimmungsrechts des einzelnen Ehegatten und seiner Gleichberechtigung in der Familie (so BGH FamRZ 99, 570).

b) War bisher für den Kindesnamen ausschlaggebend, ob das Kind ehelich oder nichtehelich geboren worden ist, kommt es nach der Reform darauf an, ob die Eltern miteinander verheiratet sind und einen gemeinsamen Ehenamen führen oder ob jeder Ehegatte seinen bis zur Eheschließung geführten Namen in der Ehe beibehalten hat. Haben die Eltern keinen gemeinsamen Ehenamen oder sind sie nicht miteinander verheiratet, ist es von Bedeutung, ob ihnen die gemeinsame Sorge für das Kind zusteht oder ob nur ein Elternteil sorgeberechtigt ist.

I. Gemeinsamer Ehename der Eltern

Sind die Eltern miteinander verheiratet und führen sie einen gemeinsamen Ehenamen (s.o. RN **93**), erhält ihr Kind gemäß § 1616 diesen Ehenamen als Geburtsnamen. Der etwa von einem Elternteil geführte Begleitname (s.o. RN **97**) bleibt dabei außer Betracht.

Bsp. 1: Die Tochter des Ehepaares Frank Wich und Irene Mann-Wich führt den Namen Wich als Geburtsnamen.

II. Kein gemeinsamer Ehename, aber gemeinsame Sorge der Eltern

1. Voraussetzungen

508 Führen die Eltern im Zeitpunkt der Geburt des Kindes keinen gemeinsamen Ehenamen, steht ihnen aber das gemeinsame Sorgerecht zu, kann dies verschiedene Ursachen haben:

a) Miteinander verheiratete Eltern haben keinen gemeinsamen Ehenamen, wenn sie ihren zur Zeit der Eheschließung geführten Namen weiterhin beibehalten (§ 1355 I 3; s.o. RN **101**). Doch steht ihnen das gemeinsame Sorgerecht bei der Geburt des Kindes kraft Gesetzes gemeinsam zu (§ 1626 I).

b) Nicht miteinander verheiratete Eltern sind ab der Geburt des Kindes nur dann gemeinsam sorgeberechtigt, wenn sie schon vor der Geburt gemeinsame Sorgeerklärungen abgegeben haben (§ 1626 a I Nr. 1; s.u. RN 536).

2. Wahlrecht der Eltern

a) In beiden vorgenannten Fällen sind die Eltern berechtigt und verpflichtet, gemeinsam einen Geburtsnamen für das Kind zu wählen, und zwar entweder den Namen, den der Vater oder den die Mutter zur Zeit der Namensbestimmung führt (§ 1617 I 1). Die Möglichkeit, daß das Kind einen Doppelnamen erhält, der aus den Namen beider Elternteile zusammengesetzt ist, besteht nach wie vor nicht.

Bsp. 2: Führen die Eltern der am 3.5.1999 geborenen Tochter Julia die Namen Stefan Fritsch und Gabi Jung, können sie bei der Erklärung über den Geburtsnamen des Kindes nur zwischen den Namen Julia Fritsch oder Julia Jung wählen. Die Bildung des Doppelnamens "Fritsch-Jung" oder "Jung-Fritsch" ist ausgeschlossen.

Dennoch kann es zur Bildung eines Doppelnamens kommen, wenn ein Elternteil einen sog. unechten Doppelnamen führt, der z.B. durch die Verbindung seines Geburtsnamens als Begleitnamen mit dem aus einer früheren Ehe stammenden Ehenamen entstanden ist. Wird dieser zusammengesetzte Namen auf das Kind übertragen, entsteht aus dem unechten Doppelnamen dieses Elternteils ein echter Doppelname des Kindes (umstr.).

Bsp. 3: Trägt das Elternpaar die Namen Stefan Fritsch und Gabi Kraus-Jung, können die Eltern sowohl bestimmen, daß ihre Tochter den Namen Julia Fritsch als auch den Namen Julia Kraus-Jung erhält.

b) Die Erklärung der Eltern über die Namensbestimmung hat **innerhalb eines** 509
Monats nach der Geburt des Kindes zu erfolgen und ist gegenüber dem Standesbeamten abzugeben. Sie gilt dann **für alle weiteren Kinder aus dieser Ehe oder Partnerschaft** (§ 1617 I 3). Erfolgt die Namensbestimmung nicht schon bei der Beurkundung der Geburt, sondern später, muß sie **öffentlich beglaubigt** werden, wozu auch der Standesbeamte befugt ist (§ 1617 I 2 BGB i.V. m. § 31 a I Nr. 1 PStG). Die Namensbestimmung ist unanfechtbar und unwiderruflich (OLG Naumburg FamRZ 97, 1234).

c) Treffen die Eltern innerhalb der Monatsfrist **keine Bestimmung** (z.B. weil sie sich nicht über den Namen einigen können), schaltet sich das FamG ein, um beide Eltern anzuhören und auf eine einvernehmliche Bestimmung hinzuwirken (§ 46 a, 1 FGG). Gelingt dies nicht, überträgt es das Bestimmungsrecht auf einen Elternteil, wobei es diesem zur Ausübung des Rechts eine Frist setzen kann (§ 1617 II 1 bis 3). Das FamG muß seine Entscheidung nicht begründen; sie ist außerdem **unanfechtbar** (§ 46 a, 2 FGG).

Hat der Elternteil von dem ihm übertragenen Bestimmungsrecht innerhalb der Frist keinen Gebrauch gemacht, erhält das Kind kraft Gesetzes den Namen dieses Elternteils als Geburtsnamen (§ 1617 II 4).

d) Der Fall, daß beide Elternteile nach der Geburt des Kindes, aber vor der Namenswahl versterben, ist im Gesetz nicht geregelt. Es wird dann Aufgabe des Standesbeamten sein, die Wahl des Geburtsnamens anstelle der Eltern vorzunehmen.

510 **III. Kein gemeinsamer Ehename und Alleinsorge eines Elternteils**

1. Sind die Eltern nicht miteinander verheiratet und steht die elterliche Sorge nur **einem** Elternteil zu, erhält das Kind als Geburtsnamen den Namen, den dieser Elternteil im Zeitpunkt der Geburt führt (§ 1617 a I).

Das trifft vor allem auf das Kind einer alleinstehenden Mutter zu, für das vor der Geburt keine Sorgeerklärungen abgegeben worden sind (§ 1626 a II). Bei dem Namen dieser Mutter kann es sich um ihren Geburtsnamen handeln, aber auch um einen Namen, den sie später erworben hat (z.B. durch Adoption oder aufgrund einer früheren Ehe).
Führt die Mutter aus einer früheren Ehe (aus der das Kind nicht stammt) einen Ehenamen mit Begleitnamen, erwächst für das Kind aus einem sog. unechten Doppelnamen ein echter Doppelname, da die Vorschrift des § 1617 I 2 a.F. weggefallen ist.

Bsp. 4: Maria Rein war mit Simon Wolf verheiratet. Beide führten den Ehenamen Wolf, wobei sich Maria "Wolf-Rein" nannte. Nach dem Tode ihres Mannes lebte Maria mit Karl Fuchs zusammen und wurde Mutter eines von Fuchs abstammenden Kindes. Dieses Kind erhält kraft Gesetzes den Namen "Wolf-Rein" als Geburtsnamen (§ 1617 a I).

2. Waren die Eltern des Kindes miteinander veheiratet, ohne einen gemeinsamen Ehenamen zu führen, kann es sein, daß nur **ein** Elternteil für das Kind sorgeberechtigt ist, z.B. dann, wenn der Vater vor der Geburt gestorben ist.

Bsp. 5: Das Ehepaar Franz Müller und Karin Schmidt erwartet die Geburt ihres ersten Kindes. Kurz bevor die Tochter Wilma geboren wird, stirbt der Vater. Wilma erhält kraft Gesetzes den Geburtsnamen Schmidt (§ 1617 a I).

511 **IV. Nachträgliche Namensänderungen**

1. Namenserteilung

Die starre Namensregelung bei Alleinsorge eines Elternteils (vgl. § 1617 a I) wird dadurch gemildert, daß dieser Elternteil die Möglichkeit hat, dem Kind den Namen des **anderen Elternteils** zu erteilen (§ 1617 a II). Dazu müssen folgende Voraussetzungen gegeben sein:

a) Das Kind muß unverheiratet und minderjährig sein. Sollte es schon das fünfte Lebensjahr vollendet haben, ist seine Einwilligung zum Namenswechsel nach Maßgabe des § 1617 c erforderlich (s.u. RN **512**).

b) Der alleinsorgeberechtigte Elternteil kann dem Kind nur den Namen erteilen, den der andere Elternteil **zur Zeit** führt. Die Erteilung des Namens geschieht durch Erklärung gegenüber dem Standesbeamten; sie muß öffentlich beglaubigt werden.

c) Der andere Elternteil muß in die Namenserteilung durch eine öffentlich beglaubigte Erklärung einwilligen. Ist er bereits verstorben, kommt eine Namenserteilung nicht mehr in Betracht.

Bsp. 6: In Beispiel 4 besteht die Möglichkeit, daß Maria dem Kind anstelle des Namens "Wolf-Rein" den Geburtsnamen "Fuchs" erteilt, falls Karl Fuchs damit einverstanden ist.

2. Nachträgliche Bestimmung eines Ehenamens 512

Gemäß § 1355 III 2 können Eheleute, die bei der Eheschließung keine Erklärung über die Führung eines Ehenamens abgegeben haben, dies ohne zeitliche Begrenzung nachholen (s.o. RN **101**). Weicht dann dieser neue Ehename von dem Geburtsnamen ihres früher geborenen Kindes ab, eröffnet § 1617 c die Möglichkeit, die Namensgleichheit zwischen Eltern und Kind wieder herzustellen. Je nach dem Alter des Kindes ist seine Mitwirkung an dieser Namensänderung erforderlich:

a) Bis zur Vollendung des fünften Lebensjahres erstreckt sich die Namensänderung ohne weiteres auf das Kind.

b) Ein Kind im Alter zwischen dem vollendeten fünften und vierzehnten Lebensjahr übernimmt den neuen Ehenamen seiner Eltern nur dann, wenn es sich der Namensänderung **anschließt.** Dies hat durch öffentlich beglaubigte Erklärung gegenüber dem Standesbeamten zu geschehen. Das Kind wird dabei im Regelfall durch seine Eltern gesetzlich vertreten.

c) Zwischen dem vollendeten 14. und 18. Lebensjahr gibt das Kind die Anschlußerklärung selbst ab, braucht aber die Zustimmung seines gesetzlichen Vertreters.

d) Ab Volljährigkeit des Kindes entscheidet es allein, ob es sich der Namenssänderung anschließt. Im Falle seiner Geschäftsunfähigkeit kann nur sein Betreuer die Erklärung abgeben (§ 1902).

3. Nachträgliche Änderung eines Ehe- oder Familiennamens 513

a) Führen die Eltern einen gemeinsamen Ehenamen, der zum Geburtsnamen des Kindes geworden ist, kann es sein, daß sich dieser Ehename **nachträglich ändert,** z.B. im Wege eines öffentlich-rechtlichen Namensänderungsverfahrens oder durch Adoption. Diese Änderung erstreckt sich nicht automatisch auf den Geburtsnamen des Kindes, sondern gemäß § 1617 c II Nr. 1 nur nach der in § 1617 c I getroffenen Anschlußregelung (s.o. RN **512**).

Bsp. 7: Nach dem Tode von Hertha Klein wird deren Mann Helmut Klein von seiner Erbtante Julia Lang adoptiert und heißt jetzt Helmut Lang, geb. Klein. Ob die aus der Ehe Klein hervorgegangene Tochter Elvira Klein ebenfalls den Namen Lang annimmt, hängt, falls sie bereits das fünfte Lebensjahr vollendet hat, davon ab, ob sie sich der Namensänderung anschließt (s.o. RN **512**).

b) Das gleiche gilt, wenn die Ehegatten **keinen gemeinsamen Ehenamen** führen und sich der **Familienname** eines Elternteils ändert, dessen Namen zum Geburtsnamen des Kindes geworden ist, z.B. nach dem Tode eines Elternteils, nach der Ehescheidung oder im Wege der Adoption. Allerdings erstreckt sich eine Namensänderung, die infolge einer (neuen) Eheschließung dieses Elternteils eingetreten ist, nicht auf den Geburtsnamen des Kindes (§ 1617 c II Nr. 2).

Bsp. 8: Zur Familie von Eva Klug, geb. Klee, die mit Adam Weise verheiratet ist, gehört der dreijährige Sohn Fritz Klug. Nachdem diese Ehe geschieden wurde, nahm Eva ihren Mädchennamen an (§ 1355 V 2). Diese Namensänderung erstreckt sich kraft Gesetzes auf ihren Sohn, der jetzt Fritz Klee heißt.
Heiratet Eva Klee nun den Goldschmied Franz Glück und wählen beide den Namen Glück zum Ehenamen, bleibt der Name des Kindes unverändert; doch besteht die Möglichkeit der Einbenennung gemäß § 1618 (s.u. RN **517**).

4. Namensänderung bei einem verheirateten Kind

514 Ist das Kind verheiratet und führen die Eheleute einen gemeinsamen Ehenamen, wobei der Geburtsname des Kindes zum Ehenamen bestimmt worden ist, kann es zu einer Änderung seines Geburtsnamens kommen, z.B. wenn seine **Eltern** nachträglich einen Ehenamen wählen und sich das Kind dieser Namensänderung angeschlossen hat (§ 1617 c I).

In diesem Fall ändert sich nicht automatisch auch der Ehename in der Ehe des Kindes, sondern nur dann, wenn sich der Ehegatte des Kindes dieser Namensänderung seinerseits anschließt (§ 1617 c III).

Bsp. 9: War in Bsp. 7 die Tochter Elvira Klein schon verheiratet und in ihrer Ehe der Name Klein zum gemeinsamen Ehenamen gewählt worden, dann heißt Elvira, nachdem sie sich der Namensänderung bei ihrem Vater angeschlossen hat, Elvira Lang, geb. Klein. Ihr Ehemann, Franz Klein, geb. Loch, kann diesen Namen weiter behalten, sich aber auch der Namensänderung seiner Frau anschließen. Tut er dies, heißt er dann Franz Lang, geb. Loch.

5. Namensänderung bei Änderung des Sorgerechts

515 a) Wird die **gemeinsame Sorge** der Eltern für ihr Kind erst begründet, wenn das Kind bereits einen Geburtsnamen führt, kommt eine Neubestimmung dieses Namens nach § 1617 b I in Betracht. Dieser Fall kann z.B. dann eintreten, wenn die Mutter des Kindes dessen Vater heiratet, ohne einen gemeinsamen Ehenamen zu wählen (sonst § 1616), oder wenn die Eltern, ohne zu heiraten, nach der Geburt des Kindes Sorgeerklärungen abgeben (§ 1626 a I Nr. 1 und 2).

b) Sind diese Voraussetzungen gegeben, so kann der Name des Kindes **binnen drei Monaten** nach der Begründung der gemeinsamen Sorge neu bestimmt werden. Dabei können die Eltern zum (neuen) Geburtsnamen des Kindes den Namen wählen, den der Vater oder die Mutter zur Zeit der Erklärung führt, falls sich dieser vom bisherigen Geburtsnamen des Kindes unterscheidet. Die Erklärungen der Eltern sind dem Standesbeamten gegenüber abzugeben und müssen öffentlich beglaubigt werden; sie gelten auch für alle weiteren Kinder (§ 1617 b I 4 i.V.m. § 1617 I).

c) Ist das Kind im Zeitpunkt der Bestimmung noch nicht älter als fünf Jahre, wird seine Zustimmung zur Namensänderung nicht benötigt; ist es älter, kommt die Namensänderung nur zustande, wenn es sich dieser anschließt, was sich nach den entsprechenden Regeln in § 1617 c I, 2, 3 und III richtet (§ 1617 b I 4; s.o. RN **512**).

Bsp. 10: Kerstin Wiese ist die Mutter der zweijährigen Tochter Anna Wiese und heiratet Annas Vater, den Gärtner Robert Blume. Die Eheleute behalten ihre bisher geführten Namen bei. Kerstin und Robert können sich nun innerhalb von drei Monaten entscheiden, ob Anna den Namen Blume annehmen soll. Versäumen sie diese Frist, bleibt alles beim alten. Sollten sie später einen gemeinsamen Ehenamen annehmen, und zwar den Namen des Mannes, bekäme Anna doch noch den Namen Blume (§ 1617 c I; s.o. RN **512**).

6. Namensänderung bei Scheinvaterschaft 516

Hat ein Kind als Geburtsnamen den Familiennamen eines Mannes erhalten, kann sein Name geändert werden, wenn rechtskräftig festgestellt wird, daß dieser Mann **nicht der Vater des Kindes** ist (§ 1617 b II 1). Das kann z.B. der Fall sein, wenn der Scheinvater mit der Mutter des Kindes verheiratet ist oder war und sein Name zum Ehenamen bestimmt worden ist.

Dann kann sowohl das Kind, aber auch der Mann, solange das Kind noch nicht fünf Jahre alt ist, beantragen, daß das Kind den Namen der **Mutter** als Geburtsnamen erhält, den diese im Zeitpunkt der Geburt geführt hat.

Die Mutter besitzt kein eigenes Antragsrecht, doch ist sie als gesetzliche Vertreterin des Kindes antragsberechtigt. Es hängt somit allein vom Willen der Antragsberechtigten ab, ob sich der Name des Kindes ändert.

Für die Formalitäten des Antrags für das Kind gelten die Vorschriften des § 1617 c I 2 und 3 entsprechend (s.o. RN **512**). Der Antrag des Mannes oder des Kindes ist dem Standesbeamten gegenüber zu erklären und muß öffentlich beglaubigt werden (§ 1617 b II 2).

7. Namensänderung infolge Einbenennung 517

Ist ein Elternteil, dem die elterliche Sorge für ein unverheiratetes Kind allein zusteht, mit einem Ehegatten verheiratet, der nicht der Vater des Kindes ist, können beide Ehegatten dem Kind durch Erklärung gegenüber dem Standesbeamten ihren Ehenamen erteilen (§ 1618, 1). Damit kann eine sinnvolle Angleichung des Kindesnamens an den neuen Familiennamen bewirkt werden, ohne daß dies Rechte oder Pflichten des anderen Ehegatten erzeugt.

Leistet der Stiefelternteil freiwillig Unterhalt anstelle des barunterhaltspflichtigen Elternteils für das Stiefkind, geht dessen Unterhaltsanspruch nach Maßgabe des § 1607 III 1 auf den Stiefelternteil über (s.o. RN **459**).

Die Einbenennung hat folgende Voraussetzungen:

a) Der Elternteil des einzubenennenden Kindes muß mit einem (einer) Dritten verheiratet und für das Kind **alleinsorgeberechtigt** sein. Ferner müssen die Ehegatten einen **gemeinsamen Ehenamen** führen, der mit dem bisherigen Namen des Kindes nicht identisch sein darf. Auch der wiederverheiratete Vater eines Kindes kann zur Einbenennung berechtigt sein, z.B. wenn ihm nach Trennung oder Scheidung die Alleinsorge zuerkannt worden ist.

b) Das Kind muß **minderjährig** und noch **unverheiratet** sein. Die Vorschrift des § 1618 ist nicht mehr (wie früher) auf nichteheliche Kinder beschränkt; auch Kinder, die z.B. aus einer geschiedenen Ehe stammen, können in der neuen Ehe einbenannt werden. Ferner kann im Falle einer Namensänderung nach § 1617 a II (s.o. RN **511**) oder einer bereits in anderer Ehe vorgenommenen Einbenennung eine neue Einbenennung in Betracht kommen.

c) Zur Einbenennung muß der **andere Elternteil** seine Einwilligung geben, falls das Kind seinen Namen führt. Sollte er die Einwilligung verweigern, kann das FamG die Einwilligung unter der strengen Voraussetzung ersetzen, daß sie "zum Wohl des Kindes erforderlich ist" (§ 1618, 4; dazu OLG Köln FamRZ 99, 734; OLG Hamm FamRZ 99, 736).

518 Ferner muß auch **das Kind** in die Einbenennung einwilligen, wenn es das fünfte Lebensjahr vollendet hat, wobei die Regelung in § 1617 c I hier entsprechend gilt (§ 1618, 6; s.o. RN **512**).

d) Sämtliche im Rahmen der Einbenennung erforderlichen Erklärungen müssen dem Standesbeamten gegenüber abgegeben und öffentlich beglaubigt werden. Es handelt sich ihrer Natur nach um höchstpersönliche Erklärungen, die bedingungsfeindlich und unwiderruflich sind.

e) Die Einbenennung kann zum Ziel haben, den bisherigen Namen des Kindes durch den Ehenamen zu **ersetzen**. Das Ehepaar kann aber auch seinen Ehenamen dem bisherigen Namen des Kindes **hinzufügen**, indem der neue Namen ihm vorangestellt oder angefügt wird. Auf diese Weise kann ein echter Doppelname entstehen (so BGH FamRZ 99, 570).

Bsp. 11: Will das Ehepaar Glück in Beispiel 8 das Kind Fritz Klee einbenennen, muß Eva Glück für ihren Sohn alleinsorgeberechtigt sein. Sollte das zutreffen, muß das Ehepaar Glück wählen, ob das Kind künftig Fritz Glück oder Fritz Klee-Glück oder Fritz Glück-Klee heißen soll. Der Elternteil Adam Weise braucht der Einbenennung nicht zustimmen, da Fritz nie seinen Namen geführt hat.

8. Übergangsregelung

519 Bei den Kindern, die während der Übergangszeit vom 29.3.1991 bis zum Inkrafttreten des FamNamRG am 1.4.1994 geboren wurden, konnten die Eheleute bestimmen, ob das Kind den Familiennamen des Vaters oder den der Mutter oder einen aus diesen Namen in beliebiger Reihenfolge gebildeten **Doppelnamen** erhalten sollte. Gelang es den Eltern im letzteren Fall nicht, sich über die Reihenfolge dieser Namen zu einigen (z.B. Maria Schulze-Maier oder Maria Maier-Schulze), hatte der Standesbeamte diese Reihenfolge **durch Los** zu bestimmen. Diese Übergangsregelung ist bereits durch das FamNamRG geändert worden (s. 2. Aufl. RN **508**).

Nunmehr gilt nach Art. 224 § 3 EGBGB seit dem 1.7.1998 eine neue **Übergangsregelung**. Sie betrifft vor allem die Auswirkungen des Doppelnamens eines vor dem 1.4.1994 geborenen Kindes für seine nach dem 31.3.1994 geborenen Geschwister:

a) Haben die Eltern einem vor dem 1.4.1994 geborenen Kind den aus dem Namen beider Elternteile zusammengesetzten Doppelnamen gegeben und wird nach diesem Zeitpunkt ein weiteres Kind geboren, kann es kraft Gesetzes entweder nur den Namen des Vaters oder der Mutter erhalten, falls die Eltern keinen gemeinsamen Ehenamen führen (§ 3 II aaO).

b) Die Eltern haben jedoch die Möglichkeit, den vor dem 1.4.1994 für ein Kind gewählten Doppelnamen auch für ein später geborenes Kind zu bestimmen, wobei diese Bestimmung für alle gemeinsamen Kinder wirksam sein muß. Die Bestimmung beider Elternteile hat durch Erklärung gegenüber dem Standesbeamten zu erfolgen und muß öffentlich beglaubigt werden (§ 3 III aaO i.V.m. § 1617 I 2, 3).
Falls der Doppelname als Geburtsname in ein deutsches Personenstandsbuch eingetragen wurde, stand den Eltern nur eine bis zum 30.6.1999 laufende Ausschlußfrist für diese Bestimmung zur Verfügung (§ 3 IV aaO); andernfalls ist diese Bestimmung unbefristet möglich.

c) Führt ein vor dem 1.4.1994 geborenes Kind einen Doppelnamen, der in ein deutsches Personenstandsbuch eingetragen ist, können die Eltern dies ändern und dem Kind den vom Vater oder der Mutter geführten Namen zum Geburtsnamen des Kindes bestimmen und auf diese Weise den Doppelnamen wieder aufheben; auch diese Änderung muß für alle Geschwister gelten und ist im Gegensatz zu § 3 IV aaO ohne zeitliche Beschränkung möglich (§ 3 V aaO). Zur Form dieser Bestimmung s. oben 8 b).

V. Der Vorname des Kindes 520

Jedes Kind führt außer seinem Familiennamen einen oder mehrere **Vornamen**. Das Recht zur Bestimmung des Vornamens steht beiden Eltern zu, falls sie gemeinsam sorgeberechtigt sind, sonst dem alleinsorgeberechtigten Elternteil. Kann der die Geburt beim Standesamt Anzeigende nicht den Vornamen des Kindes angeben, ist dies innerhalb eines Monats nachzuholen (§ 22 PStG). Grundsätzlich soll der Vorname des Kindes seinem **Geschlecht** entsprechen; daher sind weibliche Vornamen für einen Jungen ausgeschlossen. Traditionell wird jedoch der Name "Maria" als zusätzlicher Vorname auch bei Jungen zugelassen (BayObLG FamRZ 86, 197). Bei sog. **geschlechtsneutralen** Namen (z.B. "Gerrit", "Mikado", "Raven", "Speedy") ist zusätzlich ein eindeutig weiblicher oder männlicher Vorname erforderlich. Unzulässig sind anstößige, unverständliche oder sonst völlig ungeeignete Bezeichnungen (BGHZ 29, 256):

Bsp.: "Verleihnix", "Windsbraut", "Martin-Luther-King", "Teufel", "Möwe", "Taiga", "Tom-Tom", "Woodstock", "Tamy Sarelle", "Pumuckl", "Pfefferminze" u. a.

Die Praxis der Standesämter ist in den letzten Jahrzehnten bei der Zulassung ungebräuchlicher oder fremdländischer Vornamen erheblich großzügiger geworden.

Beachte: Eine **nachträgliche Änderung** des Vornamens ist nur aus wichtigem Grund durch Verwaltungsakt nach den öffentlich-rechtlichen Vorschriften des NamÄndG zulässig (§ 11 i.V.m. § 3 NamÄndG).

VI. *Neue Bundesländer* 521

Kinder, die ihren Familiennamen nach dem Recht der DDR bis zum 3.10. 1990 bekommen haben, führen ihn auch nach diesem Stichtag unverändert weiter (Art. 234 § 10 EGBGB). Ein späterer Namenserwerb oder eine Änderung des Namens richtet sich jedoch ausschließlich nach den Vorschriften des BGB; doch besteht auch für Namen, die vor diesem Stichtag erworben wurden, die Möglichkeit, sie bei Vorliegen eines wichtigen Grundes im Verwaltungswege ändern zu lassen (§ 3 NamÄndG).

B. Weitere allgemeine Rechtsbeziehungen

1. Wohnsitz 522

a) Die Vorschriften über den gesetzlichen **Wohnsitz** haben ihre Bedeutung vor allem hinsichtlich der Zuständigkeit von Gerichten und Behörden. Vom Wohnsitz zu unterscheiden ist der **gewöhnliche Aufenthalt**, der nicht mit dem gesetzlichen Wohnsitz übereinstimmen muß (s.o. RN **322**).

b) Ein minderjähriges Kind teilt den Wohnsitz seiner Eltern, sofern beide Eltern sorgeberechtigt sind (§ 11 i.V.m. §§ 1626, 1626 a I). Hat das Kind nur **einen** sorgeberechtigten Elternteil, ist dessen Wohnsitz für ihn maßgebend. Leben die Eltern getrennt und sind beide sorgeberechtigt, steht dem Kind ein von beiden Elternteilen abgeleiteter Doppelwohnsitz zu (BayObLG FamRZ 97, 833). Ist ein Vormund oder Pfleger für das Kind sorgeberechtigt, kommt es auf dessen Wohnsitz an.

2. Staatsangehörigkeit

523 a) Ein Kind erwirbt die deutsche **Staatsangehörigkeit** durch die **Geburt**, wenn **ein** Elternteil die deutsche Staatsangehörigkeit besitzt (§ 4 I 1 StAG).

b) Ein Kind ausländischer Eltern erwirbt durch die Geburt im Inland die deutsche Staatsangehörigkeit, wenn ein Elternteil seit acht Jahren rechtmäßig seinen gewöhnlichen Aufenthalt im Inland hat und eine Aufenthaltsgenehmigung oder seit drei Jahren eine unbefristete Aufenthaltserlaubnis besitzt (§ 4 III StAG).

c) Ist bei der Geburt eines ausländischen Kindes nur der mit der Mutter nicht verheiratete Vater deutscher Staatsangehöriger, setzt der Erwerb der deutschen Staatsangehörigkeit für das Kind die wirksame Anerkennung oder Feststellung seiner Vaterschaft voraus, wobei die dafür notwendigen Erklärungen abgegeben oder das Feststellungsverfahren eingeleitet sein müssen, bevor das Kind das 23. Lebensjahr vollendet hat (§ 4 I 2 StAG).

Ferner kann ein vor dem 1.7.1993 geborenes Kind eines deutschen Vaters und einer ausländischen Mutter die deutsche Staatsangehörigkeit durch eine Erklärung erwerben, wenn es die in § 5 StAG genannten Voraussetzungen erfüllt und die Erklärung vor Vollendung des 23. Lebensjahres abgegeben wird.

d) Ein Deutscher, der nach dem **31.12.1999** die Staatsangehörigkeit nach § 4 III StAG oder durch Einbürgerung nach § 40 b StAG erworben hat und außerdem eine ausländische Staatsangehörigkeit besitzt, hat nach Erreichen der Volljährigkeit zu erklären, ob er die deutsche oder die ausländische Staatsangehörigkeit behalten will. Erklärt er, die deutsche Staatsangehörigkeit behalten zu wollen, ist er verpflichtet, die Aufgabe oder den Verlust der ausländischen Staatsangehörigkeit nachzuweisen. Wird dieser Nachweis nicht bis zur Vollendung des 23. Lebensjahres geführt, geht die deutsche Staatsangehörigkeit verloren. Erklärt er, die ausländische Staatsangehörigkeit behalten zu wollen, geht die deutsche Staatsangehörigkeit verloren. Das gleiche gilt, wenn er bis zur Vollendung des 23. Lebensjahres keine Erklärung abgibt. Der Fortbestand oder der Verlust der deutschen Staatsangehörigkeit wird von Amts wegen festgestellt (§ 29 StAG).

3. Gegenseitige Pflicht zu Beistand und Rücksicht

524 a) Nach § 1618 a sind Eltern und Kinder einander **Beistand** und **Rücksicht** schuldig. Diese Bestimmung enthält ein wichtiges **Leitbild** für alle Eltern-Kind-Beziehungen, und zwar unabhängig davon, wie alt die Kinder sind und ob sie dem ehelichen Hausstand angehören oder auswärts wohnen.

Die Pflicht zu Beistand und Rücksicht ist eine echte **Rechtspflicht**, auch wenn eine Verletzung dieser Pflicht keine unmittelbaren Rechtsfolgen nach sich zieht. Doch wird diese Bestimmung bei der Anwendung aller Vorschriften, die das Eltern-Kind-Verhältnis betreffen, zu berücksichtigen sein und das Maß der Verantwortung und gegenseitigen Achtung prägen, das alle Familienmitglieder im konkreten Einzelfall zu beachten haben.

b) Unter dem Begriff der **Beistandsleistung** ist die wechselseitige Unterstützung und gegebenenfalls Hilfestellung in allen Lebenslagen gemeint.

Bsp.: Anteilnahme und seelische Hilfe in einer psychischen Notlage; Übernahme einer Verpflichtung, um einen schweren Schaden von einem Familienmitglied abzuwenden; Erteilung von Nachhilfeunterricht an jüngere Geschwister; Kontaktpflege zu außerhalb wohnenden Familienmitgliedern (KG FamRZ 88, 1044); Mitwirken bei der Bewältigung schwieriger Arbeiten; Abwenden von Nachteilen oder Schäden durch Dritte; Betreuen eines pflegebedürftigen Familienmitgliedes; Pflicht der alleinstehenden Mutter zur Benennung des Vaters (umstr.).
Andererseits kann aus § 1618 a keine Unterhaltspflicht gegenüber Geschwistern abgeleitet werden; auch keine Pflicht der Eltern, im Hausstand oder Gewerbe der Kinder dauerhaft Dienste zu leisten (OLG Bamberg NJW 85, 2724; kritisch Coester FamRZ 85, 956).

c) Der Begriff der **Rücksichtnahme** hat das Zurückstellen eigener Wünsche hinter die Belange anderer Familienmitglieder zum Gegenstand.

Bsp.: Verzicht auf die Ausübung von Hobbys, wenn sie sich zu Lasten anderer Familienmitglieder auswirken; angemessene Senkung des Lärmpegels bei Radio- oder Fernsehempfang; Vermeidung nächtlicher Ruhestörung; Verzicht auf die Haltung von Haustieren, gegen die ein Angehöriger allergisch ist; Tolerierung von Eigenheiten anderer Familienmitglieder, auch wenn man sie selbst ablehnt; gegenseitige Duldung der Religionsausübung bei einer konfessionsverschiedenen Ehe; Verständnis haben für die Probleme eines Kindes; keine Übernahme einer Bürgschaft zu Lasten eines mittellosen Kindes (BGH NJW 94, 1341; 97, 52).

d) Die Verletzung der Pflicht zur gegenseitigen Rücksichtnahme kann zur Einschränkung oder zum Verlust von Rechten führen. Die Durchsetzung von Ansprüchen unter Familienmitgliedern unter Verstoß gegen § 1618 a und den Grundsatz von Treu und Glauben (§ 242) erfüllt dann den Tatbestand einer unzulässigen Rechtsausübung, was die Verwirkung eines Anspruchs zur Folge haben kann (OLG Bamberg FamRZ 92, 717 mit Anm. Ewers).

Literatur: **Knöpfel** FamRZ 85, 554

4. Dienstleistungspflicht 525

Ein **Kind** ist unter bestimmten Voraussetzungen verpflichtet, seinen Eltern in ihrem Hauswesen und Geschäft **Dienste zu leisten** (§ 1619). Ist nur ein Elternteil vorhanden, besteht diese Pflicht nur diesem gegenüber; ein Stiefelternteil hat keinen Anspruch darauf (OLG Nürnberg FamRZ 60, 119).

a) Andererseits kommt es nicht darauf an, ob das Kind minderjährig, volljährig oder verheiratet ist; jedoch muß das Kind dem **elterlichen Hausstand angehören.** Das ist der Fall, wenn es im Hause oder in der Wohnung seiner Eltern den Mittelpunkt seines Lebens hat; dies kann selbst dann zutreffen, wenn das Kind auswärts wohnt (z.B. während des Studiums).
Außerdem muß das Kind von den Eltern erzogen **oder** von ihnen unterhalten werden. Die **Erziehung** kommt nur bei Minderjährigen als Teil der elterlichen Sorge in Betracht. Bei volljährigen Kindern kommt es darauf an, ob sie von ihren Eltern **Unterhalt** beziehen.

b) Der **Umfang** der Dienstleistungspflicht ist von den konkreten Umständen abhängig. Er richtet sich insbes. nach den körperlichen und geistigen Fähigkeiten des Kindes, wobei sein Alter, sein Gesundheitszustand und seine jeweilige Lebensstellung (z.B. Schul- oder Berufsausbildung, Studium, Arbeitslosigkeit) eine Rolle spielen. Auch die Verhältnisse bei den Eltern bestimmen den Umfang dieser Pflicht. Ist nur ein Elternteil berufstätig, wird das Ausmaß der Mitarbeit geringer zu bemessen sein als bei einem doppelverdienenden Ehepaar (BGH NJW 72, 1716, 1718).

526 c) Die Dienstleistungspflicht betrifft nur Tätigkeiten im **Hauswesen** und im **Geschäft** der Eltern.

Bei minderjährigen Kindern stellt die Heranziehung zur häuslichen Mitarbeit einen wichtigen Teil der Erziehung dar. Viele Fähigkeiten, die das Kind im späteren Leben braucht, erlernt es durch die Mithilfe in Haus und Garten, bei Einkäufen und bei der Beaufsichtigung jüngerer Geschwister. Doch muß bei alledem darauf geachtet werden, daß das Kind nicht überfordert, daß seine Ausbildung nicht beeinträchtigt und sein Anspruch auf selbständige Gestaltung seiner Freizeit nicht übermäßig beschnitten wird. Die Mithilfe im **Geschäft** hat demgegenüber eine geringere praktische Bedeutung. Sie kommt z.B. bei einem landwirtschaftlichen Betrieb in Betracht (BGH NJW 91, 1226) oder bei Ladengeschäften, die als Familienbetrieb geführt werden.

d) In diesen und ähnlichen Fällen taucht die Frage auf, ob dem mitarbeitenden Kind ein Anspruch auf **Vergütung** für seine Tätigkeit zusteht. Das trifft auf die Dienstleistungspflicht im Rahmen des § 1619 nicht zu, weil deren Grundlage ausschließlich in den familienrechtlichen Beziehungen der Beteiligten liegt und die "Gegenleistung" der Eltern in der Erziehung bzw. Unterhaltsleistung besteht (RGZ 99, 112, 114).
Andererseits haben oft die Eltern, nicht zuletzt aus steuerlichen Gründen, den Wunsch, dem Kind die Stellung eines Arbeitnehmers zu verschaffen, um den Arbeitslohn als Betriebsausgabe absetzen zu können und für das Kind Ansprüche in der Sozialversicherung zu erwerben. Die Bestimmung des § 1619 schließt die Vereinbarung von Dienst-, Arbeits- oder Gesellschaftsverträgen zwischen Familienmitgliedern nicht aus, mit denen ein Vergütungsanspruch des Kindes (auch stillschweigend, s. BGH FamRZ 73, 298) begründet werden kann. Doch werden solche Verträge von den Gerichten nur dann als wirksam betrachtet, wenn das Kind nachweisbar einem fremden Arbeitnehmer gleichgestellt ist. Ferner muß sich die Tätigkeit des Kindes nach Umfang und Dauer deutlich von der Dienstleistungspflicht des § 1619 unterscheiden. Von Bedeutung ist dabei die Höhe des Entgelts im Verhältnis zur verrichteten Arbeit, gelegentliche Hilfeleistungen reichen nicht aus. Zahlen die Eltern für das Kind Lohnsteuer und wird der Lohn als Betriebsausgabe verbucht, kann dies ein wesentliches Anzeichen für ein echtes Arbeitsverhältnis sein (BSG FamRZ 56, 357; BFH NJW 89, 319).

e) Macht ein volljähriges Kind, das zum elterlichen Hausstand gehört, auf eigene Kosten **Aufwendungen**, die der Finanzierung des **Haushalts** dienen, oder macht es zu diesem Zweck den Eltern Geldzuwendungen, spricht eine gesetzliche Vermutung dafür, daß dem Kind die Absicht fehlt, von ihnen Ersatz zu verlangen (§ 1620). Will das Kind diese Schenkungsvermutung nicht gelten lassen, muß es beweisen, daß für seine Leistung ein anderer Rechtsgrund maßgebend war (z.B. Auftrag oder Geschäftsführung ohne Auftrag).

5. Ausstattung

527 Unter dem Begriff der Ausstattung versteht das Gesetz eine Zuwendung der Eltern oder eines Elternteils, die es dem Kinde erleichtern soll, ein selbständiges Leben zu führen (§ 1624).

a) Anlaß für die Ausstattung kann die **Heirat** des Kindes sein, wobei es üblich ist, bei dieser Zuwendung von einer Mitgift oder Aussteuer zu sprechen, wenn eine **Tochter** die Zuwendung empfängt (dazu BGHZ 11, 206, 211).

Als **Mitgift** oder Mitgabe wird eine Vermögenszuwendung verstanden, die dazu bestimmt ist, dem jungen Ehepaar die Gründung eines eigenen Hausstandes zu ermöglichen. Bei der **Aussteuer** handelt es sich um die Überlassung von Gegenständen, die zur Einrichtung des Haushalts dienen (z.B. Wäsche, Bestecke, Porzellan, Möbel). Während nach früherem Recht die Tochter einen gesetzlichen Anspruch auf eine Aussteuer (nicht auf eine Mitgift) hatte, weil ihr kein Recht auf eine Berufsausbildung zustand, steht es heute im Belieben der Eltern, der Tochter zusätzlich eine Aussteuer zu gewähren.

b) Die Ausstattung kann auch ohne Zusammenhang mit einer Eheschließung dazu dienen, einem Kind zu einer selbständigen Lebensstellung zu verhelfen.

Bsp.: Finanzierung einer Arzt- oder Anwaltspraxis; Überlassung eines Maschinenparks für einen Handwerksbetrieb; Tilgung von Schulden; Übergabe eines Grundstücks zum Bau eines Wohn- oder Geschäftshauses; Finanzierung eines Firmenautos.

c) Obwohl die Eltern rechtlich nicht verpflichtet sind, ihren Kindern eine Ausstattung zu gewähren, entspricht dies doch einer sittlichen Pflicht, die ihre Grundlage in der Familiengemeinschaft hat. Deshalb ist sie nur insoweit als Schenkung zu betrachten, als sie das den Vermögensverhältnissen der Eltern entsprechende Maß übersteigt (§ 1624 I a.E.). Versprechen Dritte (z.B. der Onkel), dem Kind eine Ausstattung zu geben, handelt es sich um ein formbedürftiges Schenkungsversprechen (§§ 516, 518).

d) Erhält ein Kind von einem Elternteil zu dessen Lebzeiten eine Ausstattung, ist es verpflichtet, diese Zuwendung im Erbfall "zur Ausgleichung zu bringen, soweit nicht der Erblasser bei der Zuwendung ein anderes angeordnet hat" (§ 2050 I). Dies gilt aber nur zwischen Abkömmlingen des Erblassers, die gesetzliche Erben geworden sind.

Bsp.: Der verstorbene Vater wird kraft Gesetzes von einer Tochter und zwei Söhnen beerbt, die alle eine angemessene Berufsausbildung erhalten haben. Zur Hochzeit der Tochter hatte er ihr eine Ausstattung im Werte von 30.000 DM gegeben. Beträgt der Nachlaß nach Abzug der Schulden 120.000 DM, erbt die Tochter 20.000 DM, während ihre Brüder je 50.000 DM erhalten.

e) Erhält das Kind, dessen Vermögen von einem Elternteil kraft Gesetzes **verwaltet wird**, ein Ausstattung, besteht die gesetzliche Vermutung, daß die Ausstattung aus diesem Vermögen stammt (§ 1625). Bei der späteren Herausgabe des Kindesvermögens (§ 1698 I) kann deshalb die gewährte Ausstattung abgezogen werden, sofern nicht das Kind beweist, daß die Ausstattung dem Vermögen der Eltern entnommen worden ist.

Zweiter Abschnitt: **Die elterliche Sorge**

Vorbemerkung

528 Die Reform des Kindschaftsrechtes hat mit Wirkung vom 1.7.1998 auch wesentliche Änderungen im Bereich der elterlichen Sorge herbeigeführt. Vor allem sind die bisher bestehenden Unterschiede zwischen der elterlichen Sorge ehelicher und nichtehelicher Kinder entfallen, wenngleich der Umstand nach wie vor eine bedeutende Rolle spielt, ob die Eltern eines Kindes miteinander verheiratet sind oder ob das Kind außerhalb einer Ehe zur Welt gekommen ist. Völlig neu ist dabei die Möglichkeit, daß auch nicht miteinander verheiratete Eltern die gemeinsame elterliche Sorge für ihr Kind erhalten können.

Im Interesse der Kinder ist diese Reform zu begrüßen, weil sie dem Verfassungsauftrag des Art. 6 V GG entspricht, den "unehelichen" Kindern die gleichen Bedingungen für ihre Entwicklung und ihre Stellung in der Gesellschaft zu schaffen wie den ehelichen Kindern. Andererseits ist damit ein weiterer Schritt auf dem Weg erreicht, die Unterschiede zwischen einer ehelichen und einer nichtehelichen Lebensgemeinschaft einzuebnen, was dem besonderen verfassungsrechtlichen Schutz, der Ehe und Familie zukommt, zuwiderläuft (Art. 6 I GG; s.o. RN 5 ff).

Literatur zur Reform des Kindschaftsrechts: **Schwab/Wagenitz** FamRZ 97, 1377; **Lipp** FamRZ 98, 65; **Diederichsen** NJW 98, 1977, 1982

I. Grundlagen

1. Begriff und Leitbilder

529 Die elterliche Sorge umfaßt das Verhältnis zwischen Eltern und ihren minderjährigen Kindern in jeder nur denkbaren Beziehung und steht entweder beiden Elternteilen **gemeinsam** (§§ 1626 I 1, 1628 a I) oder einem Elternteil **allein** zu (§ 1626 a II). Sie ist darauf gerichtet, die Entwicklung des jungen Menschen zu fördern und ihn zu einer eigenverantwortlichen und gemeinschaftsfähigen Persönlichkeit zu erziehen, wie es § 1 I SGB VIII zutreffend formuliert.

Die Ausgestaltung des Sorgerechts bleibt weitgehend den Eltern überlassen; doch zeigt das BGB anhand mehrerer Bestimmungen, welche **Leitbilder** die Beziehungen zwischen Eltern und Kindern prägen sollen. Insbes. verpflichtet § 1618 a beide Teile zu gegenseitigem Beistand und gegenseitiger Rücksichtnahme. Unter Ablehnung einer rein autoritären Erziehung, wie sie früher üblich war, strebt das Gesetz in § 1626 II einen **partnerschaftlich** ausgerichteten Erziehungsstil der Eltern an:

Sie haben die wachsende Fähigkeit und das wachsende Bedürfnis des Kindes zu selbständigem verantwortungsbewußtem Handeln zu berücksichtigen, mit ihm Fragen der elterlichen Sorge zu besprechen und Einvernehmen anzustreben, soweit dies nach dem Entwicklungsstand des Kindes angezeigt ist. In die gleiche Richtung zielt § 1631 a I, der den Eltern aufgibt, in Angelegenheiten der Ausbildung und des Berufs auf Eignung und Neigung des Kindes Rücksicht zu nehmen.

2. Keine Übertragbarkeit der elterlichen Sorge 530

Die elterliche Sorge ist durch Art. 6 GG zu einem **Grundrecht** ausgestaltet worden, das seinem Wesen nach **unverzichtbar** und **unübertragbar** ist. Konsequent angewendet würde aber die Unübertragbarkeit die Eltern in vielen Fällen überfordern und unpraktikabel sein.

Deshalb ist es zulässig, die **Ausübung** der elterlichen Sorge jederzeit widerruflich entweder vorübergehend anderen Personen oder auf Dauer einem Erziehungsberechtigten im Sinne des § 7 Nr. 6 SGB VIII zu überlassen (z.B. während des Aufenthalts im Kindergarten oder Internat, an eine ausbildende Person, an einen Stiefelternteil oder im Rahmen der Familienpflege).

3. Träger der elterlichen Sorge

Träger der elterlichen Sorge können nicht nur die Eltern oder ein Elternteil sein, sondern auch ein **Vormund**, wenn kein sorgeberechtigter Elternteil zur Verfügung steht (§ 1793). Ferner kann im Wege der **Adoption** die elterliche Sorge von den leiblichen Eltern auf ein **Adoptivelternpaar** übergehen (vgl. § 1754). Schließlich können Angelegenheiten der elterliche Sorge auf eine **Pflegeperson** übertragen werden, wenn sich das Kind in Familienpflege befindet (§ 1630 III) oder wenn im Rahmen der Hilfe nach den Vorschriften des SGB VIII eine Person die Erziehung und Betreuung eines Kindes übernommen hat (§ 1688 II).

II. Der Erwerb der elterlichen Sorge

1. Gemeinsames Sorgerecht beider Eltern 531

a) Sind die Eltern bei der Geburt des Kindes miteinander verheiratet, steht ihnen (wie bisher) kraft Gesetzes die elterliche Sorge gemeinsam zu, auch wenn das im Gesetz nicht mehr deutlich zum Ausdruck kommt (§ 1626 I).

b) Sind die Eltern bei der Geburt des Kindes nicht miteinander verheiratet, haben sie die Möglichkeit, die gemeinsame elterliche Sorge auf verschiedenem Wege zu erreichen:

- durch die **Heirat** nach der Geburt des Kindes (§ 1626 a I Nr. 2);
- durch die **Erklärung**, daß sie die Sorge gemeinsam übernehmen wollen (§ 1626 a I Nr. 1).

Dabei ist immer vorausgesetzt, daß die Vaterschaft des Mannes anerkannt oder gerichtlich festgestellt worden ist (s.o. RN **418**).

2. Alleinsorge eines Elternteils 532

Die Alleinsorge kann auf zweifache Weise begründet werden:

a) **kraft Gesetzes** steht **der Mutter** die Alleinsorge zu, wenn die Eltern bei der Geburt des Kindes nicht miteinander verheiratetet sind und keine Sorgeerklärungen abgegeben haben (§ 1626 a II);

b) **kraft gerichtlicher Entscheidung**, z.B. bei der Trennung der Eltern (§§ 1671, 1672) oder bei Verhinderung oder Tod eines Elternteils. (§§ 1678, 1680).

III. Die Sorgeerklärungen

1. Begriff und Motive

533 Als Sorgeerklärungen werden die Erklärungen nicht miteinander verheirateter Eltern bezeichnet, mit der sie den Willen bekunden, die Sorge für ihr Kind gemeinschaftlich zu übernehmen (§ 1626 a I Nr. 1).

Aus welchen Gründen sie dies tun, braucht nicht offenbart zu werden. Es kann also sein, daß sie sich über die Durchführung des Sorgerechts noch gar nicht im klaren sind, was ständige Meinungsstreitigkeiten zur Folge haben kann. Gefordert wird auch nicht, daß die Eltern zusammenleben; sie können beide anderweitig verheiratet und doch berechtigt sein, gemeinsame Sorgeerklärungen abzugeben. Es wird auch nicht geprüft, ob die gemeinsame Sorge dem Wohl des Kindes entspricht.

Andererseits ist die Abgabe einer Sorgeerklärung nicht erzwingbar und nicht ersetzbar. Steht im Regelfall der Mutter gemäß § 1626 a II die Alleinsorge für ihr Kind zu, gibt es keine rechtliche Möglichkeit, gegen den Willen der Mutter den Vater an der elterlichen Sorge zu beteiligen. Darin kann ein Verstoß gegen Art. 3 III GG gesehen werden, wonach niemand wegen seines Geschlechts benachteiligt oder bevorzugt werden darf.

2. Voraussetzungen

534 a) Die Erklärungen der Eltern sind höchstpersönlicher Natur und können nicht von einem Vertreter abgegeben werden (§ 1626 c I); sie dürfen auch keine Bedingung oder Zeitbestimmung enthalten (§ 1626 b I).

Ferner müssen die Erklärungen **öffentlich beurkundet** werden (§ 1626 d I BGB, § 415 ZPO); zuständig dafür ist jeder Notar und jedes JA (§ 59 I 1 Nr. 8 SGB VIII). Sind die Sorgeerklärungen nicht vor dem JA abgegeben worden, das für den Geburtsort des Kindes zuständig ist (§ 87 c VI 2 SGB VIII), hat die beurkundende Stelle die Abgabe der Erklärungen diesem JA unverzüglich mitzuteilen (§ 1626 d II). Der Sinn dieser Anordnung besteht darin, daß dieses JA der Mutter gegebenenfalls die Nichtabgabe von Sorgeerklärungen bescheinigen muß, wenn sie dies benötigt, um im Rechtsverkehr ihre Alleinvertretungsbefugnis nachzuweisen (§ 58 a SGB VIII).

b) Ist ein Elternteil **minderjährig**, kann er zwar die Sorgeerklärungen selbst abgeben, benötigt dazu aber die **Zustimmung** seines gesetzlichen Vertreters, die wiederum, weil höchstpersönlich, nur von diesem selbst erklärt werden kann (§ 1626 c II). Die Zustimmung unterliegt denselben Formvorschriften wie die Sorgeerklärungen (§ 1626 d I).

Verweigert der gesetzliche Vertreter seine Zustimmung, kann sie das FamG auf Antrag des minderjährigen Elternteils ersetzen, falls die Sorgeerklärung dem Wohl des Kindes nicht widerspricht, d.h. wenn keine triftigen Gründe dagegen sprechen (§ 1626 c II 3).

c) Ist ein Elternteil **geschäftsunfähig**, kann er keine Sorgeerklärung abgeben (§ 105 I). Wegen der höchstpersönlichen Natur der Erklärung ist auch der Betreuer eines Geschäftsunfähigen nicht befugt, an seiner Stelle zu handeln (vgl. § 1903 II). Doch hat hier der andere Elternteil die Möglichkeit, dem

Geschäftsunfähigen für die tatsächliche Fürsorge und Erziehung des Kindes die **Ausübung** der elterlichen Sorge widerruflich zu gestatten, falls dies dem Kindeswohl dient und dem geschäftsunfähigen Elternteil zumutbar ist (s.o. RN **530**).

3. Unwirksamkeit der Sorgeerklärungen 535

a) Sorgeerklärungen und Zustimmungen können nur dann **unwirksam** sein, wenn die Vorschriften der §§ 1626 a bis 1626 d nicht eingehalten worden sind (§ 1626 e). Aus anderen Gründen (z.B. wegen Willensmängel) kann die Unwirksamkeit nicht hergeleitet werden, was der Rechtssicherheit dient.

b) Allerdings sollen die Sorgeerklärungen nicht dazu dienen, eine hinsichtlich der elterlichen Sorge bereits getroffene **gerichtliche Entscheidung** abzuändern. Deshalb ist eine Sorgeerklärung unwirksam, wenn sie geeignet wäre, eine Sorgerechtsregelung nach §§ 1671, 1672 oder 1696 zu verändern (§ 1626 b III).

4. Rechtsfolgen 536

a) Werden die Sorgeerklärungen nicht gleichzeitig abgegeben, tritt die gemeinsame Sorge erst dann ein, wenn die zweite Sorgeerklärung rechtswirksam wird. Da die Erklärungen schon **vor der Geburt** des Kindes abgegeben werden können (§ 1626 b II), steht in diesem Fall den nicht miteinander verheirateten Eltern die elterliche Sorge ab der Geburt des Kindes gemeinsam zu. Bei später abgegebenen beiderseitigen Sorgeerklärungen hat die Mutter zunächst die Alleinsorge gemäß § 1626 a II, bis sich diese aufgrund der Erklärungen (aber ohne Rückwirkung!) in eine gemeinsame Sorge umwandelt.

b) Haben die Eltern ihre Sorgeerklärungen abgegeben, sind sie selbst nicht mehr in der Lage, dies rückgängig zu machen. Eine Änderung des gemeinsamen Sorgerechts ist dann nur noch im Wege einer gerichtlichen Entscheidung möglich und dies auch nur dann, wenn die Eltern nicht nur vorübergehend getrennt leben (§ 1671).

c) Was die Beteiligung der Eltern an der Ausübung der elterlichen Sorge betrifft, kommt es auch darauf an, ob ein oder beide Elternteile minderjährig sind (s.u. RN **563**) und ob sie zusammen- oder getrennt leben (s.u. RN **568**).

IV. Elemente und Dauer der elterlichen Sorge

1. **Die elterliche Sorge gliedert sich in** 537

die Personensorge (§§ 1631 ff) und in die Vermögenssorge (§§ 1638 ff)

mit der gesetzl. Vertretung (§ 1629) | mit der gesetzl. Vertretung (§ 1629)

a) Die elterliche Sorge beginnt mit der **Geburt** des Kindes und endet (vom Fall des Todes und einigen Sonderfällen abgesehen) mit seiner **Volljährigkeit.**

Beachte: Über diesen Zeitpunkt hinaus kann sie nicht verlängert werden!

Sie endet auch mit der **Adoption** durch dritte Personen, weil damit die Verwandtschaftsbeziehungen des Kindes zu seinen Eltern erlöschen (§ 1755 I).

b) Andererseits endet sie **nicht** mit der **Verheiratung** des Kindes. In diesem Fall erlischt nur die tatsächliche Personensorge, während die Vertretung in den persönlichen Angelegenheiten und die Vermögenssorge mit der Vertretung bei den Eltern bestehen bleiben (§ 1633).

Bsp.: Heiratet die 17jährige Angela, sind ihre Eltern nicht mehr befugt, Einfluß auf die Gestaltung ihres persönlichen Lebens zu nehmen, z.B. was ihre Erziehung oder ihren Umgang betrifft. Doch vertreten die Eltern ihre Tochter nach wie vor beim Abschluß von Verträgen in persönlicher und vermögensrechtlicher Hinsicht bis zu ihrer Volljährigkeit.

Daran ändert sich auch nichts, wenn die Ehe des noch minderjährigen Kindes wieder aufgelöst wird.

V. Meinungsverschiedenheiten der Eltern

538 Die elterliche Sorge ist in eigener Verantwortung und im gegenseitigen Einvernehmen der Eltern zum Wohle des Kindes auszuüben. Falls es dabei zu einer Meinungsverschiedenheit kommt, appelliert das Gesetz an die Eltern, sich zu einigen (§ 1627). Steht allerdings die elterliche Sorge nur **einem** Elternteil zu, ist er von der Meinung des anderen Elternteils unabhängig und entscheidet in eigener Verantwortung. Bei **gemeinsamer** Sorge sind zwar die Eltern bei ihren Maßnahmen zum Wohle des Kindes gleichberechtigt, doch schließt das nicht aus, daß sie die Aufgaben der Sorge unter sich aufteilen, wobei dann jeder Elternteil selbständig handeln kann, sofern es nicht um für das Kind wichtige Angelegenheiten geht, bei denen Gemeinsamkeit erforderlich ist.

1. Meinungsverschiedenheit in wichtigen Angelegenheiten

Gelingt es den Eltern nicht, eine Meinungsverschiedenheit beizulegen, kommt es zunächst darauf an, ob es sich um eine Angelegenheit (oder eine bestimmte Art von Angelegenheiten) handelt, die für das Kind von **erheblicher Bedeutung** ist.

Bsp. für **wichtige Angelegenheiten:**

Wahl einer bestimmten Schulart (LG Berlin FamRZ 82, 839, 841) oder Internatserziehung; Durchführung einer nicht zwingend gebotenen Operation oder Impfung; Teilnahme am Leistungssport; Ausbildungsfragen; Art und Weise der Religionsausübung.

Besonders wichtig ist die **Aufenthaltsbestimmung** für ein Kind, wenn sich die Eltern trennen wollen (aber noch nicht getrennt haben) und jeder Elternteil beabsichtigt, das Kind mit sich zu nehmen.

Bei einem Streit über eine wichtige Angelegenheit kann jeder Elternteil das **FamG** anrufen (§ 1628). Das Gericht wird so früh wie möglich den Versuch einer gütlichen Einigung unternehmen (§ 52 FGG) und alle Beteiligten **anhören** (Näheres hierzu s.u. RN **573**).

2. Entscheidung des Gerichts 539

Läßt sich keine Einigung erzielen, entscheidet das FamG und **überträgt** die Entscheidungsbefugnis auf **denjenigen Elternteil**, dessen Meinung am ehesten dem **Wohl des Kindes** entspricht (§ 1628, 1 i.V.m. § 1697 a).

Erweist es sich als notwendig, die Durchführung der einem Elternteil übertragenen Maßnahme sicherzustellen und zu überwachen oder ist eine zeitliche Beschränkung der Maßnahme erforderlich, kann die Übertragung der Entscheidungsbefugnis mit **Beschränkungen** oder mit **Auflagen** verbunden werden (§ 1628, 2).

Gegen den Beschluß des Gerichts kann von den Eltern **Beschwerde** nach §§ 19, 20 FGG eingelegt werden; ebenso vom Kind, wenn es das 14. Lebensjahr erreicht hat (§ 59 FGG). Ferner ist das JA beschwerdeberechtigt, wenn es sich um eine Angelegenheit der Personensorge des Kindes handelt (§ 57 I Nr. 9 FGG).

3. Meinungsverschiedenheit in unwichtigen Angelegenheiten

Betrifft die Meinungsverschiedenheit nur eine **unwichtige Angelegenheit** oder ist kein Vorschlag der Eltern mit dem Kindeswohl vereinbar, wird das FamG eine Entscheidung ablehnen (OLG Köln FamRZ 67, 293). Die umstrittene Maßnahme hat dann zu unterbleiben, da keinem Elternteil ein Vorrang in der Ausübung der elterlichen Sorge zukommt.

Muß dennoch eine Wahl getroffen werden, sollten die zerstrittenen Eltern das Los darüber entscheiden lassen oder (natürlich auch in wichtigen Fällen!) eine Mediation in Anspruch nehmen.

4. Mediation 540

a) Unter dem Begriff der Mediation ist ein Weg zu einer **interessengerechten Konfliktlösung** zu verstehen. Sie wird durch ein Verfahren erreicht, das von allen Beteiligten freiwillig gewählt und von einem neutralen Dritten geleitet wird, dem selbst keine Entscheidungsbefugnis zusteht. Ziel des Verfahrens ist es, nach Erörterung des gesamten Konfliktstoffes eine Verständigung aller Beteiligten und letztendlich eine rechtsverbindliche Einigung zu erreichen.
Anders als aus rein juristischer Sicht spielen bei dieser Erörterung auch persönliche Sorgen, Ängste und Nöte des einzelnen eine wichtige Rolle, weil sie sonst, wenn sie unerkannt und unerörtert bleiben, oft eine interessengerechte Lösung verhindern können.
Diese Gesichtspunkte sind besonders im familienrechtlichen Bereich von Bedeutung, wenn nach der Trennung und Scheidung der Ehepartner, bei Konflikten zwischen Eltern und Kindern oder bei den (an dieser Stelle besonders zu behandelnden) Meinungsverschiedenheiten **zwischen den Eltern** scheinbar nicht zu überbrückende Gegensätze auftauchen.

b) Im gerichtlichen Verfahren ist für eine Mediation im allgemeinen kein Raum, weil der Richter beim Scheitern eines Einigungsversuches verpflichtet ist, eine für die Beteiligten bindende Regelung zu treffen; ihm steht also die

Entscheidungsbefugnis zu, deren Fehlen geradezu ein Kennzeichen der Mediation darstellt. Das schließt nicht aus, - und wäre sogar wünschenswert - wenn in geeigneten Fällen auch mediative Elemente in die Verhandlungsführung des Gerichts einfließen könnten.
In einem Verfahren, das ein Kind persönlich betrifft, wie bei der Streitentscheidung nach § 1628, schreibt das Gesetz ausdrücklich vor, daß das Gericht auf ein Einvernehmen der Beteiligten hinwirken und das Verfahren u.U. aussetzen soll, wenn die Beteiligten bereit sind, **außergerichtliche Beratung** in Anspruch zu nehmen. Ferner soll das Gericht den Beteiligten eine solche außergerichtliche Beratung **nahelegen**, wenn Aussicht auf Einvernehmen besteht (§ 52 FGG).

Literatur: **Breidenbach**, Mediation, 1995; **Breidenbach/Henssler**, Mediation für Juristen, 1997; **de Witt**, FamRZ 98, 211

VI. Die Personensorge

541 Die Personensorge umfaßt alle persönlichen Angelegenheiten des Kindes, die für seine gedeihliche Entwicklung notwendig sind. In § 1631 I wird beispielhaft die Pflicht und das Recht der Eltern genannt, ihr Kind zu pflegen, zu erziehen, zu beaufsichtigen und seinen Aufenthalt zu bestimmen. Im Vordergrund hat dabei immer das **Wohl des Kindes** zu stehen, was nicht nur für die Entscheidungen des Gerichts gilt (§ 1697 a), sondern auch im Bereich der elterlichen Sorge selbstverständliche Pflicht der Eltern sein sollte. Eine Vernachlässigung dieser Pflichten kann das Einschreiten des FamG zur Folge haben (§ 1666; s.u. RN **580 ff**). Im einzelnen:

1. Pflege

In der Pflege verwirklicht sich am unmittelbarsten die liebevolle Zuwendung und Betreuung des Kindes durch die Eltern, ihre Sorge für sein leibliches und seelisches Wohl. Dazu gehört eine gesunde und ausreichende Ernährung, ferner Bekleidung, Unterbringung, das Bereitstellen von Spiel- und Unterrichtsmitteln sowie die Gesundheitspflege.

Eine Begrenzung der elterlichen Sorge enthält § 1631 c, wonach es den Eltern verboten ist, in eine **Sterilisation** ihres Kindes einzuwilligen; denn die Auswirkungen der Sterilisation eines Minderjährigen lassen sich nur schwer voraussehen, weshalb verhindert werden soll, schon in diesem Entwicklungsabschnitt vollendete Tatsachen zu schaffen. Auch dem Kind selbst ist es verwehrt, in seine Sterilisation einzuwilligen.

2. Erziehung

542 Sie umfaßt die Sorge der Eltern für die sittliche, geistige und seelische Entwicklung des Kindes zu einer selbstverantwortlichen Persönlichkeit. Dazu gehören alle pädagogischen Maßnahmen und Einwirkungen auf das Kind, wobei den Eltern ein weiter Spielraum zur Verfügung steht.

a) Eine deutliche Grenze zieht das Gesetz aber bei **elterlichen Erziehungsmaßnahmen.** Ob eine Erziehung ganz ohne strafende Einwirkungen auf den

Körper oder die Psyche des Kindes auskommen kann, läßt sich nicht generell beantworten. Es kommt entscheidend auf den Einzelfall und die Wahl des richtigen Mittels an.

Als angemessene Erziehungsmaßnahmen sind z.B. Ermahnungen, der Entzug von Naschwerk, das Verbot, bestimmte Rundfunk- oder Fernsehsendungen zu empfangen, die Kürzung des Taschengeldes oder ein Ausgehverbot zu nennen. Keinesfalls darf es sich um eine **entwürdigende Erziehungsmaßnahme** handeln. Deshalb sind körperliche und seelische **Mißhandlungen** unzulässig (§ 1631 II). Diese Vorschrift ist als Appell an die Eltern zu verstehen, alle Maßnahmen zu vermeiden, die das Ehr- und Selbstwertgefühl des Kindes in einem Maße verletzen, das in keinem Verhältnis zum konkreten Anlaß steht. Zwar ist eine Körperstrafe nicht schon als solche entwürdigend, aber sie muß, falls sie nach Ansicht der Eltern nicht zu umgehen ist, maßvoll sein und auf das Alter des Kindes, seinen Gesundheitszustand und seine seelische Verfassung Rücksicht nehmen.

Reformvorhaben:

Nach dem Regierungsentwurf eines Gesetzes zur Änderung des § 1631 II (BT Drucks. 13/4899) soll grundsätzlich eine Verpflichtung zu ***gewaltfreier*** *Erziehung angestrebt werden.*

b) **Unzulässig** sind deshalb Strafen, die eine Körperverletzung zur Folge haben 543
können oder die ihrer Art nach unmenschlich und grausam sind.

Bsp.: Einsperren im Dunkeln, Fesseln, Nacktausziehen lassen oder andere physische und psychische Quälereien.

Ein langandauerndes Ignorieren des Kindes durch die Eltern kann bei sensiblen Kindern einen größeren Schaden anrichten als eine sofortige maßvolle körperliche Züchtigung. Entwürdigend ist es ferner, das Kind der Verachtung und dem Spott fremder Menschen auszusetzen.

c) Eltern, die sich in schwierigen Erziehungssituationen befinden, haben Anspruch auf **Unterstützung** und können sie beim FamG beantragen (§ 1631 III). Das FamG wird dann das JA anhören (§ 49 a I Nr. 4 FGG), das auch bei der Ausführung der vom Gericht getroffenen Maßnahmen mitwirken wird (§ 50 I SGB VIII).

d) Bei Erziehungsproblemen haben die Eltern ferner die Möglichkeit, **Hilfen zur Erziehung** im Rahmen der **Jugendhilfe** in Anspruch zu nehmen.

Diese Hilfen werden von den Trägern der freien und öffentlichen Jugendhilfe geleistet (§ 3 II SGB VIII), "wenn eine dem Wohl des Kindes oder des Jugendlichen entsprechende Erziehung nicht gewährleistet ist und die Hilfe für seine Entwicklung geeignet und notwendig ist" (§ 27 I SGB VIII). Im Einzelfall können Erziehungsberatungsstellen, ein Erziehungsbeistand, ein Betreuungshelfer oder die sozialpädagogische Familienhilfe wirksame Unterstützung gewähren (§§ 28 bis 31 SGB VIII).

e) Zur Erziehung gehört auch die Regelung von **Ausbildungs- und Berufsfragen.** Dabei sollten sich die Eltern nicht vom Prestigedenken leiten lassen, sondern auf Eignung und Neigung des Kindes Rücksicht nehmen und in Zweifelsfällen sachkundigen Rat einholen (§ 1631 a).
Treffen die Eltern eine offensichtliche **Fehlentscheidung**, durch die eine nachhaltige und schwere Beeinträchtigung für die Entwicklung des Kindes zu befürchten ist, kann das FamG von Amts wegen einschreiten und die Entscheidung der Eltern korrigieren (§ 1666; vgl. BayObLG FamRZ 82, 634).

3. Religiöse Erziehung

544 Die **religiöse Erziehung** des Kindes gehört ebenfalls zur Personensorge. Sie ist im Gesetz über die religiöse Kindererziehung vom 15.7.1921 geregelt. Danach bestimmt die freie und jederzeit widerrufliche Einigung der Eltern, welcher Religion das Kind angehören soll (§ 1 RKEG). Streitigkeiten über Angelegenheiten der religiösen Erziehung entscheidet das VormG auf Antrag der Eltern oder des Kindes (§ 7 RKEG).

Nach Vollendung des 12. Lebensjahres kann das religiöse Bekenntnis des Kindes nicht mehr gegen seinen Willen geändert werden. Mit 14 Jahren kann das Kind seine Religionszugehörigkeit frei bestimmen und damit auch über seine Teilnahme am Religionsunterricht entscheiden (§ 5 RKEG).
Ist das Kind jünger, haben die Erziehungsberechtigten das verfassungsmäßig garantierte Recht, über die Teilnahme des Kindes am Religionsunterricht zu bestimmen (Art. 7 II GG).

4. Beaufsichtigung

545 Sie erfüllt den doppelten Zweck, das Kind vor Gefahren zu bewahren und eine Schädigung Dritter durch das Kind zu verhindern.

a) Deshalb haben die Eltern z.B. die Pflicht, gefährliche Spielsachen, Schußwaffen, Feuer, Gift, aber auch Gefahren des Straßenverkehrs vom Kinde fernzuhalten und für die sichere Aufbewahrung von Zündhölzern zu sorgen (BayObLG NJW 75, 2020).
Zum **Haftungsmaßstab** der Eltern bei einer von ihnen verursachten schuldhaften Schädigung ihres Kindes s.u. RN **592**.

b) Zu einer Schädigung **Dritter** kann es z.B. kommen, wenn die Eltern es dulden, daß ihr Kleinkind mit dem Fahrrad am Straßenverkehr teilnimmt und einen Unfall verursacht.

Das Kind selbst haftet bis zur Vollendung des 7. Lebensjahres nicht für den angerichteten Schaden (§ 828 I).

Zwischen dem 7. und 18. Lebensjahr kommt es für seine Haftung darauf an, ob es bei der Begehung der schädigenden Handlung die zur Kenntnis der Verantwortlichkeit erforderliche Einsicht hatte (§ 828 II).

Die Eltern haften für die Schädigung Dritter durch das Kind im Rahmen des § 832. Ihre Ersatzpflicht entfällt nur dann, wenn sie beweisen können, daß sie ihrer Aufsichtspflicht genügt haben oder daß der Schaden auch bei sorgfältiger Aufsichtsführung entstanden wäre (§ 832 I 2; dazu OLG München FamRZ 97, 740).

546 c) Die Beaufsichtigung des Kindes schließt auch das Recht der Eltern ein, den **Umgang** des Kindes zu regeln, insbes. einen das Kind gefährdenden Umgang mit Dritten zu verbieten. Ein solches Umgangsverbot muß sich auf triftige Gründe stützen und darf nicht mißbräuchlich erfolgen.

Bsp.: Die Tochter hat einen Geliebten, der verheiratet ist. Der Sohn läßt sich von ausländerfeindlichen Parolen eines "Freundes" beeinflussen. Das Kind unterhält Kontakte zu Personen aus der Drogenszene (OLG Hamm FamRZ 74, 136).

Ferner sind die Eltern berechtigt, den Umgang des Kindes auch mit **Wirkung für und gegen Dritte** zu bestimmen (§ 1632 II).

Hält sich der Dritte nicht an ein gegen ihn ausgesprochenes Umgangsverbot, das keiner näheren Begründung bedarf, entscheidet das FamG auf Antrag eines Elternteils (§ 1632 III) nach Anhörung des JA (§ 49 a I Nr. 7 FGG).

Den Eltern bleibt es deshalb erspart, im Wege einer einstweiligen Verfügung oder einer Unterlassungsklage gegen den Dritten vorzugehen.

d) Das Aufsichtsrecht der Eltern ist nicht schrankenlos. Sein Umfang hat sich im Rahmen des § 1626 II zu halten. Dabei darf die **Intimsphäre** des Kindes nicht verletzt werden (Tagebuch!). Die Kontrolle des Briefwechsels wird nur in schwerwiegenden Verdachtsfällen gerechtfertigt sein. Übertreiben die Eltern mißbräuchlich ihr Aufsichtsrecht, kann sich das Kind an das FamG um Hilfe wenden (§ 1666).

5. Aufenthaltsbestimmung 547

Kraft der Personensorge haben die Eltern das Recht, den Aufenthalt des Kindes zu bestimmen. Sie können daher festlegen, ob sich das Kind in der Familie, bei Verwandten oder in einem Internat aufzuhalten hat.

a) Doch ist eine Unterbringung, die mit **Freiheitsentzug** verbunden ist, nur mit Genehmigung des FamG zulässig (§ 1631 b). Bloße Freiheits**einschränkungen**, wie z.B. in einem Internat, fallen nicht unter diese Vorschrift. Freiheitsentziehung liegt aber bei der Unterbringung in einem geschlossenen Heim oder einer geschlossenen Anstalt vor, wenn sie mit einer ständigen Überwachung verbunden ist (dazu Gollwitzer/Rüth FamRZ 96, 1388).

Das Unterbringungsverfahren des FamG ist in §§ 70 - 70 n FGG geregelt; an diesem Verfahren hat auch das JA mitzuwirken (§ 50 I SGB VIII).

b) Haben die Eltern das Kind für längere Zeit in **Familienpflege** (§§ 44 ff SGB VIII) gegeben, kann das FamG auf ihren Antrag hin Angelegenheiten der elterlichen Sorge auf die Pflegeperson übertragen (§ 1630 III).

Da ein solcher Antrag bisher nur selten gestellt worden ist, haben nunmehr auch die Pflegeeltern dieses Antragsrecht erhalten, um besser für das Kind sorgen zu können; jedoch ist die Zustimmung der Eltern für eine Sorgerechtsübertragung auf Antrag der Pflegeeltern erforderlich (§ 1630 III 2).

c) Soweit das FamG eine Übertragung vorgenommen hat, erhalten die Pflegeeltern die Rechte und Pflichten eines **Pflegers** im Sinne der §§ 1909 I, 1915 (s.u. RN **772**). Zu den sonstigen Befugnissen der Pflegepersonen vgl. § 1688 (s.u. RN **558**).

Literatur: **Windel** FamRZ 97, 713

d) Zum Aufenthaltsbestimmungsrecht der Eltern gehört es auch, daß die Eltern das Kind von jedem **herausverlangen** können, der es ihnen widerrechtlich

548 vorenthält (§ 1632 I). Streitigkeiten entscheidet das FamG auf Antrag eines Elternteils nach Anhörung des JA (§ 1632 III BGB, § 49 a I Nr. 6 FGG).

Soll ein Elternteil das Kind an den anderen Elternteil herausgeben, so entscheidet ebenfalls das FamG (§ 1632 III). In diesem Verfahren, bei dem das JA mitwirkt, sind alle Beteiligten anzuhören (s.u. RN **573**).

Ordnet das FamG die Herausgabe des Kindes an, kann es auch die Herausgabe der zum persönlichen Gebrauch des Kindes bestimmten Sachen durch einstweilige Anordnung regeln (§ 50 d FGG).

e) Das Herausgabeverlangen kann sich als **schwere Belastung** für das Kind auswirken, wenn es seit längerer Zeit (z.B. länger als ein Jahr) in **Familienpflege** lebt und nun unerwartet von den Eltern herausverlangt wird; denn in der Zwischenzeit kann eine völlige Entfremdung zu den Eltern eingetreten und die Pflegefamilie zum Bezugsmittelpunkt des Kindes geworden sein (dazu OLG Celle FamRZ 90, 191). In diesem Fall erfolgt das Herausgabeverlangen zur **Unzeit.** Deshalb kann das FamG bei einer zu erwartenden **Gefährdung des Kindeswohls** von Amts wegen oder auf Antrag der Pflegeeltern anordnen, daß das Kind **vorerst** bei ihnen verbleibt (§ 1632 IV; dazu BayObLG FamRZ 98, 1040); oft kann es geboten sein, mit dieser Anordnung eine **Besuchsregelung** für die Eltern zu verbinden (BayObLG MDR 84, 668).

Vor der Entscheidung sind die Beteiligten anzuhören (s.u. RN **573**), wozu auch die Pflegeperson nach § 50 c FGG gehört. In der Folgezeit haben sich die Eltern und die Pflegeperson zu bemühen, das Kind auf die Rückkehr in seine Familie vorzubereiten, damit die Anordnung wieder aufgehoben werden kann; sonst müßten die Eltern den dauerhaften Verbleib ihres Kindes in der Pflegefamilie befürchten (OLG Hamm FamRZ 95, 1507).

f) Die Reform des Kindschaftsrechts hat den Schutz der Pflegefamilien auch auf weitere Familien ausgedehnt, in denen sich ein Kind längere Zeit aufhält und dabei Bindungen zu den Familienmitgliedern erwirbt, die nicht ohne Gefährdung des Kindeswohls gelöst werden können. Im einzelnen:

Hat ein sorgeberechtigter Elternteil geheiratet und ist sein Ehegatte für das Kind ein **Stiefelternteil**, kann es vorkommen, daß der andere Elternteil des Kindes durch die in §§ 1678, 1680 oder 1681 genannten Umstände alleinsorgeberechtigt wird und deshalb dem Stiefelternteil das Kind wegnehmen will. Diese plötzliche Änderung der rechtlichen und tatsächlichen Verhältnisse kann für das Kind ebenso einen Schock zur Folge haben, wie bei der unvorbereiteten Herausnahme aus einer Pflegefamilie. Um eine solche Gefährdung des Kindeswohls zu vermeiden, kann das FamG von Amts wegen oder auf Antrag des Ehegatten anordnen, daß das Kind vorerst bei dem Stiefelternteil verbleibt, solange das Wohl des Kindes durch die Wegnahme gefährdet wäre (§ 1682, 1).
Damit soll das Kind Zeit und Gelegenheit bekommen, sich auf den Wechsel in den Haushalt seines leiblichen Elternteils vorzubereiten. Dem Stiefelternteil steht für diesen Zeitraum das Recht zu, in Angelegenheiten des täglichen Lebens (s.u. RN **569**) für das Kind allein zu entscheiden (§ 1688 IV).

In gleicher Weise kann eine solche Verbleibensanordnung durch das FamG getroffen werden, wenn das Kind längere Zeit in dem Haushalt mit einem

Elternteil und einem umgangsberechtigten **Großelternteil** oder mit **volljährigen Geschwistern** gelebt hat und nun die obengenannten Veränderungen eingetreten sind (§ 1682, 2).

Eine Ausdehnung dieser Bestimmungen auf andere Personen, die mit dem Kind längere Zeit zusammenleben (z.B. mit dem Partner einer nichtehelichen Lebensgemeinschaft), ist im Gesetz nicht vorgesehen.

Im Verfahren vor Gericht wird es in der Regel erforderlich sein, zur Wahrnehmung der Interessen des Kindes einen **Verfahrenspfleger** für das Kind zu bestellen (§ 50 II 1 Nr. 3 FGG).

VII. Die Vermögenssorge 549

Das Recht der Vermögenssorge ist im BGB wesentlich eingehender geregelt als das Recht der Personensorge. Dabei ist die Vermögenssorge nur dann von Bedeutung, wenn das Kind eigenes Einkommen oder Vermögen hat.

1. Umfang der Vermögenssorge

Grundsätzlich wird das gesamte **Vermögen** des Kindes von seinen Eltern verwaltet. Dazu gehören alle Maßnahmen, die der Erhaltung, Vermehrung und Verwertung des Kindesvermögens dienen.

Nur dann, wenn einem Kind **von Todes wegen** oder durch eine **Schenkung** Vermögen zugewendet wird und der Zuwendende bestimmt hat, daß die Eltern dieses Vermögen nicht verwalten sollen, muß zu dessen Verwaltung ein Ergänzungspfleger bestimmt werden (§§ 1638, 1909). Auch sonstige Anordnungen des Zuwendenden sind von den Eltern zu beachten (§ 1639).

2. Durchführung der Verwaltung

a) Zum Zwecke der Verwaltung sind die Eltern berechtigt, das Vermögen des Kindes in Besitz zu nehmen. Sie dürfen aber nicht zu ihren eigenen Gunsten darüber verfügen, sondern haben stets das Kindesinteresse zu wahren (OLG Köln FamRZ 97, 1351). **Schenkungen** aus dem Kindesvermögen sind bis auf Anstands- und Pflichtschenkungen verboten (§ 1641; zum Begriff s.o. RN 211). **Geld** ist nach den Grundsätzen wirtschaftlicher Vermögensverwaltung anzulegen (§ 1642), also sicher und gewinnbringend (BayObLG FamRZ 83, 528, 530).

b) Vermögen, das das Kind von Todes wegen erwirbt (Erbschaft), ferner Vermögen, das es nur anläßlich eines Sterbefalls erwirbt (z.B. Leistungen aus einer Lebensversicherung) sowie Schenkungen und Unterhaltsabfindungen müssen von den Eltern in einem **Vermögensverzeichnis** festgehalten werden, das dem FamG einzureichen ist (§ 1640 I).

Voraussetzung dieser Verpflichtung ist aber, daß

- das Vermögen der Verwaltung der Eltern unterliegt;
- sein Wert 30.000 DM übersteigt;
- den Eltern die Inventarisierungspflicht vom Erblasser bzw. vom Schenkenden nicht erlassen worden ist.

c) Die **Neugründung** eines **Erwerbsgeschäftes** im Namen des Kindes soll nicht ohne Genehmigung des FamG erfolgen, weil es sich dabei nicht um ein Geschäft im Rahmen der gewöhnlichen Vermögensverwaltung handelt und erhebliche Gefahren für das Vermögen des Kindes damit verbunden sein können (§ 1645). Dagegen fallen die **Fortführung**, die Erweiterung oder Auflösung eines bestehenden Geschäfts nicht unter diese Vorschrift (beachte aber die Genehmigungspflicht nach § 1643 I i.V.m. § 1822 Nr. 3; s.u. RN **561**).

3. Nutzung der Einkünfte

550 Werden durch die Vermögensverwaltung Einkünfte erzielt (z.B. Mieteinnahmen, Zinsen, Dividenden), sind diese nach § 1649 in folgender Reihenfolge zu verwenden:

a) zunächst zur **Deckung der Kosten** der Vermögensverwaltung;

b) dann zum **Unterhalt des Kindes;** reichen dazu die Einkünfte nicht aus, sind auch die Einkünfte des Kindes aus seiner Arbeitstätigkeit oder aus einem von ihm geführten Erwerbsgeschäft (§§ 112, 113) für seinen Unterhalt zu verwenden;

c) falls noch ein Überschuß aus den Vermögenseinkünften (und nur aus diesen!) verbleibt, kann der Überschuß zum **Unterhalt der Eltern** und der minderjährigen unverheirateten **Geschwister** des Kindes verwendet werden; jedoch nur, soweit dies der Billigkeit entspricht, und nur bis zur Verheiratung oder Volljährigkeit des Kindes.

4. Vermögensverzeichnis und Auseinandersetzung bei Wiederheirat

a) Will ein nicht oder nicht mehr verheirateter Elternteil, dem die Vermögenssorge für sein Kind zusteht, (wieder) heiraten, besteht die Gefahr, daß die Vermögensverhältnisse des Kindes durch die Eheschließung unübersichtlich werden und das Kind dadurch Nachteile erleidet. Deshalb ordnet § 1683 I an, daß dieser Elternteil seine Heiratsabsicht dem FamG anzuzeigen und dabei ein **Verzeichnis** über das **Vermögen des Kindes** einzureichen hat.

b) Besteht eine **Vermögensgemeinschaft** dieses Elternteils mit dem Kind (z.B. sind beide Mitglieder einer Erbengemeinschaft oder Miteigentümer eines Grundstücks), hat der Elternteil die **Auseinandersetzung** dieser Gemeinschaft herbeizuführen, wobei für das Kind ein Ergänzungspfleger zu bestellen ist (§ 1909). Das FamG kann dem Elternteil gestatten, daß die Auseinandersetzung erst **nach der Eheschließung** vorgenommen wird oder daß sie unterbleiben kann, wenn dies den Vermögensinteressen des Kindes nicht widerspricht (§ 1683 II, III).

5. Ende der Vermögensorge

a) Die Vermögensorge der Eltern kann aus verschiedenen Gründen enden, z.B. bei Volljährigkeit des Kindes, durch Entzug nach § 1666 oder während des Ruhens der elterlichen Sorge.

Die Eltern sind verpflichtet, das Vermögen des Kindes herauszugeben und auf Verlangen über die Verwaltung Rechenschaft abzulegen (§ 1698 I). Bei Volljährigkeit ist das Vermögen an das Kind herauszugeben, sonst an einen Vormund oder Pfleger. Über die **Nutzungen** des Kindesvermögens braucht nur dann Rechenschaft abgegeben werden, wenn die Eltern nachweislich gegen die Vorschrift des § 1649 verstoßen haben (§ 1698 II; s.o.).

b) Zur Fortführung von Geschäften für das Kind nach **Beendigung** der elterlichen Sorge s.u. RN **565**.

c) Beim **Tod** des Kindes (oder dessen Todeserklärung) sind die Eltern verpflichtet, das Kindesvermögen solange weiter zu verwalten und unaufschiebbare Geschäfte zu erledigen, bis der Erbe des Kindes die Verwaltung des Vermögens übernehmen kann (§ 1698 b).

VIII. Die gesetzliche Vertretung des Kindes

1. Grundlagen 551

Unter dem Begriff **Vertretung** ist ein rechtsgeschäftliches Handeln des Vertreters im Namen des Vertretenen zu verstehen. Die Wirkungen des Rechtsgeschäfts treffen dabei nicht die Person des Vertreters, sondern unmittelbar den Vertretenen (§ 164).

Bsp.: Kaufen die Eltern im Namen ihres Kindes ein Grundstück, werden nicht sie aus diesem Vertrag berechtigt oder verpflichtet, sondern nur das Kind.

2. Voraussetzungen

Eine wirksame Stellvertretung hat folgende Voraussetzungen:

a) Die Vertretung muß **zulässig** sein, was im allgemeinen der Fall ist. Eine **Ausnahme** bilden die sog. höchstpersönlichen Rechtsgeschäfte (z.B. die Eheschließung gemäß § 1311 oder die Testamentserrichtung nach § 2064).

b) Ein Handeln **im Namen des Vertretenen.** Für den Partner des Rechtsgeschäfts muß erkennbar sein, daß der Vertreter nicht in eigenem Namen handeln will. Dabei ist es gleichgültig, ob dies der Vertreter ausdrücklich erklärt oder ob sich dies aus den Umständen ergibt. Ist der Vertretungswille für den Partner nicht erkennbar, wird der Vertreter selbst berechtigt und verpflichtet (§ 164 II).
Eine **Ausnahme** von diesem Grundsatz enthält § 1646 : Erwerben die Eltern in eigenem Namen, aber mit dem Geld des Kindes bewegliche Sachen, bestimmte Wertpapiere oder übertragbare Rechte, dann wird das Erworbene **unmittelbares Eigentum oder Recht des Kindes** (sog. Surrogationsprinzip). Sinn dieser Regelung ist es, das Kindesvermögen in seinem Wert zu erhalten.

c) Der Vertreter muß **Vertretungsmacht haben.** 552

- Die Vertretungsmacht kann auf einem **Rechtsgeschäft** beruhen und heißt dann **Vollmacht** (z.B. die Prozeßvollmacht eines Rechtsanwalts nach § 80 ZPO oder die Prokura <s.u. RN **711**> und Handlungsvollmacht im Handelsrecht nach §§ 48, 54 HGB).
- Die Vertretungsmacht kann auch auf einem **Gesetz** beruhen und heißt dann **gesetzliche Vertretung.**

Bsp.:

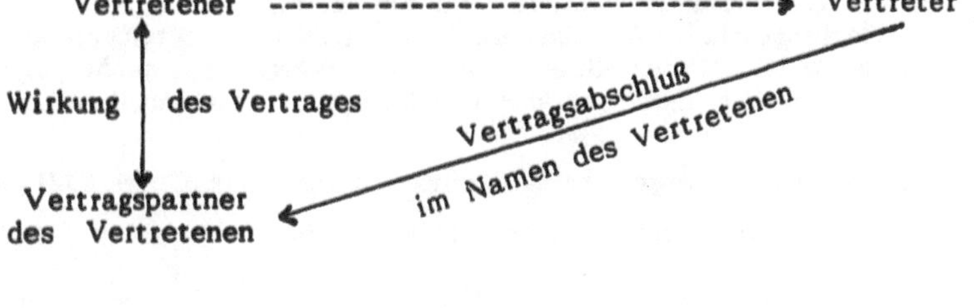

Bsp. für Vertretungsmacht kraft **Gesetzes:**

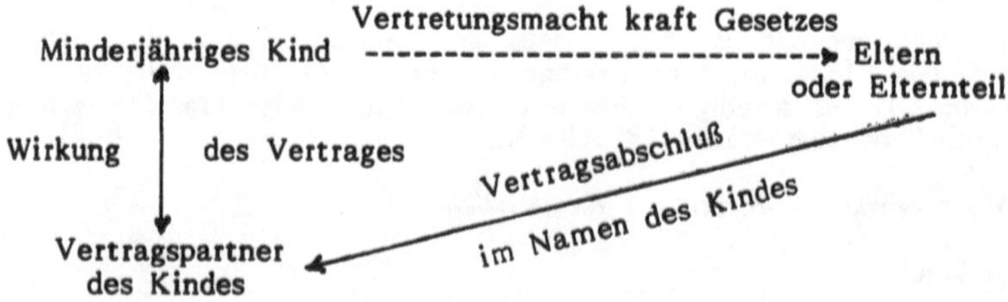

Beachte: Gemäß § 1629 sind die Eltern die gesetzlichen Vertreter ihres Kindes.

3. Umfang der Vertretungsmacht

553 a) Die gesetzliche Vertretungsmacht der Eltern umfaßt sowohl Angelegenheiten der Personensorge als auch der Vermögenssorge. In Vertretungsfällen überwiegen meist die vermögensrechtlichen Angelegenheiten; nicht selten betrifft eine Angelegenheit sowohl die Personen- als auch die Vermögenssorge (z.B. der Abschluß eines Ausbildungsvertrages für das Kind).

b) Sofern die elterliche Sorge **beiden Elternteilen** zusteht, vertreten sie das Kind **gemeinschaftlich** (§ 1629 I 2).

554 **Ausnahmsweise** ist ein Elternteil bei gemeinsamer Sorge **allein** vertretungsberechtigt:

- wenn eine Willenserklärung gegenüber dem Kind abzugeben ist (z.B. eine Kündigung); es genügt die Abgabe an **einen** Elternteil (§ 1629 I 2, 2.HS);
- wenn einem Elternteil die Entscheidung nach § 1628 I übertragen worden ist (§ 1629 I 3; s.o. RN **539**).
- wenn **Gefahr im Verzug** ist. Dann darf jeder Elternteil alle Rechtshandlungen vornehmen, die zum Wohl des Kindes notwendig sind, muß aber den anderen Elternteil unverzüglich unterrichten (sog. Notvertretungsrecht, § 1629 I 4).

  "Gefahr im Verzug" liegt vor, wenn eine Rechtshandlung nicht bis zur Mitwirkung des anderen Elternteils aufgeschoben werden kann, weil dem Kind sonst ein erheblicher Schaden oder Nachteil droht.

  Bsp.: Die Mutter ist berechtigt, in eine plötzlich notwendig gewordene Blinddarmoperation des Kindes allein einzuwilligen, wenn der Vater auf Reisen und nicht erreichbar ist.

Der Grundsatz der Gesamtvertretung bedeutet nicht, daß beide Elternteile bei jedem Rechtsgeschäft für das Kind gemeinsam auftreten müssen; sie können sich auch im Rahmen ihrer gesetzlichen Vertretungsmacht gegenseitig bevollmächtigen, so daß dann der bevollmächtigte Elternteil allein handeln kann.

c) Steht die elterliche Sorge einem Elternteil **allein** zu (s.o. RN **532**), ist er auch allein für das Kind vertretungsberechtigt (§ 1629 I 3).

4. **Ausschluß** der gemeinsamen Vertretungsmacht 555

a) Um eine Gefährdung des Kindesvermögens auszuschließen, ist die Vertretungsmacht der Eltern für bestimmte **Rechtsgeschäfte** und die damit zusammenhängenden **Prozesse** im Falle einer **Interessenkollision** ausgeschlossen (§§ 1629 II 1, 1795, 181).

b) Dabei bedeutet die Verweisung auf § 1795:

Ein Elternteil darf das Kind bei einem Rechtsgeschäft mit dem anderen Elternteil oder mit Verwandten in gerader Linie (z.B. Großeltern) nicht vertreten. Das Vertretungsverbot gilt auch, wenn beide Eltern gemeinsam ein Rechtsgeschäft mit ihrem Kind abschließen oder bei einem Rechtsgeschäft zwischen ihren Kindern als deren gesetzliche Vertreter handeln wollten. Ferner darf ein Elternteil nicht in Vertretung des Kindes mit sich selbst ein Rechtsgeschäft abschließen (Verbot des Selbstkontrahierens: § 181).

Beachte: Ist ein Elternteil gemäß § 1629 II 1 von der gesetzlichen Vertretung des Kindes ausgeschlossen, ist es auch der andere Elternteil (BayObLG FamRZ 60, 33). Für das Kind muß vom FamG ein **Ergänzungspfleger** bestellt werden (§§ 1693, 1909).

c) Von diesem Vertretungsverbot gibt es aber **Ausnahmen:** 556

- wenn das Rechtsgeschäft ausschließlich der **Erfüllung** einer Verbindlichkeit dient (§§ 1629 II 1 i.V.m. 1795 I Nr. 1; z.B. ein bereits rechtswirksam zustandegekommener Kaufvertrag wird durch die Zahlung des Kaufpreises erfüllt);
- wenn das Rechtsgeschäft dem Kind lediglich einen **rechtlichen Vorteil** bringt, also nicht gleichzeitig mit einer Verpflichtung verbunden ist, z.B. eine Schenkung der Eltern an ihr Kind (vgl. BGH FamRZ 75, 480);
- wenn es sich um **Unterhaltsansprüche** des Kindes gegen einen Elternteil handelt (§ 1629 II 2, III). Im einzelnen:

Steht den Eltern die gemeinsame Sorge und damit das gemeinschaftliche Vertretungsrecht des Kindes zu, kann es sein, daß sie getrennt leben und daß sich ihr Kind in der Obhut eines Elternteils befindet. Dieser Elternteil ist dann berechtigt, Unterhaltsansprüche im Namen des Kindes gegen den barunterhaltspflichtigen Elternteil geltend zu machen (§ 1629 II 2).

Die **Obhut** übt derjenige Elternteil aus, bei dem der Schwerpunkt der tatsächlichen Fürsorge liegt (OLG Düsseldorf FamRZ 94, 767; OLG Stuttgart FamRZ 95, 1168).

Bsp.: In einer nichtehelichen Lebensgemeinschaft haben beide Elternteile Sorgeerklärungen für ihr gemeinsames Kind abgegeben. Als das Kind drei Jahre alt war, kam es zur Trennung der Eltern, wobei das Kind bei der Mutter blieb. Obwohl nach wie vor beide Elternteile für das Kind vertretungsberechtigt sind, kann die Mutter allein die Unterhaltsansprüche des Kindes gegen den Vater geltend machen.

Sollten die Eltern miteinander **verheiratet** sein, aber getrennt oder in Scheidung leben, kann der Elternteil, in dessen Obhut sich das Kind befindet, dessen Unterhaltsansprüche nur in **Prozeßstandschaft** (also im eigenen Namen, nicht im Namen des Kindes) gegen den anderen Ehegatten einklagen (§ 1629 III 1). Sinn dieser eigenartigen Vorschrift ist es u.a., das Kind nicht als Partei am Scheidungsverfahren seiner Eltern zu beteiligen.

Alle diese in Prozeßstandschaft erwirkten einstweiligen Anordnungen, Unterhaltsurteile oder zwischen den Eltern geschlossenen Vergleiche wirken auch für und gegen das Kind (§ 1629 III 2).

d) Zu den Änderungen in der Vertretungsmacht, wenn die gemeinsam sorgeberechtigten Eltern auf Dauer **getrennt leben**, s.u. RN **570.**

e) Das FamG ist berechtigt, beiden Elternteilen die gesetzliche **Vertretung** zu **entziehen**, wenn die Voraussetzungen des § 1796 dafür gegeben sind (§ 1629 II 3). Das gilt jedoch nicht für die Vertretung des Kindes bei der Feststellung der Vaterschaft (dazu RN **435**). Die Entziehung kann sich auf einzelne oder auf einen bestimmten Kreis von Angelegenheiten erstrecken; sie kommt aber nur in Betracht, wenn ein **erheblicher Interessengegensatz** zwischen den Eltern oder einem Elternteil und dem Kind besteht.

Bsp.: Eine dem Kind angefallene Erbschaft würde einem Elternteil zufallen, wenn dieser die Erbschaft als Vertreter des Kindes ausschlüge (BayObLG FamRZ 84, 200).

5. **Einschränkungen** der Vertretungsmacht

557 **A.** Pflegerbestellung

a) Die elterliche Sorge ist **eingeschränkt**, wenn für bestimmte Angelegenheiten des Kindes ein **Pfleger** bestellt ist, so daß das Sorgerecht in diesen Bereichen nicht ausgeübt werden darf (§§ 1630 I, 1909).

Bsp.: Eine Pflegerbestellung kommt in Betracht: wenn den Eltern gemäß §§ 1666 oder 1667 die elterliche Sorge zum Teil entzogen wird; bei Verhinderung der Eltern wegen eines Interessenkonflikts (§ 1629 II 1 und 3); bei der Einschränkung der Vermögenssorge nach § 1638 I und II.

Dabei kann es zu einem Streit kommen, wenn nur die Personensorge oder nur die Vermögenssorge einem Pfleger zusteht und eine Angelegenheit zu regeln ist, die sowohl die Person als auch das Vermögen des Kindes betrifft.

Bsp.: Die Eltern sind mit einem Auslandsaufenthalt ihres Kindes einverstanden, dessen Kosten teilweise aus dem Kindesvermögen bestritten werden sollen; der für die Vermögenssorge des Kindes gemäß § 1666 I bestellte Pfleger weigert sich jedoch, das erforderliche Geld zur Verfügung zu stellen.

Kommt es in solchen Überschneidungsfällen nicht zu einer Einigung zwischen Eltern und Pfleger, entscheidet darüber das FamG (§ 1630 II).

558 b) Die Befugnisse einer Pflegeperson im Rahmen der **Familienpflege** sind durch die neue Vorschrift des § 1688 erheblich erweitert worden. Vorausgesetzt wird dabei, daß ein Kind gemäß § 1630 III **für längere Zeit** in Familienpflege lebt (s.o. RN **547**). In diesem Fall steht der Pflegeperson **kraft Gesetzes** (und unabhängig davon, ob nach § 1630 III eine Übertragung von Angelegenheiten der elterlichen Sorge stattgefunden hat) das Recht zu, für das Kind in "Angelegenheiten des täglichen Lebens" (zum Begriff s.u. RN **569**) zu **entscheiden** und insoweit den Inhaber der elterlichen Sorge zu **vertreten** (§ 1688 I 1).

Diese Befugnis erstreckt sich auch auf die Verwaltung des Arbeitsverdienstes des Kindes und die Geltendmachung von Unterhalts-, Versicherungs-, Versorgungs- und sonstigen Sozialleistungen (§ 1688 I 2), sofern sich diese Ansprüche nicht gegen den Inhaber der elterlichen Sorge richten (umstr.). Ferner kann die Pflegeperson bei Gefahr im Verzug alle notwendigen Maßnahmen zum Schutz des Kindes ergreifen (§ 1688 I 3 i.V.m. § 1629 I 4; s.o. RN **554**). - Soweit es sich jedoch um Angelegenheiten handelt, die für das Kind von **erheblicher Bedeutung** sind (s.u. RN **569**), verbleibt das Vertretungsrecht bei dem Inhaber der elterlichen Sorge.

c) Den Pflegepersonen gleichgestellt sind Personen, die Kinder und Jugendliche in **Heimen** betreuen oder ihnen eine intensive sozialpädagogische Einzelbetreuung gewähren (§§ 34, 35 SGB VIII); das gleiche gilt für Personen, die bei der Eingliederungshilfe für seelisch behinderte Kinder und Jugendliche deren Erziehung und Betreuung in Heimen u.ä. Einrichtungen übernehmen (§ 35 a I 2 Nr. 3 und 4 SGB VIII).

d) Allerdings sind die genannten Entscheidungs- und Vertretungsbefugnisse davon abhängig, daß der Inhaber der elterliche Sorge nicht "etwas anderes" erklärt. Er hat nämlich die Möglichkeit, die besonderen Befugnisse der Pflegeperson gänzlich auszuschließen oder in ihrem Umfang zu modifizieren. Doch können mit solchen Erklärungen nicht gerichtliche Verbleibungsanordnungen gemäß § 1632 IV oder § 1682 abgeändert werden; dieses Recht steht nur dem FamG zu (§ 1688 IV).

Literatur: **Salgo** FamRZ 99, 337, 342

B. Haftungsbeschränkung für Minderjährige 559

a) Nach dem Beschluß des BVerfG vom 13.5.1986 (NJW 86, 1859) sind die Eltern nicht befugt, zu Lasten ihres minderjährigen Kindes ohne vormundschaftsgerichtliche Genehmigung Verbindlichkeiten einzugehen, die mit der Fortführung eines zum Nachlaß gehörenden Handelsgeschäfts zusammenhängen, wenn das Kind Miterbe ist und die Verbindlichkeiten den Wert des Nachlasses übersteigen. - Damit sollte bis zu einer gesetzlichen Neuregelung verhindert werden, daß das Kind beim Erreichen der Volljährigkeit unzumutbare Belastungen übernehmen muß, die es nicht selbst zu verantworten hat.

b) Mit dem Gesetz zur Beschränkung der Haftung Minderjähriger vom 25.8. 1998, das am 1.1.1999 in Kraft getreten ist, hat der Gesetzgeber der Entscheidung des BVerfG Rechnung getragen und u.a. nach § 1629 den neuen § 1629 a eingeführt.

Die Vertretungsmacht der Eltern wird durch diese Bestimmung insofern eingeschränkt, als es ihnen die Möglichkeit nimmt, ihr Kind über die Volljährigkeit hinaus mit Verbindlichkeiten zu belasten, die den Wert seines Vermögens übersteigen. Diese Einschränkung der Vermögenssorge wird nicht dadurch erreicht, daß solche Rechtsgeschäfte gerichtlich genehmigt werden müssen; das Gesetz räumt vielmehr dem Volljährigen das Recht ein, im Wege einer Einrede nach § 1990 die Befriedigung seiner Gläubiger insoweit zu verweigern, als das beim Eintritt der Volljährigkeit vorhandene Vermögen hierfür nicht ausreicht. Im einzelnen:

c) Die Haftungsbeschränkung gilt für Verbindlichkeiten, die die **Eltern** im Rahmen ihrer Vertretungsmacht mit Wirkung für das minderjährige Kind be-

gründet haben. Das gleiche gilt für Verbindlichkeiten, die von **anderen vertretungsberechtigten Personen**, wie z.B. von Mitgliedern einer Handelsgesellschaft, in der der Minderjährige Mitgesellschafter ist, ferner von Prokuristen, Handlungsbevollmächtigten, aber auch von dem Vormund oder Pfleger zu Lasten des Kindes eingegangen wurden.
Ferner umfaßt die Haftungsbeschränkung Verbindlichkeiten, die im Zusammenhang mit einer **Erbschaft** angefallen sind. Darüber hinaus werden **eigene Rechtsgeschäfte** des Minderjährigen, die er selbst gemäß §§ 107, 108 oder 111 mit Zustimmung seiner Eltern vorgenommen hat, ebenso erfaßt, wie Verbindlichkeiten aus Rechtsgeschäften, zu denen die Eltern die Genehmigung des VormG erhalten haben (§ 1629 a I 1).

d) Das ändert nichts daran, daß für Verbindlichkeiten, die schon **während** der Minderjährigkeit **fällig werden,** das Kind mit seinem ganzen Vermögen haftet, und zwar ohne die Möglichkeit, sich auf eine Haftungsbeschränkung berufen zu können. Ebenso haftet der Volljährige für alle **nach** Eintritt der Volljährigkeit von ihm selbst eingegangenen Verbindlichkeiten unbeschränkt.

560 e) Die Haftungsbeschränkung wird beim volljährig gewordenen Kind nach Maßgabe der §§ 1990, 1991 geltend gemacht, und zwar mit der **Einrede**, daß das im Zeitpunkt der Volljährigkeit vorhandene Vermögen nicht zur Befriedigung des Gläubigers ausreicht, was das Kind u.U. nachweisen muß. Die Erhebung der Dürftigkeitseinrede verpflichtet den Volljährigen auch zu bestimmten weiteren Maßnahmen (§ 1991 i.V.m. §§ 1978, 1979).
Ohne Einfluß bleibt eine Haftungsbeschränkung auf Ansprüche eines Gläubigers gegen **Mitschuldner** oder auf andere Weise neben dem Volljährigen haftende Personen, da es für diese keinen sachlichen Grund gibt, sie wie einen volljährig Gewordenen zu entlasten (§ 1629 a III).

f) **Keine Haftungsbeschränkung** gibt es für den Volljährigen, wenn die Verbindlichkeiten aus dem selbständigen **Betrieb eines Erwerbsgeschäfts** (§ 112) herrühren oder wenn sie allein der Befriedigung seiner **persönlichen Bedürfnisse** gedient haben (§ 1629 a II).

g) Schließlich beinhaltet § 1629 a IV bestimmte **Vermutungen** über den Zeitpunkt, zu dem eine Verbindlichkeit entstanden ist, sowie über den Erwerb des Vermögens nach Eintritt der Volljährigkeit. Dabei handelt es sich um Vorschriften, die den Schutz des Gläubigers bezwecken und die im Falle der Säumnis zur unbeschränkten Haftung des Volljährigen führen können.

Literatur: **Habersack/Schneider** FamRZ 97, 649; **Behnke** NJW 98, 3078; **Habersack** FamRZ 99, 1

561 C. Genehmigungspflichtige Rechtsgeschäfte der Eltern

Bei einem Kreis wichtiger Rechtsgeschäfte ist die Vertretungsmacht der Eltern oder eines Elternteils eingeschränkt, weil sie ihr Kind nur dann vertreten können, wenn das **FamG** das Rechtsgeschäft **genehmigt** (§ 1643 I).

a) Es handelt sich um bestimmte **Grundstücksgeschäfte**, wie sie in § 1821 aufgeführt sind, sowie um Rechtsgeschäfte, die sich auf das gesamte Kindesvermögen oder eine Erbschaft beziehen (§ 1822 Nr. 1); ferner um Verträge über ein Erwerbsgeschäft (§ 1822 Nr. 3), um bestimmte Miet- und Pachtverträge (§ 1822 Nr. 5), schließlich um die in § 1822 Nr. 8 bis 11 genannten Angelegenheiten (vgl. im einzelnen RN **707 ff**). - Weitere genehmigungspflichtige Rechtsgeschäfte sind in § 1643 II aufgeführt. Die Umgehung dieser Genehmigungspflicht durch Überlassung von Gegenständen an das Kind, damit es einen nicht genehmigten Vertrag erfüllt, führt zur Nichtigkeit des Rechtsgeschäfts (§ 1644; BayObLG 17, 128).

Nach anderen Vorschriften ist wiederum die Genehmigung des **VormG** erforderlich (z.B. §§ 112, 1484, 1491, 1492, 2290).

b) Zum **Verfahren** bei der Genehmigung des FamG oder des VormG vgl. die Ausführungen zu RN **717 ff**, die bei Rechtsgeschäften der Eltern für ihre Kinder entsprechend zu beachten sind; insbes. richtet sich die Wirksamkeit von Rechtsgeschäften, die die Eltern **ohne die erforderliche Genehmigung** tätigen, nach denselben Regeln, die für entsprechende Handlungen eines Vormunds gelten (§ 1643 III i.V.m. §§ 1825, 1828 bis 1831; s.u. RN **720 f**).

IX. Verhinderung und Ruhen bei der Ausübung der elterlichen Sorge 562

Ein Elternteil kann an der Ausübung der elterlichen Sorge aus **tatsächlichen** oder **rechtlichen** Gründen verhindert sein. Da ein Kind Anspruch darauf hat, **jederzeit** der vollen elterlichen Sorge teilhaftig zu sein, muß das Gesetz im Falle der Verhinderung für einen Ausgleich sorgen.

1. Tatsächliche Verhinderung

Eine tatsächliche Verhinderung kann eintreten, wenn ein Elternteil z.B. durch Krankheit, Haft oder Abwesenheit nicht in der Lage ist, sein Kind zu betreuen.

a) In diesem Fall übt bei gemeinsamer Sorge der andere Elternteil die elterliche Sorge **allein** aus (§ 1678 I). Damit er sich im Rechtsverkehr als alleinvertretungsberechtigter Elternteil legitimieren kann, besteht nach § 1674 I die Möglichkeit, eine **längere Verhinderung** jenes Elternteils (z.B. infolge Strafhaft; BayObLG NJW 75, 1082) durch das FamG feststellen zu lassen. Wirksam wird die Feststellung des FamG mit der Bekanntgabe an den nicht verhinderten Elternteil (§ 51 I FGG).

b) Die Feststellung des FamG bewirkt ein **Ruhen** der elterlichen Sorge des verhinderten Elternteils mit der Folge, daß er sie nicht mehr ausüben darf, selbst wenn er zwischenzeitlich hierzu wieder in der Lage wäre (§ 1675).
Die elterliche Sorge lebt für ihn erst wieder auf, wenn das FamG feststellt, daß der Grund des Ruhens nicht mehr besteht (§ 1674 II BGB i.V.m. § 51 II FGG).

c) Der automatische Übergang der elterlichen Sorge auf den anderen Elternteil kommt dann nicht in Betracht, wenn der verhinderte Elternteil (die Mutter) nach § 1626 a alleinsorgeberechtigt ist oder wenn ein Elternteil die Alleinsorge nach §§ 1671, 1672 I vom FamG übertragen erhalten hat (§ 1678 I, 2. HS). Unter bestimmten Voraussetzungen besteht aber auch hier die Möglichkeit, dem anderen Elternteil das Sorgerecht zu übertragen:

- Ist die Mutter nach § 1626 a alleinsorgeberechtigt (s.o. RN **352**) und besteht keine Aussicht, daß der Grund für das Ruhen der elterlichen Sorge wegfällt (z.B. wegen unheilbarer Geisteskrankheit), kann das FamG dem anderen Elternteil die elterliche Sorge übertragen, wenn dies dem **Wohl des Kindes** dient (§ 1678 II). Ist dieser Elternteil aus tatsächlichen oder rechtlichen Gründen nicht in der Lage, diese Aufgabe zu übernehmen oder würde dies dem Wohl des Kindes nicht dienlich sein, muß das FamG für das Kind einen Vormund bestellen (§§ 1693 i.V.m. § 1773).

- Ist aufgrund der Trennung oder Scheidung der Eltern die gemeinsame Sorge nach §§ 1671, 1672 in eine Alleinsorge umgewandelt worden (s.u. RN **570**) und kann der alleinsorgeberechtigte Elternteil nicht mehr das Sorgerecht ausüben, fehlt es für diesen Fall an einer besonderen gesetzlichen Regelung. Doch steht dem FamG nach der Generalklausel des § 1696 I jederzeit das Recht zu, seine Anordnungen abzuändern, wenn dies aus triftigen, das Wohl des Kindes nachhaltig berührenden Gründen angezeigt ist. Weshalb hier, anders als nach § 1678 II, ein strengerer Maßstab an die Übertragung des Sorgerechts an den anderen Elternteil angelegt werden muß, ist nicht einsehbar. Notfalls kommt auch bei dieser Fallgestaltung die Bestellung eines Vormunds in Betracht.
- Ist die Alleinsorge eines Elternteils nur deshalb eingetreten, weil das Sorgerecht dem anderen Elternteil nach §§ 1666, 1666 a **entzogen** worden ist, kann die Übertragung auf diesen Elternteil nur in Frage kommen, wenn der Grund der Entziehung weggefallen ist; sonst muß auch hier ein Vormund für das Kind bestellt werden.

2. Rechtliche Verhinderung

563 Ein Elternteil ist an der Ausübung der elterlichen Sorge aus **rechtlichen Gründen** verhindert, wenn er **geschäftsunfähig** (§ 104 Nr. 2) oder **minderjährig** ist (§ 106). Gemäß § 1673 **ruht** dann seine elterliche Sorge mit der Folge, daß er sie nicht ausüben darf (§ 1675).

Dies hat folgende Auswirkungen:

a) Bei **Geschäftsunfähigkeit** übt der andere Elternteil die elterliche Sorge **allein** aus (§ 1678 I).

b) Bei **Minderjährigkeit** behält dieser Elternteil die **tatsächliche Personensorge neben** (!) dem gesetzlichen Vertreter des Kindes (das kann der andere Elternteil, ein Pfleger oder Vormund sein); zur **Vertretung des Kindes** ist er aber nicht berechtigt (§ 1673 II 2).

c) Da es im Falle b) zu **Meinungsverschiedenheiten** zwischen dem minderjährigen Elternteil und dem gesetzlichen Vertreter in Fragen der Personensorge kommen kann, bestimmt § 1673 II 3, daß neben einem Vormund oder Pfleger die Meinung des minderjährigen Elternteils **vorgeht**; ist gesetzlicher Vertreter der andere Elternteil, dann gelten die Bestimmungen der §§ 1627 und 1628: Die Eltern sollen sich einigen, notfalls das FamG anrufen (s.o. RN **539**).

3. Beiderseitige Verhinderung

Sind **beide** Elternteile (aus tatsächlichen oder rechtlichen Gründen) an der Ausübung der elterlichen Sorge verhindert, hat das FamG gemäß § 1693 einzugreifen und die erforderlichen Maßnahmen zu treffen.

Bsp.: Bestellung eines Pflegers oder Vormunds; Unterbringung des Kindes in einem Heim; Erteilung der Einwilligung zu einer dringenden Operation.

X. Die Beendigung der elterlichen Sorge 564

Die elterliche Sorge jedes Elternteils kann noch vor der Volljährigkeit des Kindes enden (vgl. ergänzend RN **537**). Die wichtigsten Fälle:

1. Tod eines Elternteils

a) Endet die **gemeinsame Sorge** durch den Tod oder aufgrund einer Todeserklärung (§ 1677) eines Elternteils, steht sie dem überlebenden Elternteil kraft Gesetzes **allein** zu (§ 1680 I). Gibt es keinen anderen Elternteil, muß dem Kind ein Vormund bestellt werden (§ 1773).

Lebt der für tot erklärte Elternteil noch, hat ihm das FamG auf seinen Antrag hin die elterliche Sorge im gleichen Umfang wie früher zu übertragen, wenn dies dem Wohl des Kindes nicht widerspricht (§ 1681 II).

b) War nur der verstorbene Elternteil sorgeberechtigt, kommt es darauf an, worauf seine Alleinsorge beruht hat:

- Ist die gemäß § 1626 a alleinsorgeberechtigte Mutter verstorben, hat das FamG die elterliche Sorge dem Vater zu übertragen, wenn dies dem **Wohl des Kindes** dient (§ 1680 II 2).
- Ist der Elternteil verstorben, dem die elterliche Sorge nach §§ 1671 oder 1672 I allein zustand, hat das FamG die elterliche Sorge auf den überlebenden Elternteil zu übertragen, wenn dies dem **Wohl des Kindes** nicht widerspricht (§ 1680 II 1).
- Ist der sorgeberechtigte Elternteil nicht verstorben, sondern **für tot erklärt** worden, gilt § 1680 I und II entsprechend (§ 1681 I).

2. Entzug der elterlichen Sorge 565

Die elterliche Sorge endet, wenn sie einem Elternteil durch Maßnahmen des FamG gemäß §§ 1666, 1666 a **entzogen** wird (s.u. RN **584**). Waren die Eltern vorher gemeinsam sorgeberechtigt, übt der andere Elternteil im Umfang der Entziehung die Sorge allein aus (§ 1680 III i.V.m. § 1680 I).

Betrifft die Entziehung die nach § 1626 a II alleinsorgeberechtigte Mutter, hat das FamG die elterliche Sorge dem Vater zu übertragen, wenn dies dem Wohl des Kindes dient (§ 1680 III i.V.m. § 1680 II 2).

3. Zum Verfahren

Bei dem Verfahren auf Übertragung des Sorgerechts im Falle des Todes, der Todeserklärung oder bei der Entziehung des Sorgerechts ist das JA anzuhören, das zur Mitwirkung am Verfahren verpflichtet ist (§ 49 a I Nr. 11 und 12 FGG; § 50 I SGB VIII).

Beachte: In allen Fällen, in denen das Sorgerecht eines Elternteils durch eine Anordnung des FamG beendet oder geändert wird, handelt es sich nicht um eine endgültige Entscheidung. Das Gericht kann seine Maßnahmen jederzeit ändern, wenn dies aus triftigen, das Wohl des Kindes nachhaltig berührenden Gründen angezeigt ist (§ 1696 I). Das bedeutet, daß die Vorteile der Korrekturentscheidung die mit der Änderung verbundenen Nachteile für das Kind deutlich überwiegen müssen (BayObLG FamRZ 76, 38; OLG Bamberg FamRZ 90, 1134).

4. Fortführung von Geschäften nach Beendigung der elterlichen Sorge

Solange die Eltern keine Kenntnis davon haben, daß ihre elterliche Sorge beendet ist oder ruht, sind sie berechtigt, die mit der elterlichen Sorge verbundenen Rechtsgeschäfte fortzuführen, bis sie diese Kenntnis erlangt haben oder nur infolge ihrer Fahrlässigkeit nicht erlangen (§ 1698 a i.V.m. § 276 I). Damit will das Gesetz den Schutz der Eltern bezwecken, nicht den Schutz des Rechtsverkehrs (BGH FamRZ 63, 134).

Bsp.: Der im Ausland studierende Sohn ist volljährig geworden. Die Eltern haben kein Recht mehr, als gesetzliche Vertreter für ihn weiter tätig zu sein, da ihre Unkenntnis von der Volljährigkeit nur auf Fahrlässigkeit beruhen kann.

Dritte können sich nur bei eigener Gutgläubigkeit auf die Handlungsbefugnis der Eltern berufen (§ 1698 a I 2). Hinsichtlich der Pflicht der Eltern, beim **Tod** ihres Kindes dessen Geschäfte fortzuführen, s.o. RN **550**.

XI. Die elterliche Sorge bei Trennung und Auflösung der Ehe

1. Einführung

566 Von der Beendigung der Ehe durch den Tod eines Ehegatten einmal abgesehen, stellt sich mit der **Auflösung der Ehe** oder der **Trennung der Eltern** die Frage, ob damit auch eine Neuverteilung der elterlichen Sorge erforderlich wird. Das ist zu verneinen, da weder die Trennung der Eltern noch die Auflösung der Ehe für sich genommen eine Änderung der gemeinsamen elterlichen Sorge bewirkt. Allerdings steht es jedem Elternteil frei, die Übertragung der Alleinsorge auf sich zu beantragen (§§ 1671, 1672).

Unter den Begriff der Eheauflösung fällt sowohl die **Ehescheidung** (§ 1564) als auch die **Eheaufhebung** (§ 1313). Da es zwischen ihnen keine Unterschiede hinsichtlich der elterlichen Sorge für gemeinsame Kinder gibt, wird künftig nur von der Ehescheidung als dem häufigsten Fall der Eheauflösung gesprochen.

2. Reformen des elterlichen Sorgerechts

567 Mit dem am 1.7.1998 in Kraft getretenen Gesetz zur Reform des Kindschaftsrechts ist eine völlig neue Regelung des Sorgerechts für Kinder eingetreten, deren Eltern sich getrennt haben oder die geschieden worden sind. Zum besseren Verständnis für die Tragweite der neuen Bestimmungen soll kurz die bis zum 30.6.1998 geltende Rechtslage dargestellt werden:

a) Vor dem Jahre 1977 wurde im Fall der Scheidung keine Bestimmung über die elterliche Sorge (die damals noch "elterliche Gewalt" hieß) getroffen. War die Ehe geschieden, hatte das VormG darüber zu bestimmen, welchem Elternteil die elterliche Gewalt über ein gemeinschaftliches Kind zustehen sollte. Damals wurde mit Recht bemängelt, daß sich häufig die Eheleute über eine Konventionalscheidung rasch einigen konnten, nicht aber über den Verbleib ihres Kindes. So wurde der "Kampf um das Kind" erst später vor dem VormG ausgetragen, nachdem bereits durch die Scheidung vollendete Tatsachen geschaffen worden waren.

b) Mit dem 1. EheRG vom 14.6.1976, das am 1.7.1977 in Kraft trat, wurde § 1671 dahin abgeändert, daß die elterliche Sorge für ein gemeinsames Kind zwangsläufig im Verbund mit der Ehescheidung zu regeln ist. Damit war erreicht, daß den Ehegatten schon während des Scheidungsverfahrens bewußt wurde, welche Auswirkungen die Scheidung für sie und ihr Kind mit sich bringen wird (Näheres dazu 2. Aufl. RN 324). Eine weitere Änderung gab es mit dem Gesetz zur Neuregelung der elterlichen Sorge vom 18.7.1979, in Kraft getreten am 1.1.1980, womit das FamG u.a. verpflichtet wurde, die elterliche Sorge einem Elternteil **allein zu übertragen.** Diese Bestimmung hat aber das BVerfG mit Urteil vom 3.11.1982 (FamRZ 82, 1179) als mit Art. 6 GG unvereinbar und damit für nichtig erklärt. Seitdem war es zulässig, daß das FamG die elterliche Sorge auf **beide** geschiedenen Ehegatten übertragen konnte.

c) Das Kindschaftsrechtsreformgesetz hat nunmehr dem § 1671 einen ganz anders gearteten Inhalt gegeben und erwähnt die Ehescheidung als Anknüpfungspunkt für die Regelung der elterlichen Sorge nicht mehr. Maßgebend ist jetzt die dauerhafte **Trennung der Eltern,** wobei es keinen Unterschied mehr macht, ob die Eltern miteinander verheiratet sind oder es waren oder gemeinsam in einer nichtehelichen Lebensgemeinschaft gelebt haben.
Von Bedeutung ist nur noch, ob sie im Zeitpunkt der Trennung die elterliche Sorge gemeinsam ausgeübt haben und nun wegen der Trennung eine Änderung des Sorgerechts herbeiführen wollen. Da eine solche Änderung nicht mehr von Amts wegen zu erreichen ist, hängt das Änderungsverfahren vom **Antrag** eines oder beider Elternteile ab. Allerdings besteht nach wie vor die Möglichkeit, daß das Gericht gemäß § 1666 von Amts wegen einschreitet, wenn eine Gefährdung des Kindeswohl abgewendet werden muß.

Literatur zur Reform des Kindschaftsrechts: **Schwab** FamRZ 98, 457; **Diederichsen** NJW 98, 1977, 1985

3. Ausübung der elterlichen Sorge beim Getrenntleben der Eltern 568

Wie bereits erwähnt, bewirkt weder die Trennung noch die Scheidung der Eltern für sich genommen eine Änderung der elterlichen Sorge. Beide Elternteile bleiben Inhaber des gemeinsamen Sorgerechts, obwohl es durch das Getrenntleben nicht einfacher geworden ist, das gegenseitige Einverständnis für Maßnahmen der elterlichen Sorge herzustellen.

So werden die persönlichen Kontakte eines Elternteils zu dem beim anderen Elternteil lebenden Kind nicht mehr so eng sein wie vor der Trennung; oft wird es selbst beim besten Willen an Zeit und Gelegenheit fehlen, um die erforderliche Einigung für alle das Sorgerecht betreffende Maßnahmen zu erreichen; erst recht, wenn das Elternpaar zerstritten ist.

Diese Schwierigkeiten sucht das Gesetz dadurch zu verringern, daß es in § 1687 dem Elternteil, bei dem sich das Kind gewöhnlich aufhält, unter bestimmten Voraussetzungen besondere Entscheidungsbefugnisse einräumt:

a) Das Elternpaar muß **getrennt leben,** nicht nur vorübergehend, sondern auf Dauer. Der Begriff der Trennung richtet sich nach der Legaldefinition in

§ 1567, muß aber hier auch auf die Partner einer nichtehelichen Lebensgemeinschaft bezogen werden. Somit leben die Eltern getrennt, wenn zwischen ihnen keine häusliche Gemeinschaft besteht und ein Elternteil sie erkennbar auch nicht herstellen will, weil er sie ablehnt (Näheres dazu s.o. RN **147** f). Auch Eltern, die noch nie zusammengelebt haben, können im Sinne des § 1671 getrennt leben, obwohl der Ausdruck "nicht nur vorübergehend" auf sie nicht zutrifft.

b) Das Gesetz räumt dem Elternteil, bei dem sich das Kind **gewöhnlich aufhält**, - sei es mit Einwilligung des anderen Elternteils, sei es aufgrund einer gerichtlichen Entscheidung nach § 1628 - das alleinige Sorgerecht in "Angelegenheiten des täglichen Lebens" ein (§ 1687 I 2). Doch ist in den anderen Angelegenheiten, die für das Kind **von erheblicher Bedeutung** sind, ihr gegenseitiges Einvernehmen erforderlich (§ 1687 I 1).

569 c) Unter den **Angelegenheiten des täglichen Lebens** versteht das Gesetz in der Regel solche, die häufig vorkommen und keine schwer abzuändernden Auswirkungen auf die Entwicklung des Kindes haben (§ 1687 I 3). Diese auf den ersten Blick einleuchtende Abgrenzung kann im Einzelfall recht schwierig sein, muß aber aus dem Blickwinkel des Kindeswohls gesehen werden.

Bsp. für Angelegenheiten, die zur "Alltagssorge" gehören:

> Regelung des Tagesablaufs und der Freizeitgestaltung des Kindes; Teilnahme an Schulausflügen und Ferienlagern; zeitweiliger Nachhilfeunterricht; ärztliche Behandlung normaler Kinderkrankheiten; Umgangsregelung mit anderen Kindern und Verwandten, sofern dadurch nicht die Sondervorschriften der §§ 1684, 1685 verletzt werden.

Bsp. für Angelegenheiten von erheblicher Bedeutung:

> Schulwechsel (OLG München FamRZ 99, 111); Ferien mit einem Kleinkind in Afrika (OLG Köln FamRZ 99, 249); Internatserziehung; Aufenthaltsbestimmung; Namensänderung; ärztliche Behandlung in schwerwiegenden Fällen; Einwilligung in Operationen, sofern keine Lebensgefahr besteht, die sofortiges Handeln erfordert; Anlage des Kindesvermögens.

Ergänzend wird auf die Bsp. zu § 1628 Bezug genommen (s.o. RN **538**).

d) Das Recht zur Alleinentscheidung in bestimmten Angelegenheiten steht u. U. auch dem Elternteil zu, bei dem das Kind normalerweise nicht ständig lebt. Das ist der Fall, solange es sich **rechtmäßig** bei ihm aufhält, also mit Einwilligung des anderen Elternteils (z.B. im Rahmen des Umgangsrechts) oder aufgrund gerichtlicher Entscheidung nach § 1628. Dann ist dieser Elternteil befugt, in Angelegenheiten der **tatsächlichen Betreuung** allein zu entscheiden (§ 1687 I 4). Ein Recht zur gesetzlichen Vertretung ist damit aber nicht verbunden.
Bei Gefahr im Verzug steht ihm darüber hinaus das **Notvertretungsrecht** zu (§ 1687 I 5 i.V.m. § 1629 I 4; s.o. RN **554**).

Alle diese Befugnisse kann das FamG einschränken oder ausschließen, wenn dies zum Wohl des Kindes erforderlich ist (§ 1687 II).

e) Diese Regeln gelten auch im Falle der **Alleinsorge** eines Elternteils, wenn sich das Kind rechtmäßig bei dem anderen Elternteil, der nicht sorgeberechtigt ist, aufhält (§ 1687 a).

4. Übertragung der elterlichen Sorge auf **einen** Elternteil 570

a) Bei Eltern, die auf Dauer getrennt leben, kann die Übertragung der elterlichen Sorge auf **einen Elternteil** beantragt werden, wenn sie gemeinsam für ihr Kind sorgeberechtigt sind (§ 1671 I). Die gemeinsame Sorgeberechtigung kann darauf beruhen, daß

- die Eltern miteinander verheiratet sind (§§ 1626 I, 1626 a I Nr. 2);
- die Eltern, ohne miteinander verheiratet zu sein, gemeinsame Sorgeerklärungen abgegeben haben (§ 1626 a I Nr. 1; s.o. RN **531**).

b) Solange die Eltern zusammenleben, kann auf ihren Antrag **keine Änderung** der elterlichen Sorge vorgenommen werden. Dies kommt erst in Betracht, wenn sie auf Dauer gesehen **getrennt leben** (s.o. RN **568**).

Der **Antrag** auf Änderung der elterlichen Sorge steht nur den Eltern zu und muß auf die Übertragung der elterlichen Sorge auf den Antragsteller gerichtet sein. Im Gesetz nicht vorgesehen ist ein Antrag auf Übertragung auf den anderen Elternteil, wohl aber ist es zulässig, daß beide Elternteile entgegengesetzte Anträge stellen.
Der Antrag kann sich auch auf die Übertragung **eines Teils** der elterlichen Sorge beschränken (z.B. auf die Personensorge, das Aufenthaltsbestimmungsrecht, die Gesundheitsfürsorge u.a.).
Der Antrag ist an **keine Frist** gebunden und kann schriftlich oder mündlich beim FamG gestellt werden (anders während eines Scheidungsverfahrens, s.u. RN **572**).

c) Dem Antrag ist stattzugeben,

- wenn der andere Elternteil **zustimmt**. Das Gericht ist an die Zustimmung gebunden und hat dem Antrag ohne weitere Prüfung stattzugeben. Die Zustimmung ist jedoch wirkungslos, wenn das **Kind**, das bereits 14 Jahre alt ist, der Übertragung **widerspricht** (§ 1671 II Nr. 1). Wirkungslos wird auch die Zustimmung des anderen Elternteils, wenn er sie noch vor der gerichtlichen Entscheidung widerruft;
- wenn der Antrag dem **Kindeswohl** am besten entspricht (§ 1671 II Nr. 2). Dies ist zu prüfen, wenn der andere Elternteil seine Zustimmung versagt oder wenn das Kind der Übertragung widersprochen hat. Der Widerspruch des Kindes kann zwar nicht verhindern, daß dem Antrag dennoch stattgegeben werden kann, doch wird er Anlaß für das Gericht sein, an die Bestellung eines **Verfahrenspflegers** für das Kind nach § 50 FGG zu denken, um besser beurteilen zu können, ob das Kindeswohl durch die Übertragung gefährdet werden könnte. Auch die ablehnende Haltung eines noch nicht 14 Jahre alten Kindes kann die Bestellung eines Verfahrenspflegers rechtfertigen (s.u. RN **573**).

d) Die Prüfung der Auswirkungen auf das Wohl des Kindes hat das FamG 571
nach § 12 FGG von Amts wegen durchzuführen und u.a. darauf zu erstrekken, ob der Antragsteller dem Kind bessere Betreuungs- und Entwicklungsmöglichkeiten bieten kann als der andere Elternteil, wobei auch die gefühlsmäßigen Bindungen des Kindes zu seinen Eltern und zu seinem Umfeld eine Rolle spielen werden; auch der Gesichtspunkt der Einheitlichkeit und Gleichmäßigkeit der Erziehung wird hier von Bedeutung sein.

Andererseits spricht es gegen einen Elternteil, wenn er schon bisher nicht bereit war, in Angelegenheiten des gemeinsamen Kindes mitzuwirken, wenn ihm dessen Schicksal ersichtlich gleichgültig war oder wenn es deshalb zu ständigen Auseinandersetzungen gekommen ist.

Um sich über die Auswirkungen der Übertragung des Sorgerechts auf einen Elternteil Klarheit zu verschaffen, ist das FamG verpflichtet, die Eltern und das Kind persönlich anzuhören und sich vom JA bei der Ermittlung der Verhältnisse beraten und unterstützen zu lassen (im einzelnen s.u. RN **573**).

e) Kommt das FamG zu dem Ergebnis, daß sowohl die Aufhebung der gemeinsamen Sorge als auch die Übertragung auf den Antragsteller dem Wohl des Kindes am besten entspricht, gibt es dem Antrag statt. Andernfalls ist er als unbegründet zurückzuweisen; dann bleibt es bei der gemeinsamen Sorge, selbst wenn beide Elternteile damit nicht einverstanden sind; eine Konsequenz, die häufig dem Kindeswohl nicht entsprechen dürfte.

Dem Antrag kann auch dann nicht stattgegeben werden, wenn sich herausstellt, daß das FamG von Amts wegen nach § 1666 einschreiten muß, um eine Gefährdung des Kindeswohls durch Mißbrauch der elterlichen Sorge oder Vernachlässigung des Kindes abzuwenden (§ 1671 III; s.u. RN **581 ff**).

5. Übertragung der elterlichen Sorge im Scheidungsverfahren

572 a) Im Gegensatz zu dem Rechtszustand, wie er bis zum 30.6.1998 bestanden hat, gibt es seitdem keine Übertragung der elterlichen Sorge im Scheidungsverfahren von Amts wegen (s.o. RN **568**). Doch hat der Scheidungsantrag die Mitteilung darüber zu enthalten, ob gemeinschaftliche Kinder vorhanden sind (§ 622 II 1 Nr. 1 ZPO).

Ist das der Fall, hat das Gericht die Ehegatten auch zur elterlichen Sorge anzuhören und darauf hinzuweisen, daß sie Hilfe und Beratung bei den Trägern der Jugendhilfe beanspruchen können (§ 613 I 2 ZPO). Ferner hat das Gericht dem JA mitzuteilen, daß sich die Eltern eines minderjährigen Kindes scheiden lassen wollen, damit das JA Gelegenheit hat, die Eltern über die Leistungsangebote der Jugendhilfe zu unterrichten (§ 17 III SGB VIII). Zu einer Anhörung des Kindes vor dem FamG kommt es ebensowenig wie zu einer Entscheidung über die künftige elterliche Sorge. Dies ist nur dann der Fall, wenn zumindest ein Elternteil dies **beantragt.**

b) Der **Antrag**, mit dem ein Elternteil im Scheidungsverfahren die Übertragung der elterlichen Sorge auf sich allein begehrt, muß bis zum Schluß der mündlichen Verhandlung anhängig gemacht werden (§ 623 IV ZPO). Dann tritt der **Verbund** mit der Scheidungssache ein, was bedeutet, daß über das Sorgerecht (als Folgesache der Scheidung) gleichzeitig und zusammen mit der Scheidungssache zu verhandlen und zu entscheiden ist (§ 623 I 1 ZPO).

Allerdings genügt schon der Antrag eines Ehegatten, um die **Trennung** dieser Folgesache von dem Scheidungsverfahren zu erreichen (§ 623 II 2 ZPO). Dann wird über das Sorgerecht isoliert vom Scheidungsverfahren entschieden, so daß es nur dann sinnvoll ist, den Verbund mit der Scheidungssache zu beantragen, wenn sich beide Ehegatten darüber einig sind.

Die vorläufige Regelung der elterlichen Sorge nach Trennung der Ehegatten und vor Rechtskraft der Ehescheidung kann nach wie vor im Wege einer **einstweiligen Anordnung** erreicht werden (s.o. RN **326**).

c) Im **Verbundverfahren** hört das FamG die **Eltern** an (§ 50 a I 1 FGG), was 573 in Angelegenheiten der Personensorge (wie hier) **persönlich** zu geschehen hat (§ 50 a I 2 FGG). Von dieser Anhörung darf nur aus schwerwiegenden Gründen abgesehen werden (§ 50 a III 1 FGG).
Ferner ist das **Kind** persönlich anzuhören, wenn seine Einstellung zu dieser Angelegenheit für die Entscheidung von Bedeutung ist oder wenn es zweckmäßig erscheint, sich von dem Kind einen unmittelbaren Eindruck zu verschaffen (§ 50 b I FGG). In einem Verfahren, das die Personensorge betrifft, ist ein Kind ab seinem 14. Lebensjahr **stets** persönlich anzuhören, regelmäßig aber schon früher (etwa ab dem 6. Lebensjahr, so OLG Hamm FamRZ 96, 421); nur beim Vorliegen schwerwiegender Umstände darf diese Anhörung unterbleiben (§ 50 b II 1, III FGG); z.B. Selbstmordgefahr (BayObLG FamRZ 95, 500) oder Gesundheitsgefährdung (KG FamRZ 81,204).
Auch das **JA** wird das Gericht bei dem Bemühen, die richtige Entscheidung zu treffen, unterstützen. Aufgabe des JA ist es insbes., sich "vor Ort" über die Verhältnisse bei beiden Elternteilen zu unterrichten, die persönlichen Umstände des Kindes, seine Bindungen an die Eltern und an seine sonstigen Bezugspersonen zu erforschen und dadurch an der Entscheidung des Gerichts mitzuwirken (§ 49 a I Nr. 9 FGG, § 50 I SGB VIII). Deshalb bildet der Bericht des JA eine wichtige Erkenntnisquelle für das Gericht.
Neueingeführt ist die Verpflichtung des Gerichts, dem minderjährigen Kind einen **Pfleger für das Verfahren** zu bestellen, wenn es (wie hier) seine Person betrifft (§ 50 FGG). Dieser als "Anwalt des Kindes" bezeichnete Pfleger soll insbes. dann bestellt werden, wenn das Interesse des Kindes zu dem seiner gesetzlichen Vertreter in erheblichem Gegensatz steht. Das kann z.B. der Fall sein, wenn das Kind mit der Übertragung der elterlichen Sorge auf einen Elternteil nicht einverstanden ist und die Gründe für diese ablehnende Haltung untersucht werden müssen.

d) Die Entscheidung über das Sorgerecht im Verbundverfahren ist mit der befristeten Beschwerde anfechtbar (§ 621 e ZPO), über die das OLG entscheidet (§ 119 GVG). Anfechtungsberechtigt sind die **Eltern** nach §§ 19, 20 FGG, das über 14 Jahre alte **Kind** (§ 59 FGG), das **JA** (§§ 57 I Nr. 9, 64 III 3 FGG), u.U. auch die Großeltern des Kindes (OLG Hamm FamRZ 67, 413).

Ändern sich später die für die Entscheidung des FamG maßgebenden Umstände und wird dadurch das Kindeswohl nachhaltig berührt, ist das FamG berechtigt, die von ihm getroffene Sorgerechtsregelung jederzeit von Amts wegen zu ändern (§ 1696 I; s.o. RN **565**).

e) Wegen aller weiteren Einzelheiten zum Gang des Scheidungsverfahrens wird auf die Ausführungen zu RN **321 ff** Bezug genommen.

6. Übertragung des Sorgerechts bei Alleinsorge der Mutter 574

a) Steht der Mutter die Alleinsorge für ihr Kind zu, weil sie nicht mit dem Vater verheiratet ist und beide Elternteile keine Sorgeerklärungen abgegeben haben (§ 1626 a II), kann der Vater beantragen, daß ihm das FamG die elterliche Sorge oder einen Teil davon allein überträgt (§ 1672 I). Ein solcher Antrag hat zur Voraussetzung, daß die Eltern nicht nur vorübergehend **getrennt leben** (s.o. RN **568**) und daß die Mutter dem Antrag **zustimmt**. Diese Zustimmung kann vom Gericht nicht ersetzt werden.

Das FamG gibt dem Antrag statt, wenn die Übertragung dem Wohl des Kindes dient (§ 1672 I 2). Das hat zur Voraussetzung, daß mit diesem Wechsel überwiegende Vorteile für das Kind verbunden sein müssen; ansonsten verbleibt es bei der Alleinsorge der Mutter.

Der Antrag kann sich auch auf einen **Teilbereich** der elterlichen Sorge beschränken, z.B. auf die Übertragung der Vermögenssorge. Ob das FamG dann, wenn der Vater die Übertragung der Alleinsorge auf sich beantragt hat, nur einen Teil des Sorgerechts übertragen und den Antrag im übrigen als unbegründet zurückweisen darf, erscheint zweifelhaft, weil dies dem Wunsch beider Eltern widerspricht.

b) Hat eine Übertragung der elterlichen Sorge auf den Vater nach § 1672 I stattgefunden, ist jeder Elternteil in der Folgezeit berechtigt, die **gemeinsame Sorge** bei Gericht zu beantragen; er benötigt dazu auch hier die Zustimmung des anderen Elternteils.

Das Gericht gibt dem Antrag statt, wenn dies dem Wohl des Kindes nicht widerspricht (§ 1672 II), also mit geringerer Voraussetzung als bei § 1672 I.

Das gleiche Ergebnis durch Abgabe von Sorgeerklärungen nach § 1626 a I Nr. 1 zu erzielen, ist den Eltern verwehrt, weil sonst eine gerichtliche Entscheidung durch eine private Erklärung geändert werden könnte, was § 1626 b III verbietet.

Literatur: **Lipp** FamRZ 98, 65, 72

XII. Umgangsrecht und Recht auf Auskunft

1. Umgang zwischen Eltern und Kind

575 Geradezu programmatisch wird in § 1626 III formuliert, daß zum Wohl des Kindes in der Regel der Umgang mit beiden Elternteilen gehört. Gleiches soll für den Umgang mit anderen Personen gelten, zu denen das Kind Bindungen besitzt, wenn dies für seine Entwicklung förderlich ist. Hinzu kommt die Neufassung der §§ 1684 und 1685 durch das KindRG, durch die der Umfang des Umgangsrechts deutlich erweitert und nicht zuletzt den Vätern, die nicht mit der Mutter verheiratet sind, eine Stärkung ihrer Rechte eingeräumt wurde. Damit besteht das Umgangsrecht jetzt unabhängig davon, ob dem Elternteil auch das Sorgerecht zusteht.

Dies alles muß vor dem Hintergrund vieler gescheiterter Ehen und zerbrochener Partnerschaften gesehen werden, aus denen Kinder hervorgegangen sind, die oft nur einen Elternteil als wirkliche Bezugsperson haben.

Dem will das Reformgesetz entgegenwirken, indem es dem Kind ein subjektives Recht auf Umgang mit jedem Elternteil einräumt; umgekehrt ist jeder Elternteil zum Umgang mit dem Kind verpflichtet und berechtigt (§ 1684 I).

Das Umgangsrecht der Eltern gründet im verfassungsrechtlich geschützten Elternrecht (BVerfG FamRZ 83, 872) und ist, wie die elterliche Sorge, höchstpersönlich und unverzichtbar (s.o. RN **530**). Das Umgangsrecht kann auch nicht zur Ausübung anderen Personen überlassen werden.

Es dient dem Zweck, dem nicht sorgeberechtigten Elternteil die Möglichkeit zu geben, sich von dem körperlichen, geistigen und seelischen Befinden des Kindes zu überzeugen, seine Entwicklung kontinuierlich zu beobachten, die Bindungen zu ihm aufrecht zu erhalten und einer gegenseitigen Entfremdung vorzubeugen (BGH FamRZ 84, 778).
Inhaltlich gehören zum Umgang nicht nur persönliche Kontakte während eines Besuches, eines Wochenendes oder in den Ferien, sondern auch Telefonate oder ein Briefwechsel.

In erster Linie ist es Sache der Eltern, eine Umgangsregelung für den nicht 576
sorgeberechtigten Elternteil zu treffen; dabei können sie (ebenso wie das Kind) die Beratung und Unterstützung des JA in Anspruch nehmen (§ 18 III SGB VIII). Können sich die Eltern dennoch **nicht einigen**, gilt folgendes:

a) Wenn ein Ehescheidungsverfahren zwischen den Eltern anhängig ist, kann das FamG auf Anregung eines Elternteils eine Umgangsregelung gleichzeitig mit dem Ausspruch der Scheidung treffen (§ 623 II 1 Nr. 2 ZPO). Schon **während des Verfahrens** ist das Gericht befugt, den Umgang eines Elternteils mit dem Kind im Wege einer **einstweiligen Anordnung** zu regeln (§ 620 Nr.2 ZPO; s.o. RN **326**).

Ist kein Scheidungsverfahren anhängig, wird das FamG auf Anregung eines Elternteils oder von Amts wegen tätig. Es trifft die Regelung, die dem Kindeswohl am besten entspricht und hat den Kontakt des Umgangsberechtigten mit dem Kind nach der Zeitdauer, der Häufigkeit, dem Ort der Begegnung und der Art und Weise des Umgangs genau festzulegen (§ 1684 III).

Bsp: Ein- oder zweimal im Monat für einige Stunden; jeden Monat ein Wochenende; ein Ferienbesuch im Jahr für etwa zwei bis vier Wochen (vgl. BayObLG NJW 64, 1324). Dabei sind auch die großen kirchlichen Feste angemessen zu berücksichtigen (OLG Bamberg FamRZ 90, 193).

b) Kommt es bei der Durchführung der vom Gericht angeordneten Umgangsregelung zu einem Streit zwischen den beiden Elternteilen, hat auf Antrag eines Elternteils ein **Vermittlungsverfahren** vor dem FamG stattzufinden, das in § 52 a FGG perfektionistisch geregelt ist. Dabei hat das Gericht, um eine Einigung zu erzielen, darauf hinzuweisen, daß die gerichtliche Anordnung mit Zwangsmitteln gemäß § 33 FGG oder mit der Einschränkung oder dem Entzug der elterlichen Sorge durchgesetzt werden kann (§ 52 a III 2 FGG).

Die Anwendung von Gewalt gegen das Kind, um zum Zwecke der Durchführung des Umgangsrechts seine Herausgabe zu erzwingen, ist jedoch nach § 33 II 2 FGG ausgeschlossen.

c) Ausdrücklich sagt das Gesetz, daß die Eltern alles zu unterlassen haben, 577
was das Verhältnis des Kindes zum anderen Elternteil beeinträchtigen oder die Erziehung erschweren könnte. Dieses "Wohlverhaltensgebot" gilt auch für andere Personen, in deren Obhut sich das Kind befindet (§ 1684 II).

Verstößt der **personensorgeberechtigte** Elternteil dauernd gegen diese Verpflichtung zu loyalem Verhalten, kann dies für das FamG Anlaß sein, ein Zwangsgeld nach § 33 FGG zu verhängen oder in schwerwiegenden Fällen Maßnahmen nach § 1666 zu ergreifen.

Verstößt der **umgangsberechtigte** Elternteil gegen diese Verhaltensmaßregel, kann das FamG das Umgangsrecht einschränken oder ausschließen, wenn dies zum Wohl des Kindes erforderlich ist und andere, weniger einschneidende Maßnahmen nicht ausreichen (§ 1684 IV 1; OLG Hamm FamRZ 97, 307).

Auch die nachhaltig ablehnende Haltung des Kindes gegen den umgangsberechtigten Elternteil kann zum zeitweisen Ausschluß des Umgangsrechts führen, falls es keine Möglichkeit gibt, das Kind umzustimmen (OLG Bamberg FamRZ 93, 726).

d) Die Einschränkung des Umgangsrechts für längere Zeit oder auf Dauer kommt aber nur in Betracht, wenn andernfalls das Wohl des Kindes gefährdet wäre (§ 1684 IV 2; dazu OLG Bamberg ZfJ 96, 194).

Kann dem umgangsberechtigten Elternteil nicht gestattet werden, **allein** mit dem Kind zusammenzusein (z.B. beim Verdacht auf sexuellen Mißbrauch; bei Gefahr der Kindesentführung), kann das Gericht die Durchführung des Umgangs davon abhängig machen, daß ein zur Mitwirkung bereiter **Dritter** dabei anwesend ist (§ 1684 IV 3). Dies können Freunde oder Bekannte, Lehrer, aber auch Mitarbeiter der Jugendhilfe oder eines Vereins sein (§ 1684 IV 4).

e) Vor der Entscheidung des FamG sind die gleichen Personen und das JA **anzuhören** wie in RN **573**. Das dort Gesagte gilt auch für die Anfechtbarkeit der Entscheidung und die Beschwerdeberechtigung.

Literatur: **Rauscher** FamRZ 98, 329

2. Umgangsrechte anderer Personen

578 Die Reform des Kindschaftsrechtes hat den Kreis der zum Umgang mit dem Kind berechtigten Personen in § 1685 bedeutend erweitert. Es handelt sich um sog. **Bezugspersonen**, die aufgrund ihrer Nähe zu dem Kind mit ihm vertraut sind und denen erstmals ein eigenes Recht auf Umgang eingeräumt wird. Dieses Recht erhalten Großeltern und Geschwister des Kindes, ferner der Ehegatte oder frühere Ehegatte eines Elternteils, der mit dem Kind längere Zeit in häuslicher Gemeinschaft gelebt hat (also ein Stiefelternteil), sowie Personen, bei denen das Kind längere Zeit in Familienpflege war.

Anderen Personen, die nicht zu dem gesetzlich bestimmten Personenkreis gehören, steht kein Umgangsrecht zu, auch nicht dem Lebensgefährten der Mutter, wenn er nicht der Vater des Kindes ist (OLG Bamberg FamRZ 99, 810). Doch können die sorgeberechtigten Eltern den Umgang ihres Kindes mit weiteren Personen zulassen, wenn sie dies im Interesse des Kindes für angemessen und zweckdienlich halten.

Eine **Pflicht** der Bezugspersonen zur Wahrnehmung ihres Umgangsrechts besteht (im Gegensatz zu den Eltern) nicht. Dem entspricht es, daß dem Kind auch kein eigenes Umgangs**recht** mit diesem Personenkreis zusteht.

Das erweiterte Umgangsrecht steht unter dem Vorbehalt, daß seine Ausübung dem Wohl des Kindes dient (§ 1685 I). In diesem Zusammenhang ist zu beachten, daß bei der Wahrnehmung des Umgangsrechts ein Konflikt mit dem elterlichen Sorgerecht eintreten kann, wenn sich ein Elternteil gegen den Umgang des Kindes mit einer bestimmten Bezugsperson wendet. In diesem Fall muß u.U. das FamG eingreifen und in entsprechender Anwendung des § 1684 III und IV regulierende Maßnahmen treffen, wenn dies zum Wohl des Kindes erforderlich ist (§ 1685 III).

Schließlich sind auch die Bezugspersonen verpflichtet, alles zu unterlassen, was das Verhältnis des Kindes zu seinen Eltern beeinträchtigen könnte (§ 1685 III i.V.m. § 1684 II).

3. Auskunftsrecht 579

Seit der Reform ist jeder Elternteil berechtigt, Auskunft über die persönlichen Verhältnisse des Kindes zu verlangen, auch wenn er nicht Mitinhaber der elterlichen Sorge ist (§ 1686).

Das hat vor allem dann praktische Bedeutung, wenn der auskunftsberechtigte Elternteil nicht mit dem Kind zusammenlebt und an der Ausübung seines Umgangsrechts verhindert ist oder so selten davon Gebrauch machen kann, daß er über den Entwicklungsstand seines Kindes nicht Bescheid weiß.

Allerdings muß der auskunftsberechtigte Elternteil ein **berechtigtes Interesse** an der Auskunft haben. Mit dieser Einschränkung soll u.a. eine schikanöse Ausübung dieses Rechts verhindert werden (BayObLG FamRZ 93, 1486). Das Auskunftsrecht kann sowohl aus einem konkreten Anlaß (Krankheit; Prüfungsergebnis) in Anspruch genommen werden, als auch auf eine Wiederholung in angemessenen Zeitabständen gerichtet sein (BayObLG FamRZ 96, 813).

Auskunfts**verpflichtet** ist der andere Elternteil, wenn er dazu in der Lage ist und wenn dies dem Wohl des Kindes nicht widerspricht (also im Regelfall). Die Auskunft könnte aber verweigert werden, wenn sie dazu benutzt würde, um den Aufenthalt des Kindes zu erfahren und einen dem Kind abträglichen persönlichen Kontakt herzustellen.

Über Streitigkeiten hinsichtlich des Bestehens oder des Umfangs des Auskunftsrechts hat das FamG zu entscheiden (§ 1686, 2).

XIII. Schutzmaßnahmen des Vormundschaftsgerichts 580

Aufgrund seiner biologischen Entwicklung ist ein Kind schutzbedürftig und von der Fürsorge anderer Personen abhängig. Dieser Schutz wird dem Kind normalerweise durch seine Eltern zuteil. Die Fürsorge der Eltern verschafft dem Kind den Freiraum, den es zu seiner ungestörten Entwicklung benötigt und bietet den besten Schutz des Kindes gegen Gefährdungen von außen.

Es kommt jedoch vor, daß ein Kind nicht durch äußere Einflüsse gefährdet wird, sondern daß diese Gefährdung vom **Innenraum der Familie** ausgeht; ebenso ist es möglich, daß die Eltern nicht gewillt oder nicht in der Lage sind, Gefahren abzuwehren, die dem Kind durch das Verhalten **dritter Personen** drohen. Schließlich kann das Vermögen des Kindes gefährdet werden, wenn die Eltern die mit der **Vermögenssorge** verbundenen Pflichten verletzen. In diesen Fällen ist die staatliche Gemeinschaft aufgrund ihres **Wächteramtes** (vgl. Art 6 II 2 GG) zum Einschreiten verpflichtet.

Die Aufsichtsfunktion des Staates übt in erster Linie das **FamG** aus. Rechtsgrundlage dafür sind die Bestimmungen in §§ 1666, 1666 a und 1667. Das Einschreiten des FamG ist dort an Voraussetzungen geknüpft, die teils alternativ, teils kumulativ gegeben sein müssen. Soweit es die Eltern betrifft, kommt es auf Verhaltensweisen an, die ihr Unvermögen zur Erziehung ihres Kindes oder zur Verwaltung seines Vermögens erkennen lassen.

Im folgenden werden die einzelnen Verhaltensweisen der Eltern, die zu einer Gefährdung des **Kindeswohls** und des **Kindesvermögens** führen, behandelt.

1. Sorgerechtsmißbrauch

581 Der Sorgerechtsmißbrauch stellt die wichtigste und schwerwiegendste Form des elterlichen Fehlverhaltens dar. Der **Mißbrauch** besteht in der Ausnutzung des Sorgerechts zum Schaden des Kindes. Es handelt sich regelmäßig um ein **aktives Tun** der Eltern. Am häufigsten treten Mißbrauchshandlungen im Bereich der **Erziehung** auf, vor allem wenn ein Kind übermäßig gezüchtigt und dabei körperlich oder seelisch mißhandelt wird (BayObLG FamRZ 84, 928). Aber auch andere Verhaltensweisen können den Tatbestand des Sorgerechtsmißbrauchs erfüllen.

Bsp.: Sexueller Mißbrauch (BayObLG NJW 92, 1971); Anhalten zur Unzucht und zu sonstigen strafbaren Handlungen; Ausbeutung der Arbeitskraft des Kindes; Abhalten vom Schulbesuch (BayObLG NJW 84, 928); mangelnde Rücksichtnahme auf Eignung und Neigung bei der Schul- und Berufsausbildung (§ 1631 a).

Sonderfälle des Mißbrauchs:

Besteht der Sorgerechtsmißbrauch eines Elternteils darin, daß er sich weigert, seine Einwilligung zu einer Maßnahme zu geben, mit der eine Gefahr für das Kind abgewendet werden soll (z.B. Einwilligung zu einer lebenswichtigen Operation; vgl. OLG Hamm FamRZ 68, 221), kann das FamG die **Erklärungen** der Eltern oder eines Elternteils **ersetzen** (§ 1666 III).

2. Vernachlässigung des Kindes

582 Die Vernachlässigung kann sich auf die Ernährung, Kleidung, Pflege des Körpers und der Psyche oder auf die Wohnverhältnisse beziehen (BayObLG FamRZ 89, 421), allgemein gesprochen: **auf die Zuwendung der Eltern zu ihrem Kind.** Von einer Vernachlässigung wird man erst sprechen können, wenn der Entwicklungsstand des Kindes auch bei Berücksichtigung der jeweiligen häuslichen Verhältnisse unter ein noch zu vertretendes Mindestmaß absinkt und das Kind zu verwahrlosen droht. Dabei handelt es sich regelmäßig um ein **passives Verhalten** der Eltern, das nicht einmalig ist, sondern eine gewisse Zeitdauer erfordert, um für das Kind bedrohlich zu werden.

Auch der völlige Liebesentzug kann eine schwere Vernachlässigung darstellen. In der Praxis erlebt man häufig, daß der Mißbrauch des Sorgerechts mit der Vernachlässigung des Kindes Hand-in-Hand geht.

3. Unverschuldetes Versagen der Eltern

Es handelt sich um einen Eingriffstatbestand, der vor allem dann zum Zuge kommt, wenn sich nicht nachweisen läßt, daß den Eltern ihr Fehlverhalten **vorwerfbar** ist. Daher genügt es, wenn **objektiv** ein Erziehungsversagen der Eltern vorliegt, das, wenn es vorwerfbar wäre, als Sorgerechtsmißbrauch oder

Vernachlässigung des Kindes zu werten wäre (OLG Frankfurt NJW 81, 2524). Darüber hinaus werden nicht nur solche in subjektiver Hinsicht zweifelhafte Versagensfälle erfaßt, sondern auch andere Tatbestände, bei denen außer Frage steht, daß die Eltern an der Gefährdung ihres Kindes **schuldlos** sind.

Bsp. für schuldloses Fehlverhalten der Eltern:
Vernachlässigung des Kindes wegen geistiger oder körperlicher Schwächen; mangelhafte Spracherziehung bei Taubstummheit der Eltern; das Kind gefährdende Verhaltensweisen infolge Zugehörigkeit zu einer religiösen Sekte; anlagebedingte Gleichgültigkeit oder Labilität (BayObLG FamRZ 86, 102); unbelehrbarer Starrsinn.

4. Gefährdung durch Dritte 583

Bei einer Gefährdung des Kindeswohls durch das Verhalten **anderer Personen** hat das FamG die Möglichkeit, unmittelbar gegen Dritte vorzugehen. Dadurch wird den Eltern die Last abgenommen, von sich aus Maßnahmen gegen den oder die Störer zu ergreifen. Das FamG kann insbes. **Umgangsverbote** aussprechen, wobei (anders als bei § 1632 II und III) der Antrag eines Elternteils nicht erforderlich ist.

Bsp. für Personenkreise, bei denen ein Umgangsverbot in Betracht kommt:
Zuhälter, Prostituierte, Rauschgiftsüchtige, Träger einer ansteckenden Krankheit, Extremisten, Kriminelle.

5. Weitere Eingriffsvoraussetzungen

Für das Eingreifen des FamG genügt die Verwirklichung jedes einzelnen der in Ziff. 1 bis 4 genannten Eingriffstatbestände. Hinzutreten müssen aber noch folgende weitere Voraussetzungen:

a) Das Fehlverhalten der Eltern oder eines Dritten muß eine **Gefährdung des körperlichen, geistigen oder seelischen Wohls** des Kindes herbeigeführt haben, also dafür **ursächlich** gewesen sein.

Gefährdung bedeutet die gegenwärtige begründete Besorgnis, daß dem Kind ein Schaden an Leib oder Seele droht (BGH NJW 56, 1434).

Während die Frage, ob das körperliche Wohl des Kindes beeinträchtigt ist, meist leichter beantwortet werden kann, bietet die Feststellung der Gefährdung des geistigen oder seelischen Wohls erhebliche Schwierigkeiten, die regelmäßig erst nach Anhörung eines jugendpsychologisch geschulten Sachverständigen zu klären ist.

b) Außerdem dürfen die Eltern **nicht gewillt oder nicht in der Lage sein**, die dem Kind drohende Gefahr abzuwenden. Diese Voraussetzung soll die Eltern zur **Selbsthilfe** anregen, um das Einschreiten des FamG abzuwenden.

Mangelnder Wille kann auf Gleichgültigkeit oder fehlender Einsicht beruhen; andererseits reicht der beste Wille nicht aus, wenn sich die Eltern dem größeren Kind gegenüber nicht mehr durchsetzen können oder selbst hilflos sind.

6. Einzelne Maßnahmen des Familiengerichts

584 Was das FamG zu unternehmen hat, bleibt seinem Ermessen vorbehalten. Das Gesetz spricht in § 1666 nur ganz allgemein von den "zur Abwendung der Gefahr erforderlichen Maßnahmen".

Sie müssen also einerseits geeignet sein, die dem Kind drohende Gefahr zu beseitigen, sich andererseits aber auf das unbedingt Notwendige beschränken, das zur Gefahrenabwehr unverzichtbar ist. Maßgebend ist der **Grundsatz der Verhältnismäßigkeit** (BVerfG FamRZ 89, 145). Er kommt in der Formel zum Ausdruck: **Soviel wie nötig, so wenig wie möglich!**

a) Die Maßnahmen können in ihrer einfachsten Form Ge- und Verbote, Ermahnungen und Verwarnungen sein; in geeigneten Fällen können Erklärungen der Eltern ersetzt werden (§ 1666 III; vgl. BayObLG MDR 62, 132; s.o. RN **581** a.E.). Die Maßnahmen können aber auch bis zur Entziehung der elterlichen Sorge im ganzen reichen, und zwar durch Wegnahme ihrer sämtlichen Bestandteile (Personen- und Vermögenssorge mit Vertretungsmacht; dazu BayObLG FamRZ 97, 1553). Letzteres geschieht in der Praxis selten, weil es meist ausreicht, **Teile** der Personensorge (insbesondere das **Aufenthaltsbestimmungsrecht**) oder die Vertretung in bestimmten Angelegenheiten zu entziehen (BVerfG FamRZ 89, 145).
Da das Kind jederzeit unter dem Schutz der vollen elterlichen Sorge zu stehen hat, muß das FamG gleichzeitig mit der Entziehung anordnen, wem nunmehr der entzogene Teil des Sorgerechts zusteht. Das kann der andere Elternteil, ein Ergänzungspfleger nach § 1909 oder (unter den Voraussetzungen des § 1773) ein Vormund sein.

b) Wird bei gemeinsamer elterlicher Sorge nur bei **einem Elternteil** die gesamte elterliche Sorge entzogen, dann übt der andere Elternteil kraft Gesetzes das Sorgerecht allein aus (§ 1680 III); doch wird das FamG prüfen, ob nicht von dem Elternteil, gegen den sich die Maßnahme gerichtet hat, ein für das Kind schädlicher Einfluß auch auf den anderen Elternteil ausgeht; in diesem Fall wird es eine abweichende Entscheidung treffen, wenn dies dem Wohl des Kindes dient. Das Gesagte gilt entsprechend, wenn nur die Personensorge oder nur die Vermögenssorge entzogen wird. Bei alleiniger Sorge der Mutter erhält der Vater die Sorge ebenfalls nur, wenn dies dem Wohl des Kindes dient (§ 1680 III i.V.m. § 1680 II 2).

7. Trennung des Kindes von der Familie

585 a) Nach dem Grundsatz der Verhältnismäßigkeit ist bei einer Maßnahme, durch die die Trennung des Kindes von seiner Familie herbeigeführt wird, (wozu auch der Entzug des Aufenthaltsbestimmungsrechts gehört, s. BayObLG NJW 92, 1971), eine besonders sorgfältige Prüfung anzustellen.

Denn die Entziehung der gesamten **Personensorge** ist ein schwerwiegender Eingriff in das Recht der elterlichen Sorge. Deshalb weist § 1666 a II nachdrücklich darauf hin, daß zu diesem Mittel nur gegriffen werden darf, wenn andere (mildere) Maßnahmen erfolglos geblieben sind oder wenn anzunehmen ist, daß sie zur Abwehr der Gefahr nicht ausreichen (Bsp. in BayObLG FamRZ 93, 229). Ein derartiger Eingriff ist daher nur zulässig, wenn der Gefahr für das Kind nicht auf andere Weise, insbes. durch den Einsatz **öffentlicher Mittel** begegnet werden kann (§ 1666 a I).

Beachte: Durch diese Vorschrift wird erstmals der **Vorrang staatlicher Hilfe vor einem staatlichen Eingriff** statuiert.

b) In Zusammenarbeit mit dem JA wird deshalb das FamG alle Maßnahmen prüfen, die das SGB VIII als **Hilfen zur Erziehung** anbietet. In Betracht kommen die Inanspruchnahme von **Erziehungsberatungsstellen** (§ 28 SGB VIII), die Bestellung eines **Erziehungsbeistandes** oder **Betreuungshelfers** (§ 30 SGB VIII), die Mitwirkung der **Sozialpädagogischen Familienhilfe** (§ 31 SGB VIII) oder eine **intensive sozialpädagogische Einzelbetreuung** des Jugendlichen (§ 35 SGB VIII). Auch die Erziehung des Kindes in einer **Tagesgruppe** (§ 32 SGB VIII) kann seine Trennung von der Familie entbehrlich werden lassen.

c) Bei einer **Überlastung** der Eltern in kinderreichen Familien oder durch behinderte Kinder muß auch geprüft werden, ob nicht durch eine Haushaltshilfe oder eine Tagespflegeperson (vgl. § 23 SGB VIII) auf Staatskosten die Trennung des Kindes von seiner Familie vermieden werden kann.

8. Gefährdung des Kindesvermögens 586

Den Eltern steht als gesetzlichen Vertretern ihres Kindes das Recht zur Vermögenssorge zu. Dabei kann es vorkommen, daß sie gewollt oder ungewollt nicht die erforderliche Sorgfalt aufbringen, um das Kindesvermögen sachgerecht zu verwalten oder vor Schäden zu bewahren. Nach § 1666 II ist regelmäßig anzunehmen, daß das Vermögen eines Kindes gefährdet ist, wenn der Inhaber der Vermögenssorge seine Unterhaltspflicht gegenüber dem Kind oder seine mit der Vermögenssorge ihm obliegenden Pflichten verletzt oder diesbezügliche Anordnungen des Gerichts nicht befolgt. Vor allem dann, wenn die Eltern selbst in Vermögensverfall geraten, besteht die Gefahr, daß das Vermögen des Kindes verloren geht oder vermindert wird (BayObLG FamRZ 91, 1339).

Bsp.: ein getrennt lebender Elternteil verbraucht die für das Kind bestimmten Unterhaltsleistungen teilweise für sich oder er verwendet Einkünfte aus dem Vermögen des Kindes nicht gemäß § 1649 (s.o. RN **550**).

In diesen Fällen ist es Aufgabe des FamG, die zur Abwendung der Gefahr erforderlichen Maßnahmen zu treffen. Dabei ist Voraussetzung, daß das Verhalten des Elternteils einen Sorgerechtsmißbrauch darstellt oder auf unverschuldetem Versagen oder dem Verhalten eines Dritten beruht (§ 1666 I).

a) Obwohl es im Grundsatz dem FamG überlassen bleibt, die auf den jeweiligen Fall zugeschnittene Anordnung zu treffen, bietet § 1667 eine ganze Palette von Maßnahmen an, die der Schadensabwehr dienen.

Bsp. für Maßnahmen zur Schadensabwehr:
ein Vermögensverzeichnis einreichen; über die Vermögensverwaltung Rechnung ablegen; Geld in bestimmter Weise anlegen oder für das der Verwaltung unterliegende Vermögen Sicherheit leisten (s.o. RN **232**).

b) Der schwerwiegendste Eingriff besteht in der teilweisen oder gänzlichen **Entziehung** der Vermögenssorge, sofern mildere Maßnahmen nicht genügen. Wird die **gesamte** Vermögenssorge entzogen, übt der andere Elternteil diese Sorge allein aus, wobei das FamG eine abweichende Entscheidung treffen kann, wenn dies das Wohl des Kindes erfordert (§ 1680 III).

Anstelle der Entziehung der gesamten Vermögenssorge wird es meist ausreichen, die **Ausübung der Vermögensverwaltung** zu beschränken und diesen Teil der Vermögensverwaltung auf den anderen Elternteil oder einen Ergänzungspfleger zu übertragen (§ 1909).

c) Hört die Vermögenssorge der Eltern (oder eines Elternteils) auf oder ruht sie, so ist das Vermögen des Kindes an den nunmehr zur Vermögenssorge Berechtigten **herauszugeben** und auf Verlangen über die Verwaltung **Rechenschaft** abzulegen (§ 1698; s.o. RN **550**).

9. Verfahrensvorschriften des Familiengerichts

587 a) Das FamG hat von Amts wegen einzuschreiten, wenn ihm eine Gefährdung des Kindeswohls unter den Voraussetzungen des § 1666 bekannt wird. Es ist verpflichtet, alle Beteiligten **anzuhören**, um sich ein zutreffendes Bild von den Verhältnissen des Kindes zu verschaffen. Im einzelnen wird auf die Ausführungen unter RN **573** Bezug genommen, die hier entsprechend gelten.

b) In **dringenden Fällen** würde die Durchführung des Verfahrens mit den vorgeschriebenen Anhörungen zu lang dauern, was in der Zwischenzeit eine dauerhafte Schädigung des Kindes zur Folge haben könnte. Deshalb ist der Erlaß von **vorläufigen Anordnungen** durch das FamG in diesem Verfahren sehr häufig. Es handelt sich dabei um eine von der Rechtsprechung zugelassene **Eilmaßnahme** für dringende Fälle. Solche Anordnungen werden regelmäßig vom JA angeregt, weil es oft von der Gefährdung des Kindes als erstes Kenntnis erhält (§ 50 III SGB VIII).

Andererseits kann das VormG bei **Gefahr im Verzuge** eine **einstweilige Anordnung** schon vor der Anhörung des JA erlassen (§ 49 a II i.V.m. § 49 IV FGG).

Bei Maßnahmen zum Schutz des Kindesvermögens braucht das **Kind** nur dann angehört zu werden, "wenn dies nach der Art der Angelegenheit angezeigt erscheint" (§ 50 b II 2 FGG). Die Anhörung des **JA** ist nicht vorgeschrieben.

c) Mit dem Schutz des Elternrechts wäre es nicht zu vereinbaren, daß eine gemäß §§ 1666 bis 1667 getroffene Maßnahme unnötig lang bestehen bleibt. Deshalb muß das FamG in regelmäßigen Abständen prüfen, ob die Aufrechterhaltung dieser Maßnahme noch notwendig ist; ergibt sich dabei, daß die Gefahr für das Kind weggefallen ist, hat das FamG seine Maßnahme von Amts wegen aufzuheben (§ 1696 II, III).

d) Beschlüsse des FamG über Maßnahmen nach §§ 1666 bis 1667 können mit der (einfachen) **Beschwerde** nach §§ 19 ff FGG angefochten werden; über sie entscheidet das OLG (§ 119 I Nr. 2 GVG).
Beschwerdeberechtigt sind die **Eltern** (§ 20 FGG), das mindestens 14 Jahre alte **Kind** (§ 59 FGG) und die **Verwandten** und **Verschwägerten** des Kindes (§ 57 I Nr. 8 und 9 FGG).
Ein Beschwerderecht steht auch dem **JA** gegen alle Entscheidungen zu, wenn durch sie mittelbar oder unmittelbar die Personensorge berührt wird (§ 57 I Nr. 9 FGG).

e) Im übrigen ist das FamG an einmal getroffene Anordnungen nicht gebunden. Das Gericht kann **seine** Maßnahmen jederzeit **abändern**, wenn dies zum Wohle des Kindes erforderlich ist (§ 1696 I; s.o. RN **565**).

XIV. Schutzmaßnahmen des Jugendamtes 588

Das **SGB VIII** sieht vor, daß das JA ohne vorherige Einschaltung des FamG berechtigt ist, ein Kind oder einen Jugendlichen in seine **Obhut** zu nehmen, wenn dies wegen einer **dringenden Gefahr** für das Wohl des Kindes geboten ist (§ 42 III SGB VIII).

Das gleiche gilt, wenn ein Kind oder ein Jugendlicher um **Obhut bittet** (§ 42 II SGB VIII). Die **Inobhutnahme** besteht in der vorläufigen Unterbringung des Kindes oder Jugendlichen bei einer geeigneten **Person**, in einer **Einrichtung** oder in einer **sonstigen betreuten Wohnform** (§ 42 I SGB VIII).

Eine weitere Eingriffsmöglichkeit für das JA besteht nach § 43 SGB VIII, wenn sich ein Kind oder ein Jugendlicher bei einer anderen Person als dem Personensorgeberechtigten oder in einer Einrichtung aufhält und Tatsachen bekannt werden, die den Schluß auf das Vorliegen der Voraussetzungen des § 1666 zulassen.

XV. Ergänzende Regelungen zur elterlichen Sorge

1. Beistandschaft 589

a) *Einführung*

Das am 1.7.1998 in Kraft getretene Beistandschaftsgesetz vom 4.12.1997 hat die gesetzliche Amtspflegschaft abgeschafft und die Beistandschaft als neues Rechtsinstitut eingeführt. Die bislang geltenden Bestimmungen über "den Beistand" (§§ 1685, 1686 a.F., 1689 bis 1692 a.F.) wurden gleichzeitig aufgehoben.

Bisher hatte die Geburt eines nichtehelichen Kindes zur Folge, daß das JA kraft Gesetzes zum Amtspfleger des Kindes wurde (ausgenommen in den neuen Bundesländern) und die in § 1706 a.F. genannten Angelegenheiten des Kindes wahrzunehmen hatte. Durch die Gleichstellung ehelicher und nichtehelicher Kinder entfielen auch diese Sonderbestimmungen und damit die Einschränkungen der elterlichen Sorge der Mutter durch die Amtspflegschaft. An ihre Stelle tritt nun die Möglichkeit, das JA auf freiwilliger Basis für bestimmte Aufgabenbereiche in Anspruch zu nehmen. Damit von dieser Möglichkeit Gebrauch gemacht werden kann, hat das JA der Mutter Beratung und Unterstützung anzubieten und auf die einzelnen in Betracht kommenden Hilfemaßnahmen hinzuweisen (§ 52 a SGB VIII).

b) *Voraussetzungen*

Der Eintritt der Beistandschaft des JA setzt einen **schriftlichen Antrag** eines Elternteils voraus, der als Aufgaben die Feststellung der Vaterschaft und/ oder die Geltendmachung von Unterhaltsansprüchen aller Art für das Kind benennt. Der Antrag kann auch auf einzelne dieser Aufgaben beschränkt werden (§ 1712).

Die Antragsberechtigung besitzt nur ein Elternteil, dem für diese Aufgaben 590
die **alleinige elterliche Sorge** zusteht (§ 1713 I 1). Für Kinder, die unter der gemeinsamen Sorge beider Elternteile stehen, kommt eine Beistandschaft nicht in Betracht.

Der Antrag stellt ein höchstpersönliches Rechtsgeschäft dar und kann nicht durch einen Vertreter gestellt werden, wohl aber durch einen nach § 1776 berufenen Vormund (§ 1713 I 2 und 3).

Möglich ist es, den Antrag schon vor der Geburt des Kindes zu stellen, doch setzt dies voraus, daß dem Elternteil (in diesem Fall nur der Mutter) die elterliche Sorge allein zustünde, wenn das Kind bereits geboren wäre. Das gleiche gilt, wenn das Kind, sofern es geboren wäre, unter Vormundschaft stünde (§ 1713 II 1). Dies wäre der Fall, wenn die Mutter minderjährig oder geschäftsunfähig wäre (§ 1673; s.o. RN **563**). Bei Minderjährigkeit der werdenden Mutter ist sie allein zur Antragstellung berechtigt; bei Geschäftsunfähigkeit kann nur ihr gesetzlicher Vertreter den Antrag stellen (also je nach ihrem Alter: die Eltern, ein Vormund oder Betreuer).

591 c) *Eintritt und Wirkung der Beistandschaft*

Mit dem Zugang des Antrags beim JA erlangt dieses kraft Gesetzes die Stellung eines Beistands, ohne daß eine gerichtliche Bestellung dazu erforderlich ist.

Da es zulässig ist, den Antrag schon vor der Geburt des Kindes zu stellen (§ 1714), ist das JA z.B. berechtigt, eine einstweilige Verfügung auf Zahlung von Unterhalt für die ersten drei Monate nach der Geburt des Kindes zu beantragen (§ 1615 o I; s.o. RN **499**).

Durch die Beistandschaft erlangt das JA die Stellung eines **Pflegers** für die Angelegenheiten des Kindes, auf die sich der Antrag zulässigerweise erstreckt hat. Somit ist das JA in diesem Bereich der gesetzliche Vertreter des Kindes (§§ 1915 i.V.m. § 1793). Anders als bei der früheren Amtspflegschaft wird dadurch aber nicht die elterliche Sorge eingeschränkt; der antragstellende Elternteil behält weiterhin seine elterliche Sorge und damit auch die gesetzliche Vertretung im bisherigen Umfang (§ 1716). Nur bei der Prozeßführung ist die Vertretung durch den Antragsteller ausgeschlossen, wenn das Kind durch einen Beistand vertreten wird (§ 53 a ZPO). Ferner ist das JA berechtigt, aus den erlangten Unterhaltsleistungen für das Kind die Kosten für eine Familienpflege zu bestreiten, in der sich das Kind befindet (§ 1712 I Nr. 2, 2. HS).

d) *Beendigung der Beistandschaft*

Ebenso freiwillig, wie die Beistandschaft begründet wird, kann sie auch beendet werden. Dies geschieht auf schriftliches Verlangen des Antragstellers mit dem Zugang des Schreibens beim JA (§ 1715 I).

Außerdem endet die Beistandschaft, wenn der Antragsteller keine der in § 1713 genannten Voraussetzungen mehr erfüllt (§ 1715 II); z.B. bei Volljährigkeit des Kindes, beim Eintritt der gemeinsamen Sorge, aber auch mit der Erledigung der Angelegenheit durch das JA (§ 1918 III). Schließlich endet die Beistandschaft, wenn das Kind seinen gewöhnlichen Aufenthalt (s.o. RN **322**) im **Ausland** nimmt (§ 1717).

Literatur: **Lipp** FamRZ 98, 65, 75; **Diederichsen** NJW 98, 1977, 1987

2. Haftung der Eltern

592 a) Verletzen die Eltern bei der Ausübung der elterlichen Sorge ihre Pflichten, so daß das Kind geschädigt wird, haften sie ihm gegenüber auf Schadenersatz. Doch brauchen die Eltern nur für diejenige **Sorgfalt** einzustehen,

die sie in **eigenen Angelegenheiten** anzuwenden pflegen (§ 1664). Sind sie in allen Dingen sehr genau, müssen sie es auch ihren Kindern gegenüber sein; sind sie nicht so korrekt, haften sie weniger streng.

Bsp.: Sind die Eltern in den eigenen Vermögensangelegenheiten etwas leichtsinnig, darf das Kind in seinen Vermögensangelegenheiten keine größere Sorgfalt erwarten.

Für Vorsatz oder grobe Fahrläßigkeit haften die Eltern aber in jedem Fall (§§ 276 II, 277).

b) Die Haftungserleichterung des § 1664 gilt ferner **nicht:**

- bei der Schädigung dritter Personen durch das Kind infolge schuldhafter Verletzung der **Aufsichtspflicht** durch die Eltern (§ 832; OLG Stuttgart VersR 80, 952; umstr.)
- wenn die Pflichtverletzung der Eltern gegenüber dem Kind zugleich den Tatbestand einer **unerlaubten Handlung** erfüllt (§ 823); z.B. wenn durch eine Züchtigung das Kind körperlich verletzt wird;
- wenn die Eltern schuldhaft einen **Verkehrsunfall** herbeiführen, durch den das Kind geschädigt wird (vgl. BGHZ 53, 352, 355 zu § 1359; s.o. RN **146**).

Dann haftet jeder Elternteil auch für einfache Fahrlässigkeit (§ 276 I).
Für Schadenersatzansprüche gegen die Eltern oder einen Elternteil ist dem Kind ein Ergänzungspfleger (§ 1909) zu bestellen.

3. Ersatz von Aufwendungen 593

Die Eltern sind nicht verpflichtet, Auslagen und Unkosten selbst zu tragen, die ihnen bei der Ausübung der elterlichen Sorge entstehen. Sie können dafür Ersatz vom Kind verlangen und ihre Aufwendungen dem Kindesvermögen entnehmen (§ 1648). Eine Entschädigung für den Zeitverlust der Eltern kommt allerdings nicht in Betracht.

Hinweis: Die Vorschriften über die **Legitimation nichtehelicher Kinder** (§§ 594
1719 bis 1740 g a.F.) sind, nachdem die Reform des Kindschaftsrechts die 621
rechtliche Gleichstellung ehelicher und nichtehelicher Kinder verwirklicht hat, durch Art. 1 Nr. 48 des Kindschaftsrechtsreformgesetzes mit Wirkung vom 1.7.1998 ersatzlos aufgehoben worden.

Siebenter Teil

Erster Abschnitt: **Die Annahme Minderjähriger**

Vorbemerkung

622 Das Kindschaftsrechtsreformgesetz hat das Adoptionsrecht mit Wirkung vom 1.7.1998 in wichtigen Punkten geändert. Da der grundlegende Unterschied zwischen ehelichen und nichtehelichen Kindern durch die Reform beseitigt wurde, sind auch im Adoptionsrecht die Sonderbestimmungen für nichteheliche Kinder entfallen. So besteht nicht mehr die Möglichkeit, daß Vater oder Mutter ihr nichteheliches Kind annehmen können.

Bei den Einwilligungen zur Adoption gibt es eine weitere bedeutende Änderung: Während bisher zur Annahme eines nichtehelichen Kindes nur die Einwilligung der Mutter erforderlich war, bedarf es nunmehr in allen Fällen der Einwilligung beider Elternteile. Steht im Zeitpunkt der Adoption noch kein Vater fest, gilt (vorerst) derjenige Mann als Vater, der glaubhaft macht, daß er der Mutter während der Empfängniszeit beigewohnt hat.

Literatur: **Engler** FamRZ 76, 584; **Liermann** FuR 97, 217 und 266; **Frank** FamRZ 98, 393

I. Einführung

623 Die Annahme des Kindes, kurz Adoption genannt, ist keine Erfindung der Neuzeit, sondern geht auf das alte römische Recht zurück, das im Zuge der sog. Rezeption (Übernahme des römischen Rechts) seit dem 15. und 16. Jahrhundert in Deutschland Eingang gefunden hat.

Während früher die Adoption vorrangig dazu diente, den Fortbestand des Namens und des Vermögens für den kinderlos gebliebenen Erwachsenen zu sichern, steht heute der Gedanke der **Fürsorge** für elternlose oder verlassene Kinder im Vordergrund. Damit erfüllt die Adoption eine wichtige soziale Funktion. Sie kann Kindern, die ein intaktes Elternhaus entbehren müssen, bessere Entwicklungsmöglichkeiten bieten und ihnen die Möglichkeit verschaffen, in einer lebenstüchtigen Familie als deren Kind aufzuwachsen. Aber auch dem Annehmenden kann sie dazu verhelfen, sich den Wunsch nach einem Kind zu erfüllen und durch die Betreuung und Erziehung eines Kindes eine nützliche Aufgabe zu leisten.

Das Wesen der Adoption besteht in der Schaffung eines künstlichen Verwandtschaftsverhältnisses zwischen dem Kind und dem Annehmenden, während das Verwandtschaftsverhältnis zur leiblichen Familie des Kindes (von Ausnahmen abgesehen) erlischt. Die Adoption kommt nicht mehr (wie früher) durch einen **Vertrag** zwischen Annehmenden und Kind zustande, sondern durch rechtsbegründenden Hoheitsakt des VormG (sog. **Dekretsystem**). Das Kind erlangt dadurch die Rechtsstellung eines Kindes des Annehmenden; bei der Annahme durch ein Ehepaar die Rechtsstellung eines gemeinschaftlichen Kindes der Ehegatten.

Ergänzt werden die Vorschriften des BGB durch das Adoptionsvermittlungsgesetz (Literatur: Bach FamRZ 90, 574). Danach ist die Adoptionsvermittlung in erster Linie Sache des **JA** und des **LJA** (§ 2 I AdVermiG). Ferner sind bestimmte gemeinnützige Organisationen dazu berechtigt (§ 2 II AdVermiG), während im übrigen ein **Vermittlungsverbot** gilt, das nur wenige Ausnahmen kennt (§ 5 AdVermiG). Verboten ist insbes. die Vermittlungstätigkeit zugunsten eines Mannes, der die Vaterschaft für ein Kind, das er nicht gezeugt hat, anerkennen will, um es dann zur Adoption "freigeben" zu können (§ 5 IV AdVermiG; dazu BayObLG FamRZ 92, 1346). Das beinhaltet ein absolutes **Verbot des Kindeshandels.** 624

Das Gesetz schreibt den Einsatz von **Fachkräften** bei der Vermittlung vor (§ 3 AdVermiG) und regelt die Vorbereitung und Durchführung der Adoptionsvermittlung. Dazu gehört es insbes., adoptionswillige Eltern auf ihre Eignung zu prüfen und sowohl sie als auch das Kind und dessen Eltern eingehend zu beraten und zu unterstützen (§§ 7, 9 AdVermiG).

II. Zulässigkeit der Annahme 625

Grundvoraussetzung jeder Annahme ist, daß sie dem **Wohl des Kindes** dient und daß zwischen dem Annehmenden und dem Kind das Entstehen eines **Eltern-Kind-Verhältnisses** zu erwarten ist (§ 1741 I 1).

An dieser Stelle hat die Reform die Einschränkung angeordnet, daß derjenige, der an einer gesetzes- oder sittenwidrigen Vermittlung oder Verbringung eines Kindes zum Zwecke der Annahme beteiligt war (oder einen Dritten damit beauftragt oder belohnt hatte), das betreffende Kind nur unter der erschwerten Bedingung annehmen soll, daß dies zum Wohl des Kindes **erforderlich** ist (§ 1741 I 2). Das wäre z.B. der Fall, wenn damit einer besonderen Verbundenheit zwischen Kind und Adoptionsbewerber Rechnung getragen würde.

1. Kindeswohl

Die Adoption dient nur dann dem Kindeswohl, wenn sie eine deutlich bessere Entwicklung des Kindes erwarten läßt. Die gegenwärtigen Lebensbedingungen des Kindes müssen daher mit den künftig durch die Adoption eintretenden Veränderungen verglichen werden.

Bsp.: Die Aufnahme des in einem Heim lebenden Kindes in eine Familie wird in der Regel dem Kindeswohl dienen, wenn Erziehungsbereitschaft und -fähigkeit bei den Annehmenden vorhanden sind. Dagegen können ungeklärte wirtschaftliche Verhältnisse, charakterliche Schwächen oder ein schlechter Gesundheitszustand der Annehmenden gegen eine Adoption sprechen.

2. Eltern-Kind-Verhältnis 626

Die Zulässigkeit der Adoption ist weiterhin davon abhängig, daß zwischen Annehmenden und Kind ein Eltern-Kind-Verhältnis entsteht (§ 1741 I 1).

Dies ist nicht ganz wörtlich zu nehmen, da auch Alleinstehende ein Kind adoptieren können. Gemeint ist die Erwartung, daß das Kind bei dem Annehmenden die gleiche Fürsorge und Erziehungsbereitschaft antreffen soll, wie es bei Eltern typischerweise der Fall ist (Lüderitz NJW 76, 1866). Um dem VormG eine sichere Prognose für diese Voraussetzung zu ermöglichen, sind die praktischen Erfahrungen während der Adoptionpflege besonders wichtig (s.u. RN **647**).

3. Annahme durch ein Ehepaar oder einen Ehegatten

Die gemeinschaftliche Annahme eines Kindes durch ein Ehepaar stellt den Idealfall dar, weil dadurch die volle Integration des Kindes in eine Familie am leichtesten erreicht werden kann. Dennoch läßt das Gesetz ausnahmsweise die Adoption durch einen Ehegatten allein zu.

Im einzelnen:
- Ein **Ehepaar** kann ein beiden fremdes Kind grundsätzlich nur **gemeinschaftlich** annehmen (§ 1741 II 2). Die Annahme eines Kindes durch einen Ehegatten **allein** ist deshalb unzulässig, sofern nicht die folgenden **Ausnahmen** vorliegen:
- Jeder **Ehegatte** kann **allein** ein Kind adoptieren, wenn es sich um das Kind seines **Ehegatten** handelt (§ 1741 II 3).
- Jeder Ehegatte kann **allein** ein beiden fremdes Kind adoptieren, wenn der andere Ehegatte **geschäftsunfähig** ist oder das 21. Lebensjahr noch nicht vollendet hat und deshalb nicht selbst adoptieren kann (§ 1741 II 4 i.V.m. § 1743).

4. Annahme durch Alleinstehende

627 Die Annahme durch eine **unverheiratete Person** (§ 1741 II 1) ist zwar zulässig, hat aber den Nachteil, daß das Eltern-Kind-Verhältnis nur zu **einem** Elternteil aufgebaut werden kann.

Das kann dennoch sinnvoll sein, wenn z.B. die schon eingeleitete gemeinsame Annahme infolge des Todes eines Ehegatten oder wegen der Scheidung der Ehe nicht mehr möglich ist; desgleichen, wenn bereits ein Verwandtschaftsverhältnis zwischen der Einzelperson und dem Kind besteht.

Beachte: Unzulässig ist die **gemeinschaftliche** Annahme eines Kindes durch **unverheiratete** Personen.

Bsp.: Ein Geschwisterpaar kann nicht gemeinschaftlich ein Kind adoptieren; dies gilt auch für die Partner einer nichtehelichen Lebensgemeinschaft, selbst wenn es sich um Vater und Mutter des Kindes handeln sollte.

5. Ausschluß weiterer Adoptionen

628 a) Um zu verhindern, daß ein Kind gleichzeitig in mehreren Kindschaftsverhältnissen steht, bestimmt § 1742, daß - von einer Ausnahme abgesehen - eine weitere Adoption desselben Kindes solange ausgeschlossen ist, wie das bisherige Annahmeverhältnis besteht.

Adoptiveltern können daher, sollte die Adoption nicht ihre Erwartungen erfüllt haben, das Kind nicht für eine weitere Adoption "freigeben" (Verbot der Kettenadoption). Auch die Scheidung der Adoptiveltern kann an diesem Verbot nichts ändern.

b) Doch ist eine weitere Adoption zulässig, wenn das angenommene Kind vom **Ehegatten** des Annehmenden adoptiert wird.

Bsp.: Stirbt ein Adoptivelternteil und heiratet der überlebende Elternteil wieder, dann kann sein Ehegatte das Kind adoptieren. Hat ein Unverheirateter das Kind adoptiert und dann geheiratet, kann es sein Ehegatte ebenfalls adoptieren.

c) Davon zu unterscheiden ist der Fall, daß beide Adoptiveltern sterben oder daß das Adoptionsverhältnis vollständig aufgehoben wird: dann ist eine neue Adoption möglich und sogar wünschenswert.

6. Alterserfordernisse und Geschäftsfähigkeit 629

Das Gesetz schreibt in § 1743 ein **Mindestalter** für Adoptierende vor. Der Grund dafür besteht darin, daß eine gewisse Lebenserfahrung und ein Mindestmaß an erzieherischen Fähigkeiten für die Adoption vorhanden sein sollte.

Folgende Altersstufen sind zu unterscheiden:

a) Wer ein Kind **allein** adoptieren will, muß mindestens 25 Jahre alt sein (§ 1743, 1); bei einer **gemeinschaftlichen Annahme** durch beide Ehegatten genügt es, wenn ein Ehegatte das 25. Lebensjahr vollendet hat, während der andere nur 21 Jahre alt sein muß (§ 1743, 2).

b) Ausnahmsweise genügt die Vollendung des 21. Lebensjahres, wenn jemand das Kind seines Ehegatten annehmen will (§ 1743, 1).

c) Ferner muß jeder Annehmende unbeschränkt **geschäftsfähig** sein. Minderjährige oder Geisteskranke können kein Kind adoptieren.

7. Berücksichtigung von Kindesinteressen 630

Hat der Annehmende schon Kinder, kann sich die beabsichtigte Adoption nachteilig auf diese Kinder auswirken. Deshalb schreibt § 1745 vor, daß die Annahme nicht ausgesprochen werden darf, wenn ihr **überwiegende Interessen** der Kinder des Annehmenden entgegenstehen.

a) Zu denken ist daran, daß sich die Aufmerksamkeit der Eltern auf ein weiteres Kind erstrecken muß, daß der gesetzliche Erbteil der vorhandenen Kinder gekürzt wird und daß es zu einer Beeinträchtigung der Unterhaltsleistungen kommen kann. Doch sind diese **vermögensrechtlichen** Interessen zwar zu berücksichtigen, doch sollen sie nicht ausschlaggebend sein (§ 1745, 2). Es muß deshalb eine **Interessenabwägung** stattfinden, wobei die Zahl und das Alter der Kinder des Annehmenden sowie ihre Fähigkeit, auf die geänderte Situation zu reagieren, ausschlaggebend sein werden.

b) Soweit zu prüfen ist, ob das **Adoptivkind** durch die Kinder des Annehmenden gefährdet werden könnte, was z.B. der Fall wäre, wenn ein schwächliches Adoptivkind von den älteren Kindern des Annehmenden gequält würde, ist die Vorschrift des § 1745 überflüssig, weil die Prüfung des Kindeswohls schon gemäß § 1741 I vorgeschrieben ist.

III. Die Einwilligungen der Betroffenen

Wegen der einschneidenden familien- und erbrechtlichen Auswirkungen einer Adoption für das Kind und seine leiblichen Verwandten einerseits, für die Adoptiveltern und deren Verwandten andererseits, ist es unumgänglich, daß die Personen mit der Adoption einverstanden sein müssen, die in besonderer Weise von ihr betroffen werden. Es handelt sich um das **Kind**, seine **Eltern** und den **Ehegatten**.

1. Einwilligung des Kindes

631 Als Hauptbetroffener von der Adoption muß das **Kind** seine Einwilligung dazu geben (§ 1746 I 1). Wer diese Einwilligung erteilt, hängt vom Alter des Kindes ab. Danach ist zu unterscheiden:

a) Für ein geisteskrankes oder noch nicht 14 Jahre altes Kind erteilt sein **gesetzlicher Vertreter** die Einwilligung (§ 1746 I 2). Das sind seine Eltern oder der allein vertretungsberechtigte Elternteil (§ 1629; s.o. RN **562 ff**), u. U. ein Vormund (§§ 1773, 1793) oder ein Pfleger (§ 1909). Will ein **Stiefvater** das Kind seiner Ehefrau adoptieren, kann die Mutter als gesetzliche Vertreterin des Kindes die Einwilligung erklären, ohne daß dazu ein Ergänzungspfleger bestellt werden muß (BayObLG FamRZ 81, 93).

b) Ein mindestens 14 Jahre altes Kind erklärt die Einwilligung selbst, bedarf aber der **Zustimmung** seines gesetzlichen Vertreters (§ 1746 I 3).

Die Einwilligung oder Zustimmung der vertretungsberechtigten Eltern (nach a oder b) ist jedoch entbehrlich, wenn sie bereits **unwiderruflich** in die Annahme eingewilligt haben oder ihre Einwilligung durch das VormG ersetzt worden ist (§ 1746 III, 2. HS).

c) **Verweigert** der Vormund oder Pfleger die Einwilligung oder Zustimmung **ohne triftigen Grund** (dazu BayObLG FamRZ 97, 839), kann sie das VormG ersetzen (§ 1746 III). Nicht ersetzbar ist die Einwilligung eines Kindes, das bereits 14 Jahre alt ist.

d) Sollte das Kind eine andere **Staatsangehörigkeit** als der Annehmende haben, ist zusätzlich die **Genehmigung** des VormG zur Einwilligung des Kindes erforderlich, es sei denn, daß die Annahme deutschem Recht unterliegt (§ 1746 I 4).

e) Während die Einwilligung zur Adoption durch andere Personen **unwiderruflich** ist (§ 1750 II 2; s.u. RN **641**), gilt dies nicht für die Einwilligung des Kindes. Wenn es bereits 14 Jahre alt und voll geschäftsfähig ist, kann es seine Einwilligung bis zum Wirksamwerden der Adoption gegenüber dem VormG **widerrufen** (§ 1746 II 1).

Dies gilt selbst dann, wenn die Einwilligung für das Kind von seinem gesetzlichen Vertreter erteilt wurde, bevor das Kind 14 Jahre alt war.

Der Widerruf ist öffentlich zu beurkunden, was auch durch das JA geschehen kann (§ 59 I Nr. 6 SGB VIII), dem damit Gelegenheit gegeben wird, das Kind zu beraten und einen übereilten Widerruf zu verhindern. Die Zustimmung des gesetzlichen Vertreters zum Widerruf ist **nicht** erforderlich (§ 1746 II 2 und 3).

2. Einwilligung der Eltern

632 Die Einwilligung der Eltern ist erforderlich, weil damit in ihr durch Art. 6 GG geschütztes Elternrecht eingegriffen und das natürliche Verwandtschaftsverhältnis zwischen Eltern und Kind aufgehoben wird (§ 1747 I 1).

a) Erforderlich sind die Einwilligungen **beider Elternteile**, wobei es nicht darauf ankommt, ob die Eltern auch sorgeberechtigt sind; deshalb hat z.B. der nicht sorgeberechtigte geschiedene Elternteil seine Einwilligung zu geben (Engler NJW 69, 1999). Es spielt auch keine Rolle mehr, ob die Eltern miteinander verheiratet oder unverheiratet oder geschieden sind.

Haben die Eltern in ihrer Eigenschaft als gesetzliche Vertreter des Kindes bereits die Einwilligung erteilt oder der Einwilligung des Kindes zugestimmt (§ 1746 I), ist eine zusätzliche Einwilligung gemäß § 1747 entbehrlich (BayObLG 21, 197).

b) Ist der **leibliche Vater** des Kindes nicht mit der Mutter verheiratet, ist seine Einwilligung erforderlich, wenn er die Vaterschaft zu dem Kind anerkannt hat oder diese gerichtlich festgestellt worden ist (§ 1592). Liegen diese Voraussetzungen nicht vor und besteht keine anderweitige Vaterschaft eines Mannes, gilt als einwilligungsberechtigter Elternteil derjenige Mann, der glaubhaft macht, daß er der Mutter während der Empfängniszeit beigewohnt hat (§ 1747 I 2 i.V.m. § 1600 d II 1). Das kann z.B. der Fall sein, wenn der leibliche Vater bereit ist, die Vaterschaft zu dem Kind anzuerkennen, die Mutter sich jedoch weigert, der Anerkennung zuzustimmen.

c) Die Einwilligung eines Elternteils darf erst erteilt werden, wenn das Kind 633
acht Wochen alt ist (§ 1747 II 1). Damit soll vor allem die alleinstehende Mutter vor einer unüberlegten Weggabe des Kindes geschützt werden.

Es gehört zu den Aufgaben der Adoptionsvermittlungsstelle, in dieser Situation die Mutter oder die Eltern des Kindes eingehend zu beraten und zu unterstützen (§ 9 AdVermiG).

d) Die Einwilligung eines Elternteils in die Annahme ihres Kindes muß für ein bereits **feststehendes Ehepaar** oder eine **feststehende Einzelperson** erfolgen. Die "Freigabe" eines Kindes zur Adoption schlechthin (Blankoadoption) ist unzulässig.
Nimmt jemand das Kind seines Ehegatten an oder erfolgt die Adoption im Verwandtschaftskreis, ist die Kenntnis der künftig Adoptierenden unproblematisch. Anders bei der **Fremdadoption.** Denn dort soll das Kind ungestört in die neue Familie hineinwachsen, so daß jede Einwirkung der leiblichen Eltern verhindert werden muß. Deshalb bestimmt § 1747 II 2, daß die Einwilligung auch dann wirksam ist, wenn der Einwilligende die schon feststehenden Annehmenden nicht kennt. In der Praxis wird das dadurch erreicht, daß die Einwilligung des Elternteils für die unter einem bestimmten Aktenzeichen des JA aufgeführten Adoptionsbewerber (deren Namen und Anschrift geheim bleiben) erteilt wird.

e) Eine Ausnahme davon, daß die Einwilligung erst erteilt werden kann, 634
wenn das Kind acht Wochen alt ist, sieht das Gesetz in § 1747 III 1 Nr. 1 vor: Wenn nämlich die Eltern nicht miteinander verheiratet sind und keine Sorgeerklärungen abgegeben haben, kann die Einwilligung des Vaters schon **vor der Geburt** des Kindes erklärt werden. Mit dieser umständlichen Umschreibung (dazu RN **493**) ist der Vater eines nichtehelichen Kindes gemeint, dem die Möglichkeit eingeräumt werden soll, gleichzeitig mit der Anerkennung der Vaterschaft auch die Einwilligung zur Adoption vor der Geburt des Kindes erklären zu können.

Hat jedoch der Vater des nichtehelichen Kindes beantragt, ihm die elterliche Sorge nach § 1672 I zu übertragen, darf die Annahme des Kindes erst ausgesprochen werden, nachdem über den Antrag des Vaters entschieden worden ist (§ 1747 III 1 Nr. 2). Die Möglichkeit für den Vater, die elterliche Sorge auch gegen den Willen der Mutter nach § 1672 übertragen zu erhalten, besteht nach § 1751 I 6, wonach es auf die Zustimmung der Mutter bei dieser Übertragung nicht ankommt, wenn sie in die Annahme eingewilligt hat. Hinzu kommen muß freilich, daß die Übertragung dem Wohl des Kindes dient (s.o. RN **574**).

f) Schließlich kann der Vater eines nichtehelichen Kindes darauf verzichten, die Übertragung der elterlichen Sorge nach § 1672 I zu beantragen. Der Verzicht muß öffentlich beurkundet werden (s.o. RN **534**). Zu den weiteren Formalitäten s.u. RN **639**.

g) Die Einwilligung eines Elternteils ist **nicht erforderlich**, wenn er zur Abgabe einer Erklärung **dauernd außerstande** oder sein Aufenthaltsort **dauernd unbekannt** ist (§ 1747 IV).

"Dauernd außerstande" zur Abgabe einer Erklärung ist derjenige, der sich nicht klar verständlich machen kann, z.B. wegen einer geistigen oder körperlichen Krankheit, insbesondere wenn er geschäftsunfähig ist (§ 104); ferner darf im Zeitpunkt der Entscheidung über den Adoptionsantrag nicht abzusehen sein, daß sich dieser Zustand künftig ändern wird. - Dies gilt auch für die Beurteilung, ob anzunehmen ist, daß der **"Aufenthalt dauernd unbekannt"** bleiben wird. Nimmt das Gericht diese Voraussetzungen zu Unrecht an, kann dies zur Aufhebung der Adoption führen (§ 1760 V).

3. Ersetzung der Einwilligung eines Elternteils

635 In bestimmten Fällen läßt das Gesetz eine Adoption auch **gegen den Willen** eines Elternteils zu (§ 1748). Darin liegt zwar ein Eingriff in das geschützte Elternrecht, doch überwiegt bei tiefgreifenden Störungen der Eltern-Kind-Beziehungen das Grundrecht des Kindes auf Entfaltung seiner Persönlichkeit. Die Ersetzung der Einwilligung ist nur zulässig, wenn folgende Voraussetzungen vorliegen (dazu Finger FuR 90, 183):

a) Ein Elternteil hat seine **Pflichten** gegenüber seinem Kind **anhaltend gröblich verletzt** (§ 1748 I 1).
Das wird regelmäßig der Fall sein, wenn dem Elternteil die mißbräuchliche Ausübung der elterlichen Sorge oder eine fortwährende Vernachlässigung des Kindes im Sinne des § 1666 (s.o. RN **581 f**) vorzuwerfen ist.
Schon eine einzelne **besonders schwere Pflichtverletzung** kann dafür ausreichen, wenn sie zur Folge hat, daß das Kind auf Dauer nicht mehr dem Elternteil anvertraut werden kann (§ 1748 I 2; BayObLG FamRZ 89, 429, 431).

Bsp.: Der Vater hat versucht, sein Kind umzubringen. Die Mutter hat das Kind ohne Wissen des Vaters ins Ausland entführt. Der Vater hat seine Tochter zum Geschlechtsverkehr mit ihm gezwungen.

636 b) Ein Elternteil hat durch sein Verhalten gezeigt, daß ihm das Kind **gleichgültig** ist (§ 1748 I 1).
Diese Voraussetzung ist gegeben, wenn nach außen erkennbar ist, daß sich der Elternteil für das Kind und dessen künftiges Schicksal nicht mehr interessiert und er es an jeder persönlichen Zuwendung fehlen läßt (BayObLG FamRZ 98, 55).
Um dem Elternteil die Möglichkeit zu geben, seine Einstellung zum Kind zu ändern, schreibt das Gesetz vor, daß die Einwilligung nicht ersetzt werden darf, bevor der Elternteil vom JA über diese Folge seiner Gleichgültigkeit **belehrt** und über die Hilfen **beraten** worden ist, die die Erziehung des Kindes in der eigenen Familie ermöglichen könnte (§ 1748 II 1 i.V.m. § 51 I, II SGB VIII; dazu BayObLG FamRZ 97, 514, 516).

Um beurteilen zu können, ob die Belehrung gefruchtet hat, müssen nach der Belehrung mindestens **drei Monate** bis zur Ersetzung der Einwilligung vergehen, wobei das JA den Elternteil auf diese Frist hinzuweisen hat. Bevor das Kind **fünf Monate** alt ist, kann diese Frist nicht ablaufen (§ 1748 II 3).

Die Belehrung des Elternteils ist **entbehrlich,** wenn er unbekannten Aufenthalts ist und sein Aufenthaltsort während einer Zeit von drei Monaten trotz angemessener Nachforschungen nicht ermittelt werden konnte (§ 1748 II 2).

c) In den Fällen der Pflichtverletzung und der Gleichgültigkeit muß für die Ersetzung als weitere Voraussetzung hinzukommen, daß dem Kind durch das Unterbleiben der Adoption ein **unverhältnismäßiger Nachteil** entstehen würde (§ 1748 I 1; dazu OLG Braunschweig FamRZ 97, 513). 637

Deshalb muß eine Abwägung der jetzigen Verhältnisse mit den Lebensumständen nach einer Adoption angestellt werden. Nur dann, wenn die Beibehaltung der gegenwärtigen Verhältnisse sich in Bezug auf Pflege, Unterbringung, Erziehung usw. deutlich nachteiliger für das Kind auswirken würde als bei einer Kindesannahme, kann die Einwilligung ersetzt werden

Für den Fall der "besonders schweren Pflichtverletzung" (§ 1748 I 2) bedarf es dieser Abwägung nicht, weil sich hier der "unverhältnismäßige Nachteil" von selbst versteht (s.o. RN **635**).

d) Schließlich kann die Einwilligung eines Elternteils auch dann ersetzt werden, wenn er zur Pflege und Erziehung des Kindes **dauernd unfähig** sein sollte (§ 1748 III). Diese Unfähigkeit muß beruhen auf einer besonders schweren psychischen Krankheit oder einer besonders schweren geistigen oder seelischen Behinderung. Hinzukommen muß, daß das Kind bei Unterbleiben der Adoption nicht in einer Familie aufwachsen könnte und dadurch in seiner Entwicklung schwer gefährdet wäre (BGH FamRZ 97, 85).

e) Die Einwilligung eines nichtehelichen Vaters, der weder Inhaber der elterlichen Sorge ist noch es früher war, kann unter erleichterten Bedingungen ersetzt werden. Die Einwilligung ist dann schon zu ersetzen, wenn das Unterbleiben der Annahme dem Kind zu **unverhältnismäßigem Nachteil** gereichen würde (§ 1748 IV). Damit soll einem Vater, der nie die Verantwortung für das Kind getragen hat, die Möglichkeit genommen werden, eine Adoption zu verhindern.

f) In allen Fällen der Ersetzung geschieht diese nur auf **Antrag des Kindes** (§ 1748 I 1). Ist es noch nicht 14 Jahre alt, handelt der gesetzliche Vertreter an seiner Stelle (OLG Braunschweig FamRZ 64, 323); das ist im Regelfall seine Mutter. Das 14 Jahre alte Kind kann den Antrag selbst stellen. Ob es dabei die Zustimmung seines gesetzlichen Vertreters benötigt, ist umstritten (vgl. Münch-Komm-Lüderitz § 1748 RdNr. 25: keine Zustimmung erforderlich).

4. Einwilligung des Ehegatten 638

Will ein Ehegatte ein Kind **allein** annehmen, ist hierzu die Einwilligung des anderen Ehegatten erforderlich (§ 1749 I 1).

a) Da Ehegatten ein Kind grundsätzlich nur gemeinsam annehmen können und in dem gemeinsamen Antrag die Einwilligung zur Adoption durch den jeweils anderen Ehegatten liegt, wird die Einwilligung nur dann benötigt, wenn der Ehegatte des allein Annehmenden noch nicht 21 Jahre alt ist ist (§ 1741 II 4, 2. Alt.).

b) Handelt es sich darum, daß ein Ehegatte das **Kind seines Ehegatten** annehmen will (§ 1741 II 3), bedarf es keiner besonderen Einwilligung dieses Ehegatten, wenn er in seiner Eigenschaft als Elternteil in die Adoption gemäß § 1747 eingewilligt hat.

c) Kommt es zur alleinigen Annahme durch einen Ehegatten, weil der andere **geschäftsunfähig** ist (§ 1741 II 4, 1. Alt.), ist seine Einwilligung ohnehin nicht erforderlich (§ 1749 III). Das gleiche gilt, wenn der **Aufenthalt** des Ehegatten, dessen Einwilligung benötigt wird, dauernd **unbekannt** ist (§ 1749 III; s.o. RN **634**).

d) Soweit die Einwilligung des Ehegatten erforderlich ist, kann sie vom VormG auf Antrag des Annehmenden **ersetzt** werden (§ 1749 I 2). Dies kann vor allem bei getrennt lebenden Ehegatten in Betracht kommen. Die Ersetzung ist jedoch nicht statthaft, wenn berechtigte Interessen des anderen Ehegatten und der Familie (also insbesondere der Kinder der Familie) der Adoption entgegenstehen (vgl. hierzu § 1745; s.o. RN **630**).

e) Sollte das anzunehmende Kind bereits **verheiratet** sein, ist zu seiner Annahme die Einwilligung **seines Ehegatten** erforderlich (§ 1749 II), es sei denn, daß er geschäftsunfähig ist oder daß sein Aufenthalt dauernd unbekannt ist (§ 1749 III). Die Ersetzung der Einwilligung ist hier nicht zulässig, weil die Ehe des Kindes durch die Adoption gefährdet werden könnte.

5. Gemeinsames zu den Einwilligungen

639 a) Formvorschriften

Alle Einwilligungen sind an das VormG zu richten. Sie müssen notariell **beurkundet** werden und erlangen erst Wirksamkeit, wenn sie dem VormG zugehen (§ 1750 I).
Die **Zustimmung** des gesetzlichen Vertreters zur Einwilligung des Kindes bedarf dagegen keiner besonderen Form (vgl. § 182 II).

Die Einwilligungen sind **bedingungs-** und **befristungsfeindlich** (§ 1750 II 1).

- Eine **Bedingung** liegt vor, wenn die Wirksamkeit eines Rechtsgeschäfts von dem Eintritt eines **zukünftigen ungewissen Ereignisses** abhängig gemacht wird (§ 158).

  Bsp.: Unzulässig wäre es, wenn die Eltern ihre Einwilligung von der künftigen Scheidung ihrer Ehe abhängig machen würden.

- Eine **Befristung** (oder Zeitbestimmung) liegt vor, wenn die Wirksamkeit eines Rechtsgeschäfts von dem Eintritt eines **zukünftigen gewissen Ereignisses** abhängig gemacht wird (§ 163).

  Bsp.: Unzulässig wäre es, wenn die Einwilligung der Eltern erst vom Beginn des nächsten Jahres an wirksam sein soll.

640 - **Keine Bedingung** ist die sog. **Rechtsbedingung**; sie liegt vor, wenn die Wirksamkeit eines Rechtsgeschäfts (überflüssigerweise) davon abhängig gemacht wird, daß alle gesetzlichen Voraussetzungen für das Rechtsgeschäft gegeben sein müssen.

  Bsp.: Zulässig wäre es, die Wirksamkeit der elterlichen Einwilligung davon abhängig zu machen, daß auch alle anderen erforderlichen Einwilligungen erteilt oder ersetzt werden.

- **Keine Bedingung** liegt vor, wenn die Wirksamkeit eines Rechtsgeschäfts von einem Ereignis oder Zustand in der **Vergangenheit** oder **Gegenwart** abhängig gemacht wird. Deshalb kann eine Einwilligung auf bestimmte Adoptionsverhältnisse beschränkt werden.

  Bsp.: Der Adoptierende soll einer bestimmten Konfession angehören. Die Mutter eines nichtehelichen Kindes gibt ihre Einwilligung mit der Einschränkung, daß der Vater des Kindes als Annehmender nicht in Betracht kommt.

Die einmal erteilte Einwilligung ist **unwiderruflich**; doch bleibt hiervon die Widerrufsmöglichkeit für das bereits 14 Jahre alte Kind unberührt (§ 1750 II 2 i.V.m. § 1746 II). 641

b) Höchstpersönliches Rechtsgeschäft

Die Erklärungen müssen von den Einwilligenden **selbst** abgegeben werden, so daß eine Vertretung dabei unstatthaft ist (§ 1750 III).

Ausnahme: Für ein geschäftsunfähiges oder noch nicht 14 Jahre altes Kind darf sein gesetzlicher Vertreter die Einwilligung bzw. die Zustimmung zur Adoption erklären (§ 1746 I 2, 3).

Ist ein Elternteil oder ein Ehegatte **minderjährig**, erklärt er die Einwilligung ebenfalls selbst, ohne die Zustimmung seines gesetzlichen Vertreters zu benötigen (§ 1750 III 2).

c) Kraftloswerden der Einwilligung 642

Da die Einwilligung unwiderruflich ist, muß auf andere Weise ihre Ungültigkeit herbeigeführt werden, wenn die Adoption nicht zustande kommen kann oder das Verfahren übermäßig lang dauert. Deshalb bestimmt § 1750 IV, daß jede Einwilligung **kraftlos** wird, wenn der Antrag zurückgenommen oder die Annahme vom VormG versagt wird; die Einwilligung eines Elternteils verliert auch dann ihre Kraft, wenn das Verfahren nicht innerhalb von **drei Jahren** zum Abschluß gekommen ist.

6. Folgen der Einwilligung eines Elternteils

a) *Ruhen der elterliche Sorge* 643

Sobald die Einwilligung eines Elternteils beim VormG eingegangen ist, **ruht** seine **elterliche Sorge**; selbst die Befugnis zum persönlichen Umgang darf nicht mehr ausgeübt werden (§ 1751 I 1 i.V.m. §§ 1675, 1684). Dies ist konsequent, weil der Elternteil mit seiner Einwilligung alles Erforderliche getan hat, um die rechtlichen Verbindungen zu seinem Kind zu lösen. Die weitere Ausübung der elterliche Sorge oder des Umgangsrechtes würde eine Inkognitoadoption unmöglich machen. Deshalb verlieren auch die in § 1685 genannten **Bezugspersonen** die Befugnis zum persönlichen Umgang, sobald beide Elternteile ihre Einwilligung in die Adoption erklärt haben.

b) *Das JA wird Vormund* 644

Das Ruhen der elterliche Sorge hat zur Folge, daß das Kind kraft Gesetzes das **JA** zum **Vormund** erhält, sofern nicht der andere Elternteil die elterliche Sorge gemäß § 1678 I allein ausübt, schon ein Vormund bestellt worden ist (§ 1751 I 2) oder bereits eine Amtsvormundschaft nach § 1791 c besteht (OLG Köln FamRZ 92, 352). Auch eine bereits früher angeordnete **Pflegschaft** bleibt neben der Amtsvormundschaft des JA bestehen (§ 1751 I 2, 3).

Das JA erhält vom VormG unverzüglich eine Bescheinigung über den Eintritt der Vormundschaft, damit das JA die Möglichkeit erhält, bei einer Gefährdung des Kindeswohls sofort einzugreifen (§ 1751 I 4).

Vorstehende Regelungen haben nur dann einen Sinn, wenn das Kind von familienfremden Personen angenommen werden soll. Wird das Kind vom Ehegatten seines Vaters oder seiner Mutter adoptiert, tritt das Ruhen der elterliche Sorge nicht ein (§ 1751 II).

645 c) *Unterhaltspflicht des Annehmenden*

Sobald die erforderlichen Einwilligungen der Eltern vorliegen und der Annehmende das Kind in seine **Obhut** aufgenommen hat (insbesondere zum Zwecke der Adoptivpflege gemäß § 1744), **ruht** die **Unterhaltspflicht** der leiblichen **Eltern** und ihrer Verwandten; der Annehmende ist nun in erster Linie für den Unterhalt des Kindes verantwortlich (§ 1751 IV 1). Bei der Annahme des Kindes durch den Ehegatten seines Vaters oder seiner Mutter trifft die Unterhaltspflicht jetzt **beide Ehegatten** (§ 1751 IV 2).

Unter der "Inobhutnahme" ist nicht nur die Aufnahme in den Haushalt des Annehmenden zu verstehen. Es kommt darauf an, **ab wann** der Annehmende die **Verantwortung** für das Kind übernimmt; das kann auch der Fall sein, wenn sich das Kind in einem Heim oder Krankenhaus befindet.

Ist die Einwilligung eines Elternteils "nicht erforderlich", z.B. weil das Kind eine Vollwaise ist, beginnt die Unterhaltspflicht des Annehmenden mit der Inobhutnahme.

646 d) *Kraftloswerden der Einwilligung*

Hat die Einwilligung eines Elternteils ihre **Kraft verloren** (s.o. RN **642**), fällt die Ausübung der elterlichen Sorge **nicht** automatisch auf den leiblichen Elternteil zurück. Das VormG überträgt die elterliche Sorge nach Anhörung des JA (§ 50 I SGB VIII i.V.m. § 49 I Nr. 4 FGG), der Eltern und des Kindes (§§ 50 a, b FGG) auf den Elternteil zurück, wenn und soweit dies dem Wohl des Kindes nicht widerspricht (§ 1751 III). Andernfalls muß ein Vormund oder Pfleger für das Kind bestellt werden (§§ 1773, 1909).

IV. Das Annahmeverfahren

1. Vorbereitende Tätigkeit des Jugendamtes

Wird dem JA oder der dort eingerichteten Adoptionsvermittlungsstelle bekannt, daß ein Kind für die Adoptionsvermittlung in Betracht kommt, hat es sachdienliche Ermittlungen bei den Adoptionsbewerbern, bei dem Kind und bei seiner Familie durchzuführen (§ 7 I AdVermiG). Das Kind darf erst dann zur Eingewöhnung bei den Adoptionsbewerbern gemäß § 1744 in Pflege gegeben werden, wenn **feststeht**, daß die Adoptionsbewerber für die Annahme des Kindes **geeignet** sind (§ 8 AdVermiG).

2. Die Adoptionspflege als Probezeit

647 a) Die Adoptionspflege (§ 1744) soll die Beurteilung erleichtern, ob zwischen dem Annehmenden und dem Kind eine wirkliche Eltern-Kind-Beziehung entstehen wird. Es handelt sich daher um eine **Probezeit**, die beiden Seiten Gelegenheit gibt, sich näher kennenzulernen und sich gegenseitig anzupassen. Eine bestimmte **Dauer** der Probezeit ist nicht vorgeschrieben, doch soll sie **angemessen** sein.

Dabei wird das Alter des Kindes eine wesentliche Rolle spielen. Bei Kleinkindern dürften etwa drei Monate ausreichen, bei älteren Kindern sollte die Adoptionspflege selbst in schwierigen Fällen spätestens nach drei Jahren abgeschlossen sein. Im Durchschnitt dauert die Adoptionspflege ein Jahr.

b) Die Durchführung einer Adoptionspflege ist nicht zwingend vorgeschrieben ("soll"); sie ist dann entbehrlich, wenn das Kind schon längere Zeit bei den künftigen Adoptiveltern lebt, z.B. wenn das Kind bereits in die Familie des Ehegatten aufgenommen worden ist, der es adoptieren will.

Während er Adoptivpflege hat der Annehmende als Pflegeperson das Recht, in Angelegenheiten des täglichen Lebens für das Kind allein zu entscheiden und den Inhaber der elterlichen Sorge zu vertreten, es sei denn, daß dieser etwas anderes erklärt. Außerdem kann das VormG diese Befugnisse einschränken oder ausschließen, wenn dies zum Wohl des Kindes erforderlich ist (§ 1751 I 5 i.V.m. § 1688 I, III; s.o. RN **558**).

c) Zweckmäßig, wenn auch nicht Voraussetzung für den Beginn der Adop- 648
tionspflege, ist es, wenn die Eltern in die Adoption schon vorher eingewilligt haben.
Ist das nicht der Fall, muß wenigstens die **Erlaubnis** der Eltern in die Durchführung der Adoptionspflege vorliegen, wobei im Rahmen eines **Pflegevertrages** die Rechte und Pflichten des Adoptionsbewerbers für das Kind festzulegen sind. Wird nicht einmal die Erlaubnis gegeben, kann zwar den Eltern u. U. das Aufenthaltsbestimmungsrecht nach §§ 1666, 1666 a entzogen und auf das JA übertragen werden; doch verbleibt ihnen das Umgangsrecht (§ 1684), was eine Inkognitoadoption verhindern würde.

d) Ferner sind die Adoptionsbewerber von der Adoptionsvermittlungsstelle schon während der Eingewöhnungszeit eingehend zu beraten und zu unterstützen (§ 9 AdVermiG).

3. Antrag des Annehmenden 649

Das eigentliche Annahmeverfahren beginnt mit dem **Antrag** des Annehmenden (§ 1752 I). Dieser Antrag ist auf den **Ausspruch der Annahme** durch das VormG gerichtet. Ebenso wie die Einwilligung ist auch der Antrag strengen Formvorschriften unterworfen. Er kann nicht unter einer Bedingung oder Zeitbestimmung (s.o. RN **640**) oder durch einen Vertreter gestellt werden; außerdem bedarf er der notariellen **Beurkundung** (§ 1752 II). Im Gegensatz zur Einwilligung kann der Antrag bis zum Ausspruch der Annahme **zurückgenommen** werden.

4. Prüfung der Voraussetzungen

a) Das VormG hat sich davon zu überzeugen, daß sämtliche Annahmevoraussetzungen vorliegen (insbesondere Antrag, Einwilligungen, Alterserfordernisse). Es hat zu prüfen, ob die Annahme gemäß § 1741 II überhaupt zulässig ist, ob sie dem Kindeswohl dient und ob das Entstehen eines Eltern-Kind-Verhältnisses zu erwarten ist (§ 1741 I). Zur Beurteilung der letzteren Gesichts punkte hat das Gericht das **Gutachten** einer Adoptionsvermittlungsstelle einzuholen (§ 56 d FGG). Sofern diese Stelle bisher nicht eingeschaltet war, muß wenigstens das JA gehört werden (§ 49 I Nr. 1 FGG).

Darüber hinaus ist das VormG berechtigt, gemäß § 12 FGG weitere Ermittlungen anzustellen, insbesondere das Kind anzuhören, auch wenn es das 14. Lebensjahr noch nicht erreicht hat (§ 55 c FGG).
Lassen sich Zweifel an der Eignung des oder der Annehmenden nicht ausräumen, führt dies zur **Ablehnung** des Adoptionsantrags.

5. Annahmebeschluß

650 a) Nach Prüfung aller Voraussetzungen erläßt das VormG den Annahmebeschluß (§ 1752 I). Dieser muß inhaltlich bestimmten Anforderungen genügen (§ 56 e, 1 FGG). Er wird mit der Zustellung an den Annehmenden **wirksam** und ist **unanfechtbar**; selbst das VormG kann ihn nachträglich nicht mehr abändern (§ 56 e, 2, 3 FGG).

Weist das Gericht den Antrag ab, kann dagegen **Beschwerde** eingelegt werden (§ 20 II FGG), aber nur vom Antragsteller (BayObLG FamRZ 97, 841).

b) **Stirbt** das **Kind**, bevor die Annahme wirksam geworden ist, kann sie nicht mehr zustande kommen, weil ihr Zweck nicht mehr erreicht werden kann (§ 1753 I).
Doch kann die Adoption beim **Tod des Annehmenden** immer noch sinnvoll sein, insbesondere dann, wenn sich das Kind schon im Haushalt des Annehmenden eingelebt hat und dessen Ehegatte gleichfalls die Adoption betreibt (Engler FamRZ 76, 584, 586).
Die Annahme nach dem Tod ist aber nur dann zulässig, wenn der Annehmende vor seinem Tod alles getan hat, um die Adoption zu erreichen: Er muß den Antrag beim VormG eingereicht oder den Notar mit der Einreichung beauftragt haben (§ 1753 II).
Da beim Tod des Annehmenden die Weiterentwicklung eines Eltern-Kind-Verhältnisses nicht mehr (oder mit dem hinterbliebenen Ehegatten nur noch eingeschränkt) möglich ist, wird das VormG besonders kritisch prüfen müssen, ob eine solche Adoption dem Kindeswohl dient.

c) Wird die Annahme **nach dem Tod** des Annehmenden ausgesprochen, wird der Beschluß mit der Zustellung an das **Kind** wirksam (§ 56 e, 2 FGG). Die Annahme hat die gleiche Wirkung, wie wenn sie **vor** dem Tod erfolgt wäre (§ 1753 III). Das bedeutet, daß das Kind den Annehmenden beerbt oder daß ihm ein Pflichtteilsrecht zusteht, falls der Verstorbene durch Testament über sein Erbe anderweitig verfügt haben sollte.

V. Die rechtlichen Wirkungen der Adoption

Um eine Volladoption zu erreichen, ist es erforderlich, das Kind aus seinem bisherigen Familienverband zu lösen und ein neues Verwandtschaftsverhältnis zu dem Annehmenden und seinen Verwandten zu begründen.

1. Rechtsstellung des Kindes zum Annehmenden

651 a) Wird das Kind von einem Ehepaar angenommen oder nimmt ein Ehegatte das Kind des anderen Ehegatten an, erlangt das Kind die Rechtsstellung eines **gemeinschaftlichen Kindes der Ehegatten** (§ 1754 I).

Diese werden dadurch uneingeschränkte Inhaber der elterlichen Sorge (§§ 1626 ff) und sind die gesetzlichen Vertreter des Kindes (§ 1629). Bisherige Vormundschaften und Pflegschaften erlöschen gleichzeitig (§§ 1882, 1918).

Das Kind wird nicht nur mit den Adoptiveltern verwandt, sondern auch mit deren Angehörigen, z.B. den Eltern und Geschwistern des Ehepaares. Das bedeutet u.a., daß Unterhaltsansprüche und Erbberechtigungen des Kindes gegen seine neuen Großeltern entstehen können, ohne daß diese gefragt werden.

Das bedeutet ferner, daß das Eheverbot der Verwandtschaft zwischen den neuen Verwandten beachtet werden muß, von dem jedoch Befreiung erteilt werden kann (§ 1308).

b) Ein **ausländisches** Kind erlangt die **deutsche Staatsangehörigkeit**, wenn es von einem Deutschen angenommen wird (§§ 3 Nr. 3, 6 StAG), wobei die deutsche Staatsangehörigkeit **eines** annehmenden Elternteils genügt.
Das angenommene Kind **verliert** die deutsche Staatsangehörigkeit, wenn es die des ausländischen Annehmenden erwirbt und wenn es nicht mit einem deutschen Elternteil verwandt bleibt (§ 27 StAG).

c) Nimmt ein Ehegatte ein fremdes Kind **allein** an, weil der andere Ehegatte wegen Geschäftsunfähigkeit oder zu geringen Alters selbst nicht annehmen kann (§ 1741 II 4), erlangt das Kind nur die rechtliche Stellung eines Kindes des Annehmenden (§ 1754 II). Das gleiche gilt, wenn eine **unverheiratete** Person ein Kind allein annimmt (§ 1741 II 1).

Daß die **elterliche Sorge** den Ehegatten gemeinschaftlich zusteht, wenn das Kind die Stellung eines gemeinschaftlichen Kindes erlangt, sonst aber die elterliche Sorge nur dem Annehmenden, wird in § 1754 III überflüssigerweise hervorgehoben.

d) Ob bei einem **nichtehelichen** Kind nach der Adoption das Verfahren zur Feststellung der leiblichen Vaterschaft begonnen oder fortgeführt werden soll, bleibt der freien Entscheidung des Annehmenden vorbehalten.

2. Erlöschen der bisherigen Verwandtschaftsverhältnisse 652

Mit der Annahme erlöschen sämtliche Verwandtschaftsbeziehungen zwischen dem Kind und seinen leiblichen Eltern und deren Verwandten und die sich daraus ergebenden Rechte und Pflichten (§ 1755 I 1). Das "Erlöschen" ist nicht ganz wörtlich zu nehmen, weil das Verwandtschaftsverhältnis wieder aufleben kann (§ 1764 III) und die Eheverbote fortbestehen (§ 1307).

Darüber hinaus gibt es folgende weitere **Ausnahmen**:

a) Um eine Schlechterstellung durch die Adoption zu verhindern, bleiben bestimmte Ansprüche des Kindes, die bis zur Annahme entstanden sind, erhalten. Dazu gehören Ansprüche auf Waisengeld, Renten und andere wiederkehrende Leistungen. Dagegen erlöschen **Unterhaltsansprüche** des Kindes gegen seine leiblichen Verwandten (§ 1755 I 2). Dies gilt nicht für **Unterhaltsrückstände** aus der Zeit vor der Annahme, damit kein Anreiz für nichteheliche Väter geschaffen wird, ihre Unterhaltsleistungen zurückzuhalten (BGH NJW 81, 2298).

b) Bei der **Stiefkindadoption**, bei der ein Ehegatte das Kind seines Ehegatten annimmt, erlöschen nur die Verwandtschaftsbeziehungen zu dem nichtbeteiligten Elternteil des Kindes und dessen Verwandten, **nicht** zu dem Ehegatten des Adoptierenden mit seinen Verwandten (§ 1755 II).

Bsp.: Adoptiert der Ehemann das Kind seiner Frau, bleiben die Verwandtschaftsverhältnisse des Kindes zu seiner Mutter und deren Verwandtschaft unberührt; es erlangt die Stellung eines gemeinschaftlichen Kindes beider Ehegatten. Die Verwandtschaftsverhältnisse des Kindes zu seinem Vater und dessen Verwandtschaft erlöschen dagegen.

653 c) Nimmt ein Ehegatte das Kind seines Ehegatten an (unerheblich, ob es aus einer früheren Ehe stammt oder nicht), so erlischt das Verwandtschaftsverhältnis nicht im Verhältnis zu den **Verwandten** des anderen Elternteils, wenn dieser die elterliche Sorge hatte und verstorben ist (§ 1756 II). Das Verwandtschaftsverhältnis zum verstorbenen Elternteil erlischt dagegen, weil ein Kind nicht zwei Väter oder Mütter haben kann.

Bsp.: Heiratet der verwitwete Vater erneut und nimmt seine Frau das Kind aus erster Ehe an, erlischt nur das Verwandtschaftsverhältnis des Kindes zur verstorbenen Mutter, nicht aber zu deren Verwandten. Das Kind ist dann mit drei Großelternpaaren verwandt.

d) Ähnlich ist es bei einer Adoption unter Verwandten. Auch hier besteht kein Bedürfnis, alle Beziehungen zu den bisherigen Verwandten des Kindes abzubrechen. Sind daher die Annehmenden mit dem Kind im zweiten oder dritten Grad verwandt oder verschwägert (z.B. Geschwister, Onkel und Tante, Großeltern, s.o. RN **411 ff**), erlischt nur das Verwandtschaftsverhältnis des Kindes und seiner Abkömmlinge zu den Eltern des Kindes, nicht zu den übrigen Verwandten (§ 1756 I).

Bsp.: Sind die Eltern des Kindes verstorben und wird es von seinen Großeltern adoptiert, erlischt nur das Verwandtschaftsverhältnis des Kindes zu seinen verstorbenen Eltern. Das Kind ist dann nicht mehr im zweiten Grad, sondern im ersten Grad der geraden Linie mit seinen Großeltern verwandt. Der Grad der Verwandtschaft zu den übrigen Verwandten verschiebt sich ebenfalls: Das Kind ist zu seinem nicht mitadoptierten Bruder jetzt im dritten Grad der Seitenlinie verwandt, mit seiner Tante im zweiten Grad der Seitenlinie.

e) Die **erbrechtlichen** Auswirkungen einer Verwandtenadoption ergeben sich aus § 1925 IV.

3. Name des adoptierten Kindes

654 Eine weitere Rechtsfolge der Adoption ist die **Namensänderung** bei dem Kind. Dabei ist zu unterscheiden, ob das Kind von einer Einzelperson oder von einem Ehepaar angenommen wird. Bei einem Ehepaar kommt es wieder darauf an, ob es einen gemeinsamen Ehenamen führt oder nicht. Schließlich besteht die Möglichkeit, den Vornamen des Kindes zu ändern und aus dem bisherigen und seinem neuen Familiennamen einen Doppelnamen zu bilden.

a) Das adoptierte Kind erhält als Geburtsnamen den Familiennamen des Annehmenden (§ 1757 I 1). Dies ist der Name, den der Annehmende zur Zeit der Annahme führt. Ist er ledig, ist sein Familienname mit seinem Geburtsnamen identisch. Ist er verheiratet, ist sein Familienname der Ehename, auf den sich die Eheleute bei der Eheschließung oder später geeinigt haben (§ 1355 III; s.o. RN **93**).
Ein **Begleitname**, den einer der beiden Ehegatten führt (§ 1355 IV), bleibt dabei außer Betracht (§ 1757 I 2).

b) Wird das Kind von beiden Ehegatten angenommen oder nimmt ein Ehegatte das Kind des anderen Ehegatten an (§ 1741 II), kann es sein, daß die Ehegatten **keinen** gemeinsamen Ehenamen führen (§ 1355 I 3). In diesem Fall haben sie den Geburtsnamen des Kindes noch vor dem Ausspruch der Annahme gegenüber dem VormG zu bestimmen (§ 1757 II 1). Sie können dabei zwischen dem Namen, den der Adoptivvater oder den die Adoptivmutter zur Zeit der Erklärung führt, wählen (§ 1757 II 1 i.V.m. § 1617 I). 655

Haben sie eine Bestimmung getroffen, gilt sie auch für ihre weiteren Kinder. Andererseits entfällt das Bestimmungsrecht der Adoptiveltern, wenn sie bereits früher eine Namensbestimmung hinsichtlich eines anderen Kindes getroffen haben, weil diese Bestimmung dann auch für das Adoptivkind gilt.

c) Die Namensbestimmung ist nur dann endgültig, wenn das Kind noch nicht fünf Jahre alt ist. Ist es älter, kann die Namensbestimmung nur dann wirksam werden, wenn sich das Kind ihr anschließt.

Die Anschließung richtet sich nach den gleichen Grundsätzen wie bei der nachträglichen Namensänderung der Eltern (s.o. RN **512**); jedoch mit dem Unterschied, daß die Erklärung des Kindes nicht dem Standesbeamten gegenüber abzugeben ist, sondern gegenüber dem VormG, und zwar in öffentlich beglaubigter Form (§ 1757 II 2, 2. HS).

d) Können sich die Adoptiveltern, die keinen gemeinsamen Ehenamen führen, nicht auf einen Namen für das Kind einigen oder weigert sich das über fünf Jahre alte Kind, sich der Namensbestimmung anzuschließen, hat der Ausspruch der Annahme zu unterbleiben.
Das Gesetz geht davon aus, daß bei der mangelnden Einigungsfähigkeit der Adoptiveltern von vornherein eine gedeihliche Entwicklung des Adoptivverhältnisses gefährdet ist. - Hätte es nicht nahegelegen, diesen Grundsatz auch im Fall der Eheschließung anzuwenden, wenn es den beiden Verlobten nicht einmal gelingt, sich auf einen gemeinsamen Ehenamen zu einigen?

e) Das VormG kann mit dem Ausspruch der Annahme dem neuen Familien- 656
namen des Kindes seinen bisherigen Familiennamen voranstellen oder anfügen. Auf diese Weise kann das Kind einen echten Doppelnamen erhalten.

Von dieser Möglichkeit wird das VormG nur in Ausnahmefällen Gebrauch machen, weil folgende Voraussetzungen nach § 1757 IV 1 dafür gegeben sein müssen:

- der **Antrag** des oder der Annehmenden;
- die **Einwilligung** des Kindes, für die die Vorschriften des § 1746 entsprechend anzuwenden sind (s.o. RN **631**); doch entfällt die Möglichkeit, die einmal gegebene Einwilligung zur Tragung eines Doppelnamens zu widerrufen.
- die Führung eines Doppelnamens muß aus **schwerwiegenden Gründen** zum Wohl des Kindes erforderlich sein (§ 1757 IV 1 Nr. 2).

  Bsp.: Ein Jugendlicher, dessen Eltern verstorben sind und der sich mit seinem bisherigen Namen identifiziert, wird von Verwandten oder Freunden der Eltern adoptiert.

f) Unter den im wesentlichen gleichen Voraussetzungen kann das VormG auch den **Vornamen** des Kindes ändern oder ihm einen oder mehrere neue Vornamen beigeben.
Dabei genügt es, daß diese Namensgebung dem **Wohl des Kindes** entspricht, ohne daß schwerwiegende Gründe dafür vorhanden sein müssen (§ 1757 IV 1, Nr. 1). Von Bedeutung wird dabei sein, ob von der Änderung oder Erweite-

rung der Vornamen eine bessere Integration des Kindes in seine neue Familie erwartet werden kann.

Bsp.: Der Vorname läßt die Herkunft des Kindes aus einem anderen Lebenskreis erkennen (das Kind "Resi" wird von einem Ostfriesen adoptiert); das Kind Kurt kommt in eine Familie, in der es bereits ein Kind gleichen Vornamens gibt.

g) Die Entscheidung des VormG über den Antrag auf Namensänderung darf nur **gleichzeitig** mit der Entscheidung über den Adoptionsantrag erfolgen, so daß eine vorhergehende oder nachfolgende Namensänderung ausgeschlossen ist (KG FamRZ 78, 208).

4. Schutz des Adoptionsgeheimnisses

657 a) Damit das Kind ungestört in die neue Familie hineinwachsen kann, ordnet § 1758 I an, daß die mit der Adoption zusammenhängenden Tatsachen und Umstände ohne Zustimmung des Annehmenden und des Kindes **nicht offenbart** oder **ausgeforscht** werden dürfen. Dies gilt vor allem für die Inkognitoadoption, bei der die Gefahr besteht, daß die leiblichen Eltern oder Großeltern auch nach der Adoption versuchen könnten, Kontakt mit dem Kind aufzunehmen, was im Interesse seiner ungestörten Entwicklung verhindert werden soll.

b) Dementsprechend gestattet § 61 II PStG außer Behörden nur einem begrenzten Personenkreis die Einsicht in den Geburtseintrag des Kindes und in das Familienbuch des Annehmenden. Auch die Einsicht in Gerichtsakten und die Erteilung von Abschriften daraus ist verboten, soweit der Schutz des § 1758 reicht (§ 34 II FGG).

Nur ausnahmsweise darf das Adoptionsgeheimnis auch **gegen den Willen** des Annehmenden und des Kindes preisgegeben werden, wenn "besondere Gründe des öffentlichen Interesses dies erfordern" (§ 1758 I a.E.). Das kann bei der Aufklärung und Verfolgung von Straftaten der Fall sein oder in einem Prozeß, in dem die Vaterschaft des Kindes angefochten oder die leibliche Vaterschaft eines Mannes festgestellt werden soll.

658 c) Es bleibt allein dem Kind und dem Annehmenden vorbehalten, wie lange sie das Adoptionsgeheimnis wahren wollen. Wann und in welcher Form das Kind selbst über seine Herkunft unterrichtet werden soll, ist ein Erziehungsproblem, das im Ermessensbereich des Annehmenden liegt. Die Aufklärung sollte jedoch nicht zu lange hinausgeschoben werden, weil spätestens mit der Heirat des Adoptivkindes, bei der seine Abstammungsurkunde vorgelegt werden muß (§§ 5, 62 PStG), die Herkunft des Kindes von seinen leiblichen Eltern aufgedeckt wird.

d) Das Ausforschungsverbot würde weitgehend seinen Sinn verlieren, wenn es erst vom Ausspruch der Adoption an gelten sollte. Daher wird der Beginn des Ausforschungsverbotes auf den Zeitpunkt der Einwilligung der Eltern und damit regelmäßig auf den Beginn der Adoptionspflege gemäß § 1744 vorverlegt (§ 1758 II 1). Ferner kann das VormG anordnen, daß das Verbot bereits wirksam wird, wenn ein Antrag auf Ersetzung der Einwilligung eines Elternteils gestellt wird (§ 1758 II 2).

VI. Die Aufhebung des Annahmeverhältnisses 659

Die nachträgliche Aufhebung einer Adoption spielt in der Praxis eine geringe Rolle, da durchschnittlich nur etwa zwei von Tausend Adoptionen wieder aufgehoben werden. Dies liegt nicht zuletzt daran, daß das Gesetz die Möglichkeit der Aufhebung auf die in den §§ 1760 und 1763 genannten Fälle eingeschränkt hat (§ 1759). - Die folgende Darstellung beschränkt sich daher auf eine Übersicht.

1. Die Aufhebung wegen **fehlender Erklärungen**

Gemäß § 1760 I kann das Annahmeverhältnis auf Antrag vom VormG aufgehoben werden, wenn folgende Erklärungen **gefehlt** haben:

a) der Antrag des Annehmenden;

b) die Einwilligung des Kindes (z.B. wenn übersehen wurde, daß das schon 14 Jahre alte Kind die Einwilligung hätte selbst erteilen müssen);

c) die erforderliche Einwilligung eines Elternteils (z.B. wurde zu Unrecht angenommen, daß der Aufenthalt des Elternteils dauernd unbekannt ist).

2. Aufhebung wegen **unwirksamer Erklärungen**

Gemäß § 1760 II kann das Annahmeverhältnis aufgehoben werden, wenn die obengenannten Erklärungen zwar vorliegen, jedoch aus bestimmten (meist eigenartigen) Gründen unwirksam sind:

a) Der Erklärende war **bewußtlos** oder vorübergehend **geistesgestört** (vgl. § 105 II); der Antragsteller war **geisteskrank** (vgl. § 104 Nr. 2); das Kind hat die Einwilligung selbst erteilt, obwohl dies sein gesetzlicher Vertreter hätte tun müssen (§ 1760 II Buchst. a i.V.m. § 1746 I 2).

b) Der Erklärende war im **Irrtum** über seine Handlungsweise oder über die Identität der Adoptionsbeteiligten (§ 1760 II Buchst. b; vgl. § 119 I).

c) Der Erklärende ist durch **arglistige Täuschung** oder durch **widerrechtliche Drohung** zur Erklärung veranlaßt worden (§ 1760 II Buchst. c; vgl. § 123).

d) Die Einwilligung eines Elternteils ist erteilt worden, bevor das Kind **acht Wochen** alt war (§ 1760 II Buchst. e i.V.m. § 1747 II).

Beachte: Das Fehlen oder die Unwirksamkeit sonstiger Erklärungen (Einwilligung eines Ehegatten; fehlende Zustimmung des gesetzlichen Vertreters zur Einwilligung des Kindes; Nichtberücksichtigung der Interessen anderer Kinder nach § 1745; dazu BayObLG FamRZ 86, 719) bilden keinen Aufhebungsgrund im Rahmen des § 1760.

3. Ausschluß der Aufhebungsgründe 660

a) Das Recht, wegen fehlender oder unwirksamer Erklärungen die Aufhebung zu beantragen, **geht verloren,** wenn der Aufhebungsberechtigte nach Beseitigung des Hindernisses durch sein Verhalten zu erkennen gibt, daß das Annahmeverhältnis aufrecht erhalten werden soll oder wenn die Erklärung von ihm nachgeholt wird (§ 1760 III).
Das gleiche gilt, wenn die Voraussetzungen für die **Ersetzung** der fehlenden oder unwirksamen Einwilligungen vorgelegen haben oder zumindest jetzt vorliegen (§ 1761 I).

b) Ferner darf das Annahmeverhältnis trotz Vorliegen eines Aufhebungsgrundes nicht aufgehoben werden, wenn dadurch das **Kindeswohl erheblich gefährdet** würde, es sei denn, daß überwiegende Interessen des Annehmenden die Aufhebung erfordern (§ 1761 II).

Beachte: Die Berücksichtigung des Kindeswohls stellt in der Praxis das wichtigste Hindernis für die Aufhebung einer Adoption dar.

4. Antragsrecht und Antragsfristen

661 a) Antragsberechtigt ist nur derjenige, ohne dessen Antrag oder Einwilligung das Kind angenommen worden ist (§ 1762 I 1). Dabei handelt es sich um den in RN **659** genannten Personenkreis.

Der Ehegatte des Annehmenden gehört nicht dazu, weil das Fehlen seiner Einwilligung keinen Aufhebungsgrund darstellt (s.o. RN **660**).

b) Für das geschäftsunfähige oder noch nicht 14 Jahre alte Kind und für den geschäftsunfähigen Annehmenden können die gesetzlichen Vertreter den Antrag stellen (§ 1762 I 2). Abgesehen hiervon ist bei der Antragstellung keine Vertretung zulässig. Das mindestens 14 Jahre alte Kind braucht zur Antragstellung keine Zustimmung seines gesetzlichen Vertreters; ebensowenig ein anderer Antragsteller, der noch minderjährig ist (§ 1762 I 3, 4).

c) Der Antrag muß innerhalb bestimmter **Fristen** gestellt werden (§ 1762 II). Er ist nur zulässig, wenn seit der Annahme noch keine **drei Jahre** verstrichen sind; denn nach diesem Zeitraum kann von der vollen Integration des Kindes in der Familie ausgegangen werden.

Ferner muß der Antrag innerhalb **eines Jahres,** aber in jedem Fall vor Ablauf der drei Jahre gestellt werden. Die **Jahresfrist** richtet sich nach den verschiedenen in § 1760 II a) bis e) genannten Aufhebungsgründen und beginnt mit dem Wegfall der Gründe für die Unwirksamkeit der Erklärung nach Maßgabe des § 1762 II a) bis e) zu laufen.

Außerdem ist die notarielle Beurkundung des Aufhebungsantrags vorgeschrieben (§ 1762 III).

5. Aufhebung von Amts wegen

662 a) Unter bestimmten Voraussetzungen kann es im Kindesinteresse notwendig sein, ein Annahmeverhältnis auch **von Amts wegen** aufzuheben. Diese Aufhebung ist nur zulässig, solange das Kind **minderjährig** ist; ferner muß sie aus **schwerwiegenden Gründen** zum Wohl des Kindes erforderlich sein (§ 1763 I).

Die Aufhebung muß als **letztes Mittel** angesehen werden, wenn andere Maßnahmen, z.B. nach §§ 1666 oder 1667 versagt haben oder von vornherein nicht in Betracht kommen (OLG Düsseldorf FamRZ 98, 1196).

Bsp.: Es ist zu einer gravierenden Fehlentwicklung in den Beziehungen zwischen Eltern und Kind gekommen, die auf andere Weise als durch Trennung nicht behoben werden kann. Ein älteres Kind lehnt auf Dauer jeglichen Kontakt mit den Adoptiveltern ab. Der Annehmende führt einen verbrecherischen oder unsittlichen Lebenswandel (OLG Frankfurt FamRZ 56, 195). Zwischen dem Adoptivvater und seiner Adoptivtochter entstehen intime Liebesbeziehungen.

663 b) Ist das Kind von einem **Ehepaar** angenommen worden, kann es genügen, nur das zwischen **einem Ehegatten** und dem Kind bestehende Annahmeverhältnis aufzuheben (§ 1763 II).

In diesem Fall muß aber sichergestellt sein, daß dem Kind die einmal erlangte Familienbindung erhalten bleibt. Daher kommt diese Aufhebung nur in Betracht, wenn der andere Ehegatte oder ein leiblicher Elternteil bereit ist, die Pflege und Erziehung des Kindes zu übernehmen und dies nicht dem Kindeswohl widerspricht (§ 1763 III Buchst. a).

c) Es genügt aber auch, daß die Aufhebung eine **erneute Annahme** des Kindes ermöglichen soll (§ 1763 III Buchst. b). Doch muß schon im Zeitpunkt der Aufhebung die **begründete Aussicht** für eine Vermittlung des Kindes in eine geeignete Familie bestehen (AG Arnsberg FamRZ 87, 1194).

6. Zum Verfahren 664

Das VormG entscheidet über den gemäß § 1760 I 1 gestellten Antrag oder gemäß § 1763 von Amts wegen über die Aufhebung der Adoption. In diesem Verfahren hört es das JA gemäß § 49 I Nr. 3 FGG, § 50 I SGB VIII an und bestimmt einen Erörterungstermin, zu dem der Antragsteller, der Annehmende, das Kind, und bei Minderjährigkeit des Kindes auch das JA zu laden sind (§ 56 f I FGG). Sollte der Annehmende der gesetzliche Vertreter des minderjährigen oder geschäftsunfähigen Kindes sein, so bestellt das VormG dem Kind einen Verfahrenspfleger (§ 56 f II FGG).
Wird dem Antrag stattgegeben, kann dagegen sofortige Beschwerde eingelegt werden (§ 60 I Nr. 6 i.V.m. § 22 FGG). Die Aufhebung wird erst mit der Rechtskraft des Beschlusses wirksam (§ 56 f III FGG).

7. Wirkungen der Aufhebung 665

a) Die Aufhebung wirkt nur für die **Zukunft** (§ 1764 I 1). Davon macht das Gesetz eine Ausnahme, wenn der Annehmende oder das Kind die Aufhebung beantragt haben und **vor Erlaß des Aufhebungsbeschlusses sterben.** In diesem Fall tritt eine **Rückwirkung** auf den Zeitpunkt **vor dem Tode** ein. Damit soll verhindert werden, daß trotz des erfolgreichen Aufhebungsverfahrens noch erbrechtliche Ansprüche geltend gemacht werden können.

Allerdings gilt diese Ausnahme nur beim Tod des Antragstellers und nur dann, wenn Antragsteller das Kind oder der Annehmende waren (§ 1764 I 2). In allen anderen Fällen (auch bei der Aufhebung gemäß § 1763) bleibt es bei der Wirkung für die Zukunft.

b) Das durch die Adoption geschaffene künstliche Verwandtschaftsverhältnis des Kindes zu seinen Adoptiveltern und dessen Verwandten und die sich daraus ergebenden Rechte und Pflichten **erlöschen** mit der Aufhebung der Annahme (§ 1764 II).

c) Gleichzeitig **lebt** das Verwandtschaftsverhältnis des Kindes zu seinen leiblichen Verwandten mit allen Rechten und Pflichten wieder auf, jedoch mit Ausnahme der elterliche Sorge (§ 1764 III).

Diese Einschränkung mußte das Gesetz machen, weil es nicht selbstverständlich ist, daß die leiblichen Eltern, die in die Adoption ihres Kindes eingewilligt haben, nunmehr in der Lage sind, die elterliche Sorge zum Wohl des Kindes auszuüben. Um diese Frage zu klären, hat das VormG das JA (§ 49 I Nr. 4 FGG, § 50 I SGB VIII), das Kind und seine leiblichen Eltern anzuhören (§§ 50 a, b FGG). Fallen die Ermittlungen positiv aus, überträgt es den Eltern die elterliche Sorge zurück; andernfalls bestellt es einen Vormund oder Pfleger für das Kind (§ 1764 IV).

8. Name des Kindes nach der Aufhebung

666 a) Nach der Aufhebung verliert das Kind das Recht, den Familiennamen des Annehmenden als Geburtsnamen zu führen (§ 1765 I 1). Es erhält den vor seiner Annahme geführten Namen zurück, in der Regel den Namen seiner leiblichen Eltern. Eine im Zuge der Adoption vorgenommene Änderung des **Vornamens** bleibt dagegen unberührt.

b) Das Kind führt weiterhin den Namen seiner Adoptiveltern, wenn es geheiratet hat und dieser Name zum Ehenamen geworden ist (§ 1765 I 3). Einen Sonderfall dazu regelt § 1765 III.

c) Wird das Annahmeverhältnis nur zu **einem Ehegatten** aufgehoben (s.o. RN **663**), ändert sich der Name des Kindes nicht, falls seine Adoptiveltern einen gemeinsamen Ehenamen führen, der zum Geburtsnamen des Kindes geworden ist (§ 1765 I 2).

d) Auf Antrag des Kindes (oder seines gesetzlichen Vertreters gemäß § 1746 I 2 und 3) kann das VormG mit der Aufhebung anordnen, daß das Kind den durch die Adoption erworbenen Familiennamen behält, falls es ein berechtigtes Interesse daran hat (§ 1765 II).

9. Ehe zwischen Annehmenden und Kind

667 Ein Sonderfall der Aufhebung ist in § 1766 geregelt. Heiratet ein Annehmender das angenommene Kind oder eines seiner Abkömmlinge entgegen der Vorschrift des § 1308, so ist die Stellung der Ehegatten zueinander mit dem Bestehen einer Adoption unvereinbar. Deshalb wird diese mit der Eheschließung kraft Gesetzes aufgehoben. An den übrigen durch die Adoption begründeten oder aufgelösten Verwandtschaftsverhältnissen ändert sich nichts.

10. *Neue Bundesländer*

668 *Für "Annahmen an Kindes Statt", die vor dem 3.10.1990 begründet worden sind, gelten grundsätzlich die Vorschriften des BGB über die Annahme Minderjähriger. Da sich jedoch das Recht der DDR in wesentlichen Punkten vom Adoptionsrecht des BGB unterschieden hat (vgl. §§ 66 - 78 FGB), erwies es sich als notwendig, in Art. 234 § 13 EGBGB zahlreiche Übergangsregelungen zu treffen, von deren Erörterung abgesehen wird.*

Zweiter Abschnitt: **Die Annahme Volljähriger**

I. Einführung

669 Die Annahme Volljähriger erfüllt nicht die gleichen sozialen und erzieherischen Aufgaben wie die Annahme Minderjähriger. Doch muß der Wunsch eines Annehmenden, ein bereits bestehendes Eltern-Kind-Verhältnis zu legalisieren, nicht daran scheitern, daß das Kind inzwischen volljährig geworden ist. Auch in anderen Fällen kann es durchaus beachtliche Gründe dafür geben, eine dem Alter der Beteiligten entsprechende Eltern-Kind-Beziehung zu einem Volljährigen zu begründen und weiter zu entwickeln.

Nicht selten dient diese Art der Adoption aber auch der Erfüllung mißbräuchlicher Zwecke und wird aus familienfremden Motiven gewählt. Eine Reihe ausländischer Rechte lehnt deshalb die Adoption Volljähriger ab.

Das BGB hat das Recht der Annahme Volljähriger nicht eigenständig geregelt. Deshalb sind die Vorschriften über die Annahme Minderjähriger sinngemäß anzuwenden, soweit in diesem Abschnitt nicht davon abweichende Regelungen getroffen worden sind (§ 1767 II). Sinngemäß anzuwenden sind daher die §§ 1741, 1743, § 1746 III i.V.m. § 1768 II, §§ 1749, 1750 (Einwilligung des Ehegatten), 1752 II, 1753, §§ 1754 bis 1756 i.V.m. § 1772, ferner die §§ 1757, 1764 bis 1766.

Bemerkenswert ist, daß § 1742 hier nicht anzuwenden ist, so daß ein Volljähriger nochmals adoptiert werden kann, wenn er schon vorher (auch als Minderjähriger) adoptiert wurde und dieses Annahmeverhältnis aufgelöst worden ist (Lüderitz NJW 93, 1050).

II. Voraussetzungen der Annahme

1. Sittliche Rechtfertigung 670

a) Zur Grundvoraussetzung jeder Annahme, daß sie dem Wohl des Anzunehmenden dienen soll (was ein Volljähriger in der Regel selbst zu prüfen hat; vgl. OLG Köln FamRZ 90, 800), kommt hier hinzu, daß sie **sittlich gerechtfertigt** sein muß. Das Gesetz sieht diese Voraussetzung insbesondere dann als gegeben an, wenn zwischen dem Annehmenden und dem Anzunehmenden ein Eltern-Kind-Verhältnis bereits entstanden ist (§ 1767 I).

Bsp.: Ein Pflegetochter konnte als Minderjährige wegen großer Spannungen in der Familie nicht adoptiert werden. Ein Ehemann will sein volljährig gewordenes Stiefkind (das Kind seiner Ehefrau) adoptieren.

b) Es reicht aber auch aus, wenn das Entstehen eines solchen Verhältnisses erst **in Zukunft erwartet** werden kann (BayObLG FamRZ 82, 644). In diesem Fall bejaht die Rechtsprechung die sittliche Rechtfertigung vor allem dann, wenn für die Adoption ein **familienbezogenes Motiv** entscheidend ist (OLG Düsseldorf FamRZ 85, 832).

Bsp.: Ein kinderloser Geschäftsmann hat den Wunsch, einen jungen Mitarbeiter zum Erben und Nachfolger in seinem Lebenswerk zu machen; ein Ehepaar adoptiert die Frau ihres verstorbenen Sohnes, um im Alter und Krankheitsfall von ihr betreut und unterstützt zu werden.

Dagegen kann die sittliche Rechtfertigung fehlen:

wenn die Adoption ausschließlich der Erlangung eines adeligen Namens dient (BayObLG FamRZ 93, 236); wenn für sie nur wirtschaftliche (insbesondere steuerliche) Interessen maßgebend sind; wenn sie nur das Ziel verfolgt, einem Ausländer zu helfen, der sich bisher erfolglos um politisches Asyl bemüht hat (OLG Karlsruhe FamRZ 91, 226).

c) Deshalb hat das VormG sorgfältig zu prüfen, aus welchen Motiven das Annahmeverhältnis zu einem Volljährigen begründet werden soll. Das Vorhandensein **familienfremder Motive** ist dabei nicht schädlich, sofern es sich nur um **Nebenmotive** handelt (BGHZ 35, 75, 85).

Bei geringem Altersunterschied zwischen Annehmendem und Anzunehmenden sind Zweifel an der sittlichen Rechtfertigung und am Entstehen eines Eltern-Kind-Verhältnisses angebracht (OLG Köln FamRZ 82, 642).

2. Berücksichtigung von Kindesinteressen (Lit.: Grziwotz FamRZ 91, 1399)

671 Ähnlich wie in § 1745 darf die Annahme nicht ausgesprochen werden, wenn ihr **überwiegende Interessen der Kinder** des Annehmenden oder des Anzunehmenden entgegenstehen (§ 1769).

Der entscheidende Unterschied zu § 1745 besteht darin, daß für die Ablehnung einer Volljährigenadoption auch die **Vermögensinteressen** der Kinder ausschlaggebend sein können (BayObLG FamRZ 84, 419).

Die Beeinträchtigung erbrechtlicher Ansprüche oder die Gefährdung von Unterhaltsansprüchen der Kinder kann hier eine größere Rolle spielen als bei der Minderjährigenadoption.

III. Zum Verfahren

1. Anträge

672 Das Gesetz fordert in § 1768 I 1 sowohl den Antrag des Annehmenden als auch den des Anzunehmenden. Aus der sinngemäßen Anwendung des § 1752 II folgt, daß die Anträge **notariell** zu beurkunden und daß sie **bedingungs- und befristungsfeindlich** sind (s.o. RN **640**); eine Stellvertretung bei der Antragstellung ist auch hier unzulässig.

Für den Anzunehmenden, der **geschäftsunfähig** ist, macht § 1768 II davon eine Ausnahme: Sein Antrag kann nur von seinem gesetzlichen Vertreter gestellt werden, also von seinem **Betreuer** (§ 1896), der ihn gerichtlich und außergerichtlich vertritt (§ 1902; s.u. RN **757**). **Verweigert** dieser die Stellung des Antrags **ohne triftigen Grund**, kann der Antrag durch das VormG **ersetzt** werden (§ 1767 II i.V.m. § 1746 III).

Eine **Rücknahme** der Anträge, die keiner besonderen Form bedarf, ist bis zum Wirksamwerden der Adoption zulässig.

2. Prüfung der Voraussetzungen und Entscheidung

673 a) Das VormG hat sich davon zu überzeugen, daß sämtliche Annahmevoraussetzungen vorliegen (Zulässigkeit und sittliche Rechtfertigung der Annahme, Eltern-Kind-Verhältnis, Wohl des Annehmenden, Anträge, Einwilligungen der Ehegatten, Interessen der Kinder).

b) Bei der Prüfung der genannten Annahmevoraussetzungen ermittelt das VormG von Amts wegen (§ 12 FGG). Regelmäßig wird es die Antragsteller und ihre Kinder anhören und ihnen rechtliches Gehör gewähren (BVerfG FamRZ 88, 1247 mit Anm. Frank/Wassermann); ob es auch die Eltern der Beteiligten und andere Personen anhört, steht in seinem Ermessen.

IV. Die rechtlichen Wirkungen der Volljährigenadoption

1. "Schwache" Wirkung der Adoption

674 Im Gegensatz zur Adoption Minderjähriger beschränken sich die Wirkungen der Adoption eines Volljährigen auf die Antragsteller und die etwa vorhandenen oder künftigen Abkömmlinge des Anzunehmenden. Das bedeutet im einzelnen:

a) Der Volljährige wird ein Kind des Annehmenden. Wird er von einem Ehepaar oder als Kind des anderen Ehegatten adoptiert, erlangt er die Stellung eines gemeinschaftlichen Kindes der Ehegatten (§ 1767 II i.V.m. § 1754). Die Kinder des Angenommenen werden zu Enkeln des Annehmenden.

b) Die Rechtsstellung der **Verwandten** des Annehmenden wird durch die Adoption nicht berührt (§ 1770 I 1). Die Eltern des Annehmenden werden nicht zu Großeltern des Volljährigen; die Kinder des Annehmenden werden nicht seine Geschwister. Auch die Wirkungen der **Schwägerschaft** sind ausgeschlossen (§ 1770 I 2). Zwar müssen die Ehegatten der Beteiligten der Adoption zustimmen (§ 1767 II i.V.m. § 1749), doch wird durch die Adoption kein Schwägerschaftsverhältnis begründet. 675

c) Zum Ausgleich dafür, daß der Volljährige nur in sehr begrenztem Umfang in die neue Familie hineinwächst, scheidet er **nicht** aus seiner **bisherigen Familie** aus (§ 1770 II). Wird der Volljährige von einem Ehepaar angenommen, erhält er neben seinen (leiblichen) Eltern ein zweites Elternpaar. Beiden Elternpaaren gegenüber ist er gegebenenfalls **unterhaltspflichtig**, und zwar ohne daß ein Elternpaar gegenüber dem anderen bevorrechtigt wäre. Umgekehrt ist der Annehmende dem Volljährigen und seinen Abkömmlingen **vor den leiblichen Verwandten** zur Unterhaltsgewährung verpflichtet (§ 1770 III).

d) **Ausländer**, die nach Vollendung des 18. Lebensjahres von einem Deutschen angenommen werden, erwerben dadurch **nicht** die **deutsche Staatsangehörigkeit** (§ 6 StAG). Dies gilt auch, wenn der Ausländer mit "starker" Wirkung adoptiert wird (s.u.).

Beachte: Die Adoption eines volljährigen Ausländers ist nicht geeignet, ein Aufenthaltsrecht für ihn zu begründen (BVerfG NJW 89, 2195 mit Anm. Jayme NJW 89, 3069).

2. "Starke" Wirkung der Adoption 676

a) In besonderen Fällen kann es sinnvoll sein, auch einen Erwachsenen vollständig aus seiner ursprünglichen Familie zu lösen und ebenso vollständig in eine neue Familie zu integrieren. Hat der Anzunehmende ohnehin schon besondere Beziehungen zu dem Annehmenden aufgebaut, so können diese durch eine Adoption nur dann verstärkt werden, wenn die Wirkung einer **Volladoption** herbeigeführt wird. Die Fälle, in denen dies zulässig ist, sind in § 1772 I 1 a) bis d) aufgeführt (dazu KG FamRZ 96, 240).

b) Die Wirkungen der Volladoption eines Erwachsenen richten sich nach §§ 1754 bis 1756 (§ 1772 I 1). Das bedeutet, daß der Volljährige ein Kind des oder der Annehmenden wird und daß seine bisherigen Verwandtschaftsverhältnisse (ganz oder teilweise) erlöschen. Im einzelnen wird auf die Ausführungen unter RN **651 f** Bezug genommen.

c) Die starke Wirkung der Adoption tritt nicht kraft Gesetzes ein; erforderlich ist ein **gemeinsamer Antrag** der Beteiligten und eine **Bestimmung des VormG** beim Ausspruch der Annahme, daß sich die Wirkungen der Adoption nach den Vorschriften über die Annahme eines Minderjährigen richten. Das übrige Verfahren richtet sich nach den in RN **672** genannten Bestimmungen.

V. Die Aufhebung der Volljährigenadoption

Die Sondervorschrift des § 1771 über die Aufhebung des Annahmeverhältnisses bezieht sich nur auf Adoptionen, die zu einem **Volljährigen** begründet worden sind.
Wurde ein minderjähriges Kind adoptiert, so kann sein Annahmeverhältnis nach Erreichen der Volljährigkeit nur noch gemäß § 1760 aufgehoben werden, nicht nach § 1771 (BayObLG FamRZ 90, 204).

1. Aufhebung der Adoption mit "schwacher" Wirkung

677 a) Die Aufhebung ist nur dann zulässig, wenn ein **wichtiger Grund** vorliegt (§ 1771, 1). Das ist der Fall, wenn dem Annehmenden oder dem Angenommenen die Fortsetzung des Annahmeverhältnisses nicht mehr zugemutet werden kann. Das Vorliegen eines wichtigen Grundes hat das VormG von Amts wegen zu prüfen (§ 12 FGG).

b) Wird die Aufhebung auf einen wichtigen Grund gestützt, hat sie zur weiteren Voraussetzung, daß ein **beiderseitiger Antrag** vorliegt, und zwar muß sowohl der Annehmende als auch der Angenommene diesen Antrag stellen (§ 1771, 1). Die Aufhebung auf **einseitigen** Antrag hin ist nicht statthaft (BGH FamRZ 88, 390).

c) Beruhte die Adoption auf fehlenden oder unwirksamen **Erklärungen**, kann sie nur in sinngemäßer Anwendung des § 1760 aufgehoben werden (§ 1771,2). Das bedeutet, daß nur fehlende oder unwirksame Erklärungen des Annehmenden oder des Angenommenen zu einer Aufhebung führen können und daß nur diese Beteiligten antragsberechtigt sind (§ 1771, 3). Die Einwilligung eines Elternteils war ohnehin unnötig, das Fehlen der Einwilligung eines Ehegatten bildet hier ebensowenig einen Aufhebungsgrund wie bei der Minderjährigenadoption.

2. Aufhebung der Adoption mit "starker" Wirkung

678 Eine Aufhebung dieses Annahmeverhältnisses "aus wichtigem Grund" ist hier nicht vorgesehen. Das Gesetz sagt ausdrücklich, daß die Adoption nur in sinngemäßer Anwendung des § 1760 aufgehoben werden kann, wobei gemäß § 1772 II 2 an die Stelle der Einwilligung des Kindes der Antrag des Anzunehmenden tritt. Im einzelnen wird für das Verfahren auf die Ausführungen unter RN **659** Bezug genommen.

Achter Teil

Hilfen für schutzbedürftige Personen

Einführung 679

Nicht jeder Mensch ist in der Lage, seine Angelegenheiten selbst wahrzunehmen. Das betrifft vor allem Minderjährige je nach Alter und Entwicklungsstand. Dem trägt das Gesetz dadurch Rechnung, daß es Kinder und Jugendliche unter den Schutz der elterlichen Sorge stellt. Dieser Schutz entfällt aber dann, wenn die Eltern verstorben oder aus sonstigen Gründen verhindert sind, die elterliche Sorge auszuüben.

Doch nicht nur Minderjährige, auch Erwachsene können wegen körperlicher oder geistiger Erkrankungen, infolge von Unfällen oder Mißbildungen so stark behindert sein, daß sie auf die Hilfe anderer Menschen angewiesen sind.

Ferner kann jeder Mensch im Alter gebrechlich werden und deshalb nicht mehr in der Lage sein, seine Angelegenheiten vollständig oder teilweise selbst zu erledigen.

Für diesen Personenkreis stellt der Staat im Familienrecht bestimmte Einrichtungen zur Verfügung, um wirkungsvolle Hilfe zu ermöglichen. Je nach der Zielrichtung dieser Einrichtungen unterscheiden wir:

a) die **Vormundschaft** über Minderjährige (§§ 1773 - 1895);

b) die **Betreuung** Volljähriger (§§ 1896 - 1908);

c) die **Pflegschaft** für einen begrenzten Kreis von Angelegenheiten (§§ 1909 - 1921).

Erster Abschnitt: **Die Vormundschaft über Minderjährige**

Vorbemerkung

Das Vormundschaftsrecht ist durch das Kindschaftsrechtsreformgesetz, das am 1.7.1998, und durch das Betreuungsrechtsänderungsgesetz, das am 1.1. 1999 in Kraft getreten ist, in vielen Punkten neu gefaßt worden.

I. Begriff und Voraussetzungen 680

1. Das Wesen der Vormundschaft besteht in der die Person und das Vermögen umfassenden Fürsorge eines Vormunds für ein minderjähriges Kind unter der Aufsicht des Staates.

Ein Kind, das unter Vormundschaft steht, ist in der Gesetzessprache ein **"Mündel"**. Dieser Ausdruck ist veraltet und ungenau, weil "**der** Mündel" sowohl männlichen als auch weiblichen Geschlechts sein kann. Im folgenden wird daher - abweichend vom Sprachgebrauch des Gesetzes - die Bezeichnung **Kind** auch für einen unter Vormundschaft stehenden Minderjährigen verwendet.

2. Die für eine Vormundschaft notwendigen Voraussetzungen sind in § 1773
681 normiert. Danach erhält das Kind einen Vormund,

a) wenn es nicht unter elterlicher Sorge steht oder diese nicht ausgeübt werden darf;

Bsp.: Das Kind ist Vollwaise; ein Elternteil ist verstorben, dem anderen wurde das Sorgerecht entzogen (§ 1666); das Sorgerecht der Eltern ruht nach ihrer Einwilligung zur Adoption (§§ 1751 I, 1675).

b) wenn die Eltern (auf Dauer, nicht nur im Einzelfall) das Kind **nicht vertreten** dürfen, und zwar weder in persönlichen noch in vermögensrechtlichen Angelegenheiten;

Bsp.: Den Eltern wurde die Vertretungsmacht entzogen (§ 1666) oder sie ruht (§§ 1673-1675); die allein sorgeberechtigte minderjährige Mutter ist für das Kind nicht vertretungsberechtigt (§ 1673 II).

c) wenn der Familienstand des Kindes nicht zu ermitteln ist.

Bsp.: Es handelt sich um ein Findelkind (§ 1773 II).

Beachte: Wird die Ausübung der elterlichen Sorge aus anderen als den in § 1773 genannten Gründen eingeschränkt, benötigt das Kind keinen Vormund. In diesen Fällen kann eine Ergänzungspflegschaft (§ 1909) in Betracht kommen.

II. Begründung der Vormundschaft

1. Angeordnete Vormundschaft

682 a) Die Vormundschaft für das Kind wird in aller Regel vom VormG angeordnet, und zwar **von Amts wegen** (§ 1774, 1), sobald das VormG erfährt, daß sein Eingreifen notwendig ist (z.B. durch Verwandte oder das JA). Von dieser Regel gibt es eine bedeutende **Ausnahme,** wenn ein Kind eines Vormunds bedarf, dessen Eltern nicht miteinander verheiratet sind (§ 1791 c; s.u. RN **683**). Mit der Anordnung verbunden ist regelmäßig die **Bestellung** eines Vormunds (§ 1789).

b) Ist abzusehen, daß ein Kind schon von seiner Geburt an einen Vormund benötigt, kann dieser **vor der Geburt** bestellt werden; die Bestellung wird dann mit der Geburt wirksam (§ 1774, 2).

Bsp.: Die werdende Mutter ist alleinstehend und minderjährig; der leibliche Vater weigert sich, die Vaterschaft anzuerkennen. Ein Onkel der Mutter hat sich bereit erklärt, die Vormundschaft zu übernehmen. Wird er zum Vormund bestellt, tritt die Vormundschaft in Kraft, sobald das Kind geboren ist.

c) Die Anordnung einer Vormundschaft muß nicht immer vom VormG getroffen werden. Hat das **FamG** durch eine Maßnahme bewirkt, daß eine Vormundschaft erforderlich wird (z.B. durch Entzug der elterlichen Sorge bei einem allein sorgeberechtigten Elternteil nach § 1666), ist das FamG befugt, die Vormundschaft **anzuordnen** und einen Vormund auszuwählen (§ 1697).

d) Die **Bestellung** des Vormunds geschieht in jedem Fall durch das VormG, und zwar durch Verpflichtung des Vormunds zu treuer und gewissenhafter Führung der Vormundschaft mittels Handschlags an Eides Statt. Damit soll der Vormund auf die Bedeutung seines Amtes hingewiesen werden (§ 1789). Damit sich der Vormund im Rechtsverkehr als Vertreter des Kindes legitimieren kann, erhält er eine **Bestallungsurkunde** (§ 1791).

2. Gesetzliche Amtsvormundschaft 683

Bei einem Kind, das einen Vormund benötigt, weil seine Eltern nicht miteinander verheiratet und auch nicht sorgeberechtigt sind, braucht das VormG nicht aktiv zu werden, da das JA **mit der Geburt** des Kindes **kraft Gesetzes** sein Vormund wird (§ 1791 c). Es handelt sich deshalb um eine **gesetzliche Amtsvormundschaft des JA** (vgl. § 55 ff SGB VIII). Hauptfall dieser Amtsvormundschaft ist die Geburt eines nichtehelichen Kindes von einer minderjährigen Mutter.

Damit das VormG von dieser Amtsvormundschaft Kenntnis erhält, sind bestimmte Personen und Behörden verpflichtet, dem VormG **Anzeige** zu erstatten. Dies gilt insbes. für den **Standesbeamten** gemäß § 21 b PStG. Dessen Anzeige gelangt aber nicht unmittelbar an das VormG, sondern an das JA, das seinerseits verpflichtet ist, die Anzeige an das VormG weiterzuleiten und ihm den Eintritt der Vormundschaft mitzuteilen (§ 57 SGB VIII). Anstelle einer Bestallungsurkunde erhält das JA vom VormG eine **Bescheinigung** über den Eintritt der Vormundschaft (§ 1791 c III).
Das JA überträgt die Aufgaben des Vormunds auf einzelne seiner Beamten oder Angestellten. In diesem Rahmen ist der Beamte oder Angestellte der **gesetzliche Vertreter** des Kindes (§ 55 II SGB VIII).

3. Nichteintritt der Amtsvormundschaft 684

Die gesetzliche Amtsvormundschaft tritt nicht ein, falls für das Amt eines Vormunds eine geeignete **Einzelperson** zur Verfügung steht; dann kann diese unter Ausschluß des JA zum Vormund bestellt werden. Die Bestellung muß jedoch schon **vor der Geburt** des Kindes erfolgen und wird **mit der Geburt** wirksam (§§ 1774, 2; 1791 c I 1, 2. HS.; s.o. RN **682**).

Stirbt dieser Einzelvormund nach der Geburt des Kindes, tritt nicht etwa die gesetzliche Amtsvormundschaft des JA ein, sondern es muß für das Kind ein anderer Vormund **bestellt** werden.

4. Späterer Eintritt der Amtsvormundschaft 685

In einigen Fällen tritt die Amtsvormundschaft erst **nach der Geburt** des Kindes ein:

a) Wurde die bisher bestehende Vaterschaft zu dem Kind im Wege der **Anfechtung** beseitigt (s.o. RN **427 ff**) und bedarf deshalb das Kind nach § 1773 einen Vormund, dann tritt die Amtsvormundschaft des JA im Zeitpunkt der Rechtskraft dieser Entscheidung ein (§ 1791 c I 2).

Bsp.: Der Ehemann der 17jährigen Mutter hat die Vaterschaft zu seiner Tochter Katja erfolgreich angefochten. Mit der Rechtskraft der Entscheidung wird das JA Amtsvormund von Katja, da die minderjährige Mutter ihr Kind nicht vertreten darf (§ 1673 II).

b) Ist das JA zum **Pfleger** eines Kindes bestellt worden, dessen Eltern nicht miteinander verheiratet sind, wird das JA zum Amtsvormund, wenn die Pflegschaft kraft Gesetzes endet und das Kind eines Vormunds bedarf (§ 1791 c II). Ein solcher Fall wird in der Praxis nur selten vorkommen.

Bsp.: Der allein sorgeberechtigten Mutter wurde vom FamG das Aufenthaltsbestimmungsrecht für ihr Kind entzogen und auf das JA als Pfleger übertragen. Stirbt nun die Mutter oder wird sie geschäftsunfähig, hat das die Beendigung der elterlichen Sorge und damit das Ende der Pflegschaft zur Folge (§ 1918 I). Das Kind benötigt nunmehr nach § 1773 einen Vormund, doch braucht dieser vom VormG nicht bestellt zu werden, da sich die Amtspflegschaft des JA in diesem Fall kraft Gesetzes in eine Amtsvormundschaft umwandelt.

c) Gibt der allein sorgeberechtigte Elternteil die Einwilligung zur **Adoption** seines Kindes, dann ruht seine elterliche Sorge; das Kind erhält kraft Gesetzes das JA als Amtsvormund (§ 1751 I 2; s.o. RN **644**).

III. Die Auswahl eines Vormunds

Soll eine Einzelperson zum Vormund bestellt werden, muß das VormG unter Umständen eine Auswahl unter mehreren Personen treffen.

1. Ausübung des Benennungsrechtes

686 Die Eltern des Kindes können diese Auswahl durch die Ausübung eines **Benennungsrechts** beeinflussen.

Machen sie davon Gebrauch, dann ist die von ihnen benannte Person in erster Linie zum Vormund berufen (§ 1776). Diese Person darf ohne ihre Zustimmung nur in den in § 1778 genannten Fällen (z.B. wenn sie an der Übernahme der Vormundschaft verhindert ist) übergangen werden. Mittels des Benennungsrechtes können die Eltern auch bestimmte Personen als Vormund **ausschließen** (§ 1782); ferner haben sie die Möglichkeit, eine **befreite Vormundschaft** anzuordnen (§§ 1852 bis 1857; s.u. RN **715**).

Das Benennungsrecht hat keine allzu große Bedeutung, weil es an folgende **Voraussetzungen** geknüpft ist:

a) Den Eltern muß im Zeitpunkt ihres Todes die uneingeschränkte elterliche Sorge zustehen (§ 1777 I, II), was auch bei getrennt lebenden oder geschiedenen Ehegatten und bei nicht miteinander verheirateteten Eltern der Fall sein kann.

b) Das Benennungsrecht kann **nur** durch ein **Testament** oder in einem **Erbvertrag** ausgeübt werden (§ 1777 III). Bloße Wünsche noch lebender Elternteile können zwar auch die Auswahl des VormG beeinflussen, doch hat dies nichts mit dem Benennungsrecht zu tun.

2. Auswahlkriterien

687 a) *Eignung zum Vormund*

Ist niemand als Vormund berufen, wählt das VormG eine Person aus, die für diese verantwortungsvolle Tätigkeit zum Wohl des Kindes besonders geeignet ist (§ 1779 II). Dabei spielen die persönlichen Verhältnisse des Ausgewählten, seine Vermögenslage und alle sonstigen Umstände eine Rolle.

Sind mehrere Personen gleich gut geeignet, sind der wirkliche oder mutmaßliche Wille der Eltern, die persönlichen Bindungen des Kindes, die Verwandtschaft oder Schwägerschaft mit dem Kind sowie das religiöse Bekenntnis des Kindes zu berücksichtigen (§ 1779 II 2).

b) *Eingeschränkte Auswahl*

Das Gesetz schränkt die Auswahl des Gerichts in bestimmten Fällen weiter ein:

- **Unfähig** für das Amt eines Vormunds ist derjenige, der **geschäftsunfähig** ist (§ 1780 i.V.m. § 104). Eine dennoch erfolgte Bestellung wäre nichtig.
- **Untauglich** für das Amt eines Vormunds ist, wer **minderjährig** ist; das gleiche gilt für denjenigen, für den ein **Betreuer** nach § 1896 bestellt ist (§ 1781).

  Diese Personen **sollen nicht** zum Vormund bestellt werden; eine dennoch erfolgte Bestellung wäre zwar wirksam, doch könnte der Vormund nach § 1886 entlassen werden.
- Zum Vormund **soll** ferner nicht bestellt werden, wen die Eltern in Ausübung ihres **Benennungsrechtes** von der Vormundschaft **ausgeschlossen** haben (§ 1782; s.o. RN **686**; vgl. BayObLG NJW 61, 1865).
- **Beamte, Richter** oder **Religionsdiener**, die einer besonderen Erlaubnis zur Übernahme einer Vormundschaft bedürfen, **sollen nicht** ohne eine solche Erlaubnis zum Vormund bestellt werden (§ 1784 I). Grund für diese Regelung ist die Gefahr, daß durch die Übernahme einer Vormundschaft dienstliche Interessen beeinträchtigt werden könnten. Andererseits dürfte gerade von diesen Personen erwartet werden, daß sie die Pflichten eines Vormunds gewissenhaft erfüllen. Die Versagung der Erlaubnis ist daher nur zulässig, wenn ein **wichtiger dienstlicher Grund** vorliegt (§ 1784 II). Vorschriften über die Erteilung der Erlaubnis (meist "Genehmigung einer Nebentätigkeit" genannt) finden sich in den Beamtengesetzen der Länder und in § 65 BBG sowie in innerkirchlichen Regelungen. 688

3. Das Auswahlverfahren 689

Bei der Auswahl eines Vormunds kommt der Mitwirkung des **JA** besondere Bedeutung zu. Ausdrücklich schreibt § 1779 I vor, daß das VormG verpflichtet ist, das JA **anzuhören**. Das JA ist seinerseits verpflichtet, dem VormG Personen oder Vereine vorzuschlagen, die sich im Einzelfall als Vormund eignen (§ 53 I SGB VIII).

Leben die **Eltern** des Kindes, sind sie bei der Auswahl des Vormunds in der Regel persönlich anzuhören (§ 50 a FGG). Das gleiche gilt nach Maßgabe des § 50 b FGG für das **Kind**.
Ferner soll das VormG auch **Verwandte oder Verschwägerte** des Kindes anhören, soweit dies ohne erhebliche Verzögerung und ohne unverhältnismäßige Kosten geschehen kann (§ 1779 III).

Schließlich hat das VormG dem JA die Anordnung der Vormundschaft unter Bezeichnung des Vormunds und des Gegenvormunds sowie den Wechsel in der Person und die Beendigung der Vormundschaft mitzuteilen (§ 1851 I).

4. Übernahmepflicht 690

Es ist eine staatsbürgerliche Pflicht jedes Deutschen, eine Vormundschaft zu übernehmen, für die er vom VormG ausgewählt worden ist (§ 1785). Von dieser Pflicht gibt es folgende **Ausnahmen:**

a) Ist der ausgewählte Vormund zur Führung der Vormundschaft unfähig, untauglich oder wurde er durch Anordnung der Eltern als Vormund ausgeschlossen (§§ 1780 - 1782), besteht für ihn keine Übernahmeverpflichtung. Das gleiche gilt, wenn er dem in § 1784 genannten Personenkreis angehört und nicht die vorgeschriebene Erlaubnis erhalten hat (§ 1784).

b) Die Übernahmeverpflichtung besteht nur für deutsche Staatsangehörige, **nicht für Ausländer.**

c) Die Übernahme der Vormundschaft kann in den in § 1786 genannten Fällen **abgelehnt** werden. Es handelt sich um Verhältnisse, bei denen eine übermäßige Belastung des Ausgewählten durch die Führung der Vormundschaft zu befürchten ist. Das Ablehnungsrecht muß **vor** der Bestellung beim VormG geltend gemacht werden, sonst erlischt es (§ 1786 II).

5. Grundlose Ablehnung

691 Wer **ohne Grund** die Übernahme einer Vormundschaft ablehnt, macht sich dem Kind gegenüber **schadenersatzpflichtig,** falls ihn ein Verschulden (also Vorsatz oder Fahrlässigkeit) trifft. Er haftet ihm auf Ersatz der durch die Weigerung verursachten Kosten und des Schadens, der durch eine verzögerte Bestellung eines anderen Vormunds entsteht (§ 1787).

Bsp.: Eine dringend benötigte Maschine im Gewerbebetrieb des Kindes konnte erst mit zeitlicher Verzögerung angeschafft werden, wodurch dem Betrieb Aufträge entgangen sind.

Bei einer grundlosen Ablehnung hat das VormG ferner die Möglichkeit, durch dreimalige Festsetzung eines **Zwangsgeldes,** jeweils bis zu 50.000 DM, den zum Vormund Ausgewählten zur Übernahme der Vormundschaft anzuhalten (§ 1788 i.V.m. § 33 III FGG). Bei einer hartnäckigen Weigerung des Ausgewählten wird jedoch zu prüfen sein, ob eine erzwungene Übernahme der Vormundschaft dem Kindswohl dienen wird.

6. Vereinsvormundschaft und bestellte Amtsvormundschaft

692 Ergibt sich, daß **keine** als Einzelvormund geeignete Person vorhanden ist, hat das VormG folgende Möglichkeiten:

a) Die Vormundschaft kann auf einen rechtsfähigen **Verein** übertragen werden, wenn dieser Verein vom LJA dazu für geeignet erklärt worden ist; z.B. auf Wohlfahrtsvereine oder kirchliche Vereine (§ 1791 a). Das Verfahren hierzu regelt § 54 SGB VIII.

Ferner muß der Verein mit der Bestellung einverstanden sein. Die Bestellung erfolgt dann durch eine schriftliche Verfügung des VormG (§ 1791 a II). Die Führung der Vormundschaft richtet sich nach § 1791 a III, IV.

b) Fehlt es sowohl an einem Einzelvormund (dazu OLG Frankfurt FamRZ 80, 284) als auch an einem übernahmebereiten Verein, kann das JA zum Vormund bestellt werden. (§ 1791 b I). Es handelt sich dann um eine **bestellte Amtsvormundschaft des JA.**

Das JA überträgt die Aufgaben des Vormunds auf einzelne seiner Beamten oder Angestellten. In diesem Bereich sind sie die gesetzlichen Vertreter des Kindes (§ 55 II SGB VIII).

IV. Mitvormünder und Gegenvormund 693

Soll das Kind in den Haushalt eines Ehepaares aufgenommen werden, kann es zweckmäßig sein, dieses Ehepaar **gemeinsam** zu Vormündern zu bestellen (§ 1775, 1). Von diesen und ähnlichen Fällen abgesehen, soll das VormG aber nur **einen** Vormund bestellen, und zwar auch dann, wenn mehrere Geschwister oder Halbgeschwister vorhanden sind, die unter Vormundschaft stehen (§ 1775, 2).

1. Mitvormünder

Nur wenn **besondere Gründe** vorliegen, darf von diesem Grundsatz abgewichen werden (§ 1775). Dann können für dasselbe Kind oder für mehrere Geschwister auch mehrere Vormünder (Mitvormünder) bestellt werden.

Bsp.: Schwierige Vermögensverwaltung und gegensätzliche Vermögensinteressen der Kinder. Das Vermögen der Kinder befindet sich an verschiedenen Orten und erfordert jeweils eine gesonderte Vermögensverwaltung.

a) *Verhältnis der Mitvormünder zueinander* 694

Mitvormünder führen die Vormundschaft grundsätzlich nur **gemeinschaftlich** (§ 1797 I 1). Sie haben dann gleichen Rang und können auch nur gemeinsam handeln. Deshalb kann es zu **Meinungsverschiedenheiten** zwischen ihnen kommen. Sofern das VormG bei der Bestellung der Mitvormünder in dieser Hinsicht keine Bestimmung getroffen hat (z.B. Entscheidung durch Mehrheitsbeschluß), trifft es selbst die Entscheidung, indem es einer Meinung beitritt (§ 1797 I 2); verwirft es sämtliche Meinungen, muß die Durchführung der Angelegenheit unterbleiben.

b) *Einteilung nach Wirkungskreisen*

Zulässig ist es auch, daß das VormG die Führung der Vormundschaft unter Mitvormündern nach **bestimmten Wirkungskreisen** verteilt (§ 1797 II 1).

Bsp.: Ein Mitvormund ist für die Personensorge, der andere für die Vermögenssorge zuständig. Ein Mitvormund wird nur für die Leitung eines Gewerbebetriebes bestellt, den das Kind geerbt hat, dem anderen Mitvormund werden alle sonstigen Bereiche der Vermögens- und Personensorge übertragen.

In diesem Wirkungskreis handelt jeder Mitvormund selbständig und ist für seine Tätigkeit allein verantwortlich (§ 1797 II 2).

c) *Meinungsverschiedenheiten* 695

Betrifft eine Maßnahme **sowohl** die Personen- **als auch** die Vermögenssorge des Kindes, kann es zu Meinungsverschiedenheiten kommen, wenn die Personensorge und die Vermögenssorge jeweils einem anderen Mitvormund zusteht. In diesem Fall trifft das VormG die Entscheidung über die Vornahme der betreffenden Handlung (§ 1798).

Hat ein Elternteil bei der **Benennung** von Mitvormündern (s.o. RN **686**) Bestimmungen über die Entscheidung von Meinungsverschiedenheiten zwischen diesen getroffen, darf das VormG nur dann davon abweichen, wenn ihre Befolgung die Kindesinteressen gefährden würde; das gleiche gilt für Bestimmungen über die Geschäftsverteilung unter Mitvormündern (§ 1797 III).

2. Gegenvormund

696 Neben dem Vormund kann ein Gegenvormund bestellt werden (§ 1792 I 1). Das gilt nicht, wenn das **JA** Vormund ist; doch kann es seinerseits zum Gegenvormund bestellt werden (§ 1792 I 2 BGB, § 58 SGB VIII).

a) Ein Gegenvormund **soll** bestellt werden, wenn mit der Vormundschaft eine **Vermögensverwaltung** verbunden ist (§ 1792 II).

Jedoch **unterbleibt** die Bestellung eines Gegenvormunds,

- wenn **keine erhebliche** Vermögensverwaltung zu leisten ist;
- wenn die Vormundschaft von mehreren Mitvormündern **gemeinschaftlich** geführt wird (§ 1792 II);
- wenn die Bestellung eines Gegenvormunds durch die Eltern im Rahmen ihres **Benennungsrechtes** letztwillig ausgeschlossen worden ist (§§ 1852 I, 1855, 1856).

697 b) Der Gegenvormund hat darauf zu achten, daß der Vormund die Vormundschaft pflichtgemäß zum Wohle des Kindes führt (§ 1799 I 1; vgl. BGH NJW 56, 789).

Er übt also keine eigene Verwaltungstätigkeit aus, sondern hat die Stellung eines **Aufsichtsorganes** gegenüber dem Vormund. Dieser ist verpflichtet, dem Gegenvormund jederzeit Auskunft zu erteilen und Einsicht in seine Unterlagen zu gestatten (§ 1799 II).

c) Pflichtwidrigkeiten des Vormunds oder andere Gründe, die ein **Einschreiten des VormG** erforderlich machen (z.B. beim Tod oder bei schwerer Erkrankung des Vormunds), hat der Gegenvormund dem VormG unverzüglich **anzuzeigen** (§ 1799 I 2). Ferner unterstützt und kontrolliert der Gegenvormund den Vormund in der Weise, daß zu bestimmten Rechtsgeschäften des Vormunds seine **Genehmigung** erforderlich ist (s.u. RN **705**).

V. Die Führung der Vormundschaft

Der Aufgabenbereich eines Vormunds ist der gleiche, wie ihn Eltern gegenüber ihren Kindern zu erfüllen haben. Der Vormund hat deshalb das Recht und die Pflicht, für die Person und das Vermögen des ihm anvertrauten Kindes zu sorgen, insbes. es zu vertreten (§ 1793).

Im allgemeinen ist der Vormund bei seiner Tätigkeit selbständig und unterliegt keinen Weisungen; jedoch ist er im Verhältnis zu Eltern vor allem im Bereich der Vermögenssorge stärkeren Einschränkungen ausgesetzt und unterliegt in seiner Amtsführung der Aufsicht durch das VormG und der Überwachung durch das JA (§ 53 III SGB VIII).

1. Ausübung der Personensorge

698 a) Bezüglich der Personensorge hat die Vormundschaft denselben Umfang wie bei den Eltern für ihre Kinder (§ 1800). Somit hat der Vormund das Kind zu erziehen, zu beaufsichtigen, seinen Aufenthalt zu bestimmen und die Herausgabe des Kindes von jedem zu verlangen, der es ihm vorenthält (vgl. §§ 1631 bis 1633; s.o. RN **545**). Dazu gehört auch das Recht zur Unterbringung des Kindes in einer Familie, in einem Kinderheim oder einem Internat.

Bei der **Unterbringung** in einer Anstalt, die mit **Freiheitsentziehung** verbunden ist, benötigt der Vormund die Genehmigung des VormG (§ 1631 b). Ferner ist das Verbot der **Sterilisation** des Kindes zu beachten (§ 1631 c).

b) Bei der Pflege und Erziehung hat der Vormund ebenso wie die Eltern die Fähigkeiten des Kindes und sein Bedürfnis zu selbständigem Handeln zu berücksichtigen und in allen wichtigen Fragen mit ihm Einvernehmen anzustreben (§ 1793 I 2 i.V.m. § 1626 II).

Wird das Kind für längere Zeit in den **Haushalt des Vormunds** aufgenommen, ergeben sich daraus weitere Folgen: Beide haben die Pflicht zur gegenseitigen Rücksichtnahme und haben sich Beistand zu leisten; entsprechend § 1619 hat das Kind auch Dienste im Haushalt und Geschäft des Vormunds zu leisten; ferner ist die Haftung des Vormunds für einen dem Kind zugefügten Schaden wie in § 1664 eingeschränkt (§ 1793 I 3 i.V.m. §§ 1618 a, 1619, 1664). Schließlich gilt auch im Verhältnis des Vormunds zum Kind die Haftungsbeschränkung für Verbindlichkeiten, die die Eltern im Rahmen ihrer Vertretungsmacht zu Lasten des Kindes begründet haben (§ 1793 II i.V.m. § 1629 a; s.o. RN **559**).

c) Wenn der Einzelvormund nicht dem gleichen **Bekenntnis** angehört wie das Kind, kann ihm die Sorge für die religiöse Erziehung entzogen und auf einen Pfleger übertragen werden (§ 1801 I). Auch das JA oder ein Verein als Vormund haben auf Religion oder Weltanschauung des Kindes und seiner Familie Rücksicht zu nehmen (§ 1801 II). 699

d) Hat ein Kind nur einen Elternteil, der minderjährig ist, wird der Vormund dieses Kindes in der Ausübung der Personensorge durch das Vorrecht des minderjährigen Elternteils eingeschränkt (§ 1673 II).

Bsp.: Der Meinung der minderjährigen Mutter gebührt der Vorrang vor der davon abweichenden Meinung des Vormunds im Bereich der tatsächlichen Personensorge (z.B. bei der Wahl eines Kindergartens).

e) Schließlich erstreckt sich das Personensorgerecht des Vormunds nicht auf Angelegenheiten des Kindes, für die ein Pfleger bestellt worden ist (§ 1794).

Bsp.: Dem Vormund ist die Sorge für die religiöse Erziehung des Kindes entzogen und dafür ein Pfleger bestellt worden (§ 1801 I).

2. Ausübung der Vermögenssorge 700

Die für den Vormund geltenden Bestimmungen über die Vermögenssorge sind wesentlich eingehender gefaßt als bei der Vermögenssorge der Eltern. Von einem Vormund erwartet das Gesetz offenbar nicht, daß er von sich aus die gleiche Sorgfalt anwendet, wie es bei Eltern der Fall sein sollte. Auch die Aufsicht durch das VormG ist bei ihm wesentlich strenger.

a) **Ziel** der Vermögenssorge ist es, das Vermögen des Kindes zu erhalten und zu vermehren. Der Vormund darf daher dieses Vermögen weder für sich noch für den Gegenvormund verwenden (§ 1805). Dabei ist es gleichgültig, ob die Verwendung für das Kind vorteilhaft wäre oder nicht.

Ein Verstoß gegen diese Vorschrift löst die Schadenersatzpflicht nach § 1833 aus und die Verpflichtung zur Verzinsung des pflichtwidrig verwendeten Geldes (§ 1834). Auch kann der Vormund wegen Unterschlagung (§ 246 StGB) oder Untreue (§ 266 StGB) strafrechtlich zur Verantwortung gezogen werden.

b) Ein **Nutzungsrecht** am Kindesvermögen steht dem Vormund - anders als den Eltern (§ 1649 II) - nicht zu. **Schenkungen** aus dem Kindesvermögen (außer Anstands- oder Pflichtschenkungen; zum Begriff s.o. RN **211**) sind ihm in gleicher Weise wie den Eltern verwehrt (§§ 1804, 1641).

Zusammenfassend läßt sich sagen, daß sich die Vermögenssorge des Vormunds auf die Vermögens**verwaltung** beschränkt.

701 c) Grundsätzlich unterliegt das **gesamte Vermögen** des Kindes der Verwaltung des Vormunds. Er ist deshalb berechtigt, das Vermögen zu diesem Zweck in Besitz zu nehmen.

- Grundlage für die Vermögensverwaltung bildet ein **Verzeichnis** des Kindesvermögens. In ihm ist das bei der Anordnung der Vormundschaft vorhandene und dem Kind später zufallende Vermögen (gegebenenfalls unter Mitwirkung des Gegenvormunds) aufzunehmen und beim VormG einzureichen (§ 1802).
- Ausgenommen von der Verwaltung des Vormunds sind Vermögensteile, die dem Kind durch letztwillige Verfügung oder durch Schenkung mit der Bestimmung zugewendet wurden, daß dem Vormund die Verwaltung dafür nicht zustehen soll; für dieses Vermögen ist gemäß § 1909 I 2 ein Pfleger zu bestellen.
- Bei sonstigen Zuwendungen durch Erbschaft oder Schenkung hat der Vormund die Pflicht, die Anordnungen des Zuwendenden zu beachten; er darf nur im Kindesinteresse mit Genehmigung des VormG (oder des noch lebenden Dritten) davon abweichen (§ 1803).
- Die Vermögenssorge erstreckt sich nicht auf Angelegenheiten des Kindes, für die ein Pfleger bestellt worden ist (§ 1794).

  Bsp.: Dem Vormund wurde die Vertretung des Kindes in Grundstücksangelegenheiten entzogen (§ 1796 I).

Eine starke Einschränkung der Vermögensverwaltung des Vormunds bilden die Vorschriften über die Anlegung des Kindesvermögens (s.u. RN **705**) und über die Genehmigungspflicht für bestimmte Rechtsgeschäfte (s.u. RN **709**).

3. Gesetzliche Vertretung

702 Der Vormund ist der **gesetzliche Vertreter des Kindes** (§ 1793). Er handelt **im Namen** des Kindes; die Wirkungen seines Handelns treten nicht in seiner Person, sondern unmittelbar in der Person des Kindes ein (§ 164; s.o. RN **551**). Seine Vertretungsmacht ist jedoch zum Schutz des Kindes erheblich eingeschränkt und oft von Genehmigungen abhängig.

a) Ein Widerstreit der Interessen zwischen Vormund und Kind kann entstehen, wenn der Vormund bei einem Rechtsgeschäft sowohl die Interessen des Kindes, als auch seine eigenen oder die Interessen seines (gegenwärtigen!) Ehegatten (OLG Düsseldorf NJW 65, 400) oder der in gerader Linie mit ihm Verwandten wahrnehmen soll. Deshalb ist in diesen Fällen kraft Gesetzes die Vertretungsmacht des Vormunds ausgeschlossen (§ 1795 I Nr. 1). Daß der Vormund nicht für sich selbst und gleichzeitig für das Kind handeln kann, ergibt sich aus § 1795 II i.V.m. § 181 (Verbot des Selbstkontrahierens).

703 b) Der Ausschluß der Vertretungsmacht gilt auch für Rechtsgeschäfte über (z.B. durch Bürgschaft oder Hypothek) **gesicherte Forderungen des Kindes gegen den Vormund** (§ 1795 I Nr. 2) und die Führung von Prozessen über die in § 1795 I Nr. 1 und 2 genannten Rechtsgeschäfte (§ 1795 I Nr. 3). In allen derartigen Fällen muß für das Kind ein Ergänzungspfleger nach § 1909 bestellt werden.

Ausnahmen von diesem Vertretungsverbot bestehen nur, wenn das Rechtsgeschäft **ausschließlich** in der Erfüllung einer Verbindlichkeit besteht oder wenn es dem Kind lediglich einen rechtlichen Vorteil bringt (§ 1795 I Nr. 1, 2. HS; s. das Bsp. dazu in RN **556**).

c) Auch aus anderen als den in § 1795 genannten Gründen kann es zu einem **erheblichen Interessenkonflikt** kommen, wenn die Gefahr besteht, daß der Vormund im eigenen Interesse (oder im Interesse der in § 1795 Nr. 1 bezeichneten Personen oder eines vom ihm vertretenen Dritten) Maßnahmen ergreift oder unterläßt, und sich dies zum Nachteil des Kindes auswirken kann. Hier hat das VormG die Möglichkeit, dem Vormund die Vertretung für einzelne Angelegenheiten oder für einen bestimmten Kreis von Angelegenheiten zu **entziehen**, und zwar zeitweilig oder auf Dauer (§ 1796). Soweit die Entziehung reicht, ist dem Kind ein Pfleger zu bestellen (§ 1909).

Bsp.: Ein Interessengegensatz liegt vor, wenn der Vormund, falls er die dem Kind angefallene Erbschaft ausschlägt, selbst erben würde; desgleichen, wenn er bei der Einweisung des Kindes in ein Heim oder eine Anstalt den Vorteil hätte, das Kind aus seinem eigenen Haus zu entfernen.

VI. Anlage und Verwaltung des Kindesvermögens 704

In kleinlicher Weise schreibt das Gesetz dem Vormund vor, wie er das etwa vorhandene Vermögen des Kindes zu verwalten und anzulegen hat. Dabei sind folgende Vermögensbestandteile zu unterscheiden:

1. Geldanlage

Soweit nicht das vorhandene Geld für den Unterhalt des Kindes oder zur Bestreitung von Ausgaben für laufende Verwaltungsgeschäfte benötigt wird, ist es **verzinslich** (§ 1806) und "**mündelsicher**" anzulegen, wie es § 1807 im einzelnen vorschreibt. Dies soll aber nur mit Genehmigung des Gegenvormunds oder des VormG erfolgen. Ist kein Gegenvormund vorhanden, soll dazu die Genehmigung des VormG eingeholt werden, sofern nicht die Vormundschaft von mehreren Mitvormündern gemeinschaftlich geführt wird (§ 1810).

Ergänzend dazu ist § 1809 zu beachten, wonach die Anlage von Geld bei öffentlichen Sparkassen oder anderen Kreditinstituten (§ 1807 I Nr. 5) nur mit einem **Sperrvermerk** erfolgen soll; das bedeutet, daß zum Abheben von Geld die Genehmigung des Gegenvormunds oder des VormG erforderlich ist.

2. Anlage von Wertpapieren

a) **Inhaberpapiere**, die zum Vermögen des Kindes gehören, hat der Vormund bei der Hinterlegungsstelle des AG oder bei einem der in § 1807 I Nr. 5 genannten Kreditinstitute mit der Bestimmung zu hinterlegen, daß ihre Herausgabe nur mit Genehmigung des VormG verlangt werden kann.

Bsp.: Banknoten; Schuldverschreibungen des Bundes, der Länder oder Gemeinden; ferner Inhaberaktien oder auf den Inhaber ausgestellte Grund- und Rentenschuldbriefe. **Nicht** dazu gehören **Sparbücher!**

b) Das gleiche gilt für die mit Blankoindossament versehenen **Orderpapiere** (§ 1814). 705

Bsp.: Wechsel (Art. 13 WG), Schecks (Art. 16 ScheckG) oder sog. kaufmännische Orderpapiere (§§ 363 bis 365 HGB).

Bei einem **Indossament** oder **Blankoindossament** handelt es sich um Erklärungen auf der Rückseite eines Orderpapieres, durch die das Recht aus dem Wertpapier auf andere Personen übertragen werden kann.

3. Verfügungen über Forderungen und Wertpapiere

a) Ebenso wie der Vormund verpflichtet ist, bei der Anlegung von Geld die Genehmigung des VormG einzuholen (§ 1810), darf er über Forderungen, über andere Rechte, kraft deren eine Leistung verlangt werden kann (z.B. eine Grundschuld) oder Wertpapiere nur mit Genehmigung des Gegenvormunds, die durch das VormG ersetzt werden kann, **verfügen** oder sich zu einer Leistung **verpflichten** (§ 1812 I, II). Ist kein Gegenvormund vorhanden, ist die Genehmigung des VormG einzuholen, wenn nicht die Vormundschaft von mehreren Vormündern gemeinschaftlich geführt wird (§ 1812 III).

b) Bei Forderungen des Kindes gegen die Bundesrepublik oder ein Bundesland sind ferner die Vorschriften der §§ 1815 I 2, II, 1816, 1820 zu beachten.

4. Besondere Fälle

706 a) Liegen besondere Gründe vor, die eine Gefahr der **Veruntreuung** oder des **Verlustes** der Wertpapiere als **ausgeschlossen** erscheinen lassen, kann das VormG den Vormund von den in §§ 1814, 1816 vorgeschriebenen Maßnahmen **entbinden** (§ 1817).

b) Andererseits hat das VormG die Möglichkeit, aus besonderen Gründen die Hinterlegung von anderen, nicht unter § 1814 fallenden **Wertpapieren** oder **Kostbarkeiten** anzuordnen (§ 1818).

Bsp.: Sparbücher, Hypothekenbriefe, Schmuck, Kunstgegenstände, seltene Bücher, Antiquitäten.

Gründe dafür können Zweifel an der Zuverlässigkeit des Vormunds oder der Umstand sein, daß die Aufbewahrung beim Vormund nicht ausreichend gegen Verlust gesichert ist.

VII. Genehmigungsbedürftige Rechtsgeschäfte

Außer in den bereits genannten Fällen, in denen ein Vormund zur Vornahme bestimmter Handlungen die Genehmigung des VormG oder des Gegenvormunds einholen muß, gibt es noch zahlreiche weitere Rechtsgeschäfte, die nur mit der Genehmigung des VormG wirksam durchgeführt werden können. Dabei ist zwischen Handlungen des Vormunds im Bereich der Personensorge und der Vermögenssorge zu unterscheiden.

707 A. Genehmigungen in persönlichen Angelegenheiten

Der Vormund benötigt die Genehmigung des VormG u.a. :

a) wenn er für das Kind einen **Lehr-, Dienst-** oder **Arbeitsvertrag** abschließen will, der länger als ein Jahr dauern soll (§ 1822 Nr. 6 und 7);

b) wenn er für einen geschäftsunfähigen Ehegatten die Scheidung beantragen oder die Aufhebung der Ehe betreiben will (§ 607 II 2 ZPO).

B. Genehmigungen in vermögensrechtlichen Angelegenheiten

1. Grundstücksgeschäfte

Der Vormund benötigt die Genehmigung des VormG zu den in § 1821 I Nr. 1 bis 5 genannten **Grundstücksgeschäften:**

a) wenn er eine **Verfügung** über ein **Grundstück** oder über ein **Recht an einem Grundstück** treffen will (§ 1821 I Nr. 1); zu den **Rechten an einem Grundstück** gehören in diesem Zusammenhang **nicht** Hypotheken, Grund- und Rentenschulden (§ 1821 II);

Bsp. für Verfügungen über ein **Grundstück:** Veräußerung oder Belastung eines Grundstücks mit Hypotheken, Grund- und Rentenschulden. 708

Bsp. für Verfügungen über ein **Recht an einem Grundstück:** Änderung oder Aufhebung einer Dienstbarkeit oder Reallast.

b) wenn er über eine **Forderung** verfügen will, die auf Übertragung des Eigentums an einem Grundstück, auf Begründung oder Übertragung eines Grundstücksrechtes oder auf Befreiung von einem solchen Recht gerichtet ist (§ 1821 I Nr. 2);

Bsp.: Der Anspruch auf Eigentumsübertragung (Auflassung) soll abgetreten, aufgehoben oder inhaltlich geändert werden.

c) wenn er über die im Schiffsregister eingetragenen **Schiffe** oder **Schiffsbauwerke** (das sind in Bau befindliche Schiffe) oder über Forderungen auf Übertragung des Eigentums an eingetragenen Schiffen oder Schiffsbauwerken verfügen will (§ 1821 I Nr. 3);

d) wenn er das Kind vertraglich **verpflichten** will, die in Nr. 1 bis 3 genannten Verfügungen vorzunehmen (§ 1821 I Nr. 4);

e) wenn er einen Vertrag schließen will, der auf den **entgeltlichen Erwerb** eines Grundstücks, eines eingetragenen Schiffs oder Schiffsbauwerks oder eines Rechts an einem Grundstück für das Kind gerichtet ist (§ 1821 I Nr. 5).

2. Andere Rechtsgeschäfte 709

Ferner benötigt der Vormund die Genehmigung des VormG zur Eingehung sonstiger **wichtiger Rechtsgeschäfte:**

a) gemäß § 1822 Nr. 1:
- zu Verträgen über das **gesamte Vermögen** des Kindes (vgl. § 311), nicht aber zu Verträgen über einzelne Vermögensteile;
- zu Verträgen über eine dem Kind angefallene **Erbschaft** (z.B. durch Veräußerung der Erbschaft);
- zu Verträgen über den künftigen gesetzlichen **Erbteil** oder den künftigen **Pflichtteil** des Kindes (vgl. § 312 II);
- zu einer Verfügung über den **Anteil** des Kindes an einer **Erbschaft**; z.B. durch Veräußerung oder Belastung des Anteils oder durch Verzicht auf ihn zugunsten eines anderen Erben (vgl. § 2033);

b) gemäß § 1822 Nr. 2:
- zur Ausschlagung einer **Erbschaft** oder eines **Vermächtnisses** (§§ 1942 ff, 2180);
- zum Verzicht auf einen **Pflichtteil** (vgl. §§ 2303 ff) oder zum Abschluß eines **Erbteilungsvertrages,** durch den die Erbengemeinschaft für den Nachlaß ganz oder teilweise aufgehoben wird;

c) gemäß § 1822 Nr. 3:
zum entgeltlichen Erwerb oder zur Veräußerung eines **Erwerbsgeschäftes** sowie zu einem **Gesellschaftsvertrag,** der zum Betrieb eines Erwerbsgeschäftes eingegangen wird; 710

d) gemäß § 1822 Nr. 4:
zu einem **Pachtvertrag** über ein Landgut (§§ 585 ff) oder einen Gewerbebetrieb, wobei es nicht darauf ankommt, ob das Kind Pächter oder Verpächter werden soll;

e) gemäß § 1822 Nr. 5:
zu einem **Miet-** oder **Pachtvertrag** (§§ 535 ff, 581 ff), wenn das Vertragsverhältnis über das 19. Lebensjahr des Kindes hinaus fortdauern soll und nicht vor diesem Zeitpunkt gekündigt werden kann; das gleiche gilt für einen Vertrag, der zu **wiederkehrenden Leistungen** verpflichtet (z.B. ein Versicherungsvertrag);

f) gemäß § 1822 Nr. 6 und 7:
zu **Lehr-, Dienst-** und **Arbeitsverträgen**, die für länger als ein Jahr geschlossen werden sollen und für das Kind nicht früher kündbar sind;

711 g) gemäß § 1822 Nr. 8 bis 10:
- zur Aufnahme von **Geld** auf den **Kredit des Kindes**;
- zur Ausstellung von **Schuldverschreibungen auf den Inhaber** (s.o. RN **704**);
- zur Eingehung von Verbindlichkeiten aus **Wechseln** oder anderen **Orderpapieren** (s.o. RN **705**);
- zur Übernahme einer **fremden Verbindlichkeit** (z.B. zur Schuldübernahme gemäß §§ 414 ff), insbesondere zur Eingehung einer **Bürgschaft** (§ 765);

h) gemäß § 1822 Nr. 11:
zur Erteilung einer **Prokura**; dabei handelt es sich um eine Vollmacht, die zu allen Arten von Geschäften und Rechtshandlungen ermächtigt, die der Betrieb eines Handelsgewerbes mit sich bringen kann (§§ 48 ff HGB);

i) gemäß § 1822 Nr. 12:
zu einem **Vergleich** oder **Schiedsvertrag**, sofern der Wert der Angelegenheit den Betrag von 5.000 DM übersteigt oder in Geld nicht schätzbar ist; bei geringerwertigen Streitobjekten ist eine Genehmigung nicht erforderlich; ebensowenig, wenn der Vergleich einem schriftlichen oder protokollierten gerichtlichen **Vergleichsvorschlag** entspricht;

k) gemäß § 1822 Nr. 13:
zur **Aufhebung** oder **Minderung** einer **Sicherheit**, die für eine Forderung des Kindes besteht sowie zur Eingehung einer Verpflichtung hierzu;

Bsp.: Verzicht auf eine Hypothek; Beschränkung einer Sicherungsübereignung; Erlaß einer Bürgschaft.

712 **Beachte:** Allen in § 1822 Nr. 8 bis 10 genannten Fällen ist gemeinsam, daß es sich um **riskante Vermögensgeschäfte** handelt, die nicht sofort, sondern erst später erfüllt werden müssen, so daß die Bereitschaft, sich auf derartige Geschäfte einzulassen, größer ist als bei anderen Geschäften, deren Folgen sofort überschaubar sind. Aber auch die in Nr. 11 bis 13 erwähnten Rechtsgeschäfte können erhebliche Auswirkungen auf das Kindesvermögen haben und sollen deshalb vom VormG überprüft werden können.

Doch sieht das Gesetz Erleichterungen von der Genehmigungspflicht für den Vormund vor (s.u. RN **714**).

Auch an zahlreichen anderen Stellen im BGB ist eine vormundschaftsgerichtliche Genehmigung für Rechtsgeschäfte des Vormunds erforderlich, z.B. bei §§ 112, 1411, 1484, 1491, 1492, 1823, 1824, 2275, 2290.

VIII. Erleichterungen bei der Genehmigungspflicht

713 Allgemeines

Nicht immer sind die strengen Vorschriften zur Verwaltung des Kindesvermögens angebracht; sie können sich sogar als unzweckmäßig erweisen.

Unter bestimmten Voraussetzungen **entbindet** deshalb das Gesetz den Vormund von der Notwendigkeit, die Genehmigung des Gegenvormunds oder des VormG einzuholen. Das VormG kann dem Vormund auch eine **allgemeine Ermächtigung** erteilen und ihn von der Einhaltung einzelner Vorschriften **befreien.**
Dabei ist zwischen dem Einzelvormund auf der einen und der Amtsvormundschaft des JA auf der anderen Seite zu unterscheiden.

1. Allgemeine Ermächtigung 714

Das VormG kann dem Einzelvormund eine **allgemeine Ermächtigung** erteilen, wenn dies zum Zwecke der Vermögensverwaltung, insbesondere zum Betrieb eines Erwerbsgeschäfts, erforderlich ist (§ 1825).

Diese Ermächtigung bezieht sich auf

a) die in § 1812 genannten Rechtsgeschäfte, die sonst der Genehmigung des **Gegenvormunds** bedürfen;

b) die in § 1822 Nr. 8 bis 10 bezeichneten Rechtsgeschäfte, die sonst der Genehmigung des **VormG** bedürfen.

Die Ermächtigung bedeutet, daß der Vormund für Rechtsgeschäfte der oben bezeichneten Art keine Genehmigung einholen muß und wirkt wie eine Befreiung von diesen Vorschriften.

2. Genehmigungsfreie Rechtsgeschäfte

Eine weitere Ausnahme von der in § 1812 geforderten Genehmigungspflicht durch den Gegenvormund enthält § 1813. Danach bedarf der Vormund keiner Genehmigung, wenn er unter den in § 1813 Nr. 1 bis 5 genannten Voraussetzungen eine **geschuldete Leistung entgegennimmt**; z.B. wenn der Anspruch nicht mehr als 5.000 DM beträgt (Nr. 2) oder wenn er zu den Nutzungen des Kindesvermögens gehört (Nr. 4). Von dieser Befreiung macht § 1813 II allerdings wieder Ausnahmen.

3. Befreite Vormundschaft 715

a) Die Eltern haben im Rahmen des ihnen zustehenden **Benennungsrechtes** (s.o. RN **686**) die Möglichkeit, den von ihnen benannten Vormund bei der Anlegung von Geld von den in §§ 1809, 1810 angeordneten Beschränkungen zu entbinden und anzuordnen, daß er zu den in § 1812 genannten Rechtsgeschäften keiner Genehmigung bedarf (§§ 1852 II, 1855).

b) Ferner können die Eltern auf die gleiche Weise die Bestellung eines Gegenvormunds ausschließen (§§ 1852 I, 1855) und den Vormund von der Verpflichtung zur Hinterlegung bestimmter Wertpapiere und von der Eintragung eines Sperrvermerkes befreien (§§ 1853, 1855 i.V.m. §§ 1814, 1816; s. auch RN **731**). Machen die Eltern (oder ein Elternteil) von diesen Möglichkeiten Gebrauch, spricht das Gesetz von einer **befreiten Vormundschaft.**

c) Dem JA als Amtsvormund oder einem Verein als Vormund stehen die im Rahmen der **befreiten Vormundschaft** zulässigen Befreiungen nach §§ 1852 II, 1853 und 1854 **kraft Gesetzes** zu (§ 1857 a).

4. Erleichterungen für den Amtsvormund 716

Für das JA als Amtsvormund gelten weitere Erleichterungen im Rahmen des § 56 II und III SGB VIII:

a) die Vorschriften der §§ 1802 III und 1818 finden **keine Anwendung;**

b) in den Fällen der §§ 1803 II, 1811, 1822 Nr. 6 und 7 ist eine Genehmigung des VormG **nicht erforderlich**;

c) In den Ausführungsgesetzen der Länder zum SGB VIII können weitere Ausnahmen vorgesehen werden, die die Aufsicht in vermögensrechtlicher Hinsicht sowie beim Abschluß von Lehr- und Arbeitsverträgen betreffen;

d) Das **Geld** des Kindes kann in seinem Interesse mit Genehmigung des VormG auf **Sammelkonten** des JA bereitgehalten und angelegt werden, wenn die Sicherheit der Geldanlage gewährleistet ist. Die Anlegung des Geldes gemäß § 1807 kann auch bei einer **Körperschaft** erfolgen, die das JA errichtet hat (§ 56 III SGB VIII).

IX. Das Genehmigungsverfahren des Vormundschaftsgerichts

1. Anhörungen

717 a) Vor der Entscheidung über die Genehmigung soll das VormG dem **Gegenvormund** (wenn ein solcher vorhanden ist) Gelegenheit geben, sich mündlich oder schriftlich zu der Angelegenheit zu äußern. Diese Anhörung kann unterbleiben, wenn sie untunlich, d.h. mit erheblichen Kosten oder großem Zeitaufwand verbunden wäre (§ 1826).

b) Ferner soll das **Kind** persönlich angehört werden, wenn dies nach der Art der Angelegenheit sinnvoll ist (§ 50 b II 2, IV FGG).

c) Falls die **Eltern** des Kindes leben, sind auch diese anzuhören, sofern von dieser Anhörung eine Aufklärung zu erwarten ist; trifft dies zu, darf die Anhörung nur aus schwerwiegenden Gründen unterbleiben (§ 50 a II - IV FGG).

d) Schließlich soll das VormG in **wichtigen Angelegenheiten** auch **Verwandte** oder **Verschwägerte** des Kindes anhören (§ 1847; s.u. RN **723**).

2. Erteilung der Genehmigung

718 Ob das VormG das Rechtsgeschäft genehmigt, hängt von seinem **pflichtmäßigen Ermessen** ab (BayObLG FamRZ 90, 208). Maßgebend für diese Entscheidung ist das **Kindesinteresse** (BayObLG FamRZ 89, 540). Dabei ist nicht auf den Zeitpunkt des Vertragsabschlusses, sondern auf den **Zeitpunkt der Entscheidung** abzustellen. Wichtig ist, daß die Genehmigung **nur dem Vormund** gegenüber erklärt werden darf (§ 1828).

Damit hat der Vormund die Wahl, ob er von der Genehmigung Gebrauch machen will oder nicht; er kann davon absehen, wenn sich in der Zwischenzeit herausgestellt hat, daß das Rechtsgeschäft nicht so vorteilhaft ist, wie es anfangs schien.

3. Vorherige Genehmigung

719 Obwohl das Gesetz hier immer von der **"Genehmigung"** spricht (also der **nachträglichen** Zustimmung; vgl. § 184), ist der Vormund nicht gehindert, schon **vor** Abschluß eines genehmigungsbedürftigen Vertrages die Genehmigung des VormG einzuholen. Wird sie erteilt und hält sich das Rechtsgeschäft in den Grenzen der Genehmigung, wird es sofort mit dem Abschluß voll wirksam.

Die Genehmigung bedarf dann keiner Mitteilung an den Geschäftspartner. Eine spätere Abänderung der bereits erteilten Genehmigung wäre in diesem Fall nur bis zum Abschluß des Geschäftes möglich.

4. Nachträgliche Genehmigung 720

a) Häufig schließt der Vormund genehmigungspflichtige Rechtsgeschäfte **ohne** vorherige Genehmigung ab. Dann entsteht ein **Zwischenstadium** bis zur Erteilung oder Verweigerung der Genehmigung (§ 1829 I). Das Rechtsgeschäft ist in diesem Zeitraum **"schwebend unwirksam"**, vergleichbar den von Minderjährigen abgeschlossenen Verträgen (§ 108).

b) Während dieses Schwebezustandes bleibt der Geschäftspartner an den noch nicht genehmigten Vertrag **gebunden**. Das kann für ihn bei längerer Dauer sehr lästig sein; deshalb bietet ihm § 1829 II die Möglichkeit, den Vormund zur Mitteilung darüber aufzufordern, ob die Genehmigung erteilt ist.

c) Kann der Vormund nicht bis zum Ablauf von zwei Wochen nach Empfang der Aufforderung mitteilen, daß das VormG die Genehmigung erteilt hat, gilt sie als **verweigert**. Die Vertragspartner können aber vereinbaren, daß diese Frist von zwei Wochen verlängert oder verkürzt wird, wenn sie dies nach den Umständen für angemessen halten.

5. Rechtsfolgen der Entscheidung 721

a) **Erteilt** das VormG die Genehmigung, dann ist das vom Vormund abgeschlossene Rechtsgeschäft **von Anfang an** voll wirksam, **sofern** der Vormund die Genehmigung dem Vertragspartner **mitteilt** (§ 1829 I 2). Bis zu diesem Zeitpunkt hat das VormG noch die Möglichkeit, die Genehmigung zu ändern oder zurückzunehmen; danach ist sie unabänderlich (§§ 18 I, 55 I FGG).

Verweigert das VormG die Genehmigung, so hat das die **Unwirksamkeit** des Rechtsgeschäftes zur Folge. Unwirksam ist auch das Rechtsgeschäft, zu dem das VormG zwar die Genehmigung erteilt hat, der Vormund dies aber nicht dem Vertragspartner mitteilt.

b) **Einseitige Rechtsgeschäfte** des Vormunds (zum Begriff s.o. RN **193**; z.B. Ausschlagung einer Erbschaft; Kündigung einer Wohnung) sind **unwirksam** und können auch nicht nachträglich wirksam werden, wenn sie der Vormund **ohne** die erforderliche Genehmigung vorgenommen hat (§ 1831; vgl. § 111).

Selbst dann, wenn das VormG das einseitige Rechtsgeschäft genehmigt hatte, kann es der Adressat der Erklärung unverzüglich (vgl. § 121 I 1) zurückweisen, wenn der Vormund die Genehmigung nicht in **schriftlicher Form** vorlegen kann (§ 1831, 2).

c) Grund für diese Regelung ist der Umstand, daß der Adressat an dem einseitigen Rechtsgeschäft nicht beteiligt, sondern nur dessen Empfänger ist, und daß ihm deshalb nicht zugemutet werden kann, über die Wirksamkeit der Erklärung auch nur für kurze Zeit im unklaren zu bleiben.

6. Unwahre Angaben des Vormunds 722

a) Hat der Vormund **bei Vertragsabschluß** (bewußt oder unbewußt) die **unrichtige Behauptung** aufgestellt, der Vertrag sei schon vom VormG genehmigt, dann steht dem Vertragspartner bis zur Mitteilung der **nachträglichen**

Genehmigung des VormG ein **Widerrufsrecht** zu (§ 1830). Macht er von diesem Recht Gebrauch, verliert der Vertrag die Bindungswirkung für ihn; für den Vormund hat dies zur Folge, daß er sowohl dem Kind als auch dem Vertragspartner gegenüber zum Schadenersatz verpflichtet ist, wenn ihn ein Verschulden trifft (§§ 823, 1833).

b) Da nur der **redliche** Vertragspartner geschützt werden soll, entfällt das Widerrufsrecht, wenn ihm das Fehlen der Genehmigung bei Vertragsschluß bekannt war (§ 1830 a. E.).

c) Für den Fall, daß der Vormund **nach Vertragsabschluß** wahrheitswidrig behauptet, die Genehmigung des VormG sei inzwischen erfolgt, sieht das Gesetz **kein** Widerrufsrecht vor. Doch wird der Vertrag durch diese wahrheitswidrige Behauptung nicht wirksam; der Schwebezustand bleibt unverändert, bis das VormG tatsächlich entscheidet. Auch hier kann eine Schadenersatzpflicht des Vormunds in Frage kommen (Staudinger-Engler Rn 7 zu § 1830).

723 **X. Ergänzende Regelungen**

1. Ist das Kind **volljährig** geworden, endet seine Vormundschaft und es entscheidet allein darüber, ob es einen vom Vormund geschlossenen, vom VormG aber noch nicht genehmigten Vertrag selbst genehmigen will (§ 1829 III).

2. Soweit es nicht auf die Genehmigung des VormG, sondern auf die Genehmigung des **Gegenvormunds** ankommt, gelten die Vorschriften der §§ 1828 bis 1831 entsprechend (§ 1832; s.o. RN **718**).

3. Verfahren bei **wichtigen Angelegenheiten**

a) Sind wichtige Angelegenheiten des Kindes zu regeln, soll das VormG gemäß § 1847 **Verwandte** oder **Verschwägerte** des Kindes anhören, wenn dies ohne erhebliche Verzögerung und unverhältnismäßige Kosten geschehen kann. Der Bestimmung liegt die Erfahrungstatsache zugrunde, daß dieser Personenkreis die Situation des Kindes besonders gut kennt und zu beurteilen weiß. Die Anhörung ist deshalb geeignet, dem VormG zusätzliche Erkenntnisse für die zu treffenden Maßnahmen zu vermitteln.

Bsp. für **wichtige Angelegenheiten:**
Genehmigung zum selbständigen Betrieb eines Erwerbsgeschäftes (§ 112); Genehmigung zum Verkauf eines ererbten Grundstückes (§ 1821 Nr. 1 u. 4); Erteilung einer allgemeinen Ermächtigung zum Betrieb eines Erwerbsgeschäftes (§ 1825).

b) Ferner gilt, daß in allen Angelegenheiten, die die Personen- oder Vermögenssorge des Kindes betreffen, die **Eltern** des Kindes und das **Kind** selbst vom VormG **anzuhören** sind (§§ 50 a, b, FGG; s.o. RN **717**).

724 **XI. Rechtsbeziehungen zwischen Vormund und Kind**

Durch die Bestellung zum Vormund für ein Kind wird **kein Vertragsverhältnis** zwischen ihnen begründet, da das Kind an der Bestellung der Vormundschaft nicht aktiv beteiligt ist. Doch bestehen aufgrund der gesetzlichen Vorschriften mehrfache Rechtsbeziehungen zwischen Vormund und Kind; man spricht deshalb von einem **"gesetzlichen Schuldverhältnis"**, das beide verbindet. Diese Rechtsbeziehungen sind im wesentlichen privatrechtlicher Natur, auch wenn das Vormundschaftsrecht (vor allem, was die Bestellung des Vormunds und die Aufsicht über ihn betrifft) öffentlich-rechtliche Bestandteile aufweist. Gegenstand dieser Rechtsbeziehungen sind vor allem **Ansprüche**, die dem Kind gegen den Vormund oder Gegenvormund zustehen können und umgekehrt.

1. Haftung für Pflichtverletzungen 725

Vormund und Gegenvormund haften dem Kind für den aus einer schuldhaft begangenen Pflichtverletzung erwachsenen Schaden (§ 1833 I).

a) Eine **Pflichtverletzung** liegt vor, wenn der **Vormund** bei der Führung der Vormundschaft nicht **treu und gewissenhaft** (vgl. § 1789) handelt, insbes. die Vorschriften des Gesetzes oder die Anordnungen des VormG außer acht läßt und dadurch dem Kind Schaden zufügt (s. ergänzend RN **700**).

b) Der **Gegenvormund** macht sich schadenersatzpflichtig, wenn er den Vormund nicht gehörig überwacht (vgl. § 1799 I) oder eine ihm obliegende Genehmigung pflichtwidrig erteilt (vgl. z.B. bei § 1810).

In allen diesen Fällen muß die Pflichtwidrigkeit **schuldhaft** begangen worden sein, also **vorsätzlich** oder **fahrlässig** (§ 276).

c) Hat der Vormund zu seiner Unterstützung **weitere Personen** hinzugezogen, durch die dann der Schaden entstanden ist, kommt es zunächst darauf an, ob ihm bereits daraus ein Schuldvorwurf zu machen ist (z.B. wenn die Angelegenheit so wichtig war, daß er sie selbst hätte vornehmen müssen); andernfalls haftet er nur für die sorgfältige **Auswahl** und **Überwachung** dieser Hilfskräfte.

d) Um eine Pflichtwidrigkeit handelt es sich auch, wenn der Vormund **Geld des Kindes** für sich verwendet. Als Mindestschaden muß er es mit 4% verzinsen (§§ 1834, 246); auf ein Verschulden des Vormunds kommt es dabei nicht an.

e) **Mehrere** für den Schaden **Verantwortliche** (z.B. Vormund, Gegenvormund, Mitvormund) haften dem Kind gegenüber als **Gesamtschuldner** zu gleichen Teilen (§§ 421, 426); im **Innenverhältnis** haftet jedoch der Vormund allein, wenn dem Gegen- oder Mitvormund nur eine Verletzung der Aufsichtspflicht zur Last fällt (§ 1833 II).

f) Das **JA als Amtsvormund** haftet dem Kind **nicht** gemäß § 1833, sondern im Rahmen der **Staatshaftung** nach Art. 34 GG i.V.m. § 839 BGB für die Verletzung einer Amtspflicht auf Schadenersatz (BGHZ 100, 313).

2. Vergütung des Vormunds 726

Vorbemerkung

Die Neufassung der Vorschriften über die Vergütung des Vormunds und den Ersatz seiner Aufwendungen war der Hauptgegenstand des **Betreuungsrechtsänderungsgesetzes**, das am 1.1.1999 in Kraft getreten ist. Dieses Reformgesetz war notwendig, weil die bisher geltende Vorschrift des § 1836 a.F. nur allgemein gehalten und die Festsetzung einer Vergütung für den Vormund weitgehend dem Ermessen der Gerichte überlassen war, was sich in einer Vielzahl unterschiedlicher Urteile niederschlug und eine starke Rechtsunsicherheit zur Folge hatte.

Die neuen Vorschriften der §§ 1835, 1835 a bis 1836 e regeln dafür die Vergütungsfragen ins einzelne gehend und tragen zur Vereinfachung des Verfahrens bei. Sie gelten nicht nur für den Vormund, sondern auch für den Mitvormund, den Gegenvormund oder einen Pfleger; ihre Hauptanwendung haben sie jedoch kraft der Verweisung in § 1908 i im Bereich des **Betreuungsrechts.** Im Rahmen dieses Buches besteht keine Notwendigkeit, alle Einzelheiten der Vergütungsregelung zu behandeln; es mag genügen, sie in ihren Grundzügen darzustellen.

Literatur: **Karmasin** FamRZ 99, 348

a) Der Grundgedanke ist in § 1836 I 1 enthalten, wonach die Vormundschaft als **Ehrenamt unentgeltlich** zu führen ist. Das gilt vor allem für Personen, die die Vormundschaft aufgrund naher persönlicher Beziehungen zu dem Kind oder seinen Eltern übernommen haben.

Dieser Grundsatz der Unentgeltlichkeit gilt aber nur für das JA oder eine Vereinsvormundschaft uneingeschränkt (§ 1836 IV). In allen anderen Fällen kommt es darauf an, ob der Vormund die Vormundschaft **berufsmäßig** führt, weil es sich dann um eine entgeltliche Tätigkeit handelt (§ 1836 I 2). Das wird im allgemeinen anzunehmen sein, wenn er mehr als zehn Vormundschaften führt oder wenn die erforderliche Zeit zur Führung der Vormundschaft etwa 20 Wochenstunden nicht unterschreitet (§ 1836 I 4). Liegen diese Voraussetzungen vor, kann das VormG dem Vormund (oder Gegenvormund) eine **Vergütung bewilligen**, die sich nach den Fachkenntnissen des Vormunds sowie nach Umfang und Schwierigkeitsgrad seiner Tätigkeit richtet (§ 1836 II 1 und 2). Es besteht auch die Möglichkeit, in bestimmten Fällen die Führung der Vormundschaft mit einem **Pauschalbetrag** zu vergüten (§ 1836 b).

b) Dem Grundsatz nach richtet sich der Vergütungsanspruch des Vormunds gegen das von ihm betreute Kind, wenn es über ein entsprechend hohes Einkommen oder Vermögen verfügt. Als Maßstab dafür dienen nach § 1836 c die Vorschriften über die Bundessozialhilfe. Vorhandenes **Vermögen** hat das Kind nach Maßgabe des § 88 I BSHG einzusetzen (§ 1836 c 1 Nr. 2), also das gesamte Vermögen mit den in § 88 II genannten Ausnahmen, wobei auch Geldbeträge bis zu 8.000 DM verschont bleiben (BayObLG 95, 1599).
Das einzusetzende **Einkommen** richtet sich nach § 84 BSHG, wobei es darauf ankommt, ob es die Einkommensgrenzen für Hilfen in besonderen Lebenslagen übersteigt (§ 1836 c 1 Nr. 1).

727 c) Ergibt sich, daß das vom Kind einzusetzende Einkommen und Vermögen nicht ausreicht, um die Geschäftsführung des Vormunds zu vergüten, ist das Kind **mittellos.** Maßgebend ist dafür, ob die Vergütung nicht oder nur zum Teil oder nur in Raten aufgebracht werden oder nur im Wege gerichtlicher Geltendmachung beschafft werden kann (§ 1836 d). Stellt das VormG fest, daß das Kind mittellos ist, richtet sich der Anspruch des Vormunds auf Vergütung nicht mehr gegen das Kind, sondern ausschließlich gegen die **Staatskasse** (§ 1836 a), wobei sich die **Höhe** der Vergütung nach § 1 des Gesetzes über die Vergütung von Berufsvormündern vom 25.6.1998 richtet.

d) Die Feststellung der Mittellosigkeit des Kindes ist durch § 56 g II 3 FGG sehr vereinfacht worden. Wenn nämlich das Gericht nach seiner freien Überzeugung feststellt, daß der Aufwand zur Ermittlung der Verhältnisse des Kindes außer Verhältnis zur Höhe der Vergütung steht, kann das Gericht ohne weitere Prüfung den Vergütungsanspruch des Vormunds gegen die Staatskasse festsetzen und von der Inanspruchnahme des Kindes absehen. Das bedeutet, daß sich in der Praxis wohl fast immer der Vergütungsanspruch des Vormunds **unmittelbar** gegen die Staatskasse richten wird.

e) Das Kind wird durch diese Regelung nicht von seiner eigenen Zahlungsverpflichtung befreit, denn nach § 1836 e gehen die Ansprüche der Vormunds (oder Gegenvormunds) gegen das Kind auf die Staatskasse über, soweit diese den Vormund befriedigt. Damit erhält die Staatskasse die Möglichkeit, Rückgriff gegen das Kind oder seine Erben zu nehmen, falls sich herausstellt, daß das Kind nicht mittellos ist oder war.

f) *Neue Bundesländer* 728

*Wohnt der Vormund im **Beitrittsgebiet** oder hat er dort seinen Sitz, muß der nach § 1 des Gesetzes über die Vergütung von Berufsvormündern festzusetzende Stundensatz um zur Zeit 10 % gekürzt werden (Art. 4 BtÄndG i.V.m. § 1 der Ermäßigungssatz-AnpassungsVO vom 15.4.1996). Diese Kürzung gilt nicht für den Aufwendungsersatz nach § 1835 oder die Aufwandsentschädigung nach § 1835 a..*

3. Ersatz von Aufwendungen

Die Führung der Vormundschaft kann es mit sich bringen, daß für den Vormund oder Gegenvormund Aufwendungen im Kindesinteresse anfallen (z.B. bei Reisen zu Behörden). Dann steht es ihnen zu, vom Kind **Vorschuß** oder **Ersatz** für diese Aufwendungen zu verlangen (§ 1835 I i.V.m. §§ 669, 670).

a) Dazu gehören **Fahrtkosten,** aber auch Aufwendungen für eine angemessene **Haftpflichtversicherung** gegen Schäden, die dem Kind oder dritten Personen durch die Amtsführung entstehen könnten (§ 1835 II), jedoch mit Ausnahmen einer Kraftfahrzeug-Haftpflichtversicherung. Ein Berufsvormund, der eine Vergütung erhält, ist von der Erstattung der Versicherungskosten ausgeschlossen (§ 1835 II 2).

Ferner gelten als Aufwendungen auch **Dienste,** die der Vormund oder Gegenvormund im Rahmen seines **Berufs** oder **Gewerbes** für das Kind leistet (§ 1835 III; z.B. für ärztliche Hilfen oder handwerkliche Leistungen). Für das JA oder einen Verein gelten die besonderen Bestimmungen des § 1835 V.

Sollte das Kind **mittellos sein,** kann der Vormund Vorschuß und Ersatz der Aufwendungen aus der **Staatskasse** verlangen (§ 1835 IV). Das Verfahren richtet sich jetzt nach § 56 g FGG.

b) Ein Vormund, der **keine Vergütung** für seine Tätigkeit erhält, kann zur Abgeltung seines Anspruchs auf Aufwendungsersatz für jede Vormundschaft, für die ihm keine Vergütung zusteht, eine **Aufwandsentschädigung** verlangen, die sich zur Zeit auf 600 DM jährlich beläuft (§ 1835 a). Das gilt nicht für das JA oder einen Verein (§ 1835 a V).

XII. Fürsorge und Aufsicht des Vormundschaftsgerichts

1. Fürsorge 729

Die **Fürsorge** des VormG besteht darin, den Vormund bei seiner Amtsführung zu unterstützen und ihm beratend beizustehen (§ 1837 I).

a) *Beratung und Unterstützung*

Zur Beratung gehört es, den Vormund in seine **Aufgaben einzuführen** und ihn während der Dauer seiner **Amtstätigkeit zu unterstützen;** dabei kann es erforderlich sein, ihm Hinweise und Ratschläge zu erteilen, ihm bei rechtlichen Problemen zu helfen und ihn gegebenenfalls auf die Unzweckmäßigkeit einer beabsichtigten Maßnahme aufmerksam zu machen.

Das VormG kann dabei auf die Mithilfe durch das **JA** rechnen, dessen Aufgabe es ebenfalls ist, den Vormund regelmäßig und dem jeweiligen erzieherischen Bedarf des Kindes entsprechend zu beraten und zu unterstützen (§ 53 II SGB VIII).

b) *Einstweilige Maßregeln*

Fürsorgemaßnahmen hat das VormG auch dann zu ergreifen, wenn ein Vormund **noch nicht bestellt** ist oder wenn er an der Erfüllung seiner Pflichten aus tatsächlichen oder rechtlichen Gründen **verhindert** ist (§ 1846). Dann ist das VormG **in dringenden Fällen** verpflichtet, die im Interesse des Kindes erforderlichen Maßregeln zu treffen.

Dabei wird es sich meist um **vorläufige Maßregeln** handeln, die die Zeit bis zur Bestellung des Vormunds oder bis zum Ende seiner Verhinderung überbrücken sollen. Häufig wird dann die Bestellung eines **Pflegers** nach § 1909 in Frage kommen. Das VormG kann aber auch in Vertretung des Kindes selbst handeln, z.B. die Einwilligung in eine dringend notwendige Operation erteilen (vgl. AG Nettetal FamRZ 96, 1104) oder eine Kündigung aussprechen oder einen Strafantrag stellen.

2. Aufsicht

730 a) *Überwachung der Amtsführung im allgemeinen*

Zur Beaufsichtigung des Vormunds gehört die **Überwachung** seiner Amtsführung auf allen ihm obliegenden Gebieten. Dabei hat das VormG zu prüfen, ob sich dessen Tätigkeit innerhalb der gesetzlichen Schranken hält und ob der Vormund die Anordnungen des VormG (z.B. nach §§ 1803, 1818) befolgt. Ferner kann das VormG dem Vormund oder Gegenvormund aufgeben, eine **Haftpflichtversicherung** abzuschließen, damit etwaige Schäden gedeckt sind, die sie dem Kind zufügen könnten (§ 1837 II 2 i.V.m. § 1835 II).

Erleichtert wird die Aufsicht durch die Pflicht des Vormunds und Gegenvormunds, dem VormG jederzeit **Auskunft** über die Führung der Vormundschaft und die persönlichen Verhältnisse des Kindes zu erteilen (§ 1839).

Während **diese** Auskunft auf dem Verlangen des VormG beruht, hat der Vormund **von sich aus** mindestens einmal jährlich über die persönlichen Verhältnisse des Kindes **Bericht zu erstatten**; ob er dies mündlich oder schriftlich tut, bleibt ihm überlassen (§ 1840 I).

Ferner hat das **JA** darauf zu achten, daß der Vormund für die Pflege und Erziehung des Kindes Sorge trägt und daß festgestellte Mängel behoben werden. Geschieht dies nicht, hat das JA dem VormG **Anzeige** zu erstatten (§ 53 III 3 SGB VIII).

Eine weitere Unterstützung erfährt das VormG durch die Tätigkeit des **Gegenvormunds**, dessen Aufgabe die Überwachung des Vormunds ist und der **Pflichtwidrigkeiten** unverzüglich **anzuzeigen** hat (§ 1799; s.o. RN **697**).

731 b) *Überwachung der Vermögensverwaltung*

Um die Aufsicht über die Vermögensverwaltung des Vormunds zu ermöglichen, ist er verpflichtet, einmal im Jahr **Rechnung zu legen** (§ 1840 II, III).

Stellt sich nach dem ersten Jahr heraus, daß die Verwaltung nur einen **geringen Umfang** hat, kann das VormG die Periode für die Rechnungslegung bis auf höchstens drei Jahre verlängern (§ 1840 IV).

Über die Art und Weise der Rechnungslegung gibt § 1841 Auskunft. Das VormG prüft die Rechnung sowohl rechnerisch als auch sachlich und fordert Berichtigungen und Ergänzungen an, soweit dies erforderlich ist (§ 1843 I).

Sollte ein **Gegenvormund** vorhanden sein, ist die Rechnung zunächst diesem vorzulegen; dabei hat der Vormund dem Gegenvormund auch den gesamten Vermögensbestand nachzuweisen. Anschließend wird die Rechnung (gegebenenfalls mit Bemerkungen des Gegenvormunds) dem VormG eingereicht. Ist ein Gegenvormund nicht vorhanden, aber zu bestellen, hat diese Bestellung **vor** der Rechnungsprüfung durch das VormG zu erfolgen (§ 1842).

Ergeben sich aus der Rechnungslegung **streitige Ansprüche** des Kindes gegen den Vormund oder umgekehrt, können diese vor dem **Prozeßgericht** schon **während der Vormundschaft** geltend gemacht werden (§ 1843 II). Dem Kind ist zu diesem Zweck ein Ergänzungspfleger (§ 1909) zu bestellen.

c) *Ausnahmen von der Pflicht zur Rechnungslegung*

- **Befreit** von der Pflicht, Rechnung legen zu müssen, sind das **JA** und ein **Verein** als Vormund (§ 1857 a i.V.m. § 1854).
- Die **Eltern** des Kindes können den von ihnen **benannten Vormund** (s.o. RN **686**) von der Pflicht zur jährlichen Rechnungslegung entbinden (§§ 1854 I, 1855). In diesem Fall hat der Vormund **unaufgefordert** jeweils nach **zwei Jahren** eine Vermögensübersicht beim VormG einzureichen; diese Periode kann bis auf höchstens fünf Jahre verlängert werden (§ 1854 II).
- Ist ein **Gegenvormund** vorhanden oder zu bestellen, so gelten für die Vermögensübersicht die Bestimmungen des § 1842 (s.o. RN **730**) entsprechend (§ 1854 III).

3. Maßnahmen bei Pflichtwidrigkeiten 732

a) *Begriff*

Eine Pflichtwidrigkeit des Vormunds ist gegeben, wenn er gegen gesetzliche Vorschriften verstößt, Anordnungen des VormG nicht ausführt oder die persönlichen oder wirtschaftlichen Interessen des Kindes verletzt.

b) *Folgen der Pflichtwidrigkeit*

Eine Pflichtverletzung hat nicht nur die Haftung des Vormunds für den dadurch verursachten Schaden des Kindes zur Folge (s.o. RN **725**), sondern ist auch Veranlassung für das VormG, durch geeignete **Gebote** und **Verbote** dagegen einzuschreiten (§ 1837 II 1). Doch darf dies nicht dazu führen, daß sich das Gericht an die Stelle des Vormunds setzt und ihm in reinen Zweckmäßigkeitsfragen bindende Anweisungen erteilt.

Um die Einhaltung der Gebote und Verbote zu erreichen, ist das VormG berechtigt, der Befolgung seiner Anordnungen durch die Androhung und Festsetzung von **Zwangsgeld** Nachdruck zu verleihen (§ 1837 III 1 i.V.m. § 33 FGG). Diese Maßnahme kommt aber für das JA oder einen Verein nicht in Betracht (§ 1837 III 2).

c) *Weitere Maßnahmen des VormG* 733

- Gefährdet ein Vormund das Wohl des ihm anvertrauten Kindes durch den **Mißbrauch des Sorgerechts** oder durch **Vernachlässigung**, so hat das Gericht einzuschreiten und die erforderlichen Maßnahmen zu treffen. Dies kann in leichten Fällen auf eine Verwarnung des Vormunds hinauslaufen, in schwerwiegenderen Fällen auf den Entzug einzelner Befugnisse (§ 1837 IV i.V.m. § 1666). Voraussetzung dafür ist aber, daß der Vormund nicht gewillt oder nicht in der Lage ist, selbst die Gefahr für das Kind abzuwenden. Dies gilt auch, wenn die Gefahr nicht von ihm ausgeht, sondern von einem Dritten.

- Auf die Feststellung eines **Verschuldens** des Vormunds kommt es dabei nicht an, da auch das **unverschuldete Versagen** dem VormG das Recht zum Einschreiten gibt.
- Der Entzug der **gesamten Personensorge** oder andere Maßnahmen, mit denen eine **Trennung** des Kindes von seinem Vormund verbunden ist, dürfen jedoch nur unter den Voraussetzungen des § 1666 a angeordnet werden.
- Bei einer Gefährdung des **Kindesvermögens** durch den Vormund hat das VormG alle Maßnahmen zu treffen, die zur Abwehr dieser Gefahr erforderlich sind; insbes. kann es dem Vormund die Vermögenssorge ganz oder teilweise **entziehen** und auf einen Pfleger übertragen (§ 1837 IV i.V.m. §§ 1666, 1909).
- **Ergänzend** hierzu wird auf die Ausführungen unter RN **584 ff** Bezug genommen, die entsprechend für Pflichtwidrigkeiten des Vormunds gelten.
- Als äußerste Maßnahme kommt die **Entlassung** des Vormunds wegen eines pflichtwidrigen Verhaltens in Betracht (§ 1886; s.u. RN **735**).

Wegen der Verpflichtung des VormG, die getroffenen Maßnahmen in angemessenen Zeitabständen zu überprüfen, gegebenenfalls zu ändern oder aufzuheben (§ 1837 IV i.V.m. § 1696) wird auf die RN **565** verwiesen.

XIII. Beendigung der Vormundschaft

Unter diesem Begriff versteht das Gesetz sowohl die Beendigung der Vormundschaft als solche, als auch die Beendigung des Amtes eines Vormunds.

1. Ende der Vormundschaft

734 Die Vormundschaft als solche endet **kraft Gesetzes** mit dem Wegfall ihrer Voraussetzungen (§ 1882). Diese Rechtsfolge tritt dann ein:

a) wenn das Kind **volljährig** wird (§ 2);

b) wenn das Kind (erstmals oder wieder) unter **elterlicher Sorge** steht; z.B.:
- das Kind wird adoptiert (§ 1754);
- das Ruhen der elterliche Sorge bei dem allein sorgeberechtigten Elternteil hat aufgehört (§§ 1673 I, 1674);
- die Eltern eines Findelkindes werden ermittelt (§ 1773 II);

c) wenn die Gründe, weshalb die Eltern ihr Kind **nicht vertreten** durften, weggefallen sind; z.B.:
- der allein sorgeberechtigte minderjährige Elternteil wird volljährig (§ 1673 II);
- die Entziehung der gesetzlichen Vertretungsmacht gemäß § 1666 wird aufgehoben;

d) wenn das Kind **stirbt;**

e) wenn das Kind für **tot erklärt** wird; in diesem Fall endet die Vormundschaft erst mit der Rechtskraft des Beschlusses über die Todeserklärung (§ 1884 II i.V.m. §§ 2 ff VerschG); das gilt entsprechend für die **Feststellung der Todeszeit** gemäß §§ 39 ff VerschG;

f) wenn das Kind **verschollen** ist (§ 1 VerschG), aber noch nicht für tot erklärt wurde, hebt das VormG die Vormundschaft auf, wenn ihm der Tod des Kindes bekannt wird (§ 1884 I 2).

2. Ende des Amtes eines Vormunds 735

Das Amt des einzelnen Vormunds (oder Gegenvormunds: § 1895) endet mit seinem Tode oder mit seiner **Entlassung.** Diese kann von Amts wegen oder auf eigenen Antrag erfolgen.

a) Ein Vormund ist **von Amts wegen** zu entlassen:

- wenn er durch sein pflichtwidriges Verhalten (oder aus anderen Gründen) das Interesse des Kindes gefährdet (§ 1886);

  Dies ist die schwerwiegendste Maßnahme des VormG, die erst dann anzuwenden ist, wenn die anderen in § 1837 vorgesehenen Maßregeln nicht greifen oder nicht in Betracht kommen. Dabei genügt die **objektive** Gefährdung des Kindes, so daß es nicht immer auf ein Verschulden des Vormunds ankommt (BayObLG FamRZ 88, 874).

  Bsp.: festgestellte Unzuverlässigkeit; hartnäckige Auskunftsverweigerung; Begehung von Straftaten; langwährende Erkrankung des Vormunds; tiefe Entfremdung zwischen Vormund und Kind; dauernder Interessenwiderstreit;

  Beachte: Auf die **Amts-** oder **Vereinsvormundschaft** ist § 1886 **nicht** anzuwenden!

- wenn der Vormund gemäß § 1781 wegen seiner **Untauglichkeit** nicht zum Vormund hätte bestellt werden sollen oder wenn die in § 1781 Nr. 2 und 3 genannten Gründe erst nach der Bestellung eintreten (§ 1886);

- wenn bei einem **Beamten** oder **Religionsdiener** die erforderliche **Erlaubnis** versagt, zurückgenommen oder ihm in zulässiger Weise die Fortführung der Vormundschaft untersagt wird (§ 1888 i.V.m. § 1784; s.o. RN **688**).

b) Ein Vormund ist auf **seinen Antrag** zu entlassen: 736

- wenn ein **wichtiger Grund** vorliegt;
  Ein solcher Fall ist stets gegeben, wenn ein Umstand eintritt, der den Vormund gemäß § 1786 I Nr. 2 bis 7 berechtigt hätte, die Übernahme der Vormundschaft abzulehnen (§ 1889 I).

- wenn ein **Verein** geltend macht, daß ein **wichtiger Grund** vorliegt (§ 1889 II 2);

  Bsp.: Durch Verlust von Mitgliedern oder Geldmitteln ist der Verein nicht mehr in der Lage, die Vormundschaft auszuüben.

- wenn das **JA** oder ein **Verein** deshalb ihre Entlassung beantragen, weil ein geeigneter Einzelvormund vorhanden ist und das Wohl des Kindes dieser Maßnahme nicht entgegensteht (§ 1889 II 1).

Beachte: In den Fällen des § 1889 geschieht die Entlassung **im Interesse** des Einzelvormunds, des JA oder des Vereins (vgl. dagegen RN **737**).

c) Das **JA** (oder ein **Verein**) ist **von Amts wegen** oder **auf Antrag** zu entlassen, wenn dies dem Wohl des Kindes dient und eine andere als Vormund geeignete Person vorhanden ist (§ 1887 I). 737

- **Antragsberechtigt** ist das mindestens 14 Jahre alte Kind sowie jeder, der ein berechtigtes Interesse des Kindes geltend macht; z.B. Verwandte oder sonstige Personen, die das Wohl des Kindes im Auge haben(§ 1887 II 2).

- Das **JA** oder ein **Verein** sind zu einem solchen Antrag **verpflichtet**, sobald sie erfahren, daß die in § 1887 I genannten Voraussetzungen gegeben sind (§ 1887 II 3).

Deshalb hat das JA jährlich zu prüfen, ob seine Entlassung und die Bestellung eines Einzelvormunds oder eines Vereins angezeigt ist (§ 56 IV SGB VIII).

- Vor der Entscheidung des VormG sind **anzuhören:**

  die Eltern des Kindes (§ 50 a FGG), das Kind selbst nach Maßgabe des § 50 b FGG, ferner das JA oder der Verein (§ 1887 III).

Beachte: Im Falle des § 1887 geschieht die Entlassung **im Interesse des Kindes!**

3. Folgen aus der Beendigung der Vormundschaft

738 a) Nach dem Ende seines Amtes hat der Vormund das von ihm verwaltete **Vermögen** an das Kind (wenn es inzwischen volljährig geworden ist) oder an dessen neuen gesetzlichen Vertreter **herauszugeben** (§ 1890).

Im Zusammenhang damit hat er ein **Bestandsverzeichnis** über alle Vermögensgegenstände aufzustellen und ist bei begründeten Zweifeln an der Richtigkeit des Verzeichnisses zur Abgabe einer **eidesstattlichen Versicherung** verpflichtet (§ 260).

b) Ferner ist der Vormund verpflichtet, über seine Vermögensverwaltung **Rechnung abzulegen** (§ 1890):

- Diese Rechnung hat den Anforderungen des § 1841 zu entsprechen und kann sich an die gemäß § 1840 zu erstattende jährliche (oder mehrjährliche) Rechnungslegung anschließen.
- Ist ein **Gegenvormund** vorhanden, ist auch er verpflichtet, in gleicher Weise wie in § 1842 an der Rechnungslegung mitzuwirken (§ 1891 I; s.o. RN **730**). Außerdem ist er selbst verpflichtet, über die Führung der Gegenvormundschaft und das vom Vormund verwaltete Vermögen Auskunft zu erteilen (§ 1891 II).
- Nachdem die Schlußrechnung dem Gegenvormund vorgelegen hat, ist sie dem VormG einzureichen (§ 1892 I). Dieses prüft die Rechnung auf ihre rechnungsmäßige und sachliche Richtigkeit und **vermittelt ihre Abnahme.**
- Zu der **Abnahmeverhandlung** lädt das VormG den früheren Vormund, den jetzigen Vormund oder das volljährig gewordene Kind, gegebenenfalls den Gegenvormund, die Eltern, einen Pfleger oder Beistand vor (§ 1892 II 1).

  Das VormG unterrichtet dann die Beteiligten über die Führung der Vormundschaft und den Stand der Dinge. Gibt es Unstimmigkeiten, vermittelt das VormG die Berichtigung oder Ergänzung der Schlußrechnung. Bleiben Ansprüche zwischen Kind und Vormund streitig, sind beide auf den Prozeßweg zu verweisen. Wird die Abschlußrechnung als richtig anerkannt, nimmt das VormG das **Anerkenntnis zu Protokoll** (§ 1892 II 2).

739 c) **Nach Beendigung der Vormundschaft** ist der Vormund berechtigt, die Geschäfte für das Kind solange fortzuführen, bis er von der Beendigung Kenntnis erlangt oder bis seine Unkenntnis auf Fahrlässigkeit beruht (§ 1893 I i.V. m. §§ 1698 a, 276 I 2).

Damit wird die Vertretungsmacht zum Schutz des gutgläubigen Vormunds über das Ende der Vormundschaft hinaus verlängert, um ihn vor den Rechtsfolgen einer Haftung als Vertreter ohne Vertretungsmacht (§ 179) zu schützen (vgl. RN **565**).

Auch bei Kenntnis vom Ende der Vormundschaft durch den **Tod des Kindes** ist der Vormund verpflichtet, die Geschäfte, die nicht ohne Gefahr aufgeschoben werden können, weiterhin zu besorgen, bis der Erbe des Kindes anderweitige Bestimmungen treffen kann (§ 1893 I i.V.m. § 1698 b).

Nach Beendigung der Vormundschaft sind die **Urkunden**, die den Vormund legitimiert haben, an das VormG **zurückzugeben** (§ 1893 II). Das betrifft beim Einzelvormund die Bestallungsurkunde (§ 1791), bei der Vereinsvormundschaft und der bestellten Amtsvormundschaft des JA die schriftliche Verfügung (§§ 1791 a II, 1791 b II) und bei der gesetzlichen Amtsvormundschaft die Bescheinigung über den Eintritt der Vormundschaft (§ 1791 c III).

XIV. *Neue Bundesländer* 740

Gemäß Art. 234 § 14 EGBGB gelten folgende ***Übergangsregelungen:***

1. Die vor dem 3.10.1990 gemäß §§ 88 ff FGB begründeten Vormundschaften bleiben wirksam, doch gilt von da ab das Vormundschaftsrecht des BGB. Damit bleiben auch Vormundschaften wirksam, die nach den Vorschriften des BGB nicht zulässig gewesen wären, insbes. die nach § 1775 BGB nicht ohne weiteres zulässige gemeinsame Bestellung von Ehegatten zum Vormund eines Kindes, das in ihre Familie aufgenommen wurde (§ 90 I FGB). Für diese Mitvormünder gilt nun § 1797 über die gemeinschaftliche Führung der Vormundschaft. Bei einer tatsächlichen Verhinderung eines Ehegatten als Mitvormund übt der andere Ehegatte die Vormundschaft entsprechend § 1678 I, 1. HS allein aus.

2. Soweit das JA als Organ der Jugendhilfe selbst die Vormundschaft über Kinder führen konnte (§ 89 III FGB), wird diese als bestellte Amtsvormundschaft gemäß § 1791 b fortgeführt.

3. Ansprüche des Vormunds auf Vergütungen sowie auf Ersatz von Aufwendungen für die Zeit bis zum 3.10.1990 richten sich wie bisher nach §§ 94 III, IV FGB.

Zweiter Abschnitt: **Die rechtliche Betreuung Volljähriger**

I. Einführung

741 Bis zum Ende des Jahres 1991 konnte das VormG die Vormundschaft auch für eine volljährige Person anordnen. Voraussetzung dafür war seine **Entmündigung,** die wegen Geisteskrankheit, Geistesschwäche, Verschwendung, Trunksucht oder Rauschgiftsucht möglich war (§ 1896 a.F. i.V.m. § 6 a.F.). Die Entmündigung wegen Geisteskrankheit hatte die **Geschäftsunfähigkeit** (§ 104 Nr. 3 a.F.), die Entmündigung aus allen anderen Gründen die **beschränkte Geschäftsfähigkeit** zur Folge (§ 114 a.F.). Eine weniger einschneidende Maßnahme war die Anordnung der **Gebrechlichkeitspflegschaft** für einen Volljährigen, der wegen geistiger oder körperlicher Gebrechen seine Angelegenheiten nicht selbst wahrnehmen konnte (§ 1910 a.F.).

Diese Regelungen wurden vielfach kritisiert, weil die Entmündigung für einen Erwachsenen diskriminierend wirkt und ihn auf die Rechtsstellung eines Kleinkindes oder eines Minderjährigen herabstuft. Auch die Gebrechlichkeitspflegschaft führte in der Praxis oft zu einer ähnlichen Entrechtung wie die Entmündigung, so daß die Fähigkeit der durch diese Maßnahmen Betroffenen, zumindest teilweise ihr Leben selbst zu gestalten, ungenutzt bleiben mußte.

Die Reformbestrebungen, die zum Erlaß des am 1.1.1992 in Kraft getretenen Betreuungsgesetzes geführt haben, waren deshalb darauf gerichtet, diese nachteiligen Rechtsfolgen zu entschärfen und eine weitgehende Selbstbestimmung des Betreuten unter Wahrung seiner Grundrechte zu sichern.

Obwohl sich das Betreuungsgesetz im wesentlichen in der Praxis bewährt hatte, ergab sich schon nach wenigen Jahren die Notwendigkeit, dieses Rechtsgebiet an zahlreichen Stellen erneut zu ändern. Dies geschah durch das **Betreuungsrechtsänderungsgesetz,** das am 1.1.1999 in Kraft getreten ist. Besondere Schwerpunkte bilden darin die Änderungen im Verfahrensrecht (§§ 65 bis 69 o FGG) und vor allem die Neuregelungen zur Vergütung eines Vormunds, die im Wege der Verweisung in § 1908 i unmittelbare Geltung für die Vergütung eines Betreuers erlangt haben.

Literatur: **Dodegge** NJW 98, 3073; **Walter** FamRZ 99, 685

II. Die Voraussetzungen der Betreuung

Die Anordnung einer Betreuung ist an folgende Voraussetzungen geknüpft (dazu Schwab FamRZ 92, 493):

1. Volljährigkeit

742 Ein Betreuer kann nur für eine **volljährige** Person bestellt werden (§ 1896 I 1 i.V.m. § 2).

Eine scheinbare Ausnahme davon bildet § 1908 a, wonach auch für einen Minderjährigen die Betreuung angeordnet werden kann, wenn er das 17. Lebensjahr vollendet hat und anzunehmen ist, daß die Betreuung bei Eintritt der Volljährigkeit erforderlich sein wird. Wirksam wird diese Betreuung jedoch erst mit der Vollendung des 18. Lebensjahres. Als Betreuer werden in diesem Fall regelmäßig die Eltern des Minderjährigen bestellt, um einen nahtlosen Übergang der elterlichen Sorge zur Betreuung zu erreichen.

2. Medizinische Voraussetzungen 743

Die Betreuung kommt nur in Betracht, wenn der Volljährige an einer psychischen Krankheit oder einer körperlichen, geistigen oder seelischen Behinderung leidet (§ 1896 I 1).

a) Unter dem Begriff **psychische Krankheit** fallen z.B. endogene oder exogene Psychosen, eine Alkohol- oder Drogenabhängigkeit sowie Neurosen oder Psychopathien (BayObLG FamRZ 93, 1489).

b) Eine **geistige Behinderung** liegt z.B. bei angeborenen oder später erworbenen Intelligenzdefekten vor (BayObLG FamRZ 94, 318).

c) Als **seelische Behinderung** werden bleibende psychische Beeinträchtigungen angesehen, wenn sie eine Folge psychischer Krankheiten sind (z.B bei Erscheinungen des Altersabbaus oder ein Verschwörungswahn; vgl. BayObLG FamRZ 94, 319).

d) **Körperliche Behinderungen**, die nicht von einer geistigen Behinderung begleitet sind, werden nur in Ausnahmefällen eine Betreuung erforderlich machen und sind dann von einem Antrag des Volljährigen abhängig; anders nur, wenn der Volljährige seinen Willen nicht kundtun kann (z.B. bei vollständiger Lähmung durch einen Unfall oder nach einem Schlaganfall).

3. Unfähigkeit zur Besorgung eigener Angelegenheiten 744

Die Krankheit oder Behinderung muß **ursächlich** dafür sein, daß der Betroffene seine Angelegenheiten ganz oder teilweise nicht selbst besorgen kann.

Erforderlich ist nicht eine allgemeine Handlungsunfähigkeit, sondern der Verlust der Fähigkeit, diejenigen Angelegenheiten selbst wahrzunehmen, die der Betroffene im Rahmen seiner **sozialen Stellung** normalerweise zu bewältigen hat. Der Kreis dieser Angelegenheiten kann von Person zu Person recht verschieden sein und Besorgungen tatsächlicher oder rechtlicher Art betreffen.

4. Notwendigkeit der Betreuung 745

Da die Betreuung mit einem Eingriff in die Rechte des Betreuten verbunden ist, darf sie nur angeordnet werden, wenn sie "erforderlich" ist (§ 1896 II 1). Deshalb scheidet die Betreuung aus, soweit sich der Betroffene noch selbst helfen kann oder auf andere Weise seine mangelnden Fähigkeiten ausgeglichen werden können (§ 1896 II 2; vgl. OLG Köln FamRZ 96, 249).

Sind z.B. die Verwandten, Freunde, Nachbarn oder soziale Dienste in der Lage, tatsächliche Hilfen zu leisten, auf die der Betroffene angewiesen ist, entfällt die Notwendigkeit einer Betreuung. Auch in rechtlichen Dingen ist eine Betreuung entbehrlich, wenn der Betroffene eine Person seines Vertrauens für die Regelung seiner Angelegenheiten **bevollmächtigen** kann, wobei diese nicht zu dem in § 1897 III genannten Personenkreis gehören darf, um jeden Anschein eines Abhängigkeitsverhältnisses zu vermeiden (s.u. RN **747**).

Erforderlich ist die Betreuung aber, wenn der Volljährige aufgrund seiner Krankheit oder Behinderung keine rechtswirksamen Handlungen vornehmen kann oder nicht dazu bereit ist und deshalb auf eine gesetzliche Vertretung angewiesen ist; insbes. wenn ihm die Fähigkeit fehlt, die Notwendigkeit der Betreuung einzusehen oder trotz vorhandener Einsicht danach zu handeln (vgl. Holzhauer FamRZ 95, 1463, 1469).

Beachte: Die Anordnung einer Betreuung hängt entscheidend davon ab, ob der Volljährige einen **gesetzlichen Vertreter** benötigt.

Bsp.: Der Volljährige kann wegen einer Geisteskrankheit nicht selbst am Rechtsverkehr teilnehmen, weil er geschäftsunfähig ist (§§ 104 Nr. 2, 105); er ist dann auch nicht in der Lage, einem anderen eine rechtsgültige Vollmacht zu erteilen.
Ist die Geschäftsfähigkeit des Volljährigen zweifelhaft und werden seine Erklärungen wegen dieses Risikos im Geschäftsverkehr nicht ernst genommen, ist die Anordnung einer Betreuung erforderlich. Das gleiche gilt, wenn der Volljährige trotz einer Behinderung geschäftsfähig ist, sich aber weigert, die für seine Lage notwendigen Erklärungen abzugeben oder Anträge zu stellen oder einen anderen zu bevollmächtigen.

III. Die Auswahl eines Betreuers

746 Das VormG kann bei der Bestellung eines Betreuers zwischen **Einzelpersonen, Mitarbeitern** eines Betreuungsvereins oder einer Betreuungsbehörde und sog. **Betreuungsvereinen** und **Betreuungsbehörden** wählen (Einzelheiten bei Schwab FamRZ 92, 493, 497 ff). Bei dieser Auswahl sehen die §§ 1897 und 1900 eine bestimmte **Rangfolge** vor, wonach die Einzelbetreuung allen anderen Formen der Betreuung vorzuziehen ist (BayObLG FamRZ 99, 52).

1. Einzelbetreuung durch eine Privatperson

a) Den Idealfall sieht der Gesetzgeber in der Bestellung einer natürlichen Person, die geeignet ist, in ihrem Aufgabenkreis die Angelegenheiten des Betroffenen **rechtlich** zu besorgen und ihn in dem für die rechtliche Betreuung erforderlichen Umfang auch **persönlich** zu betreuen (§ 1897 I). Dafür kommen in erster Linie die Angehörigen des Betroffenen, z.B. der Ehegatte, die Eltern oder Kinder, aber auch Freunde und Bekannte in Betracht, wobei einem **Vorschlag** des Betroffenen zur Person des Betreuers der unbedingte Vorrang einzuräumen ist; er darf nur dann übergangen werden, wenn die Gefahr besteht, daß der Vorgeschlagene sein Amt nicht zum Wohl des Betroffenen führen kann (§ 1897 IV 1; OLG Köln FamRZ 99, 811).
Will er, daß eine bestimmte Person **nicht** zum Betreuer bestellt wird, so **soll** hierauf ebenfalls Rücksicht genommen werden (§ 1897 IV 2).

b) Derartige Wünsche können von dem Volljährigen schon **vor** einem Betreuungsverfahren geäußert werden; sie werden dann genauso berücksichtigt, wie ein im Laufe des Verfahrens gemachter Vorschlag. Doch gilt dies nicht, wenn er an seinem Vorschlag erkennbar nicht festhalten will (§ 1897 IV 3).

Solche Erklärungen, durch die jemand für den Fall der Betreuung Vorschläge zur Auswahl eines Betreuers macht oder Wünsche über die Art und Weise seiner Lebensgestaltung während einer Betreuung äußert, ermöglichen es dem VormG, die dem Betreuten am besten angepaßte Regelung zu treffen.

Eine besondere Form für eine solche **Betreuungsverfügung** ist nicht vorgeschrieben, doch sollte sie **schriftlich** erfolgen, um spätere Beweisschwierigkeiten zu vermeiden. Damit das Gericht von einer solchen Verfügung Kenntnis erlangt, ist jeder verpflichtet, sie unverzüglich dem VormG abzuliefern, wenn ihm die Einleitung eines Betreuungsverfahrens bekannt wird (§ 1901 a).

In **Bayern** besteht die Möglichkeit, daß ein Volljähriger seine Betreuungsverfügung bei dem für seinen Wohnsitz zuständigen AG in gleicher Weise hinterlegen kann wie ein Testament.

c) Schlägt der Betroffene **niemanden** vor, hat das VormG bei der Auswahl des Betreuers auf die persönlichen Bindungen des Volljährigen zu seinen Angehörigen Rücksicht zu nehmen (§ 1897 V; vgl. BayObLG FamRZ 96, 507), und dabei auf die Gefahr von Interessenkonflikten zu achten (OLG Hamm FamRZ 93, 988, 990).

Bsp.: Ungeeignet für die Betreuung ist ein Verwandter, mit dem der Betroffene seit langem verfeindet ist oder zu dem der Betroffene in einem Abhängigkeitsverhältnis steht. Nicht selten besteht auch die Gefahr, daß ein ehrenamtlicher Betreuer durch die Betreuung überfordert wird.

d) Übt jemand die Betreuung **berufsmäßig** aus, soll er nur dann zum Betreuer bestellt werden, wenn keine andere Person für eine ehrenamtliche Führung der Betreuung zur Verfügung steht (§ 1897 VI 1). **Berufsbetreuer** ist in der Regel derjenige, dem mehr als zehn Betreuungen gleichzeitig übertragen sind, so daß er sie nur im Rahmen seines Berufs ausüben kann; aber auch derjenige, der für die Führung der Betreuungen voraussichtlich mindestens 20 Wochenstunden aufbringen muß (vgl. § 1836 I; s.o. RN **726**).
Erweist sich die Bestellung eines Berufsbetreuers dennoch als notwendig, ist dieser verpflichtet, dem Gericht mitzuteilen, wenn er erfährt, daß der Volljährige durch einen oder mehrere ehrenamtliche Personen betreut werden kann (§ 1897 VI 2). In diesem Fall hat das VormG zu prüfen, ob ein Wechsel in der Betreuung in Betracht kommt. Bei erstmaliger Bestellung eines Berufsvormunds im Bezirk des VormG hat dieses die Betreuungsbehörde über die Eignung des Betreuers anzuhören (§ 1897 VII).

2. Mitarbeiter eines Betreuungsvereins oder einer Betreuungsbehörde 747

a) Da es oft schwierig ist, geeignete private Personen für die Betreuung eines kranken oder behinderten Menschen zu gewinnen, läßt es das Gesetz zu, auch **Mitarbeiter** eines nach § 1908 f anerkannten Betreuungsvereins, der dort ausschließlich oder teilweise als Betreuer tätig ist, zum Betreuer des Betroffenen zu bestellen; doch ist eine solche Bestellung nur mit **Einwilligung** dieses Vereins zulässig (§ 1897 II 1). Die Bestellung eines sog. Vereinsbetreuers kommt auch dann in Betracht, wenn im Rahmen der Betreuung schwierige Aufgaben bewältigt werden müssen, die den Einsatz von professionellen Betreuern (meist Sozialarbeitern oder Sozialpädagogen) erfordern.

b) Die gleichen Gesichtspunkte wie bei dem Vereinsbetreuer sind bei der Bestellung eines Mitarbeiters zu beachten, der bei einer für die Betreuung zuständigen **Behörde** als Betreuer tätig ist (Behördenbetreuer; § 1897 II 2).

c) Um Interessenkonflikte auszuschalten, darf das VormG keine der vorgenannten Personen zum Betreuer bestellen, die in engen Beziehungen oder in einem Abhängigkeitsverhältnis zu der Anstalt oder dem Heim stehen, in dem der Volljährige untergebracht ist oder wohnt (§ 1897 III).

3. Betreuungsverein oder Betreuungsbehörde 748

a) Läßt sich eine ausreichende Betreuung durch einen oder mehrere Einzelbetreuer nicht ermöglichen, so darf in solchen Ausnahmefällen auch ein anerkannter **Betreuungsverein**, der damit einverstanden ist, zum Betreuer bestellt werden (§ 1900 I). Dieser überträgt dann die mit der Wahrnehmung der Betreuung verbundenen Aufgaben auf einzelne Mitarbeiter, die dadurch aber nicht die Stellung eines Einzelbetreuers erlangen (§ 1900 II).

b) Steht kein Betreuungsverein zur Verfügung, z.B. weil er bereits voll ausgelastet ist, kann zuletzt die zuständige **Betreuungsbehörde** zum Betreuer bestellt werden; für sie gelten die Vorschriften über den Verein als Betreuer entsprechend, doch kommt es nicht auf ihre Einwilligung an (§ 1900 IV).

c) **Betreuungsbehörden** sind nach den Ausführungsgesetzen der Länder zum Betreuungsgesetz nahezu übereinstimmend die Landkreise und kreisfreien Städte. In Bayern und Nordrhein-Westfalen tragen diese Behörden im Rahmen ihrer Betreuungsaufgaben die Zusatzbezeichnung "Betreuungsstelle".

IV. Die Anordnungen des Vormundschaftsgerichts

Die Bestellung eines Betreuers kann auf Antrag oder von Amts wegen erfolgen. Gleichzeitig mit der Bestellung hat das VormG bestimmte Anordnungen zu treffen, die gewährleisten sollen, daß dem Betreuten die erforderliche Hilfe zuteil wird.

1. Bestellung auf Antrag oder von Amts wegen

749 a) **Nur der** Volljährige selbst kann beantragen, für ihn einen Betreuer zu bestellen (§ 1896 I 1). Für den Antrag ist keine Geschäftsfähigkeit erforderlich (§ 1896 I 2 BGB, § 66 FGG). Dritte Personen haben kein Antragsrecht; ein von ihnen gestellter Antrag kann aber als Anregung gewertet werden, eine Betreuung von Amts wegen anzuordnen.

b) **Von Amts wegen** wird das VormG tätig, wenn die Voraussetzungen für eine Betreuung bis auf den Antrag vorliegen. Das wird oft der Fall sein, wenn der Volljährige seinen Willen nicht frei bestimmen kann, weil er wegen seiner Behinderung oder Krankheit nicht einsehen will oder einsehen kann, daß er einen Betreuer benötigt (BayObLG FamRZ 95, 1085).

c) Liegt nur eine **körperliche Behinderung** vor, darf ohne Antrag des Volljährigen keine Betreuung angeordnet werden, ausgenommen den seltenen Fall, daß er seinen Willen nicht kundtun kann (§ 1896 I 3; s.o. RN **743**).

2. Aufgabenkreis des Betreuers

750 a) Um zu verhindern, daß die Bestellung eines Betreuers Angelegenheiten umfaßt, die der Betroffene selbst besorgen kann, hat das VormG **gleichzeitig** mit der Bestellung den **Aufgabenkreis** des Betreuers festzulegen (§ 1896 II 1 BGB i.V.m. § 69 I Nr. 2 FGG). Je nach dem Grad der Krankheit oder Behinderung kommt eine **Gesamtbetreuung**, die alle Angelegenheiten des Betreuten erfaßt oder eine **Teilbetreuung** in Betracht.

Auch bei einer Gesamtbetreuung gehören der **Fernmeldeverkehr** des Betreuten und die **Post** betreffende Angelegenheiten nur dann zum Aufgabenkreis des Betreuers, wenn es das Gericht **ausdrücklich** anordnet (§ 1896 IV).

b) Bei einer Teilbetreuung muß der Aufgabenkreis des Betreuers deutlich umrissen und nachprüfbar festgestellt werden. Das bedeutet aber nicht, daß jede einzelne Handlung im Rahmen des Aufgabenkreises genau beschrieben werden muß; es genügt eine typisierende Bezeichnung, wie sie z.B. im Bereich der elterlichen Sorge üblich ist (vgl. Klüsener Rpfleger 89, 217, 222).

Bsp.: Aufenthaltsbestimmung (dazu Sonnenfeld FamRZ 95, 393); Aufnahme in einem Heim; Unterbringung in einer Anstalt; ärztliche Heilbehandlung (BayObLG FamRZ 94, 1059); Wohnungs- und Rentenangelegenheiten; Vermögenssorge.

c) Hat ein Volljähriger einem anderen eine **Vollmacht** erteilt (z.B. zur Erledigung seiner Bankgeschäfte), kann die Bestellung eines Betreuers angebracht sein, dessen Aufgabenkreis die **Überwachung des Bevollmächtigten** und die Geltendmachung etwaiger Rechte gegen ihn umfaßt (sog. Kontrollbetreuer; § 1896 III).

3. Einwilligungsvorbehalt (§ 1903) 751

Da die Betreuung (anders als bei der früheren Entmündigung) nicht automatisch mit dem Wegfall oder der Beschränkung der Geschäftsfähigkeit des Betreuten verbunden ist (s.u. RN **757**), kann der Betreute weiterhin Rechtsgeschäfte vornehmen, selbst wenn diese in den Aufgabenkreis des Betreuers fallen (dazu Jurgeleit Rpfleger 95, 282). Sie sind zwar nichtig, wenn der Betreute tatsächlich geschäftsunfähig ist (§ 105), doch ist die Nichtigkeit einer Rechtshandlung nicht immer leicht erkennbar, so daß sie einen schweren Schaden, insbes. für die Vermögensverhältnisse des Betreuten, zur Folge haben kann. Zum eigenen Schutz des Betreuten kann es deshalb erforderlich sein, seine Handlungsfähigkeit für bestimmte Angelegenheiten einzuschränken.

a) Das VormG ordnet von Amts wegen einen **Einwilligungsvorbehalt** an, soweit dies zur Abwendung einer erheblichen Gefahr für die Person oder das Vermögen des Betreuten notwendig ist. Die Wirkung dieses Einwilligungsvorbehalts besteht darin, daß der Betreute eine Willenserklärung, die den Aufgabenkreis des Betreuers betrifft, nur mit der **Einwilligung des Betreuers** vornehmen darf (§ 1903 I 1).

In dieser Hinsicht steht der Betreute einem beschränkt geschäftsfähigen Minderjährigen gleich und unterliegt denselben Vorschriften wie dieser (§§ 108 bis 113, § 131 II und § 206 i.V.m. § 1903 I 2; vgl. die ähnliche Regelung bei Genehmigungen von Rechtsgeschäften eines Vormunds, s.o. RN **720**). 752

b) Trotz eines Einwilligungsvorbehalts ist **keine Einwilligung** erforderlich, wenn die Willenserklärung dem Betreuten lediglich einen **rechtlichen Vorteil** bringt (z.B. die Annahme eines Geschenkes; vgl. § 107) oder wenn sie "eine geringfügige Angelegenheit des täglichen Lebens betrifft" und das Gericht nichts anderes angeordnet hat (§ 1903 III).

Bsp. für zustimmungsfreie Rechtsgeschäfte:
Kauf von Lebensmitteln oder Tabak in kleinen Mengen; Kauf einer Zeitung oder Kinokarte. Dagegen kann bei der Gefahr eines Alkoholmißbrauchs bereits der Kauf einer Flasche Bier unter den Einwilligungsvorbehalt gestellt werden.

c) Ist ein Betreuter lediglich **körperlich behindert**, kann der Einwilligungsvorbehalt für ihn nicht angeordnet werden, da die Betreuung selbst von seinem Willen abhängig ist und dieser nicht beeinträchtigt werden darf.

Für die Anordnung eines Einwilligungsvorbehalts kommen vor allem **psychisch Kranke** in Betracht, die ihren Willen nicht mehr frei bestimmen können (z.B. bei Geisteskrankheit, Geistesschwäche und Suchtkrankheiten; vgl. BayObLG FamRZ 98, 454).

d) Schließt ein geschäftsunfähiger Betreuter ein Rechtsgeschäft ab, für das ein Einwilligungsvorbehalt angeordnet worden ist, bleibt offen, welche Bedeutung es hat, wenn der Betreuer dazu seine Einwilligung erteilt: Wird dadurch das an sich nichtige Rechtsgeschäft wirksam oder bleibt es trotz der Einwil- 753 ligung nichtig, was eher anzunehmen sein wird (Klüsener Rpfleger 89, 217, 221). Dieses Problem hat der Gesetzgeber nicht gelöst, so daß das Ziel, mit Hilfe des Einwilligungsvorbehalts dem Rechtsverkehr eine sichere Beurteilung der Rechtslage zu ermöglichen, nicht in allen Fällen erreicht wird. Im Zweifelsfall sollte der Betreuer dem Rechtsgeschäft die Einwilligung versagen und das Geschäft, wenn er es billigt, in seiner Eigenschaft als gesetzlicher Vertreter selbst abschließen.

e) Für **höchstpersönliche Rechtshandlungen** des Betreuten darf **kein** Einwilligungsvorbehalt angeordnet werden (§ 1903 II). Das betrifft eine Verlobung oder Eheschließung, ferner Verfügungen von Todes wegen (Testament oder Erbvertrag) sowie alle Willenserklärungen im Familien- und Erbrecht, zu denen ein Minderjähriger nicht die Zustimmung seines gesetzlichen Vertreters benötigt (z.B. zur Anfechtung der Vaterschaft nach § 1600 a II 2).

4. Mehrere Betreuer

754 a) In Ausnahmefällen kann es erforderlich sein, **mehrere Betreuer** zu bestellen, wenn die Angelegenheiten des Betreuten dadurch besser besorgt werden können (§ 1899 I 1; dazu BayObLG FamRZ 98, 512).

So bei Eltern eines volljährig gewordenen geistig behinderten Kindes, bei dem die Betreuung durch **beide Elternteile** sich als Fortsetzung der elterlichen Sorge darstellt. Aber auch in anderen Fällen, wenn z.B. die zu betreuenden Angelegenheiten so **verschiedenartig** sind, daß ein einzelner Betreuer mit ihrer Wahrnehmung überfordert wäre oder wenn es auf verschiedene Spezialkenntnisse ankommt, ist die Bestellung mehrerer Betreuer angebracht.

b) Werden mehrere Betreuer bestellt, muß das VormG bestimmen, welcher Betreuer mit welchem Aufgabenkreis betraut wird (§ 1899 I 2). Sollen die Betreuer denselben Aufgabenkreis wahrnehmen (z.B. die Eltern eines geistig behinderten volljährigen Kindes), können sie dies nur **gemeinsam** tun, wenn nicht das Gericht etwas anderes bestimmt hat oder mit dem Aufschub Gefahr verbunden ist (§ 1899 III). Sonst nimmt jeder Betreuer den ihm zugewiesenen Aufgabenkreis wahr.

c) Möglich ist auch die Anordnung einer **Ergänzungsbetreuung** (Spanl Rpfleger 92, 142), die für den Fall in Betracht kommt, daß der eigentliche Betreuer **verhindert ist** (z.B. bei längerer Abwesenheit oder Krankheit). Auch kann das VormG gestatten, daß ein Betreuer einem anderen Betreuer seine Aufgaben übertragen darf. Auf diese Weise kann z.B. ein Vereinsbetreuer einen ehrenamtlichen Betreuer in sein Aufgabengebiet einweisen und ihm nach und nach die Ausführung aller Arbeiten übertragen (§ 1899 IV; sog. **Delegationsbetreuung**).

5. Pflicht zur Übernahme

755 Wer vom VormG als Betreuer ausgewählt wurde, ist verpflichtet, die Betreuung zu übernehmen, wenn er dafür geeignet ist und ihm die Übernahme nach seinen persönlichen Verhältnissen zugemutet werden kann (§ 1898 I).

Ein Zwang zur Übernahme wird dabei nicht ausgeübt; im Gegenteil darf die Bestellung zum Betreuer erst erfolgen, wenn sich der Ausgewählte zur Übernahme der Betreuung bereit erklärt hat (§ 1898 II). Damit soll erreicht werden, daß sich ein für die persönliche Betreuung wichtiges Vertrauensverhältnis zwischen Betreuer und Betreutem entwickeln kann, was unter Zwang sonst nicht möglich wäre. Bei mehreren Betreuern ist die Zustimmung jedes einzelnen Betreuers erforderlich.

6. Beratung des Betreuers und Aufsicht des VormG 756

a) Das VormG hat auch während einer laufenden Betreuung die Pflicht, dem Betreuer beratend und unterstützend zur Seite zu stehen und ihn mit seinen Aufgaben vertraut zu machen (§ 1908 i i.V.m. § 1837 I).

b) Es hat ferner über die gesamte Tätigkeit des Betreuers die **Aufsicht** zu führen und gegen etwaige Pflichtwidrigkeiten einzuschreiten. Zur Befolgung seiner Anordnungen kann das Gericht ein **Zwangsgeld** festsetzen, jedoch nicht gegen eine Behörde oder einen Verein. Ferner kann es dem Betreuer aufgeben, eine **Versicherung** gegen Schäden, die er dem Betreuten zufügen könnte, abzuschließen (§ 1908 i I i.V.m. § 1837 I bis III; s.o. RN **729 ff**).

c) In zahlreichen wichtigen Angelegenheiten hat das Gesetz die Durchführung einer vom Betreuer beabsichtigten Maßnahme von der **Genehmigung des VormG** abhängig gemacht (s.u. RN **760**), so daß auch in diesen Fällen die Mitwirkung des Gerichts zum Wohle des Betreuten gesichert ist.

V. Rechtsstellung und Pflichten des Betreuers

1. Gesetzliche Vertretung 757

Im Bereich seines Aufgabenkreises ist der Betreuer der **gesetzliche Vertreter** des Betreuten (zum Begriff s.o. RN **551**); er vertritt ihn gerichtlich und außergerichtlich (§ 1902).

a) Die gesetzliche Vertretung ändert aber, wie schon erwähnt, nichts an der Geschäftsfähigkeit des Betreuten. War er bisher geschäftsfähig, bleibt er es auch nach Anordnung der Betreuung; war er geschäftsunfähig, tritt ebenfalls keine Änderung ein. Da kein Gericht befugt ist, eine etwa bestehende Geschäftsunfähigkeit des Betreuten mit Wirkung für und gegen alle festzustellen (was früher die Rechtsfolge einer Entmündigung bei Geisteskranken war), hat dies eine erhebliche Rechtsunsicherheit sowohl im Verhältnis zwischen dem Betreuer und seinem Betreuten, als auch im Verhältnis zu Dritten zur Folge; denn der **geschäftsfähige** Betreute ist berechtigt, auch im Zuständigkeitsbereich des Betreuers wirksame Rechtsgeschäfte abzuschließen und sich dabei u.U. in Widerspruch zu anderen die gleiche Angelegenheit betreffenden Rechtsgeschäften des Betreuers zu setzen, was Schadenersatzpflichten auslösen kann.

b) Handelt dagegen ein Geschäftsunfähiger, sind zwar seine Willenserklärungen gemäß § 105 nichtig, doch bleibt dies seinem Vertragspartner oft verborgen; allenfalls gibt das Verhalten des Betreuten zu Zweifeln an seiner Geschäftsfähigkeit Anlaß. Diese Unsicherheit führt im Geschäftsleben nicht selten dazu, daß der Betreute schon aufgrund dessen, daß für ihn eine Betreuung angeordnet worden ist, als **geschäftsunfähig** behandelt wird. So führt in der praktischen Auswirkung die Betreuung häufig zum gleichen unerfreulichen Ergebnis, wie das bisher bei der Entmündigung der Fall war. Eine befriedigende Lösung dieses Problems ist nicht in Sicht.

c) Die gesetzliche Vertretung des Betreuers unterliegt im Falle einer Interessenkollision denselben Einschränkungen wie bei einem Vormund, so daß für ein Rechtsgeschäft des Betreuten gegebenenfalls ein weiterer Betreuer bestellt werden muß (§ 1908 i I i.V.m. §§ 1795, 1899 IV; s.o. RN **754**).

2. Pflichten des Betreuers 758

Zu seinen Pflichten gehören alle Tätigkeiten, die erforderlich sind, um die **rechtlichen** und **persönlichen** Angelegenheiten des Betreuten zu besorgen. Dadurch soll erreicht werden, daß sich der Betreute nicht anonym verwaltet fühlt, sondern die Betreuung als erwünschte Hilfe empfindet (§ 1901 I).

a) Die Betreuung schließt **nicht** die Verrichtung von Pflegeleistungen oder häuslichen Arbeiten ein (wohl aber die Organisation solcher Dienstleistungen); sie besteht in der Kontaktaufnahme, im persönlichen Gespräch, auch um die Wünsche des Betreuten kennenzulernen und es ihm im Rahmen seiner Fähigkeiten zu ermöglichen, sein Leben nach seinen Vorstellungen zu gestalten (§ 1901 II 2). Oberster Grundsatz muß dabei das **Wohl des Betreuten** sein (§ 1901 II 1). Das bedeutet andererseits, daß Wünsche des Betreuten nicht berücksichtigt werden können, die seinem Wohl zuwiderlaufen würden oder die dem Betreuer nicht zuzumuten wären (§ 1901 III 1).

b) Ein zentrales Anliegen des Betreuers muß es sein, sich in **wichtigen Angelegenheiten** mit dem Betreuten abzustimmen, soweit dies nach dessen Fähigkeiten möglich ist, um nicht durch vorschnelle Entscheidungen eine Vertrauenskrise herbeizuführen (§ 1901 III 3). Zu den Pflichten des Betreuers gehört es auch, die Möglichkeiten zur Verbesserung des Gesundheitszustandes des Betreuten zu nutzen und dabei behilflich zu sein, die Folgen einer Behinderung zu mildern (§ 1901 IV). Das **Vermögen** des Betreuten sollte insbes. dazu verwendet werden, ihm den früher gewohnten Lebensstandard zu erhalten (BayObLG FamRZ 91, 481).

c) Außerdem ist der Betreuer verpflichtet, dem VormG auf Verlangen jederzeit über die Führung der Betreuung und über die persönlichen Verhältnisse des Betreuten **Auskunft** zu erteilen und von sich aus mindestens einmal jährlich darüber zu berichten (§ 1908 i I i.V.m. §§ 1839, 1840; s.o. RN **730**).

3. Ergänzende Bestimmungen

759 Da sich die Betreuung aus dem Recht der Vormundschaft entwickelt hat, sind zahlreiche Normen aus dem Vormundschaftsrecht neben den Bestimmungen über die Betreuung zu beachten. Die entsprechend anzuwendenden Vorschriften sind in § 1908 i zusammengefaßt.

Sie betreffen z.B. die Vermögensverwaltung durch den Betreuer; seine Haftung für Pflichtverletzungen oder seine Ansprüche auf **Vergütung** und **Aufwendungsersatz** (§§ 1833 bis 1836 e).

Eine freiere Stellung wird dem Betreuer bei Gelegenheitsgeschenken, die den Wünschen des Betreuten entsprechen, eingeräumt; ferner wird die Möglichkeit, eine Befreiung von den in § 1857 a genannten Vorschriften zu erlangen, auch nahen Angehörigen, die als Betreuer tätig sind, eingeräumt; die gleichen Vergünstigungen können Vereins- und Behördenbetreuer in Anspruch nehmen, wenn das VormG damit einverstanden ist (§ 1908 i II).

VI. Genehmigungspflichtige Angelegenheiten

760 Im Betreuungsrecht gibt es für bestimmte persönliche Angelegenheiten des Betreuten ins einzelne gehende Bestimmungen, deren Durchführung in der Regel von der Einwilligung des Betreuers und der Genehmigung des VormG abhängig gemacht wird.

Beachte: Vorausgesetzt ist dabei immer, daß diese Maßnahmen in den Aufgabenkreis des Betreuers fallen.

1. Ärztliche Maßnahmen (§ 1904) 761

a) Eine Untersuchung des Gesundheitszustandes, eine Heilbehandlung oder ein ärztlicher Eingriff dürfen nur mit **Einwilligung des Patienten** vorgenommen werden, da sie sonst rechtswidrig wären. Dabei kommt es nicht darauf an, ob der Betroffene geschäftsfähig ist, sondern ob er über eine **natürliche Einsichts- und Steuerungsfähigkeit** verfügt. Ist diese vorhanden, d.h. kann der Betreute nach entsprechender ärztlicher Aufklärung und Beratung die Bedeutung und Tragweite der Maßnahme erfassen und in sie einwilligen, ist eine zusätzliche Einwilligung des Betreuers entbehrlich (LG Kassel FamRZ 96, 1501).

b) Die Einwilligung des Betreuers als gesetzlicher Vertreter des Betreuten ist erst dann erforderlich, wenn dieser **einwilligungsunfähig** ist. Ob diese Voraussetzung im konkreten Fall gegeben ist, hat der Betreuer zu beurteilen, womit er oft überfordert sein dürfte; doch kann er in Zweifelsfällen die Unterstützung des VormG in Anspruch nehmen, das sich wiederum sachverständig beraten lassen wird (§ 1908 i I i.V.m. § 1837 I).

c) Will der Betreuer die Einwilligung erteilen, ist er verpflichtet, zusätzlich die **Genehmigung des VormG** einzuholen, wenn die **Gefahr** besteht, daß der Betreute aufgrund dieser Maßnahme stirbt oder einen schweren Gesundheitsschaden erleidet (§ 1904, 1). Eine Ausnahme macht das Gesetz, wenn mit dem Zeitverlust, der mit der Einholung der Genehmigung verbunden ist, eine zusätzliche Gefahr für den Betreuten verbunden wäre (§ 1904, 2).

Literatur: **Stolz** FamRZ 93, 642

d) Neu eingeführt hat der Gesetzgeber in § 1904 II die Gleichstellung der Einwilligung eines **Betreuers** mit der Einwilligung eines **Bevollmächtigten.** Damit besteht die Möglichkeit, daß der Betroffene einer bestimmten Person eine Vollmacht erteilen kann, ihn bei der Einwilligung in eine ärztliche Maßnahme zu vertreten, auch wenn keine Betreuung besteht. Diese **Vorsorgevollmacht** muß allerdings, um wirksam zu sein, **schriftlich** erteilt werden und die in § 1904 I 1 genannten Maßnahmen **ausdrücklich umfassen.**
Die Erteilung einer Generalvollmacht (zur Einwilligung in alle ärztlichen Maßnahmen) reicht hierfür nicht aus. Sollte z.B. mit dieser Bevollmächtigung auch die Einwilligung zum Abbruch lebenserhaltener Maßnahmen erteilt werden, müßte dies ausdrücklich gesagt sein.
Diese Vollmacht erlangt erst dann Bedeutung, wenn der Betroffene selbst nicht mehr einwilligungsfähig ist. Solange er diese Fähigkeit hat, ist er nicht gehindert, diese Vollmacht jederzeit zu widerrufen. Ein Betreuer hat dagegen nicht das Recht, die Vollmacht oder die auf ihrer Grundlage erteilte Einwilligung in die ärztliche Maßnahme zu widerrufen, weil sich die Vollmacht auf eine höchstpersönliche Angelegenheit des Betroffenen bezieht (umstr.).
Abgesehen davon ist in jedem Fall die **Genehmigung** des VormG erforderlich, wenn durch die Maßnahme die Gefahr besteht, daß der Betroffene stirbt oder einen schweren Gesundheitsschaden erleidet. Problematisch erscheint freilich, inwieweit das Gericht an den in der Vorsorgevollmacht geäußerten Willen des Betroffenen gebunden ist.

Literatur: **Walter** FamRZ 99, 685

2. Sterilisation (§ 1905) 762

a) Grundsätzlich darf eine **Sterilisation** (die operative Unfruchtbarmachung eines Menschen durch Unterbrechung der Ei- bzw. Samenleiter) nur mit Einwilligung des Betroffenen erfolgen, seine Einwilligungsfähigkeit vorausgesetzt. Fehlt diese, muß die Sterilisation auch dann unterbleiben, wenn der Betroffene durch jede Art der Ablehnung oder Gegenwehr zu erkennen gibt, daß er damit nicht einverstanden ist; ausschlaggebend ist auch hier der sog. **natürliche Wille**, der noch im Zeitpunkt des Eingriffs zu beachten ist und bei einem Sinneswandel eine bereits früher gegebene Einwilligung unwirksam macht (§ 1905 I Nr. 1).

Ist der Betreute einwilligungsunfähig, ohne daß er einen Widerstand gegen seine Sterilisation erkennen läßt, kommt es auf die **Einwilligung seines Betreuers** an, bei dem es sich nicht um den "allgemeinen Betreuer" des Betroffenen handelt, sondern um einen vom VormG zu bestellenden "besonderen Betreuer" (§ 1899 II). Dieser Betreuer muß stets eine Einzelperson sein, da Vereine oder Behörden nicht mit der Entscheidung über eine Sterilisation befaßt werden dürfen (§ 1900 V).

b) Die Einwilligung des besonderen Betreuers ist auch davon abhängig, daß der Betreute **auf Dauer** einwilligungsunfähig bleiben wird (§ 1905 I Nr. 2); ferner muß die konkrete und ernstliche Erwartung bestehen, daß es ohne die Sterilisation zu einer **Schwangerschaft** kommen würde (§ 1905 I Nr. 3), die nicht durch andere zumutbare Mittel (z.B. Verhütungsmittel) verhindert werden könnte (§ 1905 I Nr. 5; BayObLG FamRZ 97, 702). Weiter muß die Schwangerschaft eine **Gefahr für Leben und Gesundheit** der Schwangeren bedeuten, die auf andere zumutbare Weise nicht abzuwenden wäre (§ 1905 I Nr. 4). Dazu rechnet das Gesetz auch die Gefahr eines schweren seelischen Leidens für die Mutter, das mit der Trennung von dem Kind aufgrund einer Maßnahme nach §§ 1666, 1666a zusammenhängen könnte (§ 1905 I 2).

Letztere Voraussetzungen machen deutlich, daß eine nach § 1905 genehmigungsfähige Sterilisation wohl nur für eine betreute **Frau** in Betracht kommt, sehr viel seltener für einen betreuten **Mann** zum Schutz seiner Frau oder Partnerin vor einer Schwangerschaft.

763 c) Die Einwilligung des besonderen Betreuers muß vom VormG **genehmigt** werden (§ 1905 II 1). Für dieses Genehmigungsverfahren hat das VormG einen eigenen **Verfahrenspfleger** zu bestellen, der nicht mit dem besonderen Betreuer identisch ist (§ 67 I 5 FGG). Das Gericht muß mindestens **zwei Sachverständigengutachten** über alle Aspekte dieser Sterilisation einholen, wobei Sachverständiger und ausführender Arzt **nicht personengleich** sein dürfen (§ 69 d III 5 FGG). In diesem Verfahren sind alle Beteiligten **anzuhören** (s.u. RN **766**). Schließlich darf die Sterilisation erst zwei Wochen, nachdem die Genehmigung wirksam geworden ist, ausgeführt werden (§ 1905 II 2), wobei diejenige Methode angewendet werden soll, die eine spätere Wiederherstellung der Fruchtbarkeit zuläßt (§ 1905 II 3).

d) Zusammenfassend läßt sich sagen, daß das Verfahren der Sterilisation überperfektioniert ausgestaltet worden ist, um jeden Anschein einer Zwangssterilisation zu vermeiden (dazu MünchKomm-Schwab § 1905 RdNr. 2).

Literatur: **Pieroth** FamRZ 90, 117

3. **Unterbringung** (§ 1906)

764 a) Die Unterbringung eines Betreuten, die mit **Freiheitsentziehung** verbunden ist (vgl. dazu RN **547**), darf nur unter bestimmten Voraussetzungen, bei denen es sich um Fälle der **Selbstgefährdung** oder der **Behandlungsbedürftigkeit** des Betreuten handelt, durchgeführt werden; diese Maßnahmen sind nur solange zulässig, wie es das Wohl des Betreuten erfordert (§ 1906 I). Weitere Voraussetzung ist, daß der Aufgabenkreis des Betreuers das Recht zur Aufenthaltsbestimmung umfaßt.

b) Eine Freiheits**entziehung** setzt weiter voraus, daß sie ohne oder gegen den Willen des Betreuten erfolgt. Bei der Beurteilung, ob der Betreute mit der Unterbringung einverstanden ist, kommt es auch hier auf seinen **natürlichen Willen** und auf seine **Einsichtsfähigkeit** an, inwieweit er die Unterbringung mit ihren konkreten Folgen beurteilen kann (BayObLG FamRZ 96, 1375).

c) Auch **unterbringungsähnliche** Maßnahmen, z.B. das Festbinden im Bett oder auf einem Stuhl, die Anbringung von Bettgittern oder das Eingeben von Medikamenten, um den Betreuten am Verlassen der Anstalt zu hindern, fallen ebenfalls unter den Begriff der Unterbringung, soweit diese Maßnahmen regelmäßig oder über einen längeren Zeitraum erfolgen (§ 1906 IV).

d) Die zwangsweise Unterbringung ist nur mit **Genehmigung des VormG** zulässig; erfolgt sie ohne Genehmigung, weil mit dem Aufschub Gefahr verbunden ist, muß sie unverzüglich nachgeholt werden (§ 1906 II).

e) Auch im Rahmen des § 1906 besteht nunmehr die Möglichkeit, daß der Betroffene im Wege einer **Vorsorgevollmacht** eine Person seines Vertrauens damit beauftragt, für ihn eine Entscheidung zu treffen, sollte eine Unterbringungsmaßnahme erforderlich werden (§ 1906 V). Die Vorsorgevollmacht muß den gleichen Anforderungen genügen wie bei einer ärztlichen Maßnahme nach § 1904; auf diese Ausführungen, die hier entsprechend gelten, wird Bezug genommen (s.o. RN **761**).
Das Unterbringungsverfahren ist in den §§ 70 bis 70 n FGG geregelt.

Literatur: **Schumacher** FamRZ 91, 280

4. **Aufgabe der Mietwohnung** (§ 1907) 765

a) Für einen Betreuten kann die Möglichkeit, nach Beendigung eines Klinikaufenthalts oder einer Unterbringung wieder in die gewohnten häuslichen Verhältnisse zurückkehren zu können, von großer Bedeutung sein. Deshalb stellt § 1907 I die Wohnung als räumlichen Mittelpunkt der Lebensverhältnisse des Betreuten unter einen besonderen Schutz. Der Betreuer, der eine vom Betreuten gemietete Wohnung **kündigen** will, muß aus diesem Grund die **Genehmigung des VormG** dazu einholen. Solange zu erwarten ist, daß der Betreute wieder in seine alte Wohnung zurückkehren kann, wird das VormG diese Genehmigung verweigern.

b) Außerdem hat der Betreuer gemäß § 1907 II dem Gericht unverzüglich alle sonstigen Umstände mitzuteilen, die eine Beendigung des Mietverhältnisses herbeiführen können (z.B. Kündigung oder Räumungsklage von Seiten des Vermieters).

c) Ist der Betreute **Eigentümer** einer Wohnung oder eines Hauses, ergibt sich die Notwendigkeit für den Betreuer, zur Kündigung eines Mietverhältnisses, zur Weiterveräußerung oder Belastung dieses Eigentums die Genehmigung des VormG einzuholen, bereits aus § 1908 i I i.V.m. §§ 1812, 1821.

Literatur: **Bobenhausen** Rpfleger 94, 13

VII. Das Verfahren des Vormundschaftsgerichts

Die Zuständigkeit für alle Betreuungssachen liegt beim **VormG** (§ 65 FGG). 766

a) Das vom Gericht einzuhaltende Verfahren ist in den Bestimmungen der §§ 65 a bis 69 m FGG geregelt. Um den Betroffenen persönlich an diesem Verfahren zu beteiligen, ordnet § 66 FGG an, daß er ohne Rücksicht darauf, ob er geschäftsfähig ist oder nicht, als **verfahrensfähig** anzusehen ist, d.h. er kann seine Rechte selbst wahrnehmen, insbes. selbst Rechtsmittel gegen die Entscheidungen des VormG einlegen.

b) Soweit es im Interesse des Betroffenen erforderlich ist, hat das VormG für ihn einen **Verfahrenspfleger** zu bestellen (insbes. im Sterilisationsverfahren); doch ist ein Verfahrenspfleger entbehrlich, wenn sich der Betroffene durch einen Rechtsanwalt oder einen anderen geeigneten Bevollmächtigten vertreten läßt (§ 67 FGG). Sehr wichtig ist die Bestimmung, daß der Betroffene im Verfahren **persönlich anzuhören** ist (möglichst in seiner vertrauten Umgebung), damit sich das Gericht einen unmittelbaren Eindruck von ihm verschaffen kann (§ 68 I FGG); davon darf nur aus bestimmten Gründen abgesehen werden (§ 68 II FGG).

c) Ferner darf die Bestellung eines Betreuers nur erfolgen, nachdem das Gericht das **Gutachten** eines Sachverständigen über die Notwendigkeit der Betreuung eingeholt hat (§ 68 b FGG).
Weitere Vorschriften über die Anhörung des Betroffenen und die Einholung zusätzlicher Sachverständigengutachten enthält § 69 d FGG.

d) Entscheidungen in Betreuungssachen sind dem Betroffenen stets selbst bekanntzugeben, sofern davon nicht erhebliche Nachteile für seine Gesundheit zu befürchten sind (§ 69 a FGG). Nach spätestens fünf Jahren muß das VormG über die Aufhebung oder Verlängerung der Maßnahmen entscheiden (§ 69 I Nr. 5 FGG).

e) Liegen dringende Gründe vor, ist das VormG berechtigt, durch **einstweilige Anordnung** einen **vorläufigen Betreuer** zu bestellen oder einen **vorläufigen Einwilligungsvorbehalt anzuordnen** (§ 69 f FGG).

767 **VIII. Beendigung der Betreuung**

1. Wegfall der Voraussetzungen

Nach dem Grundsatz, daß eine Betreuung nur angeordnet werden darf, wenn sie **erforderlich** ist (vgl. § 1896 II 1), muß sie beim Wegfall ihrer Voraussetzungen vollständig **aufgehoben** oder bei einem nur teilweisen Wegfall entsprechend **eingeschränkt** werden (§ 1908 d I). Damit das VormG von diesen Änderungen Kenntnis erlangt, ist der Betreuer verpflichtet, derartige Umstände mitzuteilen (§ 1901 V 1), und zwar auch dann, wenn sie sich nur auf den Einwilligungsvorbehalt beziehen (§ 1903 V 2).

2. Aufhebung auf Antrag oder von Amts wegen

768 a) Hat ein nur körperlich Behinderter auf seinen **Antrag** hin einen Betreuer erhalten (§ 1896 I 3), ist die Betreuung ohne weiteres wieder aufzuheben, wenn der Betreute es verlangt (§ 1908 d I 1).

b) Beruht die Anordnung der Betreuung auf dem **Antrag** eines psychisch Kranken und stellt dieser den Antrag auf Aufhebung der Betreuung, hat das VormG von Amts wegen zu prüfen, ob die Betreuung nicht unabhängig von seinem Antrag erforderlich ist (§ 1908 d II 1). Trifft das zu, wird die Betreuung als **Amtsbetreuung** fortgeführt.

c) Wurde die Betreuung **von Amts wegen** angeordnet, erfolgt die Aufhebung (oder Einschränkung des Aufgabenkreises) beim Wegfall der Voraussetzungen wiederum von Amts wegen, ohne daß es eines Antrags oder einer Anregung bedarf; doch ist auch ein Geschäftsunfähiger berechtigt, einen Aufhebungsantrag zu stellen (§ 1908 d II 2).

3. Entlassung des Betreuers 769

a) Ist der Betreuer nicht mehr in der Lage, die Angelegenheiten des Betreuten zu besorgen oder liegt ein anderer wichtiger Grund vor, hat das VormG den Betreuer zu **entlassen** und einen neuen Betreuer zu bestellen (§§ 1908 b I, 1908 c; dazu BayObLG FamRZ 97, 1358). Die Entlassung kann auch auf Antrag des Betreuers erfolgen, wenn ihm die Betreuung nicht mehr zuzumuten ist (z.B. bei tiefgreifender Entfremdung zum Betreuten; § 1908 b II).
Ferner soll der Berufsbetreuer (s.o. RN **746** unter d) entlassen werden, wenn der Betreute durch andere Personen außerhalb einer Berufsausübung betreut werden kann (§ 1908 b I 2).

b) Stehen andere gleich oder besser geeignete Personen für die Betreuung zur Verfügung, kann dies ebenfalls einen Wechsel in der Person des Betreuers rechtfertigen (§ 1908 b III bis V).

c) Nach seiner Entlassung hat der Betreuer über seine Amtsführung in gleicher Weise wie ein Vormund Rechenschaft abzulegen und das verwaltete Vermögen herauszugeben (§ 1908 i I i.V.m. §§ 1890, 1892; s.o. RN **738**).

4. Vergütung des Betreuers 770

Die Vergütung eines Betreuers ist unterschiedlich geregelt, je nachdem es sich um einen ehrenamtlichen oder berufsmäßigen, einen Behörden- oder Vereinsbetreuer, einen Betreuungsverein oder eine Betreuungsbehörde handelt.

a) Dem **ehrenamtlichen** Betreuer steht ein Anspruch auf Vorschuß oder Ersatz seiner Aufwendungen oder auf eine Aufwandsentschädigung zu (§ 1908 i I i.V.m. §§ 1835, 1835 a; s.o. RN **728**). Der Anspruch richtet sich regelmäßig gegen die Staatskasse.

b) Einem **berufsmäßigen** Betreuer kann das Gericht eine Vergütung bewilligen, deren Höhe sich nach den gleichen Grundsätzen richtet wie bei einem Berufsvormund (§ 1908 i I i.V.m. § 1836 II, III, 1836 a u. b; s.o. RN **726 f**). Neben der Vergütung steht dem Berufsbetreuer auch der Anspruch auf Vorschuß oder Aufwendungsersatz nach § 1835 zu, nicht jedoch der Anspruch auf Aufwandsentschädigung.

c) Für die Tätigkeit eines **Vereinsbetreuers** (§ 1897 II 1) kann dem Verein (nicht dem Betreuer selbst) ein Anspruch auf Vorschuß oder Ersatz seiner Aufwendungen gegen den Betreuten bewilligt werden. Ist dieser mittellos, steht dem Verein der Anspruch gegen die Staatskasse zu. Ferner ist der Verein berechtigt, einen Vergütungsanspruch geltend zu machen, der sich bei Mittellosigkeit des Betreuten wiederum gegen die Staatskasse richtet.
Der Ersatz der allgemeinen Verwaltungskosten kann nicht verlangt werden (§ 1908 e).

d) Bei einem **Behördenbetreuer** (§ 1897 II 2) kann die zuständige Behörde Ersatz ihrer Aufwendungen (jedoch ohne Vorschuß oder allgemeine Verwaltungskosten) vom Betreuten verlangen, sofern dieser über das entsprechende Einkommen oder Vermögen verfügt; dies gilt auch für den Anspruch auf Vergütung. Ist der Betreute mittellos, steht der Behörde kein Anspruch gegen die Staatskasse zu. Der Behördenbetreuer selbst kann keine Rechte nach §§ 1835 bis 1836 b geltend machen (§ 1908 h).

e) War ein **Betreuungsverein** oder eine **Betreuungsbehörde** (§ 1900 I, IV) tätig, kann vom Betreuten Ersatz der Aufwendungen (ohne Vorschuß) verlangt werden, wenn der Betreute über ein einsatzfähiges Einkommen oder Vermögen im Sinne des § 1836 c verfügt. Eine Aufwandsentschädigung oder eine Vergütung steht diesen Vereinen oder Behörden nicht zu (§§ 1908 i I i.V.m. §§ 1835 a V, 1836 IV).

Dritter Abschnitt: **Die Pflegschaft**

771 **I. Einführung**

1. Wesen der Pflegschaft

a) Charakteristisch für die Pflegschaft ist die **begrenzte Fürsorgetätigkeit** in bezug auf Angelegenheiten, an deren Besorgung die eigentlichen Rechtsträger aus unterschiedlichen Gründen verhindert sind; dabei kann es sich um tatsächliche oder rechtliche Hinderungsgründe handeln. Im Gegensatz etwa zur elterlichen Sorge oder Vormundschaft bietet die Pflegschaft keinen umfassenden und auf die Dauer angelegten Rechtsschutz, sondern beschränkt sich in den meisten Fällen auf einen bestimmten Kreis von Angelegenheiten, nach deren Erledigung die Pflegschaft kraft Gesetzes oder im Wege der Aufhebung endet. Diese "Lückenbüßerfunktion" der Pflegschaft ist unabhängig davon, ob der Betroffene geschäftsfähig ist oder nicht; eine Pflegschaft kommt bei Minderjährigen ebenso in Betracht wie bei Volljährigen.

b) Regelmäßig wird die Pflegschaft vom VormG angeordnet, wenn ein **Bedürfnis** dafür besteht; gleichzeitig wird dabei der Wirkungskreis des Pflegers festgelegt. Vorschriften über die **Zuständigkeit** des VormG für die Pflegerbestellung sind in den §§ 36 a, 37 bis 43 FGG enthalten.

2. Führung der Pflegschaft

772 Die Pflegschaft unterliegt im wesentlichen den gleichen Vorschriften wie die Vormundschaft (§ 1915) und steht wie diese unter der **staatlichen Aufsicht** des VormG. Der Pfleger führt die Pflegschaft **selbständig** und hat dieselben Beschränkungen in der Vermögensverwaltung und bei Rechtsgeschäften zu beachten wie ein Vormund.

Innerhalb seines Aufgabenkreises ist der Pfleger der **gesetzliche Vertreter** des Betroffenen (§ 1915 i.V.m. § 1793). In diesem Umfang sind andere Personen von der gesetzlichen Vertretung ausgeschlossen, so die Eltern gemäß § 1630 I oder der Vormund gemäß § 1794.

Jeder Pfleger eines Minderjährigen hat Anspruch, vom JA bei erzieherischen Maßnahmen beraten und unterstützt zu werden (§ 53 II, III SGB VIII).

4. *Neue Bundesländer*

773 *Die am 2.10.1990 bestandenen Pflegschaften sind am 3.10.1990 in die entsprechenden Pflegschaften nach den Vorschriften des BGB übergeleitet worden. Am bisherigen Wirkungskreis der Pflegschaften hat der Beitritt nichts geändert (Art. 234 § 15 EGBGB).*

II. Die einzelnen Arten der Pflegschaft

1. Ergänzungspflegschaft

774 Sie kommt in Betracht, wenn die Eltern oder ein Vormund an der Besorgung einer (oder mehrerer) Angelegenheiten für ein minderjähriges Kind **verhindert** sind (§ 1909 I).

a) Aus **rechtlichen** Gründen kann eine solche Verhinderung vor allem wegen einer Interessenkollision eintreten (§ 1629 II 1 i.V.m. § 1795; s.o. RN **555** und **702** f). Eine **tatsächliche** Verhinderung, die eine Pflegerbestellung erforderlich macht, kann sich z.B. bei Krankheit oder längerer Abwesenheit, aber auch wegen fehlender Sachkunde in schwierigen Angelegenheiten ergeben (s.o. RN **562**).

b) Eine Ergänzungspflegschaft wird ferner erforderlich, wenn ein Kind **Vermögen erwirbt** (durch einen Erbfall oder eine Schenkung), und wenn bei dieser Zuwendung bestimmt worden ist, daß die Eltern oder der Vormund das Vermögen nicht verwalten sollen (§§ 1638, 1909 I 2). In diesen Fällen ist derjenige zum Pfleger zu bestellen, der durch letztwillige Verfügung oder anläßlich der Schenkung dafür **benannt** worden ist (§ 1917). Daneben gibt es im Familienrecht zahlreiche weitere Anwendungsfälle für Ergänzungspflegschaften (z.B. bei §§ 1666, 1667, 1673 II, 1795, 1796, 1801).

Liegen die Voraussetzungen einer **Vormundschaft** vor, so ist übergangsweise eine Pflegschaft anzuordnen, wenn die sofortigen Bestellung eines Vormunds nicht möglich ist, aber rasche Entscheidungen notwendig werden (§ 1909 III).

c) Die Ergänzungspflegschaft tritt nicht kraft Gesetzes ein, sondern erfordert eine Anordnung des VormG, wobei es - anders als bei der Vormundschaft - **kein Benennungsrecht** der Eltern gibt (§ 1916; s.o. RN **686**). Ausnahme: § 1917.

2. Pflegschaft für eine Leibesfrucht 775

Schon vor der Geburt eines Kindes kann es zweckmäßig sein, zur Wahrung seiner künftigen Rechte einen Pfleger zu bestellen (§ 1912).

a) Die Pflegschaft kommt nur in Betracht, soweit die künftigen Rechte einer **Fürsorge** bedürfen. Diese Fürsorge steht regelmäßig den Eltern zu, wenn sie im Falle der Geburt sorgeberechtigt wären (§ 1912 II). Deshalb beschränkt sich die Pflegschaft auf die seltenen Fälle, in denen beide Elternteile nicht zur Vertretung ihres Kindes in einer Angelegenheit berechtigt sind, die schon vor der Geburt geregelt werden muß (vgl. §§ 1629 II 1 i.V. m. § 1795 oder § 1638 I).
Wird für die Leibesfrucht als künftige Erbin **Nachlaßpflegschaft** angeordnet (§§ 1923 II, 1960), kommt daneben eine Anordnung nach § 1912 nicht in Betracht. Auch die Beistandschaft nach §§ 1712 ff hat Vorrang vor einer Pflegschaft der Leibesfrucht.

b) Bei der Anordnung der Pflegschaft durch das VormG sind die vom Pfleger wahrzunehmenden künftigen Rechte des Kindes genau anzugeben. In diesem Bereich ist der Pfleger der gesetzliche Vertreter der Leibesfrucht.

Bsp. von Angelegenheiten für den gemäß § 1912 bestellten Pfleger:
Zustimmung zur Anerkennung der Vaterschaft (§ 1595 II); Geltendmachung von Unterhaltsansprüchen im Wege einer einstweiligen Verfügung (§ 1615 o I 2); Sicherung erbrechtlicher Ansprüche (§ 1923 II i.V.m. § 2108, § 2174 i.V.m. § 2178).

3. Familienpflegschaft 776

Haben Eltern ihr Kind für längere Zeit in Familienpflege gegeben, kann das VormG auf Antrag einzelne oder alle Angelegenheiten der elterlichen Sorge auf die Pflegeperson übertragen (§ 1630 III 1; s.o. RN **547**).

In diesem Umfang erhält die Pflegeperson alle Rechte und Pflichten eines Pflegers und untersteht den für die Vormundschaft geltenden Vorschriften (§ 1630 III 3 i.V.m. § 1915).

4. Weitere Arten der Pflegschaft

777 Unter dem Titel "Pflegschaft" faßt das BGB auch besondere Arten der Pflegschaft zusammen, die keinen Bezug zum Familienrecht aufweisen. Sie sollen daher nur kurz erwähnt werden:

a) *Abwesenheitspflegschaft*
Sie kommt für einen Volljährigen in Betracht, dessen Aufenthalt unbekannt ist, wenn seine Vermögensangelegenheiten der Fürsorge bedürfen (§ 1911). Das **Zuständigkeitsergänzungsgesetz** vom 7.8.1952 hat den Bereich der Abwesenheitspflegschaft auch auf juristische Personen und Gesellschaften erstreckt. Ferner kann ein Abwesenheitspfleger für die Auseinandersetzung einer Erbschaft oder des Gesamtgutes einer Gütergemeinschaft bestellt werden (§§ 88, 99 FGG). Die Aufhebung dieser Pflegschaft richtet sich nach § 1921.

b) *Pflegschaft für unbekannte Beteiligte*
Wenn bei einer Angelegenheit unbekannt oder ungewiß ist, wer als Beteiligter in Frage kommt, kann für ihn ein Pfleger bestellt werden, soweit dies zur Wahrnehmung seiner Rechte erforderlich ist; dies kommt insbes. für einen noch nicht erzeugten Nacherben in Betracht (§ 1913 i.V.m. § 2101).

c) *Pflegschaft für ein Sammelvermögen*
Gegenstand dieser Pflegschaft ist ein Vermögen, das durch eine öffentliche Sammlung für einen vorübergehenden Zweck zusammengebracht worden ist. Sind die zur Verwaltung und Verwendung dieses Vermögens berufenen Personen weggefallen, kann zur Wahrnehmung dieser Aufgaben ein Pfleger bestellt werden (§ 1914).

III. Beendigung der Pflegschaft

778 Die Pflegschaft endet in bestimmten Fällen kraft Gesetzes, sonst im Wege der Aufhebung durch das VormG.

1. **Kraft Gesetzes** endet die Pflegschaft:

a) wenn ein Kind unter elterlicher Sorge oder unter Vormundschaft steht: mit dem Ende der elterlichen Sorge oder der Vormundschaft (§ 1918 I);

Bsp.: Das Kind wird volljährig oder es stirbt;

b) mit der Geburt des Kindes (§ 1918 II i.V.m. § 1912);

c) mit der Erledigung einzelner Angelegenheiten (§ 1918 III).

Bsp.: Der Pfleger hat das Kind bei einem Rechtsgeschäft zwischen Eltern und Kind vertreten (§§ 1629 II, 1795).

2. Aufhebung der Pflegschaft

In allen anderen Fällen wird die Pflegschaft vom VormG **aufgehoben**, wenn der Grund für die Anordnung der Pflegschaft weggefallen ist oder sich nachträglich herausgestellt hat, daß kein Grund dafür bestanden hat (§ 1919).

Bsp.: Die Verhinderung des Vormunds ist weggefallen; das Bedürfnis, eine bestimmte Angelegenheit zu erledigen, besteht nicht mehr oder ist nur irrtümlich angenommen worden (BayObLG Rpfleger 90, 119).

779 **Beachte:** Das Gesetz über die Haftungsbeschränkungen für Minderjährige (§ 1626 a; s.o. RN **559 f**) ist auf einen **volljährigen** Pflegebefohlenen nicht anzuwenden (§ 1915 III i.V.m. § 1793 II).

Gesetzesverzeichnis

Die Zahlen neben den gesetzlichen Bestimmungen beziehen sich auf die Randnummern dieses Buches. Fettgedruckte Zahlen weisen auf die Hauptfundstellen hin.

EGBGB

EheG a.F.

Sachregister

Die Zahlen verweisen auf die Randnummern des Buches

www.ingramcontent.com/pod-product-compliance
Lightning Source LLC
LaVergne TN
LVHW092153300926
849161LV00002B/262